Wilfried Loth ist Professor für Neuere und Neueste Geschichte an der Universität Duisburg-Essen.

Wilfried Loth

Europas Einigung

Eine unvollendete Geschichte

Campus Verlag
Frankfurt/New York

MIX
Papier aus verantwor-
tungsvollen Quellen
FSC
www.fsc.org   FSC® C089473

Bibliografische Information der Deutschen Nationalbibliothek:
Die Deutsche Nationalbibliothek verzeichnet diese Publikation in der Deutschen Nationalbibliografie.
Detaillierte bibliografische Daten sind im Internet über http://dnb.d-nb.de abrufbar.
ISBN 978-3-593-50077-5

Copyright © 2014 Campus Verlag GmbH, Frankfurt am Main
Umschlaggestaltung: Guido Klütsch, Köln
Umschlagmotiv: Europaparlament in Straßburg © picture-alliance (epa/Christophe Karaba)
Satz: Marion Gräf-Jordan, Heusenstamm
Druck und Bindung: Beltz Bad Langensalza
Printed in Germany

Dieses Buch ist auch als E-Book erschienen.
www.campus.de

Inhalt

Prolog: Churchills Kongress

Den Haag, 7. Mai 1948: An diesem Tag trafen sich 722 repräsentative Persönlichkeiten aus 28 europäischen Ländern am niederländischen Regierungssitz, um über Wege zu einer Einigung Europas zu diskutieren. Sechs ehemalige Premierminister europäischer Länder nahmen an der Veranstaltung teil, ebenso wie 14 aktive und 45 ehemalige Minister sowie westdeutsche Ministerpräsidenten, führende Abgeordnete, Wirtschaftsführer, Gewerkschafter, Kirchenführer, zahlreiche Professoren sowie einige Intellektuelle und Künstler. Winston Churchill, der britische Premier der Kriegsjahre und nunmehrige Oppositionsführer im Londoner Unterhaus, hielt die Eröffnungsansprache; etwa 40.000 Menschen kamen zu einer öffentlichen Kundgebung am dritten Verhandlungstag. Dieser Kongress, der bis zum 10. Mai dauerte, war ein Lichtblick in der Ruinenlandschaft, die der Zweite Weltkrieg in Europa hinterlassen hatte. Er führte zur Konstituierung der Europäischen Bewegung und mittelbar auch zur Gründung des Europarates.[1]

Vier Antriebskräfte

Der Haager Kongress stand damit am Anfang von Verhandlungen über die Schaffung europäischer Institutionen, die – anders als die Verhandlungen über »eine Art föderativer Verbindung« zwischen den europäischen Völkern, die der französische Außenminister Aristide Briand im September 1929 der Vollversammlung des Völkerbunds vorgeschlagen hatte – erfolgreich waren und jene Gemeinschaft ins Leben riefen, die heute als »Europäische Union« das Leben der Europäer in starkem Maße beeinflusst. In ihm verdichteten sich Bewegungen, die auf die Überwindung der Funktionsdefizite der Nationalstaaten und des nationalstaatlichen Ordnungssystems in Europa zielten und die zum Teil schon in den Jahren nach dem Ersten Weltkrieg entstanden waren. Sie wurden von vier ganz unterschiedlichen Motiven angetrieben, zwischen denen freilich ein enger Zusammenhang bestand.[2]

Zunächst war dies das Problem der zwischenstaatlichen Anarchie, Auslöser aller »klassischen« Friedenssicherungspläne von Dante bis Kant: Als die Entwicklung der modernen Kriegstechnik Millionen von Menschen zu Kriegsopfern werden ließ und die wirtschaftlichen Schäden im Zeitalter der Kabinettskriege ungeahnte Ausmaße annahmen, wurde dieses Problem immer drängender. Die Erfahrung des verheerenden Ersten Weltkriegs führte darum zu einer Fülle europäischer Friedensinitiativen, von denen der »Paneuropa«-Feldzug des Grafen Richard Coudenhove-Kalergi und Briands Europaplan nur die spektakulärsten waren. Als die Friedensordnung von Versailles ab 1938 schrittweise zerbrach, erhielt diese Bewegung einen weiteren Schub. »Man kann es vor aller Welt mit tiefster und unbeugsamster Überzeugung aussprechen«, schrieb etwa im Frühjahr 1941 der französische Sozialistenführer Léon Blum, Ministerpräsident der Volksfront-Regierungen von 1936 bis 1938: »Aus diesem Krieg müssen endlich durch und durch starke internationale Einrichtungen und eine durch und durch wirksame internationale Macht hervorgehen, sonst wird er nicht der letzte gewesen sein.«[3]

Ein besonderer Aspekt des Problems der Friedenssicherung war die deutsche Frage: Wie sollte man sich Deutschland, das seit 1871 die stärkste Nation in der Mitte des europäischen Kontinents war, entfalten lassen, ohne gleichzeitig unter eine Hegemonie der Deutschen zu geraten? Oder umgekehrt: Wie ließen sich die Deutschen kontrollieren, ohne durch einseitige Diskriminierung neuen Revanchismus hervorzurufen? »Um den Widerspruch zu lösen«, so wiederum Blum stellvertretend für viele Autoren des Widerstands gegen die deutsche Besatzung und das nationalsozialistische Regime, und »um die Unschädlichkeit Deutschlands in einem friedlichen und gesicherten Statut zu erreichen, gibt es einen einzigen Weg: die Eingliederung der deutschen Nation in eine internationale Gemeinschaft.«[4] Dies bedeutete also etwa nicht nur eine Kontrolle des Ruhrgebiets, sondern eine gemeinsame Lenkung der gesamten europäischen Schwerindustrie – und ebenso nicht nur eine Beschränkung der deutschen Militärhoheit, sondern ein gemeinsames Kommando für alle europäischen Streitkräfte. Nach den Erfahrungen des Scheiterns der Friedensordnung von Versailles und des Aufstiegs des Nationalsozialismus war dies ein Argument, das besonders viel Plausibilität für sich beanspruchen konnte.

Ein dritte Schwäche des Nationalstaatensystems ergab sich aus der Entwicklung der Produktivkräfte des industriellen Zeitalters: Die nationalen Märkte in Europa wurden – je länger, desto deutlicher – für rationale Produktionsweisen zu eng. Ihre wechselseitige Abschottung war nur temporär und sektoral sinnvoll; langfristig führte sie zu einem Verlust an Produktivität. Das hatte einen volkswirtschaftlichen und einen machtpolitischen Aspekt; vor allem in Gestalt der US-amerikanischen Konkurrenz waren beide seit den 1920er Jahren präsent. Entsprechend zahlreich waren die Einigungsinitiativen im wirtschaftlichen Bereich. Auch hier sorgte die Erfahrung des Zweiten Weltkriegs für einen zusätzlichen Motivationsschub: Während die Europäer ihre Ressourcen im Zweiten Weltkrieg weitgehend verschlissen, weiteten die USA ihr Produktionsvolumen um mehr als das Doppelte aus, was durch ihre Funktion als wichtigster Materiallieferant der Anti-Hitler-Koalition ebenso begünstigt worden war wie durch die Abwesenheit der europäischen Länder vom Weltmarkt.

Ein vierter Motivationskomplex für europäische Einigungsinitiativen ist damit ebenfalls schon angesprochen: das Streben der Europäer nach Selbstbehauptung gegenüber den neuen Weltmächten. Sowohl die Sorge vor einer wirtschaftlichen und politischen Übermacht der USA als auch die Furcht vor einer Expansion der bolschewistischen Revolution waren schon in den 1920er Jahren Motive für europäische Einigungspläne. Beide wurden durch die machtpolitischen Ergebnisse des Zweiten Weltkriegs verstärkt. Mit den USA als Weltführungsmacht und der Sowjetunion als stärkster Militärmacht des europäischen Kontinents verloren bisherige Interessendivergenzen zwischen europäischen Nationalstaaten an Bedeutung – zugunsten des gemeinsamen Interesses an Autonomie und an der Vermeidung eines militärischen Konflikts zwischen den beiden Hauptsiegern des Krieges.

»Sich einigen oder untergehen«, wie es 1939 der Führer der britischen Labour Party, Clement Attlee, Premierminister der Jahre 1945 bis 1951, so einprägsam formulierte,[5] wurde damit zu einer in mehrfacher Hinsicht plausiblen Parole – und zwar schon unmittelbar nach dem Ersten Weltkrieg und sichtbar werdend in der Kritik an dem Ungenügen der Friedensordnung von Versailles; dann erneut, seit mit dem Münchener Abkommen deutlich wurde, dass die Ordnung von Versailles nicht mehr hielt; und schließlich verstärkt, seitdem sich 1943 der Sieg der Anti-Hitler-Koalition abzeichnete. Diese Parole faszinierte in den unterschiedlichsten politischen Lagern, sie verband über nationale Grenzen hinweg, und sie war – das muss der späteren Fixierung auf den Ost-West-Konflikt und der daraus resultierenden ahistorischen Position gegenüber den Ländern, die bis 1990 zum sowjetischen Block gehört hatten, entgegengehalten werden – auch keineswegs nur ein westeuropäisches Phänomen. Die europäischen Verbände hatten ihre Sektionen genauso in Prag und in Budapest wie in Paris oder in Brüssel.[6]

Die zahlreichen Einigungspläne, die in der Résistance, dem Widerstandskampf gegen den Nationalsozialismus, überall in Europa entwickelt worden waren, verdichteten sich bei Kriegsende freilich nicht sogleich zu einer konkreten Einigungspolitik. Stalin blockierte jede Art von Zusammenschlüssen im östlichen Europa (und zwar so konsequent, dass die entsprechenden Pläne ganz aus der Erinnerung verschwunden sind); gleichzeitig drohte jeder Schritt zur Einigung im Westen Europas die Spaltung des Kontinents in Ost und West zu vertiefen. Damit wurde es fragwürdig, mit Einigungsinitiativen dem Ziel der Friedenssicherung gerecht zu werden. Entsprechend schreckten jetzt viele Handlungsträger vor substanziellen Entscheidungen zurück, darunter auch – und das war angesichts der Machtverhältnisse unter Hitlers Gegnern in Europa entscheidend – die britische Regierung unter Winston Churchill. Frankreich verstrickte sich unter der Führung von Charles de Gaulle zudem in die Forderung nach Abtrennung der linksrheinischen Territorien und des Ruhrgebiets vom deutschen Staatsverband, die bei den britischen Verbündeten wenig Gegenliebe fand.

Churchill war dann aber der erste europäische Politiker von Rang, der das Thema der europäischen Einigung nach dem Ende des Krieges wieder auf die Agenda der internationalen Politik setzte. Nachdem er im Juli 1945, just nach seinem mühsam errungenen Sieg über Hitler, von den Wählern in die Opposition geschickt worden war, begann er im Winter 1945/46, sich Sorgen über die Gefahr einer Expansion des sowjetischen Machtbereichs über den »Eisernen Vorhang« hinaus zu machen. In einer spektakulären Rede in Fulton im amerikanischen Bundesstaat Missouri am 5. März 1946 warnte er zum ersten Mal öffentlich vor den »expansionistischen und Bekehrungstendenzen« Sowjetrusslands und des internationalen Kommunismus.[7] Um die Gefahr einer solchen Expansion zu bannen, erschien es ihm jetzt notwendig, die Einigung jener europäischen Länder in die Wege zu leiten, die außerhalb des sowjetischen Machtbereichs verblieben waren. Ihren Zusammenschluss betrachtete er als Voraussetzung nicht nur für die wirtschaftliche Gesundung Europas, sondern auch für eine Stabilisierung der Demokratie. Darum forderte er in einer weiteren Rede am 19. Oktober 1946, diesmal vor Züricher Studenten, »eine Art Vereinigte Staaten von Europa zu schaffen«, beruhend auf einer »Partnerschaft von Frankreich und Deutschland«. Großbritannien sah er dabei eher unter den »Förderern des neuen Europa« als unter seinen Mitgliedern; freilich sollte es eine höchst aktive Rolle bei seiner Konstituierung spielen.[8]

Um die Mobilisierung der öffentlichen Meinung voranzutreiben, beauftragte Churchill seinen Schwiegersohn und engen politischen Mitstreiter Duncan Sandys mit der Organisation einer überparteilichen Gruppe repräsentativer Persönlichkeiten, die den europäischen Einigungsgedanken in Großbritannien fördern sollten. Sandys' Bemühungen trugen bald Früchte: Am 16. Januar 1947 konnte er ein provisorisches »British United Europe Committee« präsentieren, dem neben konservativen Abgeordneten (unter anderen Robert Boothby) auch Labour-Politiker und Gewerkschaftsvertreter (Gordon Land, George Gibson, Victor Gollancz), Vertreter der liberalen Partei, der Kirchen und der Wissenschaft (darunter Bertrand Russell) angehörten; die britischen Föderalisten waren unter anderen mit Frances L. Josephy vertreten. Allerdings sprach sich das Exekutivkomitee der regierenden Labour Party gegen das Unternehmen aus, weil es weder Churchills Idee einer westlichen Blockbildung fördern noch dem damaligen Oppositions-

führer eine Plattform für innenpolitische Erfolge bieten wollte. Infolgedessen entwickelten sich die Aktivitäten der Gruppe, die sich dann am 14. Mai 1947 definitiv als »United Europe Movement« (UEM) konstituierte, vorwiegend im
konservativen und liberalen Milieu.[9]

Parallel zum UEM organisierten der ehemalige belgische Ministerpräsident
Paul van Zeeland und Joseph Retinger, langjähriger Mitarbeiter des polnischen
Exilpremiers Władysław Sikorski, in Belgien, Luxemburg, Großbritannien und
Frankreich eine »Independent League of European Co-operation« (ILEC), die an
die europäischen Zollunions-Komitees der 1920er und 1930er Jahre anknüpfte.
Am 7. März 1947 konnten sie die Konstituierung eines provisorischen Zentralko-
mitees auf internationaler Ebene bekannt geben. Die Gruppe versammelte ein-
flussreiche Wirtschaftswissenschaftler, Bankiers und Manager, denen die Behinderung des Wiederaufbaus durch nationale Wirtschaftsgrenzen in Europa Sorgen
machte. Sie teilten zwar keineswegs alle Churchills Furcht vor einer sowjetischen
Expansion. Da sie aber auf einen raschen Beginn wirtschaftlicher Integration
ohne Rücksicht auf sowjetische Vorbehalte drängten und ebenso wenig auf eine
bestimmte Integrationsmethode festgelegt waren wie der britische Oppositionsführer, waren sie für eine Zusammenarbeit mit der Sandys-Gruppe geradezu prä-
destiniert. Manche Politiker, so der ehemalige Direktor des Internationalen Ar-
beitsamtes, Harold Butler, und der spätere britische Premierminister Harold
Macmillan, wurden in beiden Organisationen zugleich aktiv.[10]

Im Gefolge der Churchill-Rede wurde schließlich auch Coudenhove-Kalergi,
der Begründer der Paneuropa-Bewegung, wieder in der europäischen Politik tätig. Zunächst schlug er Churchill eine Wiederbelebung der Paneuropa-Union
»unter unserer gemeinsamen Führung« vor. Nachdem dieser aber zurückhaltend
reagiert hatte, organisierte Coudenhove im November 1946 eine Umfrage unter
den Parlamentariern des westlichen Europa. Über 4.000 Abgeordnete wurden
gebeten, sich – zustimmend oder ablehnend – zu der Frage zu äußern, ob sie »eine
europäische Föderation im Rahmen der Vereinten Nationen« befürworteten. Damit sollte die Einigungsbereitschaft in den Ländern des westlichen Europa demonstriert und Druck auf die Regierungen ausgeübt werden, endlich mit Initiativen zur Schaffung eines westlichen Europas zu beginnen. Die zustimmenden
Abgeordneten wurden aufgefordert, in den Parlamenten überparteiliche Komitees zu bilden, die sich dann im Juni 1947 zu einem Europäischen Kongress in
Genf treffen sollten.[11]

Die Aktion zeigte freilich, dass die Idee eines Zusammenschlusses, der das
östliche Europa von vornherein ausschloss und so die einsetzende Spaltung Europas vertiefte, im Winter 1946/47 noch nicht sonderlich populär war. Nur wenige
Abgeordnete waren bereit, sich mit einem solchen Konzept zu identifizieren. Bis
Ende April 1947 gingen nur 660 Antworten bei Coudenhove ein (wovon 646

positiv waren) – kaum mehr als ein Achtel der insgesamt erbetenen Antworten. Die ambitiösen Kongresspläne mussten daher zunächst vertagt werden. Ähnlich erfolglos verliefen die Bemühungen René Courtins, des Mitherausgebers von *Le Monde*, in Frankreich ein Parallelkomitee zu dem britischen UEM zustande zu bringen. Die französischen Europa-Anhänger scheuten zumeist das Risiko, mit Churchills Westblock-Konzeption in Verbindung gebracht zu werden.[12] Die Stimmen, die eine Einigung auch ohne sowjetische Zustimmung befürworteten, wurden zwar allmählich zahlreicher, doch überwog die negative Reaktion auf Churchills Vorstoß insgesamt bei weitem.[13]

Die meisten Europäer sahen ein vereintes Europa als »Dritte Kraft«, die unter der Führung des von Labour regierten Großbritannien zwischen den rivalisierenden Weltmächten USA und Sowjetunion vermitteln und so eine Spaltung Europas vermeiden sollte. Auch die Anhänger der organisierten föderalistischen Bewegung, die sich im Dezember 1946 als »Union Européenne des Fédéralistes« (UEF) konstituierte, hofften auf ein letztlich sozialdemokratisch strukturiertes Europa, das gegenüber den USA wie der Sowjetunion Eigenständigkeit bewahren konnte: »Wir wollen«, hieß es in ihrer ersten Programmerklärung, verabschiedet in Amsterdam am 15. April 1947, »nicht ein dahinsiechendes Europa als Spielball widerstreitender Interessen, beherrscht durch entweder einen angeblich liberalen Kapitalismus, der die menschlichen Werte der Macht des Geldes unterordnet, oder einen Staatstotalitarismus, dem jedes Mittel recht ist, sein Gesetz auf Kosten der Menschenrechte und der Rechte der Gemeinschaften durchzusetzen. Wir wollen ein Europa als offene Gesellschaft, d.h. dem Osten wie dem Westen gegenüber freundschaftlich gesinnt, bereit, mit allen zusammenzuarbeiten.«[14]

Erst nachdem der sowjetische Außenminister Wjatscheslaw Molotow am 2. Juli 1947 die amerikanische Einladung zur Beteiligung am Marshall-Plan zum wirtschaftlichen Wiederaufbau Europas abgelehnt hatte, änderte sich dies. Die vielen Anhänger eines Europas der »Dritten Kraft« rangen sich jetzt zu der Einsicht durch, dass die europäische Einigung realpolitisch nur noch im Westen beginnen konnte; und allgemein wuchs die Überzeugung, dass im Hinblick auf den europäischen Wiederaufbau und die Integration des westlichen Deutschlands, die beide durch den Marshall-Plan gefördert werden sollten, nicht mehr viel Zeit zu verlieren war. Courtin konnte am 16. Juli 1947 die Gründung eines »Conseil français pour l'Europe unie« bekannt geben, der sich als französisches Pendant zu Churchills UEM verstand. Führende Vertreter der französischen Sozialisten erklärten sich zur Mitarbeit bereit, so Robert Lacoste, Francis Leenhardt, André Le Trocquer und Ministerpräsident Paul Ramadier. Die Christdemokraten waren unter anderem durch Paul Coste-Floret, François de Menthon und Pierre-Henri Teitgen vertreten, die Linksliberalen durch Paul Bastid und René Mayer, die Unabhängigen Republikaner durch Paul Reynaud, die sozialliberale UDSR durch

Édouard Bonnefous, den Vorsitzenden des Auswärtigen Ausschusses der Nationalversammlung. Weiter gehörten dem Rat an: Michel Debré als Vertreter der Gaullisten, Emmanuel Monick als Gouverneur der Banque de France, Gewerkschaftsführer, Vertreter der Kirchen, herausragende Publizisten und Wissenschaftler (unter anderen Raymond Aron, Paul Claudel, André Siegfried und Edmond Vermeil). Den Ehrenvorsitz übernahm Édouard Herriot, der langjährige Ministerpräsident der III. Republik.[15]

Coudenhoves Umfrage erhielt jetzt viel größere Resonanz. Nachdem er die Abgeordneten, die bislang noch nicht geantwortet hatten, im April 1947 noch einmal gemahnt hatte, erhöhte sich die Zahl der positiven Antworten bis Ende September auf 1.735. Damit sprachen sich insgesamt 43 Prozent der angeschriebenen Abgeordneten im Prinzip für eine »europäische Föderation« aus, darunter 64 Prozent der italienischen Abgeordneten, 53 Prozent der niederländischen Abgeordneten und jeweils 50 Prozent der französischen und belgischen Abgeordneten. Von den britischen Abgeordneten reagierten allerdings nur 26 Prozent positiv, von den skandinavischen Abgeordneten sogar nur zwölf Prozent.[16] Nachdem sich in Frankreich, Belgien, Italien und Griechenland föderalistische Parlamentarier zu sammeln begonnen hatten, konnte Coudenhove-Kalergi vom 8. bis 10. September 1947 an seinem Wohnsitz in Gstaad zwar kein »Vorparlament«, aber immerhin doch eine Versammlung von 114 aktiven Abgeordneten aus zehn Ländern organisieren. Diese gründeten eine »Europäische Parlamentarier-Union« (EPU) und beschlossen, für die Einberufung einer Europäischen Verfassunggebenden Versammlung zu arbeiten.[17]

Für Duncan Sandys kam es nun darauf an, die Einigungsbewegung in den verschiedenen Ländern nicht nur zu stärken, sondern auch unter Kontrolle zu halten. Er war davon überzeugt, dass eine solche Bewegung nur dann erfolgreich sein konnte, wenn sie sich zunächst auf eine funktionale Zusammenarbeit der Regierungen konzentrierte: Nur dann schien ihm eine britische Beteiligung erreichbar zu sein. Ohne Großbritannien, so fürchtete er, würde es Frankreich nicht wagen, einem starken Westdeutschland in einer europäischen Gemeinschaft gegenüberzutreten. Folglich war für ihn, und zwar viel eindeutiger als für seinen Schwiegervater, ein britisches Mitwirken an dem Einigungswerk unverzichtbar.[18] Schon im Vorfeld der Konstituierung des »Conseil français« lud er darum die übrigen Europa-Verbände zur Bildung eines »Verbindungskomitees« der Europa-Bewegungen ein. Sie erfolgte am 20. Juli 1947 in Paris, im Rahmen eines Mittagessens auf den Champs Elysées. Neben dem UEM, dem französischen Rat, der ILEC und der EPU waren auch die »Europa-Föderalisten« um den Niederländer Hendrik Brugmans und den Franzosen Alexandre Marc vertreten.[19]

Das Ringen um den Kongress

Die Föderalisten waren davon überzeugt, dass die Zeit für eine föderale Neuorganisation der Völker Europas reif war. Ihnen schwebte daher die Einberufung von »Generalständen Europas« vor, die sich gegen die nationalen Regierungen und Parlamente zur Verfassunggebenden Versammlung des Vereinten Europas entwickeln sollten. Basierend auf einer umfassenden Mobilisierungskampagne sollten dort die unterschiedlichen gesellschaftlichen Gruppen vertreten sein, »etwa Angestellte, Arbeiter, Landwirte, Vertreter der Mittelklasse, Verbraucherorganisationen, politische und parlamentarische Körperschaften, Jugendbewegungen«. Die »spektakuläre Versammlung« sollte nicht nur »die öffentliche Meinung beeindrucken«, sondern auch »ständige Ausschüsse« zur Bearbeitung der anstehenden rechtlichen, sozialen, wirtschaftlichen und kulturellen Fragen einrichten. Die Vorsitzenden dieser Ausschüsse sollten »den Kern einer künftigen europäischen Regierung bilden«.[20] Als Tagungsort für diese revolutionäre Manifestation wurde Versailles ins Auge gefasst.

Für Sandys waren diese Pläne eines korporatistischen Föderalismus gefährliche Hirngespinste, die geeignet waren, die europäische Einigungsbewegung zu diskreditieren und die Chancen für eine Mitwirkung Großbritanniens an dem Einigungsprozess zunichte zu machen. Noch ehe die UEF-Führer mit der organisatorischen Umsetzung ihres Vorhabens beginnen konnten, vereinbarte er darum mit der Führung der ILEC Ende September 1947 die Vorbereitung eines ganz anders gearteten Kongresses: einer »Konferenz von 500 bis 800 prominenten Europäern«, die »am ersten Wochenende nach Ostern 1948« zusammentreten sollte, um die europäischen Regierungen zu drängen und zu ermutigen, mit ersten Schritten zur Einigung Europas zu beginnen. Der niederländische Senator und ehemalige Wirtschaftsminister Pieter Kerstens, der sich um die Konstituierung einer niederländischen Sektion des ILEC bemühte, sagte zu, die nötigen Gelder für die Finanzierung eines solchen Kongresses zu besorgen. Dementsprechend wurde Den Haag als Tagungsort gewählt. Die Föderalisten wurden eingeladen, sich als Mitveranstalter an dem Kongress zu beteiligen und zu diesem Zweck auch das Verbindungskomitee auszubauen.[21]

Für die Föderalisten war diese Einladung ein Danaergeschenk: Nahmen sie sie an und gingen ein Bündnis mit den konservativen Spitzenpolitikern und Wirtschaftsführern ein, so drohte »die schöpferische und revolutionäre Dynamik verloren zu gehen, die die föderalistische Doktrin mit sich gebracht hatte« und deren Durchbruch sie sich von den »Generalständen« erhofften. Beharrten sie dagegen auf ihren eigenen Kongress-Plänen, so spalteten sie nicht nur die europäische Bewegung, sondern gingen auch »das Risiko rascher Destruktion und Niedergang zu einer Sekte ein«.[22] Den Ausschlag gab schließlich der höhere Realitätsgehalt des britischen Projekts: Es würde auf jeden Fall durchgeführt werden und beträchtliche Resonanz haben; demgegenüber war unklar, wie die »Generalstände« finanziert werden könnten und ob sie angesichts der Konkurrenzveranstaltung der etablierten Kräfte noch die angestrebte Wirkung haben konnten. Insbesondere Brugmans warb in diesem Sinne für ein Annehmen der Einladung. Marc und auch die italienischen Föderalisten um Altiero Spinelli waren zwar im Grunde dagegen, hielten sich aber zurück. Am 15. November 1947 beschloss das Zentralkomitee der UEF, sich am Haager Kongress zu beteiligen und dem Ausbau des Verbindungskomitees zu einem »Koordinierungskomitee« zuzustimmen.[23]

In der vagen Hoffnung, den Haager Kongress vielleicht doch noch »in Generalstände Europas verwandeln« zu können,[24] nahmen die Föderalisten es hin, im Koordinierungskomitee mit einem Viertel der Stimmen in der Minderheit zu sein: UEM, französischer Rat und ILEC, die programmatisch auf einer Linie lagen, verfügten jeweils über die gleiche Stimmenzahl. Den Vorsitz mussten sie Sandys überlassen, den Posten eines Sekretärs Retinger.[25] Notgedrungen akzeptierten sie auch die Vorgaben für die Organisation des Kongresses, die Sandys bei einer weiteren Zusammenkunft des Komitees am 13. und 14. Dezember 1947 präsentierte: Er sollte »in eindrucksvoller Weise die mächtige und weitreichende Unterstützung der europäischen Idee demonstrieren, die bereits existiert«, und »Material zur Diskussion, Propaganda und technischen Studien produzieren«. Dazu sollte er so repräsentativ wie möglich zusammengesetzt sein; die Entscheidung über die Einladungen sollte aber dem Koordinationskomitee vorbehalten bleiben. Als Name für die Veranstaltung wurde »Congress of Europe« festgelegt, und das Präsidium des Kongresses wurde Churchill angetragen.[26]

In der Praxis bedeutete die Entscheidung über die Einladungspolitik, dass Sandys und Retinger Vorschläge über einzuladende Persönlichkeiten sammelten, danach entschieden, an wen Einladungen ausgesprochen wurden, und schließlich die Zusagen registrierten. Was die Zahl der Delegierten pro Land betraf, so setzte Sandys eine Formel gemäßigter Repräsentativität durch: 15 Repräsentanten pro Land plus zwei weitere für je eine Million Einwohner. Für Frankreich ergab das 104 Delegierte, für Großbritannien 118, für Belgien und die Niederlande jeweils 33 und so weiter. Länder, deren Regierungen Vertretern des Koordinierungskomitees die Einreise verweigerten und keine Zusagen gaben, Bürger ihres Landes mit den nötigen Visa für die Teilnahme am Kongress auszustatten, sollten nur mit kleinen Beobachter-Gruppen vertreten sein.[27] Das lief darauf hinaus, das westliche Europa so umfassend wie möglich zu sammeln und im Übrigen den Selbstausschluss der Sowjetunion und der von ihr beherrschten Länder noch einmal zu bekräftigen.

Zur organisatorischen Abwicklung ließ sich das Koordinierungskomitee von einer großen niederländischen Bank ein repräsentatives Büro einrichten. Kerstens sammelte so viele Spendengelder ein, dass den über 700 Teilnehmern des Kongresses nicht nur ein kostenloser Aufenthalt in Den Haag, sondern auch die Übernahme aller Reisekosten angeboten werden konnte. Angesichts der immer noch prekären Lebensverhältnisse in dem vom Krieg zerstörten Europa war das eine bemerkenswerte Leistung, die für den Erfolg des Unternehmens ganz entscheidend war. Als sich dennoch eine Lücke in der Finanzierung des Kongresses auftat, ließ sich Sandys von Prinz Bernhard der Niederlande beim Vorstand des Philips-Konzerns einführen. Dieser half dann mit einer sehr großzügigen Spende aus. Ende Januar 1948 wurde der Termin des Kongresses endgültig auf den 7. bis 10. Mai 1948 festgelegt; danach konnte Retinger als Sekretär die offiziellen Einladungen verschicken.[28]

Sandys, Retinger und auch Brugmans suchten nun prominente Persönlichkeiten in den verschiedenen Ländern auf, um sie zur Mitarbeit an dem Unternehmen zu bewegen. In den meisten Fällen waren sie damit erfolgreich. »Wir haben eine sehr große Arbeit geleistet«, konnte Retinger dem ehemaligen rumänischen Außenminister Gregor Gafencu schon zum Jahresende 1947 berichten. »Von den großen Staatsmännern (aber das ist noch vertraulich) haben uns ihre Unterstützung zugesagt: Mister Churchill und Sir Stafford Cripps aus Großbritannien, die Monsieurs Herriot und L. Blum aus Frankreich, die Herren van Zeeland und Spaak aus Belgien, sowie Sforza aus Italien. Die niederländische Regierung mit ihrem Ministerpräsidenten an der Spitze wird uns dort empfangen, wo unsere Sitzungen stattfinden werden: im historischen Rittersaal.«[29]

Paul Ramadier und der italienische Ministerpräsident Alcide De Gasperi sagten ihre Teilnahme ebenfalls zu. In den westdeutschen Besatzungszonen konnten die Organisatoren unter anderen den Ministerpräsidenten von Nordrhein-Westfalen, Karl Arnold, und die Regierenden Bürgermeister von Hamburg und Bremen, Max Brauer und Wilhelm Kaisen, gewinnen, ebenso Konrad Adenauer als Vorsitzenden der CDU in der britischen Zone, Martin Niemöller vom Rat der Evangelischen Kirche in Deutschland (EKD), Gustav Heinemann als Justizminister von Nordrhein-Westfalen sowie Thomas Dehler, Heinrich von Brentano und Walter Hallstein als Vorsitzenden der Süddeutschen Rektorenkonferenz.[30]

Ebenso gelang es, die christdemokratischen »Nouvelles Équipes Internationales« (NEI) für die Mitarbeit an dem Kongressvorhaben zu gewinnen. Vom Februar 1948 an gehörten sie als weitere einladende Organisation dem Koordinierungskomitee an.[31] Dagegen blieben alle Bemühungen der Föderalisten vergeblich, auch das sozialistische »Comité international pour les Etats-Unis socialistes d'Europe« (EUSE) mit ins Boot zu nehmen. Seine britischen Mitglieder »verfielen auf jede einfache Nennung des Namens Churchill in einen Trance-Zustand und jede Möglichkeit vernünftigen Verstehens lag in Ohnmacht«, klagte Henri Frenay von der französischen Sektion des Komitees nach einem Besuch in London. Mit neun zu sieben Stimmen lehnte der Vorstand des Komitees eine Beteiligung am Haager Kongress ab.[32] Coudenhove-Kalergi weigerte sich, die Vereinbarung über die Bildung des Verbindungskomitees vom Juli 1947 zu ratifizieren, und nannte dann immer neue Bedingungen für seine Mitarbeit, die im Grunde darauf hinausliefen, dass er selbst die Führung des Unternehmens übernahm und dessen programmatische Ausrichtung kontrollierte. Erst Anfang April 1948 fand er sich zu einer Teilnahme an dem Kongress ohne Vorbedingungen bereit, freilich zu einem Zeitpunkt, als die meisten inhaltlichen Entscheidungen schon gefallen waren. Entsprechend marginal blieb sein Beitrag zur Ausrichtung des Kongresses.[33]

Schwerwiegender als die Absage des Sozialistenkomitees und das lange Zögern Coudenhoves und seiner Parlamentarier-Union war die Opposition des Exekutivkomitees der britischen Labour Party. Labour-Führer wie Morgan Phillips, Hugh Dalton und Denis Healey waren entschiedene Gegner einer britischen Beteiligung an einem supranationalen Europa. In dem Kongress-Plan sahen sie darum ein höchst gefährliches Unternehmen, das zudem die Handlungsfreiheit von Außenminister Ernest Bevin beeinträchtigte und der konservativen Opposition Auftrieb gab. Bei einer Konferenz der sozialistischen Parteien all jener Länder, die sich am Marshall-Plan beteiligten, am 21. und 22. März 1948 in London setzten sie die Entscheidung durch, der Einladung des Koordinierungskomitees nicht zu folgen; 40 Labour-Abgeordnete, die sich schon zur Teilnahme am Haager Kongress entschlossen hatten, wurden aufgefordert, ihre Zusage wieder rückgängig zu machen. Um die Solidarität des internationalen Sozialismus zu wahren, verboten die Parteivorstände der französischen Section française de l'Internationale ouvrière (SFIO) und der deutschen SPD ihren Funktionsträgern ebenfalls die Teilnahme.[34]

Nicht alle sozialistischen oder sozialdemokratischen Europapolitiker ließen sich von den Verboten beeindrucken. So hielten 23 der 40 Labour-Abgeordneten an ihrer Zusage fest, darunter Ronald W. G. Mackay, der Initiator der »All-Party Group for European Unity« im britischen Unterhaus, der unterdessen als Stellvertreter Coudenhoves auch eine führende Rolle in der Europäischen Parlamentarier-Union spielte. Léon Blum, Paul-Henri Spaak, Carlo Schmid und Max Brauer blieben dem Kongress fern; dagegen nahmen Paul Ramadier und Wilhelm Kaisen in offener Auflehnung gegen die Beschlüsse ihrer Parteivorstände teil. Sie konnten freilich nicht verhindern, dass die Veranstaltung eine liberal-konservative Schlagseite bekam. Ganz so repräsentativ, wie Sandys es mit guten Gründen angestrebt hatte,[35] wurde der Haager Kongress also nicht.

Verhandlungen und Beschlüsse

Dennoch hatte die Versammlung, die am Nachmittag des 7. Mai 1948 in Anwesenheit von Prinzessin Juliane und Prinz Bernhard der Niederlande eröffnet wurde, starkes politisches Gewicht. Insgesamt 722 Delegierte waren der Einladung schließlich gefolgt, hinzu kamen etwa 250 Gäste und journalistische Beobachter. Die stärkste Delegation stellte mit 185 Mitgliedern Frankreich; ihr gehörten neben Ramadier unter anderen Édouard Bonnefous, Édouard Daladier, Edgar Faure, André François-Poncet, Edmond Giscard d'Estaing, Pierre-Olivier Lapie, François de Menthon, François Mitterrand und Paul Reynaud an. Aus Großbritannien kamen 147 Delegierte, darunter Anthony Eden und Harold Macmillan. Italien war nicht ganz so prominent vertreten: De Gasperi und andere führende Politiker mussten wegen der Regierungsneubildung im Anschluss an die Wahlen vom 18./19. April absagen. Die Vertreter Portugals, für die immerhin 20 Plätze vorgesehen waren, blieben nach einer Missfallenskundgebung Salazars ganz zu Hause. Polen, die Tschechoslowakei, Ungarn, Rumänien, Bulgarien und Jugoslawien waren nur durch Exilpolitiker vertreten. Spanien musste sich mit einer Beobachterrolle begnügen; sie wurde von vier Delegierten wahrgenommen, an ihrer Spitze der Philosoph und Ex-Minister Salvador de Madariaga. Jeweils nur ein Delegierter kam aus Island und der Türkei.[36]

Die Deutschen waren der politischen Zielsetzung entsprechend, wie sie Churchill vorgegeben hatte, als Delegierte mit vollem Status geladen. Da es darüber im Koordinierungskomitee noch einmal zu Diskussionen gekommen war, hatte sich ihre Einladung verzögert. Für manche der Eingeladenen konnten daraufhin nicht mehr rechtzeitig die erforderlichen Ausreisegenehmigungen der Besatzungsbehörden und Devisen beschafft werden, sodass die deutsche Delegation schließlich nur 51 Persönlichkeiten zählte. Sie genossen es sehr, von Churchill in seiner Eröffnungsansprache ausdrücklich als notwendige Partner beim Aufbau Europas begrüßt zu werden und zum ersten Mal seit Kriegsende auf internationaler Ebene wieder auf gleicher Augenhöhe auftreten zu können. In den Diskussionen des Kongresses hielten sie sich allerdings meistens zurück, im Bewusstsein fortdauernder Abhängigkeit von den Entscheidungen der Besatzungsmächte. Stattdessen nutzten sie die Gelegenheit, Kontakte mit den prospektiven Partnern zu knüpfen. So traf Adenauer nach der Eröffnungsveranstaltung zum ersten Mal mit Churchill zusammen und fand sich »von ihm mit gewinnender Freundlichkeit behandelt«.[37] Innerhalb der deutschen Delegation lernte er Walter Hallstein kennen, der später sein engster europapolitischer Mitarbeiter werden sollte.[38]

Auf Churchills Eröffnungsansprache folgten Reden von Ramadier, Coudenhove-Kalergi, Brugmans[39] und van Zeeland. Ein Versuch der Föderalisten, die Veranstaltung durch das Verlesen einer »Präambel«, die auf die Schaffung einer europäischen Versammlung der »lebendigen Kräfte aller unserer Nationen« zielte, gleich nach der Rede Churchills doch noch stärker in die Richtung von »Generalständen« zu bugsieren, wurde abgewiesen. Denis de Rougement, der die Proklamation einer solchen Zielsetzung des Kongresses zur Bedingung für seine Mitarbeit an der Kongressvorbereitung gemacht hatte, konnte den von ihm redigierten Text nur als »Botschaft an die Europäer« verlesen, nach Statements von Sandys, de Madariaga und Ramadier. Die den Föderalisten zunächst zugestandene Unterzeichnung der Botschaft durch alle Delegierten unterblieb, nachdem 30 Teilnehmer Einspruch gegen die Forderung nach einer gemeinsamen Verteidigung erhoben hatten.[40]

Auf der anderen Seite sorgte die Kongressregie aber auch dafür, dass Churchill die Veranstaltung keineswegs dominieren konnte. Die Mitglieder des Koordinierungskomitees waren schon fünf Tage vor Kongressbeginn angereist und hatten sich im Detail über den Ablauf der Veranstaltung verständigt.[41] Die Berichte zu politischen, wirtschaftlichen und kulturellen Fragen, an denen die Komiteemitglieder seit Jahresbeginn in unterschiedlicher Zusammensetzung gearbeitet hatten, wurden nicht einfach zur Abstimmung gestellt, sondern in entsprechenden Ausschüssen des Kongresses während des ganzen zweiten Verhandlungstages und dann noch einmal am Abend des dritten Tages intensiv diskutiert und dabei zum Teil auch noch einmal substantiell verändert. Eugen Kogon, der von der UEF als deutscher Teilnehmer rekrutiert worden war, hielt gleich nach der Rückkehr aus Den Haag in seinen *Frankfurter Heften* fest: »Den beteiligten Sozialisten, Christlich-Sozialen, Syndikalisten und Fortschrittlichen gelang es eindeutig zu verhindern, dass Churchill, dessen Bedeutung für die Einigung Europas im Übrigen von jedermann anerkannt wird, und seine meist ebenso reichen wie stockkonservativen Gefolgsleute dem Kongress ihr Gepräge geben konnten.«[42]

Die Verhandlungen des Politischen Ausschusses wurden von Auseinandersetzungen um das Ziel, die Methoden und das Tempo der europäischen Einigung geprägt. Indirekt stand damit auch die Frage einer britischen Beteiligung im Raum, obwohl das vielen Teilnehmern gar nicht bewusst war. Sandys hatte in einem Rahmenentwurf für die Politische Resolution des Kongresses, den er Ende 1947 unter den Komiteemitgliedern zirkulieren ließ, verlangt, der Kongress solle sich »für das Endziel der europäischen Einheit« aussprechen, dabei aber nur »in höchst allgemeinen Formulierungen die verschiedenen Formen erläutern, die diese Einheit annehmen könnte«. Als Institution zur Förderung des Einigungsprozesses wollte er einen »Europäischen Rat« fordern, bestehend aus »einem System regelmäßiger Konferenzen europäischer Minister«, die »soweit als möglich einen gemeinsamen europäischen Standpunkt entwickeln sollten«, und einem »ständigen internationalen Sekretariat«, das die laufenden europäischen Probleme studiert und dem Rat Vorschläge unterbreitet.[43]

In dem Bericht, der den Delegierten nach der Abstimmung im Koordinierungskomitee vorgelegt wurde, wurde auf Drängen der Föderalisten die supranationale Dimension der zu schaffenden »Politischen Union« klarer angesprochen: »Früher oder später« müsse der schrittweise politische Zusammenschluss »den Verzicht auf, oder um genauer zu sein, die gemeinsame Ausübung gewisser Souveränitätsrechte einschließen«. Als Endziel der Entwicklung wurde »die Bildung einer vollständigen Föderation mit einem gewählten europäischen Parlament« genannt. Der Europäische Rat wurde jetzt als »Emergency Council« bezeichnet, der »für die Durchführung gemeinsamer Aktionen zur Sicherung nicht nur des wirtschaftlichen Wiederaufbaus und der militärischen Verteidigung, sondern auch des Erhalts der demokratischen Freiheit verantwortlich« sein sollte. Außerdem sollte der Rat »die weiteren Stufen der politischen und wirtschaftlichen Integration Europas planen«. Hinzu kam die Forderung, eine »Europäische Beratende Versammlung« einzurichten, die den Europäischen Rat »unterstützen und beraten« sollte. Ihre Mitglieder sollten zunächst von den nationalen Parlamenten entsandt werden; »später« sollte »ein System direkter Wahl eingerichtet werden«.[44]

In den Verhandlungen des Ausschusses rückte unter dem Einfluss von Mackay die Idee einer Europäischen Versammlung in den Mittelpunkt des Forderungskatalogs. Sie sollte »sofortige praktische Maßnahmen empfehlen, die geeignet sind, die notwendige wirtschaftliche und politische Union Europas in fortschreitendem Maße zu verwirklichen«, und Pläne für »die rechtlichen und verfassungsmäßigen Folgerungen« ausarbeiten, »die sich aus der Schaffung einer derartigen Union oder Föderation ergeben«. Die Forderung nach Einrichtung eines Europäischen Rates entfiel. Stattdessen wurde erklärt, »dass die Zeit gekommen« sei, »zu der die europäischen Nationen einen Teil ihrer Souveränitätsrechte übertragen und verschmelzen müssen«.[45] Die Forderung der italienischen Föderalisten, aus der Europäischen Versammlung gleich eine verfassunggebende Versammlung zu machen, wurde mit großer Mehrheit abgelehnt. Auch für einen Antrag Reynauds, die Direktwahl der Versammlung schon für die erste Wahlperiode zu verlangen, konnten sich nur wenige Delegierte begeistern. Zu Recht warnte Mackay davor, die britische und auch die französische Regierung mit einem solchen Vorschlag zu provozieren: Er würde die Chancen nur mindern, tatsächlich eine Versammlung zu bekommen, die mit der Ausarbeitung eines mehrheitsfähigen Verfassungsentwurfs beauftragt wurde. Die Resolution wurde schließlich in der Nacht zum 10. Mai verabschiedet. Von den über 300 Delegierten, die im Politischen Ausschuss mitgearbeitet hatten, stimmten weniger als ein Dutzend dagegen.[46]

Im Wirtschafts- und Sozialausschuss stießen die liberalen Integrationsvorstellungen der ILEC, die bei der Vorbereitung federführend gewesen war,[47] auf die Kritik der Sozialisten und Gewerkschaftsvertreter. Das Bild der anzustrebenden »wirtschaftlichen Union« blieb damit notwendigerweise etwas vage. Immerhin hielt man aber fest, dass der europäische Wiederaufbau »nicht erfolgreich sein« könne, »wenn er auf der Grundlage streng geteilter nationaler Staatshoheiten durchgeführt« und nicht »auf jeder Stufe von einer gleichlaufenden Politik immer engeren politischen Zusammenschlusses begleitet wird«. Als Maßnahmen forderte man: die schrittweise Beseitigung der Handels- und Zollschranken, einen gemeinsamen, wenn auch niedrigen Außenzoll, Haushaltsstabilisierung, Angleichung von Preisen und Löhnen, freie Konvertierbarkeit der Währungen und schließlich eine Währungsunion, ebenso gemeinsame Planung zur Entwicklung der Landwirtschaft und der Grundindustrien und eine Koordinierung der Haushalts- und Kreditpolitik sowie der Sozialgesetzgebung.[48]

Der Kritik der Linken kam die Mehrheit der Kommission mit Bekenntnissen zu sozialstaatlichen Prinzipien entgegen. So appellierte man an die beruflichen, wirtschaftlichen und sozialen Organisationen der einzelnen Länder, »Mittel und Wege zu einer weiteren Steigerung der Erzeugung und Vereinfachung der Verteilung bei gleichzeitiger Besserung der sozialen Verhältnisse und Sicherung einer gerechten Verteilung der Erzeugnisse der wirtschaftlichen Tätigkeit gemeinsam zu untersuchen«. Die Förderung der Freizügigkeit der Arbeitskräfte sollte mit der »Sicherung des Lohnstandards und der sozialen Sicherheit« verbunden werden; die Wirtschaftspolitik der einzelnen Länder sollte einander »angeglichen« werden, »um eine Vollbeschäftigung zu gewährleisten«.[49] Auf konkrete Maßnahmen wie eine supranationale Kontrolle des Kapitalverkehrs und eine Europäisierung der Ruhrindustrie wollte sich die Mehrheit der Delegierten jedoch nicht festlegen. Auch für eine Unterstützung der Forderung, die Arbeiter und ihre Organisationen an den europäischen Gremien zu beteiligen, fand sich keine Mehrheit. Der Protest der Gewerkschaftsvertreter gegen diese Abfuhr konnte nur dadurch aufgefangen werden, dass der Ausschuss nach langwierigen Verhandlungen – die bis in den frühen Morgen des 10. Mai andauerten – einem »post-Congress Economic Committee« den Auftrag gaben, »eine Kompromiss-Politik für Europa auszuarbeiten, die die besten Grundzüge von Kapitalismus und Sozialismus enthalten sollte«.[50]

Dem kulturellen Ausschuss wurde ein Bericht vorgelegt, den Denis de Rougement im Kontakt mit Autoren wie Étienne Gilson, Ignazio Silone und Salvador de Madariaga erarbeitet hatte. Er sprach von einem »gemeinsamen christlichen Erbe sowie anderen geistigen und kulturellen Werten« und der »gemeinsamen Verpflichtung gegenüber den menschlichen Grundrechten«, die für die Mitglieder einer »Europäischen Union« gelten sollten. Allzu föderalistische Passagen waren nach einer Intervention Retingers im letzten Moment aus der Vorlage entfernt worden. Konkret wurde dann die Einrichtung eines »europäischen Kulturzentrums« verlangt, das unabhängig von jeder Regierungsüberwachung »das Bewusstsein der europäischen Einheit fördern« und als Forum des Austauschs der »geistigen Führer« Europas dienen sollte. Weiter wurde die Schaffung einer »europäischen Zentrale für Kinder und Jugendliche« gefordert, die Kinder- und Jugendforschung betreiben sowie »den Austausch von Jugendlichen aller Schichten in Europa« fördern sollte. Zuletzt sah der Entwurf auch noch vor, einen Obersten Gerichtshof zur Einhaltung der Menschenrechte einzurichten, der sowohl von einzelnen Bürgern als auch von »kollektiven Einheiten« angerufen werden konnte und »befähigt« sein sollte, »die Einhaltung der Erklärung der Menschenrechte zu sichern«.[51]

Die Debatte über den kulturellen Report »entfaltete sich in der üblichen Konfusion«, wie de Rougement sarkastisch kommentierte. Während der Schriftsteller Charles Morgan die kulturellen Angelegenheiten ganz in den Händen der nationalen Regierungen lassen wollte, verlangten andere Delegierte die sofortige Einrichtung einer Körperschaft, die die Arbeit des Kongresses fortsetzen sollte. Ein Hauptmann Cheshire von der Bewegung für moralische Aufrüstung wollte die Rückkehr zu Gott in dem Dokument verankert sehen und griff den Entwurf als »anti-christlich« an. Schließlich sprach sich Bertrand Russell nachdrücklich für das vorgeschlagene Kulturzentrum aus: Es werde den Menschen der verschiedenen Länder helfen, miteinander engen Kontakt zu halten und die Standpunkte der jeweils anderen verstehen zu lernen. Seine Autorität trug dazu bei, dass die materiellen Vorschläge des Berichts schließlich alle einstimmig angenommen wurden.[52]

Ein Meilenstein

Einige dezidierte Föderalisten waren vom Verlauf des Kongresses so enttäuscht, dass sie kurz vor seinem Ende unter Protest abreisen wollten. Sandys musste van Zeeland als Vermittler einschalten, um einen solchen offenen Bruch zu vermeiden. Möglicherweise war das Verlesen der »Botschaft an die Europäer« der Preis, den er dafür zahlen musste – er selbst hatte sie nach den Einwänden gegen ein Bekenntnis zur europäischen Verteidigung zunächst ganz streichen wollen.[53] Marc setzte dann aber eine Presseerklärung der UEF durch, in der ungenügende Repräsentativität des Kongresses und »Halbheiten« in seinen Beschlüssen kritisiert wurden.[54] Auf dem zweiten Jahreskongress der UEF vom 7. bis 11. November 1948 in Rom musste Brugmans für seine Bereitschaft zur Zusammenarbeit mit dem UEM heftige Kritik einstecken.[55]

Die Enttäuschung der radikalen Föderalisten über das Ausbleiben eines Durchbruchs zur europäischen Konstituante sollte jedoch nicht den Blick dafür verstellen, dass es den Initiatoren des Haager Kongresses tatsächlich gelungen war, die europäische Einigung auf die Agenda westeuropäischer Politik zu setzen. Die Einigung einigermaßen repräsentativer Delegationen aus nahezu allen Ländern des europäischen Kontinents auf ein gemeinsames Programm erlaubte es Sandys, die unterschiedlichen Europa-Verbände in einer gemeinsamen »Europäischen Bewegung« zusammenzufassen, die dann am 25. Oktober 1948 offiziell konstituiert wurde – mit Léon Blum, Winston Churchill, Alcide De Gasperi und Paul-Henri Spaak als prestigeträchtigen Ehrenpräsidenten. Gleichzeitig suchten die Spitzenpolitiker unter den Kongressteilnehmern ihre jeweiligen Regierungschefs auf, um ihnen deutlich zu machen, dass von ihnen jetzt konkrete Initiativen zur Einberufung der Europäischen Versammlung erwartet wurden.[56] Angesichts der Resonanz, die der Kongress in großen Teilen der europäischen Öffentlichkeit hatte, konnten sich die Regierungen diesem Ansinnen nicht leichthin versagen.

Wenige Wochen nach dem Haager Kongress gab sich Winston Churchill von seinem Erfolg überzeugt: »Dieser Europa-Kongress wird von den Historikern als Meilenstein in der Entwicklung unseres Kontinents hin zur Einheit gewürdigt werden.«[57] Tatsächlich war in Den Haag zum ersten Mal der transnationale gesellschaftliche Konsens deutlich geworden, auf dem die späteren europäischen Gemeinschaften beruhten. Angesichts der verschlungenen Wege zu »mehr Europa«, die in den nächsten Jahrzehnten gegangen wurden, ist es bemerkenswert, dass er in erster Linie von britischen Europapolitikern organisiert worden war und dass er auf ein weit größeres Europa zielte als das »Europa der Sechs«, das dann zunächst zustande kommen sollte. Dieser Konsens war notwendigerweise unpräzise, was die institutionelle Ausgestaltung eines vereinten Europas betraf. Er umfasste aber sehr klar die Bereitschaft zur partiellen Zusammenlegung nationaler Souveränitätsrechte, zur sozialstaatlichen Ausgestaltung der Gemeinschaft und zur Festigung der demokratischen Ordnung in den beteiligten Ländern.[58] Nach dem Haager Kongress ging er nicht einfach wieder verloren. Vielmehr entwickelte er sich in kritischer Auseinandersetzung mit den Erfahrungen konkreter Europapolitik, und diese wurde von ihm mitgeprägt.

1. Gründerjahre 1948–1957

Der Druck, den die europäische Bewegung bis zum Frühjahr 1948 entwickelte, war vor allem der französischen Regierung sehr willkommen. Hier hatte die Überzeugung, dass ein westeuropäischer Zusammenschluss sowohl für den Wiederaufbau als auch zur Lösung des Deutschlandproblems unabdingbar sei, unterdessen erheblich an Boden gewonnen. »Mein ganzes Denken und alle meine Beobachtungen«, schrieb etwa der Chef des französischen Planungskommissariats Jean Monnet am 18. April 1948 von Washington aus an Ministerpräsident Robert Schuman, »führen mich zu dem Schluss, der jetzt zu einer tiefen Überzeugung geworden ist: Die Anstrengung der Länder Westeuropas, sich den Umständen, der Gefahr, die uns bedroht und der amerikanischen Bemühung gewachsen zu zeigen, muss zu einer wirklichen europäischen Bemühung werden, die allein durch die Schaffung einer Föderation des Westens möglich werden wird. Ich weiß um all die Schwierigkeiten, die sich aus einer solchen Perspektive ergeben, aber ich bin davon überzeugt, dass wir uns nur mit einer solchen Anstrengung retten können.«[1] Die Verwirklichung der Föderation schien umso dringlicher, als die Gründung eines westdeutschen Staates, die von der Londoner Sechs-Mächte-Konferenz am 7. Juni 1948 beschlossen worden war, die Franzosen unter Zugzwang setzte: Wenn die westeuropäische Einigung jetzt nicht rasch supranationale Qualität erreichte, drohten die Deutschen wieder ihre traditionelle Großmachtpolitik aufzunehmen. Vielleicht würden sie sich sogar mit der Sowjetunion verbünden, die über den Schlüssel zur deutschen Einheit verfügte. Noch sei die Gelegenheit zur europäischen Einbindung der Deutschen da, notierte Jean Laloy, politischer Berater beim französischen Besatzungskommandanten in Deutschland am 30. August 1948, aber: »Man muss sie schnell ergreifen; in einem Jahr wird es schon zu spät sein.«[2]

Das Ringen um den Europarat

Auf Drängen Ramadiers und anderer Regierungsmitglieder entschloss sich Außenminister Georges Bidault, das Einigungsprojekt in jener Weise voranzubringen, wie es der Haager Kongress vorgezeichnet hatte. Während der zweiten Sitzung des Konsultativrats des Brüsseler Pakts verlangte er am 19. Juli 1948 die Einberufung einer »Europäischen Parlamentarischen Versammlung« zum »Meinungsaustausch« über die Probleme eines europäischen Zusammenschlusses und die Vorbereitung einer Wirtschafts- und Währungsunion der Fünf. Die Versammlung sollte, wie in einer Instruktion des Quai d'Orsay an den französischen Botschafter in London erläutert wurde, zunächst konsultativen Charakter haben, nach einer Verständigung über das Europa-Projekt aber bald eigene Entscheidungsvollmachten erhalten und damit »den Kern einer föderativen Organisation Europas bilden«.[3] Bidault selbst glaubte zwar nicht recht daran, dass sich ein solch ehrgeiziges Projekt verwirklichen ließe; mit Rücksicht auf die Kritik an den Londoner Deutschland-Vereinbarungen, die bei seinen christdemokratischen Parteifreunden laut geworden war, hielt er es aber für angebracht, sich jetzt an die Spitze der europäischen Bewegung zu stellen.[4]

Der britische Außenminister Ernest Bevin, der Bidaults Ankündigungen zunächst nicht ernst genommen hatte, war über den französischen Vorstoß alles andere als begeistert: Dem ehemaligen Chef der britischen Transportarbeiter-Gewerkschaft schwebte zwar, anders als seinen Genossen an der Spitze der Labour Party, durchaus die Schaffung einer »engen Assoziation« zwischen dem Vereinigten Königreich und den Ländern »des atlantischen und Mittelmeer-Ufers Europas« vor, die der wirtschaftlichen Sanierung aller Beteiligten ebenso wie ihrer Sicherheit dienen sollte.[5] Mit dieser Perspektive hatte er die Bildung des Brüsseler Paktes mit Frankreich, Belgien, den Niederlanden und Luxemburg betrieben, der am 17. März 1948 unterzeichnet worden war und eine automatische Beistandsverpflichtung im Falle eines Angriffs einer dritten Macht in Europa enthielt. Der Ausbau dieses Paktes zu einer »Europäischen Union« sollte jedoch seiner Meinung nach in der Hand des Konsultativrats der Paktmitglieder bleiben, der zu diesem Zweck eingerichtet worden war. Eine Parlamentarier-Versammlung erschien ihm wie »eine Pandora-Büchse voller trojanischer Pferde«.[6] Sie drohte demagogisch überzogene Einigungsforderungen zu produzieren, die in der britischen Regierung nicht durchsetzbar waren, und damit die Einbindung der Westeuropäer in eine von Großbritannien geführte Ordnung zu gefährden. Außerdem bot sie natürlich Churchill ein hervorragendes Forum, von dem aus er seine Attacken auf die europapolitische Untätigkeit der Labour-Regierung noch verstärken konnte. Ungehalten über das Ausmaß an Unverantwortlichkeit, das Bidault an den Tag gelegt hatte, verlangte Bevin darum zunächst einmal genauere Vorschläge, bevor er sich auf eine Diskussion des Projekts einließ. Da Bidault schlecht vorbereitet war, stimmte Paul-Henri Spaak als belgischer Außenminister der Forderung nach Vertagung zu: Nur so ließ sich verhindern, dass das Versammlungsprojekt sofort am britischen Widerstand scheiterte.

Wenn Bevin geglaubt haben sollte, mit der Vertagung sei das Projekt erledigt, wurde er rasch eines Besseren belehrt. Bereits am 29. Juli erklärte Spaak im belgischen Parlament seine Bereitschaft, das Vorhaben den verbündeten Regierungen zu unterbreiten, wenn das Koordinierungskomitee der Europa-Verbände dazu präzisere Vorschläge über Zusammensetzung und Aufgabenstellung mache. Wenige Tage später signalisierte Ramadier den Komitee-Führern Sandys und Retinger, dass die neue französische Regierung, der er selbst als Staatsminister angehörte, ebenso Blum und Teitgen als stellvertretende Ministerpräsidenten und Reynaud als Finanzminister, ebenfalls zu einem solchen Schritt bereit sei. Als Vorsitzender des Institutionellen Ausschusses, den das Komitee am 29. Mai eingerichtet hatte, arbeitete er daraufhin selbst zusammen mit Sandys und anderen einen Vorschlag aus, der die kurzfristige Einberufung einer Vorbereitungskonferenz aus 75 Vertretern vorsah, die von den Parlamenten der fünf Brüsseler Paktstaaten entsandt werden sollten. Am 19. August übermittelte das Exekutivkomitee diesen Vorschlag an alle OEEC-Regierungen; am 2. September verlangten die französische und die belgische Regierung gemeinsam, ihn im Ständigen Ausschuss des Brüsseler Paktes genau zu studieren, um bei der nächsten Sitzung des Konsultativrats darüber befinden zu können.

Bevin suchte zunächst auch diesen Vorstoß mit dilatorischer Taktik zu parieren: Im Ständigen Ausschuss ließ er einen Fragebogen vorlegen, der genaue Auskünfte über die Kompetenzen der Europäischen Versammlung, ihr Verhältnis zu den nationalen Regierungen, den übrigen internationalen Organisationen und den Übersee-Gebieten verlangte. Nachdem die französische Seite präzisiert hatte, die Versammlung solle zunächst nur Vorschläge ausarbeiten, über die dann die Regierungen zu befinden hätten, präsentierte er Schuman (der Bidault am 24. Juli als Außenminister abgelöst hatte) am 2. Oktober einen Gegenvorschlag: die Idee eines »Europarats«, der einmal im Jahr zusammentreten sollte, um der Öffentlichkeit die Intensität der westeuropäischen Kooperation vor Augen zu führen. Da es zu keiner weiteren Annäherung der Standpunkte kam, konnte der Konsultativrat am 25. Oktober nur einen sehr vordergründigen Kompromiss beschließen: Ein 18-köpfiges Studienkomitee wurde eingesetzt, das bis zur nächsten Sitzung des Rates über die beiden Vorschläge beraten sollte.

In diesem Studienkomitee, das seine Arbeit am 26. November aufnahm, prallten die gegensätzlichen Standpunkte erneut aufeinander. Während die Franzosen, um von der Idee der repräsentativen Vorbereitungskonferenz wenigstens noch etwas zu retten, hochrangige Europapolitiker entsandten (Herriot, Reynaud, de

Menthon und Blum, der dann erkrankte und durch den SFIO-Generalsekretär Guy Mollet ersetzt wurde), stellten die Briten den dezidierten Europa-Gegner Hugh Dalton an die Spitze ihrer Delegation und schickten ansonsten nur Beamte. Ein Unterausschuss erarbeitete schließlich bis zum 16. Dezember einen Kompromissvorschlag, der von allen Delegationen im Prinzip gebilligt wurde. Danach sollte ein einstimmig beschließender »Europarat« der Minister, wie ihn die britische Delegation vorgeschlagen hatte, mit einer Konsultativversammlung kombiniert werden, die entsprechend den französischen Vorstellungen von den nationalen Parlamenten beschickt werden und in zwei vierzehntägigen Sitzungsperioden pro Jahr Vorschläge an die Regierungen erarbeiten sollte. Über die Beratungsgegenstände der Versammlung sollte der Rat mit Zweidrittelmehrheit entscheiden; weitergehende Vorschläge der Versammlung sollte er mit der gleichen Mehrheit untersagen können. Ein permanentes Sekretariat sollte die Arbeit der beiden Gremien unterstützen.

Bevin rang sich nach diesem Zwischenergebnis zu der Einsicht durch, dass eine parlamentarische Versammlung wohl unvermeidlich war, wenn er die Stabilisierung des westlichen Europas nicht ernsthaft gefährden wollte. Er bestand aber darauf, dass die Mitglieder dieser Versammlung von den Regierungen ernannt würden und in nationalen Delegationen *en bloc* zu stimmen hätten. Das wiederum war den kontinentalen Verhandlungspartnern entschieden zu wenig, und so ging das Studienkomitee nach heftigen Vorwürfen an die britische Seite am 20. Januar auseinander, ohne sich auf einen gemeinsamen Report geeinigt zu haben. Erst auf der Sitzung des Konsultativrats am 27. und 28. Januar 1949 sah Bevin ein, dass er nicht mehr allzu weit hinter die Kompromissformel zurückgehen konnte, die im Dezember 1948 gefunden worden war. Nachdem Schuman ihm zugestanden hatte, dass jedes Land über das Verfahren zur Ernennung der Abgeordneten selbst entscheiden sollte, willigte er ein, dass sie bei Abstimmungen frei sein sollten und auch an der Aufstellung der Tagesordnung mitwirken konnten. Auf dieser Grundlage wurde die Schaffung der neuen Organisation im Grundsatz beschlossen. Gleichzeitig kam man überein, Italien, die skandinavischen Staaten und Irland sogleich zur Beteiligung an dem Projekt einzuladen.

Über die Einzelheiten wurde danach im Ständigen Ausschuss des Brüsseler Paktes weiterverhandelt, und vom 28. März an nahmen auch die Vertreter der eingeladenen weiteren Gründungsmitglieder an den Beratungen teil. Die Delegierten akzeptierten den britischen Vorschlag, die Versammlung in Straßburg anzusiedeln – was dem Ehrgeiz der Franzosen wohl etwas entgegenkam, zugleich aber die mögliche Resonanz des neuen Organs von vornherein dämpfen sollte. Als Tagungsort für den Ministerrat suchten die Franzosen vergeblich Paris durchzusetzen; Bevin beharrte auf London. Ebenso blieben alle Bemühungen Schumans fruchtlos, die Organisation »Europäische Union« zu nennen; der Name blieb bis zum letzten Moment offen. Auf der nächsten Tagung des Konsultativrats am 5. Mai, die die Satzung der neuen Organisation definitiv verabschiedete, setzte Bevin durch, dass die Bezeichnung »Europarat« nun für das Ensemble aller Organe gelten sollte. Langfristig, so hoffte er, mochte die neue Organisation, auch wenn er sie nicht gewollt hatte, dazu dienen, die wirtschaftliche Kooperation nach dem Ende der Marshall-Hilfe zu sichern und Deutschland in die westliche Gemeinschaft zu integrieren.[7]

Das an den Ausgangshoffnungen gemessen bescheidene und späte Ergebnis der Verhandlungen sorgte für eine gewisse Enttäuschung unter den Kontinentaleuropäern. Es konnte sie jedoch nicht davon abhalten, nun alle Energie auf den raschen Ausbau der neuen Institution zu konzentrieren. Insbesondere die kontinentalen Sozialisten, denen eine Beteiligung Großbritanniens an dem Einigungswerk besonders am Herzen lag, bestürmten ihre sichtlich zögernden britischen Parteifreunde, sich der Einsicht in die Notwendigkeit einer supranationalen »Dritten Kraft« nicht länger zu verschließen. Die sozialistische Europabewegung (MSEUE), die jetzt beträchtlichen Zulauf erhielt, schloss sich im November 1948 der Europäischen Bewegung an und korrigierte damit die taktische Fehlentscheidung gegen den Haager Kongress. Auf dem zweiten Kongress der Europäischen Bewegung vom 25. bis 28. Februar 1949 in Brüssel arbeiteten führende Sozialisten gleichberechtigt mit. Beschlüsse zur europäischen Wirtschaftsplanung und zur Schaffung gemeinsamer Institutionen der europäischen Schwerindustrie verschoben die programmatischen Aussagen der Bewegung deutlich nach links und signalisierten damit den Labour-Politikern, dass in dem künftigen Europa durchaus Platz für ihre gesellschaftspolitischen Vorstellungen war. Die Labour-Vertreter stimmten auf einer internationalen Sozialisten-Konferenz im niederländischen Baarn im Mai 1949 gemeinsamen Beratungen aller sozialistischen Abgeordneten in der künftigen Beratenden Versammlung zu.[8]

Zeitgleich dazu bemühten sich Jean Monnet und seine Mitarbeiter, die britischen Planungsexperten in Detailverhandlungen für eine britisch-französische Wirtschaftsunion zu gewinnen, die das Kernstück der künftigen europäischen Gemeinschaft bilden sollte. Da die Briten nach wie vor an der Entwicklung der Kooperation mit Frankreich interessiert waren, stimmte Schatzkanzler Cripps informellen Vorgesprächen zwischen Monnet und dem Vorsitzenden des britischen *Economic Planning Board*, Sir Edwin Plowden, über dieses Projekt zu. In den Verhandlungen, die Ende April 1949 im Hause Monnets stattfanden, kam es zwar kaum zu einer Annäherung der Standpunkte; da Plowden aber viel Verständnis für praktische Vorschläge wie den Austausch zwischen britischer Kohle und französischen Agrarprodukten aufbrachte, gewannen die französischen Gesprächspartner den Eindruck, dass sich die Briten – sollten sich weitere gemeinsame und reziproke Interessen auftun – schließlich doch noch für gemeinsame Lösungen gewinnen lassen würden.[9]

Als die erste Sitzungsperiode der Beratenden Versammlung des Europarats am 10. August 1949 in Straßburg begann, konnte es in der Tat so scheinen, als ob der Durchbruch zu einem supranationalen Europa nicht mehr weit sei. Die nationalen Parlamente hatten Spitzenpolitiker ihrer Fraktionen entsandt, und zwar oft solche, die bereits in der Europäischen Parlamentarier-Union oder der Europäischen Bewegung mitgearbeitet hatten. Selbst die britische Regierung, die als einzige von der Möglichkeit Gebrauch machte, die Abgeordneten selbst zu ernennen, ließ es sich nicht nehmen, eine repräsentative Delegation zu schicken, in der Churchill eine prominente Rolle spielen konnte. Die Versammlung wählte Spaak, der unmittelbar zuvor aus der belgischen Regierung ausgeschieden war, zu ihrem Präsidenten und zeigte dann genügend Selbstbewusstsein, ihre Kompetenzen soweit auszuweiten, wie es nach den Vorschriften des Europarat-Statuts nur eben möglich war. Sie schuf einen Ständigen Ausschuss (ebenfalls unter dem Vorsitz von Spaak), der Präsenz und Kontinuität der Versammlung zwischen den knapp bemessenen Sitzungsperioden sicherte und als Verhandlungsführer gegenüber dem Ministerrat auftreten konnte. Dann stattete sie die sechs regulären Ausschüsse (darunter einen allgemeinen »Politischen Ausschuss«) ebenfalls mit dem Recht aus, sich außerhalb der Sitzungsperioden zu treffen. Schließlich forderte sie den Ministerrat auf, sich der Einflussnahme auf die Tagesordnung zu enthalten und das Amt eines Stellvertretenden Generalsekretärs zu schaffen, der nur der Versammlung verantwortlich war.

Inhaltlich bewegte sich die Versammlung vorsichtig auf den Schritt zur Supranationalität zu. Da Sandys, die EPU und das MSEUE eifrig hinter den Kulissen agierten, Churchill die Chance nutzte, den Labour-Abgeordneten Abstimmungsniederlagen beizubringen, und diese sich bald verärgert zurückzogen, gelang es den Föderalisten, einen guten Teil ihrer Vorstellungen durchzusetzen. Die Versammlung verabschiedete zum Schluss ihrer Beratungen am 5. September mit der nötigen Zweidrittelmehrheit eine von Mackay eingebrachte Erklärung, die feststellte, »dass Zweck und Ziel des Europarats die Schaffung einer europäischen politischen Autorität mit begrenzten Funktionen, aber echten Vollmachten ist«. Der Ständige Ausschuss erhielt den Auftrag, sich mit der Frage der politischen Autorität näher zu beschäftigen und eine Sondersitzung der Versammlung zu Beginn des Jahres 1950 zu veranlassen, die über das Ergebnis dieser Prüfung beraten sollte. Der Politische Ausschuss sollte daneben einen »Europäischen Pakt« entwerfen, »der die Leitsätze des Europarates auf politischem, wirtschaftlichem, sozialem und kulturellen Gebiet definiert« und »für alle Mitglieder oder assoziierten Mitglieder bindend sein« sollte; über diesen Entwurf sollte die Versammlung dann in der nächsten ordentlichen Sitzungsperiode befinden. Der Ministerrat wurde aufgefordert, noch vor der nächsten Sitzungsperiode den Beitritt der neuen westdeutschen Bundesrepublik zu ermöglichen und für eine Stärkung des europäischen Bewusstseins zu sorgen. Außerdem erarbeiteten die Abgeordneten den Entwurf einer europäischen Menschenrechtskonvention; sie beauftragten den Wirtschaftsausschuss, sich mit der Ruhrfrage und der Koordinierung der europäischen Grundindustrien zu beschäftigen; und sie verlangten, in der nächsten Sitzungsperiode auch die Frage einer Europäischen Universität zu behandeln.[10]

Mit diesen Beschlüssen und Forderungen übertraf die Versammlung freilich noch Bevins schlimmste Befürchtungen. Er war ohnehin dabei, seine europapolitischen Präferenzen zu korrigieren, und sah sich nun in dem Verdacht bestätigt, dass das unabhängige Europa, wie es ihm vorschwebte, mit den hitzköpfigen und unverantwortlichen Politikern des Kontinents nicht zu verwirklichen war. Im September 1948 hatte er schon das Zollunions-Projekt aufgegeben – teils, weil er den anhaltenden Widerstand des Schatzkanzlers, des Wirtschaftsministeriums und der Commonwealth-Vertreter leid war, und teils, weil ihm die politische Instabilität und (wie er meinte) Unreife Frankreichs eine unwiderrufliche Verbindung Großbritanniens mit dem Kontinent immer weniger geraten erscheinen ließ. Wichtiger als die Schaffung eines einheitlichen europäischen Wirtschaftsraums, der offensichtlich nur schwer mit den Interessen des Commonwealth in Einklang zu bringen war, war ihm nun zunächst einmal die politische Stabilisierung der westeuropäischen Region, die er durch die Kombination von innerer Schwäche und sowjetischem Expansionsdruck gefährdet sah. Dazu musste in erster Linie ein stabiler westdeutscher Staat geschaffen und der europäische Wiederaufbau durch eine amerikanische Sicherheitsgarantie gestützt werden (was ihn bis zu den Washingtoner Vereinbarungen zum Nordatlantikpakt und zum Besatzungsstatut für die Bundesrepublik Deutschland am 4. beziehungsweise 8. April 1949 auch am meisten beschäftigte). Großbritannien musste die europäische Integration unterstützen, aber es durfte sich nicht so weit engagieren, dass es nicht auch, wie er Ende Januar 1949 in einer mit Cripps gemeinsam verfassten Kabinettsvorlage schrieb, bei einem Zusammenbruch Europas allein lebensfähig blieb.[11]

Die Distanzierung Bevins von dem Einigungsprojekt, die sich daraus ergab, wurde noch dadurch verstärkt, dass die amerikanischen Planer um George Kennan im Sommer 1949 zu der Einschätzung gelangten, dass sich die Briten nie zu einem solchen Grad an Integration bereitfinden würden, wie es zur Einbindung der Deutschen als unerlässlich erachtet wurde. Für Kennan folgte daraus einerseits, dass Großbritannien und das Commonwealth entsprechend ihren Wirtschaftsinteressen näher an die USA und Kanada herangezogen werden sollten. Andererseits sollte Frankreich aufgefordert werden, die Führung bei einer engeren kontinentalen Einigung zu übernehmen; dabei sollte die französische Furcht vor einer deutschen Übermacht durch die militärische Präsenz der USA in Europa aufgefangen werden. Diese Auffassung stieß zwar auf den Widerspruch von Experten des State Departments wie Charles Bohlen, die fürchteten, Frankreich werde sich ohne Großbritannien nicht zu einer Assoziation mit dem neuen Deutschland bereitfinden, und darum verstärkten Druck auf die Briten forderten. Doch fand sie die Zustimmung des anglophilen Außenministers Dean Acheson, und Kennan konnte sie daher in formellen Gesprächen in London in der zweiten Augusthälfte auch der britischen Seite übermitteln. Als Washington den Briten dann auch noch in den trilateralen Finanzgesprächen (unter Einschluss Kanadas) Anfang September entgegenkam – unter dem Einfluss von Acheson wurden ihnen im Gegenzug zur Abwertung des britischen Pfundes Importerleichterungen, Sonderrechte für die Sterling-Zone und eine spezielle amerikanisch-kanadisch-britische Finanzorganisation zugestanden –, bestärkte dies den britischen Entschluss, »sich nicht weiter in Europa hineinziehen zu lassen«.[12] Bevin gab nun die Idee einer europäischen »Dritten Kraft« ganz auf, war zufrieden, dass die amerikanische Garantie wenigstens die britische Unabhängigkeit sicherte, und achtete umso mehr auf Eigenständigkeit gegenüber den Kontinentaleuropäern, als er damit rechnete, dass es mindestens noch zehn Jahre dauern würde, ehe diese in der Lage wären, einem sowjetischen Angriff standzuhalten.[13]

Voller Genugtuung über die Sonderrolle, die die amerikanische Kurskorrektur den Briten erlaubte, organisierte die Labour-Regierung die Pfundabwertung ohne jede Rücksicht auf die Partner in OEEC, Brüsseler Pakt und Europarat. Grundsätzlich lag sie durchaus auch in deren Interesse: Das beängstigend zunehmende Dollardefizit wirkte überall in Europa als eine Barriere gegen die wirtschaftliche Integration und verdunkelte die Aussichten auf eine dauerhafte Gesundung der europäischen Volkswirtschaften. Da sie aber Anpassungen der übrigen Währungen nach sich ziehen musste, hofften die Partner auf eine konzertierte Aktion, bei der Zeitpunkt und Umfang der Abwertungen aufeinander abgestimmt wurden. Dass die Briten nun, nachdem sie sich lange gegen die Abwertungsforderungen gesperrt hatten, am 18. September ohne weitere Konsultation einseitig eine Abwertung des Pfundes um 30 Prozent bekannt gaben, und das nach separater Verständigung mit den USA, wirkte auf dem Kontinent wie ein Fanal. Léon Blum nannte die Extratour der Briten »just in dem Moment, in dem man Europa schafft«, einen »Skandal«.[14]

Noch größer war die Enttäuschung, als Bevin bei der Ministerratstagung des Europarats vom 3. bis 5. November, gestützt auf die amerikanischen Zusicherungen, gegen nahezu alle Forderungen der Beratenden Versammlung Einspruch erhob. Allein der Antrag auf Zulassung der Bundesrepublik als assoziiertes Mitglied fand seine Zustimmung (da eine volle Mitgliedschaft noch nicht möglich war, solange der neue Staat noch nicht über die außenpolitische Souveränität verfügte). Alle Empfehlungen zu wirtschaftlichen Fragen wurden an die OEEC verwiesen; die Anträge, die auf einen Ausbau des Europarats hinausliefen, darunter der Antrag, eine Sondersitzung der Versammlung einzuberufen, mussten (da der Rat nur einstimmig beschließen konnte) nach Bevins Veto abgelehnt werden.[15] Damit war der Weg des Europarats zu einer europäischen Konstituante gestoppt worden, noch ehe er in den Arbeiten der Kommissionen der Beratenden Versammlung recht begonnen hatte. Die Föderalisten, die sich in Straßburg darum bemüht hatten, die Briten zu überzeugen, fühlten sich brüskiert; die französische Regierung sah mit Schrecken die Last der Integration der Bundesrepublik auf sich alleine zukommen.

Die Entstehung der Montanunion

Aus der Sackgasse, in die die europäische Einigungsbewegung mit dem britischen Veto gegen die Beschlüsse der Beratenden Versammlung gelangt war, fand sich so schnell kein Ausweg. Wohl plädierten konservative Politiker wie de Gaulle und Coudenhove-Kalergi, die die Möglichkeit einer britischen Beteiligung schon immer skeptisch eingeschätzt hatten, jetzt energisch für einen kontinentalen Zusammenschluss.[16] Die UEF, in der unterdessen der konstitutionelle Flügel um Altiero Spinelli nach vorne gelangt war, propagierte den Abschluss eines Bundespaktes, der in Kraft treten sollte, »sobald er von Staaten mit einer Gesamtbevölkerung von wenigstens 100 Millionen Einwohnern ratifiziert ist«; den Briten und Skandinaviern, die sich daran gewiss nicht beteiligen würden, wurden in der vagen Hoffnung auf eine spätere Revision ihrer Haltung »besonders freundschaftliche organische Verbindungen« zu den Paktmitgliedern in Aussicht gestellt.[17] Die Mehrheit der einigungswilligen Kräfte auf dem Kontinent schreckte jedoch vor einem Bruch mit den Briten zurück. Die Benelux-Länder sahen wieder die französische Dominanz auf sich zukommen, die Franzosen fürchteten die Dominanz der Deutschen, und die verschiedenen Anhänger der »Dritten Kraft« sahen die letzten Hoffnungen auf ein sozialistisches Europa schwinden. Ein Europa ohne Großbritannien wäre, so gab der französische Sozialist Francis Leenhardt in der Pariser Nationalversammlung einer verbreiteten Empfindung Ausdruck, »die industrielle Herrschaft Deutschlands, die Degradierung Frankreichs zum Gemüsegarten; es wäre die Verwirklichung von Hitlers Träumen trotz seiner Niederlage; es wäre das deutsche Europa.«[18]

Eine Ausweitung der geplanten Zollunion zwischen Frankreich und Italien auf die Benelux-Staaten erwies sich unter diesen Umständen als unmöglich. Vom Mai 1949 an wurden darüber Gespräche mit den Belgiern geführt, vom Oktober an auch mit den Niederländern. Dabei zeigte sich, dass Frankreich und Italien nur zu einer schrittweisen Freigabe der Importrestriktionen bereit waren und auf der Einrichtung von Koordinierungsorganen bestanden, während die Benelux-Länder auf möglichst rasche Liberalisierung drängten und auch die Bundesrepublik möglichst gleich in die Union einbeziehen wollten. Zwar verständigten sich die Experten der Fünf am 9. Dezember 1949 grundsätzlich auf die Schaffung einer »Fritalux«- oder »Finebel«-Gruppe; dabei blieb jedoch die Frage einer Beteiligung der Bundesrepublik offen, und auf der Regierungsebene verhärteten sich in den folgenden Wochen die Gegensätze. Die Briten, die keinen Ausschluss von einem engeren kontinentalen Markt wollten, bestärkten die Niederländer in ihrem Widerstand gegen eine Zollunion ohne die Bundesrepublik und warnten zugleich die Franzosen so nachdrücklich vor einer Belastung der britisch-französischen Kooperation, dass die Regierung Bidault es angesichts der generell probritischen Stimmung in der französischen Öffentlichkeit nicht mehr wagte, das Projekt gegen vielfache Gruppeninteressen weiterzuverfolgen. Als die britische Regierung Ende Februar 1950 den Plan einer europäischen Zollunion ankündigte, bedeutete dies das Ende der Finebel-Verhandlungen. Der bereits unterzeichnete Vertrag über eine bilaterale Zollunion zwischen Frankreich und Italien blieb in den Parlamentsausschüssen hängen und wurde schließlich im Juli 1951 beerdigt.[19]

Obwohl Acheson Schuman am 30. November 1949 in einer »persönlichen Botschaft« aufgefordert hatte, die Führung bei der Integration Westdeutschlands in ein supranationales Europa zu übernehmen,[20] blieb die französische Regierung lange Zeit untätig. Weder wollte sie Großbritannien aus der Verantwortung für die europäische Gemeinschaft entlassen, noch konnte sie sich bei dem Zustand der öffentlichen Meinung in Frankreich und der Haltung des sozialistischen Koalitionspartners einen Bruch mit den Briten erlauben. Die öffentlichen Avancen, mit denen Konrad Adenauer als Bundeskanzler der neuen westdeutschen Republik die Entwicklung von den einseitigen Besatzungsrestriktionen zur gleichberechtigten Westintegration in Gang setzen wollte – am 25. August 1949 der Vorschlag einer Internationalisierung der Thyssen-Hütte als erster Schritt zur Vergemeinschaftung der Schwerindustrie, dann am 8. März 1950 die vollmundige Idee einer vollständigen Union zwischen Frankreich und Deutschland und am 21. März der Vorschlag einer fortschreitenden Wirtschaftsunion der beiden Länder[21] –, blieben ohne Antwort. Stattdessen verstrickte sich die Regierung Bidault in unerquickliche Kontroversen um die Demontagepolitik in der Bundesrepublik, das Ruhrstatut und den künftigen Status des Saarlandes, die das deutsch-französische Verhältnis ebenso wie die Beziehungen zu den Alliierten belasteten, ohne zugleich größere Sicherheit vor einem deutschen Wiederaufstieg zu bringen.

Schuman und viele andere Verantwortliche in Paris wussten allerdings, dass die Zeit gegen sie arbeitete. Je länger sie mit konkreten Integrationsangeboten warteten, desto geringer wurde die Wahrscheinlichkeit, dass die Deutschen, die

im Prinzip Gleichberechtigung im westlichen Bündnis verlangen konnten, noch
darauf eingehen würden. Die Chance, die sich ihnen mit Adenauers grundsätzlicher Westorientierung bot, konnte nicht unbegrenzt währen. Hinzu kam, dass die
Aussichten auf eine dauerhafte wirtschaftliche Gesundung nach dem Abschluss
der Marshall-Hilfe alles andere als rosig waren und viele die eigene weltpolitische
Ohnmacht nach der sowjetischen Atombombenzündung Ende August 1949 und
der daraus folgenden Militarisierung der amerikanischen Eindämmungspolitik
als zunehmend bedrückend empfanden. Der Entscheidungsdruck, der auf der
französischen Regierung lastete, wurde umso größer, als nach einem Bericht der
ECE von Ende 1949 eine Überproduktionskrise in der europäischen Stahlindustrie drohte, die es den allein über die nötigen Kohlevorräte verfügenden Deutschen
ermöglichte, wieder ihre Dominanz in der Schwerindustrie festzuschreiben, und
mit dem Ende des amerikanischen Atomwaffenmonopols die Notwendigkeit eines westdeutschen Verteidigungsbeitrags immer unabweisbarer wurde. Dass die
Deutschen diese strategische Chance dazu nutzen würden, ihre Souveränität
durchzusetzen, lag auf der Hand.

Zum Handeln entschloss sich Schuman erst Ende April 1950, als bekannt
wurde, dass Acheson und Bevin bei der bevorstehenden (für den 11. bis 13. Mai
geplanten) Außenministerkonferenz der drei Westalliierten eine Aufhebung der
Begrenzung der westdeutschen Stahlproduktion auf 11,1 Millionen Tonnen pro
Jahr verlangen würden. Eine Abschwächung des Besatzungsstatuts stand ebenfalls
auf der Tagesordnung; und nachdem Churchill am 16. März im Unterhaus die
Aufstellung eines deutschen Truppenkontingents im Rahmen einer europäischen
Armee vorgeschlagen hatte, war auch nicht mehr auszuschließen, dass jetzt über
die entsprechenden Forderungen des amerikanischen wie des britischen Generalstabs verhandelt werden musste.[22] In dieser Situation präsentierte Monnet am 28.
April mit sicherem Gespür für den richtigen Zeitpunkt das Projekt einer europäischen Behörde für Kohle und Stahl. Anders als Ministerpräsident Bidault, der es
kaum zur Kenntnis nahm, entschloss sich Schuman nach einem Wochenende in
seiner lothringischen Heimat, damit den Durchbruch zur Supranationalität ohne
Großbritannien zu wagen: »Ich nehme es auf meine Kappe«, sagte er zu seinem
Mitarbeiter Bernard Clappier, als er am Montag wieder am Pariser *Gare de l'Est*
eintraf.[23]

Dabei kam ihm zugute, dass die sozialistischen Minister im Februar wegen
sozialpolitischer Differenzen aus der Regierung ausgeschieden waren. Um weitere
Widerstände zu umgehen, sorgte er dafür, dass sein Entschluss zunächst nur wenigen Vertrauten bekannt wurde; selbst den Ministerrat informierte er nur oberflächlich. Am 8. Mai holte er sich die Zustimmung Adenauers, am Morgen des 9.
Mai führte er einen zustimmenden Beschluss der Regierung herbei – gegen den
Widerstand von Bidault, aber mit tatkräftiger Unterstützung von René Mayer

und René Pleven –, und am Abend des gleichen Tages, gerade noch vor Beginn der Außenministerkonferenz, kündigte er das Vorhaben in einer Pressekonferenz an: Unterordnung der »Gesamtheit der französisch-deutschen Kohlen- und Stahlproduktion unter eine gemeinsame Oberste Aufsichtsbehörde […], die den anderen europäischen Ländern zum Beitritt offensteht und deren Entscheidungen bindend sein werden«.[24]

Dass Monnet und Schuman, um aus der europapolitischen Sackgasse herauszukommen, das Projekt der Montanunion aufgriffen, hatte mehrere Gründe.[25] Zunächst war es das gegebene Mittel, um der befürchteten Stahlkrise Herr zu werden und Frankreich die für den Ausbau der eigenen Stahlindustrie notwendige Ruhrkohle auf Dauer zu sichern. Damit rettete es zugleich den französischen Modernisierungsplan, der ohne diesen Ausbau scheitern musste und ohnehin schon innenpolitisch unter Beschuss geraten war. Indem es die französischen Stahlindustriellen der deutschen Konkurrenz aussetzte, übte es sogar einen Modernisierungsdruck aus, den die Planer um Monnet bislang schmerzlich vermisst hatten. Vor allem aber bot es eine aussichtsreiche Alternative zum vergeblichen Kampf gegen eine neue deutsche Übermacht, die gleichzeitig der Stärkung der europäischen Selbstbehauptung diente: »Deutsche Ressourcen und Energien«, formulierte Schuman in einer persönlichen Aufzeichnung, »sich darauf beschränken, sie einzudämmen und zu bremsen, durch Verbote, Isolierung und feindliche Koalitionen – oder sie zur Geltung bringen, sie gemeinsam Zinsen abwerfen lassen zum Nutzen des ganzen vereinten Europa.«[26] Gleichzeitig war das Projekt einer Hohen Behörde für Kohle und Stahl weniger ambitioniert als das Zollunionsprojekt und weniger spektakulär als eine politische Föderation; folglich bestanden größere Aussichten, damit bei den Anhängern eines Europas mit Großbritannien durchzukommen, deren parlamentarische Unterstützung man nach wie vor benötigte.

In der Tat versuchte die von Schumans Vorstoß vollkommen überraschte Labour-Regierung, die kontinentalen Sozialisten dafür einzuspannen, dem Schuman-Plan die supranationale Spitze zu nehmen. Einerseits hatte sie ja durchaus ein Interesse an einer Einbindung der Bundesrepublik durch Frankreich; andererseits verursachte ihr die Aussicht auf kontinentale Eigenständigkeit und womöglich ein kontinentales Stahlkartell beträchtliches Unbehagen. Um dem Dilemma zu entgehen, entschied sie sich für eine britische Beteiligung an dem Unternehmen, freilich unter der Voraussetzung, dass es wie der Europarat auf ein »realistisches« Maß zurechtgestutzt wurde, das die Handlungsfähigkeit Großbritanniens nicht beeinträchtigte. Dem schob Monnet jedoch einen Riegel vor, indem er in Gesprächen in London die Zustimmung zum supranationalen Prinzip zur Voraussetzung für die Aufnahme von Verhandlungen machte. Schuman überlegte noch mehrere Tage, ob man den Briten nicht einen Sonderstatus bei den Verhandlun gen und in der künftigen Organisation einräumen sollte. Doch nachdem Monnet ihm dargelegt hatte, dass ein solches Verfahren auch bei den übrigen Partnern die Begehrlichkeiten nach Sonderrechten wecken würde, forderte er die britische Regierung am 1. Juni auf, bis zum Abend des nächsten Tages zu entscheiden, ob sie sich an Verhandlungen über eine supranationale Autorität beteiligen wolle. Die Antwort fiel negativ aus: Bevin, dem ein solches Engagement zu weit ging, schlug stattdessen nochmals ein britisch-französisches Treffen auf Ministerebene vor. Das wiederum lehnte Schuman ab, und so kündigten am 3. Juni allein die Regierungen Frankreichs, der Niederlande, Belgiens, Luxemburgs, Italiens und der Bundesrepublik in einem gemeinsamen Kommuniqué Verhandlungen über eine Montanunion im Sinne des Schuman-Plans an.[27]

In den Verhandlungen, die am 20. Juni in Paris begannen, musste Monnet einige Modifizierungen seiner Konzeption hinnehmen. Ursprünglich hatte er gehofft, das Bestimmungsrecht über den Kohle- und Stahlsektor ziemlich pauschal einer Hohen Behörde übertragen und den Vertrag darüber noch im Laufe des Sommers 1950 bis zur Unterzeichnung bringen zu können. Die Verhandlungspartner, insbesondere die Benelux-Regierungen, bestanden jedoch darauf, die Kompetenzen der neuen Organisation im Einzelnen festzulegen und das Verhältnis des supranationalen Bereichs zu den nationalen Entscheidungsbereichen präzise zu bestimmen. Dabei kamen unterschiedliche Vorstellungen von der Reichweite der supranationalen Kompetenz ebenso zum Tragen wie unterschiedliche wirtschaftliche Interessen. Infolgedessen zogen sich die Verhandlungen hin und gerieten auch mehrmals in schwieriges Fahrwasser. Es dauerte bis Mitte Dezember, bis ein Vertragsentwurf vorlag; und dann erforderte die Klärung strittiger Einzelfragen noch einmal so viel Zeit, dass die Außenminister der Sechs den Vertrag über die »Europäische Gemeinschaft für Kohle und Stahl« (EGKS) erst am 18. April 1951 unterzeichnen konnten.[28]

Während Monnet nur vage davon gesprochen hatte, dass es »Einspruchsmöglichkeiten« gegen Entscheidungen der Hohen Behörde geben sollte, wurde ihre Kompetenz jetzt gleich durch drei Organe eingeschränkt: Ein Ministerrat (den die Benelux-Vertreter ursprünglich sogar der Hohen Behörde überordnen wollten) konnte ihr in genau definierten Krisensituationen Weisungen erteilen und musste bei Maßnahmen der Behörde, die voraussichtlich Einfluss auf andere Wirtschaftsbereiche haben würden, seine Zustimmung erteilen; dabei waren je nach Brisanz der Materie einfache Mehrheit, qualifizierte Mehrheit oder Einstimmigkeit vorgeschrieben. Eine Parlamentarische Versammlung (die die deutsche Delegation gerne als erste Kammer der Legislative gehabt hätte) verfügte zwar nur über das Recht, Berichte anzufordern und die Hohe Behörde zu stürzen (mit Zweidrittelmehrheit); sie konnte aber von der Hohen Behörde de facto auch gegen die Interessen einzelner Regierungen beziehungsweise des Ministerrats ins

Spiel gebracht werden. Ein Gerichtshof fungierte als Verfassungsgericht, Verwaltungsgericht und Schlichtungsinstanz, die nicht nur von den Organen und Mitgliedsstaaten, sondern auch von allen natürlichen und juristischen Personen der Gemeinschaft angerufen werden konnte.

Hinsichtlich der Vereinheitlichung der Löhne und Preise (die den vermeintlichen Standortvorteil der lothringischen Stahlindustrie[29] endlich zur Geltung bringen sollte) musste die französische Seite erheblich zurückstecken: Nur gezieltes Lohndumping und diskriminierende Preise wurden verboten; ansonsten konnte die Hohe Behörde nur durch die Festlegung von Höchst- und (im Krisenfall) Mindestpreisen steuernd wirken. Allerdings konnten Ministerrat und Hohe Behörde im Krisenfall Produktionsquoten festlegen und Rohstoffe verteilen: Das sicherte Frankreich den Zugang zur Ruhrkohle und ermöglichte es, nach dem Inkrafttreten des gemeinsamen Kohlemarktes auf die Ruhrbehörde zu verzichten. Außerdem gelang es den Franzosen mit amerikanischer Unterstützung, den Widerstand der Bundesrepublik und Belgiens gegen ein weitgehendes Fusionsverbot zu brechen. Monnet konnte durchsetzen, dass alle künftigen Fusionen und Beteiligungen genehmigungspflichtig waren und keine Gruppe mehr als 20 Prozent Marktanteile an Kohle oder Stahl haben durfte. Zusammen mit den Entflechtungsbestimmungen für die Ruhrindustrie, die Adenauer Mitte März 1951 nach äußerst kritischen Verhandlungen zugestehen musste, boten diese Bestimmungen wirksame Vorkehrungen gegen eine abermalige Übermacht der deutschen Schwerindustrie.

Damit hatte die französische Regierung buchstäblich in letzter Minute den Kern ihres Integrationskonzepts durchgesetzt. Mit der vereinten französischen und amerikanischen Drohung, ansonsten für schärfere Dekonzentrationsbestimmungen zu sorgen, ließ sich eben noch verhindern, dass die Bundesrepublik, die durch den Koreakrieg schon recht selbstbewusst geworden war, auf einer weitgehenden Restitution ihrer schwerindustriellen Struktur bestand und die Montanunion damit scheiterte. Gegenüber diesem Erfolg war es zweitrangig, dass der belgische Außenminister van Zeeland in der letzten Verhandlungsrunde eine praktisch unbegrenzte Übergangszeit herausholte, in der Belgien seine marode Kohleindustrie noch mit »Ausgleichszahlungen« subventionieren konnte. Und dass sich die Außenminister nicht auf einen Sitz für die neue Organisation einigen konnten, war nur ein Schönheitsfehler. Als diese Frage nach dem Abschluss der Ratifizierungsverfahren immer noch nicht geklärt war, schlug der luxemburgische Außenminister Joseph Bech zum Ende einer erschöpfenden Nachtsitzung der sechs Außenminister am Morgen des 24. Juli 1952 vor, man könne ja vorläufig erst einmal in Luxemburg beginnen und dann weitersehen. Daraufhin konnte die Hohe Behörde mit Monnet als erstem Präsidenten am 10. August 1952 ihre Arbeit in der Hauptstadt des kleinsten Mitgliedslandes aufnehmen.[30]

Schneller als die EGKS kam die Europäische Zahlungsunion (EZU) zustande. Nachdem die Liberalisierung des Außenhandels in der OEEC zunächst nur unendlich zaghaft in Gang gekommen war, sorgte die amerikanische Drohung, die dritte und vierte Jahrestranche der Marshallplan-Hilfe andernfalls nicht mehr auszuzahlen, Ende 1949 für eine Beschleunigung: Zunächst wurde beschlossen, 50 Prozent des Außenhandels der OEEC-Staaten freizugeben, bevor sich dann der Exekutiv-Ausschuss der OEEC am 18. Juni 1950 auf die Errichtung eines multilateralen Zahlungssystems einigte. Vom 1. Juli 1950 an rechneten die OEEC-Staaten ihren zwischenstaatlichen Handel über eine gemeinsame Clearing-Stelle ab; dabei erhielten Schuldnerländer einen Kredit in Höhe von maximal neun Prozent der Zahlungen des Vorjahres, während ein wachsender Teil der Schulden sofort in Gold oder Dollar getilgt werden musste. Nach der offiziellen Gründung der EZU am 19. September weiteten die OEEC-Länder die Liberalisierungsquote des privaten Außenhandels auf 60 Prozent aus und vereinbarten zum kommenden Februar eine weitere Steigerung auf 75 Prozent. Im Juli 1951 verabschiedete der OEEC-Rat eine auf Erweiterung angelegte Liste von Gütern, für die der Außenhandel ganz freigegeben wurde.[31]

Rasche Einigungsfortschritte über den damit erreichten Stand an wirtschaftlicher Integration hinaus waren allerdings nicht in Sicht. Das wurde deutlich, als der niederländische Außenminister Dirk Stikker dem OEEC-Rat Ende Juni 1950 einen Plan vorlegte, der die Liberalisierung einzelner Wirtschaftssektoren mit der Einrichtung eines europäischen Modernisierungsfonds verband. Diese »sektorale Integration« sollte all jene Wirtschaftsbereiche erfassen, die drei Viertel der OEEC-Mitglieder zu vergemeinschaften wünschten, und dann auch nur für diese Länder gelten. Die britische Regierung sah darin einen gefährlichen Ansatz zu einer supranationalen Wirtschaftsorganisation über den Montanbereich hinaus und nutzte daher die Bitte der ECA um einige Präzisierungen, um so die Einsetzung eines Sonderausschusses durchzusetzen. Dieser sollte den Plan näher prüfen, ebenso wie die Vorschläge des italienischen Schatzministers Guiseppe Pella für einen gestaffelten Abbau der Binnenzölle und den Plan des französischen Finanzministers Maurice Petsch zur Gründung einer Europäischen Investment-Bank. Damit war einer Dynamisierung des Weges hin zu einem gemeinsamen Markt erst einmal ein Riegel vorgeschoben.[32]

Weitere Integrationsschritte lediglich im Bereich der sechs Montanunions-Mitglieder waren ebenfalls nicht so schnell zu verwirklichen. Der Versuch der Föderalisten aus UEF, MSEUE und Teilen des NEI, durch die Mobilisierung der jeweiligen nationalen Öffentlichkeit ein Bekenntnis der Beratenden Versammlung des Europarats zum Projekt eines europäischen Bundespakts zu erzwingen, blieb ohne Erfolg. Weder Unterschriftenaktionen noch lokale Volksbefragungen und die Bildung eines »Conseil de Vigilance«, der während der Sitzungsperiode vom

18. bis 24. November 1950 direkt auf die Straßburger Abgeordneten einzuwirken versuchte, konnten etwas daran ändern, dass die Mehrheit der einigungswilligen Kräfte auf dem Kontinent vor einer Vertiefung der Integration ohne britische Beteiligung zurückschreckte.[33] Von der EGKS führte, anders als es etwa der italienische Ministerpräsident Alcide De Gasperi gehofft hatte und von Monnet suggeriert worden war, kein direkter Weg zur politischen Föderation Europas.

Das Drama um die EVG

Die Gefahr, die Monnet und andere Verantwortliche der französischen Politik im Frühjahr 1950 heraufziehen gesehen hatten, stellte sich zügiger ein als erwartet: Durch den Stimmungsumschwung zugunsten eines westdeutschen Verteidigungsbeitrags ermutigt, den der nordkoreanische Angriff auf Südkorea am 25. Juni 1950 in Europa ausgelöst hatte, entschloss sich die Truman-Administration im Laufe des Augusts, die Stärkung ihres militärischen Engagements in Europa mit der Aufstellung deutscher Truppen zu verbinden. Am 12. September konfrontierte Acheson seine britischen und französischen Kollegen bei einem Treffen in New York mit der Forderung, eine westdeutsche Armee im Rahmen einer »Europäischen Verteidigungsstreitmacht« der NATO aufzubauen; als Gegenleistung bot er gleichzeitig die amerikanische Beteiligung an dieser integrierten NATO-Streitmacht an, darin inbegriffen die Erhöhung der in Europa stationierten amerikanischen Divisionen von zwei auf sechs und die Übernahme des Oberkommandos dieser Streitmacht durch einen amerikanischen General.[34] Damit boten sich der Bundesrepublik Möglichkeiten zum Aufstieg auch ohne supranationale Integration; Frankreich hingegen drohte gegenüber einem amerikanisch-deutschen Interessenverbund in die Isolation zu geraten, und langfristig drohte entweder eine vollständige amerikanische Dominanz auf dem europäischen Kontinent oder der erneute Aufstieg Deutschlands zur Großmacht.

Die französischen Verantwortlichen registrierten mit großer Sorge, wie sich die deutsche Position in den Schuman-Plan-Verhandlungen verhärtete und der innenpolitische Spielraum Adenauers zusehends enger wurde. In dieser Situation blieb ihnen, wenn sie nicht riskieren wollten, bald vor dem Scherbenhaufen ihrer bisherigen Deutschland- und Europapolitik zu stehen, gar nichts anderes übrig, als die Entwicklung zu einem politischen Europa mit militärischer Dimension zu forcieren. »Die Umstände zwangen uns«, berichtet Monnet, »die Zelte hinter uns abzubrechen: Die europäische Föderation wurde zu einem Nahziel.« Um den Schuman-Plan zu retten, bestürmte er Schuman, ihn zu erweitern: »Die Armee, die Waffen und die Basisproduktionen mussten unter eine gemeinsame Souveränität gestellt werden. Wir konnten nicht, wie wir es vorgesehen hatten, darauf warten, dass Europa eines Tages eine wachsende Konstruktion krönte, denn eine gemeinsame Verteidigung konnte von Anfang an nur unter einer gemeinsamen Oberhoheit konzipiert werden.«[35]

Diese Einsicht durchzusetzen, fiel allerdings schon im Ministerrat schwer. Die Sozialisten, die unterdessen wieder zur Regierungsmannschaft gehörten, schreckten immer noch vor einer Forcierung des Einigungsprozesses ohne Großbritannien zurück; Verteidigungsminister Jules Moch, dessen Sohn von den Deutschen auf grausame Weise umgebracht worden war, und Staatspräsident Vincent Auriol waren erbitterte Gegner jeder Art von deutscher Wiederbewaffnung. Als Schuman den Darlegungen Monnets folgend vorschlug, »für die deutsche Wiederbewaffnung eine europäische Lösung zu suchen«, wurde er vom Ministerrat zunächst zurückgepfiffen: Eine bindende Instruktion wies ihn an, bei einer zweiten Verhandlungsrunde Ende September in New York weiter auf Zeit zu spielen. Noch während Schuman in New York weilte, konnte Monnet aber Ministerpräsident René Pleven davon überzeugen, dass die Zustimmung zur deutschen Wiederbewaffnung nicht länger hinausgezögert werden konnte, wenn man eine Verstärkung des amerikanischen Engagements in Europa haben wollte, und dass ein Sturz der Regierung nur noch dann zu vermeiden war, wenn man die deutschen Truppen zusätzlich zur NATO auch noch in eine europäische Verteidigungsgemeinschaft integrierte. Nach einer Fülle weiterer Gespräche, Planungsentwürfe der Monnet-Gruppe und Sondierungen bei den Amerikanern stimmte die Regierung am 19. Oktober dem Vorschlag zu, der Forderung der Alliierten nach Aufstellung deutscher Truppen mit dem Projekt einer Europa-Armee zu begegnen.[36]

Dabei blieb von dem Gedanken an eine Ausweitung der Montanunion zur politischen Föderation jedoch nicht mehr viel übrig. Pleven sprach in seiner Regierungserklärung vom 24. Oktober (die Punkt für Punkt von Monnet formuliert worden war) nur ganz vage davon, dass diese Armee »mit den politischen Institutionen des geeinten Europas verbunden« sein sollte. Als politisches Lenkungsorgan der integrierten Europa-Armee wurde ein »europäischer Verteidigungsminister« vorgeschlagen, der »auf der Basis von Direktiven, die er vom Ministerrat empfängt«, die »bestehenden internationalen Verpflichtungen« (das hieß: die Vorgaben der NATO) »zu erfüllen« hatte. Präzise Angaben über das Verhältnis von NATO-Strukturen und europäischer Armee fehlten, ebenso Aussagen über die Entscheidungsmechanismen des Ministerrats und die Kompetenzen einer ebenfalls als Kontrollorgan genannten parlamentarischen Versammlung. Stattdessen wurde ausgeführt, dass Mitgliedsstaaten, die bereits über eine nationale Armee verfügten, diese nur schrittweise dem gemeinsamen Kommando unterstellen sollten, und auch nur soweit, wie sie nicht »anderen Bedürfnissen als denen der gemeinsamen Verteidigung Rechnung zu tragen« hätten; auch sollte die Integration der nationalen Kontingente »auf der Basis der kleinstmöglichen Einheit« erfolgen.[37] Das lief auf eine doppelte Diskriminierung der Bundesrepublik hinaus: Sie sollte als einziges Teilnehmerland weder zugleich Mitglied des Atlantikpakts sein, noch über Truppenteile außerhalb der Europa-Armee, einen eigenen Generalstab und einen eigenen Verteidigungsminister verfügen; und bei der vorgesehenen Integration auf Bataillons- oder allenfalls Regimentsebene war ihr obendrein auch der Zugang zu höheren Kommandostellen ziemlich versperrt. Außerdem enthielt der Vorschlag deutlich retardierende Momente: Pleven präzisierte, dass die Aufstellung der Europa-Armee, die ohnehin Zeit brauchen würde, erst nach der Unterzeichnung des EGKS-Vertrags erfolgen sollte.

Die diskriminierenden und dilatorischen Aspekte sicherten dem Vorschlag zwar eine Mehrheit in der französischen Nationalversammlung (349 gegen 235 Stimmen in der Abstimmung vom 25. November) und retteten damit die Regierung Pleven. Bei den Alliierten lösten sie aber einen nahezu einhelligen Aufschrei aus. Der britische Verteidigungsminister Emanuel Shinwell nannte ihn privat schlicht »zum Kotzen: militärischer Blödsinn und politischer Wahnsinn.«[38] Die meisten Politiker, Acheson an der Spitze, sahen in dem Vorschlag nur einen Sabotageversuch, der die geplante Schaffung einer NATO-Streitmacht zu vereiteln drohte. Allein die belgische und die luxemburgische Regierung, denen die Aufstellung deutscher Truppen ebenfalls großes Kopfzerbrechen bereitete, konnten ihm positive Aspekte abgewinnen. Das Äußerste, wozu sich die Verbündeten Ende November bereitfanden, war das Zugeständnis einer Konferenz über den Pleven-Plan, zu der Frankreich einladen sollte. Die französische Regierung musste aber unabhängig vom Ausgang dieser Konferenz schon einmal der Aufstellung deutscher »Kampftruppen« (auf halbem Wege zwischen Bataillonen und Divisionen) zustimmen. Am 6. Dezember akzeptierte der Ministerrat in Paris diesen Deal, nach dramatischen Auseinandersetzungen im Parteivorstand der SFIO.[39]

Die Aussichten auf eine Verwirklichung der Europa-Armee waren mit diesem Minimalkompromiss, den der Atlantikrat in Brüssel am 18./19. Dezember sanktionierte, aber noch nicht größer geworden. Adenauer strebte jetzt eine direkte Mitgliedschaft der Bundesrepublik in der NATO an: Den Umweg über die Europa-Armee hielt er nach dem Brüsseler Beschluss nicht mehr für notwendig und im Hinblick auf die Stimmung in der deutschen Öffentlichkeit auch nicht mehr für vertretbar. Er beteiligte sich zwar an den Verhandlungen über den Pleven-Plan, die am 15. Februar 1951 in Paris begannen, verlangte aber militärische Gleichberechtigung der Bundesrepublik von Anfang an und konzentrierte sich im Übrigen auf die Gespräche über die Aufstellung deutscher Truppen, die er mit den drei Hohen Kommissaren zu führen hatte. Außer der Bundesrepublik folgten nur Belgien, Luxemburg und Italien der französischen Einladung; die Niederlande und Großbritannien waren ebenso wie die übrigen NATO-Partner nur als

Beobachter vertreten. Da die Franzosen nicht bereit waren, die diskriminierenden Elemente ihres Entwurfs preiszugeben, zogen sich die Verhandlungen endlos hin, ohne dass es zu einer Annäherung der Standpunkte kam.[40]

Ein Durchbruch für das Projekt der Europa-Armee bahnte sich erst an, als Monnet General Eisenhower, der in Brüssel zum Oberbefehlshaber der NATO-Streitmacht für Europa ernannt worden war, Anfang Juni 1951 davon überzeugen konnte, dass der Widerspruch zwischen französischem Sicherheitsverlangen und deutschen Gleichberechtigungsforderungen grundsätzlich nur mit einer Europa-Armee überwunden werden konnte. Der General machte Monnet im Gegenzug klar, dass eine Europa-Armee nicht ohne Statusverbesserung der Deutschen zu haben war, und beide arbeiteten nun darauf hin, diese Einsichten bei ihren Regierungen durchzusetzen. Anfang Juli rang sich Acheson zu einer grundsätzlichen Befürwortung der Europa-Armee durch; Adenauer wurde mitgeteilt, dass die amerikanische Regierung jetzt diese Lösung anstrebte. Dann willigte Schuman in den Pariser Verhandlungen in die Einbeziehung aller zur Verteidigung Europas bestimmter Truppenteile in die Europa-Armee ein, ebenso in die Rekrutierung der deutschen Soldaten durch deutsche Behörden. Er beharrte auch nicht mehr auf dem Veto gegen ein deutsches Verteidigungsministerium. Schließlich gab er während einer Außenministerkonferenz der drei Besatzungsmächte vom 10. bis 14. September in Washington auch noch seinen Widerstand gegen die Integration auf Divisionsebene auf. Dafür verzichtete Acheson auf die Forderung, deutsche Truppen schon vor dem Zustandekommen der derart konzipierten Europäischen Verteidigungsgemeinschaft (EVG) aufzustellen. Adenauer, der Souveränität und deutsche Truppen ebenfalls schon vor dem Abschluss der notwendigerweise komplizierten EVG-Verhandlungen haben wollte, musste sich damit abfinden, dass die Ablösung des Besatzungsstatuts an den deutschen Beitritt zur EVG gebunden wurde.[41]

Mit diesem späten Erfolg des Pleven-Plans stellte sich das Problem der politischen Föderation Europas erneut mit aller Schärfe: Wenn die europäische Verteidigungsgemeinschaft funktionieren sollte, musste auch eine europäische politische Autorität geschaffen werden, der sie zugeordnet war. Das war jedenfalls die Überzeugung, zu der Italiens Ministerpräsident Alcide De Gasperi im Laufe des Sommers 1951 gelangte. Eine rein militärische Gemeinschaft schien ihm nicht nur nicht praktikabel, sondern im Hinblick auf die geringe Verteidigungsbegeisterung der Italiener auch problematisch. Außerdem fürchtete er eine deutsch-französische Hegemonie innerhalb der Verteidigungsgemeinschaft und strebte allein schon deshalb deren supranationale Ausrichtung an. Folglich plädierte er auf der ersten Außenministerkonferenz der sechs EVG-Verhandlungspartner am 11. Dezember 1951 in Straßburg für die Aufnahme von Verhandlungen über die Schaffung einer Politischen Gemeinschaft.

Unterdessen hatte jedoch der Wahlsieg Churchills in den Unterhauswahlen vom 25. Oktober neue Hoffnung auf eine britische Beteiligung an dem Einigungsprojekt geweckt. Daher wiesen sowohl die niederländische als auch die belgische Regierung jeden Gedanken an eine politische Ausweitung der Verteidigungsgemeinschaft weit von sich, und auch Schuman hielt sich mit Blick auf die schwankenden Mehrheitsverhältnisse in Frankreich zurück. Adenauer, dem Gleichberechtigung und rasche Westintegration wichtiger waren als die Weiterentwicklung zur Politischen Gemeinschaft, vermittelte einen dilatorischen Kompromiss: Die Parlamentarische Versammlung der künftigen Verteidigungsgemeinschaft erhielt den Auftrag, »sich mit der Schaffung einer europäischen Organisation von bundesstaatlichem oder staatenbundartigen Charakter zu befassen«. Bei der nächsten Zusammenkunft der sechs Minister vom 27. bis 30. Dezember wurde präzisiert, dass die Versammlung innerhalb von sechs Monaten nach ihrem Zusammentreten Vorschläge für die Vorbereitung einer solchen Organisation vorlegen sollte; diese sollten dann durch eine Regierungskonferenz geprüft werden. Mit dieser Vereinbarung, die dann als Artikel 38 in den EVG-Vertrag übernommen wurde, wurde das Projekt der Politischen Gemeinschaft definitiv an die EVG gebunden; die Entscheidung über ihr Zustandekommen war aber erst einmal vertagt.[42]

In den weiteren Verhandlungen konnten die Benelux-Vertreter erhebliche Abstriche an der supranationalen Qualität der Vertragskonstruktion durchsetzen. An die Stelle des europäischen Verteidigungsministers trat ein neunköpfiges Kommissariat, das nur in den laufenden Geschäften der Ausrüstung und Versorgung selbständig operieren konnte. Fast alle wesentlichen Entscheidungen, vom Erlass von Vorschriften bis zur Aufstellung eines Budgets, wurden von einstimmigen Voten des Ministerrats abhängig gemacht. In operativer Hinsicht wurden die Truppenführungsstäbe dem NATO-Hauptquartier für Europa unterstellt; der alliierte Oberbefehlshaber erhielt weitgehende Inspektionsrechte und sollte im Krisenfall vom Ministerrat auch mit dem Oberbefehl über die EVG-Truppen betraut werden. Die direkte Mitgliedschaft der Bundesrepublik in der NATO, die bei dieser engen Verknüpfung der beiden Organisationen konsequent gewesen wäre, konnte Adenauer gegen den französischen Widerstand zwar noch nicht durchsetzen; die übrigen Vertragspartner und auch die USA strebten sie aber weiterhin an, und für die Übergangszeit wurde der Bundesrepublik das Recht zugestanden, bei einer Gefährdung ihrer Sicherheit gemeinsame Sitzungen von NATO-Rat und EVG-Ministerrat verlangen zu können. In dieser Form, die sich seit dem EVG-Außenministertreffen vom 26. und 27. Januar 1952 in Paris abzeichnete, wurde der Vertrag über die Europäische Verteidigungsgemeinschaft am 27. Mai 1952 in Paris unterzeichnet.[43]

Der Mangel an supranationaler Einbindung, der dieser Konstruktion anhafte-te, trieb die Franzosen allerdings dazu, jetzt von Briten und Amerikanern zusätz-liche Garantien gegen deutsche Eigenmächtigkeiten zu verlangen. Sie erreichten, dass die britische Regierung die Beistandsverpflichtungen, die sie im Brüsseler Pakt eingegangen waren, in bilateralen Verhandlungen auf die Bundesrepublik und Italien ausdehnte und Briten und Amerikaner einer Drei-Mächte-Erklärung zustimmten, in denen die Alliierten ihre Absicht erklärten, Truppen auf dem europäischen Kontinent zu unterhalten und jede Verletzung der Integrität der EVG als Bedrohung ihrer eigenen Sicherheit zu betrachten.[44] Außerdem wurde der Bundesrepublik die volle Souveränität vorenthalten: Im »Generalvertrag« zur Ablösung des Besatzungsstatuts, der einen Tag vor dem EVG-Vertrag in Bonn unterzeichnet wurde, behielten sich die Alliierten das Recht zur Proklamation des Notstands, zur Truppenstationierung sowie alle »Deutschland als Ganzes« betref-fenden Rechte vor.[45] Ebenso blieb es der Bundesrepublik nach den Bestimmun-gen des EVG-Vertrags untersagt, ABC-Waffen, Langstreckenraketen, Militär-flugzeuge und Kriegsschiffe zu produzieren. Mit diesen Bestimmungen und vor allem mit der Garantieerklärung war genau besehen die NATO das eigentliche Kontrollorgan der deutschen Aufrüstung. Europäische Eigenständigkeit konnten die EVG-Minister vorerst nur demonstrieren, wenn sie Anordnungen des ame-rikanischen Oberkommandierenden zur Verlegung von Truppen einstimmig wi-dersprachen.

Die britischen und amerikanischen Absichtserklärungen genügten freilich nicht, um die französischen Sorgen zu beheben. So zögerte die Regierung Pinay bis zum letzten Moment, das Vertragswerk überhaupt zu unterzeichnen. Unmit-telbar nach der Unterzeichnung wurden Stimmen laut, die Ergänzungen forder-ten – entweder die Ausweitung zur Politischen Gemeinschaft oder eine britische Präsenzgarantie, vielleicht sogar einen britischen Beitritt. Manche wollten sogar beides zugleich, und viele suchten der unangenehmen Lage, in der sie durch die Entscheidung für die westliche Militärallianz geraten waren, dadurch zu entge-hen, dass sie doch noch einmal nach Möglichkeiten zu einem Arrangement mit der Sowjetunion Ausschau hielten. Die Sozialisten begannen, sich in der Frage der Zustimmung zu dem Vertragswerk zu spalten; und die Gaullisten, die für eine politische Konföderation mit nationalen Kontingenten plädiert hatten, kün-digten ihre Opposition an. Eine parlamentarische Mehrheit für die Ratifizierung des Vertrags war danach nicht mehr zu erwarten. Die Regierung, in der Frage der Opportunität der Unterzeichnung selbst gespalten, tröstete sich damit, dass es ihr wenigstens gelungen war, die Aufstellung deutscher Truppen und die Ent-lassung der Bundesrepublik aus dem Besatzungsstatut an die Ratifizierung des EVG-Vertrags zu binden: Das verschaffte ihr eine Atempause, in der sie versuchen konnte, einen Ausweg aus der unerquicklichen Situation zu finden. Sie entschloss sich daher, zunächst einmal den Ausgang der Ratifizierungsdebatte im Deutschen Bundestag und die amerikanischen Präsidentschaftswahlen im November abzuwarten, bevor sie das Parlament mit dem Vertrag befasste.[46]

Um den europäischen Ausweg aus der misslichen Lage der Pariser Regierung zu forcieren, schlug De Gasperi jetzt vor, die Parlamentarische Versammlung der EGKS, die nach den Bestimmungen des EVG-Vertrags unter Hinzuziehung von neun weiteren Mitgliedern aus den drei großen Mitgliedsländern künftig auch als EVG-Versammlung fungieren sollte, schon einmal mit der Ausarbeitung eines Vertragsentwurfs über die Gründung der Politischen Gemeinschaft zu beauftragen, wie er nach Artikel 38 vorgesehen war. Schuman stimmte zu und konnte dann auch seine Ministerkollegen von der Nützlichkeit des Versuchs überzeugen, um auf diese Weise den Kritikern des Vertrags den Wind aus den Segeln zu nehmen. Gemeinsam brachten De Gasperi und Schuman bei dem Pariser Treffen der sechs Außenminister vom 23. bis 25. Juli einen Antrag auf vorzeitige Durchführung des in Artikel 38 vorgesehenen Verfahrens ein. Sie drangen damit zunächst nicht durch, weil in den Niederlanden unterdessen Parlamentswahlen stattgefunden hatten und Stikker sich weigerte, der künftigen Regierung in dieser Frage vorzugreifen. In der konstituierenden Sitzung des EGKS-Ministerrats am 10. September in Luxemburg stimmten dann aber auch die Benelux-Vertreter zu. Nach über zwei Jahren vergeblichen Bemühens, den Stikker-Plan im Rahmen der OEEC durchzusetzen, war die niederländische Regierung jetzt bereit, ihr Zollunions-Projekt auf die Sechser-Gemeinschaft zu konzentrieren. Dies trug dazu bei, dass der an Großbritannien orientierte Stikker sein Amt verlor und mit Johan Willem Beyen ein Nachfolger ernannt wurde, der in der geplanten Erweiterung der EVG eine Chance sah, die wirtschaftliche Integration im Bereich der Sechs voranzubringen. Beyen parierte daher den italienisch-französischen Vorstoß mit der Forderung, auch die Möglichkeiten wirtschaftlicher Integration untersuchen zu lassen. Dagegen gab es keine grundsätzlichen Einwände, und so erteilte die Ministerrunde der Versammlung einen entsprechend erweiterten Auftrag.[47]

Das Montanparlament erklärte sich nach der Zuwahl der neun zusätzlichen Abgeordneten am 13. September zur »Ad-hoc-Versammlung« und setzte eine »Ad-hoc-Kommission« ein, die einen Entwurf für die »Satzung der Europäischen Gemeinschaft« ausarbeiten sollte. Diese folgte dem Entwurf einer eilends eingerichteten Studienkommission der Europäischen Bewegung unter maßgeblicher Beteiligung Spinellis insofern, als sie für die Schaffung eines Exekutivrates plädierte, der von einem Zwei-Kammer-Parlament aus direkt gewählter Völkerkammer und von den nationalen Parlamenten gewähltem Senat kontrolliert werden sollte. Die Kompetenzen des Exekutivrates beschränkte sie jedoch, anders als die Studienkommission vorgeschlagen hatte, im Wesentlichen auf die Summe der Kompetenzen der Montanbehörde und des EVG-Kommissariats. Umfang und

Finanzierung des Haushalts der Gemeinschaft sollten von einstimmigen Voten des Ministerrats abhängig bleiben, ebenso jede Ausweitung ihrer Kompetenzen im außen- und wirtschaftspolitischen Bereich. Durch die Initiative der niederländischen Abgeordneten, denen der damit angedeutete Weg zu einer Wirtschaftsgemeinschaft entschieden zu unbestimmt war, kam noch die Bestimmung hinzu, dass der Ministerrat ein Jahr nach Inkrafttreten des Vertrages Maßnahmen zur Schaffung eines Gemeinsamen Marktes in Angriff nehmen sollte und dass dabei vom siebten Jahr an nach dem Mehrheitsprinzip entschieden werden sollte. In dieser Form wurde der Entwurf am 10. März 1953 von der Ad-hoc-Versammlung mit 50 Stimmen und fünf Enthaltungen verabschiedet.[48]

Der Umstand, dass bei der Abstimmung 31 Abgeordnete fehlten – die Hälfte davon waren als Gegner des Entwurfs bekannt –, deutete jedoch schon an, dass der Satzungsentwurf der Ad-hoc-Kommission nicht unbedingt konsensfähig war. In der Tat hatte Beyen auf einer von ihm geforderten zusätzlichen Außenministerkonferenz am 24./25. Februar 1953 in Rom deutlich gemacht, dass die EPG ohne eine verbindliche Regelung der wirtschaftlichen Integration – er dachte besonders an die Schaffung einer Zollunion in einem Zeitraum von zehn Jahren – weder in der niederländischen Regierung noch im niederländischen Parlament eine Chance besaß. Von einer solchen Festlegung wollte aber die französische Seite überhaupt nichts wissen: Nachdem die Preissteigerungen im Gefolge des allgemeinen Aufrüstungsbooms erneut zu einer dramatischen Verschlechterung der französischen Handelsbilanz geführt hatten, musste die Pariser Regierung im Februar 1952 Importrestriktionen verhängen; danach glaubte sie noch stärker als zuvor, sich nur auf eine kontrollierte Marktintegration einlassen zu können. Für eine weitere Flucht nach vorn, nun auch noch in die wirtschaftliche Supranationalität, hielt sie die französische Volkswirtschaft noch für zu schwach.[49] Bidault, der zum Jahresbeginn den wegen des EVG-Vertrags unter Beschuss geratenen Schuman als Außenminister abgelöst hatte,[50] beharrte daher gegenüber Beyen darauf, dass die Regelung der wirtschaftlichen Integration einem Sondervertrag vorbehalten bleiben sollte. Damit war der Weg zur Annahme des Satzungsentwurfs zunächst einmal blockiert.

Hinzu kam, dass das Engagement der neuen französischen Regierung für die Politische Gemeinschaft mit der Zeit nachließ. Die Gaullisten, auf die sich die Regierung René Mayer stützte, hielten die Kompetenzen, die der EPG in dem Entwurf der Ad-hoc-Versammlung zugestanden wurden, für ungenügend und tendierten daher mehr und mehr dazu, den EVG-Vertrag ganz abzulehnen. Bei einer Pressekonferenz am 25. Februar konzentrierte de Gaulle seine Angriffe deshalb auf den Souveränitätsverlust, der von der EVG drohte. Angesichts dieses Kurswechsels schien es manchen Regierungsmitgliedern wenig sinnvoll, weiter auf der Politischen Gemeinschaft zu insistieren.[51] Außerdem wuchsen nach dem

Tod Stalins am 5. März und der Entspannungsoffensive seiner Nachfolger die Hoffnungen auf ein Arrangement mit der Sowjetunion. Eine Ratifizierung des EVG-Vertrags kam für die Mehrheit der Abgeordneten wie der Regierung jetzt nicht mehr in Frage, bevor nicht auf einer neuen Gipfelkonferenz, wie sie Churchill am 11. Mai forderte, die Chancen für eine gesamtdeutsche Regelung getestet wurden. In dieser Situation hielt es Bidault für das Beste, das EPG-Projekt erst einmal auf die lange Bank zu schieben. Bei dem Pariser Außenministertreffen am 12. und 13. Mai stimmte er der belgischen und niederländischen Forderung nach Einsetzung einer Expertenkommission zu, die die Ausweitung des Vertrags auf den wirtschaftlichen Bereich prüfen sollte. Adenauer, der angesichts der niederländisch-französischen Differenz in der Frage der Wirtschaftsgemeinschaft auf eine Beschränkung auf die bislang vereinbarten Sektoren gedrängt hatte, hatte das Nachsehen.

Nach dem Sturz der Regierung Mayer am 21. Mai verhärtete sich die französische Position noch mehr. Die Auseinandersetzungen um die EVG erschwerten die Regierungsbildung; und als dann nach vierzig Tagen eine Regierung unter Beteiligung der Gaullisten gebildet wurde (mit dem Konservativen Joseph Laniel als Ministerpräsidenten), bestanden die gaullistischen Minister darauf, auf die Zusammenlegung von Hoher Behörde und EVG-Kommissariat zu einer neuen Exekutive zu verzichten. Die französischen Vertreter erklärten daraufhin auf der Expertenkonferenz, die nach langer Verzögerung am 22. September in Rom zusammentrat, eine neue Exekutive ohne neue Zuständigkeitsbereiche sei unerwünscht. Gleichzeitig beharrten sie aber auf der Ablehnung jeglichen Integrationsautomatismus im wirtschaftlichen Bereich. Da die niederländischen Vertreter ihrerseits nicht bereit waren, auf das Junktim von Zollunion und Politischer Gemeinschaft zu verzichten, war damit das Schicksal der EPG besiegelt: Die Experten konnten sich in den Hauptfragen nicht einigen und gaben das Verhandlungspaket darum nach vierzehn Tagen an die Außenminister zurück. Diese setzten während ihres Treffens vom 26. bis 28. November in Den Haag nur eine neue Studienkommission ein, die bis zum 15. April 1954 einen Prüfungsbericht erstellen sollte. Kurz vor diesem Termin fassten die Außenminister dann auf Initiative Bidaults den Beschluss, die weitere Behandlung des EPG-Komplexes auf die Zeit nach der Ratifizierung der EVG zu verschieben. Als Minimalkonsens kündigten sie am 4. Mai 1954 an, dass die Hohe Behörde der Montanunion und das Kommissariat der EVG dann der Kontrolle eines gewählten Parlaments unterworfen werden sollten.[52]

Etwas erfolgreicher als die Bemühungen um die Politische Gemeinschaft war Mayers Versuch, den Alliierten »Zusatzprotokolle« zum EVG-Vertrag abzuringen, die den nationalen Anteil an der Verfügung über die Streitkräfte wieder ausweiten sollten. In den Protokollen, die am 24. März 1953 unterzeichnet wurden, gestanden die Vertragspartner zu, dass Frankreich Streitkräfte aus der Europa-Armee abziehen konnte, wenn sie zur Bewältigung einer Krisensituation in Übersee benötigt würden. Außerdem sollte die Herstellung sowie die Ein- und Ausfuhr von Kriegsmaterial für die Verwendung in Übersee keinen Beschränkungen durch das EVG-Kommissariat unterliegen; und das aus nationalen und europäischen Kontingenten bestehende Offizierskorps sollte weiterhin eine Einheit bilden. Allerdings war damit weder die volle Verfügungsfreiheit über die Streitkräfte noch die Autonomie in der Rüstungsproduktion erreicht, die die französischen Vorschläge anvisiert hatten. Der Weg zum Aufbau einer nationalen Atomstreitmacht blieb verschlossen, und es bot sich auch keine Handhabe, die Übergangsperiode, in der ein französisches Veto im Ministerrat den Aufbau der supranationalen Streitmacht blockieren konnte, auf unbestimmte Zeit zu verlängern. Die Generalstabschefs bezeichneten die Zugeständnisse als ungenügend und machten ihren Widerstand gegen die EVG-Konstruktion dann auch nach außen hin deutlich.[53]

Ganz ohne Erfolg blieben Mayers Bemühungen, eine »zufriedenstellende« Regelung der Saarfrage zu erreichen – nach der Politischen Gemeinschaft und den Zusatzprotokollen die dritte Vorbedingung, die die Gaullisten für eine Zustimmung zum EVG-Vertrag gemacht hatten. Adenauer war zwar grundsätzlich zu einer Europäisierung der Saar und damit zum Verzicht auf die Forderung nach Angliederung an die Bundesrepublik bereit. Er musste jedoch unter dem Druck der nationalen Opposition in den eigenen Reihen auf rascher und grundlegender Änderung der Verhältnisse an der Saar bestehen, insbesondere auf der Zulassung von Parteien, die die französisch-saarländische Wirtschaftsunion bekämpften. Da die Gaullisten unter einer befriedigenden Saar-Regelung in erster Linie eine Festschreibung der Wirtschaftsunion verstanden, war hier kein Verhandlungsspielraum vorhanden; Mayer versuchte vergeblich, Adenauer zur Aufnahme von Verhandlungen mit der Saar-Regierung zu bewegen. Ebenso wenig gelang es ihm, die USA für eine Unterstützung der französischen Saar-Politik einzuspannen: John Foster Dulles, der nach Eisenhowers Wahlsieg im November 1952 Außenminister geworden war, glaubte in bemerkenswerter Verkennung der französischen Psyche, die Franzosen eher durch Druck als durch Entgegenkommen zur Ratifizierung des Vertrags bewegen zu können.[54]

Genauso wenig Erfolg hatten die Bemühungen, die britischen und amerikanischen Verbündeten doch noch zu verbindlicheren Garantiezusagen zu bewegen. Churchill und Eden sagten wohl eine enge militärische Kooperation der britischen Europaverbände mit der EVG und Konsultationen vor dem Abzug britischer Truppen vom europäischen Festland zu. Sie waren jedoch nicht bereit, verbindliche Aussagen über die Stärke der britischen Kontingente zu treffen oder der EVG gar ein Vetorecht gegen den Abzug einzuräumen, wie es Bidault verlangte. Eisenhower und Dulles lehnten selbst eine Ausweitung der Geltungsdauer des Atlantikpakts von den bislang vereinbarten zwanzig Jahren auf die fünfzig Jahre des EVG-Vertrags ab, und eine substantielle Verstärkung der amerikanischen Finanzhilfe für die französische Verteidigung war ihnen ebenfalls nicht zu entlocken. Gegen eine Verstärkung des britischen und amerikanischen Engagements standen nicht nur das britische Votum gegen die Supranationalität und die bekannte restriktive Haltung des amerikanischen Kongresses, sondern auch finanzielle Engpässe. Eden hatte große Sorgen, ob sich das britische Engagement auf dem Kontinent noch lange im bisherigen Umfang aufrechterhalten ließ; und Eisenhower war sogar fest entschlossen, die amerikanische Präsenz in Europa drastisch abzubauen, wenn die EVG und mit ihr der deutsche Verteidigungsbeitrag erst einmal realisiert waren.[55]

Statt die Zustimmung zur EVG zu erleichtern, verstärkte der *New Look* in der amerikanischen Verteidigungskonzeption, der vom Herbst 1953 an immer offener diskutiert wurde, die Abneigung gegen die Europäisierung des französischen Verteidigungsbeitrags in doppelter Weise: Zum einen ließ die offenkundige Neigung der USA, ihre Präsenz in Europa zu verringern, die Verantwortlichen in Paris davor zurückschrecken, dem gefürchteten *Disengagement* auch noch durch die Schaffung der Europa-Armee Vorschub zu leisten. Zum anderen und vor allem weckte der verstärkte Rückgriff der amerikanischen Verbündeten auf die Atomwaffen das Bedürfnis, selbst Atommacht zu werden: Das versprach nicht nur die quälende, angesichts der Beschränktheit der eigenen finanziellen Mittel nicht zu behebende Unzulänglichkeit der eigenen Rüstung zu kompensieren, sondern war bei genauerem Hinsehen auch das einzige Mittel, um sicherheitspolitisch nicht vollständig in die Abhängigkeit von den USA zu geraten. Da sich niemand ernsthaft vorstellen konnte, die Verantwortung für die Atomwaffe mit den Deutschen zu teilen, führten diese Überlegungen notwendigerweise zum Wunsch nach einer nationalen Atomstreitmacht; und in dieser Perspektive erschien die EVG dann geradezu als ein Instrument der amerikanischen Hegemonie.[56]

Die Hartnäckigkeit, mit der Dulles die Ratifizierung des EVG-Vertrags einforderte – am spektakulärsten die Androhung einer »schmerzhaften Überprüfung« der gesamten amerikanischen Europapolitik im Falle eines Scheiterns der EVG auf einer Pressekonferenz in Paris am 13. Dezember 1953 –, bestärkte diesen Verdacht noch und ließ ihn vielfach auch dort aufkommen, wo man sich über die strategischen Zusammenhänge noch gar nicht im Klaren war. Zusammen mit der robusten Kalten-Kriegs-Rhetorik der Eisenhower-Administration und ihrer Weigerung, Frankreich im Indochinakrieg militärisch zu unterstützen oder zu Verhandlungen zu verhelfen, produzierte sie eine instinktive Abwehr gegenüber amerikanischen Zumutungen, die sich oft bis zu einem heftigen Antiamerikanismus steigerte und im Kampf gegen die EVG ihr vordringlichstes Ziel erblickte. Gerade Anhänger der »Dritten Kraft«, die nach der Absage der Briten und der

Entscheidung für die deutsche Wiederbewaffnung lange gezögert hatten, entwickelten sich im Winter 1953/54 vielfach zu erbitterten Gegnern einer EVG, die als Instrument einer aggressiven amerikanischen Machtpolitik in allem genau das Gegenteil von dem zu bewirken schien, wofür man gekämpft hatte: Unabhängigkeit, Entspannung und Einbindung der Deutschen.

Der Widerstand gegen eine Ratifizierung des Vertragswerks ließ darum auch nicht nach, nachdem die Berliner Außenministerkonferenz der vier Siegermächte vom 25. Januar bis 18. Februar 1954 die Vergeblichkeit der Hoffnungen auf eine Vier-Mächte-Regelung der deutschen Frage demonstriert hatte. Zwar wuchs jetzt die Einsicht, dass eine Bewaffnung der Bundesrepublik im Rahmen des westlichen Sicherheitssystems unabdingbar war, auch wenn die Deutschen dafür eine weitgehende Beseitigung der Besatzungsrestriktionen aushandeln konnten. Gleichzeitig sank aber die Bereitschaft, die eigene Handlungsfreiheit einer Gemeinschaft zu opfern, die weder ausreichenden Schutz gegen die deutsche Gefahr bot, noch als Instrument europäischer Selbstbehauptung sonderlich plausibel war. Eine wachsende Minderheit der politischen Öffentlichkeit betrachtete nun wie die Militärs die direkte Integration der Bundesrepublik in die NATO als das geringere Übel. Sie schien umso eher akzeptabel, als die Aussicht auf ein atomares Mitspracherecht in der Führungsgruppe des westlichen Bündnisses jenen Sicherheitsvorsprung vor der Bundesrepublik zu garantieren versprach, den man sich von der EVG vergeblich erhofft hatte.

Den Ausschlag für das Scheitern der EVG ergab nach langer Blockierung schließlich die spektakuläre Niederlage der französischen Truppen in Dien Bien Phu am 7. Mai 1954. Die Weigerung der amerikanischen Verbündeten, den in der vietnamesischen Sperrfestung eingeschlossenen Franzosen mit massiver Luftunterstützung zu Hilfe zu kommen, trieb die Erbitterung über die USA auf den Höhepunkt und ließ zugleich eine autonome nationale Streitmacht, auf die offensichtlich allein Verlass war, notwendiger denn je erscheinen; und die militärische Schwäche des eigenen Landes, die nun in so beschämender Weise deutlich geworden war, akzentuierte die Angst vor der Dynamik der Deutschen. In Meinungsumfragen wuchs die Zahl der Vertragsgegner schneller als der Anteil der Befürworter (von 21 Prozent im Mai 1953 auf 31 Prozent im Juli 1954, gegenüber 30 beziehungsweise 36 Prozent Befürwortern und 33 Prozent Unentschiedenen).[57] Der Auswärtige Ausschuss der Nationalversammlung, dem der Vertrag nun endlich vorgelegt wurde, gab am 9. Juni mit 24 zu 18 Stimmen eine negative Empfehlung ab. Im Verteidigungsausschuss, der am 18. Juni ebenfalls votierte, war die negative Mehrheit mit 29 zu 13 Stimmen sogar noch größer.

Pierre Mendès France, der am gleichen 18. Juni französischer Ministerpräsident wurde (Laniel und Bidault wurden wegen ihres Zögerns gestürzt, die französischen Truppen jetzt aus Indochina zurückzuziehen), unternahm gleichwohl

einen letzten Versuch, die EVG zu retten. Um »60 bis 80 Abgeordnete«, wie er
Spaak und Dulles gegenüber erklärte,[58] aus der Gruppe der Befürworter einer
nationalen Bewaffnung der Bundesrepublik in das EVG-Lager hinüberzuziehen,
präsentierte er den EVG-Partnern am 14. August ein vom Ministerrat gebilligtes
»Anwendungsprotokoll«, das auf eine weitgehende Ausdünnung der EVG hinauslief. Danach sollte in den ersten acht Jahren sowohl im Ministerrat als auch
im Kommissariat das Einstimmigkeitsprinzip gelten; Europa betreffende NATO-
Entscheidungen sollten stets in gemeinsamen Sitzungen mit dem EVG-Ministerrat getroffen werden; die Laufzeit von NATO und EVG sollte einander angeglichen werden; und die Weiterungen des Artikels 38 sollten entfallen. Außerdem
sollte die Integration auf die deutschen Streitkräfte und die in der Bundesrepublik
stationierten alliierten Streitkräfte einschließlich der britischen und amerikanischen Verbände beschränkt werden; und schließlich sollte die Produktion von
Kernbrennstoff für Gebiete außerhalb der »strategisch exponierten Zone« nicht
mehr der Genehmigungspflicht durch das Kommissariat unterworfen sein.[59]
    Diese Änderungsvorschläge gingen jedoch vielen EVG-Befürwortern zu weit.
Zu Recht argumentierten sie, dass damit die europäische Finalität des Vertragswerks ganz verloren ging. Um das zu verhindern, ermutigten Schuman, Mollet
und andere Bundeskanzler Adenauer mehr oder weniger offen zum Widerstand
gegen die französischen Vorschläge; Sonderminister Franz Josef Strauß brachte
aus Paris sogar die Botschaft mit, dass nach wie vor mit einer parlamentarischen
Mehrheit für die EVG in ihrer ursprünglichen Form zu rechnen sei. Wichtiger als
diese Zusicherungen wurde für Adenauer freilich noch der (sachlich unzutreffen-
de) Eindruck, Mendès France steuere auf ein Arrangement mit der Sowjetunion
hin: Um dem zuvorzukommen, war er nur zu gern bereit, am Sturz des neuen Ministerpräsidenten mitzuwirken. Das Risiko eines Scheiterns des Vertrags mochte
er trotz der zuversichtlichen Meldungen aus Paris nicht ganz ausschließen, doch
schien ihm das Ziel den Einsatz wert. Außerdem wusste er jetzt die USA in einem
Maße auf seiner Seite, dass er darauf vertrauen durfte, im Falle einer Ablehnung
durch die französische Nationalversammlung nicht zu hart zu fallen. Die übrigen
Vertragspartner zeigten sich ebenso wenig konzessionsbereit: Die niederländische
Regierung wollte sich über den Artikel 38 auch weiterhin die Chancen für eine
Wirtschaftsgemeinschaft offen halten; und in der belgischen Regierung hatte
unterdessen Spaak wieder die Führung der Außenpolitik übernommen. Folglich
sah sich Mendès France auf dem Brüsseler Außenministertreffen vom 19. bis 22.
August mit einer nahezu geschlossenen Front konfrontiert, die seine Vorschläge
ablehnte. Die Konferenz wurde abgebrochen, ohne dass die Sechs mehr als ihre
Nicht-Übereinkunft festgestellt hatten.
    Nach dieser Abfuhr ging es Mendès France vordringlich darum, sicherzustel-
len, dass Frankreich nach einem Scheitern der EVG nicht, wie Dulles angedroht

hatte, von einer »atlantischen« Regelung der deutschen Wiederbewaffnung ausgeschlossen würde. Dazu forderte er eine Dreierkonferenz mit Briten und Amerikanern. Unmittelbar im Anschluss an die Brüsseler Konferenz suchte er Churchill auf, um ihn für eine Assoziierung Großbritanniens mit den sechs EVG-Ländern in einer »modifizierten Struktur im Rahmen der NATO« zu gewinnen. Dieser mahnte nochmals die Ratifizierung der EVG an und hielt sich ansonsten einigermaßen bedeckt; Mendès France las jedoch aus seinen Äußerungen heraus, dass die Briten für eine Lösung ohne Frankreich nicht zu haben sein würden. Solchermaßen beruhigt glaubte er jetzt das Risiko eines Scheiterns der EVG eingehen zu können. Er unterstützte zwar noch den Antrag der EVG-Anhänger, die Ratifizierungsdebatte in der Nationalversammlung zu verschieben, um auf einer Konferenz mit Briten und Amerikanern noch einmal über die französischen Änderungsvorschläge verhandeln zu können. Als aber die EVG-Gegner gegen diesen letzten Rettungsversuch den Antrag einbrachten, den EVG-Vertrag ganz von der Tagesordnung abzusetzen, leistete er keinen Widerstand mehr dagegen. Der Absetzungsantrag wurde daraufhin am 30. August mit 319 zu 264 Stimmen angenommen.

Diese Beerdigung dritter Klasse zeigte, dass Mendès France die Mehrheitsverhältnisse im Parlament richtig eingeschätzt hatte. Eine ganze Reihe von EVG-Gegnern hatte überhaupt nur gegen den Absetzungsantrag gestimmt, weil sie die Gründe für ihre Ablehnung noch darlegen wollten. Folglich war die ablehnende Mehrheit noch größer, als es in diesem Zahlenverhältnis zum Ausdruck kam, sodass auch ein engagiertes Eintreten für den Vertrag, wie es Schuman und Adenauer verlangten, die Verteidigungsgemeinschaft nicht mehr hätte retten können. Allerdings war der Spielraum der politischen Klasse insgesamt keineswegs durch den Druck einer festgefahrenen öffentlichen Meinung eingeengt: Allein in der Woche vor der Parlamentsabstimmung sprachen sich mehr Franzosen gegen als für den Vertrag aus (36 gegen 31 Prozent), offensichtlich unter dem Eindruck der Mobilisierung nationaler Ressentiments durch die EVG-Gegner. Eine Woche später war der Anteil der Befürworter schon wieder größer (34 gegen 33 Prozent) – so wie während der gesamten Zeit der öffentlichen Auseinandersetzung um den Vertrag zuvor! Die grundsätzliche Mehrheit für ein Vereintes Europa, die sich im Mai 1953 auf 70 Prozent belaufen hatte, bewegte sich im Frühjahr 1955 immer noch zwischen 55 und 64 Prozent.[60]

Insofern bleibt richtig, dass die Flucht nach vorn in die sicherheitspolitische Supranationalität nicht zuletzt an der mangelnden Konsequenz und Entschiedenheit ihrer Akteure scheiterte.[61] Es muss allerdings hinzugefügt werden, dass sie gleich doppelt behindert wurde: erstens durch die emotionalen Sperren, die einer Wiederbewaffnung der Deutschen im Wege standen; und zweitens durch die Entfaltung des bipolaren Abschreckungssystems, das eine eigenständige Verteidigung Europas nicht mehr zuließ. Dass das Interesse an europäischer Eigenständigkeit gegenüber dieser Kombination von Hindernissen den Kürzeren zog, ist nicht weiter verwunderlich. Eher sollte zu denken geben, dass ein großer Teil der politischen Kräfte auch in Frankreich gleichwohl so lange an dem Projekt einer europäischen Verteidigungsgemeinschaft festhielt: Das deutet an, dass die Bereitschaft, am Europa der Sechs weiterzuarbeiten, unterdessen gewachsen war – auch wenn es nicht den Idealvorstellungen entsprach, die sich viele von einem Vereinten Europa gemacht hatten.

Der Schaden, den das Scheitern der EVG anrichtete, war darum genau besehen auch gar nicht so gravierend, wie bestürzte EVG-Anhänger wie der arg verbitterte Adenauer im ersten Entsetzen meinten. Gewiss wurde die militärische Schutzfunktion gegenüber den Deutschen nun definitiv von der NATO übernommen. Die Bündelung sicherheitspolitischer Interessen der westlichen Europäer wurde noch schwieriger, als sie ohnehin schon war. Und nicht nur in Frankreich nahm die Neigung wieder zu, nach nationalen Wegen zur Sicherung der Unabhängigkeit zu suchen. Aber das Gefühl für das Ungenügen solcher Lösungen blieb doch ziemlich lebendig, ebenso das Verständnis für die Probleme der europäischen Partner, das im Laufe der langwierigen EVG-Verhandlungen doch allenthalben gewachsen war. Vor allem aber stellte die Konsolidierung des westlichen Bündnisses, die sich aus der Überwindung der EVG-Krise ergab, eine solide Grundlage dar, auf der das Projekt der europäischen Einigung fortgeführt werden konnte.

Die Gefahr eines Scheiterns der westlichen Sicherheitsgemeinschaft vor Augen fanden sich nun nämlich alle Verhandlungspartner zu Zugeständnissen bereit, die sie bislang immer vermieden hatten. Mendès France akzeptierte den direkten Beitritt der Bundesrepublik zur NATO und die Beseitigung der Notstandsvorbehalte der Alliierten in einem revidierten Generalvertrag. Adenauer gestand Mendès France ein Saar-Statut zu, das die monetären und wirtschaftlichen Bindungen des Saarlandes an Frankreich bis zur definitiven Regelung in einem Friedensvertrag festschrieb und eine Europäisierung der Saar damit an Fortschritte in der wirtschaftlichen Integration Europas band. Eden räumte dem Brüsseler Pakt, der nun durch den Beitritt der Bundesrepublik und Italiens zur Westeuropäischen Union (WEU) erweitert wurde, das Recht ein, über das Ausmaß der britischen Truppenpräsenz auf dem europäischen Kontinent mit Mehrheitsvotum zu befinden. Und Dulles, der bei einem Scheitern der supranationalen Verteidigungsorganisation schon die Rückkehr zu einer »peripheren« Verteidigungskonzeption ins Auge gefasst hatte, rang sich dazu durch, die für die EVG geltende Garantie amerikanischer Truppenpräsenz auf die WEU zu übertragen. Alle diese Zugeständnisse erfolgten erst nach dramatischen Auseinandersetzungen.[62] Da aber alle Beteiligten wussten, dass sie zum Erfolg verurteilt waren, gelang es ihnen in relativ kurzer

Zeit, sich auf ein Kompromisspaket zu verständigen. Am 23. Oktober 1954 wurden die »Pariser Verträge« in dieser Form unterzeichnet.[63]

Nach einigem Zögern, das nicht zuletzt dadurch bedingt war, dass Mendès Frances Forderung nach einer supranationalen Rüstungsagentur der WEU offen geblieben war, ratifizierte die französische Nationalversammlung diesen Kompromiss am 30. Dezember 1954 mit der relativen Mehrheit von 287 zu 260 Stimmen; 70 Abgeordnete enthielten sich. Am 27. Februar 1955 stimmte auch der Deutsche Bundestag zu – ebenfalls nach heftigen Auseinandersetzungen in der Öffentlichkeit, die den Kompromiss noch einmal gefährdeten. Gerade aber weil der Erfolg nur so schwer zu erreichen war, wagte es nach dem Abschluss der Ratifizierungsverfahren niemand mehr, die mit den Pariser Verträgen gefundene Struktur der innerwestlichen Beziehungen infrage zu stellen.

Die schwierige »Relance«

Mit dem Scheitern der EVG im August 1954 war das Projekt eines politischen Europas zunächst einmal in die Ferne gerückt. Die wesentlichen Sicherheitsfunktionen wurden nun von der NATO wahrgenommen; in Frankreich hatte sich eine mehrheitsentscheidende Gruppe in einer emotionalen Aufwallung gegen das supranationale Prinzip gewandt; und in den übrigen Ländern der Sechser-Gemeinschaft hatte die französische Ablehnung demoralisierend gewirkt. Das Problem der Unabhängigkeit der Europäer gegenüber der amerikanischen Führungsmacht stellte sich freilich nach wie vor, wenn auch unter den veränderten Vorzeichen der Einbindung in die atomare Sicherheitsgemeinschaft. Das Problem der Einbindung der Deutschen, das sich jetzt immer deutlicher als ein Problem der Einbindung der deutschen Wirtschaftskraft stellte, war noch nicht zufriedenstellend gelöst. Das Problem der wirtschaftlichen Einigung wurde drängender, nicht nur, weil die sektorale Integration von Kohle und Stahl auf Erweiterung hin angelegt war, sondern auch, weil die Zahl der Unternehmen und Branchen wuchs, die auf eine Beseitigung der Handelshemmnisse in Europa drängten. In dieser Situation kam es mehr denn je auf ein geschicktes Krisenmanagement an: Nur wenn es gelang, die verbliebenen Einigungsinteressen zu bündeln, bestand Aussicht, diejenigen Hindernisse zu überwinden, die sich aus der unterdessen erreichten Konsolidierung der nationalstaatlichen Strukturen ergaben.

Auf der Suche nach Einigungsprojekten, die ohne großen Widerstand durchgesetzt werden konnten und daher geeignet waren, die Lähmung des Integrationsprozesses durch den EVG-Schock zu überwinden, fasste die Hohe Behörde der EGKS zunächst eine Erweiterung der Montanunion auf die übrigen Energiebereiche sowie auf die Verkehrspolitik ins Auge. Das schien logisch, weil die Kohle in vielfältiger Weise mit den anderen zukunftsträchtigen Energieträgern verbunden war und die Preisgestaltung bei Kohle und Stahl in hohem Maße von der Regelung der Transportkosten abhing. Der deutsche Vizepräsident der Hohen Behörde Franz Etzel, der die Idee lanciert hatte, hoffte deshalb, dass es nicht allzu schwer fallen würde, für eine solche Erweiterung in den Parlamenten der Sechs die nötigen Mehrheiten zu finden. In der Tat sprach sich die Parlamentarische Versammlung der EGKS am 2. Dezember 1954 für eine Ausdehnung der EGKS-Kompetenzen auf die Bereiche Gas, Elektrizität, Atom und Verkehr aus.[64]

Jean Monnet setzte seine Hoffnungen besonders auf die Integration der Atomenergie. Sie schien ihm gleich in dreifacher Hinsicht dringlich zu sein: erstens um den wachsenden Energiebedarf Frankreichs und der übrigen europäischen Länder auf preiswerte Weise zu decken und sie zugleich von den devisenverschlingenden Ölimporten unabhängig zu machen; zweitens um eine von den USA unabhängige Atomwaffe zu entwickeln; und drittens um die zivile Nutzung der Atomenergie durch die Bundesrepublik unter Kontrolle zu halten, die nach der Aufhebung des Besatzungsstatuts nicht mehr verboten war. Da es noch keine etablierten nationalen Atomindustrien gab und die Lobbyisten des französischen Atomenergiekommissariats wussten, dass sie ihre ehrgeizigen Pläne nicht im nationalen Alleingang verwirklichen konnten, waren nennenswerte Widerstände nicht in Sicht. Stattdessen versprach die Konzentration auf einen Energiesektor, dem so offensichtlich die Zukunft gehörte und der die bislang so wenig erfolgreichen Bemühungen um die Sicherung der Unabhängigkeit endlich ein gewaltiges Stück voranbringen konnte, eine neue Europabegeisterung zu entfachen. Nachdem ihn Louis Armand von der französischen Atomenergie-Kommission davon überzeugt hatte, dass die Schaffung eines europäischen Atompools unerlässlich war, wenn Frankreich und die übrigen Europäer bei der dritten industriellen Revolution mithalten wollten, entschloss er sich, neben und vor der Erweiterung der Montanunion die Schaffung einer eigenen europäischen Atombehörde anzustreben.

Um das neue Projekt auf den Weg zu bringen, konnte Monnet aber diesmal, anders als 1950, nicht die französische Regierung mobilisieren. Seit dem Sturz Robert Schumans Ende 1952 fehlte ihm der direkte Zugang zu den verantwortlichen Leitern der französischen Außenpolitik. Pierre Mendès France, französischer Ministerpräsident im Krisenjahr 1954, betrieb sogar seine Ablösung als Präsident der Hohen Behörde nach dem Ende der ersten Amtsperiode. Um dem negativen Effekt eines solchen Vertrauensentzugs zuvorzukommen, erklärte er am 9. November 1954, für eine zweite Amtsperiode nicht mehr zur Verfügung zu stehen, um sich künftig ganz dem Ausbau der Gemeinschaft widmen zu können, ohne an Regierungsweisungen gebunden zu sein. Die neue Einigungsinitiative trug er Spaak an. Dieser sagte zu – freilich erst, nachdem Mendès France gestürzt worden war und der Rat der französischen Republik als zweite Kammer das Votum der Nationalversammlung für die Pariser Verträge bestätigt hatte. Am 2. April 1955 schlug er Konrad Adenauer, dem italienischen Außenminister Gaetano Martino und Antoine Pinay, der in der im Februar gebildeten Regierung Edgar Faure das Außenministerium übernommen hatte, in gleichlautenden Briefen die Einberufung einer Delegierten-Konferenz der Sechs vor, die über die Ausweitung der wirtschaftlichen Integration beraten sollte. Als Ziele nannte er die Ausdehnung der EGKS-Zuständigkeiten auf die übrigen Energiebereiche sowie auf den Verkehr und die Bildung einer Sonderorganisation der EGKS zur friedlichen Nutzung der Atomenergie.

Die Reaktion auf diesen Vorstoß war nicht sonderlich ermutigend. Der niederländische Außenminister Jan Willem Beyen sah in der Ausweitung der sektoralen Integration neue Hindernisse für den Gemeinsamen Markt, den die niederländische Regierung anstrebte, und entwickelte deshalb sogleich eine Gegeninitiative. In einem Memorandum, das er Spaak am 4. April übermittelte, verurteilte er die sektorale Integration als verbraucherfeindliche Integration auf Kosten der nichtintegrierten Wirtschaftsbereiche, die eher zu neuen Kartellen führe, als die gesamtwirtschaftliche Produktivität zu erhöhen. Stattdessen verlangte er, den Außenministern der Sechs jetzt die Bildung einer »supranationalen Gemeinschaft« vorzuschlagen, die »über den Weg einer Zollunion bis zur Verwirklichung einer Wirtschaftsunion fortschreiten soll«. Deutlicher als während der Verhandlungen über die Europäische Politische Gemeinschaft 1952/53 war ihm nun bewusst, dass die supranationale Ausrichtung der Wirtschaftsgemeinschaft von Anfang an notwendig war, nicht nur, um die wirtschaftliche Modernisierung abzufedern, sondern auch, um das Gefühl der Verantwortlichkeit für die gemeinsame Zukunft der Europäer zu entwickeln. Da unterdessen auch das Engagement der niederländischen Öffentlichkeit für die europäische Einigung stärker geworden war, konnte er diese Position im Kabinett gegenüber dem nach wie vor reservierten Ministerpräsidenten Willem Drees weitgehend durchsetzen.[65]

Demgegenüber war der französische Widerstand gegen den Gemeinsamen Markt sogar noch gewachsen: Zu der Angst vor dem Ausverkauf noch nicht wettbewerbsfähiger Wirtschaftszweige kam jetzt auch noch eine verbreitete Aversion gegen die Supranationalität. Die Gefahr einer neuen Ablehnung im Parlament vor Augen hütete sich die Regierung Faure, ein Projekt aufzugreifen, das den einhelligen Protest aller Wirtschaftsverbände und Arbeitnehmerorganisationen auf den Plan zu rufen drohte. Das Einzige, was sie sich nach einigem Zögern zu eigen machte, war der Plan einer Gemeinschaft zur zivilen Nutzung der Atomenergie, die sowohl vom Planungskommissariat als auch vom Atomenergiekommissariat gefordert wurde. Dabei wurde festgehalten, dass die Atomwaffe in nationaler Verantwortung bleiben sollte; eine gemeinsam zu errichtende Isotopentrennungsanlage sollte nur die für die atomare Rüstung unerlässliche Versorgung mit angereichertem Uran sicherstellen.[66] Hinsichtlich der Vergemeinschaftung der übrigen Energiebereiche und des Verkehrswesens äußerte sich Faure nur vage.

Die deutsche Bundesregierung begeisterte sich weder für den Gemeinsamen Markt noch für die Atomgemeinschaft. Wirtschaftsminister Ludwig Erhard sah in einer Zollunion der Sechs ein dirigistisches Hindernis auf dem Weg zu einem weltweiten Freihandelssystem, das den Exportinteressen der deutschen Wirtschaft entsprach. Der Bundesminister für besondere Aufgaben Franz Josef Strauß (der dann im Oktober 1955 mit der Verantwortung für die Atomfragen betraut wurde) zog die Zusammenarbeit mit den technisch viel weiter fortgeschrittenen Briten und Amerikanern einer Atomgemeinschaft vor, die offensichtlich in erster Linie Frankreich zugutekommen sollte. Bundeskanzler Adenauer war zwar brennend an einer Fortsetzung der politischen Integration interessiert, um die aus seiner Sicht noch viel zu ungewisse Bindung der Bundesrepublik an den Westen langfristig abzusichern. Er fürchtete jedoch, mit der Formierung der wirtschaftlichen Integration diesem Ziel gerade nicht näher zu kommen: Angesichts der divergierenden wirtschaftlichen Interessen drohten Annäherungsbemühungen in diesem Bereich die Widerstände gegen die Integration in Frankreich wie in der Bundesrepublik eher noch zu stärken.[67] Gegenüber den EGKS-Partnern setzte er deshalb zunächst einmal eine Verschiebung der Außenministerkonferenz, die über den belgischen Vorstoß beraten musste, bis zum Inkrafttreten der Pariser Verträge durch; Spaak und Monnet ließ er wissen, dass er ihre Initiative für »verfrüht« halte.[68]

Angesichts der vielfältigen Widerstände entschloss sich Monnet einmal mehr zur Flucht nach vorn. Nachdem ihm ein Gespräch mit Carl Friedrich Ophüls, dem Leiter der Europa-Abteilung des Bonner Außenministeriums, deutlich gemacht hatte, dass die Zustimmung der Bundesregierung zur Wirtschaftsgemeinschaft wohl leichter zu erreichen sein würde als ihre Einwilligung in die Atomgemeinschaft, suchte er Spaak und Beyen dafür zu gewinnen, die Vorschläge für die Ausweitung der sektoralen Integration und die Pläne für den Gemeinsamen Markt miteinander zu verbinden. Die Aussicht auf den Gemeinsamen Markt sollte Niederländer und Deutsche dazu bewegen, auch an der Ausweitung der sektoralen Integration mitzuarbeiten; gleichzeitig sollte die Verwirklichung der Atomgemeinschaft den Widerstand der Franzosen gegen die Wirtschaftsgemeinschaft auflockern. In einem Entwurf für eine Gemeinsame Erklärung der Sechs, den sein Mitarbeiter Pierre Uri am 13. April für ihn redigierte, präzisierte er, dass die von Spaak vorgeschlagene Delegiertenkonferenz Vertragstexte zur Ausweitung der Gemeinschaftsaufgaben »auf die Bereiche Verkehr, Energie und Atomenergie« ausarbeiten und »in einem zweiten Schritt das Programm und die Bedingungen für eine allgemeine Integration der Wirtschaft festlegen« sollte. Hinsichtlich der

Wirtschaftsgemeinschaft fügte er mit Blick auf die französischen Widerstände gleich hinzu, dass es natürlich Übergangsbestimmungen, einen Sozialfonds und einen Investitionsfonds geben müsse, um die Vereinheitlichung sozialverträglich zu gestalten. Als Vorsitzenden der Konferenz empfahl er sich selbst; und er bot auch einen weiteren Verbleib im Amt des Präsidenten der Hohen Behörde an, wenn die Regierungen sich auf diese »Relance« einließen.[69]

Damit hatte er, was seine Person betraf, den Bogen überspannt. Beyen, der den Entwurf am 23. April zusammen mit Spaak beriet, strich den Namen Monnets mit Rücksicht auf die französische Regierung aus der Vorlage; und diese entschloss sich dann dazu, René Mayer für das Präsidentenamt zu nominieren. Beyen bestand auch auf einer Streichung des Bezugs zur EGKS und der Erwähnung der Anpassungsfonds. Im Grundsatz aber akzeptierte er den von Spaak vorgeschlagenen Kompromiss und gewann dann auch sein Kabinett dafür. Daraufhin konnte das revidierte Uri-Memorandum den übrigen EGKS-Partnern am 18. Mai als gemeinsamer Vorschlag der Benelux-Regierungen übermittelt werden. Parallel dazu signalisierte Faure, dass seine Regierung ebenfalls für den Kompromiss zu haben sein würde: Am Rande der Atlantikratstagung vom 9. bis 11. Mai versicherte er seinen EGKS-Amtskollegen, dass der Gemeinsame Markt nicht an Frankreich scheitern würde. Und nachdem der Benelux-Vorschlag erst einmal auf dem Tisch lag, akzeptierte auch die Bundesregierung grundsätzlich die Idee eines Gemeinsamen Marktes: In ihrer Antwort vom 27. Mai sprach sie sich für eine fortschreitende Liberalisierung des Handels- und Kapitalverkehrs zwischen den Sechs aus, verbunden mit der Freizügigkeit der Arbeitskräfte, der Etablierung von Wettbewerbsregeln und der Schaffung eines Investitionsfonds.[70]

Für den Erfolg des Unternehmens genügte das aber noch nicht. Das deutsche Memorandum sagte nichts über die Institutionen aus, die die sektorale oder horizontale Integration regeln sollten, und schlug konkret nur die Einrichtung eines Konsultativorgans innerhalb der EGKS vor, das dem Ministerrat Vorschläge zur Ausgestaltung der »wirtschaftlichen Zusammenarbeit« vorlegen sollte. Die französische Regierung legte überhaupt kein Memorandum vor und ließ damit noch mehr offen, in welchem Rahmen und in welchem Zeitraum sie eine Fortführung der wirtschaftlichen Integration akzeptieren würde. Um der Gefahr eines Scheiterns der Initiative vorzubeugen, schob Beyen daher den Vorschlag nach, zunächst eine Expertenkonferenz einzuberufen, die unabhängig von Regierungsweisungen alle Möglichkeiten der wirtschaftlichen Integration prüfen sollte; der Bericht dieser Kommission sollte dann als Grundlage für die Vertragsverhandlungen dienen. Spaak ergänzte diesen Vorschlag mit dem Votum, dass eine ausgewiesene »politische Persönlichkeit« als Generalsekretär der Expertengruppe fungieren sollte, damit sie sich nicht in der gleichen unfruchtbaren Konfrontation unvereinbarer Standpunkte festlief wie die diversen EPG-Expertenrunden.[71]

In der Tat ließ sich auf der Konferenz von Messina, wo sich die Außenminister der Sechs vom 1. bis 3. Juni 1955 trafen, eine Vereinbarung nur auf dieser minimalen Stufe erzielen. Nachdem Pinay eine verbindliche Festlegung auf den Gemeinsamen Markt verweigert und Walter Hallstein, der Adenauer vertreten musste, die Schaffung neuer Institutionen abgelehnt hatte, mussten die begleitenden Beamten am Abend des zweiten Verhandlungstages feststellen, dass keinerlei Übereinkommen erzielt worden war. In aller Eile wurde daraufhin in einer Nachtsitzung im Anschluss an das Diner und einen Ballettbesuch eine Erklärung verabschiedet, die die im Benelux-Memorandum und im deutschen Memorandum genannten Integrationsziele als Studienobjekte aufführte und eine Expertengruppe unter dem Vorsitz einer »politischen Persönlichkeit« mit ihrer Prüfung beauftragte. Wie Beyen vorgeschlagen hatte, sollte die britische Regierung eingeladen werden, sich an den Expertengesprächen zu beteiligen; und nach Bedarf sollten auch Vertreter der bestehenden europäischen Institutionen hinzugezogen werden.[72] Das war scheinbar nicht viel. Als die Minister morgens um 4 Uhr auseinander gingen, machten sie auf die anwesenden Beamten und Journalisten »eher den Eindruck, sich für den Sonnenaufgang über dem Ätna zu interessieren als voller Bewunderung für ihr Werk zu sein«.[73] Allerdings setzten die Beschlüsse die Regierungen unter einen gewissen Zugzwang, dem sie sich, wenn das Komitee erst einmal zu gemeinsamen Auffassungen gelangte, nicht mehr so leicht entziehen konnten.

Der Druck, der von der Entscheidung von Messina ausging, war umso stärker, als sich die Regierungen im Nachtrag zu der Konferenz auf diplomatischem Wege darüber verständigten, Spaak zum Vorsitzenden des Expertenkomitees zu berufen. Spaak hatte diese Funktion nicht von sich aus angestrebt, weil er Schwierigkeiten sah, sie mit dem Amt des belgischen Außenministers zu vereinbaren. Nachdem sie ihm aber zugefallen war, sorgte er durch straffe und eigenständige Verhandlungsführung dafür, dass die Delegierten, die sich zum Teil schon aus der EGKS-Arbeit kannten, zu einer tatsächlichen Experten-Gruppe zusammenwuchsen. Gleich zu Beginn der Beratungen in Brüssel Anfang Juli setzte er durch, dass die Vertreter der Hohen Behörde ständig mit beratender Stimme an den Arbeiten des Lenkungsausschusses teilnehmen konnten, die Vertreter der OEEC, des Europarats und der Europäischen Konferenz der Verkehrsminister dagegen nur bei Bedarf hinzugezogen wurden. Nachdem die vier Fachausschüsse und vier Unterausschüsse des Komitees bis zum vorgesehenen Ablieferungstermin eine ganze Reihe substantieller Fragen offengelassen hatten, konzentrierte er die Arbeiten vom November an auf die nationalen Delegationsleiter und zog mit Pierre Uri und Hans von der Groeben nur noch zwei konzeptionell begabte Experten hinzu.[74] Dem Leiter der britischen Delegation, die bislang eher beobachtend an den Verhandlungen mitgewirkt hatte, gab er zu verstehen, dass an den künftigen

Gesprächen nur noch eindeutige Befürworter einer Zollunion teilnehmen könnten. Daraufhin fasste das britische Kabinett am 11. November den Beschluss, sich nicht an dem geplanten Gemeinsamen Markt zu beteiligen.[75]

Im kleineren Kreis zeichnete sich bald die Empfehlung eines Gemeinsamen Marktes mit Außenzoll, Wettbewerbsregeln und Modernisierungsförderung ab, zu verwirklichen in drei Stufen von jeweils vier Jahren. Dieser Gemeinsame Markt sollte von einem zunächst einstimmig entscheidenden Ministerrat und einer von ihm berufenen Kommission dirigiert werden, die autonom über die Einhaltung der vereinbarten Regelungen wachte. Eine bloße Freihandelszone oder eine Ausweitung der EGKS wurden als unerreichbar und zum Teil auch unerwünscht abgelehnt. Allerdings sperrte sich die französische Delegation unter der Leitung von Félix Gaillard gegen die Festlegung auf einen verbindlichen Zeitplan. Stattdessen verlangte sie flexible Reaktionen auf die konjunkturelle Entwicklung, eine Harmonisierung der Sozialkosten und einen gemeinsamen Investitionsfonds, der das Aufholen rückständiger Branchen und Regionen erleichterte. Selbst als die deutschen Vertreter der Idee einer Modernisierungsförderung grundsätzlich zustimmten, blieb es beim französischen Widerstand gegen die verbindliche Festlegung des Integrationsprogramms. Umgekehrt zeigte die deutsche Delegation unter der Leitung von Adenauers Staatssekretär Walter Hallstein wenig Neigung, der von Gaillard mit Nachdruck geforderten Atomgemeinschaft näherzutreten. So steuerten die Verhandlungen Ende November in eine Sackgasse, aus der so schnell kein Ausweg zu finden war. Nachdem die Regierung Faure am 29. November gestürzt war, unterbrach Spaak erst einmal die Arbeiten und bemühte sich dann, die britische Regierung zu einer Revision ihrer Entscheidung zu bewegen. Nur so glaubte er schließlich auch den französischen Widerstand gegen den Gemeinsamen Markt brechen zu können.[76]

Spaaks eindringliche Warnungen vor einem Auseinanderfallen des westlichen Bündnisses nach dem Ende der Kanzlerschaft Adenauers bewirkten freilich nur, dass die Regierung Eden darauf verzichtete, eine Zollunion der Sechs zu attackieren. Zu einem Durchbruch in den Verhandlungen des Spaak-Komitees kam es erst, nachdem Adenauer seine Minister am 19. Januar 1956 unter Verweis auf seine Richtlinienkompetenz als Bundeskanzler angewiesen hatte, die Verhandlungen nicht scheitern zu lassen, und der französische Staatspräsident René Coty am 31. Januar mit Guy Mollet einen Politiker zum Nachfolger Faures bestellt hatte, der ebenfalls dringend an einem Erfolg des Messina-Projekts interessiert war.[77] Bei einer kurzfristig einberufenen Außenministerkonferenz der Sechs am 11./12. Februar in Brüssel konnte Spaak jetzt den deutschen Außenminister Heinrich von Brentano dazu bewegen, der Vorbereitung einer Empfehlung für die Atomgemeinschaft zuzustimmen, und gleichzeitig seinem französischen Kollegen Christian Pineau das Zugeständnis abringen, dass auch eine Empfehlung für den

Gemeinsamen Markt vorbereitet werden würde. Damit war die Bahn für die Abstimmung über die Grundsätze der beiden Projekte frei; und diese gedieh dann bis zum 9. März so weit, dass Spaak Uri und von der Groeben beauftragen konnte, auf der Basis der bislang erstellten Arbeitspapiere einen zusammenfassenden Bericht zu redigieren. Das Ergebnis, das vier Wochen später vorlag,[78] stieß sowohl auf der deutschen als auch auf der französischen Seite noch einmal auf Widerstände, aber dann nahmen die nationalen Delegationsleiter den Bericht am 20. März ohne große Änderungen an.[79]

Damit lag nun neben den Grundsätzen für einen Gemeinsamen Markt auch der Vorschlag zur Bildung einer Atomgemeinschaft auf dem Tisch. Allerdings mussten die französischen Delegierten einige Abstriche an ihrer Konzeption hinnehmen. Euratom, wie die neue Organisation auf Vorschlag von Armand heißen sollte, sollte nur über das Handelsmonopol für Kernbrennstoffe verfügen; die Forderung nach Übertragung der Eigentumsrechte an die Gemeinschaft wurde nicht in den Bericht aufgenommen. Die Forschung sollte nur zum geringeren Teil von der Gemeinschaft selbst organisiert werden. Und auch bei der industriellen Nutzung der Forschungsergebnisse sollten Eigenbetriebe der Gemeinschaft nur eine untergeordnete Rolle spielen; statt eines Atomfonds, der den Aufbau industrieller Kapazitäten dirigierte, wurde nur die Unterstützung der öffentlichen und privaten Unternehmen durch Mittel aus dem allgemeinen Investitionsfond des Gemeinsamen Marktes vorgesehen.[80] Der Spaak-Bericht trug somit in allen Teilen Zeichen des Kompromisses zwischen unterschiedlichen wirtschafts- und integrationspolitischen Vorstellungen. Man sah ihm an, wie schwierig es gewesen war, ihn überhaupt zustande zu bringen.[81]

Mit der Erstellung des Spaak-Berichts waren die beiden neuen Integrationsprojekte aber noch nicht über den Berg. Guy Mollet war wohl entschlossen, nicht nur die Atomgemeinschaft, sondern auch die Wirtschaftsgemeinschaft durchzusetzen, um die Bundesrepublik dauerhaft an den Westen zu binden und den Europäern zu mehr Eigenständigkeit gegenüber der amerikanischen Führungsmacht zu verhelfen. Er war aber nur Chef einer Minderheitsregierung, der mit Jacques Chaban-Delmas auch ein Vertreter der Gaullisten angehörte, und konnte sich einer parlamentarischen Mehrheit für den Gemeinsamen Markt ebenso wenig sicher sein wie sein Vorgänger. Zusammen mit seinem Außenminister Christian Pineau und dem zum Staatssekretär für Europafragen berufenen Generalsekretär der Radikalen Partei, Maurice Faure, suchte er daher die Partnerregierungen dafür zu gewinnen, zunächst den Euratom-Vertrag zu verabschieden, um auf der Grundlage dieses Erfolgs einen Meinungsumschwung in der französischen Öffentlichkeit zugunsten des Gemeinsamen Marktes herbeiführen zu können. »Wir mussten eine Art Nebelwand fabrizieren«, erläuterte Pineau später. »Euratom war für uns die Nebelwand, hinter der sich der Gemeinsame Markt verborgen hat.«[82]

Die Verhandlungspartner zeigten für die Mobilisierungsstrategie der Regierung Mollet jedoch wenig Verständnis. Insbesondere die Bundesregierung war nur bereit, der Atomgemeinschaft zuzustimmen, wenn gleichzeitig auch der Gemeinsame Markt verwirklicht würde. Adenauer hatte angesichts des Widerstands von Erhard gegen die Wirtschaftsgemeinschaft und des Widerstands von Strauß gegen die Atomgemeinschaft schon in der Kabinettssitzung vom 10. Februar ein solches Junktim hergestellt, und an diesem Junktim hielt er jetzt fest. Er kannte seine neuen französischen Kollegen zu wenig und war auch zu sehr von der Unterstützung der Junktim-Forderung durch die deutsche Industrie irritiert, um dagegen von Anfang an die nötige Flexibilität in der Verhandlungsführung durchsetzen zu können. Wenn die Franzosen erst einmal die Atomgemeinschaft in der Tasche hätten, so fürchtete er, würden sie die Wirtschaftsgemeinschaft endgültig verwerfen, und dann waren in der Bundesrepublik noch größere Widerstände gegen die Messina-Initiative zu erwarten, als sie ohnehin schon zu spüren waren.[83]

Die Verhandlungen über Euratom und EWG

Angesichts des deutschen Junktims stimmte Pineau bei der Außenministerkonferenz der Sechs in Venedig am 29./30. Mai ohne vorherige Absicherung im Ministerrat schweren Herzens der Aufnahme von Vertragsverhandlungen nicht nur über die Atomgemeinschaft, sondern auch über die Wirtschaftsgemeinschaft zu.[84] Er versuchte aber weiterhin, die Atomgemeinschaft vor der Wirtschaftsgemeinschaft zum Abschluss zu bringen, und nannte auch gleich drei Bedingungen, die seine Regierung für die Verabschiedung des Vertrags über den Gemeinsamen Markt stellte: Erstens sollten, worauf besonders der sozialistische Überseeminister Gaston Defferre gedrängt hatte, die Überseegebiete in den Gemeinsamen Markt eingeschlossen werden, um die Kosten für ihre Modernisierung zu teilen, statt ihre Loslösung vom Mutterland auch noch durch die Errichtung einer Zollmauer zu forcieren. Zweitens sollten, darauf legte Mollets Sozialistische Partei insgesamt größten Wert, die Sozialleistungen und Steuern in der Gemeinschaft bereits bis zum Ablauf der ersten Integrationsphase weitgehend harmonisiert werden, um Wettbewerbsverzerrungen zu vermeiden und eine Unterminierung der sozialstaatlichen Errungenschaften durch einen auf Förderung des Wettbewerbs angelegten Markt zu verhindern. Und drittens sollte der Übergang von der ersten zur zweiten Etappe der Integration nicht automatisch erfolgen; vielmehr sollten die Regierungen die Regelungen für die weiteren Etappen erst nach dem Ablauf der ersten Phase festlegen. Gegen das liberale Integrationskonzept der Marktwirtschaftler, das in erster Linie der in vollem Aufschwung begriffenen Bundesrepublik zugutekommen musste, setzte die französische Seite somit einmal mehr ein politisches Steuerungskonzept, das die Risiken der Marktöffnung abmildern sollte.[85]

Um sich den nötigen parlamentarischen Rückhalt für das Unternehmen zu verschaffen, organisierte die Regierung Mollet Anfang Juli eine Parlamentsdebatte über das Projekt der Atomgemeinschaft. Dabei präzisierte sie, dass Frankreich sich die Option auf die Entwicklung eigener Kernwaffen ausdrücklich offenhielt; den Kernwaffengegnern und den Deutschen, die die französische Sonderstellung nicht auch noch mit ihren Ressourcen fördern wollten, wurde lediglich ein (ziemlich theoretisches) Moratorium von vier oder fünf Jahren zugestanden, in denen es keine französischen Atomwaffentests geben sollte. Außerdem bestand sie darauf, dass Frankreich bei der Internationalen Atombehörde selbst und nicht etwa durch die Atomgemeinschaft vertreten sein sollte und es, anders als der Spaak-Bericht vorsah, keine gemeinsamen Organe von Atomgemeinschaft und Montanunion geben dürfe. Mit diesen Zugeständnissen an die Verfechter einer »nationalen« Unabhängigkeitspolitik und einer betont technischen Präsentation des Atomgemeinschafts-Projekts sicherte sie sich eine breite Mehrheit (332 gegen 181 Stimmen) für die Fortführung der Verhandlungen über die Atomgemeinschaft. Mit diesem Erfolg im Rücken drängte sie dann in den Vertragsverhandlungen, die – wiederum unter dem Vorsitz von Spaak – am 26. Juni im Schloss Val Duchesse bei Brüssel begonnen hatten, auf einen raschen Abschluss beider Verträge zu den französischen Bedingungen.[86]

Die Partner machten indessen keine Anstalten, auf die französischen Forderungen einzugehen. Die deutschen Marktwirtschaftler fanden die Forderung nach einer Harmonisierung der Sozialleistungen geradezu absurd und zeigten darüber hinaus wenig Neigung, Frankreich eine Sonderrolle als militärische Atommacht und Kolonialmacht einzuräumen. Erhard richtete seine Hoffnungen auf den Vorschlag einer Freihandelszone der OEEC-Länder, den der OEEC-Generalsekretär René Sergent nach entsprechenden Diskussionen in der britischen Regierung auf dem Ministerratstreffen der OEEC vom 17. bis 19. Juli in Paris vorlegte,[87] und bestärkte die deutsche Delegation dementsprechend in ihrer Zurückhaltung. Mehr als ein Austausch der unterschiedlichen Standpunkte war folglich nicht zu erreichen; und so beschlossen die Delegationsleiter am 24. Juli, zunächst einmal eine Sommerpause einzulegen.

Nach der Wiederaufnahme der Gespräche am 6. September modifizierte die französische Regierung ihre Position ein wenig: Sie bestand jetzt nicht mehr darauf, den Fortgang der Marktintegration nach dem Ablauf der ersten Phase offenzulassen, sondern hielt nur noch fest, dass der Übergang zur zweiten Phase erst erfolgen sollte, wenn die Regierungen übereinstimmend festgestellt hatten, dass die Ziele der ersten Phase erreicht waren. Dafür verlangte sie aber, das System der

Ausfuhrbeihilfen und Einfuhrabgaben beibehalten zu dürfen, bis das französische Zahlungsbilanzdefizit ausgeglichen war, und bei erneuten Zahlungsschwierigkeiten zu entsprechenden Schutzmaßnahmen zurückkehren zu können. Außerdem wollte sie sich das Recht vorbehalten, das Inkrafttreten des Vertrages über den Gemeinsamen Markt überhaupt verschieben zu können, falls der Algerienkrieg weiterhin so exorbitante Kosten verursachen sollte wie im Augenblick.[88] Das war für die Fünf eher akzeptabel. In der Frage der Sozialleistungen und der Einbeziehung der Überseegebiete blieben die Gegensätze jedoch unüberbrückbar. Mollet fasste daher wieder eine zeitliche Trennung der beiden Vertragswerke ins Auge; und Jean Monnet, der sich von der Atomgemeinschaft ohnehin einen viel größeren Mobilisierungsschub versprach, drängte Adenauer, die Fertigstellung des Euratom-Vertrags vorzuziehen. Dieser stimmte zunächst zu, ließ sich dann aber von Etzel und Hallstein überreden, an dem Junktim festzuhalten.[89]

So steuerten die Vertragsverhandlungen im Oktober ebenso in eine Sackgasse wie ein knappes Jahr zuvor die Verhandlungen des Spaak-Komitees. Bei einem erneuten Außenministertreffen, das für den 20./21. Oktober 1956 nach Paris einberufen wurde, kam es wohl zu einer Annäherung in der Frage der Übergangsbestimmungen. Die Fünf gestanden Frankreich grundsätzlich die Möglichkeit zu, bei Zahlungsbilanzschwierigkeiten besondere Schutzmaßnahmen zu ergreifen; dafür konzedierte Pineau nach Rücksprache mit Mollet, dass nach Ablauf von sechs Jahren eine qualifizierte Mehrheit genügen sollte, um den Übergang zur zweiten Integrationsphase zu beschließen. Als sich die deutsche Delegation, zu der auch Erhard und Strauß gehörten, aber strikt weigerte, der Reduzierung der wöchentlichen Arbeitszeit von 48 auf 40 Stunden im Laufe der ersten Vertragsphase zuzustimmen, zog Pineau sein Zugeständnis in der Übergangsfrage wieder zurück und erklärte nach einer weiteren ergebnislosen Verhandlungsrunde die Konferenz für gescheitert.[90]

Dieser Rückschlag war für das Unternehmen umso gefährlicher, als sich die britische Regierung unterdessen am 3. Oktober den Vorschlag einer Freihandelszone offiziell zu eigen gemacht hatte, wenn auch unter Aussparung der landwirtschaftlichen Produkte, für die weiter das Commonwealth-Präferenzsystem gelten sollte. Erhard, der mit seinem demonstrativ vorgetragenen liberalen Credo nicht wenig zum Scheitern der Pariser Konferenz beigetragen hatte, plädierte denn auch gleich dafür, die Verhandlungen in Brüssel abzubrechen und stattdessen zunächst einmal mit den Briten über die, wie er meinte, »seit Jahren entscheidende politische und wirtschaftliche Initiative zur Integration Europas« zu sprechen. Auf diese Weise hoffte er die Gefahr einer protektionistischen und dirigistischen Zollunion der Sechs endgültig beseitigen zu können und gleichzeitig einer allgemeinen Handelsliberalisierung ein wesentliches Stück näher zu kommen. Er wusste dabei die Industrie- und Handelskammern und weite Kreise der exportorientierten chemischen und verarbeitenden deutschen Industrie auf seiner Seite, die ebenfalls große Hoffnungen in die britische Initiative setzten.[91] Paul-Henri Spaak und manch andere Befürworter des Messina-Projekts sahen damit sein Scheitern fast schon als besiegelt an.

Adenauer ließ sich von Erhards volkswirtschaftlicher Argumentation freilich nicht beeindrucken. So sehr er das Projekt der Wirtschaftsgemeinschaft anfangs mit Distanz behandelt hatte, weil er keine großen Chancen sah, es in Frankreich durchsetzen zu können,[92] so entschlossen war er auch, es jetzt nicht an deutsch-französischen Differenzen scheitern zu lassen. Nachdem ihm der Radford-Plan zur Reduzierung der amerikanischen Truppenpräsenz in Europa im Sommer 1956 die Gefahr einer amerikanisch-sowjetischen Verständigung auf Kosten der Europäer vor Augen geführt hatte, hatte sich sein Interesse an einer sicherheitspolitischen Zusammenarbeit des westlichen Europas sogar noch verstärkt. Erste Absprachen zur Aktivierung der Westeuropäischen Union, die er »aus Sorge wegen der Entwicklung in Amerika« mit Mollet bei dessen Bonn-Besuch am 29. September getroffen hatte,[93] sollten nicht durch ein Scheitern der Brüsseler Verhandlungen wieder infrage gestellt werden.

So stimmte Adenauer am 3. November dem Vorschlag der Vertreter des Außenministeriums zu, in bilateralen deutsch-französischen Gesprächen einen Ausweg aus der Verhandlungskrise zu suchen, und kündigte an, zu diesem Zweck selbst nach Paris zu fahren, um mit Mollet zu sprechen. Er hielt auch an seinen Reiseplänen fest, als die Regierung Mollet zwei Tage später wegen des militärischen Angriffs auf Ägypten unter heftigen Beschuss geriet, den sie an der Seite Großbritanniens unternahm, um die Rücknahme der Nationalisierung des Suez-Kanals durch Nasser zu erzwingen.

Für die Überwindung der Verhandlungskrise, die Spaak und manch andere schon ein Scheitern des Messina-Projekts befürchten ließ, war es nicht ganz unwichtig, dass just in diesen Tagen die deutsch-französischen Verhandlungen über die Zukunft der Saar erfolgreich abgeschlossen werden konnten. Das in den Pariser Verträgen ausgehandelte Statut war von der Saar-Bevölkerung am 23. Oktober 1955 wider Erwarten mit großer Mehrheit abgelehnt worden; daraufhin hatte die Regierung Faure Verhandlungen mit der Bundesregierung aufgenommen, die das Ziel hatten, für die offensichtlich unvermeidlich gewordene Angliederung des Saarlandes an die Bundesrepublik eine Reihe wirtschaftlicher Kompensationen herauszuhandeln. Bei diesen Verhandlungen zeichnete sich seit einem Treffen Adenauers mit Mollet am 4./5. Juni 1956 in Luxemburg ein Kompromiss ab, der darauf hinauslief, dass die Bundesregierung eine Verkürzung der Übergangszeit auf höchstens drei Jahre mit teilweiser Finanzierung der Moselkanalisierung und weiterem Abbau eines Teils des saarländischen Kohlevorkommens von französischem Boden aus honorierte. Nachdem eine Reihe schwieriger Detailfragen geklärt waren, konnten am 27. Oktober die Luxemburger Verträge unterzeichnet werden, die den Beitritt des Saarlandes zur Bundesrepublik zum 1. Januar 1957 ermöglichten.[94] Dass dieser Kompromiss gelang, trug natürlich zur Verbesserung der Grundstimmung zwischen Frankreich und der Bundesrepublik bei und brachte vor allem die Verhandlungspartner wie Faure und Hallstein, Pineau und von Brentano einander näher.[95]

Wichtiger war allerdings, dass der vereinte Druck der USA und der Sowjetunion, der die Regierungen Mollet und Eden in der Nacht vom 6. zum 7. November zum Abbruch des Suez-Unternehmens zwang, in Frankreich das Gespür für die Notwendigkeit der europäischen Einigung nachhaltig verstärkte und Mollet diese Klimaverbesserung sogleich nutzte, um die Vertragsverhandlungen durch größere Konzessionsbereitschaft zu beschleunigen. Schon während Adenauers Besuch am 6. November wies er seine Beamten an, unter allen Umständen einen Kompromiss in der strittigen Harmonisierungsfrage zu finden. Eine Expertengruppe, die auf der französischen Seite von Robert Marjolin, auf der deutschen Seite von Karl Carstens geleitet wurde, handelte daraufhin eine Kompromissformel aus, die aus der Verpflichtung zur Anpassung der Sozialleistungen nach oben eine vage Absichtserklärung machte: Nationale Gesetzgebungen und die Wirkungen des Gemeinsamen Marktes selbst sollten bis zum Ende der ersten Phase eine Anpassung der Arbeitszeit an französische Verhältnisse ermöglichen; würde das nicht erreicht werden, sollte die Kommission der Gemeinschaft berechtigt sein, Schutzklauseln zugunsten der benachteiligten Industrien zu verfügen. Auf der Grundlage dieser Vereinbarung bekräftigte die Gruppe dann auch noch einmal die Kompromisse in der Frage der Ausgleichszahlungen und der Übergangsmodalitäten zur zweiten Phase, die bei dem Außenministertreffen schon diskutiert worden waren. Als das Kompromisspaket den beiden Regierungschefs vorgelegt wurde, hatte Mollet gerade durch einen Telefonanruf Edens erfahren, dass die britische Regierung der amerikanischen Aufforderung zum sofortigen Waffenstillstand am Suez-Kanal bereits zugestimmt hatte. Adenauer quittierte die Nachricht mit der Aufforderung: »Und jetzt müssen wir Europa schaffen!« Beide stimmten den Verhandlungsergebnissen ohne weitere Diskussion zu und machten damit den Weg für eine beschleunigte Fortsetzung der Verhandlungen frei.[96]

Sodann setzte Mollet im Kabinett, das vom solidarischen Verhalten des Bundeskanzlers während der Suez-Krise sehr beeindruckt war, den Beschluss durch, den Abschluss des Vertrags über die Wirtschaftsgemeinschaft so schnell wie möglich herbeizuführen und sich zu diesem Zweck auch in anderen strittigen Fragen mit der Festlegung »ziemlich allgemeiner Prinzipien« zufrieden zu geben, die dann von der »supranationalen Autorität« der Gemeinschaft präzisiert werden sollten.[97] Gleichzeitig begann er, das Parlament und die Öffentlichkeit systematisch auf die Notwendigkeit beider Verträge vorzubereiten, indem er sie als Mittel präsentierte, künftig solchen Demütigungen entgehen zu können, wie sie Frankreich durch Nassers Enteignungsmanöver ebenso wie durch die Intervention der Supermächte in der Suez-Krise hatte hinnehmen müssen. Angesichts der quälenden Abhängigkeit vom arabischen Erdöl und der offenkundigen Distanzierung Adenauers von der amerikanischen Führungsmacht erschien Europa zum ersten Mal seit der Zuspitzung der EVG-Krise wieder als Hort der Unabhängigkeit: Dieser Eindruck wurde durch Mollets Propagandaoffensive verstärkt und so der Boden für eine Aufweichung des protektionistischen Widerstands gegen den Gemeinsamen Markt bereitet.

Vor dem Hintergrund des Erfolgs in der Saarfrage, der Solidarität in der Suez-Krise und des wachsenden Verhandlungsspielraums der französischen Delegation entwickelte sich jetzt in Brüssel ein geradezu herzliches Verhandlungsklima, das es erlaubte, die verbliebenen Differenzen mit viel Verständnis für die innenpolitischen Schwierigkeiten der Partner und einiger Kreativität Schritt für Schritt aus dem Weg zu räumen. Dabei spielte auch wieder Pierre Uri eine Rolle, der von Spaak als persönlicher Berater zu den Verhandlungen hinzugezogen worden war und nun wiederholt mit ad hoc entworfenen Kompromissformulierungen aus Verhandlungsengpässen hinausführte. Spaak selbst gab Hans von der Groeben, den er zum Vorsitzenden des Ausschusses für den Gemeinsamen Markt bestellt hatte, immer wieder genügend Rückendeckung, um die im Spaak-Bericht gefundene Linie zur Wirtschaftsintegration gegen divergierende Vorstöße aus den nationalen Bürokratien zu verteidigen.[98]

Dabei gelang es jetzt, selbst ein so heikles Problem wie die Einbeziehung der Landwirtschaft in den Gemeinsamen Markt in den Griff zu bekommen. Darüber hatte man schon seit September 1950 verhandelt, als der damalige französische Landwirtschaftsminister Pierre Pflimlin den Plan einer sektoralen Integration der europäischen Landwirtschaft vorgelegt hatte; die verschiedenen Gesprächsrunden waren aber immer wieder an unüberbrückbaren Interessengegensätzen gescheitert. Die Erfahrung, dass eine Einigung im OEEC-Rahmen aufgrund der zu großen Interessenvielfalt nicht möglich war, und eine systematische Exportoffensive der amerikanischen Getreideproduzenten seit Mitte 1955 brachten die Franzosen nun zu dem Versuch, den Gemeinsamen Markt zugleich als Exportmarkt für ihre Agrarprodukte zu nutzen, der durch Preissubventionierungen und Außenzölle Schutz vor der Weltmarktkonkurrenz bot.[99] Damit stießen sie freilich auf den Widerstand der deutschen Landwirtschaftsvertreter, die die innereuropäische Konkurrenz fürchteten, und zugleich der Niederländer, denen umgekehrt die vorgeschlagene Subventionierung viel zu hoch war.

Das Ergebnis des Tauziehens war der Beschluss, eine europäische Marktordnung für die Landwirtschaft anzustreben, den Weg dahin aber einer Regierungskonferenz zu überlassen, die unmittelbar nach Inkrafttreten des Vertrags zusammentreten sollte. Die französischen Vertreter erhielten keine Garantie, dass der künftige Schutz der Landwirtschaft nicht geringer sein würde als der bestehende Schutz durch nationale Marktordnungen; die deutschen Unterhändler mussten auf Sonderregelungen für die Senkung der innergemeinschaftlichen Zölle verzichten; die Niederländer mussten es hinnehmen, dass die Regierungen das Recht behielten, Mindestpreise für bestimmte Produkte festzulegen. Außerdem wurde der Abbau von Diskriminierungen von einer schrittweisen Annäherung an die subventionierten Inlandspreise abhängig gemacht, und die Subventionierung von Rohstoffen, deren Verarbeitungsprodukte für den Export in Drittländer bestimmt waren, wurde der Gemeinschaft aufgebürdet.[100] Damit zeichnete sich ein europäischer Agrarprotektionismus auf mittlerem Niveau ab, verbunden mit einer Modernisierungsförderung, die durch regionale Rücksichten gebremst war. Über die Methoden der Subventionierung musste freilich noch weiterverhandelt werden; hier bargen die Vereinbarungen im Vertrag erheblichen Konfliktstoff.

Hinsichtlich der Atomgemeinschaft gestand Adenauer Mollet während des Novembertreffens grundsätzlich zu, dass Euratom keinerlei Kontrollfunktionen im militärischen Bereich ausüben würde. Dafür akzeptierte Mollet, dass das Versorgungsmonopol der Gemeinschaft durchbrochen werden konnte, wenn sie nicht in genügendem Umfang oder nur zu »missbräuchlichen« Konditionen spaltbares Material lieferte. Mit Sonderbestimmungen, die bereits fertig gestellten Reaktoren und den in den nächsten sieben Jahren zu errichtenden Isotopentrennungsanlagen eine bevorzugte Versorgung garantierten, rückten beide Seiten dann noch weiter von der Idee eigener Unternehmerfunktionen der Gemeinschaft ab. In der Frage des Eigentums an spaltbarem Material konnte die französische Seite ganz zum Schluss noch einen Erfolg erzielen, weil Monnet (der über ein Expertenkomitee von »Drei Weisen« nun indirekt in die Verhandlungen involviert war) Adenauer deutlich machen konnte, dass nur so die Unterstützung der USA für den Ausbau der europäischen Kernenergie zu haben war. Allerdings beschränkte sich das Eigentumsrecht der Gemeinschaft auf die »besonders spaltbaren Stoffe«, und die Verbraucher konnten das Gemeinschaftseigentum uneingeschränkt nutzen, wenn sie sich nur an die Sicherheitsvorschriften hielten. Ganz erfolglos blieben demgegenüber die französischen Bemühungen um den Bau einer gemeinsamen europäischen Isotopentrennungsanlage: Hier wurde die Abneigung der Partner noch durch den Druck der USA verstärkt, die unter allen Umständen die Entwicklung einer unabhängigen französischen Atomstreitmacht verhindern wollten. Damit verlor das Projekt in militärischer wie in ziviler Hinsicht viel an Bedeutung und rückte nun auch in Frankreich gegenüber dem Gemeinsamen Markt in den Hintergrund.[101]

In der Frage der Institutionen prallten unterschiedliche Vorstellungen aufeinander, die das Verhandlungsergebnis zu einem komplizierten und in unterschiedliche Richtungen ausbaufähigen Kompromiss werden ließen. Die französische Regierung plädierte zwar für eine starke Stellung des Ministerrats, der im Regelfall mit Mehrheit entscheiden sollte, sperrte sich aber aus Sorge vor einer antieuropäischen Stimmung in der französischen Öffentlichkeit gegen eine substantielle Beteiligung des europäischen Parlaments. Der niederländischen Regierung, deren Vorstellungen hier maßgeblich von Sicco Mansholt geprägt wurden, schwebte eine starke Kommission vor, die gleichsam als interessenunabhängiges Expertengremium »Sachpolitik« betrieb. Sie sollte das alleinige Recht haben, dem Ministerrat Vorschläge zu machen, und dieser sollte darüber mit Mehrheit befinden. Die Beteiligung eines Parlaments war in dieser Konstruktion nicht vorgesehen. Damit und mit der Bindung des Ministerrats an Vorschläge der Kommission sollte auch einer Ausweitung der Gemeinschaft über die Schaffung eines Gemeinsamen Marktes hinaus vorgebeugt werden. Demgegenüber bestanden die italienische und auch die deutsche Regierung auf einer starken Stellung des Europäischen Parlaments, das über den Haushalt der Gemeinschaft befinden und an rechtsetzenden Akten der Kommission und des Ministerrats beteiligt werden sollte. Adenauer schärfte der deutschen Verhandlungsdelegation aber auch ein, sich im Zweifelsfall kompromissbereit zu zeigen, damit das Gesamtprojekt nicht an institutionellen Fragen scheiterte.[102]

Ein Kompromiss aus diesen unterschiedlichen Vorstellungen wurde erst in letzter Minute gefunden, bei der Konferenz der Außenminister der sechs Verhandlungspartner vom 26. bis 28. Januar 1957. Er lief im Wesentlichen darauf hinaus, dass die Kompetenzen des Rates wie der Kommission eingeschränkt wurden, *weil* die Rechte des Europäischen Parlaments begrenzt blieben: Bezüglich des Haushalts erhielt das Parlament bekanntlich nur das Recht, Änderungsvorschläge an den Rat zu richten, über die dieser mit qualifizierter Mehrheit entscheiden musste. Ansonsten konnte das Parlament die Kommission mit Zweidrittelmehrheit zum Rücktritt zwingen, es erhielt aber keinen Einfluss auf die Zusammensetzung einer neuen Kommission. Die Direktwahl des Parlaments wurde von einem späteren einstimmigen Votum des Rates abhängig gemacht. Im Gegenzug wurde der Rat als alleiniger Gesetzgeber der Gemeinschaft installiert. Entscheidungen im Rat konnten aber zunächst nur in wenigen Bereichen mit qualifizierter Mehrheit getroffen werden (wobei eine entsprechende Empfehlung der Kommission als Voraussetzung eingeführt wurde, um eine Majorisierung kleiner Mitgliedsländer zu verhindern); zentrale Fragen wie die Ernennung der Kommissionsmitglieder, die Gestaltung der gemeinsamen Agrarpolitik oder die Entwicklung einer gemeinsamen Sozialpolitik blieben auch nach Ablauf der Übergangszeit von einstimmigen Voten abhängig.[103]

Zu größeren Schwierigkeiten führte dann noch einmal die französische Forderung nach Einbeziehung der Überseegebiete. Die französische Regierung verstand darunter, wie der stellvertretende Delegationsleiter Marjolin am 19. November präzisierte, neben der schrittweisen Öffnung der Übersee-Märkte für die Gemeinschaftsländer auch die Verpflichtung zur Abnahme von Überseeprodukten und die gemeinschaftliche Finanzierung eines umfangreichen Investitionsfonds. Das wurde von der belgischen Regierung unterstützt, die sich im Kongo den gleichen Problemen gegenübersah, von der Bundesregierung dagegen mit großer Distanz behandelt. Sie war wohl zur Marktöffnung auf der Grundlage der Gegenseitigkeit bereit, ließ sich aber in der Finanzierungsfrage zunächst nicht mehr als eine unverbindliche Absichtserklärung abringen. Anders als in der Frage der Soziallasten wollte sich die Regierung Mollet damit aber nicht zufrieden geben: Zum einen war sie selbst von der Vision eines weltpolitisch unabhängigen »Eurafrikas« fasziniert; zum anderen spielte diese Vision bei der Mobilisierung der vorwiegend mit dem Algeriendrama beschäftigten französischen Öffentlichkeit eine zentrale Rolle. Nachdem die Nationalversammlung die Fortführung der Verhandlungen am 22. Januar 1957 mit der Maßgabe gebilligt hatte, dass dabei die Assoziierung der Überseegebiete »auf der Grundlage der von der Regierung aufgestellten Prinzipien« geregelt wird, kam Adenauer nicht umhin, bei dem abschließenden Treffen der Regierungschefs am 19. und 20. Februar in Paris einzulenken. Nach einem Vier-Augen-Gespräch zwischen Mollet und Adenauer wurde die Schaffung eines Investitionsfonds in Höhe von 581 Millionen Dollar für die ersten fünf Jahre vereinbart; seine Fortführung über diese Frist hinaus blieb von einem einstimmigen Votum des Ministerrats abhängig. Das war weniger als die Hälfte des ursprünglich von der französischen Seite für notwendig gehaltenen Betrags und ließ die Forderung nach Absatzgarantien ganz außer Acht, aber es wirkte natürlich gegenüber der französischen Öffentlichkeit als Ratifizierungssignal.[104]

Die Verträge über die Schaffung der Europäischen Atomgemeinschaft (Euratom) und der Europäischen Wirtschaftsgemeinschaft (EWG) wurden am 25. März 1957 in Rom von jeweils zwei Vertretern der sechs Gründerstaaten unterzeichnet, meist von den jeweiligen Regierungschefs und ihren Außenministern. Die Zeremonie fand im repräsentativen Saal der Horatier und Curiatier im Konservatorenpalast auf dem Kapitol statt; allerdings trübte der Dauerregen, der an diesem nasskalten Montag auf Rom niederging, ein wenig die feierliche Stimmung.[105] Dem entsprach der Gang der Ratifizierungsdebatten in den kommenden Wochen und Monaten: Die Römischen Verträge lösten nirgends große Begeisterung aus, stießen aber nach der sorgfältigen Vorbereitung auch nicht auf hartnäckigen Widerstand.

Mollet legte die Verträge sofort der Nationalversammlung vor, um anders als bei der EVG die Formierung einer Gegenbewegung gar nicht erst zuzulassen. Dann bemühte sich Jean Monnet, der nach seinem Ausscheiden aus dem Präsidentenamt der EGKS etwa 100 politische Persönlichkeiten in einem »Aktions-

komitee für die Vereinigten Staaten von Europa« versammelt hatte,[106] auch den
Bundestag zu einer raschen Ratifizierung zu bewegen, um damit zögernde französische Abgeordnete zur Zustimmung zu bringen. Er hatte dabei einige Schwierigkeiten bei der SPD, die Adenauer vor den im Herbst anstehenden Bundestagswahlen nicht unbedingt noch einmal einen außenpolitischen Erfolg gönnen
wollte, konnte sich dann aber nach einem Gespräch mit Erich Ollenhauer und
Herbert Wehner durchsetzen. Seinem Einfluss und den Bemühungen von Maurice Faure war es ebenfalls zu verdanken, dass die Ratifizierungsvorbereitungen in
Frankreich trotz des Sturzes der Regierung Mollet am 21. Mai zügig fortgesetzt
wurden.[107] Am 6. Juli ratifizierte der Bundestag die Verträge mit den Stimmen
der SPD, die damit erstmals von ihrer Fundamentalopposition gegen die Westintegration abrückte. Lediglich eine Minderheit von 17 SPD-Abgeordneten, darunter Helmut Schmidt, stimmte mit Blick auf das Fernbleiben Großbritanniens
und der skandinavischen Länder mit Nein, ebenso wie die Oppositionsparteien
FDP und BHE, die zuvor in der Regierungsverantwortung Adenauers Westinteg-
rationskurs mitgetragen hatten.[108] Drei Tage später stimmte auch die französische
Nationalversammlung zu – mit der überraschend großen Mehrheit von 342 zu
239 Stimmen. Mollets Mobilisierungsstrategie zahlte sich jetzt ebenso aus wie die
Zugeständnisse und Gesten, zu denen sich Adenauer im Interesse einer Stabilisierung des deutsch-französischen Gemeinschaftskerns bereitgefunden hatte.

Nach dem Durchbruch in der französischen Nationalversammlung war die
Ratifizierung der Verträge auch in den übrigen Parlamenten nicht mehr gefähr-
det. Am 30. Juli stimmte das italienische Parlament zu, am 4. Oktober die Zweite
Kammer der niederländischen Generalstaaten, am 19. November das belgische
Abgeordnetenhaus und am 26. November das luxemburgische Parlament. Beide
Verträge traten daraufhin zum 1. Januar 1958 in Kraft.[109]

Über die Besetzung der Spitzenämter der neuen Institutionen wurde erst
im letzten Moment entschieden, in bilateralen Kontakten an der Jahreswende
1957/58. Jean Monnet ließ seine Verbindungen spielen, um Louis Armand das
Amt des Präsidenten der Euratom-Behörde zu sichern; das Amt des Präsidenten
der EWG-Kommission wollte er Sicco Mansholt zukommen lassen, dem agilen
Landwirtschaftsminister der Niederlande, der darüber enttäuscht war, dass er bei
der letzten Kabinettsumbildung in Den Haag nicht Außenminister geworden
war. Für Adenauer waren jedoch zwei Sozialisten als Inhaber der neuen Spitzenämter nicht akzeptabel, und so verständigte man sich darauf, dass Armand das
Euratom-Amt erhalten, das EWG-Amt dagegen an Jean Rey gehen sollte, den
liberalen Wirtschaftsminister Belgiens. Zu Letzterem war Adenauer allerdings nur
bereit, wenn die belgische Hauptstadt nicht zugleich den Sitz der Kommission
erhielt. Nachdem Brüssel diese Option nicht aufgeben wollte, bestand er darauf, dass die Präsidentschaft der EWG-Kommission dann von einem Deutschen

wahrgenommen wurde, und präsentierte seinen Staatssekretär Walter Hallstein als Kandidaten. Hallsteins Kandidatur fand in den anderen Hauptstädten rasch Zustimmung, nicht zuletzt, weil man ihn als kompetenten und verbindlichen deutschen Delegationsleiter in den Verhandlungen über die Montanunion wie über die Römischen Verträge schätzen gelernt hatte.[110]

Die Durchsetzung der Römischen Verträge zeigte, dass die europäische Einigungsbewegung doch stärker war, als es beim Scheitern der EVG scheinen konnte. Dass es gelang, »Europa« einen organisatorischen Kern zu verschaffen, der bei aller Bescheidenheit in den Funktionen entwicklungsfähig war, ermöglichte dieser Bewegung zugleich eine Verstetigung. Problematisch war nur, dass die Verständigung über die politische Finalität dieser Gemeinschaft, die trotz der wirtschaftlichen Funktionen immer noch stärker politisch als wirtschaftlich motiviert war, weitgehend ausgeblieben war und ihre auf die Regierungen und die bürokratisch-ministeriellen Eliten konzentrierte Konstruktion nicht eben dazu geeignet war, diese Verständigung in naher Zukunft nachzuholen. Für den weiteren Gang der Integrationsgeschichte war darum mit den Römischen Verträgen ein ambivalentes Resultat erzielt: Sie konnten als Grundlage für eine Weiterentwicklung dienen, die dann aber auch immer wieder eindeutig konvergierender Interessen und eines eindeutigen politischen Gestaltungswillens bedurfte. Sie bargen aber auch zugleich das Risiko eines Abgleitens in die bloße Verwaltung der Krise der Gemeinschaftsbildung. Die Europäischen Gemeinschaften stellten so eine Herausforderung dar, an der sich die Kreativität und der Mut der Europäer bewähren konnten.

2. Aufbaujahre 1958–1963

Die Europäische Kommission

Am 5. und 6. Januar 1958 trafen sich die Vertreter der Regierungen der sechs Mitgliedsstaaten in Paris, um die Mitglieder der ersten Kommission der Europäischen Wirtschaftsgemeinschaft zu ernennen. Präsident der Kommission wurde, wie verabredet, der Deutsche Walter Hallstein. Der Franzose Robert Marjolin, der Italiener Piero Malvestiti und der Niederländer Sicco Mansholt wurden zu Vizepräsidenten ernannt. Weitere Kommissionsmitglieder wurden der Belgier Jean Rey, der Luxemburger Michel Rasquin, der Deutsche Hans von der Groeben, der Franzose Robert Lemaignen und der Italiener Guiseppe Petrilli. Die drei Benelux-Staaten waren demnach mit jeweils einem Mitglied in der Kommission vertreten, die vier größeren Mitgliedsstaaten mit jeweils zwei Mitgliedern.

Welche Rolle diese Kommission spielen würde, war zunächst nicht klar. Nach dem Vertrag sollte die Kommission »für die Anwendung dieses Vertrags sowie der von den Organen auf Grund dieses Vertrags getroffenen Bestimmungen Sorge tragen« und Befugnisse ausüben, »die ihr der Rat zur Durchführung der von ihm erlassenen Vorschriften überträgt«.[1] Gleichzeitig verfügte die Kommission hinsichtlich des Haushalts der Gemeinschaft und zentraler wirtschaftspolitischer Bereiche wie der Verwirklichung der Zollunion, der Wettbewerbsregeln, der Angleichung der Rechtsvorschriften, der Handelspolitik und der Gestaltung des Landwirtschaftssystems über das alleinige Initiativrecht: Der Ministerrat konnte hier nur auf der Grundlage eines Vorschlags der Kommission Beschlüsse fassen. Änderungen zu solchen Vorschlägen konnte der Rat nur einstimmig beschließen. In den Fällen, in denen eine Mehrheitsentscheidung im Rat vorgesehen war, konnte der Rat den Vorschlag der Kommission nur unverändert annehmen oder ihn zurückweisen.

Darüber hinaus gab es einige Bereiche, in denen sich die Regierungen die alleinige Entscheidung vorbehalten hatten: Änderungen des Gemeinsamen Zolltarifs, Vorschläge zur Gestaltung der gemeinsamen Agrarpolitik, die gemeinsame Verkehrspolitik, die Gewährung staatlicher Beihilfen, der Abschluss von Handelsabkommen mit dritten Ländern während der ersten beiden Stufen der Wirtschaftsgemeinschaft, die Übertragung von Aufgaben auf dem Gebiet der sozialen Sicherheit an die Kommission, die neuen Aufgaben des Europäischen Sozialfonds, die Entscheidung über die Weiterführung des Abkommens zur Assoziierung überseeischer Gebiete, die Benennung der Mitglieder der Kommission und des Wirtschafts- und Sozialrates sowie die Aufnahme neuer Mitglieder und die Assoziierung neuer Staaten. In all diesen Fällen war die Zustimmung sämtlicher Mitgliedsstaaten notwendig, der Rat war aber nicht an Vorschläge der Kommission gebunden. Er konnte Stellungnahmen der Kommission einholen, und die Kommission konnte auch von sich aus jederzeit Empfehlungen und Stellungnahmen abgeben. Der Rat war aber nicht verpflichtet, ihnen zu folgen.

Schließlich konnte die Kommission in einer Reihe von Fällen Beschlüsse in Form von Verordnungen, Entscheidungen und Richtlinien treffen, ohne auf die Mitwirkung des Rates angewiesen zu sein. Diese erstreckten sich auf den Zollabbau, die Gewährung von Zollkontingenten, die Einfuhrkontingente, die gemeinsame Agrarpolitik, die Freizügigkeit der Arbeitnehmer, den Kapitalverkehr, die Verkehrspolitik, die Wettbewerbsordnung, staatliche Beihilfen, die Zusammenarbeit auf dem Gebiet der Handelspolitik sowie das Recht, vor dem Europäischen Gerichtshof gegen den Rat oder gegen die Europäische Investitionsbank zu klagen.

Beschlüsse innerhalb der aus neun Mitgliedern bestehenden Kommission sollten mit Mehrheit gefasst werden. Im Ministerrat sollte zunächst nur in wenigen Fällen mit Mehrheit entschieden werden, etwa bei der Anpassung von Zollsätzen oder beim Abschluss von Handelsverträgen mit Drittländern. Mit dem Beginn der zweiten Stufe des Gemeinsamen Marktes, nach vier oder spätestens nach sechs Jahren, sollte auch über die Beseitigung mengenmäßiger Beschränkungen sowie über Maßnahmen zur Durchführung der Niederlassungsfreiheit und des Dienstleistungsverkehrs mit qualifizierter Mehrheit entschieden werden. Vom Beginn der dritten Stufe an, regulär nach acht Jahren, sollte das Mehrheitsverfahren für eine große Zahl weiterer Bereiche gelten, von den Zollherabsetzungen über die gemeinsame Agrarpolitik bis zur gemeinsamen Handelspolitik gegenüber Drittstaaten. Nach dem Ende der Übergangszeit, nach zwölf Jahren, spätestens aber nach fünfzehn Jahren, sollte auch das Vorgehen in internationalen Organisationen mit qualifizierter Mehrheit entschieden werden. Die Notwendigkeit zur Einstimmigkeit sollte nur für wenige zentrale Fragen wie die Ernennung der Kommissionsmitglieder, die Übertragung neuer Aufgaben an die Kommission, die Aufnahme weiterer Mitglieder und den Abschluss von Assoziierungsabkommen bestehen bleiben.

Die Vorschrift der qualifizierten Mehrheit im Rat besagte, dass den Mitgliedsstaaten unterschiedliche Stimmenzahlen in grober Orientierung an der jeweiligen Bevölkerungszahl zugemessen wurden und für eine Mehrheit nahezu zwei Drittel der Stimmen notwendig waren. Frankreich, Deutschland und Italien erhielten je vier Stimmen, Belgien und die Niederlande je zwei und Luxemburg eine. Zusammen waren das 17; zwölf davon waren notwendig, um einen Mehrheitsbeschluss herbeizuführen. Beruhte der Beschluss auf einem Vorschlag der Kommission, so genügten die drei »großen« Länder, um die Mehrheit zu bilden. Entschied der Rat außerhalb des Initiativrechts der Kommission, bedurfte es einer Mehrheit von vier Mitgliedsländern. Auf diese Weise war ausgeschlossen, dass die drei »Großen« die Benelux-Länder einfach überstimmten.

Die Gemeinschaft verfügte zunächst noch nicht über eigene Einnahmen. Sie wurde vielmehr über Finanzbeiträge der Mitgliedsstaaten finanziert. Über den Umfang des jährlichen Haushalts entschied der Rat auf der Grundlage eines Vorschlags der Kommission mit qualifizierter Mehrheit. Die parlamentarische Versammlung konnte Änderungen am Haushaltsentwurf der Kommission vorschlagen, der Rat musste dem aber nicht Rechnung tragen. Die Mitglieder der Kommission wurden vom Rat für eine Amtszeit von vier Jahren ernannt, der Präsident der Kommission für zwei Jahre. Dabei war Einstimmigkeit erforderlich. Wiederberufungen für weitere Amtsperioden waren möglich. Die Mitglieder der Kommission waren nicht von Weisungen der Regierungen abhängig und mussten sich nur vor der parlamentarischen Versammlung verantworten. Im Falle eines Misstrauensvotums der Versammlung mussten sie geschlossen zurücktreten; die Versammlung hatte aber keinen Einfluss auf die Zusammensetzung einer neuen Kommission.

Die Kommission oszillierte damit zwischen einem ausführenden Organ des Ministerrats und einer Exekutive der Gemeinschaft. Sie musste sich die Exekutivfunktion mit dem Rat teilen und blieb in allen substantiellen Fragen vom Votum des Rates abhängig. Im Falle eines Konflikts mit einer nationalen Regierung konnte sie sich nicht auf eine parlamentarische Mehrheit stützen; es blieb ihr nur der ungleich schwierigere Versuch, Verbündete unter den nationalen Regierungen und in der öffentlichen Meinung zu gewinnen. Auf der anderen Seite verfügte sie mit dem alleinigen Initiativrecht über ein hervorragendes Mittel, die Gemeinschaftspolitik zu beeinflussen. Aus der Kombination von Initiativrecht und Mehrheitsentscheidungen des Rates ergab sich die Aussicht auf eine Stärkung der exekutiven Kompetenzen und der Ausweitung supranationalen Regierens. Das Gleiche gilt für den Ausbau der Mitwirkungsrechte der parlamentarischen Versammlung, deren Kompetenzen zunächst sehr beschränkt waren, und auch für den Übergang zu eigenen Einnahmen der Gemeinschaft, der mit der Ausweitung der Parlamentsrechte in einem engen Zusammenhang stand. Beides war nach den Bestimmungen des Vertrages grundsätzlich möglich, blieb aber von einstimmigen Beschlüssen des Ministerrats abhängig. Vorerst wurden die Mitglieder der parlamentarischen Versammlung von den nationalen Parlamenten entsandt; dabei wurde in ähnlicher Weise gewichtet wie bei den Mehrheitsvoten im Rat (je 36 Sitze für Frankreich, Deutschland und Italien, je 14 für Belgien und die Niederlande, sechs für Luxemburg).

Dem ambivalenten Charakter der Kommission entsprach die relative Offenheit der inhaltlichen Bestimmungen des Vertrages. Klar vereinbart waren die schrittweise Beseitigung der Handelshemmnisse für alle Industrieprodukte und Dienstleistungen, die Herstellung der Freizügigkeit der Arbeitnehmer und des Kapitalverkehrs sowie die Schaffung eines gemeinsamen Zolltarifs und einer gemeinsamen Handelspolitik der Gemeinschaft. Ebenso waren eine gemeinsame Wettbewerbsordnung beschlossen worden. Hinsichtlich der Methoden einer gemeinsamen Agrarpolitik enthielt der Vertrag allerdings nur Kann-Bestimmungen. Eine gemeinsame Verkehrspolitik war inhaltlich nicht fixiert. Ein europäischer Sozialfonds zur Verbesserung der Beschäftigungsmöglichkeiten galt nur bis zum Ende der Übergangszeit. Ebenso offen war die Beibehaltung eines Investitionsfonds für die Überseegebiete nach einem Zeitraum von fünf Jahren. Sodann war nur sehr vage von der »Koordinierung« der Wirtschafts- und Währungspolitik die Rede, und auch die »Zusammenarbeit in sozialen Fragen« blieb unbestimmt: Der Rat konnte der Kommission hier Aufgaben übertragen, musste es aber nicht.

Der Vertrag hatte damit den Charakter eines Rahmenvertrags. Die Zollunion sollte schrittweise verwirklicht werden, und wie weit die Vereinheitlichung der Wirtschaftspolitik über die Schaffung einer Zollunion ohne Binnenschranken hinausgehen würde, war offen. Erst recht gab es keine Vereinbarungen hinsichtlich des Übergangs von einer Wirtschaftsgemeinschaft zu einer Integration weiterer Politikbereiche. Die Väter des Vertrages bekundeten ihre Absicht, mit der Wirtschaftsgemeinschaft »die Grundlagen für einen immer engeren Zusammenschluss der europäischen Völker zu schaffen«;[2] sie hüteten sich aber, den Weg zu dieser Union näher zu beschreiben.

Walter Hallstein betrachtete es als seine Aufgabe, die Entwicklungsmöglichkeiten, die in den vertraglichen Regelungen steckten, in vollem Umfang zu fördern. Als enger Mitarbeiter von Konrad Adenauer sah er in der Schaffung einer Europäischen Gemeinschaft in erster Linie eine politische Notwendigkeit. Um den Frieden zwischen ihren Mitgliedern zu sichern und ihre Kräfte zu bündeln, musste sie verpflichtenden Charakter haben. Da die Integration demokratisch verfasster Staaten nur auf der Basis der Gleichberechtigung akzeptabel war, mussten dazu supranationale Strukturen geschaffen werden, die alle Mitgliedsländer in gleichem Maße banden. Hallstein war daher entschlossen, die Kompetenzen der Kommission so umfassend wie möglich zu interpretieren und die »Gemeinschaft im Werden« mit ihrer Hilfe soweit als möglich voranzutreiben. Die Kommission war für ihn nicht nur der Wächter des Vertrages und die Verkörperung des »reinen Gemeinschaftsinteresses«.[3] Ihre Aufgabe war es vielmehr auch, die

Gemeinschaftspolitik zu initiieren und den Prozess der europäischen Einigung voranzutreiben. Sie war damit darauf angelegt, ihren Einflussbereich ständig auszuweiten und ihre Kompetenzen auf Kosten der nationalen Regierungen und ihres Ministerrats zu stärken.[4]

Die Kollegen der ersten Kommission teilten dieses Verständnis ihrer Aufgaben mehr oder weniger deutlich. Sicco Mansholt, zuvor niederländischer Landwirtschaftsminister, hatte in den Vertragsverhandlungen für eine möglichst starke, von Vorgaben des Ministerrats unabhängige Stellung der Kommission gekämpft. Jean Rey, zuvor belgischer Wirtschaftsminister, gehörte zu den überzeugten europäischen Föderalisten. Robert Marjolin, ein Mitarbeiter von Jean Monnet, der von 1947 bis 1953 als Generalsekretär der OEEC gedient hatte und im Januar 1957 Kabinettschef von Christian Pineau geworden war, beurteilte die Möglichkeiten der Kommission wesentlich skeptischer, allein schon im Hinblick auf die Vorstellungen von Charles de Gaulle, der im Juni 1958 die Regierungsverantwortung in Paris übernahm. Grundsätzlich entsprach die Richtung, in die Hallstein arbeiten wollte, aber auch seinen Vorstellungen: »Ich neigte, gewissermaßen instinktiv, zur Idee einer europäischen Föderation, doch spürte ich nicht weniger instinktiv, dass sie noch nicht aktuell war.«[5] Ähnliches galt für Hans von der Groeben, das zweite deutsche Kommissionsmitglied, der zuvor Leiter der Europa-Abteilung im deutschen Wirtschaftsministerium gewesen war und großen Anteil an der Erarbeitung des Spaak-Berichts gehabt hatte.[6] Für den Augenblick stimmten aber alle Kommissare mit Hallstein dahingehend überein, »dass es am wichtigsten war, die Römischen Verträge Realität werden zu lassen«.[7]

Dem standen freilich nicht nur die minimalistischen Interpretationen des Vertrags entgegen, sondern auch die Schwierigkeiten, die sich aus der Konkurrenz zu den nationalen Institutionen ergaben. Als die Kommission ihre Arbeit aufnahm, war über ihren Sitz noch nicht entschieden. Bis zum Mai 1958 tagte die Kommission abwechselnd in Luxemburg, wo sie sich auf die Administration der Hohen Behörde der EGKS stützen konnte, in Straßburg in der *Maison de l'Europe* und in Brüssel, wo sich das Sekretariat des Interim-Ausschusses zur Vorbereitung der EWG befunden hatte. Die Administration der Kommission wurde provisorisch in Brüssel untergebracht. Die Büros, die die belgische Regierung in der *rue Belliard* und in der *Prieuré* von Val Duchesse zur Verfügung stellte, erwiesen sich schnell als viel zu eng. Bereits im Mai 1958 mietete die Kommission einen zusätzlichen Bürokomplex im Stadtzentrum (*rue de Marais*) an. Im Juli 1958 wechselten die Mitglieder der Kommission mit ihren Kabinetten in ein Gebäude in der *avenue de la Joyeuse Entrée*. Im Dezember wurde dieser Hauptsitz um eine *Dépendance* »Cortenberg« erweitert, im April 1959 wurden zwei Generaldirektionen (Wettbewerb und Landwirtschaft) in ein neues Gebäude in der *avenue de*

Broqueville verlagert. Der Integration der rasch wachsenden Administration war diese räumliche Zersplitterung nicht eben förderlich.

Obwohl sich die Kommission damit de facto in Brüssel installierte, lehnten die Regierungen Frankreichs und Luxemburgs im Juli 1958 den belgischen Vorschlag ab, Brüssel zum einzigen Sitz der Gemeinschaften zu erklären. Erst im Februar 1959 beschlossen die Außenminister der sechs Mitgliedsländer, dass der Sitz der Wirtschaftsgemeinschaft provisorisch in Brüssel sein sollte, und das auch nur für die nächsten drei Jahre; bis dahin sollte über eine definitive Regelung entschieden sein. Eine definitive Entscheidung kam aber auch im Februar 1962 noch nicht zustande; es blieb bei der Bezeichnung Brüssels als provisorischem Arbeitsort. Die Kommission war folglich nicht in der Lage, eigene Immobilien zu erwerben, und auch die belgische Regierung blieb bei Bauinvestitionen für den künftigen Sitz der Gemeinschaft zurückhaltend.

Ebenso verhielten sich die nationalen Finanzverwaltungen bei der Erfüllung ihrer Zahlungsverpflichtungen gegenüber der Gemeinschaft sehr zögerlich. Um überhaupt mit der Arbeit beginnen zu können, musste die Kommission einen Vorschuss der Hohen Behörde der EGKS in Anspruch nehmen. Darüber hinaus waren wiederholt dringende Anrufe bei einzelnen Finanzministern erforderlich, um die Zahlungen der laufenden Gehälter im letzten Moment sicherzustellen.[8] Auch darüber hinaus stieß die Kommission bei der Inangriffnahme der Aufgaben, die ihr durch den Vertrag zugewiesen wurden, regelmäßig auf den Widerstand der nationalen Bürokratien, die darauf nicht eingestellt waren. Selbst bei der Rekrutierung des Personals für die neue Administration waren die nationalen Behörden alles andere als hilfreich. Es gab zähe Auseinandersetzungen um die Besetzung einzelner Positionen.

Die Kommission suchte die Schwierigkeiten mit Tatkraft und Energie zu meistern. Sie nutzte das allgemeine Desinteresse an europäischen Fragen in den krisenhaften letzten Monaten der französischen IV. Republik und die Schwierigkeiten bei der administrativen Ausgestaltung des Ministerrats, um die eigene Behörde als erste effektiv arbeitende Institution der neuen Gemeinschaft zu etablieren. Sogleich bei Arbeitsbeginn der Kommission wurde die Frage der Geschäftsverteilung unter den Kommissaren angesprochen. Nach zehn Wochen waren die Zuständigkeiten definitiv verteilt, und drei Wochen später war auch das erste Organigramm der Kommission angenommen. Auf klare Anweisungen des Präsidenten hin beriefen die Kommissare umgehend ihre Generaldirektoren. Diese bestimmten, ebenfalls noch im Frühjahr 1958, ihre Abteilungschefs (Referatsleiter). Bis zum Herbst konnten alle leitenden Verwaltungsbeamten und der überwiegende Teil des ausführenden Personals rekrutiert werden. Als der Haushaltsausschuss des Ministerrats seine Arbeit aufnahm, waren die meisten Einstellungen vorgenommen und das Personal praktisch vollständig. Zum Jahresende

1958 verfügte die Kommission über etwa 1.000 Mitarbeiter. Die nationalen Regierungen sahen sich mit einem *fait accompli* konfrontiert.

Angesichts der Fülle der Aufgaben, die nach den Buchstaben des Vertrages potentiell auf die Kommission zukamen, strebte Hallstein von vornherein die Schaffung einer »Großen Administration« an, die im Zuschnitt weit über die Dimensionen der Hohen Behörde der EGKS hinausging. Vorsorglich wurde auch für jene Arbeitsbereiche eine administrative Infrastruktur geschaffen, für die die Regierungen noch kein konkretes Arbeitsprogramm beschlossen hatten. Insgesamt wurden acht administrative Einheiten gebildet, sogenannte »Generaldirektionen«, an deren Spitze ein »Generaldirektor« stand – auswärtige Beziehungen, wirtschaftliche und finanzielle Angelegenheiten, Binnenmarkt (Zölle, Kontingente, Dienstleistungen), Wettbewerb und Rechtsangleichung, soziale Angelegenheiten, Landwirtschaft, Verkehr sowie Überseeische Länder und Territorien.

Um dem Kollegialprinzip Rechnung zu tragen, wurde von der Hohen Behörde die Organisation der Kommission in Arbeitsgruppen übernommen: Jeweils drei bis fünf Kommissare bildeten für jedes der acht Fachgebiete eine Arbeitsgruppe, in der die Entscheidungen im Plenum der Kommission vorbereitet wurden. Der Vorsitzende einer Arbeitsgruppe trug jedoch gleichzeitig die Verantwortung für die betreffende Generaldirektion. De facto arbeitete er damit wie ein Minister, und die Arbeitsbereiche, die nach dem Vorbild der deutschen Verwaltung strukturiert wurden, entwickelten sich notwendiger Weise separat. Jedem Kommissar wurde nach romanischem Vorbild ein persönliches Kabinett zugeordnet, was jedoch nur aus wenigen Personen bestand. Dem Präsidenten wurde neben dem persönlichen Kabinett auch ein Sekretariat unterstellt, das aber kein Weisungsrecht gegenüber der Administration haben sollte. Hallstein, der Verwaltungserfahrungen beim Aufbau der Westdeutschen Rektorenkonferenz und des Auswärtigen Amtes der Bundesrepublik mitbrachte, wollte keine starke Verwaltungsspitze entstehen lassen, die von der politischen Führung der Kommission unabhängig war.[9]

Über die Verteilung der Zuständigkeiten wurde im kollegialen Einvernehmen entschieden. Dass Mansholt die Zuständigkeit für die Landwirtschaft erhalten sollte, war von Beginn an allgemein klar; er packte diese Aufgabe sogleich mit außerordentlicher Tatkraft an. Marjolin, neben Mansholt das zweite politische Schwergewicht unter den Kommissaren, reklamierte zunächst die Außenbeziehungen für sich. Hallstein wollte sie ihm jedoch nicht geben, vermutlich weil er die Außendarstellung der Gemeinschaft selbst in der Hand behalten wollte. Marjolin wurde daher mit einer umfassenden Zuständigkeit für Wirtschaft und Finanzen abgefunden.[10] Von der Groeben sicherte sich allerdings durch taktische Zurückhaltung, was ihm als geistigem Vater der Wettbewerbspolitik besonders wichtig war: die Zuständigkeit für Kartelle und Monopole, Beihilfen, Rechtsangleichung und Steuerharmonisierung.[11] Die Außenbeziehungen wurden dem diplomatisch verbindlichen Jean Rey zugewiesen; er sollte damit im Zuge der GATT-Verhandlungen ebenfalls zu einem der führenden Kommissare aufsteigen.[12] Für den Binnenmarkt wurde Piero Malvestiti zuständig. Die Überseegebiete, an deren Integration Frankreich in besonderem Maße gelegen war, übernahm das zweite französische Kommissionsmitglied, Robert Lemaignen. Der zunächst weniger wichtige Bereich der Sozialpolitik ging an den zweiten italienischen Kommissar, Guiseppe Petrilli. Die Verkehrspolitik, zunächst ebenfalls eher nachrangig, blieb für den Kommissar aus dem kleinsten Mitgliedsland Luxemburg, Michel Rasquin.

Bei der Berufung der Generaldirektoren wurde darauf geachtet, dass sie nicht der gleichen Nationalität angehörten wie der zuständige Kommissar. Zum Sekretär der Kommission, mit dem heraushebenden Titel eines »Exekutivsekretärs«, wurde Ende März 1958 Emile Noël bestellt, ein langjähriger Mitarbeiter des früheren französischen Ministerpräsidenten Guy Mollet, der schon bei der Durchsetzung der Römischen Verträge eine wichtige Rolle gespielt hatte. Parteipolitische Rücksichten spielten bei den Berufungen keine Rolle; Hallstein legte großen Wert darauf, dass die nationalen Regierungen keinen Einfluss auf die Besetzung der Administration nahmen. In erster Linie zählte für ihn die Qualifikation der Bewerber; dies ließ ihn häufig auch für jüngere Bewerber plädieren, die hervorragende Sachkenntnisse mit Lernfähigkeit verbanden. Daneben – und in einem gewissen Gegensatz dazu – suchte er aber auch Beamte zu gewinnen, die sich in den nationalen Administrationen bereits große Autorität erworben hatten und entsprechend überzeugend auftreten konnten. Bei der Besetzung der höheren Positionen wurde in einer flexiblen Weise auf ein gewisses nationales Gleichgewicht geachtet: Jeweils ein Viertel der Beamten sollte aus einem der drei größeren Mitgliedsländer kommen, das vierte Viertel aus den Benelux-Ländern. Letztere waren damit etwas überrepräsentiert; zugleich war aber jedwede Hegemonie eines Mitgliedslandes vermieden.

Hallstein dirigierte den Aufbau und die Arbeit der Kommission mit einer Autorität, die sich aus meisterhafter Beherrschung der Dossiers ergab, verbunden mit außerordentlicher analytischer Intelligenz und unkomplizierter Menschenfreundlichkeit. Er ließ den Kommissaren große Freiheiten in der Gestaltung ihrer Aufgaben, respektierte ihre Kompetenzen, trat den Mitarbeitern aber auch sehr fordernd gegenüber. Strategisch wichtige Aufgaben nahm er selbst in die Hand, so die Auswahl der leitenden Beamten, Schlüsselgespräche mit den nationalen Regierungen und die Vertretung des Programms der Kommission in der Öffentlichkeit. Bei der Vorbereitung seiner Auftritte stützte er sich nur auf einen kleinen Stab kompetenter Mitarbeiter, während er die Organisation der Kommunikation zwischen den Abteilungen Noël überließ. Dieser entwickelte sich mit einer seltenen Kombination von absoluter Loyalität und präziser Sachkenntnis zum unverzichtbaren Garanten für raschen Informationsfluss jenseits der Hierarchie sowie für flexible Reaktionen.

Hallstein suchte die Regierungen und die Öffentlichkeit aber nicht nur durch die Qualität der Arbeit der Kommission von ihrer Notwendigkeit zu überzeugen. Er legte auch großen Wert auf die formale und symbolische Demonstration ihrer Eigenständigkeit. Als die Regierungen über die Vorgaben des Vertrages hinaus einen Ausschuss der Ständigen Vertreter der Mitgliedsstaaten (COREPER) am Amtssitz der Kommission einrichteten, lehnte er es ab, die Kommissare in die Sitzungen dieses Ausschusses zu entsenden. Die Aufgabe des vorbereitenden Austauschs mit den Ständigen Vertretern mussten vielmehr in der Regel die Generaldirektoren übernehmen, die den Botschaftern im COREPER im Rang gleichgestellt waren. Die Kommissare sollten als Gesprächspartner in der Regel Minister haben, sowohl bei den Arbeitskontakten in Brüssel als auch bei ihren Besuchen in den Hauptstädten der Mitgliedsstaaten. Ebenso wurde darauf geachtet, dass Kommissare bei Besuchen in Drittländern von den zuständigen Ministern empfangen wurden. Für den Kommissionspräsidenten hatten offizielle Begegnungen mit Staats- und Regierungschefs stattzufinden.

Gegenüber Drittstaaten galt es darüber hinaus, den Souveränitätsanspruch der gesamten Gemeinschaft zu demonstrieren. So führte Hallstein die Gepflogenheit ein, die Beglaubigungsschreiben der Botschafter aus Ländern außerhalb der Gemeinschaft in einem feierlichen Zeremoniell entgegenzunehmen. Weitere Gelegenheiten zur Inszenierung der Souveränität der Gemeinschaft und der Autorität ihres Exekutivorgans boten der Empfang von »Staatsgästen« sowie ein regelmäßiger Neujahrsempfang der Kommission. Alle diese Anlässe wurden streng nach diplomatischem Protokoll zelebriert. Hallstein pflegte dabei auf einem roten Teppich zu stehen. Fernsehkameras lieferten Bilder für die Öffentlichkeit und sorgten dafür, dass der Anspruch der Kommission auf Souveränität wahrgenommen wurde, in den Mitgliedsländern und auch in vielen Ländern außerhalb der Gemeinschaft. In den USA, die Hallstein als Kommissionspräsident häufig und bewusst aufsuchte, war er bald als »Mr. Europe« ein Begriff.

Das Ringen um die Freihandelszone

Hallstein und seine Mitstreiter verwandten nicht zuletzt deswegen so viel Energie auf den raschen Aufbau einer schlagkräftigen Kommission, weil die Umsetzung der Vertragsbestimmungen gleich in mehrfacher Hinsicht infrage gestellt wurde. Seit Oktober 1957 verhandelten die Vertreter der 17 OEEC-Staaten in einem Ausschuss unter Vorsitz des britischen Sonderministers Reginald Maudling über die Einrichtung einer gemeinsamen europäischen Freihandelszone. Insbesondere die britische Regierung hatte auf solche Verhandlungen gedrängt, nachdem sie sich am 11. November 1955 entschieden hatte, sich an einer Europäischen Wirtschaftsgemeinschaft ebenso wenig zu beteiligen wie an der Europäischen Gemeinschaft für Kohle und Stahl. Im Juli 1956 hatte der Generalsekretär der OEEC die Bildung einer Freihandelszone vorgeschlagen, am 3. Oktober 1956 hatte sich die britische Regierung den Vorschlag offiziell zu eigen gemacht.[13]

Ökonomisch war die britische Entscheidung gegen eine Beteiligung an einer Wirtschaftsgemeinschaft keineswegs zwingend: Obwohl Mitte der 1950er Jahre noch etwa die Hälfte des britischen Außenhandels mit Ländern des Commonwealth abgewickelt wurde und bei einer Zollunion mit niedrigeren Außenzöllen verstärkte Konkurrenz durch amerikanische und deutsche Industrieprodukte drohte, lockten doch auf der anderen Seite die Rationalisierungsgewinne eines gemeinsamen Marktes; zudem war abzusehen, dass der Handelsaustausch mit Westeuropa in den nächsten Jahren stark zunehmen würde. Commonwealth-Länder wie Australien und Kanada waren stark daran interessiert, ihre eigenen Industrien auszubauen und den Außenhandel zu diversifizieren. Ausschlaggebend für das britische »Nein« zur EWG war das Beharren auf einer Sonderrolle gegenüber dem europäischen Kontinent, die in der Überzeugung von der Überlegenheit der britischen Zivilisation wurzelte und durch die Erfahrung des Zweiten Weltkriegs nachhaltig verstärkt worden war. An der Illusion dieser Sonderrolle hielt das britische Establishment hartnäckig fest, obwohl ihm die wirtschaftlichen wie geopolitischen Grundlagen für eine solche Rolle zusehends abhanden kamen.[14]

Mit der Bildung einer Freihandelszone, die die Industriezölle zwischen den OEEC-Staaten schrittweise beseitigte, die Zollbarrieren gegenüber Drittstaaten aber unangetastet ließ, zeigte sich die Regierung von Harold Macmillan bereit, den handelspolitischen Kurs Großbritanniens, der in den letzten 25 Jahren sehr protektionistisch gewesen war, zu revidieren. Gleichzeitig hoffte sie, das Entstehen der Wirtschaftsgemeinschaft der sechs EGKS-Staaten verhindern zu können. Schließlich wurde das Projekt eines Gemeinsamen Marktes von vielen Seiten bekämpft – von den einen, weil es ihnen zuviel Protektionismus implizierte, von den anderen, weil es ihnen zu wenig Schutz vor ausländischer Konkurrenz bot. Insbesondere Ludwig Erhard, der populäre Vater des deutschen »Wirtschaftswunders«, machte sich demonstrativ für die britische Initiative stark. Er erhoffte sich von ihr einen wesentlichen Schritt zu einer allgemeinen Handelsliberalisierung, wie sie im Interesse der stark am Weltmarkt orientierten deutschen Industrie lag. Schließlich kamen 1956 gerade einmal 21 Prozent der deutschen Importe aus EWG-Ländern, 28 Prozent der Exporte gingen dort hin. Kamen die elf weiteren OEEC-Länder hinzu, stieg die Importquote auf 43 Prozent und die Exportquote sogar auf 59 Prozent.[15] Als die Verhandlungen über die Römischen Verträge im

Oktober 1956 in eine Krise gerieten, plädierte Erhard im Kreis seiner Kabinettskollegen sogleich dafür, die Gespräche über die Wirtschaftsgemeinschaft abzubrechen und sich stattdessen mit den Briten über die, wie er meinte, »seit Jahren entscheidende politische und wirtschaftliche Initiative zur Integration Europas« zu verständigen.[16]

Nachdem die Krise in den Verhandlungen der Sechs überwunden worden war, konzentrierte die Regierung Macmillan ihre Anstrengungen darauf, mit einer Freihandelszone unter Einschluss der EWG den vertragsgemäßen Aufbau des Gemeinsamen Marktes zu behindern und ihn nach Möglichkeit sogar zu vereiteln. Auf jeden Fall sollte der Zugang zu den Märkten der Sechs gesichert und einer politischen Selbstisolation Großbritanniens vorgebeugt werden. Macmillan hoffte zudem, mit einem britischen Engagement in der Freihandelszone einer Dominanz der wirtschaftlich zusehends erstarkenden Bundesrepublik innerhalb der Sechser-Gemeinschaft einen Riegel vorschieben zu können, die er im Hinblick auf die deutsche Neigung zu autoritärer Machtpolitik für verhängnisvoll hielt. Anstelle von Deutschland sollte auf diese Weise Großbritannien die Führungsrolle in Europa behaupten oder zurückgewinnen können.

Die Verwirklichung der britischen Pläne für eine Freihandelszone hätte freilich dazu geführt, dass Großbritannien und die kleineren Staaten für die Industrieprodukte alle Vorteile des Gemeinsamen Marktes erhalten hätten, ohne zugleich die Verpflichtungen akzeptieren zu müssen, die die Mitglieder der Wirtschaftsgemeinschaft eingegangen waren: die Schaffung eines gemeinsamen Außentarifs, die Entwicklung einer gemeinsamen Handelspolitik und einer gemeinsamen Agrarpolitik sowie gewisse Harmonisierungen in der Sozialpolitik, der Wirtschaftspolitik und der Währungspolitik. Es war äußerst fraglich, ob Mitgliedsländer wie die Bundesrepublik Deutschland oder Belgien zu diesen Verpflichtungen stehen würden, wenn der Gemeinsame Markt für industrielle Produkte, der sie am meisten interessierte, auch ohne die Gegenleistungen zu haben war, von denen Großbritannien und seine Partner befreit waren. Damit drohten die entsprechenden Teile des Gemeinschaftsvertrages Zonen toter Buchstaben zu bleiben.

Davon abgesehen, drohte eine Freihandelszone aller OEEC-Länder gemeinsame Außenzölle der Sechs obsolet zu machen: Länder mit niedrigeren Außenzöllen als dem Gemeinschaftstarif der Sechs konnten Waren von Drittländern günstiger erwerben und sie dann, weiterverarbeitet oder auch nicht, auch in den Ländern der Sechser-Gemeinschaft vertreiben. Besonders Großbritannien, das zusätzlich Teil der Präferenzzone des Commonwealth war, konnte sich davon einseitige Vorteile versprechen: Preiswerte Rohstoff- und Lebensmittelimporte aus der Commonwealth-Zone würden der britischen Industrie Kostenvorteile gegenüber der kontinentaleuropäischen Konkurrenz verschaffen und US-amerikanische Investitionen nach Großbritannien locken. Auch hier stellte sich die Frage, wie lange wettbewerbsfähige Industrien der Länder der Sechser-Gemeinschaft eine solche Entwicklung mitmachen würden. Ihre Regierungen drohten unter Druck zu geraten, sich dem britischen Tarifniveau anzupassen.

Wirtschaftliche Mechanismen und politischer Druck drohten damit dahingehend zusammenzuwirken, dass sich die EWG früher oder später in der großen Freihandelszone auflöste »wie ein Stück Zucker in einer Tasse englischen Tees«, wie Gegner der britischen Initiative mit bitterem Unterton bemerkten.[17] Für die Gegner des EWG-Protektionismus wie Erhard und die freihändlerischen Kreise der deutschen Industrie war das eine willkommene Perspektive, die paradoxerweise zunächst auch noch half, den Widerstand gegen den Abschluss und die Ratifizierung der Römischen Verträge zu brechen: Wenn ihnen die Große Freihandelszone folgen würde, konnten sie ja nur wenig Schaden anrichten. Für die Anhänger einer sozialverträglich geplanten Modernisierung (besonders in Frankreich und in Italien) und für die Verfechter eines politischen Europas aber stellte die britische Initiative eine gewaltige Herausforderung dar. Die mühsam erzielte Einigung auf ein solidarisches Modernisierungskonzept drohte zu zerfallen; die Aussicht, über die gemeinsame wirtschaftliche Entwicklung auch zu einer Politischen Gemeinschaft zu gelangen, entschwand ganz.

Weitere Fragen warf die Übertragung der Regierungsverantwortung in Frankreich an Charles de Gaulle am 1. Juni 1958 auf. Die gaullistischen Abgeordneten hatten die EGKS ebenso abgelehnt wie die EVG, und sie hatten auch gegen die Römischen Verträge gestimmt. De Gaulle selbst hatte die Römischen Verträge gegenüber der Presse als »verstümmeltes Europa« abgelehnt, in dem Frankreich zum »Knecht« eines dynamischen Deutschlands herabzusinken drohte.[18] Seinem Mitstreiter Michel Debré soll er versichert haben: »Wozu sollen diese Verträge gut sein, wir werden sie alle zerreißen, wenn wir an der Macht sein werden.«[19] Die Väter der Römischen Verträge und die Europäische Kommission mussten damit rechnen, dass der neue Ministerpräsident und künftige Staatspräsident der V. Republik diese Absicht wahr machen würde. Der Arbeit der Kommission drohte damit die Grundlage entzogen zu werden, noch bevor sie richtig begann.

Indessen hatte de Gaulles Kritik immer auf die angebliche Mittelmäßigkeit der Politiker der IV. Republik gezielt, die es zu beseitigen galt, nie jedoch auf das Prinzip der europäischen Einigung. Europa als machtpolitischer Zusammenschluss, der es den Europäern erlaubte, eine eigenständige Rolle zwischen den Supermächten des Kalten Krieges zu spielen, und »den Kapazitäten des deutschen Volkes eine Karriere eröffnen konnte, ohne seine Nachbarn zu gefährden«,[20] das war auch für ihn ein wichtiges Ziel; und er hatte auch immer wieder betont, dass ein solches Europa nur möglich sein würde, wenn die beteiligten Staaten »Souveränität in den Bereichen der Wirtschaft und der Verteidigung abtreten«

würden.[21] An den konkreten europäischen Verträgen hatte er nicht ein Zuviel, sondern einen Mangel an supranationalen Elementen kritisiert.

Es war daher keineswegs nur Opportunismus, dass de Gaulle in den Gesprächen, die zur Bildung seiner Regierung führten, dem besorgten Guy Mollet versicherte: »Der Gemeinsame Markt ist eine ausgezeichnete Sache, aber ich finde ihn, sagen wir, ein wenig eng.«[22] Am 10. Juni 1958, in einer ersten außenpolitischen Beratung nach der Übernahme der Regierung, wurde er noch etwas deutlicher: »Die Hauptsache ist der Gemeinsame Markt, der für sich genommen keine schlechte Sache ist, und vor allem die politische und kulturelle Organisation Europas.«[23] De Gaulle war Realist genug, um im Hinblick auf die europäische Integration nicht wieder ganz von vorne anfangen zu wollen. Stattdessen akzeptierte er die bestehenden Organisationen als Ausgangspunkt für seine weiter reichenden Pläne. Dabei wurde ihm der »Wert an sich«, den der Gemeinsame Markt im Hinblick auf die Modernisierung Frankreichs und die machtpolitische Selbstbehauptung Europas darstellte, in den nächsten Wochen vor allem von Jacques Rueff verdeutlicht, dem Finanzexperten, der seit Ende September an der Spitze eines Expertenrats an einem Plan zur Sanierung der französischen Währung arbeitete. Wenn Frankreich sich in Europa und in der Welt behaupten wollte, dann musste es wieder wirtschaftlich konkurrenzfähig werden, und das war nur über eine politisch regulierte Modernisierung in Abstimmung mit den europäischen Partnern möglich.[24]

Aus dem Regierungswechsel in Frankreich ergab sich daher keine Änderung in der französischen Haltung zum Projekt der Freihandelszone. Die französische Regierung sorgte zunächst dafür, dass sowohl die EWG-Kommission als auch die Hohe Behörde der EGKS an den Verhandlungen des Maudling-Ausschusses beteiligt wurden, und legte dann im Februar 1958 ein Freihandels-Konzept vor, das auf die Schaffung einer Wirtschaftsunion der 17 OEEC-Staaten hinauslief. Danach sollte die Liberalisierung des innereuropäischen Handels für jeden Wirtschaftsbereich getrennt ausgehandelt werden; dabei sollte auch die Landwirtschaft einbezogen werden, und jeder Schritt der Liberalisierung sollte an Fortschritte in der Harmonisierung der Produktionsbedingungen, des Warenverkehrs und der Sozialpolitik gebunden werden. Um die Vorteile zu sichern, die der EWG-Vertrag Frankreich bot, sollten die entsprechenden Regelungen auf OEEC-Ebene zudem »erst einige Jahre« nach der Konsolidierung der EWG greifen. Der Zollabbau sollte entsprechend den Bestimmungen des EWG-Vertrags erfolgen, aber jeweils drei Jahre später.[25]

De Gaulle bekannte sich grundsätzlich zur Freihandelszone, ließ die französischen Vertreter in den Verhandlungen aber auf einigen Grundsätzen beharren, die für die britische Regierung unannehmbar waren: Kompensationstaxen für Erzeugnisse, deren Rohstoffe in das Herstellungsland zu Zollsätzen importiert worden waren, die mehr als drei bis vier Prozent niedriger waren als die EWG-Sätze; eigenständige Entscheidung der Mitgliedsstaaten bei der Inanspruchnahme von Schutzklauseln und Einstimmigkeit bei den Abstimmungen über den Übergang zur jeweils nächsten Stufe; schließlich dreijähriger Abstand zwischen den Zollsenkungen der EWG und der Freihandelszone. Nachdem die EWG-Kommission schon zuvor bemüht war, die Regierungen der Mitgliedsländer darauf einzuschwören, sich durch die britischen Vorschläge nicht von den Vereinbarungen für die Wirtschaftsgemeinschaft abbringen zu lassen, arbeitete de Gaulle jetzt mit ihr Hand in Hand: Hallsteins Stellvertreter Marjolin fuhr nahezu jedes Wochenende nach Paris, um sich mit Außenminister Couve de Murville zu beraten.[26]

Adenauer war sehr erleichtert, als ihm de Gaulle bei einem ersten Treffen in Colombey-les-deux-Églises am 14. September versicherte, dass er an den Römischen Verträgen festhalten werde und darüber hinaus eine »organisierte« Zusammenarbeit in Europa anstrebe.[27] Zugleich stand er im Hinblick auf die Freihandelszone aber auch unter starkem Druck. Nicht nur das Wirtschaftsministerium, das mit der Verhandlungsführung beauftragt war, sperrte sich gegen die Bedingungen der Franzosen. Der Wirtschaftsflügel der CDU, die FDP-Opposition und weite Teile der exportorientierten Industrie kündigten fortdauernden Widerstand gegen die Umsetzung der EWG-Bestimmungen an, sollte die Freihandelszone nicht zustande kommen. Im Bundestag wurde am 2. Oktober eine Entschließung verabschiedet, mit der die Regierung aufgefordert wurde, alles zu tun, um die EWG um eine Freihandelszone zu erweitern. Außerdem drohte Macmillan mit Konsequenzen für den Fall eines Scheiterns der Verhandlungen: Schwierigkeiten bei den Verhandlungen über die Vereinbarkeit der EWG-Bestimmungen mit dem GATT-Abkommen, einen Abzug britischer Truppen vom europäischen Kontinent, möglicherweise sogar einen Austritt Großbritanniens aus der NATO.[28]

In den Verhandlungen des Maudling-Ausschusses versuchte die Bundesregierung folglich, zwischen französischen und britischen Positionen zu vermitteln. Dabei achtete Adenauer allerdings darauf, dass der Vorrang des Gemeinsamen Marktes gewahrt blieb. Entsprechend gelang es Couve de Murville bei einem Treffen des EWG-Ministerrats in Brüssel am 18. September, die Partner auf autonome Schutzmaßnahmen, Einstimmigkeit in den Organen und dreijährigen Puffer zwischen EWG- und OEEC-Zollsenkungen zu verpflichten. Lediglich die Haltung zur französischen Forderung nach Kompensationstaxen, die auf das Festhalten an internen Zöllen hinauslief, blieb offen. Bei der nächsten Zusammenkunft des Ausschusses vom 23. bis 30. Oktober steuerte man daraufhin geradewegs auf einen Abbruch der Verhandlungen zu. Nur mit Mühe gelang es Erhards Staatssekretär Müller-Armack in bilateralen Gesprächen, die Verhandlungspartner wieder an einen Tisch zu bringen. Über Regelungen zur Verhinderung von Wettbewerbsverzerrungen bei unterschiedlichen Außenzöllen sollte jetzt, einem

Vorschlag der EWG-Kommission folgend, nach Wirtschaftssektoren getrennt verhandelt werden.

Erhard appellierte in dieser Situation an Adenauer, die Franzosen endlich zu größeren Zugeständnissen zu bewegen. Um nichts unversucht zu lassen, um den drohenden Abbruch zu verhindern, wollte er an der nächsten Zusammenkunft des Maudling-Ausschusses am 13. und 14. November in Paris selbst teilnehmen. Adenauer schätzte freilich das Risiko als viel zu groß ein, dass dadurch das deutsch-französische Verhältnis belastet werden würde. Er machte kurzerhand von seiner Richtlinienkompetenz Gebrauch und erklärte die Verhandlungen über die Freihandelszone zur Chefsache. Erhard musste in Bonn bleiben. Nachdem der französische Informationsminister Jacques Soustelle am Abend des zweiten Verhandlungstages vor der Presse erklärt hatte, Frankreich lehne eine Freihandelszone in der von der britischen Regierung vorgeschlagenen Form ab, gestand der Bundeskanzler bei einer zweiten Begegnung mit de Gaulle am 26. November in Bad Kreuznach zu, dass der Maudling-Ausschuss erst wieder zusammentreten sollte, wenn sich die Sechs auf eine gemeinsame Position geeinigt hätten. Kompromissformeln, die die Beamten des Wirtschaftsministeriums in den Entwurf des Kommuniqués der Kreuznacher Unterredung hineingeschrieben hatten, wurden von de Gaulle eigenhändig gestrichen; Adenauer stimmte zu.[29]

Mit der Zustimmung zur Priorität gemeinsamer Positionen der Sechs hatte Adenauer de facto für einen Abbruch der Verhandlungen optiert. Die britische Regierung versuchte dagegen noch einmal die Mehrheit der OEEC-Mitglieder zu mobilisieren, indem sie im OEEC-Ministerrat am 15. Dezember ultimativ verlangte, den übrigen OEEC-Mitgliedern nicht nur im Allgemeinen, sondern in jeder Hinsicht die gleichen Zollreduzierungen zu gewähren, wie sie die EWG-Partner für den 1. Januar 1959 vereinbart hatten. Den fünf EWG-Partnern erschien das nicht unbillig; selbst Adenauer bot seine Vermittlung an. De Gaulle blieb jedoch unerbittlich, und die Fünf wagten es dann nicht mehr, ihn zu überstimmen.[30]

Als letzte Waffe forcierten die Briten nun ihren Plan einer Rückkehr zur Konvertibilität des britischen Pfundes. Macmillan war davon überzeugt, dass Frankreich mit seiner überbewerteten Währung diesem Schritt nicht würde folgen können und so das Inkrafttreten der ersten Stufe des Gemeinsamen Marktes verschoben werden müsste. Dem begegnete de Gaulle mit einem Kraftakt: Am 27. Dezember wurde der französische Franc um 17,5 Prozent abgewertet und gleichzeitig ebenfalls für konvertibel erklärt. Weiterhin wurden strikte Maßnahmen zur Haushaltssanierung gemäß den Empfehlungen der Rueff-Kommission beschlossen, und die Beschränkungen des Handels mit den OEEC-Ländern, die Frankreich infolge seiner Finanzkrise in Anspruch genommen hatte, wurden zu 90 Prozent wieder aufgehoben.[31] Damit war der Versuch Macmillans gescheitert, eine Führungsrolle in Europa zu behaupten. Die britischen Drohungen hatten zum Schluss kontraproduktiv gewirkt und die Solidarität der Sechs gefestigt. Nachdem sich alle EWG-Mitglieder und sieben weitere OEEC-Staaten dem britischen Schritt zur Währungskonvertibilität anschließen konnten, wurde die Europäische Zahlungsunion (EZU) zum 29. Dezember 1958 aufgelöst und das Europäische Währungsabkommen in Kraft gesetzt. Die erste Etappe des Gemeinsamen Marktes konnte pünktlich am 1. Januar 1959 beginnen. De Gaulle hatte freie Bahn, die Modernisierung Frankreichs im EWG-Rahmen durchzuführen.

Die Errichtung des Gemeinsamen Marktes

Nachdem sich de Gaulle zu einer zügigen Verwirklichung des Gemeinsamen Marktes entschlossen hatte und diese Entscheidung mit einem deutlichen Wirtschaftswachstum honoriert wurde, erwies sich der Zeitplan zur Verwirklichung der Zollunion, den die Verhandlungspartner mit Rücksicht auf die französischen Bedenken in den Vertrag geschrieben hatten, als zu zögerlich. Schon die zehnprozentige Zollsenkung zum 1. Januar 1959 und der gleichzeitige Abbau der Handelsbeschränkungen durch Ausweitung der Einfuhrkontingente um 20 Prozent zum gleichen Zeitpunkt ließen das Handelsvolumen zwischen den Staaten der Sechser-Gemeinschaft innerhalb eines Jahres um etwa 20 Prozent ansteigen. Die Kommission schlug daraufhin im Februar 1960 vor, das Tempo der Zollreduzierungen zu beschleunigen. Frankreich unterstützte das, verlangte aber gleichzeitig eine Vorverlegung des gemeinsamen Außenzolltarifs, der erst nach Vollendung der ersten Stufe des Gemeinsamen Marktes gelten sollte. Dem widersetzten sich die Bundesrepublik und die Benelux-Länder: Sie wollten nicht nur den Übergang zu höheren Zollsätzen so weit wie möglich hinauszögern, sondern auch die Bildung einer Präferenzzone innerhalb der OEEC oder des GATT verhindern. Am 12. Mai 1960 beschloss der Ministerrat, die Binnenzölle zum 1. Januar 1961 um 30 Prozent des Ausgangsniveaus zu senken (statt zum 1. Juli 1960 um 20 Prozent) und zum 1. Januar 1962 um 40 Prozent (statt um 30 Prozent). Mengenmäßige Beschränkungen der Einfuhren sollten zu diesem Zeitpunkt ganz entfallen. Ebenso wurde die erste Stufe der Anpassung an einen gemeinsamen Außenzoll um ein Jahr vorverlegt: Die Reduzierung der Differenz zwischen den nationalen Zollsätzen und dem vorgesehenen gemeinsamen Außenzolltarif um 30 Prozent sollte bereits zum 1. Januar 1961 erfolgen. Um den Bedenken der Niedrigzoll-Länder Rechnung zu tragen, wurde bei der Berechnung des gemeinsamen Tarifs, der sich aus dem arithmetischen Mittel der vier Zollgebiete Frankreich, Bundesrepublik,

Italien und Benelux-Staaten ergeben sollte, ein Abschlag von 20 Prozent vorgenommen.[32]

Nach dem Ablauf der ersten Stufe, drei Jahre nach der ersten Zollsenkung, konnte man eine Verdoppelung des innergemeinschaftlichen Handels feststellen. Der Rat beschloss darum nicht nur den termingerechten Übergang zur zweiten Stufe. Am 15. Mai 1962 wurde eine weitere Beschleunigung des Zollabbaus vereinbart: Die nächste vertraglich vorgesehene Absenkung der Zolltarife um zehn Prozent wurde um ein Jahr vorgezogen, auf den 1. Juli 1962. Damit wurde die Halbierung der innergemeinschaftlichen Zollsätze, die nach dem Fahrplan des Vertrags bis zum 1. Januar 1965 erfolgt sein sollte, bereits zweieinhalb Jahre früher erreicht. Ebenso wurde die nächste Stufe der Anpassung an den gemeinsamen Außenzoll mit einer Reduzierung der Differenz zu den nationalen Zollsätzen um weitere 30 Prozent um zweieinhalb Jahre vorgezogen, vom 1. Januar 1966 auf den 1. Juli 1963.[33] Da einzelne Länder zudem einseitige Reduzierungen ihrer Zollsätze vornahmen – Frankreich 1961, Italien 1962 und die Bundesrepublik 1964 –, sank das tatsächliche Zollniveau innerhalb der Gemeinschaft sogar noch rascher. Zum Beginn der dritten Stufe der Vergemeinschaftung am 1. Januar 1966 lagen die offiziellen Zollsätze im innergemeinschaftlichen Handel bei 20 Prozent des Ausgangsniveaus, was in den meisten Fällen einer Belastung von weniger als fünf Prozent entsprach. Zum 1. Juli 1968 konnten die innergemeinschaftlichen Zölle ganz aufgehoben werden. Dies war achtzehn Monate vor dem vertraglich vorgesehenen Termin und, rechnet man die mögliche Verlängerung der ersten und zweiten Stufe hinzu, dreieinhalb Jahre vor dem Auslaufen der maximalen Übergangsfrist.

Was der Kommission allerdings nicht gelang, war die Abschaffung der nichttarifären Handelshemmnisse bis zum 1. Januar 1970 als regulärem Endpunkt der Übergangsperiode. Um tatsächlich einen vollkommen freien Warenverkehr innerhalb der Zollunion herzustellen und freien Wettbewerb zu sichern, mussten auch nationale Rechtsvorschriften, technische Normen, staatliche Monopole oder Vorschriften und Praktiken im öffentlichen Auftragswesen so weit vereinheitlicht werden, dass sie nicht länger als faktische Handelsbarrieren oder Diskriminierungen wirkten. Die Generaldirektionen Binnenmarkt und Wettbewerb legten dazu Anfang 1965 ein umfangreiches Maßnahmenprogramm vor, bemerkten aber gleich selbst dazu, dass es angesichts der Fülle der notwendigen Änderungen in den nationalen Vorschriften und Praktiken mit den vorhandenen Arbeitskapazitäten kaum in der vorgesehenen Frist zu bewältigen war.[34] Tatsächlich erwies sich die Angleichung nationaler Vorschriften als ein schwieriges Unterfangen. Der Widerstand betroffener Interessengruppen verfestigte sich in dem Maße, wie Zölle und Einfuhrbeschränkungen als Schutzmaßnahmen entfielen.

In gleicher Weise stießen die Bemühungen um Durchsetzung der Niederlassungsfreiheit und des freien Dienstleistungsverkehrs auf nationale Vorschriften für bestimmte medizinische, technische und juristische Berufe, für das Bankwesen und für bestimmte Gewerbe wie etwa Apotheken. Auch ein gemeinsamer europäischer Kapitalmarkt kam unter diesen Bedingungen nicht zustande. Lediglich der Kapitalverkehr mit persönlichem Charakter, Direktinvestitionen sowie Geschäfte mit börsennotierten Wertpapieren, Immobilienanlagen und Handelskrediten wurden uneingeschränkt liberalisiert (Richtlinien vom 11. Mai 1960 und vom 18. Dezember 1962). Für Arbeitnehmer wurde die Freizügigkeit in zwei Schritten realisiert: Im April 1964 wurde die obligatorische Bevorzugung von Arbeitnehmern aus dem eigenen Land bei Einstellungen aufgehoben und eine weitgehende Gleichbehandlung von Arbeitnehmern aus anderen Mitgliedsländern eingeführt; im Juli 1968 wurden die Arbeitnehmer aus den Mitgliedsstaaten in ihren Rechten völlig gleichgestellt, Arbeitsgenehmigungen für Gemeinschaftsbürger entfielen.

Angesichts der Widerstände gegen die Beseitigung nichttarifärer Handelshemmnisse war es für den Erfolg der Wirtschaftsgemeinschaft umso wichtiger, dass der für Wettbewerbsregeln zuständige Kommissar Hans von der Groeben den Auftrag, der im Verbot von wettbewerbsbehindernden Vereinbarungen und Kartellen steckte (Artikel 85 und 86 des EWG-Vertrags), umfassend verstand und dass er sich mit dieser Interpretation auch weitgehend durchzusetzen wusste. Von der Groeben, der schon als Leiter der Europa-Abteilung des Bonner Wirtschaftsministeriums an der Erarbeitung der Römischen Verträge mitgewirkt hatte, war ein Anhänger der ordoliberalen »Freiburger Schule« der Wirtschaftswissenschaften, für die die Garantie eines absolut fairen Wettbewerbs den Schlüssel sowohl zur Mehrung von Produktivität und Wohlstand als auch zum Schutz des Verbrauchers darstellte. Gestützt auf eine vergleichsweise junge Mannschaft von Beamten mit missionarischem Bewusstsein und viel wissenschaftliche und praktische Expertise kämpfte er sowohl für die Anwendung der Verbotsvorschriften, die im Vertrag noch nicht eindeutig geregelt war, als auch für ihre Ausweitung zu einer umfassenden Wettbewerbsordnung.[35]

In den Entwurf zur Regelung der Einhaltung der Wettbewerbsbestimmungen, die spätestens drei Jahre nach Inkrafttreten des Vertrages zu treffen war, schrieben von der Groeben und seine Mitarbeiter die generelle Verpflichtung hinein, Kartelle und sonstige Unternehmenszusammenschlüsse bei der Kommission anzumelden. Diese sollte dann entscheiden, ob sie mit den Erfordernissen eines freien Wettbewerbs vereinbar waren. Außerdem sollte die Kommission von sich aus oder aufgrund von Beschwerden Dritter Verfahren gegen Unternehmen einleiten können, und sie sollte das Recht haben, Untersuchungen durchzuführen, wenn der Verdacht auf Kartellbildung oder Missbrauch marktbeherrschender Stellung bestand. Gegen diesen Entwurf, der dem Rat am 31. Oktober 1960 vorgelegt wurde, liefen Industrievertreter aus Deutschland, Frankreich und Belgien Sturm; und auch der französischen Regierung ging die vorgesehene Ermächtigung der

Kommission viel zu weit. Von der Groeben leistete jedoch intensive Überzeugungsarbeit bei Regierungsvertretern, Abgeordneten und Experten der Verwaltungen. Gestützt auf einen positiven Bericht des Binnenmarkt-Ausschusses des Europäischen Parlaments und ein entsprechendes Parlamentsvotum konnte er den Entwurf schließlich im Rat durchsetzen. Mit geringfügigen Modifikationen wurde er am 5. Februar 1962 als »Verordnung Nr. 17« verabschiedet.[36]

Gegen Verbote und Vorschriften, die die Kommission nach dieser Ermächtigung aussprach, wurde häufig vor dem Europäischen Gerichtshof geklagt. Dieser bestätigte jedoch fast immer die Beschlüsse der Kommission – erstmals im Fall einer marktabschottenden Vereinbarung zwischen dem deutschen Hersteller Grundig und dem französischen Vertriebsunternehmen Consten im September 1964. Sie schuf damit Schritt für Schritt ein europäisches Wettbewerbsrecht, das den ordoliberalen Grundsätzen Geltung verschaffte. Ihre Anwendung gewann auch dadurch an Zustimmung, dass die Kommission bei ihren Entscheidungen dem Interesse an Konkurrenzfähigkeit auf dem Weltmarkt, insbesondere gegenüber den USA, Rechnung trug und das Bedürfnis kleiner und mittlerer Unternehmen zur Zusammenarbeit gegenüber großen Konkurrenten honorierte.

Recht erfolgreich waren von der Groeben und seine Mitstreiter auch bei der Abschaffung oder Modifizierung von staatlichen Beihilfen, die den Wettbewerb innerhalb der Gemeinschaft beeinträchtigten oder verfälschten. Der Widerstand der Regierungen und Interessengruppen war auch hier sehr groß. Dennoch erreichte die Kommission bis 1965, dass von rund 450 unterschiedlichen Beihilferegelungen 13 als unstatthaft aufgehoben und 60 umgestaltet wurden. Wo Beihilfen zur Förderung notleidender Wirtschafszweige und Regionen oder im gemeinsamen europäischen Interesse zulässig waren, bemühte sich die Kommission um eine Harmonisierung der unterschiedlichen nationalen Regelungen und deren zeitliche Beschränkung.

Bei der Steuerharmonisierung stieß sie dagegen auf den hartnäckigen Widerstand Frankreichs, das seine Steuerhoheit wahren und das bestehende System von Ausgleichsabgaben an den Grenzen beibehalten wollte. Von der Groeben argumentierte hingegen, dass die exakte Höhe der tatsächlich gezahlten Steuern bei den unterschiedlichen Systemen der Mehrfachbesteuerung in den einzelnen Ländern schwer zu ermitteln war und Ausgleichsabgaben bzw. Rückvergütungen beim Wechsel von einem Steuersystem in das andere zur Manipulation und damit zur Wettbewerbsverfälschung geradezu einluden. Er plädierte daher für die Abschaffung der unterschiedlichen Umsatzsteuersysteme zugunsten einheitlicher Mehrwertsteuern, die im Ursprungsland des jeweiligen Produkts oder der jeweiligen Dienstleistung erhoben wurden, für die Beseitigung der Steuergrenzen und letztlich auch, um so die Gefahr eines ruinösen Steuerwettbewerbs zu bannen, für eine weitgehende Annäherung der Steuersätze.

Obwohl von der Groeben bei diesem Programm von der Bundesregierung unterstützt wurde, konnte er im Juni 1960 zunächst nur ein Stillhalteabkommen der Finanzminister durchsetzen, mit dem sie sich verpflichteten, die Grenzausgleichsbeträge nur noch aus rein technischen Gründen zu verändern. Einer Kompensation fallender Zollsätze durch höheren Steuerprotektionismus sollte so ein Riegel vorgeschoben werden. Ein Richtlinienentwurf vom November 1962, der die Einführung der Mehrwertsteuer in Verbindung mit der Abschaffung der Steuergrenzen vorsah, wurde von der französischen Regierung abgelehnt. Erst am 9. Februar 1967 stimmte der Rat der Einführung eines gemeinsamen Mehrwertsteuersystems zum Ablauf der Übergangszeit, das hieß zum 1. Januar 1970, zu. Ein einheitlicher Steuersatz für die Mehrwertsteuer war damit aber noch nicht erreicht. Erst recht fehlte es an einer Harmonisierung der Verbrauchssteuern (für Produkte wie Alkohol, Tabak oder Benzin), der Unternehmensbesteuerung und der Besteuerung von Kapitaleinkünften. In einem Programm zur Harmonisierung der direkten Steuern, das die Kommission im September 1967 vorlegte, wurde zu Recht argumentiert, dass auch diese Angleichungen nötig seien, um einen europäischen Binnenmarkt zu schaffen.[37]

Das Interesse der Niedrigzoll-Länder an einer Senkung des gemeinsamen Zolltarifs wurde durch die Bestimmungen des Allgemeinen Zoll- und Handelsabkommens (GATT) unterstützt. Diese erlaubten zwar die Bildung von Zollunionen, freilich nur unter der Voraussetzung, dass der gemeinsame Tarif niedriger war als die vorherigen Tarife der Mitgliedsländer. Da 60 Prozent der Importe in die Gemeinschaft auf die Niedrigzoll-Länder Bundesrepublik Deutschland, Belgien, Niederlande und Luxemburg entfielen, war das bei einem Zolltarif, der das arithmetische Mittel zwischen den Tarifen der vier Zollgebiete bildete, streng genommen nicht der Fall.[38] Um einem möglichen Einschreiten des GATT gegen die Zollunion der Sechs vorzubeugen, hatte der Ministerrat den übrigen OEEC-Ländern auf Vorschlag der Kommission zum 1. Januar 1959 die gleiche zehnprozentige Verringerung der Zölle und 20-prozentige Ausweitung der Einfuhrkontingente gewährt, die für die EWG-Länder selbst galt. Lediglich von der Ausweitung der Kontingente für jede einzelne Produktkategorie auf mindestens drei Prozent der nationalen Produktion waren sie ausgenommen; das war der Punkt, den de Gaulle zum Schluss nicht mehr zugestehen wollte. In Verhandlungen, die Jean Rey als Außenhandelskommissar vom September 1960 bis zum Mai 1961 im GATT-Ausschuss führte, wurden Ausgleichszahlungen vereinbart, die einzelne Länder für die Erhöhung der Einfuhrzölle der Bundesrepublik und der Beneluxstaaten erhalten sollten. Außerdem fand sich die EWG zu einer leichten Reduzierung der gemeinschaftlichen Zollsätze für über 200 Produkte bereit, und sie sagte zu, über weitere Zollsenkungen zu verhandeln.

In der »Dillon-Runde« der GATT-Verhandlungen (so genannt nach dem amerikanischen Delegationsleiter Douglas Dillon, der auf ihre Einberufung gedrängt hatte), die daraufhin am 29. Mai 1961 in Genf begann und bis zum 16. Juli 1962 dauerte, einigte sich die EWG mit den USA als wichtigstem Handelspartner auf eine wechselseitige Reduzierung der Zölle auf 560 bzw. 575 gewerbliche Produkte um 20 Prozent. Großbritannien und andere Länder, die das wollten, schlossen sich dem an. Insgesamt ergab sich daraus aber nur eine Senkung des gemeinsamen Außenzolls der Gemeinschaft um etwa sieben Prozent. Der durchschnittliche Zollsatz sank von 12,5 auf 11,7 Prozent. Der große Durchbruch zur allgemeinen Handelsliberalisierung, für den sich die Kommission stark gemacht hatte, war das noch nicht.[39]

Er sollte auch nicht so schnell kommen. Die amerikanische Regierung verlangte sogleich eine weitere Verhandlungsrunde unter den Auspizien des *Trade Expansion Act* vom Januar 1962, der Präsident John F. Kennedy ermächtigte, für Produktbereiche, in denen die USA und die europäische Gemeinschaft 80 oder mehr Prozent des Welthandels unter sich ausmachten, die Zölle ganz abzuschaffen und sie für alle anderen Erzeugnisse zu halbieren. Eine solch weitreichende Liberalisierung, die auch den Handel mit Agrarprodukten einschließen sollte, war jedoch für Frankreich nicht akzeptabel. De Gaulle argumentierte daher, dass neue Verhandlungen erst nach der Vollendung des Gemeinsamen Marktes beginnen sollten. Erhard und die Vertreter der Benelux-Länder drängten vergeblich darauf, den Ball aufzugreifen, den Kennedy ihnen zugespielt hatte.[40]

Die amerikanische Offensive wurde von de Gaulle umso kritischer gesehen, als Frankreich gerade im Bereich der landwirtschaftlichen Produktion nicht auf einen Zollschutz durch die europäische Gemeinschaft verzichten wollte. Für Frankreich stellte die Übertragung des bestehenden nationalen Systems von Subventionen und Außenzöllen für die Landwirtschaft auf die europäische Ebene ein opportunes Mittel zur Behebung der strukturellen Krise dar, in die die französischen Bauern geraten waren. Durch die Erschließung eines größeren, aber gleichwohl noch vor der Weltmarktkonkurrenz geschützten Marktes ließ sich die landwirtschaftliche Produktion steigern; gleichzeitig ließen sich die Kosten für ihre Subventionierung auf mehrere Schultern verteilen. Auf diese Weise war eine Agrarsubventionierung eher zu ertragen, die eigentlich nicht zur Strategie der beschleunigten Modernisierung des Landes passte, aber aus politischen Gründen unabdingbar war. In den Vertragsverhandlungen hatten die französischen Vertreter deshalb darauf bestanden, dass für die Landwirtschaft über die Einbeziehung in den Gemeinsamen Markt hinaus bis zum Ende der Übergangszeit eine »gemeinsame Agrarpolitik« entwickelt wurde.[41]

In seinem Bestreben, eine europäische Agrarmarktordnung zu schaffen, wurde Frankreich insbesondere von den Niederlanden unterstützt. Auch hier zählte die Übertragung des Agrarprotektionismus von der nationalen auf die europäische Ebene zu den wesentlichen Zielen der Einigungspolitik. Allerdings war die Motivation hier stärker ökonomisch als politisch und der Druck entsprechend größer: Während Frankreich erst 1968 zum Netto-Exporteur landwirtschaftlicher Produkte avancieren sollte, betrug der Anteil der Landwirtschaft am Export der Niederlande Ende der 1940er Jahre nicht weniger als 40 Prozent. Zudem setzte Mansholt, der sich als Gestalter der niederländischen Landwirtschaftspolitik zu einer wichtigen politischen Figur in seinem Heimatland entwickelt hatte, viel stärker auf die Modernisierung der Landwirtschaft als auf ihre Subventionierung. Während letztere die strukturelle Agrarkrise nur auf Kosten der Verbraucher und Steuerzahler zu perpetuieren drohte, bot erstere die Chance zur dauerhaften Sanierung. Spezialisierte Produktion für größere Märkte sollte die landwirtschaftlichen Betriebe wettbewerbsfähig machen, und die so realisierten Gewinne sollten weitere Modernisierung ermöglichen.[42]

Mansholts Wechsel nach Brüssel signalisierte, wie wichtig diese Konzeption für die Niederlande war. Als Kommissar für Landwirtschaft versuchte er, sie möglichst umfassend durchzusetzen. Dabei bemühte er sich ähnlich wie von der Groeben, die nationalen Regierungsvertreter, die Experten und die Lobbyisten einzubinden. Er war aber auch darauf bedacht, möglichst viel Kompetenz auf der supranationalen Ebene anzusiedeln: Nur so schien ihm eine kohärente europäische Agrarpolitik vor dem Druck partikularer Interessen oder der Blockierung durch strategisch gut positionierte Lobbys einigermaßen sicher. Den Agrarverbänden signalisierte er sogleich, dass er lieber mit Organisationen auf europäischer Ebene verhandeln wollte als mit nationalen Verbänden. Das führte schnell zur Bildung transnationaler Zusammenschlüsse und im September 1958 zur Konstituierung eines permanenten Ausschusses der berufsständischen landwirtschaftlichen Organisationen, des COPA (Comité des organisations professionelles agricoles de la Communauté européenne).[43] Auf diese Weise wurde der notwendige Interessenausgleich zwischen den Landwirten schon auf der Verbandsebene befördert; gleichzeitig gewann die Kommission als supranationaler Akteur in der gemeinsamen Agrarpolitik an Gewicht.

Zu der Konferenz der Mitgliedsstaaten, die laut Vertrag alsbald nach seinem Inkrafttreten einen Vergleich der nationalen Agrarpolitiken und eine Bestandsaufnahme der unterschiedlichen Bedürfnisse vornehmen sollte, lud Mansholt deswegen nicht nur die Landwirtschaftsminister als Sprecher der Regierungen ein, sondern auch die Ständigen Vertreter der Mitgliedsstaaten bei der Kommission, Spitzenbeamte der Landwirtschaftsministerien, Vertreter der bäuerlichen Produzenten, der Verarbeiter und des Handels mit Agrarprodukten. Er aktivierte damit ein transnationales Milieu landwirtschaftlicher Experten und Interessenvertreter, das sich schon in den langwierigen, aber ergebnislosen Verhandlungen über die

Bildung eines »Grünen Pools« im Rahmen der OEEC gebildet hatte, und bezog es in die Planungen für die gemeinsame Landwirtschaftspolitik ein.[44] Natürlich traten in Stresa, wo die Landwirtschaftskonferenz vom 3. bis zum 12. Juli 1958 tagte, die unterschiedlichen Konzeptionen und Interessen deutlich zutage. Mit einer Rede, die als Antwort auf die Präsentationen der Landwirtschaftsminister konzipiert war, gelang es Mansholt jedoch, eine Art Aufbruchstimmung zu erzeugen, die immerhin zu einem vagen Konsens über die Zielsetzungen der Agrarpolitik führte. In der Entschließung, die die Konferenz verabschiedete, hieß es, dass der Abbau der Handelsschranken mit einer Harmonisierung der Gesetzgebungen und der Festlegung gemeinsamer Preise einhergehen sollte. Diese dürfe jedoch nicht zur Überproduktion führen, und der Schutz vor »Wettbewerbsverfälschungen von außen« dürfe nicht zu Lasten der Beziehungen mit Drittländern gehen. Im Übrigen sollten gemeinsame »Anstrengungen zur Steigerung der Produktivität« unternommen werden, wozu vor allem Maßnahmen zur »Verbesserung der Agrarstrukturen« zählen sollten.[45]

Bei der Erarbeitung des Kommissionsvorschlags für die gemeinsame Agrarpolitik, die in informeller Abstimmung mit den Landwirtschaftsministern und den Vertretern des COPA erfolgte, musste Mansholt dann aber dem französischen Interesse an Subvention und Protektion stärker Rechnung tragen. Wirtschaftskommissar Marjolin und sein eigener Generaldirektor Louis Rabot wiesen ihn darauf hin, dass er im Ministerrat anders nicht durchzusetzen sein würde. Der Vorschlag, den die Kommission am 7. November 1959 präsentierte, sah vor, dass für fast 90 Prozent der landwirtschaftlichen Produkte gemeinsame Richtpreise festgelegt werden sollten. Fielen die Preise unter etwas niedriger fixierte Interventionspreise, sollte die Gemeinschaft die Produkte zu diesen niedrigeren Preisen aufkaufen. Gleichzeitig sollte es Exportbeihilfen für Produkte geben, die zu den so festgesetzten Preisen nicht mehr auf dem Weltmarkt zu verkaufen waren, und Importeure sollten Abschöpfungen zahlen, die die Differenz zwischen niedrigeren Weltmarktpreisen und dem Preisniveau der Gemeinschaft ausglichen. Strukturreformen kamen in diesem Konzept nur noch insofern vor, als ein Drittel der Einnahmen aus den Abschöpfungen Maßnahmen zur Verbesserung der Wettbewerbsfähigkeit dienen sollte. Die beiden anderen Drittel sollten für die Interventionskäufe und Ausfuhrbeihilfen verwendet werden. Um die Gefahr der Überproduktion zu bannen, die diesem System innewohnte, wurde lediglich vorgeschlagen, dass die Kompetenz für die Festsetzung der Preise bei der Kommission liegen sollte. Die Regierungen, die für den Druck der Agrarlobby stärker anfällig waren, sollten nur allgemeine Kriterien für die Preisfestsetzung erlassen.

Die Kritik an diesem Dokument konzentrierte sich auf den Umstand, dass kaum etwas zum Übergang von den bestehenden Agrarsystemen zu dem vorgeschlagenen gemeinsamen System ausgesagt wurde. Die Kommission arbeitete daraufhin nach und präsentierte am 30. Juni 1960 eine wesentlich umfangreichere Fassung ihres Vorschlags. Sie war in der Ausrichtung unverändert, sah das Instrument der Abschöpfungen jetzt aber auch für den Ausgleich der Preisunterschiede innerhalb der Gemeinschaft während der Übergangszeit vor. Auf die im Vertrag vorgesehene Anwendung von Mindestpreisen und Ausgleichsabgaben sowie auf den Abschluss von langfristigen Verträgen wurde verzichtet. Außerdem sollte die Übergangszeit um zweieinhalb Jahre verkürzt werden und nun zum 30. Juni 1967 enden. Der Fahrplan zum gemeinsamen Agrarmarkt wurde dadurch konkreter; gleichzeitig nahm der Druck zu, ihn auch umzusetzen.[46]

In dieser Form widersprach der Kommissionsvorschlag aber nun gleich in doppelter Weise deutschen Vorstellungen: Dem Wirtschaftsministerium und großen Teilen der bundesdeutschen Öffentlichkeit enthielt er zu viel Protektionismus; der Deutsche Bauernverband sperrte sich gegen den beschleunigten Abbau des besonderen Schutzes auch vor europäischer Konkurrenz und die absehbare Senkung der Getreidepreise, die in der Bundesrepublik deutlich höher lagen als in allen anderen Mitgliedsländern. Adenauer befand mit Blick auf die strategische Schlüsselstellung der bäuerlichen Wähler, dass das Agrarmarkt-Projekt bis nach den nächsten Bundestagswahlen vertagt werden müsse, also bis zum Herbst 1961. Bei der nächsten Tagung des Ministerrats, am 19. und 20. Juli 1960, machte Landwirtschaftsminister Werner Schwarz, selbst ein Interessenvertreter des Bauernverbandes, unmissverständlich klar, dass für die Bundesrepublik eine Verkürzung der Übergangszeit nicht in Frage kommen würde und die deutschen Getreidepreise nicht gesenkt werden könnten.[47]

Angesichts der Haltung des Bundeskanzlers ließen sich die Regierungen Frankreichs und der Niederlande darauf ein, die Regelung des Preisniveaus zu verschieben. Dagegen konnten sie gegenüber einer im Ministerrat vom 19. und 20. Dezember 1960 wenig überzeugend auftretenden deutschen Delegation durchsetzen, dass eine Senkung der Agrarzölle um fünf Prozent auf den 1. Januar 1961 vorgezogen wurde. Ebenso wurde das System der innergemeinschaftlichen Abschöpfungen wenigstens für ein gutes Drittel der landwirtschaftlichen Produktion (darunter Getreide und Schweinefleisch) eingeführt.[48] Damit war ein wesentlicher Schritt zu den geplanten Marktordnungen getan, auch wenn offen blieb, wann und ob überhaupt weitere folgen würden.

In der Tat verstetigte sich die deutsche Obstruktion, nachdem die FDP in den Bundestagswahlen vom 17. September 1961 der CDU mit agrarpopulistischen Parolen hatte Stimmen abjagen können. Demgegenüber war de Gaulle mit seiner Geduld jetzt am Ende. Von Forderungen seiner Landwirte zusätzlich bedrängt, die unter einer akuten Absatzkrise litten, verlangte er ultimativ eine Verständigung über die Grundzüge und Regulierungen der gemeinsamen Agrarpolitik, die von der Kommission vorgeschlagene Beschleunigung um zweieinhalb Jahre eingeschlossen. Seinen Außenminister Maurice Couve de Murville ließ er in der Sitzung des Ministerrats vom 19. und 20. Dezember 1961 erklären, dass Frankreich andernfalls dem Übergang zur zweiten Stufe des Gemeinsamen Marktes zum 1. Januar 1962 nicht zustimmen werde.

Die Drohung zeigte Wirkung. Sie führte zu jener denkwürdigen Marathonsitzung des Rates, die als Archetyp des Krisenmanagements in das kollektive Gedächtnis der Europäer eingehen sollte. Unter dem französischen Druck fanden nun auch Adenauer und Erhard, dass man irgendwie zu einer Lösung kommen müsse; und so verhandelten die Regierungsvertreter über die Weihnachtspause bis in den Januar 1962 hinein. Als auch am 31. Dezember noch keine Einigung erzielt war, wurden die Uhren offiziell angehalten – schließlich hatten alle Beteiligten den Ehrgeiz, den vertragsgemäßen Übergang zur zweiten Stufe doch noch zu erreichen. Insgesamt gab es, wie Hallstein nicht ohne Sarkasmus bilanzierte, »45 verschiedene Treffen, davon sieben nachts; insgesamt 137 Stunden Diskussion, dazu 214 Stunden in Unterausschüssen; 582.000 Seiten Dokumente; drei Herzattacken.«[49] Die letzten Hürden wurden erst in der Nacht vom 13. zum 14. Januar 1962 genommen, nach zahlreichen Kompromissvorschlägen Mansholts, der seine Fachkompetenz und sein politisches Geschick voll ausspielen konnte.

Am Ende stand die Vereinbarung, dass es bei der ursprünglich vorgesehenen Übergangszeit bis zum 1. Januar 1970 bleiben würde; danach sollte aber das System der Richtpreise und Abschöpfungen gelten, wie es die Kommission vorgeschlagen hatte. In den nächsten drei Jahren sollte der Agrarfonds hauptsächlich aus Mitgliedsbeiträgen gemäß des Haushaltsschlüssels finanziert werden (was für die Bundesrepublik wesentlich günstiger war als die Finanzierung aus Abschöpfungen); für die restliche Zeit der Übergangsperiode sollte bis zum 30. Juni 1965 eine Regelung gefunden werden. In der Übergangszeit sollte es den Mitgliedsstaaten noch erlaubt sein, in Notfällen Einfuhrbeschränkungen zu erlassen; diese konnten aber von der Kommission und vom Ministerrat wieder aufgehoben werden. Hinsichtlich des Preisniveaus für Getreidepreise einigte man sich auf Ober- und Untergrenzen für ein Jahr, die den deutschen bzw. französischen Preisen entsprachen; danach musste neu verhandelt werden.

Im Kern hatten die Deutschen damit eine Regelung akzeptiert, die für sie finanziell ungünstig war und zudem die Alimentierung der deutschen Bauern etwas beschnitt. Der Preis, den sie für die Beschleunigung auf dem Weg zum Binnenmarkt und die politisch gewollte Vertiefung der Integration zu zahlen hatten, wurde nur insofern reduziert, als diese Regelung erst nach dem regulären Ende der Übergangszeit in vollem Umfang Geltung erlangen sollte. Dabei blieben nicht nur die von Mansholt anvisierten Strukturreformen auf der Strecke. Die Gefahr einer Überproduktion wurde noch dadurch gesteigert, dass die Kommission die

Kompetenz für die Preisfestsetzung auch im Detail dem Ministerrat überlassen musste.

Fouchet-Pläne und britisches Beitrittsgesuch

Nach der Auffassung von de Gaulle sollte der Gemeinsame Markt, der hier entstand, den Ausgangspunkt zu einer umfassenderen »politischen, wirtschaftlichen und kulturellen Realität« bilden.[50] Ein solches Europa erschien ihm unterdessen umso dringlicher, als er die bestehende Abhängigkeit der europäischen Verbündeten von der amerikanischen Abschreckungsgarantie als unwürdig und in zunehmendem Maße auch als unsicher empfand: unwürdig im Hinblick auf die Autonomie der europäischen Nationen, die infolge dieser Abhängigkeit permanent durch amerikanische Pressionen bedroht war und von der im Ernstfall des militärischen Konflikts nichts mehr übrig blieb; und in höchstem Maße unsicher, weil der Bau sowjetischer Langstreckenbomber, die mit atomarer Bewaffnung amerikanisches Territorium erreichen konnten, das Einlösen der amerikanischen Garantie äußerst fragwürdig gemacht hatte. De Gaulle hatte keinen Zweifel daran, dass diese Garantie mit der Perfektionierung des sowjetischen Arsenals weiter an Wert verlieren würde und dass der Übergang zur Strategie der »flexible response« Europa nur dem Risiko einer privilegierten Zerstörung aussetzte.[51]

Das Kernstück des politischen Europas bildete darum in seinem Verständnis die verteidigungspolitische Autonomie; und das setzte voraus, dass sich die Partner dieses Europas auf das Ziel tatsächlicher Unabhängigkeit von der amerikanischen Führungsmacht verständigten – gewiss mit ihr verbündet, aber souverän in der Entscheidung über den Einsatz ihrer Waffen. »Es kann keine europäische Einheit geben«, notierte er im Juli 1961, »wenn Europa nicht eine politische Körperschaft bildet, die sich von anderen Körperschaften unterscheidet. Eine Persönlichkeit. Aber es kann keine politische Persönlichkeit Europas geben, wenn Europa nicht hinsichtlich der Verteidigung über seine Persönlichkeit verfügt. Die Verteidigung ist immer die Grundlage der Politik.« Dass »Europa seine Persönlichkeit in seiner eigenen Verteidigung haben muss«, war für ihn »um so mehr angezeigt, als Europa ein strategisches Ganzes bildet. Es stellt das Aufmarschgebiet für eine einzige und gleiche Schlacht dar. Amerika kann die Schlacht um Europa verlieren ohne zu verschwinden. Europa kann es nicht.«[52]

Den Weg zu einem solchen »europäischen Europa, unabhängig, mächtig und einflussreich im Rahmen der Welt der Freiheit«,[53] führte für de Gaulle über regelmäßige Konsultationen der interessierten Regierungen. Dieser Konsultationsmechanismus sollte, wie er schon im August 1958 ausführte, »in dem Maße, wie er sich entwickelt, einen in gewisser Weise organischen Charakter annehmen«.[54] Langfristig sollte das zur Bildung einer »Konföderation« führen, in der durchaus auch mit Mehrheiten entschieden wurde: »Man muss mit der Einstimmigkeit beginnen, und dann wird man sehen.«[55] Kurzfristig strebte de Gaulle allerdings auch eine Unterordnung der bestehenden europäischen Organe unter die Autorität dieses Rats der Regierungen an. Die im EWG-Vertrag angelegte Tendenz, die Kommission zu einer europäischen Regierung zu entwickeln, war ihm ein Dorn im Auge: »Es gibt nichts über den Nationen, wenn es ihre Staaten nicht gemeinsam entscheiden! Die Ansprüche der Brüsseler Kommissare, den Regierungen Befehle geben zu wollen, sind lächerlich! Lächerlich!«[56]

Einen ersten Anlauf zur Verwirklichung dieser institutionalisierten Zusammenarbeit besonders in der Außen- und Verteidigungspolitik unternahm de Gaulle im Juni 1959, als er dem italienischen Ministerpräsidenten Amintore Fanfani regelmäßige Zusammenkünfte der Außenminister Frankreichs, der Bundesrepublik und Italiens vorschlug, die von einem kleinen gemeinsamen Sekretariat vorbereitet werden sollten. Fanfani stimmte zu, allerdings unter der Voraussetzung, dass auch die Regierungen Belgiens, der Niederlande und Luxemburgs an diesen Treffen beteiligt würden. Damit wurden aber auch sogleich die Hindernisse deutlich, die de Gaulles Plänen im Wege standen: Während Adenauer durchaus Verständnis für das französische Bemühen um europäische Eigenständigkeit hatte und de Gaulles Ambitionen auch zur Erringung deutscher Gleichberechtigung in der atlantischen Allianz zu nutzen gedachte, waren die belgische und mehr noch die niederländische Regierung darauf bedacht, eine französische Hegemonie oder auch ein deutsch-französisches Kondominium innerhalb der europäischen Gemeinschaft zu vermeiden. Der niederländische Außenminister Joseph Luns und sein belgischer Kollege Pierre Wigny schlugen daher vor, Großbritannien an den Außenministerkonferenzen zu beteiligen und auch die EWG-Kommission hinzuzuziehen. Weder das Eine noch das Andere war für de Gaulle akzeptabel, und so führten die Verhandlungen über seine Initiative nur zu einem bescheidenen Ergebnis: Am 23. November 1959 beschlossen die Außenminister der Sechs, sich künftig drei Mal im Jahr zu treffen. Ihre Beratungen sollten allerdings »nicht zum Schaden der Konsultation in der NATO und in der WEU« sein, und wenn sie sich auf das Feld der Gemeinschaftsverträge erstreckten, sollten die entsprechenden Kommissionen hinzugezogen werden können. Ein ständiges Sekretariat, wie de Gaulle es vorgeschlagen hatte, war nicht vorgesehen.[57]

Als das Scheitern des geplanten Pariser Gipfeltreffens zwischen Eisenhower, Macmillan, de Gaulle und Chruschtschow im Mai 1960 das Problem europäischer Selbstbehauptung im Kalten Krieg dringlicher machte, griff de Gaulle einen Vorschlag von Jean Monnet auf, der bei der Überwindung des Widerstands der Benelux-Regierungen helfen sollte: Bei einem Treffen mit Adenauer auf Schloss

Rambouillet am 29. und 30. Juli 1960 schlug er dem deutschen Bundeskanzler die Bildung einer Art deutsch-französischer Konföderation mit gemeinsamer Staatsangehörigkeit als strategischen Schritt zur Schaffung des politischen Europas vor. »Drei Ressorts, Außenpolitik, Verteidigung und Finanzen, sollten beiden Ländern gemeinsam sein«; der weitreichende Zusammenschluss sollte durch ein Referendum in beiden Ländern legitimiert werden. »Niemand aus der Sechser-Gemeinschaft«, so de Gaulle, »werde sich dann dem Sog der politischen Neuformierung entziehen können, wenn Deutschland und Frankreich vorangehen.«[58] Um Adenauer das damit verbundene Abrücken von der NATO-Integration schmackhaft zu machen, stellte er ihm sogar die Beteiligung an einer europäischen Atomwaffe in Aussicht: »Später, wenn wir wirklich vereint sind, wird es notwendigerweise Änderungen geben, eine gewisse Teilung; und auch Sie werden zweifelsohne eines Tages die Atomwaffe haben, vor allem in dem Fall, dass sich unsere beiden Länder – und vielleicht auch noch andere – auf europäischer Ebene vereinigen können.«[59]

Allerdings wollte Adenauer von einem deutsch-französischen Alleingang nichts wissen.[60] Nach entsprechender Kritik von seinen Mitarbeitern rückte er von seinen Zusagen im Hinblick auf die Reform der NATO und der Römischen Verträge wieder ab. Nachdem der NATO-Oberkommandierende General Norstad am 9. September eine multilaterale Atomstreitmacht der NATO für Europa in Aussicht gestellt und Präsident Eisenhower am 6. Oktober mit dem Rückzug aller amerikanischen Truppen im Falle einer Auflösung der Integration gedroht hatte, erteilte er einer militärischen Sonderorganisation der Sechs eine klare Absage. Die politische Zusammenarbeit wollte er vorerst auf die Konsultationen der Außenminister beschränkt wissen; und dann plädierte er auch noch für eine Heranführung Großbritanniens an Europa.[61] Vergeblich versuchte de Gaulle, dagegen die öffentliche Meinung für sein Projekt zu mobilisieren, indem er bei einer Pressekonferenz am 5. September für »ein regelmäßiges organisiertes Konzert der verantwortlichen Regierungen« warb.[62]

Dass der zweite Anlauf zur politischen Union nicht genauso steckenblieb wie der erste, ist zwei Umständen zu verdanken: Zum einen machte Monnet Adenauer und die Mitglieder seines Aktionskomitees in den verschiedenen Mitgliedsländern eindringlich auf das Potential zur Förderung der europäischen Einigung aufmerksam, das in de Gaulles Vorschlägen steckte.[63] Zum anderen erklärte sich de Gaulle bereit, zumindest für den Anfang auf die Diskussion von Verteidigungsfragen in dem neuen Rat der Regierungschefs zu verzichten. Darüber hinaus vermied er mit dem Begriff »organisierte Zusammenarbeit« jeden Anschein eines Angriffs auf die bestehenden Gemeinschaftsorgane. Auf diese Formeln konnten sich Adenauer und de Gaulle am 9. Februar 1961 verständigen, und bei einem Spitzentreffen der Sechs am 10. und 11. Februar stimmten auch die Vertreter Italiens, Belgiens und Luxemburgs zu. Der niederländische Außenminister Luns blockierte jedoch einen entsprechenden Beschluss. Er wollte sich auf eine organisierte politische Zusammenarbeit nur einlassen, wenn auch Großbritannien daran beteiligt wurde. Das Treffen endete mit der Einsetzung einer »Studienkommission«, die bis zu einem nächsten Gipfeltreffen im Mai konkrete Vorschläge zur organisierten politischen Zusammenarbeit erarbeiten sollte.[64]

In der Kommission, die unter dem Vorsitz des französischen Delegationsleiters Christian Fouchet tagte, wurde bis zum 24. April ein Bericht erarbeitet, der regelmäßige Treffen der Staats- und Regierungschefs (alle drei bis vier Monate) ohne Begrenzung der Thematik vorsah, also auch mit der Möglichkeit, über Verteidigung und Wirtschaftsintegration zu sprechen. Sobald Fragen aus dem Zuständigkeitsbereich der bestehenden europäischen Organisationen behandelt würden, sollten deren Vertreter hinzugezogen werden. Außerdem wurden die Fusion der Exekutiven von EGKS, EWG und EURATOM sowie der Übergang zu direkten Wahlen zum Europäischen Parlament vorgeschlagen, dazu die Errichtung einer europäischen Universität in Florenz.[65] Die niederländischen Delegierten trugen die mögliche Einbeziehung von Themen, die die NATO oder die EWG tangierten, jedoch nicht mit, und so wurde das Treffen der Staats- und Regierungschefs erst einmal vertagt.

Erst nachdem sich Adenauer und de Gaulle darauf verständigt hatten, notfalls auch ohne niederländische Beteiligung zu verhandeln, kam es bei einem Gipfeltreffen in Bonn am 18. Juli 1961 auf Vermittlung von Spaak und Fanfani zu einem Kompromiss, den alle sechs Regierungen unterschrieben: Luns akzeptierte regelmäßige Treffen der Staats- und Regierungschefs mit dem Ziel einer »gemeinsamen Politik«, während de Gaulle die Formulierung mittrug, dass die »politische Zusammenarbeit« auch dazu dienen sollte, »das Atlantische Bündnis zu stärken« und »das mit den Europäischen Gemeinschaften begonnene Werk fortzuführen«. De Gaulle stimmte auch Reformen der bestehenden Gemeinschaften »im Interesse einer größeren Effektivität« zu, ebenso einer Ausweitung der Verhandlungsgegenstände des Europäischen Parlaments. Nur die Direktwahl und die europäische Universität waren wieder vom Tisch.[66] Die Studienkommission wurde beauftragt, einen entsprechenden Vertragsentwurf auszuarbeiten.

Der Konsens von Bonn wurde sogleich wieder infrage gestellt, als Harold Macmillan, nicht zuletzt alarmiert durch die Gefahr einer eigenständigen außen- und verteidigungspolitischen Organisation der Sechs, am 31. Juli im britischen Unterhaus ankündigte, mit den sechs Ländern über einen Beitritt Großbritanniens zur EWG verhandeln zu wollen. Nach dem Scheitern ihrer Freihandelszonen-Offensive hatte sich die britische Regierung zunächst ohne große Begeisterung dazu durchgerungen, mit weiteren OEEC-Staaten eine »kleine« Freihandelszone zu bilden. Sechs Staaten hatten sich aus unterschiedlichen Gründen dazu bereit gefunden – Schweden, Norwegen, Dänemark, die Schweiz, Österreich und, nachdem die Verhandlungen schon begonnen hatten, auch noch das diktatorisch regierte Portugal. Gemäß der Stockholmer Konvention vom 4. Januar 1960 bildeten sie eine Europäische Freihandelsgemeinschaft (European Free Trade Association, abgekürzt EFTA), deren Mitglieder sich wechselseitig Zollfreiheit für gewerbliche Güter einräumten. Finnland kam mit einem Vertrag vom 27. März 1961 als assoziiertes Mitglied hinzu.[67]

Die Probleme, die mit der Etablierung der EWG für Großbritannien entstanden waren, ließen sich jedoch mit der EFTA nicht lösen. Der britische Handel mit den EWG-Ländern war nicht nur weitaus bedeutender als der Handel mit EFTA-Ländern, er wuchs auch wesentlich dynamischer. Gleichzeitig ging der Handel mit Commonwealth-Ländern rapide zurück, amerikanische Investoren engagierten sich vorzugsweise in den EWG-Ländern, und die britische Industrie verlor gegenüber den im größeren Gemeinsamen Markt agierenden Firmen weiter an Wettbewerbsfähigkeit. Als die US-Regierung dann auch noch alle Hoffnungen auf Unterstützung für ein bilaterales Abkommen zwischen EWG und EFTA zunichte machte, mehrten sich in der britischen Industrie, der britischen Öffentlichkeit und unter Experten die Stimmen, die für einen raschen Beitritt oder zumindest Fast-Beitritt Großbritanniens zur EWG plädierten. Macmillan optierte für die volle Mitgliedschaft, weil nur so die Möglichkeit bestand, »Europa wirtschaftlich und politisch zu kontrollieren und zu beherrschen«. Für ihn ging es bei dem Beitritt auch darum, die Führungsrolle Großbritanniens zu erhalten, die durch den wirtschaftlichen Erfolg und die mögliche politische Eigenständigkeit der Sechs gleich doppelt bedroht war. Das politische Ziel des Beitritts sei, »jetzt de Gaulle im Zaum zu halten und später Deutschland«, erklärte er am 20. April 1961 im Kabinett. Die Stärkung der britischen Wirtschaft infolge des Beitritts würde auch der politischen Stellung Großbritanniens zugute kommen.[68]

Nachdem die britische Regierung ihren Beitrittsantrag am 9. August tatsächlich gestellt hatte, wollte Luns sogleich wieder eine Beteiligung Großbritanniens an der politischen Union durchsetzen. Unterstützt wurde er bei dieser Forderung, anders als bisher, von seinem belgischen Kollegen Paul-Henri Spaak. Die Italiener, Luxemburger und auch die Deutschen drängten in der Kommission auf eine stärker supranationale Ausrichtung der neuen Organisation, als sie in Bonn besprochen worden war. Für Frankreich präsentierte Christian Fouchet am 19. Oktober einen Vertragsentwurf (den sogenannten »Fouchet-Plan I«), der als Ziele der zu gründenden »Europäischen Union« eine »gemeinsame Außenpolitik« und eine »gemeinsame Verteidigungspolitik« nannte. Der Rat der Union sollte einstimmig beschließen, eine Europäische Politische Kommission (mit Sitz in Paris) sollte ihm untergeordnet sein, das Europäische Parlament sollte nur beratende Funktion haben. Allerdings war vorgesehen, dass Beschlüsse des Rates nur für diejenigen Länder bindend waren, die sich an der Abstimmung beteiligten. Drei Jahre nach Inkrafttreten des Vertrages sollte er mit dem Ziel einer schrittweisen Vereinheitlichung der Außen- und Sicherheitspolitik und einer Zentralisierung der bestehenden Gemeinschaften revidiert werden.[69]

Das französische Außenministerium glaubte den Forderungen der Partner soweit entgegenkommen zu können, dass es in eine überarbeitete Version (von Couve de Murville am 15. Januar 1962 gebilligt) die Bonner Formulierung aufnahm, wonach die gemeinsame Außen- und Verteidigungspolitik der Stärkung der atlantischen Allianz dienen sollte. Im Hinblick auf die Revision nach drei Jahren wurde versprochen, dass das Europäische Parlament dann zur Erarbeitung und Umsetzung der gemeinsamen Politikbereiche »stärker herangezogen« werden sollte. Außerdem sollte die vorgesehene Reform der bestehenden Institutionen »unter Beachtung der Strukturen« erfolgen, die in den Verträgen von Paris und Rom definiert waren.[70] De Gaulle bestand jedoch darauf, dass das Bekenntnis zur Stärkung der Allianz und zu den bestehenden Verträgen wieder entfiel und die Wirtschaft, anders als zuvor, explizit unter den Bereichen der Zusammenarbeit genannt wurde. Damit barg der zweite französische Entwurf, vorgelegt am 18. Januar 1962 (»Fouchet-Plan II«), noch stärker als der erste die Gefahr, die supranationalen Entwicklungsmöglichkeiten der bestehenden Gemeinschaften zu beschneiden.[71]

Angesichts des allgemeinen Widerstands gegen eine Einigung auf dieser Grundlage war dann aber auch de Gaulle zu größeren Zugeständnissen bereit: Bei einem Treffen mit dem italienischen Außenminister Antonio Segni am 4. April 1962 in Turin nahm er das Bekenntnis zur Stärkung der Allianz wieder auf und präzisierte, dass der Bereich der Wirtschaft »in Anwendung der Verträge von Paris und Rom« behandelt werden sollte. Ein neuer Artikel 3 enthielt sogar eine explizite Garantie der Verträge.[72] Bei einem Treffen der Außenminister am 17. April in Paris bot Couve de Murville zudem eine Präzisierung der Revisionsklausel in der Form an, wie sie sein Ministerium dem Staatspräsidenten vorgeschlagen hatte.

Diese Zugeständnisse reichten jedoch nicht aus. Segni, Luns und Spaak verlangten in den Verhandlungen vom 17. April, dass im Hinblick auf die Revision auch der Übergang zur Direktwahl des Parlaments, die Stärkung seiner Kompetenzen und der schrittweise Übergang zu Mehrheitsbeschlüssen im Rat festgelegt werden müssten. Als Couve de Murville darauf nicht einging, erklärte Spaak, dass Belgien den Vertrag über die Schaffung der Europäischen Union erst nach dem Beitritt Großbritanniens zur EWG unterzeichnen würde. Luns schloss sich dem an. Damit war auch der zweite Anlauf zu einer eigenständigen Außen- und Verteidigungspolitik der Europäer gescheitert. Die Außenminister gingen auseinander, ohne einen neuen Termin zu vereinbaren oder die Kommission mit weiteren Klärungen zu beauftragen.[73]

Adenauer hat im Nachhinein vor allem Luns für das Scheitern des Projekts verantwortlich gemacht. Noch zwei Jahre später schimpfte er über den »langen Kerl«. »Stur, wie nur ein Holländer sein kann«, habe er sich im Frühjahr 1962 aufgeführt: »Ich könnte ihm den Hals umdrehen«.[74] Tatsächlich ist de Gaulle in erster Linie an Spaak gescheitert. Den Widerstand *eines* kleineren Mitgliedslandes hätte er brechen können: Die Erfahrung des Sommers 1961 hatte gezeigt, dass Luns davon überzeugt war, sich eine Isolierung der Niederlande gegenüber einer politischen Union der Fünf nicht leisten zu können. Zwei oder gar drei Länder konnten sich jedoch gegenüber dem Druck behaupten, der von Bonn und Paris ausging. Wenn sich Deutschland und Frankreich einig waren, mussten die Niederlande und Belgien keineswegs so automatisch folgen, wie de Gaulle annahm. Die Schwierigkeiten bei der Umsetzung der Bonner Beschlüsse vom Juli 1961 beruhten folglich auf dem Kurswechsel Spaaks, und dieser wurde durch das britische Beitrittsgesuch begünstigt. Spaak hatte begriffen, dass ihn Macmillans dramatischer Schritt in die Lage versetzte, einen besseren Schutz vor einer französischen oder deutsch-französischen Hegemonie zu erzwingen: entweder durch eine Mitgliedschaft Großbritanniens oder durch eine supranationale Ausrichtung auch der Außen- und Verteidigungspolitik. »Wenn Sie mehr Integration wollen«, sagte er auf der Pariser Außenministerkonferenz zu Couve de Murville, »sind wir damit einverstanden, dass die Engländer nicht dabei sind. Aber wenn Sie kein integriertes Europa wollen, dann müssen Sie England akzeptieren.«[75]

De Gaulle freilich wollte eine supranationale Ausrichtung der Außen- und Verteidigungspolitik nicht zugestehen, solange er nicht sicher war, dass die Partner sein Verständnis von Eigenständigkeit innerhalb der atlantischen Allianz teilten. »In drei Jahren werden wir sehen, was wir tun können, um unsere Verbindungen zu stärken«, betonte er immer wieder. »Auf jeden Fall werden wir uns dann daran gewöhnt haben, gemeinsam zu leben und zu handeln.«[76] Er begriff nicht, dass er hier mutiger hätte sein müssen, um Erfolg zu haben.

Beitrittsverhandlungen und Deutsch-Französischer Vertrag

Auf Macmillans Ankündigung von Beitrittsverhandlungen am 31. Juli 1961 folgten weitere Beitrittskandidaturen. Noch am gleichen Tag stellte Irland einen formellen Beitrittsantrag. Da über 70 Prozent des irischen Exports nach Großbritannien gingen, waren die Iren praktisch zu einem solchen Schritt gezwungen, auch wenn er mit der politischen Frontstellung gegen die Briten und der daraus resultierenden Neutralität kaum vereinbar war. »Außerhalb der Gemeinschaft zu bleiben, wenn die Briten beitreten, wäre für uns ein wirtschaftliches Desaster«, erklärte Finanz-Staatssekretär Kenneth Whitaker seinen Vorgesetzten.[77] Dänemark folgte am 10. August, einen Tag nach dem offiziellen Antrag der Briten. Mehr noch als der britische Exportmarkt war hier der kontinentale Markt von Belang. Dänemark war dringend darauf angewiesen, auch weiterhin landwirtschaftliche Produkte in die Bundesrepublik exportieren zu können. Folglich wollte die dänische Regierung auch gleich in die laufenden Verhandlungen über die Agrarmarktordnung der Gemeinschaft einbezogen werden. Schließlich stellte auch die Regierung von Norwegen noch einen Beitrittsantrag, allerdings erst am 30. April 1962. Die wirtschaftlichen Interessen waren auch in diesem Fall geradezu zwingend: Großbritannien bildete den größten Exportmarkt für norwegische Produkte, und eine um Großbritannien, Irland und Dänemark erweiterte EWG hätte etwa 70 Prozent der norwegischen Exporte aufgenommen. Jedoch war auch das Beharren auf der noch jungen nationalen Souveränität sehr stark, und auch antideutsche und antiwestliche Emotionen machten sich bemerkbar. Daher fiel es der Regierung wesentlich schwerer, sich zu einem Antrag durchzuringen.[78] Nahm man noch die Assoziierungsanträge von Österreich, der Schweiz, Schweden (alle am 15. Dezember 1961) und Portugal (am 18. Mai 1962) hinzu, so bot sich die Perspektive einer substantiellen Erweiterung der wirtschaftlichen Gemeinschaft.

Großbritanniens Beitrittsantrag war allerdings ein Antrag unter Vorbehalt. Den Bedenken des konservativen Establishments Rechnung tragend hatte das Kabinett beschlossen, die endgültige Entscheidung über den Beitritt erst im Licht der Ergebnisse der Beitrittsverhandlungen zu treffen. Vor allem der ungehinderte Bezug von Lebensmitteln aus den Commonwealth-Ländern sollte weiter gesichert sein, daneben besondere Regelungen für die britische Landwirtschaft und »zufriedenstellende Arrangements« mit den verbleibenden EFTA-Ländern. In dem Beschluss des Unterhauses vom 3. August, der Macmillans Initiative absicherte, waren diese Bedingungen ausdrücklich genannt worden, und es war festgelegt worden, »dass keine Vereinbarungen, die diese besonderen Interessen betreffen oder die britische Souveränität berühren, ohne Billigung durch dieses Haus und nach umfassender Beratung mit den anderen Commonwealth-Ländern getroffen werden«.[79]

Entsprechend trat die britische Verhandlungsdelegation unter der Leitung von Sonderminister Edward Heath mit einem Programm maximaler Ausnahmeregelungen an: Die Übergangszeit bis zur vollen Anwendung des gemeinsamen Zolltarifs und der gemeinsamen Agrarmarktordnung sollte 12 bis 15 Jahre betragen; auch danach sollte den Commonwealth-Ländern noch zollfreier Absatz im gleichen Umfang gewährt werden, wie er bislang auf dem britischen Markt möglich war; für Schweinefleisch, Eier und Milchprodukte sollte es Garantiepreise geben; die britischen Bauern sollten Ausgleichszahlungen aus dem Strukturfonds erhalten; die Finanzierung der Gemeinschaft und des gemeinsamen Agrarmarkts sollte sich an der relativen Höhe des Nationaleinkommens der Mitgliedsländer orientieren. So gut wie nichts von diesen Forderungen ließ sich durchsetzen: Die französische Regierung war nicht bereit, mit den Briten über Fragen der Agrarmarktordnung zu verhandeln, solange diese nicht im Grundsatz beschlossen war; und nachdem dies am 14. Januar 1962 erreicht war, achtete sie streng darauf, hierin von der Kommission unterstützt, dass der *acquis communautaire*, das heißt die Summe der bereits vereinbarten gemeinschaftlichen Regelungen, von den Briten nicht wieder infrage gestellt wurde. So sollte auch für Großbritannien die Übergangszeit zum 1. Januar 1970 enden; den Commonwealth-Ländern sollten nur gewisse Erleichterungen in der Übergangszeit eingeräumt werden; Preise für landwirtschaftliche Produkte und Einkommen der Landwirte sollten, wie im britischen Subventionssystem bisher üblich, regelmäßig »überprüft« werden.[80]

Mehr an Zugeständnissen war nicht zu erreichen. Macmillan versuchte, de Gaulle mit persönlicher Diplomatie zu einem Deal zu bewegen: größere Zugeständnisse vor allem im Hinblick auf die Commonwealth-Bindungen gegen britische Unterstützung beim Aufbau der französischen Atomstreitmacht. Im Juni 1962 entwickelte er beim Staatsbesuch bei de Gaulle die Vision einer europäischen atomaren Verteidigung: »Es könnte eine europäische Organisation geben, die mit den Vereinigten Staaten verbündet ist. Sie würde einen Plan für die Verteidigung Europas einschließen. Die atomare Rüstung der europäischen Länder würde einen Teil dieser europäischen Verteidigung bilden.«[81] Dem stellvertretenden französischen Botschafter skizzierte er sie »in Worten, die andeuteten, dass er in erster Linie an die gemeinsame Produktion atomarer Waffen dachte«.[82] Aber abgesehen davon, dass Kennedy Macmillan nicht erlaubte, Informationen über den Bau von Atomwaffen an Frankreich weiterzugeben, und auch das britische Verteidigungsministerium und der Generalstab gegen ein solches Projekt waren, war es auch nichts, was de Gaulle hätte reizen können: De Gaulle war sich sicher, dass amerikanische Unterstützung für den Aufbau der französischen Atomstreitmacht wenn überhaupt, dann nur um den Preis der Unterordnung unter das amerikanische Kommando zu haben war. Genau das wollte er aber gerade verhindern. So erschienen ihm Macmillans mehr oder weniger deutliche Offerten eher als Versuche, sein Bemühen um europäische Unabhängigkeit zu konterkarieren.

Nachdem die Verhandlungen schon seit August 1962 stagnierten, diskutierte die Regierung in London Anfang Dezember über die Frage, woran man sie scheitern lassen sollte. Das interministerielle Komitee, das mit der Verhandlungsführung beauftragt war, beschloss die Zustimmung zum gemeinsamen Außentarif zu verschieben, bis zufriedenstellende Regelungen im Hinblick auf den Import von Butter und Lammfleisch aus Neuseeland erreicht sein würden. Hinsichtlich der Finanzierung der Agrarmarktordnung durch Abschöpfungen (die Großbritannien mit einem hohen Anteil an Lebensmittel-Importen relativ teuer zu stehen kommen drohte) ließ man sich auf die Bildung eines Ausschusses ein, der Daten für akzeptable Regelungen in der Übergangszeit liefern sollte.

Macmillan unternahm noch einen weiteren Versuch, mit de Gaulle ins Geschäft zu kommen. Bei einem erneuten Besuch in Frankreich am 15. und 16. Dezember sprach er deutlicher als zuvor von einem »wirklich autonomen Abschreckungsinstrument« als Ziel der atomaren Kooperation zwischen Großbritannien und Frankreich. Konkret schlug er eine Vereinbarung über den Einsatz der nationalen Atomwaffen im Kriegsfall vor, gerade im Hinblick auf die Ziele des Einsatzes.[83] Die Unabhängigkeit in der Entscheidung für einen Einsatz, auf die es de Gaulle ankam, war damit freilich noch nicht gesichert. Außerdem bezweifelte der französische Präsident weiterhin, dass eine solche unabhängige Entscheidung möglich sein würde, wenn man sich, wie Macmillan es für unvermeidlich erklärte, die Raketen für die Beförderung der atomaren Sprengköpfe von den Amerikanern besorgen würde. Entsprechend sah de Gaulle auch jetzt noch keinen Grund, auf Macmillans Angebot einzugehen. Erst recht konnte es ihn nicht veranlassen, sich in den Verhandlungen über den britischen Beitritt plötzlich entgegenkommender zu zeigen.

Stattdessen entschloss er sich kurz nach Macmillans Besuch, die Beitrittsverhandlungen aufzukündigen. Am 19. Dezember teilte er seinem Informationsminister Alain Peyrefitte mit, dass er das in seiner nächsten regulären Pressekonferenz bekannt geben wolle.[84] Offensichtlich fürchtete er trotz aller Zugeständnisse und Bekenntnisse Macmillans immer noch, dass ihm eine britische Mitgliedschaft den Weg zum unabhängigen Europa verbauen würde. Möglicherweise trieb ihn auch die Sorge um, dass Großbritannien als Mitglied der Gemeinschaft eine Senkung der Außentarife der Zollunion in einem Maße erzwingen würde, das mit einem optimalen Wachstum der französischen Wirtschaft noch nicht vereinbar war.[85] Gleichzeitig versetzten ihn die lange Dauer der Verhandlungen und das hartnäckige Beharren der Briten auf Ausnahmeregelungen in die Lage, den Partnern mit Aussicht auf Erfolg zu erklären, dass Großbritannien noch nicht bereit sei, das europäische Spiel mitzuspielen.

Warum de Gaulle nicht einfach abwartete, bis die Verhandlungen von selbst einschliefen, wie Couve de Murville ihm riet,[86] muss offen bleiben. Vielleicht fürchtete er, dass die Briten letztlich doch noch Zugeständnisse machen würden, die die Berechtigung des Bruchs in den Augen der Partner infrage stellten; vielleicht war er aber auch das endlose Verhandeln einfach nur leid und wollte die Gelegenheit zur Belehrung des europäischen Publikums nutzen. Jedenfalls nahm er die prinzipielle, wenn auch nur sehr unverbindliche Zustimmung zu einer multilateralen Atomstreitmacht der NATO, die Macmillan dem amerikanischen Präsidenten am 21. Dezember in Nassau als Gegenleistung zur dringend benötigten Lieferung von Polaris-Raketen für die britischen Atom-U-Boote gab, zum Anlass für eine Demonstration britischer Unzuverlässigkeit. In seiner Pressekonferenz vom 14. Januar 1963 begründete er seine Absage an weitere Verhandlungen mit Großbritannien mit den Vereinbarungen von Nassau und warnte vor einer »riesigen atlantischen Gemeinschaft, abhängig und geführt von den Amerikanern« als Folge eines britischen Beitritts.[87]

Wie die britische Entscheidung in der Beitrittsfrage letztlich ausgefallen wäre, hätte de Gaulle sie den Briten nicht abgenommen, lässt sich ebenso wenig sagen. Als sicher kann nur gelten, dass sie noch einige Zeit auf sich warten gelassen hätte. Die internen Diskussionen des Dezembers 1962 machen den Eindruck, dass die Regierung Macmillan die Kraft zu einem Abbruch ebenso wenig fand, wie sie zuvor entschlossen für den Beitritt eingetreten war. Macmillan hatte seine Ziele nicht rechtzeitig genug auf ein realistisches Maß zurückgeschraubt und im Kabinett wie in der Öffentlichkeit nicht offensiv genug für ein Angebot gekämpft, das de Gaulle nicht zurückweisen konnte. Insofern hatte er sich sein Scheitern zu einem guten Teil selbst zuzuschreiben.

Natürlich versuchten die Befürworter eines britischen Beitritts den Abbruch der Verhandlungen, den de Gaulle einseitig angekündigt hatte, doch noch irgendwie zu verhindern. Mansholts Agrarausschuss einigte sich in der Nacht zum 15. Januar 1963 in aller Eile auf den vereinbarten Bericht zu den Auswirkungen des Beitritts auf einzelne Produkte. Obwohl er unvollständig war, wurde er von Spaak und Heath sogleich übereinstimmend als Grundlage für eine Einigung über die Regelungen der Übergangszeit gelobt. Die Vertreter der Fünf drängten auf die Erstellung eines Zwischenberichts, der de Gaulles Einschätzung des Verhandlungsstandes Lügen strafte, und drohten mit Gegenmaßnahmen, etwa im Hinblick auf die Implementierung der Agrarpolitik. Da sich Adenauer diesen Drohungen aber nicht anschloss, liefen alle diese Aktivitäten ins Leere. Als Spaak Couve de Murville bei der nächsten Zusammenkunft der Außenminister der Sechs am 28./29. Januar in Brüssel zur Rede stellen wollte, bemerkte dieser nur knapp, Frankreich betrachte die Verhandlungen mit Großbritannien als »unterbrochen«. Die Konferenz ging nach zwei Tagen wechselseitiger Vorwürfe zu Ende, ohne dass ein neuer Termin für die Fortsetzung der Verhandlungen mit der britischen Delegation vereinbart worden wäre.[88]

Der Abbruch der Verhandlungen mit Großbritannien, für Macmillan »das Ende eines Kapitels aber gewiss noch nicht das Ende der Geschichte«,[89] bedeutete zugleich das Aus für die Gespräche mit den anderen Beitrittskandidaten. Selbst für Dänemark, das bis zum Juli 1962 schon einen ganz vernünftigen Verhandlungsstand erreicht hatte, kam eine Mitgliedschaft ohne Großbritannien nicht in Frage. Als de Gaulle den dänischen Premierminister Jens Otto Krag am 26. Januar ermunterte, den Beitritt allein auf eigene Rechnung zu betreiben, lehnte dieser unter Hinweis auf die EFTA-Verflechtungen Dänemarks freundlich ab.[90] Mit

Irland und Norwegen waren die Verhandlungen noch gar nicht eröffnet worden. Weder in Dublin noch in Oslo hielt man sie jetzt noch für nötig.

Demgegenüber wurde die Allianz zwischen de Gaulle und Adenauer, die für den Erfolg des französischen Manövers maßgeblich war, in den nächsten Tagen noch bekräftigt. Adenauer hatte sich unterdessen dazu durchgerungen, de Gaulles Projekt auch dann noch mitzutragen, wenn sich die anderen EWG-Partner zunächst nicht anschlossen. Angesichts des Drängens Kennedys, die internationale Entspannung nicht länger durch ein Beharren auf der Nicht-Anerkennung der DDR zu blockieren, schien ihm das jetzt eine strategische Notwendigkeit zu sein, die ungeachtet der nicht ganz eindeutigen Erfolgsaussichten verfolgt werden musste. »Unter Umständen müssten wir bereit sein«, hatte er seinen Mitarbeitern erklärt, »mit den Amerikanern einige Jahre in Spannung zu leben. Wir müssten mehr auf das deutsch-französische und das europäische Pferd setzen.«[91]

Als de Gaulle ihn bei einem ausgedehnten Staatsbesuch in Frankreich Anfang Juli 1962 fragte, ob die Bundesrepublik denn bereit sei, »mit Frankreich eine politische Union zu schließen, die faktisch und notgedrungen auf zwei Mitglieder beschränkt ist«, antwortete er darum »eindeutig mit Ja: Wir wären bereit, diese beschränkte Union zu akzeptieren, wobei der Platz für die anderen Mitglieder natürlich offen bleiben müsste.«[92] Adenauer und de Gaulle unterstützten die Initiative Fanfanis für ein neues Gipfeltreffen der Sechs, bereiteten aber gleichzeitig schon für den Fall ihres Scheiterns das Zweierbündnis vor. Nachdem de Gaulle schon bei Adenauers Besuch demonstrativ die deutsch-französische Aussöhnung gefeiert hatte, nutzte er seinen Gegenbesuch in der Bundesrepublik vom 4. bis 9. September zu einem intensiven Werben um »das große deutsche Volk« (so in sorgfältig akzentuiertem Deutsch in einer Rede auf dem Marktplatz von Bonn). Vor Offizieren der Führungsakademie der Bundeswehr in Hamburg sprach er offen davon, dass »die organische Zusammenarbeit unserer Armeen im Hinblick auf eine gemeinsame Verteidigung von entscheidender Bedeutung für die Union unserer beiden Länder ist«.[93]

Um etwaigen Widerstand in den eigenen Reihen gegen eine zu enge Bindung an Frankreich zu umgehen, wollte Adenauer das Bündnis zunächst nur in Form einer Konvention schließen, die nicht veröffentlicht werden würde. De Gaulle schickte ihm gleich nach seiner Rückkehr nach Paris einen entsprechenden Entwurf, der regelmäßige Konsultationen und enge Zusammenarbeit im Bereich der Außenpolitik, der Verteidigung, der Erziehung und der Jugendarbeit vorsah. Nachdem sich die italienische Initiative erwartungsgemäß im Sande verlaufen hatte, vereinbarten Couve de Murville und sein deutscher Amtskollege Gerhard Schröder am 16. Dezember ein neues Gipfeltreffen ihrer Chefs, bei dem die deutsch-französische Vereinbarung unterzeichnet werden sollte. Als Adenauer dazu am 20. Januar 1963 nach Paris reiste, optierte er nun aber doch für einen völkerrechtlichen Vertrag, der der Ratifizierung durch beide Parlamente bedurfte. Wie ihm seine Mitarbeiter deutlich gemacht hatten, drohten die Gegner des Projekts gegen den Abschluss einer Konvention vor dem Bundesverfassungsgericht zu klagen, und sie hatten dabei durchaus Aussicht auf Erfolg.[94]

De Gaulle war diese Aufwertung des Unionsplans natürlich sehr recht. Er schlug sogar vor, den Vertrag durch Referenden in beiden Ländern bestätigen zu lassen, was Adenauer unter Hinweis auf die verfassungsrechtliche Problematik einer solchen Prozedur in der Bundesrepublik ablehnen musste. Da die Vertragsform ursprünglich nicht vorgesehen war, mussten die Protokollbeamten in aller Eile das protokollarisch übliche Pergamentpapier und den Saffianeinband in einem Pariser Fachgeschäft besorgen. Dann konnte der »Deutsch-Französische Vertrag« am 22. Januar 1963 im Élysée-Palast unterzeichnet werden. Er sah regelmäßige Treffen des französischen Präsidenten und des deutschen Bundeskanzlers vor, mindestens zweimal pro Jahr, dazu mindestens vier Mal pro Jahr Treffen der Außenminister und der Verteidigungsminister und jeden Monat Treffen der leitenden Beamten der Außenministerien. Die Generalstabschefs und die Verantwortlichen für Erziehungs- und Jugendfragen sollten sich ebenfalls regelmäßig treffen; zur Förderung des Jugendaustauschs wurde ein gemeinsamer Fond eingerichtet. Die beiden Regierungen verpflichteten sich, »sich vor jeder Entscheidung in allen wichtigen Fragen der Außenpolitik [zu] konsultieren« und auf dem Gebiet der Verteidigung »ihre Auffassungen einander anzunähern, um zu gemeinsamen Konzeptionen zu gelangen«.[95]

Die Übereinstimmung zwischen den beiden Symbolgestalten der deutsch-französischen Aussöhnung war keineswegs vollständig. De Gaulle versprach auch jetzt noch nicht mehr als den Einsatz der französischen Atombombe für die Sicherheit der Bundesrepublik; und Adenauer zögerte nicht, dem französischen Präsidenten zu signalisieren, dass er das amerikanische Angebot einer multilateralen Atomstreitmacht der NATO sehr verlockend fand und Kennedy darum seine Beteiligung zugesagt habe.[96] Dennoch schrillten nach der Unterzeichnung in Washington die Alarmglocken. Kennedy wollte noch nicht einmal ausschließen, dass de Gaulle dabei war, wie es ein CIA-Report behauptete, mit Moskau über eine Neutralisierung Deutschlands und einen Abzug der Amerikaner aus Europa zu verhandeln. Auf jeden Fall war er entschlossen, eine eigenständige Atomstreitmacht der Europäer mit allen Mitteln zu verhindern. Nachdem er Adenauer im Vorfeld der Vertragsunterzeichnung vergeblich die gleichberechtigte Beteiligung an einem »Exekutivmechanismus« der NATO angeboten hatte, drohte er jetzt mit einem Rückzug der USA, wenn sich die Bundesrepublik nicht für die atlantische Einheit und gegen Frankreich entscheiden würde. General Clay, der von Kennedy nach dem Bau der Berliner Mauer als Sonderbotschafter nach Berlin geschickt worden war, ließ die Bonner Regierung wissen, eine Ratifizierung des Élysée-Vertrages bedeute »das Ende von Berlin«.[97]

Über die Form der Distanzierung, die man von Bonn verlangen wollte, wurde in einer Sitzung des Nationalen Sicherheitsrates am 5. Februar Einvernehmen erzielt: Die parlamentarischen Gremien sollten den Vertrag ratifizieren, aber unter Hinzufügung einer Entschließung, die den Willen zur Zugehörigkeit zur NATO und zur britischen Mitgliedschaft in der EWG bekräftigte. Staatssekretär Karl Carstens, den Außenminister Schröder zur Besänftigung nach Washington geschickt hatte, äußerte sich gleich zustimmend. In den folgenden Tagen und Wochen machte sich Jean Monnet bei seinen deutschen Freunden für eine solche Lösung stark. Von französischen Diplomaten, die mit de Gaulles Kurs nicht übereinstimmten, entsprechend informiert, ging auch er unterdessen davon aus, dass der französische Präsident dabei war, das westliche Europa auf einen Weg der Neutralisierung zu führen, der nur der Sowjetunion zugute kommen würde. Dem sollte ein Bekenntnis des Deutschen Bundestages zur atlantischen Partnerschaft vorbeugen.[98]

Die parallel laufenden Bemühungen der amerikanischen Diplomatie und des Monnet'schen Netzwerks hatten Erfolg. Ende März schlug Heinrich von Brentano, der Vorsitzende der CDU/CSU-Bundestagsfraktion, seinen Fraktionskollegen nach der Rückkehr von einer Amerikareise vor, das Ratifikationsgesetz durch einen Kommentar zu begleiten, der den Deutsch-Französischen Vertrag »authentisch« interpretierte. Adenauer, der die Drohungen Kennedys nicht ernst nahm, musste dem notgedrungen zustimmen. Ohne eine solche Erklärung drohte der Vertrag im Parlament ganz zu scheitern. Um den Bestand der Regierungskoalition mit der FDP nicht zu gefährden, akzeptierte er bei einem Besuch der Koalitionsvertreter in seinem Feriendomizil in Cadenabbia am 4. April auch, dass die Erklärung in Form einer Präambel zum Ratifikationsgesetz abgegeben würde. Damit sollte die Verpflichtung zu einer Politik der atlantischen Integration für die Bundesregierung rechtlich bindend werden.[99]

Am 16. Mai fasste der Bundestag nahezu einstimmig – bei nur fünf Gegenstimmen und zehn Enthaltungen – einen entsprechenden Beschluss: Das Gesetz zur Ratifizierung des Deutsch-Französischen Vertrags wurde mit einer Präambel verabschiedet, in der das Vertragswerk als Instrument interpretiert wurde, die »großen Ziele« der bundesdeutschen Außenpolitik zu fördern – unter anderem eine enge Partnerschaft zwischen Europa und den USA, eine gemeinsame »Verteidigung im Rahmen des nordatlantischen Bündnisses und die Integrierung der Streitkräfte der in diesem Bündnis zusammengeschlossenen Staaten« sowie die Fortsetzung der europäischen Integration »unter Einbeziehung Großbritanniens und anderer zum Beitritt gewillter Staaten und die weitere Stärkung dieser Gemeinschaften«.[100]

Der Sieg der »Atlantiker« über die »Gaullisten« im innerdeutschen Meinungs-
kampf fiel umso eindeutiger aus, als Ludwig Erhard, der den Vertrag zunächst
überhaupt nicht ratifizieren wollte, zur gleichen Zeit den Kampf um die Nachfolge Adenauers für sich entscheiden konnte. Am 23. April nominierte ihn eine
Mehrheit der CDU/CSU-Fraktion gegen den erklärten Willen des Amtsinhabers
zum Kandidaten für die Neuwahl des Bundeskanzlers, die nach dem vereinbarten Rücktritt Adenauers im kommenden Oktober anstand. Zwei Monate später
kam Kennedy, wie Monnet es ihm geraten hatte, zu einem Staatsbesuch in die
Bundesrepublik und zelebrierte die atlantische Partnerschaft. Sein überschwäng-
liches Lob für den Freiheitswillen der Deutschen („Heute ist der stolzeste Satz,
den jemand in der freien Welt sagen kann: ›Ich bin ein Berliner‹«) machte die
Schmeicheleien vergessen, mit denen de Gaulle die Deutschen neun Monate zuvor beglückt hatte.[101]

De Gaulle beobachtete die Abkehr der Deutschen von der Vision des eigenständigen Europas mit ohnmächtiger Wut. »Die Amerikaner versuchen, unseren
Vertrag seines Inhalts zu berauben«, klagte er am 24. April im französischen Ministerrat. »Sie wollen ein leeres Gehäuse daraus machen. Und warum das Alles? Weil deutsche Politiker Angst haben, nicht genug vor den Angelsachsen zu
kriechen! Sie benehmen sich wie Schweine! Sie hätten es verdient, dass wir den
Vertrag aufkündigen und uns in einer Umkehr der Bündnisse mit den Russen
verständigen!« Zu Alain Peyrefitte meinte er am gleichen Tag: »Vielleicht muss
man tatsächlich 50 Jahre warten, bis wir eine wirkliche politische Gemeinschaft
haben.« Gegenüber französischen Abgeordneten gab er sich am 3. Juli, einen Tag
vor seinem nächsten Besuch in Bonn, bewusst skeptisch: »Ach wissen Sie, die
Verträge sind wie die jungen Mädchen und die Rosen: Sie halten so lange wie sie
halten. Wenn der deutsch-französische Vertrag nicht angewandt wird, wäre das
nicht das erste Mal in der Geschichte.«[102]

Mit der Präambel zum Deutsch-Französischen Vertrag und dem Abgang
Adenauers war auch der dritte Anlauf zu einem politisch eigenständigen Europa
gescheitert, wie es de Gaulle vorschwebte. Verbitterung herrschte jetzt auf allen
Seiten. Wie die europäische Gemeinschaft politisch agieren sollte, wer überhaupt
dazu gehören sollte und wie das Verhältnis zu den amerikanischen Verbündeten
zu gestalten war, darüber gingen die Ansichten weiter auseinander denn je zuvor.

Der Erfolg der Wirtschaftsgemeinschaft

Umso wichtiger war es, dass die Gemeinschaft unterdessen eine wirtschaftliche
Realität war – nicht nur in den institutionellen Regelungen, sondern auch in der

Praxis. Seit den Beschleunigungsentscheidungen zum Abbau der Zollschranken begann sich die Wirtschaft mehr und mehr auf den Gemeinsamen Markt der Sechs einzustellen. Lobbyisten aller Art siedelten sich in Brüssel an. Unternehmer und Anleger investierten in die Erleichterung des innereuropäischen Handels und verliehen dem ohnehin schon kräftigen Wirtschaftswachstum in den sechs Mitgliedsländern zusätzliche Schubkraft. Von 1958 bis 1972 stieg der Anteil des innergemeinschaftlichen Handels am gesamten Außenhandel der Sechs von 30 auf 52 Prozent. Das Bruttosozialprodukt der Gemeinschaft stieg von 1958 bis 1970 um 70 Prozent; die Kaufkraft verbesserte sich um durchschnittlich vier bis fünf Prozent pro Jahr. Gleichzeitig verringerte sich der Abstand zwischen der Bundesrepublik und den anderen Ländern; Frankreich und Italien konnten entscheidende Produktivitätsfortschritte erzielen. Insgesamt konnte die Industrie der sechs Länder von 1961 bis 1971 eine Steigerung der Produktivität um 66 Prozent verzeichnen. In der Landwirtschaft war sie mit 88 Prozent sogar noch höher; der innergemeinschaftliche Handel mit Agrarprodukten stieg um das Siebenfache.[103]

Die Steigerung an Wohlstand und Lebensqualität, die aus alldem resultierte, wurde von der Mehrheit der Bevölkerung in den sechs Mitgliedsländern durchaus mit der Europäischen Wirtschaftsgemeinschaft verbunden. Wer politisch Erfolg haben wollte, musste sich zu ihrer Fortführung und zum weiteren Ausbau Europas bekennen. Nach und nach trugen auch Urlaubsreisen und der Jugendaustausch des Deutsch-Französischen Jugendwerks dazu bei, »Europa« zu einer erlebten Realität werden zu lassen. Die Aussöhnung mit den Deutschen machte spürbare Fortschritte. Stück für Stück etablierte sich so ein europäischer Grundkonsens der Sechs, der leidenschaftliche politische Auseinandersetzungen überdauerte.

Gleichzeitig nahm die EWG konstitutionellen Charakter an. Als eine niederländische Firma, die Chemieprodukte aus Deutschland importierte (*Van Gend en Loos*), unter Berufung auf Artikel 12 des EWG-Vertrags (Verbot neuer Zölle oder Abgaben) gegen die Erhöhung von Transporttarifen klagte, wollte der niederländische Verwaltungsgerichtshof vom Europäischen Gerichtshof wissen, ob die Bestimmungen des EWG-Vertrages direkt, das heißt: auch ohne weitere Umsetzungsbeschlüsse der Mitgliedsstaaten anzuwenden seien und ob dann die niederländischen Bestimmungen, die eine Tariferhöhung erlaubten, im Widerspruch zum europäischen Recht stehen würden. Nach bislang herrschender Rechtsauffassung stellte der EWG-Vertrag einen internationalen Vertrag dar und hatte folglich keine unmittelbare Wirkung auf natürliche und juristische Personen in den Mitgliedsstaaten. Die Regierungen der Niederlande, Belgiens und der Bundesrepublik bekräftigten diese Auffassung. Die Kommission freilich entschloss sich in einer Sitzung am 31. Oktober 1962, für eine unmittelbare Wirkung des Gemeinschaftsrechts zu votieren. Der Gerichtshof folgte diesem Votum und stellte in seinem Urteil vom Februar 1963 fest, »dass die Gemeinschaft eine neue

Rechtsordnung des Völkerrechts darstellt, […] deren Rechtssubjekte nicht nur die Mitgliedsstaaten, sondern auch die Einzelnen sind«.[104] Den Bürgern der Mitgliedsstaaten wurde damit das Recht zugebilligt, sich vor nationalen Gerichten auf das Gemeinschaftsrecht zu berufen. Der Gerichtshof nahm für sich in Anspruch, sich auch mit solchen Angelegenheiten zu befassen, die das europäische Recht nur implizit betrafen.

Das war eine Klärung mit weitreichenden Folgen für die Geltung der gemeinschaftlichen Regelungen und die Stellung der Bürger in der Gemeinschaft. Ermöglicht wurde sie durch einen Wechsel in der Zusammensetzung des Europäischen Gerichtshofs, der einen Umschwung in der Mehrheitsmeinung der Richter zur Folge hatte. Im Mai 1962 hatte die französische Regierung Robert Lecourt für das Richteramt nominiert, einen prominenten christdemokratischen Politiker, der Vorsitzender des pro-europäischen Parteienbündnisses *Nouvelles Equipes Internationales* gewesen war und dem Aktionskomitee Monnets angehörte. Zusammen mit dem ebenfalls kürzlich ernannten italienischen Richter Alberto Trabucchi sorgte Lecourt für eine knappe Vier-zu-drei-Mehrheit zugunsten der supranationalen Interpretation des Vertragswerks.[105]

Die Frage nach dem Vorrang des Gemeinschaftsrechts vor nationalem Recht klärte der Europäische Gerichtshof erst ein Jahr später, als sich ein italienischer Bürger weigerte, seine Stromrechnung an eine – kürzlich nationalisierte – Elektrizitätsgesellschaft – zu bezahlen. Der Gerichtshof befand zwar, dass die Nationalisierung nicht gegen europäisches Recht verstieß und der Bürger folglich kein Recht hatte, die Zahlung zu verweigern. Weil das italienische Verfassungsgericht die Rechtmäßigkeit der Nationalisierung mit dem Prinzip des Vorrangs späteren Rechts vor dem früheren begründet hatte (»*lex posterior derogat priori*«), betonte es jedoch in seinem Urteil vom 14. Juli 1964 im Fall *Costa vs. ENEL* gleichzeitig, dass spätere nationale Gesetze europäische Regelungen nicht aufheben können. Das bedeutete, »dass dem vom Vertrag geschaffenen Recht […] wegen seiner Eigenständigkeit keine wie immer gearteten innerstaatlichen Rechtsvorschriften vorgehen können«. Begründet wurde dieser Vorrang des Gemeinschaftsrechts damit, dass die Staaten mit dem EWG-Vertrag »eine endgültige Beschränkung ihrer Hoheitsrechte bewirkt« haben, »die durch spätere einseitige Maßnahmen nicht rückgängig gemacht werden kann«.[106] Mit diesem Votum legte der Europäische Gerichtshof den Grundstein für eine neue europäische Rechtsordnung, die die nationalen Rechtsordnungen einband und den Entscheidungen auf europäischer Ebene Dauerhaftigkeit verlieh.

Demgegenüber blieb weniger bedeutsam, dass die Europäische Atomgemeinschaft nicht recht in Gang kam und die Europäische Gemeinschaft für Kohle und Stahl an Bedeutung verlor. Anders als im Fall der Wirtschaftsgemeinschaft war de Gaulle an der Entwicklung der Atomgemeinschaft nicht sonderlich interessiert.

Wichtiger als der Synergieeffekt eines gemeinsamen Atomprogramms war ihm die Wahrung absoluter Unabhängigkeit von der amerikanischen Atomindustrie. Damit fiel nun ausgerechnet jenes Mitgliedsland als Motor der Atomgemeinschaft aus, das sich aus politischen Gründen am stärksten für ihr Zustandekommen eingesetzt hatte und in der Entwicklung einer eigenen Atomindustrie am weitesten vorangeschritten war. Die übrigen Mitgliedsländer sahen sich in ihrer Skepsis bestärkt und bemühten sich, die Instrumente des Euratom-Vertrages zur Entwicklung ihrer je eigenen nationalen Atomindustrie zu nutzen. Unter diesen Umständen konnte die Euratom-Kommission zwar im November 1958 einen Vertrag mit der amerikanischen Atomenergie-Kommission schließen, der den Bau von fünf bis acht Atomkraftwerken auf der Basis von angereichertem Uran vorsah. Frankreich beteiligte sich jedoch nicht an diesem Programm und baute stattdessen weiterhin Atomkraftwerke, die ohne die fortschrittliche Anreicherungstechnik auskamen, auf die die USA das Monopol hatten. Die Entwicklung eines gemeinsamen Reaktortyps, der mit Natururan arbeitete (ORGEL), erwies sich als ein wirtschaftlicher Fehlschlag: Niemand wollte einen solchen kostenintensiven Reaktor betreiben. Weiteren Bemühungen, einen Gemeinsamen Markt für Reaktoren zu organisieren, schoben die nationalen Regierungen einen Riegel vor.

Die gemeinsame Organisation der atomaren Forschung, nach dem Vertrag eine der Hauptaufgaben der Atomgemeinschaft, kam ebenfalls nicht weit voran. 1960 wurde die im Vertrag vorgesehene Gemeinsame Forschungsstelle errichtet, mit vier Standorten in Ispra (Italien), Petten (Niederlande), Mol (Belgien) und Karlsruhe (Deutschland). Sie konnte jedoch nur eine sekundäre Rolle gegenüber den weiter bestehenden nationalen Forschungszentren spielen. Deren Forschungsprogramme wurden weder integriert noch auch nur koordiniert. Die Gemeinsame Forschungsstelle musste sich mit nachrangigen und besonders riskanten Forschungsprojekten begnügen, und insgesamt gab es viel Doppelarbeit und unnötige Überschneidungen.

Die Euratom-Kommission, seit dem Rücktritt von Louis Armand aus Gesundheitsgründen 1959 unter dem Vorsitz von Étienne Hirsch, bemühte sich, diese Verschwendung von Ressourcen zu begrenzen und sich selbst als strategisches Zentrum der europäischen Atomforschung zu positionieren. Damit zog sie jedoch nur den Zorn de Gaulles auf sich. Als im Dezember 1961 die Erneuerung des Mandats der Kommission anstand, weigerte sich der französische Präsident, Hirsch eine zweite Amtsperiode zuzugestehen. Da auch die anderen Regierungen kein sonderliches Interesse an einer starken Kommission hatten und insbesondere die Bundesregierung für eine möglichst ungehinderte Entfaltung der privaten Unternehmerinitiative eintrat, einigten sich die Sechs auf de Gaulles bisherigen Innenminister Pierre Chatenet als Nachfolger. Über den Haushalt von Euratom wurde künftig nicht mehr auf Gemeinschaftsebene entschieden; die Kommission musste sich mit der Addition der verschiedenen Forschungsprojekte begnügen, zu denen sich interessierte Mitgliedsländer in unterschiedlichen Kombinationen zusammenfanden.[107]

Die Europäische Gemeinschaft für Kohle und Stahl blieb zwar von solchen Einschränkungen ihrer Handlungsmöglichkeiten verschont. Ihre Hohe Behörde konnte aber nicht als Krisenmanager agieren, als die bislang starke Nachfrage nach Kohle und Stahl vom Herbst 1958 an durch Überangebote abgelöst wurde. Im Kohlebereich überlagerten sich zwei strukturelle Krisen: Kohle wurde als Energielieferant zunehmend von dem billigeren und einfacher verwendbaren Erdöl abgelöst; gleichzeitig drängte mit dem Einsatz größerer Frachtschiffe und dem Sinken der Seefracht-Tarife billigere und zugleich qualitativ hochwertige amerikanische Kohle auf den europäischen Markt. Die Hohe Behörde unter dem Vorsitz des belgischen Gewerkschaftsführers Paul Finet wollte, wie es in Artikel 58 des EGKS-Vertrages für den Fall einer »offensichtlichen Krise« infolge überhöhter Produktion vorgesehen war, ein System von Erzeugungsquoten einführen. Für jede einzelne Kohlenzeche sollte festgelegt werden, wie viel Kohle sie in einer bestimmten Frist noch fördern durfte. Dagegen wandte sich jedoch nicht nur die französische Regierung unter Berufung auf die Modernisierungsanstrengungen, die man im eigenen Land schon unternommen hatte, im Unterschied etwa zu Belgien. Auch die Bundesregierung wollte nichts von »dirigistischen« Maßnahmen der Luxemburger Behörde wissen und stattdessen auf nationaler Ebene über Produktions- und Importbeschränkungen entscheiden, nach Möglichkeit in Absprache mit den Herren der Ruhrindustrie. Im Ministerrat vom 14. Mai 1959 sprachen sich nur die Vertreter der Benelux-Regierungen dafür aus, die Hohe Behörde zu Kontingentierungen der Produktion zu ermächtigen. So musste sie sich damit begnügen, den belgischen Kohlemarkt isoliert zu stabilisieren und Gemeinschaftsmittel zur Subventionierung des Kohleabsatzes zu verwenden. Maßnahmen für entlassene Bergleute und die Förderung der Modernisierung blieben in nationaler Hand.[108]

Im Stahlbereich zeichnete sich 1963 eine Überproduktionskrise ab, ausgelöst durch Produktionssteigerungen in Großbritannien, den USA, Japan und der Sowjetunion parallel zum Ausbau der Produktionskapazitäten in der Gemeinschaft. Die Hohe Behörde schlug zunächst ein Einfrieren der Importe aus den Ländern des Ostblocks vor und konnte sich damit im Juni 1963 auch durchsetzen. Im Oktober plädierte sie dann für eine Anhebung der Einfuhrzölle für Stahlprodukte um durchschnittlich 14 Prozent. Damit stieß sie jedoch auf vielfachen Widerstand. Nach einer *tour d'horizon* durch die Hauptstädte der Gemeinschaft wurde der Vorschlag dahingehend modifiziert, dass die Tarife der anderen Länder zeitweilig auf das Niveau Italiens – neun Prozent – angehoben werden sollten. Zumindest diese Maßnahme setzte der energische neue Präsident der Hohen Behörde, der italienische Christdemokrat Dino Del Bo, auch durch – allerdings, weil sich die Regierungen auch darauf nicht einigen konnten, nicht als Ratsbeschluss, sondern in Form einer bindenden Empfehlung gemäß Artikel 74 des Vertrags.

Weitere Erhöhungen und Kontingentierungen der Produktion zur Überwindung der Stahlkrise blieben der Hohen Behörde verwehrt. Aus berechtigter Furcht vor erneuter Blockierung wagte sie es noch nicht einmal, entsprechende Vorschläge an den Ministerrat zu richten.[109]

Anders als von den Verfechtern der sektoralen Integration erhofft, konnten damit weder die Europäische Gemeinschaft für Kohle und Stahl und schon gar nicht die Europäische Atomgemeinschaft als Zugpferde der wirtschaftlichen und politischen Integration agieren. Die Montanunion blieb auf die Organisation der Märkte für Kohle und Stahl, die Rationalisierung ihrer Produktion und die Förderung des sozialen Ausgleichs in diesen Bereichen beschränkt; die Atomgemeinschaft fungierte bestenfalls als Platzhalter für eine ausstehende gemeinsame Energie- und Technologiepolitik. Die im Kontrast dazu eindrucksvollen Erfolge bei der Verwirklichung der Wirtschaftsgemeinschaft wurden damit für den Fortgang des europäischen Projekts umso wichtiger.

3. Krisen der Sechser-Gemeinschaft 1963–1969

Erhards »Relance«

Wie schon bei der Ablösung der Regierungen der IV. Republik durch das Regime de Gaulles im Mai 1958 zeigte sich auch beim Übergang des deutschen Kanzleramtes von Adenauer auf Erhard im Oktober 1963, dass die europäischen Institutionen Zwänge auf die beteiligten Regierungen ausübten, denen sie sich nicht entziehen konnten. Ludwig Erhard stand den Römischen Verträgen wie auch schon der Kohle- und Stahlgemeinschaft und dem Projekt der Verteidigungsgemeinschaft höchst skeptisch gegenüber. Für ihn war das ein »bürokratisch manipuliertes Europa«, das nicht funktionieren konnte.[1] Was ihm stattdessen vorschwebte, war eine »funktionale Integration« der Volkswirtschaften aller demokratischen Staaten Europas und darüber hinaus der ganzen westlichen Welt, beruhend auf einer vertrauensvollen Kooperation der Regierungen.[2] Als er das Amt des Bundeskanzlers antrat, machte er sich jedoch sogleich in seiner ersten Regierungserklärung für den Aufbau einer »europäischen politischen Gestalt mit parlamentarisch demokratischer Verantwortung« stark. »Nur wirtschaftliche Integration ohne politische Bindungen«, versicherte er, würden »dem praktischen Leben und den staatspolitischen Gegebenheiten der beteiligten Länder« nicht gerecht werden.[3] Dahinter standen sowohl die Einsicht in das Ungenügen seiner bisherigen Konzeption als auch das Bemühen, dem vielfältigen innerparteilichen und innenpolitischen Druck gerecht zu werden, dem er ausgesetzt war.

In der Tat unternahm Erhard alsbald Anstrengungen, um die Politische Union der Sechs aller bisherigen Schwierigkeiten zum Trotz doch noch zustande zu bringen. In der Frage des Gemeinsamen Agrarmarkts war die Bundesregierung unterdessen wieder auf die Bremse getreten: Außenminister Gerhard Schröder hatte nach der Enttäuschung über das französische Veto gegen einen britischen EWG-Beitritt im April 1963 ein »Aktionsprogramm« zur Europapolitik vorgelegt, in dem das im Januar 1962 beschlossene System der Marktordnungen und Abschöpfungen noch einmal grundsätzlich infrage gestellt wurde und weitere Stufen der Agrarintegration von Fortschritten bei der politischen Integration und der Handelsliberalisierung im Rahmen des GATT abhängig gemacht wurden.

Die Entscheidung über den nächsten Schritt zur Annäherung an ein gemeinsames Preisniveau für Getreide hatte aufgrund deutscher Obstruktion vertagt werden müssen, ebenso die Entscheidung über die Marktordnungen für Milch und Milcherzeugnisse, für Rindfleisch und für Reis.

Erhard, dem der ökonomisch widersinnige »Agrarquatsch« ziemlich auf die Nerven ging,[4] setzte nun durch, dass auf der Ministerratssitzung vom 9. bis 23. Dezember zumindest die drei Marktordnungen für Milch, Rindfleisch und Reis verabschiedet wurden – wenn auch erst nach deutlichen Drohungen der Franzosen, ihrerseits den Übergang zur zweiten Stufe des Gemeinsamen Marktes aufzukündigen, wenn sich die Deutschen nicht an die Zusagen hinsichtlich des Fahrplans zum Agrarmarkt hielten. Damit unterlagen nun 86 Prozent der Agrarproduktion der EWG dem System der Marktordnungen. Ein Weg zurück, wie ihn Schröder ins Auge gefasst hatte, war nicht mehr möglich. Lediglich in der Frage der gemeinsamen Getreidepreise machte sich Erhard für einen weiteren Aufschub stark. Bei seinem Antrittsbesuch bei de Gaulle am 21. November hatte er um Verständnis gebeten, dass er die parlamentarische Mehrheit, die für einen Kurswechsel in dieser Frage notwendig war, nicht innerhalb weniger Wochen organisieren könne. An seiner grundsätzlichen Bereitschaft zu einem auch für Frankreich akzeptablen Kompromiss ließ er aber keinen Zweifel. So nahm es de Gaulle notgedrungen hin, dass die Entscheidung über die Getreidepreise bis zum 1. April 1964 verschoben wurde.

Erleichtert wurde diese Verständigung durch französische Signale, sich in der bevorstehenden nächsten Runde der GATT-Verhandlungen (der sogenannten »Kennedy-Runde«) nicht gegen eine deutliche Reduzierung der Außenzölle der Gemeinschaft sperren zu wollen. Die französische Delegation gab der deutschen Forderung nach, die Kommission mit Direktiven für die Kennedy-Runde zu versehen. Der Ministerrat kam überein, sich grundsätzlich an der amerikanischen Forderung nach einer Halbierung der Zollsätze zu orientieren, sowohl im gewerblichen Bereich als auch im Bereich der Landwirtschaft. Lediglich die vollständige Beseitigung der Zölle, die die Kennedy-Regierung für solche Waren gefordert hatte, die zu 80 und mehr Prozent zwischen den USA und der EWG gehandelt wurden, sollte ausgeschlossen bleiben. Damit blieb zwar noch viel Konfliktstoff im Detail; es war aber klar, dass das Prinzip der »Synchronisation« zwischen der Verwirklichung des Agrarmarktes und der allgemeinen Handelsliberalisierung von der französischen Seite anerkannt wurde.[5]

Auf der Grundlage dieser Verständigungen sah sich Erhard gut gerüstet, um die Verhandlungen über eine Politische Union wieder in Gang zu bringen. Am 9. Januar 1964 bekräftigte er in einer Rede vor dem Deutschen Bundestag seine Überzeugung von der Notwendigkeit einer demokratisch legitimierten politischen Autorität der Europäischen Gemeinschaft und der Dringlichkeit einer neuen Initiative zu ihrer Verwirklichung. Danach begann er, von de Gaulle diskret dazu ermuntert, bei den Partnern hinsichtlich der Erfolgschancen einer solchen Initiative zu sondieren. Intern arbeitete das Auswärtige Amt einen »Stufenplan zur europäischen Einigung« aus, der für 1964/65 die Vollendung von Agrarmarkt und Handelsliberalisierung vorsah, dazu die Fusion der Exekutiven der drei europäischen Gemeinschaften und eine Stärkung der Rechte des Europäischen Parlaments. 1966 sollte über die Schaffung einer Politischen Union in den Bereichen Außenpolitik, Verteidigung und Kultur verhandelt werden sowie über ihre mögliche Ausdehnung auf die Länder der EFTA. Mit der Verwirklichung der Politischen Union von 1967 bis 1969 sollte der Übergang zur Direktwahl des Europäischen Parlaments einhergehen. 1974 sollten die bestehenden Verträge dann durch einen Vertrag über die europäische Föderation abgelöst werden.[6]

De Gaulle zog aus den Bemühungen Erhards um eine *relance* der Politischen Union den Schluss, dass die Aussichten auf ein unabhängiges Europa vielleicht doch nicht so schlecht waren, wie er nach der Entscheidung des Bundestags für die desavouierende Präambel zum Deutsch-Französischen Vertrag befürchtet hatte. Auf jeden Fall reifte bei ihm im Laufe des Frühjahrs 1964 der Entschluss, noch einmal einen Vorstoß in diese Richtung zu unternehmen. Die Gelegenheit dazu sollte der nächste deutsch-französische Gipfel am 3. und 4. Juli bieten. Um seine Erfolgsaussichten zu verbessern, mobilisierte er im April die deutschen »Gaullisten«. Franz Josef Strauß, ihr politisch einflussreichster Vertreter, wurde von Vertrauensleuten aus dem französischen Geheimdienst davon in Kenntnis gesetzt, dass der General beim nächsten Gipfeltreffen »zum letzten Mal die Frage stellen [werde], ob die Deutschen bereit seien, mit den Franzosen zusammenzuarbeiten, einschließlich der nuklearen Kooperation«. Um die Dringlichkeit einer Unterstützung zu unterstreichen, fügten die Emissäre hinzu, »die deutsch-französische Freundschaft und Zusammenarbeit« stünde »auf dem Spiel«. Sollten die Deutschen ablehnen, werde der General »eine wesentliche Kursänderung vornehmen und über Deutschland hinweg auch Kontakte mit dem Osten suchen, vor allem mit Polen«.[7]

Angesichts der Perspektive einer Bekräftigung der deutsch-französischen Allianz ließ sich de Gaulle wenig davon beeindrucken, dass Bonn die Entscheidung über die Getreidepreise aus Angst vor den innenpolitischen Konsequenzen einmal mehr verschob. Landwirtschaftsminister Werner Schwarz behauptete gleich in der nächsten Ministerratssitzung nach der Einigung vom 23. Dezember, dass die Aprilfrist nur für die Preise des Jahres 1964/65 gelte; am 14. April erklärte er, einer Harmonisierung der Preise ohne weitere Zwischenschritte, wie sie die Europäische Kommission vorgeschlagen hatte, zum gegenwärtigen Zeitpunkt nicht zustimmen zu können. Die Kommission geriet ob der erneuten deutschen Obstruktion in schiere Verzweiflung. »Eine politische Verpflichtung zur Mitarbeit an der Konstruktion Europas existiert für die meisten Herren des Kabinetts als Richtschnur ihres politischen Handelns nicht mehr«, klagte Hallsteins Mitarbeiter Klaus Meyer in einer Notiz für seinen Chef.[8] De Gaulle und Couve de Murville aber reagierten mit ausgesprochenem Verständnis für die Schwierigkeiten des deutschen Partners. Da die US-Regierung die Präsentation ihrer Vorschläge zum Agrarhandel in der GATT-Runde auf den Herbst verschoben hatte, fanden sie es unterdessen selbst besser, mit der Fixierung der Leistungen und Gegenleistungen bis dahin zu warten. Anfang Juni wurde vereinbart, die Frage der gemeinsamen Getreidepreise bis zum 15. Dezember zu klären.

Als ihn die Nachrichten von Erhards Besuch bei US-Präsident Lyndon B. Johnson am 12. Juni erreichten, kamen de Gaulle dann aber doch wieder starke Zweifel: Der deutsche Bundeskanzler hatte, um den Inhalt einer gemeinsamen Außen- und Sicherheitspolitik der Europäer wenig besorgt, mit dem amerikanischen Präsidenten vereinbart, die Ausarbeitung eines Vertrags über die Multilaterale Atomstreitmacht (MLF) bis zum Ende des Jahres anzustreben. Außerdem hatte er politische und finanzielle Unterstützung für das amerikanische Engagement im Vietnam-Krieg zugesagt, das de Gaulle gerade scharf kritisiert hatte, und er hatte sich verpflichtet, keineswegs dem Beispiel des Generals im Hinblick auf die Anerkennung der Volksrepublik China zu folgen – das alles ohne vorherige Konsultation mit Paris. Die Deutschen machen aus dem Élysée-Vertrag »einen schlechten Witz«, beklagte sich de Gaulle jetzt bei Peyrefitte.[9]

Die Enttäuschung über die Prinzipienlosigkeit Erhards verleitete den französischen Präsidenten dazu, den Kanzler beim Gipfeltreffen am 3. und 4. Juli zur Rede zu stellen. Zunächst ließ er ihn wegen eines ausgedehnten Gesprächs mit Adenauer demonstrativ warten, dann erklärte er ihm, die Bundesrepublik müsse sich schon entscheiden, ob sie »eine Politik der Unterordnung unter die USA« betreiben wolle oder »eine europäische Politik, die von den USA unabhängig ist«. Nachdem Frankreich jetzt über eine eigene Atomwaffe verfüge, sei der Zeitpunkt für eine gleichberechtigte Partnerschaft zwischen den USA und Europa gekommen. Der Deutsch-Französische Vertrag müsse »zum Kern, zur Grundlage und zum Ferment der europäischen Einheit werden, sowohl in wirtschaftlicher als auch in politischer und militärischer Hinsicht.« Würde das nicht gelingen, sei er »leer und sinnlos«.[10]

Über den Weg zur politischen und militärischen Einheit äußerte er sich nur vage. Von Erhard in einem zweiten Vier-Augen-Gespräch befragt, ob Frankreich denn bereit sei, der Bundesrepublik ein Verfügungsrecht über die französische Atomwaffe einzuräumen, betonte er nur den Vorrang der politischen Einigung: »Bis zu dem Zeitpunkt, da Europa verteidigungsmäßig einmal selbst bestehen kann, und bis zu dem Zeitpunkt, da seine politische Organisation soweit gediehen sei, dass eine wirkliche europäische Regierung möglich werde, bis zu dem

Zeitpunkt gebe es die getrennten nuklearen Waffen Großbritanniens und Frankreichs.«[11] Mitwirkungsrechte in näherer Zukunft deutete er nur in einem Gespräch mit Außenamts-Staatssekretär Karl Carstens an. Als dieser die deutsche
Beteiligung an der MLF mit dem Argument verteidigte, die Bundesregierung
hoffe, dadurch einen gewissen Einfluss auf die atomare Planung und die Entscheidung über den Einsatz der Atomwaffe zu erhalten, stellte de Gaulle ihm
einen Einfluss auf die französischen Planungen in Aussicht: »Warum gehen Sie
nicht mit uns zusammen? Wir haben die Bombe auch. Bei uns können Sie einen
weit größeren Anteil erhalten (oder: weit mehr beteiligt werden).«[12]

Die kategorische Aufforderung, sich mit Frankreich über eine gemeinsame
Außen- und Sicherheitspolitik zu verständigen, löste bei Erhard nur Abwehrreaktionen aus. Die Bundesrepublik sei nun einmal auf den amerikanischen Schutz
angewiesen, beschied er de Gaulle in der zweiten Unterredung; den könnten weder die deutsch-französische Zusammenarbeit noch das künftige Europa ersetzen.
Nachfragen, wie sich der französische Präsident denn den Weg zu einer gemeinsamen Verteidigung vorstellte, unterblieben. Auch als Carstens ihn zwei Tage später
über den Inhalt seines Gesprächs mit dem General unterrichtete, führte das nicht
zu weiteren Sondierungen. In der abschließenden Unterredung der beiden Delegationen kleidete de Gaulle seine Enttäuschung über die Ergebnislosigkeit seines
Vorstoßes in einen warmherzigen Appell zur Verwirklichung einer »gemeinsamen
Politik«. Erhard blieb stumm. Er sah keine Notwendigkeit zu wiederholen, was er
seinem Gast bereits in den bilateralen Unterredungen gesagt hatte.[13]

Bei den deutschen »Gaullisten« um Adenauer und Strauß löste Erhards Verhalten Erbitterung und heftige Vorwürfe aus.[14] Erhard hingegen bekräftigte in
einer Rede vor dem Landesparteitag der CSU am 12. Juli, solange er Kanzler sei,
werde die Außenpolitik Bonns auf einem engen Bündnis mit den USA beruhen.
De Gaulle replizierte in einer Pressekonferenz am 23. Juli, Bonn habe bislang
nichts zur Verwirklichung einer gemeinsamen Politik getan, weshalb die Sechser-
Gemeinschaft zu zerfallen drohe. Intern nannte er den Bundeskanzler einen »politischen Schwachkopf«: Mit ihm sei »nichts zu machen«.[15]

Angesichts dieser öffentlichen Entfremdung sanken die Erfolgsaussichten für
Erhards Versuch, die Fouchet-Pläne wiederzubeleben, dramatisch. Nicht nur, dass
er die Ausarbeitung seines Vorschlags Außenminister Gerhard Schröder überlassen musste, der sich in seinem Bemühen um eine Bekräftigung des Bündnisses
mit den USA grundsätzlich nicht von einer neuen Annäherung an französische
Europa-Vorstellungen hindern lassen wollte. Erhard selbst bekräftigte jetzt seine
Präferenz für die MLF und gab klar zu erkennen, dass er eine europäische Atomstreitmacht auf der Grundlage der französischen *force de frappe* gar nicht wollte.
Anfang Oktober kündigte er in einer Pressekonferenz an, den MLF-Vertrag notfalls auch im Alleingang mit den USA zu unterzeichnen, wenn sich die anderen

NATO-Partner weiterhin quer stellten. Als der offizielle Europa-Plan der Bundesregierung den EWG-Partnern nach langer Verzögerung durch das Auswärtige Amt am 4. November endlich übermittelt wurde, enthielt er ein Bekenntnis zur »Stärkung des atlantischen Bündnisses« und den Vorschlag zu einer Vereinbarung, in welchem sich die »Regierungen mit einer Beteiligung weiterer europäischer Staaten an der Europäischen Politischen Union grundsätzlich einverstanden erklären und sich gleichzeitig verpflichten [sollten], die Voraussetzungen hierfür in dem auszuarbeitenden Vertragsentwurf festzulegen«.[16]

Im Übrigen griff der deutsche Entwurf einen Vorschlag auf, den Paul-Henri Spaak zunächst Mitte Juli in Bonn vorgetragen und dann am 9. September vor dem Ministerrat der WEU präsentiert hatte: eine Unterscheidung zwischen vorbereitender und definitiver Phase der Politischen Union. Zunächst sollte eine Vereinbarung über regelmäßige Konsultationen geschlossen und ein Datum für die Verabschiedung des definitiven Staatsvertrags festgelegt werden. Sollte dieses Datum nicht eingehalten werden können, würden die Konsultationen weitergeführt werden. Den Regierungen sollte eine beratende Kommission zur Seite gestellt werden, die Vorschläge für den endgültigen Vertrag erarbeiten und an den Zusammenkünften des Ministerrats teilnehmen würde. Weiterhin enthielt der Plan Vorschläge zur Stärkung der bestehenden Gemeinschaften: Entwicklung einer gemeinsamen Währungspolitik, Abstimmung der nationalen Haushalte, Fusion der Verträge, schrittweise Stärkung der Stellung des Europäischen Parlaments bis zur vollen legislativen und budgetären Kompetenz. Daneben wurden Maßnahmen zur Annäherung an die EFTA-Länder und zum weltweiten Abbau der Handelsschranken vorgeschlagen. Zeitliche Festlegungen unterblieben; vom ursprünglichen Stufenplan blieb nur die vage Aussage, dass Politische Union und bestehende Gemeinschaften in einer »späteren Etappe« in einem föderativen Europa vereinheitlicht werden sollten.[17]

Mit der unverbindlichen Kombination von intergouvernementalen und supranationalen, europäischen und atlantischen Perspektiven stellte der Europaplan der Bundesregierung eine Einladung an die Partner dar, die Verhandlungen über die Politische Union trotz der bekannten Divergenzen noch einmal aufzunehmen. Gleichzeitig spiegelte er aber auch die Entfremdung zwischen Paris und Bonn wider. Couve de Murville wies Carstens denn auch gleich darauf hin, dass die deutsche Initiative keinen Sinn ergebe, wenn man nicht bereit sei, sich über gemeinsame Ziele unabhängig von den USA zu verständigen. Sodann erklärte er, um der Gefahr einer exklusiven deutsch-amerikanischen Verständigung vorzubeugen, die MLF als unvereinbar mit dem Deutsch-Französischen Vertrag.[18]

Im Übrigen nutzte de Gaulle den deutschen Vorstoß als zusätzliches Druckmittel, um endlich zu einer Verständigung über die gemeinsamen Agrarpreise zu kommen. Tatsächlich hatte Erhard unterdessen erklären müssen, auch den

Dezember-Termin nicht halten zu können; blanke Angst vor dem Verlust ihrer Mandate trieb zahlreiche Abgeordnete der Regierungskoalition dazu, sich gegen eine Senkung der Getreidepreise zu sperren. De Gaulle war nicht mehr bereit, darauf Rücksicht zu nehmen – nicht nur, weil jetzt die Verhandlungen im GATT unabweisbar geworden waren, sondern auch, weil er nicht mehr daran glaubte, mit Erhard ins Geschäft kommen zu können, und weil die wachsende Kritik französischer Landwirte und Verbraucher es geraten erscheinen ließ, die Verantwortung für die Agrarpolitik möglichst bald auf »Brüssel« schieben zu können. Daher ließ er Peyrefitte am 21. Oktober androhen, Frankreich würde »nicht weiter an der Europäischen Wirtschaftsgemeinschaft teilnehmen, wenn der gemeinsame Agrarmarkt nicht zustande kommen sollte, wie es vereinbart worden war«. Couve de Murville übermittelte seinen deutschen Gesprächspartnern, zunächst müsse der Agrarmarkt vollendet werden, bevor man über Weiteres reden könne.[19]

Die doppelte Drohung zeigte Wirkung. Hallstein reiste gleich zweimal nach Bonn und suchte den Kanzler davon zu überzeugen, dass es diesmal, anders als in bisherigen Krisen der Gemeinschaft, um Alles oder Nichts gehe: »Es geht in diesen Tagen um eine Entscheidung für das Fortbestehen der Gemeinschaft.«[20] Angesichts dieser Perspektive, zu der auch noch die Gefahr eines Scheiterns der GATT-Verhandlungen kam, rang sich Erhard schließlich dazu durch, das innenpolitische Risiko eines Durchbruchs in den Agrarverhandlungen in Kauf zu nehmen. Um die fortbestehende Opposition in den Regierungsfraktionen und des Landwirtschaftsministeriums zu umgehen, nahm er selbst direkte Verhandlungen mit dem Präsidenten des Deutschen Bauernverbandes auf. Bis Ende November gelang es ihm, sich mit Bauernpräsident Edmund Rehwinkel auf einen Deal zu einigen: Die Bundesregierung würde der Festlegung gemeinsamer Getreidepreise bis zum 15. Dezember zustimmen. Allerdings sollten diese erst ab 1. Juli 1967 gelten, und danach sollten die deutschen Bauern noch bis zum Ende der Übergangszeit bis zur Vollendung des Gemeinsamen Marktes am 1. Januar 1970 Ausgleichszahlungen erhalten, sowohl von der Gemeinschaft als auch von der Bundesregierung. Als Verhandlungsziel wurde ein künftiger Getreidepreis von 440 D-Mark je Tonne vereinbart, 15 D-Mark mehr, als die Kommission vorgeschlagen hatte, aber 35 D-Mark weniger, als die deutschen Bauern jetzt erzielten.

Mit den Vereinbarungen zwischen Bundeskanzler und Bauernpräsident war die Agrarkrise aber noch nicht ausgestanden. Als die Verhandlungen im Ministerrat am 12. Dezember begannen, ließen sich die Niedrigpreis-Länder Frankreich und Niederlande wohl notgedrungen auf eine Verschiebung auf den 1. Juli 1967 ein, nicht aber auf eine Anhebung des von der Kommission vorgeschlagenen Preises, der ohnehin oberhalb des Durchschnitts der bisherigen nationalen Preise lag. Auch von einer stärkeren Finanzierung der Ausgleichszahlungen durch die Gemeinschaft wollten sie nichts wissen. Mansholt und seine Mitarbeiter arbeiteten am späten Abend des 14. Dezember einen Kompromissvorschlag aus, der die Terminverschiebung mit dem ursprünglichen Preis kombinierte und den Bauern der Hochpreis-Länder nur soviel Ausgleichszahlungen zugestand, wie die Kommission vorgeschlagen hatte. Italien als zweitem Hochpreis-Land wurde die Einführung von Marktordnungen für Obst und Gemüse zugestanden. Unter der Drohung, dass dies der letzte Vorschlag sei, den die Kommission machen würde, stimmten die Minister dem schließlich am frühen Morgen des 15. Dezember erschöpft zu.[21]

Natürlich war der Deutsche Bauernverband mit dem Ergebnis nicht zufrieden. Da jedoch der Kampf um höhere Ausgleichszahlungen aus dem Bundeshaushalt als Alternative verblieb, erhob sich kein starker Protest. Ansonsten herrschte allgemein Erleichterung vor, dass die »lange Getreidenacht« nicht mit einem Bruch geendet hatte. Erhard sah de Gaulle jetzt in einer Bringschuld, sowohl im Hinblick auf die GATT-Verhandlungen als auch hinsichtlich seiner Initiative für die Politische Union. Darüber hinaus hoffte er, das Opfer, das die Bundesrepublik für den gemeinsamen Agrarmarkt gebracht hatte, würde den französischen Präsidenten davon abhalten, weiter gegen eine deutsche Beteiligung an der MLF Front zu machen.

Soweit sich seine Hoffnungen auf die MLF bezogen, wurden ihnen schon zwei Tage nach der Brüsseler Einigung die Grundlagen entzogen. In Großbritannien war nach den Wahlen vom 15. Oktober die Labour Party an die Regierung gekommen, die sich dezidiert gegen eine MLF mit deutscher Beteiligung aussprach. Angesichts dieses zusätzlichen Widerstands und um das Zustandekommen eines Vertrags über die Nichtverbreitung von Atomwaffen mit der Sowjetunion nicht zu gefährden, verfügte Präsident Johnson am 17. Dezember, dass sich die amerikanischen Regierungsvertreter und Militärs bei den Verhandlungen über die Nuklearflotte zurückhalten sollten. Diese Kehrtwende wurde den Verbündeten aber nicht sogleich mitgeteilt, sodass Erhard die Hoffnung auf eine gemeinsame Nuklearflotte zunächst noch nicht aufgeben wollte. Angesichts der offenkundigen Zurückhaltung des amerikanischen Vertreters bei der Tagung des NATO-Ministerrats Mitte Dezember gestand er den »Gaullisten« in der Parteiführung aber in einer Besprechung am 5. Januar 1965 zu, dass die Verhandlungen über die MLF erst nach den Bundestagswahlen im kommenden Herbst fortgeführt werden sollten.[22]

Ohne es zu wissen, hatte Erhard damit einen weiteren Schritt zur Verbesserung der Erfolgsaussichten seiner Europa-Initiative getan. Beim nächsten deutsch-französischen Gipfeltreffen auf Schloss Rambouillet am 19. und 20. Januar 1965 bezeichnete de Gaulle den deutschen Plan als im Großen und Ganzen »vernünftig«. Nur den Vorschlag einer Beratenden Kommission in der Vorbereitungsphase wollte er nicht übernehmen, schien sie ihm doch die Gefahr zu bergen, sich als supranationaler Akteur zu gebärden. Seine Unterstützung gegenüber den anderen Partnern sicherte er ihm umso bereitwilliger zu, als Erhard ausdrücklich bestätigte, dass in den Regierungsverhandlungen nicht nur über Außenpolitik, sondern auch über die militärischen Fragen gesprochen werden sollte. De Gaulle willigte ein, dass im Mai oder Juni 1965 die Außenminister der Sechs über die Form der Politischen Union verhandeln sollten. Im Juli sollten dann die Staats- und Regierungschefs zusammenkommen, um das Verhandlungsergebnis zu billigen und die grundsätzlichen Probleme zu diskutieren.[23]

Beflügelt vom »Geist von Rambouillet« nahm es die italienische Mitte-Links-Regierung unter dem Christdemokraten Aldo Moro in die Hand, der neuen Chance zur Weiterentwicklung der Gemeinschaft konkrete Gestalt zu geben. Die italienische Regierung war grundsätzlich an der Vermeidung einer deutsch-französischen Hegemonie interessiert, und ihr linker Flügel hatte sich zum Anwalt einer Stärkung des Europäischen Parlaments gemacht. Nachdem sie auf die deutsche Initiative Ende November 1964 mit einem eigenen, noch deutlicher atlantisch und föderalistisch orientierten Europa-Plan reagiert hatte, ließ sie den Generalsekretär des Außenministeriums Attilio Cattani jetzt ab Mitte Februar in den europäischen Hauptstädten sondieren, wie die Konferenzen über die Politische Union vorbereitet werden sollten. Am 15. März lud Außenminister Amintore Fanfani seine Amtskollegen für Mitte Mai zu einer informellen Vorkonferenz der Außenminister nach Venedig ein.[24]

Hallsteins Offensive

Wenige Tage nach der Einladung durch die italienische Regierung, in einer Rede vor dem Europäischen Parlament am 24. März 1965, überraschte Kommissionspräsident Walter Hallstein die europäische Öffentlichkeit mit dem Vorschlag, den Übergang zu eigenen Einnahmen der Wirtschaftsgemeinschaft, wie er nach dem Beschluss vom Januar 1962 mit dem Inkrafttreten der Gemeinschaftstarife für landwirtschaftliche Produkte erfolgen sollte, mit einer Stärkung der Rechte des Europäischen Parlaments zu verbinden.[25] Der Ministerrat hatte die Kommission am 15. Dezember 1964 beauftragt, bis zum 1. April 1965 nicht nur Vorschläge zur Finanzierung des Agrarmarktes während der verbleibenden Übergangsperiode vom 1. Juli 1965 bis zum 1. Januar 1970 vorzulegen, sondern auch gemäß Artikel 201 des EWG-Vertrages zu prüfen, unter welchen Bedingungen die Finanzbeiträge der Mitgliedsstaaten durch eigene Mittel ersetzt werden könnten. Seinem Selbstverständnis als Schrittmacher des Integrationsprozesses entsprechend nutzte Hallstein diesen Auftrag, um einmal mehr auf Beschleunigung bei der Vollendung der Wirtschaftsgemeinschaft zu drängen und zugleich Druck zur Stärkung der supranationalen Institutionen zu erzeugen.[26]

Die Vorschläge, die die Kommission dem Ministerrat am 31. März 1965 offiziell unterbreitete, sahen zunächst vor, mit dem Inkrafttreten der gemeinsamen Getreidepreise zum 1. Juli 1967 auch Garantiepreise für Milch, Reis, Rindfleisch und Zucker einzuführen und sämtliche Agrarausgaben an die Gemeinschaft zu übertragen. De facto sollte damit die vorzeitige Vollendung des Gemeinsamen Agrarmarktes, wie sie die Kommission 1960 vergeblich vorgeschlagen hatte, doch noch erreicht werden. Ebenso sollte, was angesichts der unterdessen verwirklichten Absenkung der Zölle ohnehin nahe lag, die Vollendung der Zollunion ebenfalls auf dieses Datum vorgezogen werden. Die Gemeinschaft sollte nicht nur die Abschöpfungen bei der Einfuhr von Agrarprodukten erhalten, sondern auch die Einnahmen aus den Außenzöllen – erstere sofort mit dem Inkrafttreten der Garantiepreise, letztere in sechs Schritten bis zum 1. Januar 1972.

Mit dem Übergang zu Eigeneinnahmen sollte der Artikel 203 des EWG-Vertrags dahingehend geändert werden, dass der Ministerrat Änderungen des Parlaments am Haushaltsentwurf der Gemeinschaft nur noch dann zurückweisen konnte, wenn er sich mit einfacher, nicht gewichteter Mehrheit das Votum der Kommission zu eigen machte. Eine eigene Position unabhängig von Änderungsvorschlägen des Parlaments und vom Votum der Kommission sollte der Rat nur noch durchsetzen können, wenn mindestens fünf der sechs Mitgliedsländer zustimmten. Darüber hinaus sollten weitere Vorschläge zur Gewinnung von Eigeneinnahmen künftig als angenommen gelten, wenn sie im Parlament eine Zweidrittelmehrheit und im Rat eine qualifizierte Mehrheit fanden. Sobald das Parlament direkt gewählt werden würde (dafür wurde allerdings kein Zeitpunkt vorgeschlagen), sollte die Entscheidung über Eigeneinnahmen ganz auf die Gemeinschaft übergehen. Konkret hieß das, dass die Kommission jeden Vorschlag durchsetzen konnte, dem entweder der Ministerrat mit einfacher Mehrheit zustimmte oder eine Mehrheit des Parlaments und zwei Mitgliedsländer. Das Parlament konnte jeden Entwurf durchsetzen, für die es die Unterstützung von zwei Mitgliedsländern fand.[27]

Für Hallstein waren die Synchronisierung der wirtschaftlichen Integration und ihre Verbindung mit der Stärkung der Parlamentsrechte und der Kommission sowohl eine Frage der Logik als auch eine Frage der politischen Opportunität. Mit dem Vorschlag wurden Wettbewerbsverzerrungen in der Übergangszeit vermieden, die Komplexität der Wirtschaftsgemeinschaft wurde reduziert, und es wurde dem Prinzip der parlamentarischen Kontrolle entsprochen, das im EWG-Vertrag angelegt war und dem demokratischen Selbstverständnis der Europäer entsprach. Die Kommission werde mit dem Vorschlag »eine gute Figur abgeben«, erläuterte Hallstein in der Kommissionssitzung vom 3. März; und gerade das werde ihr den Sieg sichern.[28] Wer sich nicht überzeugen ließ, der musste sich dem Junktim beugen. Das galt insbesondere für den Übergang zu Eigeneinnahmen: Die Regierungsmehrheit im Parlament der Niederlande hatte schon angedeutet, dass sie dies nur zulassen würde, wenn gleichzeitig die Kontrollbefugnisse des Europäischen Parlaments gestärkt würden, und vom deutschen wie vom italienischen Parlament war das Gleiche zu erwarten. Damit bot sich der Kommission eine Gelegenheit zur Stärkung des Parlaments und damit der öffentlichen Diskussion über die europäischen Angelegenheiten, wie sie so schnell nicht wiederkommen würde.

Natürlich würden die Vorschläge auf Widerstand stoßen; das wusste auch Hallstein. Keine Regierung würde gerne schon so früh auf die Zolleinnahmen verzichten und Einfluss auf die Gestaltung des Haushalts verlieren. Am wenigsten würde de Gaulle dazu bereit sein; seine Abneigung gegen jede Stärkung von Parlament und Kommission war hinlänglich bekannt. Aber *erstens* waren die Zumutungen, die das Paket enthielt, bewusst begrenzt: Der Verlust der Zolleinnahmen war zeitlich gestaffelt; damit sollte auch sichergestellt werden, dass die Gemeinschaft nicht plötzlich über mehr Geld verfügte, als sie ausgeben konnte. In dem komplizierten Verfahren zur Feststellung des Haushalts erhielt das Parlament keineswegs das letzte Wort, und es wurde auch nicht der Übergang zur Direktwahl des Parlaments verlangt. Als die Straßburger Parlamentarier am 12. Mai entsprechende Forderungen erhoben, weigerte sich Hallstein mit Blick auf die Erfolgsaussichten des Unternehmens, sie zu übernehmen. *Zweitens* hielt der Kommissionspräsident das französische Interesse an wirtschaftlicher Integration und Gemeinsamem Agrarmarkt unterdessen für so stark, dass de Gaulle einfach gezwungen sein würde, den dafür geforderten Preis zu zahlen. Maßnahmen zu ihrer Behinderung würden, so Narjes in einem Aide-mémoire für seinen Chef Hallstein, »bereits heute so sehr von der breiten französischen Öffentlichkeit als gegen das Interesse Frankreichs gerichtet angesehen werden, dass de Gaulle sich derartige Schritte in einem Wahljahr nicht leisten kann«.[29] Die Kommission hatte deutlich vor Augen, dass sich de Gaulle vor Ende des Jahres zur Wiederwahl stellen musste.

Wie es scheint, drängte vor allem Mansholt darauf, mit dem Vorschlag zur Stärkung des Parlaments an die Öffentlichkeit zu gehen. Als der den Straßburger Europaparlamentariern am 20. Januar über die Einigung hinsichtlich der Getreidepreise berichtete, kündigte er schon an, dass das gesamte Agrarmarktsystem beschleunigt eingeführt und mit einer Stärkung des Parlaments verbunden werden sollte. Nachdem die Kommission am 22. März das Vorschlagspaket beschlossen hatte, sickerte sein Inhalt sogleich bei der Presse durch, und Hallstein präsentierte die Grundzüge des Pakets dann zwei Tage später in seiner Rede vor dem Parlament. De Gaulle und Couve de Murville gerieten darüber in helle Empörung – nicht ganz zu Unrecht, hatte doch die Kommission ihre Vorschläge formal dem Auftraggeber, also dem Ministerrat, zu unterbreiten. Mit der öffentlichen Präsentation setzte die Kommission den Ministerrat bewusst unter Druck. Intern machte Hallstein dem französischen Präsidenten und seinem Außenminister wiederholt klar, »dass die Franzosen nicht darum herumkommen würden, in dieser Frage [der parlamentarischen Kontrolle der Eigeneinnahmen] eine Konzession zu machen«.[30]

De Gaulle antwortete auf Hallsteins Herausforderung zunächst mit dem Versuch, die Kommission zu isolieren. Am 27. März musste Couve de Murville seinem italienischen Kollegen Fanfani erklären, die Konferenz von Venedig müsse wohl verschoben werden, da die Rolle der Kommission noch nicht geklärt sei; vier Tage später gab Peyrefitte als Ergebnis einer Sitzung des Pariser Ministerrats bekannt, Frankreich werde der Einberufung eines Gipfeltreffens der Staats- und Regierungschefs erst zustimmen, wenn wie vereinbart bis zum 30. Juni eine Verständigung über die Finanzierung des Gemeinsamen Agrarmarkts in der Übergangsperiode erreicht sei.[31] Wenn den Deutschen und den Italienern so viel an einem neuen Gipfel gelegen war, dann sollten sie sich hüten, die Kommissionsforderungen zu unterstützen. Am 27. April zelebrierte de Gaulle in einer Fernsehansprache noch einmal seine Vision von einem unabhängigen Europa, das »jede auswärtige Einmischung in die inneren Angelegenheiten eines Staates zurückweist«. Eine Einschränkung der nationalstaatlichen Souveränität, schrieb er den Anhängern eines »sogenannten integrierten Europas« ins Stammbuch, werde unweigerlich zur Unterwerfung Europas unter die Hegemonie der Vereinigten Staaten führen.[32]

Tatsächlich führte das kategorische Auftreten de Gaulles zu einer Isolierung Frankreichs. In der Sitzung des Ministerrats vom 13. und 14. Mai erklärten die Vertreter der Niederlande und der Bundesrepublik, dass die Finanzierung während der Übergangszeit an das Prinzip des Übergangs zu Eigeneinnahmen in der Endphase des Agrarmarktes gebunden sei und deswegen auch über die Stärkung der Kontrolle durch das Europäische Parlament entschieden werden müsse. Die niederländische Regierung kritisierte die Vorschläge der Kommission sogar als ungenügend: Sie verlangte die volle Gesetzgebungskompetenz für das Parlament, seine Direktwahl und das Recht, die Exekutivorgane einzusetzen. Die italienische Regierung lobte den Kommissionsvorschlag als logisch und im Sinne der Gemeinschaft; die belgische Regierung erklärte sich »mit fast allen Punkten« einverstanden. Selbst die luxemburgische Regierung, die ihre Bereitschaft zu erkennen gab, sich mit einer Regelung für die Übergangsperiode zufrieden zu geben, erhob keine prinzipiellen Einwände gegen das Gesamtpaket der Kommission.[33]

De Gaulle konzentrierte sich daraufhin auf den deutschen Partner. Er schlug dem Bundeskanzler vor, den Termin des nächsten deutsch-französischen Gipfels vorzuziehen, um sich in den anstehenden Fragen vor dem 30. Juni abstimmen zu können. Erhard, der die Absage der Venedig-Konferenz als einen Wortbruch des Generals empfunden hatte, willigte trotz seiner Enttäuschung ein. Die Hoffnung auf einen Durchbruch zur Politischen Union wollte er auch jetzt noch nicht aufgeben. Als sich die beiden Delegationen am 11. und 12. Juni in Bonn trafen, stellte sich jedoch heraus, dass Erhards Abhängigkeit von der Unionsfraktion größer war als sein Ehrgeiz, in der Frage der Politischen Union eine Verständigung mit de Gaulle zu erzielen. Nachdem die französischen Unterhändler nur vage Andeutungen hinsichtlich einer Stärkung der Mitspracherechte des Europäischen Parlaments in Haushaltsfragen gemacht hatten, setzte Außenminister Gerhard Schröder im Gespräch mit Erhard durch, dass die deutsche Seite eine provisorische Regelung der Agrarfinanzierung allenfalls für ein Jahr zugestand. Das war weit weniger, als Erhard zuvor in den Gesprächen mit de Gaulle angedeutet hatte, und so endete der Gipfel in völliger Konfusion.[34]

Über Schröders Querschießen höchst verärgert,[35] fand sich de Gaulle jetzt dazu bereit, auf die vorzeitige Vollendung des Gemeinsamen Agrarmarkts und damit auf die Übertragung der Abschöpfungen an die Gemeinschaft zum 1. Juli 1967 zu verzichten. Auf diese Weise stellte sich die Frage der Kontrolle von Eigeneinnahmen durch das Europäische Parlament vorerst nicht; allerdings konnte sich Frankreich (als Netto-Exporteur von Agrarprodukten) auch noch nicht aus der Beteiligung an der Finanzierung der Exportsubventionen verabschieden. Sollten ihm daraus innenpolitische Schwierigkeiten erwachsen, war de Gaulle bereit, sie in Kauf zu nehmen. Wichtig war ihm mit Blick auf den Übergang zu Mehrheitsentscheidungen im Ministerrat vom 1. Januar 1966 an nur, dass die Finanzierung jetzt für die gesamte Übergangszeit vereinbart wurde. Am 15. Juni trug Couve de Murville die neue französische Position im Brüsseler Ministerrat vor.

Als sich, wie in Bonn vereinbart, der deutsche Außenamts-Staatssekretär Rolf Lahr und der für Wirtschaftsfragen zuständige französische Außenamts-Direktor Olivier Wormser am 22. Juni in Paris trafen, um die beiderseitigen Positionen von Neuem abzustimmen, zeichnete sich ein Kompromiss ab: Bonn war mit der Verschiebung des Übergangs zu Eigeneinnahmen der Gemeinschaft einverstanden, wenn Frankreich nur an der Vollendung der Zollunion zum 1. Juli 1967 festhielt. Wie zwischen den Bonner Ministerien abgesprochen, sicherte Lahr außerdem zu, dass die Bundesregierung jetzt für eine Regelung für die gesamte Übergangsperiode eintreten würde. Hinsichtlich der künftigen Haushaltsrechte des Parlaments bekräftigte er, dass der Ministerrat zumindest in einer ersten Stufe das letzte Wort behalten sollte.

Wie sich aus einem Vergleich der Berichte von Lahr und Wormser an ihre jeweiligen Vorgesetzten ergibt,[36] blieb zwischen den beiden jedoch unklar, wie weit die französischen Zugeständnisse in der Parlamentsfrage gehen sollten und ob eine definitive Regelung für die Übergangsperiode tatsächlich schon bis zum 30. Juni gefunden werden sollte. Wormser erweckte den Eindruck, als ob sich die Bundesregierung ganz auf die Positionen eingelassen hätte, die Couve de Murville in der Ministerratssitzung vom 15. Juni vorgetragen hatte. Vom Festhalten der Bundesregierung an zwei weiteren Stufen der Parlamentsbeteiligung war in seinem Bericht nicht die Rede. Umso überraschter war der französische Außenminister, als Lahr bei der Ministerratssitzung vom 30. Juni einer Instruktion Erhards folgend darauf beharrte, dass im Augenblick nur über eine provisorische Finanzregelung für die nächsten Monate verhandelt werden könnte. Als Schröder dann am Abend dieses Verhandlungstages auch noch eine Entschließung des Bundestages vom gleichen Tag präsentierte, mit der die Bundesregierung aufgefordert wurde, sich für eine Stärkung der Parlamentsrechte gemäß dem Votum des Straßburger Parlaments vom 12. Mai einzusetzen, war für Couve de Murville der Zeitpunkt gekommen, die Verhandlungen abzubrechen.[37]

Zuvor hatte Fanfani kategorisch darauf beharrt, dass nur über eine kurzfristige Finanzierung verhandelt werden könne. Solange keine Marktordnungen für Obst, Gemüse und Olivenöl beschlossen waren, drohten ausgerechnet dem ärmsten Mitgliedsland gewaltige Nettozahlungen. Luns hatte, an einen entsprechenden Parlamentsbeschluss gebunden, darauf bestanden, dass das Gesamtpaket der Kommission nicht aufgeschnürt werden dürfe. Die Finanzierung des Agrarmarkts für die Übergangsperiode 1965–1970 war also nach wie vor nicht zu haben, wenn nicht gleichzeitig die Rechte des Europäischen Parlaments gestärkt werden würden. Dazu aber war de Gaulle nicht bereit. Während man im Quai d'Orsay die Notwendigkeit sah, »hinsichtlich der Parlamentarischen Versammlung etwas Substantielleres zu machen«,[38] wollte der Staatschef eher eine Krise der EWG in Kauf nehmen, als sich auf eine Stärkung ihrer Institutionen einzulassen. Frankreich werde auch ganz gut existieren können, hatte er schon im April im Ministerrat gesagt, »wenn man den Vertrag von Rom in den Winterschlaf geschickt hat«.[39]

Wie ernst das gemeint war, muss dahingestellt bleiben. Jedenfalls war er nicht bereit, den Preis für die Vergemeinschaftung der Agrarsubventionen zu zahlen, den Hallstein von ihm verlangt hatte. Mit der Stärkung der Kommission, die sich daraus ergeben würde, drohte sich im Zusammenhang mit dem Übergang zum Mehrheitsvotum im Ministerrat die Entwicklung der EWG seiner Kontrolle zu entziehen. Darum griff er jetzt zu dem Mittel, dessen Einsatz Couve de Murville wohl schon Ende Mai angeregt hatte, für den Fall, dass der Druck auf Erhard nicht zum Erfolg führen würde: »die Inszenierung einer Art Generalboykott durch Frankreich, bis sich die Dinge arrangieren.«[40]

Couve de Murville lehnte daher Hallsteins Angebot ab, innerhalb kurzer Frist ein neues Vorschlagspaket vorzulegen, das den unterschiedlichen Verhandlungspositionen stärker Rechnung trug. Auch von der Anregung der deutschen Delegation, wie im Januar 1962 einfach die Uhren anzuhalten und weiter zu verhandeln, wollte er nichts wissen. Stattdessen behauptete er, »einigen unserer Partner« mangele es »offensichtlich an Willen«, zu einer Einigung zu kommen, und nutzte die Position des Ratsvorsitzenden, die er just bis zu diesem Tag innehatte, um die Sitzung zu beenden. Mit der Bemerkung, es gäbe »weder eine Übereinkunft noch die Möglichkeit einer Übereinkunft«, brach er die Verhandlungen gegen zwei Uhr morgens ab.[41]

Am nächsten Tag gab Peyrefitte im Anschluss an eine Sitzung des Pariser Ministerrats bekannt, die französische Regierung ziehe die Konsequenzen daraus, dass die Partner ihre finanziellen Verpflichtungen nicht eingehalten hätten: Frankreich würde sich im Juli nicht mehr an den Sitzungen des EWG-Ministerrats beteiligen. Am 6. Juli wurde der Ständige Vertreter Frankreichs bei der Kommission zurückgerufen. Frankreichs Vertreter beteiligten sich nicht mehr an den Sitzungen der Ständigen Vertreter und der Arbeitsgruppen, die unter dem Vorsitz der Kommission tagten. »Unser Stuhl wird leer bleiben, und die Zusammenkünfte werden ohne Wert sein«, kommentierte de Gaulle im Gespräch mit Peyrefitte.[42]

Eine gewisse Mitverantwortung für den Ausbruch der Krise liegt gewiss bei Ludwig Erhard: Indem er dem plötzlichen Druck des kleineren Koalitionspartners FDP nachgab und darauf bestand, dass am 30. Juni nur über eine provisorische Finanzierung verhandelt wurde, rief er bei Couve de Murville und de Gaulle den Eindruck hervor, dass auch die Bundesregierung zu den Partnern gehörte, die ihr Wort nicht hielten. Entscheidend war jedoch de Gaulles Einsicht, dass sich die Parlamentsfrage auch mit der angebotenen Verschiebung der gemeinschaftlichen Finanzierung des Agrarmarkts nicht vom Tisch räumen ließ. Die angebliche Nichteinhaltung von Finanzierungszusagen war nur ein Vorwand, mit der sich die Blockierung der Gemeinschaftsinstitutionen begründen ließ, ein »unerhoffter Vorwand«, wie de Gaulle zu Peyrefitte sagte.[43]

Die Krise des »leeren Stuhls«

Mit der im Vertrag nicht vorgesehenen Blockierung der Gemeinschaftsinstitutionen wollte de Gaulle erreichen, dass die Gegensätze zwischen den Partnern aufbrachen und die gemeinsame Front gegen eine Agrarfinanzierung ohne Stärkung des Europäischen Parlaments endlich auseinander fiel. Insbesondere die Bundesregierung schien ihm für weiteren Druck empfänglich zu sein. »Weil die Deutschen letztlich keine Situation ertragen können, in der es keinen Gemeinsamen Markt mehr gibt«, gab er sich Mitte September optimistisch, »werden sie schließlich zurückweichen. [...] Der neue Bundeskanzler wird gleich nach der Wahl [am 19. September] nach Paris kommen, um die Dinge zu arrangieren.« Um den Druck auf die Deutschen zu verstärken, schreckte er auch nicht davor zurück, seine Ostpolitik zu intensivieren. »Sie sehen«, befand er nach einem Besuch des polnischen Ministerpräsidenten Cyrankiewicz am 11. September in Paris, »dass sich der Osten uns annähert. Sie sind eingekreist.«[44]

Damit der Druck auch seine Wirkung tat, musste er freilich lange anhalten. Die Partner sollten über die Absichten von Paris im Unklaren gelassen werden, und sie sollen Angst bekommen, dass der Gemeinsame Markt auseinander brach. »Wenn sie sich nicht fürchten, werden wir unser Ziel nicht erreichen«, so de Gaulle am 13. Juli.[45] Bei der von Peyrefitte angekündigten Abwesenheit der französischen Vertreter für vier Wochen konnte es daher nicht bleiben. In der Ministerratssitzung vom 7. Juli machte der Präsident klar, dass er vor Jahresende überhaupt keine Verhandlungen aufzunehmen gedenke.

Als Ziel der Verhandlungen schwebte ihm nicht nur die definitive Finanzierung des Gemeinsamen Agrarmarkts ohne Stärkung des Europäischen Parlaments vor. Darüber hinaus wollte er die Kommission ablösen, die ihm so sehr zugesetzt hatte. Mit Hallstein, Marjolin und Mansholt wolle er »nie mehr etwas zu tun haben«, sagte er Peyrefitte nach der Ministerratssitzung vom 1. Juli.[46] Weiter ging es ihm darum, den Übergang zum Mehrheitsvotum zu stoppen, der, wie er es jetzt deutlicher als zuvor sah, die französischen Erfolge in der Agrarpolitik einmal mehr infrage zu stellen drohte. »Diese Krise«, führte er in der Ministerratssitzung vom 7. Juli aus, »muss dazu genutzt werden, um den politischen Hintergedanken ein Ende zu bereiten. Es kann nicht sein, dass unsere Volkswirtschaft vom 1. Januar 1966 an einer Regelung über Mehrheitsbeschlüsse unterworfen ist, mit der uns unsere Partner ihren Willen aufzwingen. [...] Die Gelegenheit muss genutzt werden, um die falschen Konzepte zu revidieren, durch die wir dem Diktat der Anderen ausgesetzt waren. Schluss mit diesem Unsinn!«[47] Um den Übergang zum Mehrheitsvotum im Ministerrat zu verhindern, verlangte er eine Revision des EWG-Vertrags oder zumindest ein ergänzendes Protokoll, »das für eine wesentliche Frage das Vetorecht wiederherstellt«.[48] Schließlich erwog er auch noch eine Revision des Preissystems des Agrarmarkts, die die Gefahr der Überproduktion bannte, und eine Verlangsamung des Zollabbaus im Interesse französischer Industrie; doch war dies für ihn nicht essentiell.[49]

Indessen verfing de Gaulles Nervenkrieg zunächst nicht. Hallstein blieb davon überzeugt, dass Frankreich die EWG ebenfalls brauchte und de Gaulle darum nur versuchte, sie so zurechtzustutzen, dass sie seine Handlungsfreiheit nicht beeinträchtigte. Er gab daher die Parole aus, man solle »weder nachgeben, noch dramatisieren«.[50] Die fünf Partnerregierungen sollten sich hinsichtlich der Gegenleistungen, die Frankreich für die Vollendung des Agrarmarktes zu erbringen hatten, auf eine einvernehmliche Linie verständigen und dabei den Anspruch auf demokratische Kontrolle eines Gemeinschaftshaushalts nicht preisgeben. Er wurde in dieser Haltung von Schröder unterstützt, der den Konflikt, von Hallstein entsprechend eingestimmt, als Machtprobe mit einem französischen Präsidenten begriff, der auf die Hegemonie Frankreichs in Europa zielte. Auch wenn er in den Zielvorstellungen keineswegs so entschieden supranational ausgerichtet war wie der Kommissionspräsident, war ihm doch die Einhaltung einmal getroffener Vereinbarungen als beste Versicherung gegen eine solche Hegemonie wichtig. Da der deutsch-französische Dialog vorerst unterbrochen war und Erhards Initiative für eine Politische Union offenkundig nicht mehr auf der Tagesordnung stand, konnte er die Gestaltung der deutschen Europapolitik jetzt auch konsequenter in die Hand nehmen als bisher.[51]

Schröder sorgte in bilateralen Gesprächen mit den Partnern dafür, dass die Formulierung eines neuen Vorschlags zur Agrarfinanzierung der Kommission überlassen blieb. Dieser orientierte sich an dem Kompromissangebot, das die französische Regierung am 15. Juni gemacht hatte: Verschiebung des Übergangs zu Eigeneinnahmen und damit auch der Parlamentsfrage. Agrarmarkt und Zollunion sollten, wie von der Kommission im März vorgeschlagen, zum 1. Juli 1967 vollendet werden; allerdings sollte die Finanzierung des Agrarmarktes bis zum Ende der Übergangszeit weiter aus Mitgliedsbeiträgen erfolgen, während Zolleinnahmen in dieser Zeit an die Mitgliedsländer zurücküberwiesen werden sollten. Die Finanzierung der Agrarausgaben sollte mit abnehmenden Anteilen nach dem allgemeinen Finanzschlüssel und mit zunehmenden Anteilen nach der Höhe der jeweiligen Einfuhren aus Drittländern erfolgen. Sollte die Verabschiedung der ausstehenden Marktordnungen für Obst, Gemüse, Milch usw. bis zum 1. Juli 1967 nicht gelingen, würde die Finanzierung aus Abschöpfungen gestreckt, sodass es erst 1970 zu einer vollen Finanzierung durch den Agrarfond kommen würde.

Kontrovers wurde in der Kommission die Frage des Junktims mit der Parlamentskontrolle diskutiert. Während Mansholt zunächst dagegen protestierte, dass die Kommission einen wesentlichen Teil ihrer Vorschläge leichtfertig fallen lasse, und Marjolin immerhin das Prinzip der parlamentarischen Kontrolle von Eigeneinnahmen ausdrücklich festgehalten wissen wollte, verbunden mit der Empfehlung, die Rolle des Parlaments in den Haushaltsberatungen »jetzt schon« zu stärken, setzte Hallstein schließlich die Formulierung durch, dass die Kommission hierzu noch nicht erneut Stellung nehmen könne, da die Frage im Ministerrat noch nicht zu Ende diskutiert worden sei: »Sie glaubt nicht, dass alle Möglichkeiten der Verständigung erschöpft seien.« Auf diese Weise wollte er jede Angriffsfläche gegen die Kommission vermeiden, zugleich aber alle Chancen wahren, den erforderlichen Kompromiss zwischen den Regierungen im gegebenen Moment in seinem Sinne zu beeinflussen.[52]

Am 22. Juli wurde das Memorandum von der Kommission formell verab-schiedet[53] und am 26. und 27. Juli im Ministerrat vorgestellt. Bei der Aussprache gingen die anwesenden Außenminister jedoch nicht ins Detail, und erst recht fand keine Abstimmung statt. Die Regierungen der Fünf waren unsicher, ob sie ohne französische Beteiligung überhaupt beschlussfähig waren. Außerdem woll-ten sie der französischen Regierung die Rückkehr an den Verhandlungstisch ohne Gesichtsverlust erleichtern. Freilich wurde auch ohne formelle Abstimmung ziemlich deutlich, dass die Fünf zu einer Einigung mit Frankreich auf der Grund-lage des Kommissionsmemorandums bereit waren. Damit war der französische Vorwurf gebrochener Zusagen konterkariert und die Pariser Regierung ihrerseits in Zugzwang gebracht.

De Gaulle blieb nichts anderes übrig, als mit der Forderung nach Vertragsre-vision, die er bislang noch gar nicht vorgetragen hatte, an die Öffentlichkeit zu gehen. Am 9. September erklärte er in einer Pressekonferenz, die Verhandlungen in Brüssel seien nicht nur wegen des »permanenten Widerstands der meisten un-serer Partner gegen die Einbeziehung der Landwirtschaft in den Gemeinsamen Markt« abgebrochen worden, sondern auch wegen »gewisser prinzipieller Irrtü-mer und Doppeldeutigkeiten in den Verträgen über die Wirtschaftsgemeinschaft der Sechs«. Nachdem er die »supranationalen Ambitionen« der Kommission ge-geißelt und das Schreckbild der Herrschaft eines »technokratischen, vaterlands-losen und unverantwortlichen Areopags« über die französische Demokratie ge-zeichnet hatte, machte er die Aufgabe solcher »Ansprüche« zur Vorbedingung für eine Rückkehr Frankreichs an den Verhandlungstisch.[54]

Das Erschrecken der Partner über diese Forderung hielt sich freilich in Gren-zen. Sie hatten längst registriert, dass die Blockierung der Gemeinschaftsinsti-tutionen durch Frankreich höchst selektiv war. Französische Vertreter nahmen weiterhin an zahlreichen Ausschuss-Sitzungen und selbst an Zusammenkünften des Rates teil. Am 21. September teilte der Stellvertreter des Ständigen Vertre-ters der französischen Regierung, Maurice Ulrich, der in Brüssel geblieben war, seinem deutschen Kollegen Eberhard Bömke unverblümt mit, »dass sehr große Teile der französischen Administration die Politik des Generals gegenüber den Europäischen Gemeinschaften nicht billigen, ja sogar scharf ablehnen« und in Paris keine vorbereitenden Arbeiten zu einer Änderung des EWG-Vertrages statt-fanden. Bömke unterrichtete nicht nur seine Vorgesetzten in Bonn über dieses Gespräch, sondern auch Hallstein.[55] Aus alledem konnte man nur schließen, dass Frankreich die Gemeinschaft tatsächlich nicht verlassen wollte und insbesondere die Zuspitzung der Krise das ganz persönliche Werk des Generals war.

Das hieß aber auch, dass er nicht in der Lage war, irgendwelche Vertrags-änderungen durchzusetzen. Nicht nur, dass die französische Administration es geradezu erhoffte, dass die Partner gegenüber ihrem Präsidenten hart blieben:

De Gaulle geriet wegen der Verschärfung der Krise auch zunehmend unter innenpolitischen Druck. Nachdem die Landwirtschaftsverbände schon nach der Sitzung des EWG-Ministerrats Ende Juli gefragt hatten, wieso die Regierung nicht auf die Angebote der Kommission einging, meldete sich jetzt auch der Arbeitgeberverband mit kritischen Kommentaren zu Wort. Um der wachsenden Opposition im Vorfeld der Präsidentschaftswahlen Einhalt zu gebieten, sahen sich Regierungsvertreter und die gaullistische Parteizeitung *La Nation* gezwungen, jede Absicht de Gaulles zu dementieren, den EWG-Vertrag zu zerreißen.[56]

Die Fünf konnten ihren Druck auf de Gaulle also unbesorgt verstärken. Als der belgische Außenminister Paul-Henri Spaak in der dritten Septemberwoche vorschlug, Frankreich zu einer außerordentlichen Sitzung des Ministerrats ohne Beteiligung der Kommission einzuladen, wurde schnell Einvernehmen darüber erzielt, dass dabei keineswegs über die Agrarfinanzierung entschieden werden dürfe. Die Rückkehr Frankreichs an den Verhandlungstisch sollte nicht durch eine Schwächung der Stellung der Kommission erkauft werden. In der Ratssitzung vom 25. und 26. Oktober einigten sich die fünf Außenminister darauf, Frankreich zu einer solchen Sondersitzung zur Klärung institutioneller Fragen nach Brüssel einzuladen. Gleichzeitig bekräftigten sie aber in einer Erklärung, »dass die Lösung der Probleme, vor denen die Gemeinschaften stehen, im Rahmen der Verträge und der bestehenden Organe gefunden werden muss«. Intern legten sie sich darauf fest, in den Verhandlungen mit Frankreich weder eine Vertragsrevision zuzulassen noch eine Interpretation des Vertrags, die die Zuständigkeiten der Kommission und den Grundsatz der qualifizierten Mehrheit einschränkte.[57]

Indem die Fünf Verständnis für die Probleme erkennen ließen, die de Gaulle in seiner Pressekonferenz angesprochen hatte, gleichzeitig aber ihre Entschlossenheit demonstrierten, die supranationale Dimension des Vertrags nicht anzutasten, stärkten sie die Position derjenigen, die den Präsidenten aus ökonomischen Gründen zum Einlenken drängten. Darüber hinaus fassten die fünf Außenminister einen Beschluss zur Agrarfinanzierung, der deutlich machte, dass die französische Regierung gut daran täte, möglichst bald an den Verhandlungstisch zurückzukehren, wenn sie auf die Gestaltung des Agrarmarkts noch Einfluss nehmen wollte: Hatte die Kommission im Juli noch die Verschiebung des Komplexes von Eigeneinnahmen und parlamentarischer Kontrolle bis 1970 angeregt, so erinnerten die Minister jetzt an den ursprünglichen Vorschlag der Kommission und bemerkten dazu, »dass diese Frage unter Beteiligung aller Mitglieder des Rates geprüft werden« müsse.[58]

Schröder, der bei der Verständigung der Fünf auf diese Position die Schlüsselrolle gespielt hatte,[59] ließ Couve de Murville zudem wissen, worauf die vorgeschlagene Klärung institutioneller Fragen hinauslaufen sollte: nämlich auf eine Verständigung darüber, wie die Zusammenarbeit zwischen Regierungen und

Kommission »noch weiter zu verbessern« möglich wäre und wie »in Fragen von objektiv eindeutig lebenswichtigen Interessen [eine Majorisierung] vermieden werden« könne. Dazu seien formale Absprachen jedoch nicht erforderlich – Takt und guter Wille reichten aus.[60] In der Sache bedeutete ein solches *gentlemen's agreement* schon ein Entgegenkommen gegenüber de Gaulles Vorstellungen und damit eine Enttäuschung für all diejenigen, die auf einen raschen Ausbau der Supranationalität gesetzt hatten. Aber es blieb doch auch weit hinter dem zurück, was de Gaulle gefordert hatte, und es entsprach nach Lage der Dinge dem, was unter den gegebenen Umständen durchsetzbar war. Schröders Formel wurde nicht nur von den meisten anderen Regierungen gutgeheißen, mit Ausnahme der Niederländer. Auch Hallstein hat es »als ermutigend empfunden«, dass »über eine vernünftige Anwendung des Mehrheitsprinzips« gesprochen werden sollte.[61]

Natürlich war de Gaulle nicht sogleich bereit, auf Schröders Angebot einzugehen. Erstens galt es auszutesten, ob die für ihn höchst unerwartete Einigkeit der Fünf tatsächlich anhielt oder ob durch Insistieren auf seinen Forderungen nicht doch noch mehr zu erreichen war. Zweitens und vor allem kam eine Aufgabe der Blockade ohne ein Zusatzabkommen zu den institutionellen Fragen ja jetzt einer Niederlage gleich; die galt es tunlichst zu vermeiden, solange de Gaulles Wiederwahl gesichert war. Couve de Murville ließ den amtierenden Ratspräsidenten Emilio Colombo denn auch gleich wissen, dass er nicht bereit sei, an einer Ratstagung in Brüssel teilzunehmen. Zugleich verlangte er die Abschaffung des Majoritätsprinzips, die »Rückführung« der Kommission »auf ihre vertraglichen Rechte und Pflichten« und die »Überprüfung« ihrer Zusammensetzung.[62] Anschließend bemühte er sich, die Einigkeit der Fünf in bilateralen Gesprächen wieder aufzubrechen.

Nachdem ihm das nicht gelungen war, beschloss der französische Ministerrat am 17. November grundsätzlich, die Einladung zu einem außerordentlichen Außenministertreffen anzunehmen. Nach außen hin sollte dieses Einlenken jedoch noch nicht bekannt werden. Um die Fünf davon abzuhalten, den Druck auf de Gaulle noch weiter zu verstärken, wurde lediglich der weiterhin um Vermittlung bemühte belgische Außenminister am 22. November informiert, dass Paris bereit sei, auf dessen neuerlichen Kompromissvorschlag einzugehen: ein Treffen Anfang Januar 1966 in Luxemburg.[63]

Nachdem de Gaulle im ersten Wahlgang der Präsidentschaftswahl am 5. Dezember die absolute Mehrheit überraschend deutlich verfehlt hatte und sich der Stichwahl mit François Mitterrand stellen musste, wurde die Kompromissbereitschaft noch deutlicher signalisiert: Couve de Murville schlug bei einer Begegnung mit Colombo am 8. Dezember in Rom (aus Anlass der Schlussfeier des Zweiten Vatikanischen Konzils) vor, die Frage offenzulassen, ob es sich bei dem Treffen in Luxemburg um eine Ratstagung handeln würde oder um ein Gipfeltreffen.

Hinsichtlich der vertraglichen Fixierung der angestrebten Abkehr von der Mehr-heitsregel gab er sich weniger rigide. Nach der Begegnung ließ er verlauten, »die Haupthindernisse für eine Wiederaufnahme der europäischen Gespräche seien beseitigt worden«.[64]

Unmittelbar nach der Wiederwahl de Gaulles am 19. Dezember stimmte die französische Regierung einem Treffen der sechs Außenminister am 17. und 18. Ja-nuar 1966 in Luxemburg zu. Allerdings fand sich de Gaulle trotz anders lauten-der Empfehlungen nicht bereit, dem Haushalt von EWG und EURATOM für 1966 zuzustimmen, sodass beide Gemeinschaften zunächst mit einem Nothaus-halt operieren mussten. Die vereinbarte vorgezogene Zollsenkung innerhalb der Gemeinschaft um zehn Prozent zum 1. Januar 1966 wurde in Kraft gesetzt, die Zollsenkung im Rahmen der Dillon-Runde des GATT dagegen verschoben.

Als der außerordentliche Rat – für Frankreich nur ein Gipfeltreffen der Au-ßenminister – am 17. Januar 1966 in Luxemburg zusammentrat, verlangte Couve de Murville tatsächlich keine offizielle Revision der Römischen Verträge mehr. Stattdessen präsentierte er einen Forderungskatalog, der darauf hinauslief, die kri-tischen Vertragsbestimmungen zu umgehen. In einem »Dekalog« wurde verlangt, dass die Kommission ihre Vorschläge zunächst den Mitgliedsregierungen vor-legt, bevor sie dem Ministerrat übermittelt werden. Sie sollte keine öffentlichen Erklärungen mehr abgeben dürfen, ohne zuvor den Ministerrat konsultiert zu haben. Die Außenvertretung der Gemeinschaft sollte sie dem Ministerrat über-lassen. Das Mehrheitsvotum im Ministerrat sollte durch die Vereinbarung eines Vorab-Vetos de facto außer Kraft gesetzt werden: »Erklärt ein Mitgliedsstaat, dass ein Beschluss für ihn eine Frage von vitalem Interesse berührt, stimmt der Rat solange nicht über diesen Beschluss ab, wie keine Zustimmung des betreffenden Staates vorliegt.«[65]

Hinsichtlich der Neubesetzung der Kommission (deren aktuelles Mandat zum 9. Januar 1966 ausgelaufen war) verlangte Couve de Murville nicht mehr einen kompletten Austausch, wohl aber die Einführung des Rotationsprinzips bei der Besetzung des Präsidiums. Alle zwei Jahre sollte ein Kommissionsmitglied aus einem anderen Mitgliedsland das Amt des Präsidenten der Kommission über-nehmen. Eine zweite Erneuerung des Mandats von Hallstein kam danach nicht mehr in Frage. Die Neuregelung sollte im Zusammenhang mit der Fusion der Exekutiven von EGKS, EWG und EURATOM erfolgen, die die Sechs vor Aus-bruch der Krise im März 1965 beschlossen hatten.[66] Couve de Murville forderte, den Fusionsvertrag vom 8. April 1965 umgehend zu ratifizieren, damit die neue Kommission alsbald ihre Arbeit aufnehmen könnte.

Die Partner zeigten eine gewisse Bereitschaft, den »Dekalog« zum Ausgangs-punkt für einen Dialog zwischen Kommission und Rat zu nehmen. Schröder und Luns waren jedoch nicht bereit, irgendeine Modifizierung der Abstimmungsregeln schriftlich festzuhalten, auch nicht in den wesentlich entschärfteren Formen, die Spaak und Colombo als Kompromiss vorschlugen. Ebenso wenig wollten sie den Vertrag über die Fusion der Exekutiven der drei Gemeinschaften ratifizieren, solange keine Verständigung über die Wiederberufung Hallsteins erzielt war. Als die französische Delegation dann auch noch am zweiten Beratungstag einen Zeitplan vorlegte, der zwar eine Einigung über die Agrarfinanzierung bis Ende März verlangte, über die Entwicklung gemeinsamer Positionen in der Kennedy-Runde aber kein Wort verlor, kam es beinahe zum Eklat. Nachdem Couve de Murville erklärt hatte, dass über ein Mandat für die Kennedy-Runde erst nach der Regelung der Agrarfinanzierung entschieden werden könne, lehnten Schröder und Luns die französischen Vorschläge in Bausch und Bogen ab. Der luxemburgische Regierungschef und Außenminister Pierre Werner als amtierender Ratspräsident konnte die Sitzung nur noch vertagen.[67]

Bis zur erneuten Zusammenkunft der sechs Außenminister am 28. Januar erarbeiteten die Ständigen Vertreter unter diskreter Mithilfe der Kommission eine entschärfte Fassung des »Dekalogs«, die die Kommission in nunmehr sieben Punkten »einlud«, sich mit dem Rat besser abzustimmen. Darin wurde der Wunsch ausgedrückt, dass die Kommission vor der Verabschiedung »wichtiger« Vorschläge den Rat konsultieren sollte. Vorschläge sollten zunächst dem Rat vorgelegt werden, bevor sie veröffentlicht wurden. Die Beglaubigungsschreiben der bei den Gemeinschaften akkreditierten Botschafter sollten vom Präsidenten der Kommission und vom Präsidenten des Ministerrats gemeinsam entgegengenommen werden. Kommission und Rat sollten sich über ihre Kontakte zu dritten Staaten austauschen, sie sollten sich über die Art ihrer Vertretung in internationalen Organisationen beraten, sie sollten im Bereich der Information »zusammenarbeiten« und sich bei der Kontrolle der Ausgaben der Gemeinschaften absprechen. In dieser Form, die keinerlei Einschränkungen der Vollmachten der Kommission mehr enthielt und keinerlei Kritik an ihrem bisherigen Verhalten übte, wurden die Verhaltensmaßregeln jetzt von allen Außenministern akzeptiert.[68]

Hinsichtlich des Mehrheitsvotums kam Schröder der französischen Seite jetzt mit dem Vorschlag einer Absichtserklärung entgegen, die bei »lebenswichtigen Interessen eines oder mehrerer Partner« das Bemühen um eine einvernehmliche Lösung vorsah. Die französische Forderung, dass in einem solchen Fall die Verhandlungen fortgesetzt werden müssten, »bis ein einstimmiges Einvernehmen erzielt worden ist«, lehnten die Partner jedoch nach wie vor ab. Angesichts der Gefahr eines erneuten Scheiterns der Konferenz fand sich Couve de Murville schließlich – um 0.45 Uhr in der Nacht zum 30. Januar – zur Beendigung der Blockade bereit, ohne mit dieser Forderung durchgedrungen zu sein. In einer gemeinsamen Erklärung wurde festgestellt, »dass in der Frage, was geschehen sollte, wenn die Verständigungsbemühungen nicht vollständig zum Ziel führen, weiterhin unterschiedliche Meinungen bestehen«.[69]

Zuvor hatte Couve de Murville bei der schriftlichen Fixierung des Arbeitsprogramms für die nächsten Wochen und Monate zugestehen müssen, dass parallel zu einer raschen Regelung der Agrarfinanzierung auch damit begonnen werden sollte, die gemeinsamen Zolltarife und eine gemeinsame Position in den GATT-Verhandlungen zu erarbeiten. Die Frage der Ablösung Hallsteins war vertagt worden: Couve de Murville musste es hinnehmen, dass die Fünf eine Verständigung über die Zusammensetzung der neuen Kommission zur Voraussetzung für das Inkrafttreten des Fusionsvertrags erklärten.[70]

De Gaulle hatte mit seinem siebenmonatigen Fernbleiben aus dem Ministerrat und den Treffen der Ständigen Vertreter also nicht mehr erreicht als eine Verunsicherung der Partner darüber, wie Frankreich bei einer nächsten als »vital« deklarierten Meinungsverschiedenheit reagieren würde: ob sich die französische Regierung dann einem Mehrheitsvotum fügen oder eine neue Krise auslösen würde. Das mochte vor einer Majorisierung schützen – eine Garantie, dass sich die Gemeinschaft in die von de Gaulle gewünschte Richtung entwickeln würde, war es nicht.[71] Dass er seinen Widerstand an dieser Stelle abbrach, ist nur damit zu erklären, dass er zu der Auffassung gelangt war, sein Blatt ausgereizt zu haben. In der Tat hatte Albert Borschette als amtierender Präsident der Ständigen Vertreter die französische Regierung am 7. Januar im Namen der Fünf gewarnt, dass Luxemburg für sie die »letzte Chance« sei. Die Ständigen Vertreter hatten für den 31. Januar oder 1. Februar eine Ratssitzung der Fünf vereinbart, bei der die Verabschiedung des regulären Haushalts für 1966 auf der Tagesordnung stehen sollte.[72] De Gaulle konnte nicht mehr ausschließen, dass die Integration in der Gemeinschaft ganz normal weitergehen würde und Frankreich sich später den Beschlüssen fügen müsste, die ohne seine Beteiligung gefasst worden waren.

Die Zeit der Arrangements

De Gaulle versuchte seine Niederlage dadurch zu kaschieren, dass er sogleich eine neue Initiative zur Politischen Union auf den Weg brachte. Während Couve de Murville nach der Rückkehr aus Luxemburg im Ministerrat am 2. Februar 1966 beschwichtigend meinte, man habe doch »das, was wir wollten, [...] in einem erheblichen Umfang« erreicht, bestand der Präsident darauf, dass man der supranationalen Falle erst entkommen werde, »wenn wir zu einer politischen Zusammenarbeit zwischen den Sechs kommen«.[73] Nach der Sitzung ließ er verlauten, dass »die Organisation einer europäischen politischen Zusammenarbeit die Entwicklung der wirtschaftlichen Zusammenarbeit sehr erleichtern würde«.[74] Mit Erhard vereinbarte er beim nächsten deutsch-französischen Gipfel am 7. und 8. Februar in Paris ein öffentliches Plädoyer für das politische Europa, auf das der Bundeskanzler dann mit neuen Bemühungen um ein Außenministertreffen reagieren sollte. Am 21. Februar bezeichnete er die Organisation politischer Konsultationen der Sechs in einer Pressekonferenz als »so dringend wie nie zuvor« und beschwor einmal mehr die Vision einer »mächtigen und unabhängigen« europäischen Union, die schließlich auch bei der Überwindung der Blöcke eine entscheidende Rolle spielen würde.[75]

Erhard zögerte jedoch, erneut für die Politische Union zu werben. Nach dem brutalen Erpressungsversuch de Gaulles war er mehr als skeptisch geworden, ob mit dem General noch eine tragfähige Übereinkunft erzielt werden konnte. In den Pariser Verhandlungen bestand er deshalb darauf, erst dann tätig zu werden, wenn sich de Gaulle öffentlich für eine neue Initiative ausgesprochen hatte. Als die vereinbarte Pressekonferenz dann stattfand, sah er sich in seiner Skepsis bestätigt: De Gaulle kündigte nämlich gleichzeitig an, dass Frankreich sich aus der integrierten Verteidigungsorganisation der NATO zurückziehen werde, zu einem nicht näher definierten Zeitpunkt vor dem Auslaufen des Atlantikpakts am 4. April 1969. Das war zwar grundsätzlich nichts Neues – de Gaulle hatte die US-Regierung seine diesbezüglichen Absichten schon Ende November 1964 wissen lassen, und Erhard hatte er beim vorgezogenen deutsch-französischen Gipfel im Juni 1965 informiert. Aber die einseitige, zuvor nicht abgesprochene öffentliche Ankündigung machte doch auch deutlich, dass de Gaulle entschlossen war, den Partnern seine Konzeption von europäischer Sicherheit aufzuzwingen. Einer Verständigung über die Politische Union war ein solches Auftreten nicht förderlich.

Durch die Ankündigung des einseitigen NATO-Rückzugs sah Erhard de Gaulles Europa-Plädoyer zu Recht als »völlig entwertet« an.[76] Das Auswärtige Amt sondierte zwar noch pflichtgemäß bei den Partnern, wie sie die Chancen für eine neue Außenministerkonferenz sähen. Nachdem Luns aber dringend geraten hatte, von einer neuen Initiative abzusehen, wenn Bonn nicht die Beziehungen zu den Niederlanden gefährden wollte, beließ es der Bundeskanzler bei einem öffentlichen Plädoyer für eine Wiederaufnahme regelmäßiger Konsultationen der Außenminister; eine Einladung zu einem neuen Treffen sprach er jedoch nicht aus. Auf dem Bundesparteitag der CDU vom 21. bis 23. März 1966 in Bonn wurde Schröder als erklärter »Atlantiker« und siegreicher Gegenspieler de Gaulles mit Ovationen geradezu überschüttet.[77]

De Gaulle aber entschloss sich, den Austritt aus der NATO-Integration jetzt gleich zu vollziehen. Ohne sich zuvor mit den zuständigen Stellen des Außenministeriums, des Verteidigungsministeriums oder der Regierung beraten zu haben, kündigte er dem amerikanischen Präsidenten Lyndon B. Johnson am 7. März in einem handschriftlichen Schreiben das Ausscheiden Frankreichs aus den integrierten Kommandos der NATO und den Rückzug seiner Truppen aus den integrierten Verbänden an. Gleichzeitig verlangte er den Abzug der integrierten Generalstäbe und der verbündeten Truppen vom französischen Territorium. Zwei Tage später folgten entsprechende Briefe an Erhard, den britischen Premierminister Harold Wilson und den italienischen Ministerpräsidenten Giuseppe Saragat. In einem Memorandum vom 29. März präzisierte er, dass der Abzug der NATO-Streitkräfte und -Einrichtungen innerhalb eines Jahres, also bis zum 1. April 1967, zu erfolgen habe.[78]

Mit der Entscheidung de Gaulles für den einseitigen Rückzug aus der militärischen Integration der NATO rückte das politisch unabhängige Europa endgültig außer Reichweite. Die weithin als unsolidarisch wahrgenommene Aktion löste zwar endlich die überfällige Diskussion über eine Reform der NATO aus. Diese führte jedoch nicht, wie de Gaulle erhofft hatte, zur Konstituierung eines eigenständigen europäischen Pfeilers des Bündnisses, sondern im Gegenteil zu einer Bekräftigung der amerikanischen Führung. Die verbliebenen 14 NATO-Mitglieder verständigten sich am 25. September 1966 auf die Bildung einer Nuklearen Planungsgruppe und die Erarbeitung einer gemeinsamen Strategie. Die Verhandlungen, die sich daraus ergaben, führten bis zum Dezember 1967 zur offiziellen Annahme der Strategie der »flexible response«, die de Gaulle als unglaubwürdig bekämpft hatte, und zur Verabschiedung des Harmel-Reports, benannt nach dem belgischen Außenminister Pierre Harmel, mit dem Verteidigung und Entspannung als gleichrangige Aufgaben des Bündnisses festgeschrieben wurden. Damit war ein starker Impuls dafür gegeben, die Bemühungen um eine Entspannung im Verhältnis zum sowjetischen Block innerhalb des westlichen Bündnisses zu koordinieren und nicht, wie de Gaulle es vorschwebte, sie zur Emanzipation von der amerikanischen Führungsmacht zu nutzen.[79]

Erhard konnte wohl eben noch verhindern, dass Schröder einen Abzug der französischen Truppen aus der Bundesrepublik durchsetzte, die bislang dem NATO-Oberkommando für Europa unterstanden. Die Bundesregierung erklärte sich zunächst »provisorisch« mit dem Verbleib der französischen Truppen einverstanden, brachte dann Verhandlungen zwischen dem Generalstabschef seiner Landstreitkräfte, General Charles Ailleret, und dem NATO-Oberbefehlshaber für Europa, General Lyman Lemnitzer, über das Kommando über die französischen Truppen im Kriegsfall auf den Weg und hielt schließlich in einem offiziellen Briefwechsel mit der französischen Regierung am 21. Dezember 1966 fest, dass die französischen Streitkräfte solange in der Bundesrepublik stationiert bleiben würden, wie die Bundesregierung dies wünschte. Schließlich wurde in einem Briefwechsel zwischen Ailleret und Lemnitzer am 22. August 1967 vereinbart, dass die französischen Truppen im Kriegsfall unter das alliierte Kommando der

Streitkräfte Mitte treten würden; dabei behielt sich die französische Regierung allerdings die Entscheidung vor, ob sie sich überhaupt militärisch beteiligen würde.

Zu weiteren Schritten in Richtung auf eine deutsch-französische Zusammenarbeit auf dem Gebiet der Verteidigung, wie sie de Gaulle bei der Erläuterung seines Rückzugs aus der NATO-Integration angeboten hatte, sah Erhard jedoch weder Anlass noch Gelegenheit. Stattdessen ließ er bei einer Reise nach Norwegen und Schweden Anfang September 1966 erkennen, dass die wirtschaftliche Integration von EWG und EFTA für ihn unterdessen wieder Priorität gewonnen hatte.[80] Demgegenüber quittierte de Gaulle das Ausbleiben jeder Verständigung über eine gemeinsame Strategie der Europäer mit einer Demonstration des Anspruchs auf vollständige *nationale* Unabhängigkeit: Im Dezember 1967, rechtzeitig vor der Veröffentlichung des Harmel-Reports, ließ er Ailleret einen Aufsatz publizieren, in dem verlangt wurde, Frankreich müsse in der Lage sein, »überall zu intervenieren« und sich »in alle Himmelsrichtungen« zu verteidigen.[81]

Die Verhandlungen über die Fragen, die in Luxemburg offengeblieben waren, fanden somit unter dem Vorzeichen wachsender sicherheitspolitischer Entfremdung zwischen Frankreich und seinen Partnern statt. Gerade deswegen standen die Verhandlungen über die wirtschaftlichen Fragen aber auch unter Erfolgszwang: Eine weitere Krise, die nun auch den Bestand und die Weiterentwicklung des Gemeinsamen Marktes in Frage stellte, glaubte sich keiner der Beteiligten mehr leisten zu können. So beharrte Frankreich zwar erneut auf dem Vorrang der Regelung der Agrarfinanzierung in der Übergangsperiode; als die Bundesregierung aber darauf bestand, dass hier getroffene Vereinbarungen erst dann Gültigkeit erlangen sollten, wenn auch hinsichtlich der ausstehenden Marktordnungen, der Vollendung der Zollunion und gemeinsamer Positionen für die GATT-Verhandlungen eine Verständigung erzielt war, musste das die französische Regierung schließlich hinnehmen.

In einer Serie von Ratssitzungen von Ende Februar bis Ende Juli 1966 wurde zunächst eine Verständigung dahingehend erzielt, dass der Übergang zum freien Verkehr der Agrarprodukte, den die Kommission für den 1. Juli 1967 vorgesehen hatte, auf einen Zeitraum von zwölf Monaten, also bis zum 1. Juli 1968, gestreckt wurde. Die Zollunion für gewerbliche Produkte sollte in zwei Schritten ebenfalls bis zum 1. Juli 1968 vollendet werden. Hinsichtlich der Finanzierung des Agrarfonds einigte man sich am 11. Mai 1966 im Wesentlichen auf den Kompromissvorschlag, den die Kommission für die Übergangsperiode formuliert hatte, also die Finanzierung aus Mitgliedsbeiträgen und Abschöpfungen. Dabei konnte die Bundesregierung durchsetzen, dass ihr Finanzierungsanteil in der zweiten Hälfte der Übergangsperiode, also ab 1. Juli 1967, um 0,8 Prozentpunkte geringer ausfiel als der französische Anteil (31,2 Prozent gegenüber 32 Prozent) und Agrarexporte in die DDR nicht mehr als Exporte in Drittländer behandelt wurden. Der Anteil des Agrarbudgets, der für eine Verbesserung der Agrarstruktur zur Verfügung stand, wurde auf eine feste Summe beschränkt.

Am 14. Juni 1966 einigte sich der Rat nach tatkräftiger Vorarbeit durch die Kommission auf ein Verhandlungsmandat für die Kennedy-Runde der GATT-Verhandlungen. Es enthielt zwar hinsichtlich der Höhe der angebotenen Zollsätze einige Zugeständnisse an Frankreich, bezog aber insgesamt den ganz überwiegenden Teil des Außenhandels der Gemeinschaft in die weltweiten Zollsenkungen mit ein, wie es vor allem die Bundesrepublik und die Niederlande angestrebt hatten. Dass die französische Wirtschaft unterdessen in zunehmendem Maße ebenfalls an einer Senkung der Industriezölle interessiert war, erleichterte die Verständigung. Schließlich erfolgte, ebenfalls von der Kommission vorbereitet, am 27. Juli 1966 eine Einigung über den Agrarteil des Mandats für die Kennedy-Runde. Gleichzeitig wurden nach langen und teilweise äußerst harten Verhandlungen Marktordnungen für Zucker und Fette verabschiedet, ebenso wie wichtige Ergänzungen der Marktordnung für Obst und Gemüse sowie gemeinsame Preise für Milch, Rindfleisch, Zucker, Ölsaaten, Olivenöl und Reis. Den Forderungen, die italienische und deutsche Produzenten an den Gemeinsamen Agrarmarkt richteten, wurde damit weitgehend Rechnung getragen, zum Nachteil der Finanzbudgets nicht nur der bisherigen Nettozahler.[82]

Nachdem die Kommission ein vollständiges Verhandlungsmandat erhalten hatte, konnte die Kennedy-Runde der GATT-Verhandlungen endlich in ihre entscheidende Phase gehen. Sie führte zur Unterzeichnung eines umfassenden Abkommens am 15. Juni 1967. Dabei fielen die Zollsenkungen im landwirtschaftlichen Bereich eher bescheiden aus: Statt die Zollsätze um bis zu 50 Prozent zu verringern, wie dies die USA gefordert hatten, wurde nur eine Reduzierung um durchschnittlich 22 Prozent erreicht – nicht zuletzt, weil sich die US-Regierung weigerte, auch die Exportsubventionen in die Berechnungen mit einzubeziehen. Der hohe Agrarprotektionismus der Industrieländer blieb damit im Wesentlichen erhalten, zu Lasten der Modernisierungschancen sogenannter Entwicklungsländer. Dagegen wurde im Bereich der Industriegüter ein wirklicher Durchbruch erzielt: Für mehr als zwei Drittel der verhandelten Produkte konnte eine Reduzierung der Zölle um 50 Prozent vereinbart werden. Im Durchschnitt aller Produkte betrug die Reduzierung 35 Prozent; sie sollte in einem Zeitraum von fünf Jahren, bis zum 1. Januar 1972, schrittweise durchgesetzt werden. Dank ihres geschlossenen Auftretens konnte die EWG eine starke Verhandlungsmacht entwickeln. Damit zwang sie die US-Regierung letztlich, der wechselseitigen Öffnung der industriellen Märkte zuzustimmen, obwohl sie ihr die von den amerikanischen Farmern mit Nachdruck geforderte einseitige Öffnung der Agrarmärkte verweigerte.[83]

Hinsichtlich der Fusion der Exekutiven und der Bestellung einer neuen gemeinsamen Kommission setzte Schröder dem französischen Drängen weiter hartnäckigen Widerstand entgegen. Für ihn war das Festhalten an Hallstein integraler Bestandteil der Machtprobe mit de Gaulle, die immer noch nicht ganz ausgestanden war. Erhard konnte sich einen Verzicht auf Hallstein innerparteilich nicht leisten, und er sah in seiner Verstimmung über die mangelnde Solidarität des französischen Präsidenten auch keinen Grund mehr, wegen der französischen Forderungen seine Position zu riskieren. So stimmte die deutsche Delegation in der Ministerratssitzung vom 5. April 1966 zwar der französischen Forderung zu, für die Besetzung des Präsidiums der gemeinsamen Kommission einen Zwei-Jahres-Turnus einzuführen. Sie bestand aber darauf, dass das jeweilige Mandat um weitere zwei Jahre verlängert werden konnte. Weiter schlug sie vor, für die ersten zwei Jahre Hallstein mit dem Vorsitz der gemeinsamen Kommission zu betrauen.[84]

Einen belgischen Vermittlungsvorschlag, das neue Mandat Hallsteins auf ein Jahr zu begrenzen, lehnte Schröder ebenso ab wie de Gaulles Zugeständnis, Hallstein könne nach der Fusion »noch einige Monate« amtieren – so beim deutsch-französischen Gipfeltreffen am 21. Juli 1966.[85] Stattdessen schlug er vor, die jetzige Kommission, die bei den Entscheidungen zum Gemeinsamen Agrarmarkt und zu den GATT-Verhandlungen so hilfreich gewesen war, bis zum Inkrafttreten der Zollunion am 1. Juli 1968 im Amt zu belassen. Die Fusion der Exekutiven sollte solange verschoben werden. Die Bundesregierung weigerte sich, einem Termin zur Hinterlegung der Ratifikationsurkunden des Fusionsvertrags zuzustimmen, und hielt Hallstein so de facto weiter im Amt.

Die wechselseitige Blockade löste sich erst auf, nachdem Erhard im November 1966 gestürzt worden war und zum 1. Dezember eine Große Koalition aus CDU und SPD die Regierungsgeschäfte in Bonn übernommen hatte. Mit Kurt-Georg Kiesinger gelangte ein CDU-Politiker ins Amt des Bundeskanzlers, der die Wiederannäherung der Bundesrepublik an Frankreich für vordringlich hielt. Kiesinger war ein süddeutscher Bildungsbürger, der eine große Wertschätzung für Frankreich, seine Sprache und seine Kultur mitbrachte. Als langjähriger Vorsitzender des Außenpolitischen Ausschusses des Bundestages (vor seinem Wechsel in das Amt des Ministerpräsidenten von Baden-Württemberg Ende 1958) hatte er zudem ein Europakonzept entwickelt, das den Vorstellungen de Gaulles deutlich näher kam als die Konzeptionen von Schröder oder auch Hallstein. Ohne die Frontstellung gegenüber den USA so stark zu betonen wie der französische Präsident, setzte er seine Hoffnungen doch auf ein handlungsfähiges Kerneuropa, das wirkliches Eigengewicht gegenüber den USA besaß. Dabei ging er mit skeptischem Pragmatismus davon aus, dass die Nationalstaaten auf absehbare Zeit die zentralen Akteure des europäischen Einigungsprozesses bleiben würden.[86]

Dem SPD-Vorsitzenden Willy Brandt als neuem Außenminister war ebenfalls an stärkerer Handlungsfähigkeit eines vereinten Europas gelegen. Zudem stand er unter dem Druck seines Parteifreundes Karl Schiller, der als Wirtschaftsminister auf eine rasche Fusion der Exekutiven drängte. Nur wenn die Fusion nicht weiter blockiert wurde, ließ sich eine gemeinsame Energiepolitik in Gang setzen, die die Bundesrepublik angesichts der Krise des Kohlebergbaus jetzt anstrebte. Um die Blockade zu überwinden, ohne Hallstein zu beschädigen, ließ er Staatssekretär Lahr bei einem Außenministertreffen der Sechs am 22. Dezember vorschlagen, der Fusionsvertrag solle zum 1. Januar 1966 in Kraft treten und Hallstein dann, wie von Schröder vorgeschlagen, bis zur Vollendung der Zollunion am 1. Juli 1968 amtieren, jetzt allerdings als Präsident der gemeinsamen Kommission.

De Gaulle begegnete diesem Vorstoß mit der Forderung, den deutschen Vorschlag nicht im Ministerrat der Sechs zu diskutieren, sondern beim nächsten deutsch-französischen Gipfel am 12. und 13. Januar 1967 in Bonn. Dort meinte Kiesinger, sich als »etwas bescheidener«[87] als sein Außenminister präsentieren zu können: Er wollte sich damit zufrieden geben, wenn Hallstein noch »für einige Zeit« nach dem Vollzug der Fusion als Kommissionspräsident amtierte. Als de Gaulle nachstieß, diese Zeit sollte doch vor dem Jahresende abgelaufen sein, ergab sich daraus die Verständigung, dass die Bundesregierung bei einer Gipfelkonferenz der Sechs, die für den kommenden Juni vorgesehen war, dem sofortigen Vollzug der Fusion zustimmen und Hallstein dann noch für ein halbes Jahr zum Präsidenten der gemeinsamen Kommission bestellt würde. Zu der Gipfelkonferenz hatte Fanfani eingeladen, offiziell um den zehnten Jahrestag der Unterzeichnung der Römischen Verträge zu feiern, tatsächlich jedoch um die Bemühungen um eine politische Zusammenarbeit wieder aufzunehmen.

Nach entsprechendem Druck aus den Reihen der CDU/CSU und Widerstand im Auswärtigen Amt stellte Kiesinger diese Absprache wieder in Frage: Er wollte jetzt einen früheren Vollzug der Fusion und eine Verlängerung der Amtszeit Hallsteins über den 31. Dezember 1967 hinaus. Dazu war de Gaulle freilich nicht bereit. Nachdem der deutsche Bundeskanzler einen Vollzug der Fusion in den nächsten Monaten praktisch zugesagt hatte, bestand für ihn auch kein Anlass mehr, weitere Zugeständnisse zu machen. Im Gegenteil: Angesichts der deutschen Nachbesserungsforderungen machte die französische Regierung deutlich, dass sie zusammen mit der Bestellung Hallsteins auch schon seine Nachfolge regeln wollte. Der Einfluss Hallsteins auf die Gestaltung der gemeinsamen Kommission drohte damit noch weiter zu schwinden.

Folglich dauerte die Kraftprobe um Hallstein noch weiter an. Letztlich blieb der Bundesregierung aber nichts anderes übrig, als nachzugeben, wenn sie den neuerlichen Anlauf zu einer Verständigung über die politische Gemeinschaft nicht gefährden wollte, den Fanfani mit seiner Einladung zu einem Gipfeltreffen in Rom eingeleitet hatte. Als der Termin der Gipfelkonferenz näher rückte, wollte Brandt Couve de Murville bei einem Abendessen anlässlich des deutsch-französischen Außenministertreffens am 27./28. April die französische Zustimmung zu einer Verlängerung der Amtszeit Hallsteins zumindest bis zum 31. März 1968 abringen. Das Essen endete jedoch mit einer Bestätigung der französischen Positionen in allen wesentlichen Punkten: Die Fusion sollte zum 1. Juli vollzogen werden, Hallsteins neue Amtszeit sollte am 31. Dezember 1967 enden, und mit seiner Bestellung sollte auch schon über seinen Nachfolger und die künftige Zusammensetzung der Kommission entschieden werden. Couve de Murville räumte lediglich ein, dass Hallstein anschließend weiter Mitglied der Kommission bleiben könne, etwa als Vizepräsident.

Das war nun allerdings eine Lösung, die für Hallstein nicht mehr akzeptabel war. Der Verkürzung seiner Amtszeit als Präsident der gemeinsamen Kommission auf ein halbes Jahr hatte er noch zugestimmt, wenn auch unter dem Vorbehalt, dass alle Regierungen damit einverstanden wären (und in der Hoffnung, dass sich wenigstens die niederländische Regierung für eine längere Amtszeit einsetzen würde). Dass ihm aber nun auch noch gleich der Nachfolger zur Seite gestellt werden sollte, ließ ihm ein weiteres Engagement nicht mehr als sinnvoll erscheinen. In einer Weiterverwendung als Vizepräsident sah er zu Recht eine Schwächung des politischen Gewichts der Kommission. So bat er den Bundeskanzler in einem Schreiben am 3. Mai, ihn nicht erneut zu nominieren. Zur Begründung führte er nicht nur an, dass die vorgesehene Amtszeit nicht ausreiche, um seine Erfahrung für eine Integration der drei Vorgänger-Exekutiven zur Verfügung zu stellen. Er machte auch geltend, dass eine Vereinbarung zwischen den Regierungen und dem Kandidaten über eine Begrenzung der Amtszeit die Unabhängigkeit der Kommission gefährden würde.[88]

Indem Hallstein sich auf diese Weise in Schadensbegrenzung übte, ließ er Kiesinger umso deutlicher als Verlierer der Kraftprobe erscheinen. In der deutschen Presse, aber auch bei den Regierungen der anderen Mitgliedsstaaten erntete der Bundeskanzler für sein Verhalten viel Kritik. Tatsächlich war der Sieg de Gaulles aber gar nicht so groß, wie er aussah: Erstens hatte er nahezu zwei Jahre gebraucht, um Hallstein loszuwerden. Und zweitens musste er mit Jean Rey einen Nachfolger akzeptieren, der sein Amt nicht weniger politisch verstand als Hallstein und der als Verhandlungsführer in den GATT-Verhandlungen soeben großes Prestige errungen hatte. Mansholt, den er ebenso im Visier gehabt hatte, blieb Vizepräsident. Nur Marjolin konnte er durch den Wirtschaftsprofessor Raymond Barre ersetzen. Weder eine vollkommene Auswechslung der Kommission, wie er sie zunächst verlangt hatte, noch deren Schwächung waren damit erreicht. Gleichzeitig konnten sich Kiesinger und Brandt sagen, dass sie den Weg für einen weiteren Ausbau der Gemeinschaft frei gemacht hatten. Die Blockadestrategie Schröders war in dieser Hinsicht auf die Dauer nicht zielführend.

Mit dem Inkrafttreten des Fusionsvertrags zum 1. Juli 1967 stieg die Zahl der Mitglieder der Kommission vorübergehend von neun auf 14. Der Ausschuss der Ständigen Vertreter, der in den Römischen Verträgen noch gar nicht vorgesehen war, wurde institutionalisiert. Luxemburg wurde für den Verlust der Hohen Behörde der Montanunion mit einer Reihe neuer Behörden entschädigt, insbesondere der Europäischen Investitionsbank, dem Amt für amtliche Veröffentlichungen der Gemeinschaften und dem Statistischen Amt. Außerdem wurde festgelegt, dass der Rat drei Monate im Jahr seine Sitzungen hier abhalten sollte. Luxemburg blieb auch Sitz des Gerichtshofs der Gemeinschaften und des Sekretariats der Parlamentarischen Versammlung. Gleichwohl lag das Schwergewicht der Institutionen der Gemeinschaft nun noch deutlicher als zuvor in Brüssel. Mit der Vollendung des Berlaymont-Gebäudes als neuem Sitz der Kommission Ende 1969 kam dies auch symbolisch zum Ausdruck. Nachdem die Umzüge aus Luxemburg im Laufe des Sommers 1968 stattgefunden hatten, arbeiteten in Brüssel nun etwa 5.000 Beamte für die verschiedenen Direktorate der Kommission.[89]

Die Rückkehr der britischen Frage

Die Option für den Ausbau der Gemeinschaft empfahl sich umso mehr, als unterdessen auch die Frage eines Beitritts Großbritanniens und der benachbarten EFTA-Länder wieder auf der Tagesordnung stand. In Großbritannien hatte die herbe Zurückweisung durch de Gaulle zunächst den Gegnern eines Beitritts zu den europäischen Gemeinschaften wieder Auftrieb gegeben. Die Unterhauswahlen vom Oktober 1964 hatte die Labour Party gewonnen, die sich zuvor in der Opposition gegen den Beitrittsantrag Macmillans ausgesprochen hatte. Mit Harold Wilson war ein Vertreter des linken Parteiflügels Premierminister geworden, der eine EWG-Mitgliedschaft für unvereinbar mit sozialistischer Planwirtschaft hielt und auf eine unabhängige Rolle Großbritanniens in der Weltpolitik setzte, gestützt auf ein reformiertes Commonwealth.

Das Scheitern eines ambitionierten nationalen Wirtschaftsplans in Verbindung mit zunehmender Eigenwilligkeit der Commonwealth-Länder, besonders mit der sehr schmerzhaft empfundenen Austrittserklärung Rhodesiens im November 1965, führte jedoch auch bei Wilson zu einem schrittweisen Umdenken. Im Januar 1966 ließ er schon einmal einen Kabinettsausschuss insgeheim die wirtschaftlichen Implikationen eines britischen EWG-Beitritts überprüfen; im August berief er George Brown zum Außenminister, neben Roy Jenkins und

Michael Stewart einer der wenigen engagierten Beitritts-Befürworter in der La-
bour-Führung. Am 22. Oktober brachte er ein immer noch überwiegend skep-
tisches, bisweilen sogar feindseliges Kabinett dazu, einer »Erkundung« bei den
Regierungen der Sechs zuzustimmen, ob und zu welchen Bedingungen ein Beitritt jetzt möglich sei. Am 10. November gab er dieses Vorhaben im Unterhaus
bekannt – mit einer Erklärung, die bei aller Unverbindlichkeit Entschlossenheit
signalisierte: »Ich will dieses Haus wissen lassen, dass die Regierung die Gespräche
mit der klaren Absicht und Entschlossenheit beginnen wird, der EWG beizutreten, sofern die wesentlichen Interessen Großbritanniens und des Commonwealth
gewahrt bleiben.«[90]

Tatsächlich war Wilson unterdessen wohl ziemlich überzeugt, dass es zu einer
britischen Mitgliedschaft keine Alternative mehr gab. Sie würde zunächst zu einem Anstieg der Lebensmittelpreise und damit auch der Lebenshaltungskosten
führen, aber letztlich würde nur bei freiem Zugang zum Gemeinsamen Markt
und einer Beteiligung an seinen Modernisierungsprogrammen neues industrielles
Wachstum möglich sein. Wilson warb für »eine neue technologische Gemeinschaft«, die der amerikanischen Herausforderung trotzte und die Grundlage für
eine starke Stellung Europas in der Welt bildete. Möglicherweise hoffte er dabei
auch auf eine Führungsrolle Großbritanniens in Europa und auf Europa als neue
Grundlage britischer Größe, die an die Stelle des verblassenden Commonwealth
trat; Brown jedenfalls äußerte sich wiederholt in diesem Sinne.[91] So oder so hatte
Wilson seinen Modernisierungstraum europäisiert. Da dies ganz der Entwicklung
des französischen Denkens entsprach, sah er auch realistische Chancen, de Gaulle
nach einigen Abwehrreaktionen für eine Erweiterung der Gemeinschaft gewinnen zu können.

Wie aus dem weiteren Vorgehen deutlich wird, setzte er seine Hoffnungen
dabei vor allem auf die Bundesregierung. Mit dem Regierungseintritt der SPD
sah er dort das pro-britische Element gestärkt. Außenminister Brandt sollte im
gemeinsamen Interesse der Sozialisten Druck auf die französische Regierung ausüben. »Willy, du musst uns rein bringen, damit wir die Führung übernehmen
können«, sagte Brown seinem deutschen Kollegen bei einem Treffen der Sozialistischen Internationale am 5. Januar 1967 in Rom.[92] In Paris wurden Wilson und
Brown bei ihrem Besuch am 25. und 26. Januar nicht gerade mit offenen Armen
empfangen. De Gaulle zeigte zwar eine gewisse Genugtuung, dass England »nun
wirklich wünschte, sich mit dem Kontinent zu verbinden«, betonte dann aber
die Probleme, die mit einem britischen Beitritt auf die Gemeinschaft zukommen
würden, und bat seine Gäste, doch auch über Alternativen zu einem Beitritt nachzudenken: eine Assoziation oder auch »etwas völlig Neuartiges«.[93] Brown drängte
Brandt daraufhin, in den deutsch-französischen Gesprächen entschieden für eine

Vollmitgliedschaft Großbritanniens einzutreten. Wenn alle gemeinsam eine starke Front gegen de Gaulle aufbauten, werde der General schließlich nachgeben.

Brandt freilich war von den hemdsärmeligen Methoden Browns wenig angetan. So sehr ihm eine britische Mitgliedschaft am Herzen lag, aus politischen Gründen ebenso wie im Interesse der deutschen Exportwirtschaft, einen Bruch mit Frankreich, wie ihn Brown als Alternative nahe legte, konnte und wollte er nicht riskieren. Erst recht wollte Kiesinger dem Engagement für einen britischen Beitritt keinen besonderen Nachdruck verleihen. Er hegte große Zweifel, ob die Briten wirklich zur Mitarbeit an einem politischen Europa bereit waren, und ventilierte daher – erstmals beim Gipfelgespräch mit de Gaulle am 13. Januar – die Idee einer Trennung zwischen erweiterter Wirtschaftsgemeinschaft und engerer politischer Gemeinschaft der Sechs. Beim Besuch der beiden britischen Sondierer am 15. und 16. Februar widersetzte er sich dem heftigen Drängen Wilsons, Druck auf de Gaulle auszuüben. Der deutsche Botschafter in London, Herbert Blankenhorn, ein Befürworter des britischen Beitritts, schrieb in sein Tagebuch: »Das Negative war die äußerst reservierte Kühle, ja fast ängstliche Haltung der Bundesregierung, die geradezu immer mit einem Ohr zum Fenster hinaushörte, ob nicht bereits schon wieder negative Stimmen aus Paris hörbar werden.«[94]

Wilson ließ sich durch den kühlen Empfang, der ihm in Bonn bereitet worden war, nicht davon abhalten, den Beitritt jetzt zu forcieren. Wie Brown notierte, wurde »unsere Linie während der Rundreise immer fester, und als sie zu Ende war, hatten wir uns praktisch entschieden, den Beitrittsantrag zu stellen«.[95] Wilson berichtete dem Kabinett, er habe bei seinen Besuchen in den Hauptstädten der Sechs viel erreicht. Das rief bei vielen Ministern den Eindruck hervor, dass der Versuch eines Beitritts zu akzeptablen Bedingungen jetzt gewagt werden müsse. Am 2. Mai kündigte Wilson vor dem Unterhaus an, dass seine Regierung einen neuen Beitrittsantrag stellen wolle. Nachdem eine breite Mehrheit aller drei großen Parteien dem Vorhaben am 10. Mai zugestimmt hatte, wurde der Antrag am 11. Mai in Brüssel eingereicht. Am gleichen Tag legten auch die Regierungen Irlands und Dänemarks neue Beitrittsanträge vor. Sich der britischen Initiative anzuschließen, war für Irland eine wirtschaftliche Notwendigkeit, für Dänemark eine lang erwartete Gelegenheit. Der dänische Ministerpräsident Jens Otto Krag, ein Parteifreund Brandts, hatte alles getan, um das Zustandekommen des britischen Antrags zu unterstützen. Der norwegische Antrag folgte etwas später (und zwar am 24. Juli). Wie 1961 benötigte Premierminister Per Borten etwas mehr Zeit, um die widerstrebenden Kräfte in der Regierungskoalition hinter sich zu bringen.[96]

De Gaulle beeilte sich sogleich, auch öffentlich deutlich zu machen, dass er den britischen Beitritt weiterhin ablehnte. In einer Pressekonferenz am 16. Mai warnte er, ein Beitritt Großbritanniens würde zum Abgleiten der Gemeinschaft in eine atlantisch orientierte Freihandelszone führen, und stellte die Briten vor die Alternative, sich entweder mit einer Assoziation zu begnügen oder zu warten, »bis dieses große Volk die tiefgreifende wirtschaftliche und politische Umwälzung, die es anstrebt, selbst vollendet hat«.[97] Demgegenüber wollten die Regierungen der Fünf die neue Chance nutzen, die Gemeinschaft zu erweitern. Sie war in ihren Augen umso größer, als Wilson und Brown versicherten, die Regeln des Gemeinsamen Marktes jetzt ohne Modifikationen akzeptieren zu wollen, und sie zugleich Bekenntnisse zu einem politischen Europa ablegten. Anders als 1961 setzte sich darum auch die Kommission engagiert für die Beitrittsanträge ein. Auf der anderen Seite waren die Fünf aber auch darauf bedacht, eine abermalige Krise der Gemeinschaft, wie sie sie gerade erlebt hatten, zu vermeiden. Das Ergebnis der widerstreitenden Impulse war ein Auftrag an die Kommission, beschlossen in der Ministerratssitzung vom 26. Juni, einen Bericht über die Beitrittsanträge anzufertigen. Bis er vorlag, sollten insbesondere die Deutschen versuchen, die Bedenken de Gaulles zu zerstreuen.

Kiesinger versuchte freilich erst gar nicht, de Gaulle von der Ernsthaftigkeit des britischen Wandels zu überzeugen. Selbst von der Sorge vor einer Verwässerung der Gemeinschaft erfüllt, versuchte er vielmehr, den offensichtlich unvermeidlichen Beitritt der Briten so lange hinauszuzögern, bis die politische Union konkrete Formen angenommen hatte. Gegenüber dem französischen Staatspräsidenten plädierte er daher nur dafür, »in dem begonnenen Verfahren Zeit zu gewinnen«. Den Schock einer abermaligen brutalen Absage Frankreichs werde ihm die öffentliche Meinung in der Bundesrepublik nicht verzeihen.[98] Als die Brüsseler Kommission am 29. September erwartungsgemäß empfahl, Verhandlungen mit den Beitrittskandidaten aufzunehmen, schlug er vor, jetzt zunächst einmal die Schwierigkeiten genauer überprüfen zu lassen, die in ihrem Bericht erwähnt wurden.[99]

De Gaulle war aber noch nicht einmal zu einer solchen Form der Verschleppung des Verfahrens bereit. Die Gemeinschaft, führte er im engeren Kreis seiner Minister am 16. Oktober aus, »hat Einiges zu tun: Fusion der Gemeinschaften, Überprüfung der Finanzordnung, und weiß Gott welche Probleme wir noch haben werden. Solange das noch nicht erledigt ist, kann die Gemeinschaft nicht verhandeln. Es braucht Zeit, bis England zum Eintritt fähig sein wird und bis die Gemeinschaft dazu in der Lage sein wird. Man kann sagen, dass wir uns all das im Jahr 1970 wieder anschauen werden.«[100] De Gaulle wusste, dass seine Weigerung, jetzt Verhandlungen über die Beitrittsanträge zu beginnen, eine neue Krise in der Gemeinschaft auslösen würde; er vertraute aber darauf, dass auch diese Krise zeitlich begrenzter Natur sein würde, weil die Partner ja alle ein vitales Interesse an einer funktionierenden Gemeinschaft hatten.

Als die Regierung Wilson am 18. November der Forderung nach Abbau ihres Zahlungsbilanzdefizits mit einer spektakulären Abwertung des britischen Pfundes um 13,4 Prozent entgegenkam, konterte der General mit einer weiteren Pressekonferenz am 27. November, in der er die Sanierung der britischen Wirtschaft als eine Mammutaufgabe bezeichnete, die die Gemeinschaft überfordern und zu ihrem Auseinanderbrechen führen würde. Deutlicher noch als am 16. Mai lehnte er Verhandlungen zum gegenwärtigen Zeitpunkt als voreilige Festlegung auf eine »Zerstörung des europäischen Gebäudes« ab.[101] Das Einzige, was er Kiesinger zugestand, war die Bereitschaft, die Beitrittsanträge nicht von der Tagesordnung des Rates zu nehmen. In der Ratssitzung vom 18./19. Dezember plädierten die Außenminister der Fünf, wie sie es zuvor abgesprochen hatten, für die Aufnahme von Beitrittsverhandlungen; Couve de Murville hielt dagegen. Da niemand einen Antrag auf Abstimmung stellte, blieb die Beitrittsfrage weiter offen.

In den folgenden Monaten versuchten die Fünf immer wieder, den offensichtlich störrischen General doch noch zum Einlenken zu bringen. Zunächst, am 19. Januar 1968, forderten die Regierungen der drei Benelux-Länder die Einrichtung eines Konsultationsverfahrens zwischen der Gemeinschaft und den Beitrittskandidaten sowie die Verabredung gemeinsamer Aktionen daran interessierter Länder in solchen Bereichen, die noch nicht vergemeinschaftet waren – so die Rüstungsproduktion und die technologische Entwicklung. Die Bundesregierung stimmte der Idee eines Verbindungsorgans zu, schlug aber anstelle einer Zusammenarbeit interessierter Länder (also möglicherweise ohne Frankreich) die Bildung einer handelspolitischen Präferenzzone mit den Antragstellern verbunden mit der Perspektive eines Beitritts vor. Nachdem de Gaulle in der Krise des Mai 1968 in arge Bedrängnis geraten war, präsentierte Brandt am 27. September im Ministerrat ein »Aktionsprogramm«, das den Vorschlag eines Handelsarrangements um die Idee einer Arbeitsgruppe aus Vertretern der Mitgliedsländer und Beitrittskandidaten ergänzte, die sich mit Fragen der Zusammenarbeit und des Beitritts befassen sollte. Sobald sich in dieser Arbeitsgruppe genügend Übereinstimmung zeigte, sollten die Außenminister der Sechs und der Antragsteller zu einer Konferenz zusammenkommen.

Für die Ausübung des Drucks, wie sie den Benelux-Vertretern und der italienischen Regierung vorschwebte, war jedoch vor allem Kiesinger nicht zu haben. Die deutschen Überredungsversuche hingegen führten nur zu wachsender deutsch-französischer Frustration. De Gaulle blieb bei seinem Nein zu allen Verfahrensvorschlägen, die einen Übergang zu Beitrittsverhandlungen implizierten. Michel Debré, de Gaulles neuer Außenminister seit der Regierungsumbildung im Anschluss an die Mai-Krise, quittierte Brandts »Aktionsprogramm« nicht nur mit einer neuen Warnung vor den tiefgreifenden Wandlungen der Gemeinschaft im Falle einer Erweiterung. Im Gespräch mit Journalisten dramatisierte er die

Situation, indem er von einer »letzten Chance« der Deutschen sprach, sich der
französischen Haltung anzuschließen. Andernfalls, so drohte er, könne es durchaus auch zu einem »Einfrieren des Gemeinsamen Marktes« kommen.[102]

Die Krise, die sich aus der französischen Weigerung ergab, über das britische
Beitrittsgesuch zu verhandeln, nahm umso dramatischere Ausmaße an, als sich
zunächst die niederländische Regierung und dann auch die Regierungen Belgiens
und Italiens ihrerseits weigerten, einem weiteren Ausbau der Gemeinschaft in den
verschiedenen Feldern zuzustimmen, wenn nicht gleichzeitig über den britischen
Beitritt entschieden wurde. Die Niederländer boykottierten schon einen Vorstoß
zur Wiederbelebung der Pläne für eine Politische Union, den Kiesinger – einer
letzten Anregung Adenauers folgend[103] – auf der Jubiläums-Gipfelkonferenz am
29./30. Mai 1967 in Rom unternahm. Die Italiener unterstützten sie bei ihrem
Junktim, als die Bundesregierung im Interesse einer gemeinsamen Energiepolitik
im Oktober 1967 die Fusion der drei Gemeinschaften auf den Weg bringen wollte. Anfang 1968 blockierten beide Regierungen den Abschluss eines Berichts über
technologische Zusammenarbeit mit der Forderung, zunächst müsse der Ministerrat über die Hinzuziehung der Beitrittskandidaten zu den Verhandlungen
entscheiden. Die italienische Regierung forderte in einem Memorandum vom
23. Februar 1968, in den Bereichen der Gemeinsamen Agrarpolitik, Handels-,
Wettbewerbs-, Steuer-, Energie- und Industriepolitik nichts zu unternehmen, was
den Beitritt der vier Kandidaten erschweren könne.[104]

Die Bundesregierung ging auf das Junktim der Vier ein, indem sie in ihrem
»Aktionsprogramm« vom 27. September auch Maßnahmen zum inneren Ausbau
der Gemeinschaft auflistete, darunter über die bisher diskutierten Projekte hinaus
eine engere Abstimmung der Wirtschafts- und Währungspolitik, und betonte,
dass ihre Vorschläge »als ein Ganzes zu werten« seien.[105] Damit unternahm sie
nicht nur einen Versuch, die auseinander strebenden Kräfte in der Gemeinschaft
zusammen zu halten. Sie signalisierte der französischen Regierung auch, dass der
Ausbau der Gemeinschaft, an der ihr in vielfacher Hinsicht ebenfalls gelegen war,
letztlich nur zu haben sein würde, wenn sie der Erweiterung endlich zustimmte.

Angesichts des Scheiterns des deutschen Vermittlungsversuchs forcierte Belgiens Außenminister Harmel die Idee eines Vorgehens ohne Frankreich: In einer
Rede vor der Organisation europäischer Journalisten am 3. Oktober schlug er
vor, jetzt die Möglichkeit einer engen Kooperation mit Großbritannien in den
Bereichen politische Zusammenarbeit, Verteidigung, Technologie und Währung
zu prüfen. Dies sollte im Rahmen der WEU geschehen, der Großbritannien ja
angehörte. Die WEU-Mitglieder sollten sich zu regelmäßigen Konsultationen in
diesen Bereichen verpflichten. Sollte ein Mitglied noch nicht bereit sein, in dem
einen oder anderen Bereich mitzuarbeiten, dürfe das »nicht als eine permanente

Bremse wirken. Wenn man immer abwarten würde, bis alle Reisenden abfahrbereit sind, würde nie ein Zug losfahren.«[106]

De Gaulle wusste freilich auch den Bau der hier konstruierten Brücke zu einer EWG-Mitgliedschaft Großbritanniens zu torpedieren. Als die drei Benelux-Vertreter während der nächsten Ministerratstagung der WEU am 21. Oktober in Rom beantragten, eine Studiengruppe zu den Harmel-Vorschlägen einzurichten, legte Debrés Staatssekretär Jean de Lipkowski sein Veto ein. Erneute Verhandlungen über das Harmel-Konzept auf der WEU-Ratstagung vom 6./7. Februar 1969 brachten »wieder ein schreckliches Gewürge«, wie Brandt in einem Schreiben an Kiesinger vorausgesagt hatte.[107] Um die Etablierung regelmäßiger außenpolitischer Konsultationen zu forcieren, lud die britische Regierung, die gerade den Ratsvorsitz in der WEU innehatte, kurzfristig zu einer Sondersitzung zur Beratung der Nahostpolitik ein. Während die Regierungen der Vier und auch die Bundesregierung der Einladung Folge leisteten, blieb Frankreich der Sitzung am 14. Februar fern. Am 19. Februar kündigte die französische Regierung an, erst dann wieder an Ratssitzungen der WEU teilzunehmen, wenn die Partner zur Einstimmigkeitsregel bei ihrer Einberufung zurückkehrten.

Unterdessen wuchs der öffentliche Druck auf die französische Regierung. Jean Monnet nahm nicht nur Wilson demonstrativ in sein Aktionskomitee auf, sondern auch Edward Heath, den Verhandlungsführer des ersten britischen Beitrittsgesuchs und nunmehrigen Führer der konservativen Opposition im Unterhaus. Verbände und Parlamente forderten die zügige Aufnahme von Beitrittsverhandlungen, und Kommissionspräsident Rey warnte öffentlich vor einer Krise des Gemeinschaftswerks. Ein Europäischer Parlamentarier-Kongress, der am 8. und 9. November 1968 in Den Haag tagte, forderte einen raschen Ausbau der Gemeinschaft inklusive der Erweiterung als Antwort auf die Krise politischer Führung, die der Mai 1968 offenbart hatte, und die Erschütterung der Europäer durch die Niederschlagung des Prager Frühlings.[108]

Frankreich auf dem Weg zur Wende

Für den Ausgang der Krise, die durch das zweite Beitrittsgesuch einer britischen Regierung entstanden war, waren zwei Dinge entscheidend: *Erstens* ließ sich Wilson durch die ablehnende Haltung de Gaulles nicht von seinem Drängen abbringen. Er unterband nicht nur jede Diskussion der französischen Weigerung im Kabinett, sondern intensivierte sein Bekenntnis zur Wirtschaftsgemeinschaft in der bestehenden Form und zu ihrem Ausbau zu einer politischen Gemeinschaft. Die Notwendigkeit einer stärkeren politischen Rolle Europas in der Weltpolitik, gestützt auf technologische Konkurrenzfähigkeit mit den USA, rückte in den Mittelpunkt seiner Argumentation. Damit baute er verbliebene Zweifel an der Europafähigkeit der Briten im Kreis der Fünf ab und bestärkte deren Engagement für den britischen Beitritt. Mit Joseph Luns und dessen italienischem Kollegen Pietro Nenni, den beiden engagiertesten Vorkämpfern für den Beitrittsantrag im Kreis der Fünf, entwickelte er einen regen Austausch. Gleichzeitig förderte er eine Fülle bilateraler britisch-kontinentaler Projekte, die die technologische Gemeinschaft schon einmal in Gang zu bringen versprachen: so die Concorde, den Airbus und den Bau einer Gaszentrifuge zur Urananreicherung gemeinsam mit Deutschland und den Niederlanden. Hinter Wilsons Drängen auf eine rasche Vollmitgliedschaft stand die Überzeugung, dass das Gewicht Großbritanniens innerhalb der Gemeinschaft umso geringer ausfallen würde, je länger der Beitritt hinausgezögert wurde. Ein Memorandum des Foreign Office, das das Kabinett am 23. Februar 1968 annahm, brachte dies klar zum Ausdruck: »Wenn wir beitreten können, solange wir noch über eine führende Position in verschiedenen Bereichen des modernen Lebens und der Industrie verfügen, sollten wir in der Lage sein, bei der Gestaltung der Zukunft Europas und der europäischen Beziehungen mit den Vereinigten Staaten eine wesentliche Rolle zu spielen. Aber wir müssen zur Kenntnis nehmen, dass die Zeit nicht auf unserer Seite ist. Unsere Position in der Weltliga nimmt ständig ab. Die EWG ist deutlich mächtiger als wir es sind, und selbst die einzelnen Länder der Sechs, v.a. Deutschland und Frankreich, sind in manchen Belangen stärker als wir. In machen Aspekten des Wettlaufs hat Japan uns bereits überholt. Wir müssen daher alle Anstrengungen unternehmen, den Europäischen Gemeinschaften so bald wie möglich beizutreten.«[109]

Das Streben nach einer führenden Rolle in der Gemeinschaft beeinträchtigte aber nicht Wilsons Bereitschaft, alles zu akzeptieren, was die kontinentalen Partner um der Effektivität der Gemeinschaftskonstruktion willen an supranationalen Elementen für notwendig hielten. Anfang 1969 stimmte er der Auffassung von Außenminister Michael Stewart zu, dass die Außenpolitik und die konventionelle Verteidigung der Gemeinschaft letztlich »einer Art Mehrheitswahlrecht«[110] unterworfen werden müssten. In einer gemeinsamen Erklärung der britischen und italienischen Regierung vom 28. April 1969 verpflichteten sich beide Partner, gemeinsam die Direktwahl des Europäischen Parlaments zu unterstützen, ebenso eine gemeinsame Außenpolitik, die eine gemeinsame »europäische Identität« einschließt, und weitere Integrationsschritte in Bereichen wie Währungskooperation, technologische Zusammenarbeit, friedliche Nutzung der Atomenergie und kulturelle Zusammenarbeit.

Angesichts der anhaltenden Weigerung der Vier, einen Ausbau der Gemeinschaft ohne britischen Beitritt zuzulassen, wuchs *zweitens* in der französischen Regierung die Einsicht, dass ein solcher Beitritt letztlich auch in ihrem Interesse lag, genauer gesagt: dass ein Beitritt Großbritanniens und damit ein Verzicht auf französische Führungsambitionen der Preis war, der für eine Stärkung Europas gegenüber der amerikanischen Vormacht gezahlt werden musste. Wie es scheint, hat sich Michel Debré schon nach der Verknüpfung von Erweiterung und Ausbau, wie sie Brandt in seinem Vermittlungsvorschlag vom 27. September vorgenommen hatte, zu dieser Einsicht durchgerungen. Die Gegenvorschläge, die er Brandt am 24. Oktober übermittelte, ließen jedenfalls eine gewisse Kompromissbereitschaft erkennen: Paris schlug jetzt ein Handelsarrangement vor, das allen interessierten europäischen Staaten offenstehen sollte, nicht nur den Beitrittskandidaten. Gleichzeitig erklärte sich Debré sehr an der Wiederaufnahme der Verhandlungen über technologische Zusammenarbeit interessiert und bot an, dabei auch über die mögliche Zusammenarbeit mit Nicht-Gemeinschaftsländern zu sprechen. Beim Treffen des Ministerrats am 4./5. November drängte er zudem auf rasche Maßnahmen zum Ausbau der Wirtschaftsgemeinschaft.[111]

Debrés Bereitschaft zu einem Kurswechsel wurde beschleunigt durch die Erfahrung deutscher Hartnäckigkeit in der Währungskrise, die Frankreich im November 1968 traf. Die sozialen Unruhen des Mai 1968 und die wirtschaftlichen Probleme, die ihnen folgten, hatten eine Kapitalflucht aus Frankreich in die Bundesrepublik Deutschland ausgelöst, die das französische Zahlungsbilanzdefizit rapide ansteigen und den Wert des Franc verfallen ließ. Um das ökonomische Gewicht der Bundesrepublik nicht überproportional anwachsen zu lassen, verlangten nicht nur die französische, sondern auch die britische und die amerikanische Regierung eine Aufwertung der D-Mark. Die Bundesregierung fand sich freilich nicht zu einem solchen Akt der Solidarität bereit. Wirtschaftsminister Karl Schiller und Finanzminister Franz Josef Strauß gestanden nur vorübergehende Einfuhrerleichterungen und Exportbelastungen (in Höhe von vier Prozent) zu; Geldanlagen in der Bundesrepublik und Kreditaufnahmen im Ausland wurden nun genehmigungspflichtig. Auch auf einer eilig einberufenen Währungskonferenz vom 20. bis 22. November in Bonn hielten sie dem Druck der Partner stand. Die Diskussion verlagerte sich daher ganz auf eine Abwertung des Franc in der Größenordnung von zehn Prozent. Diese blieb jedoch zur allgemeinen Überraschung aus. Aus Furcht vor neuen sozialen Unruhen und weiterer Inflation entschied de Gaulle am 23. November, sich mit Devisenkontrollen, Haushaltskürzungen und einer Erhöhung der Verbrauchssteuern zu begnügen.[112]

Für Debré, der sich für eine Abwertung des Franc ausgesprochen hatte, war das deutsche Verhalten Ausdruck eines neuen Selbstbewusstseins, das das wirtschaftliche Gewicht der Bundesrepublik bedenkenlos in politische Stärke umzumünzen suchte. Der Beitritt Großbritanniens erschien damit nicht nur als notwendige Voraussetzung für den angestrebten Ausbau der Gemeinschaft; er wurde auch notwendig, um Vorkehrungen gegen eine deutsche Dominanz innerhalb der

Gemeinschaft zu treffen. So reifte bei ihm der Plan, jetzt vertrauliche bilaterale Gespräche mit der britischen Regierung aufzunehmen, um die Möglichkeiten eines Beitritts zu erkunden, der die französischen Interessen hinreichend berücksichtigte. »Ich dachte darüber nach und ließ den General an meinen Überlegungen teilhaben«, beschrieb er die Entstehung dieses Plans in seinen Memoiren. »Ich hatte keinen Zweifel, dass Frankreich einer Erpressung ausgesetzt sein würde: Entweder es akzeptierte den Eintritt Großbritanniens oder die Regelung des Agrarmarkts würde ihm verweigert.«[113] In der Tat bescherte das Auslaufen der Übergangszeit Ende 1969 den Vieren einen neuen Hebel, und in der Bundesregierung wuchs die Neigung, sich seiner Nutzung nicht zu verweigern. Debré bestellte auch die französischen Botschafter in den Partnerländern zu einer gemeinsamen Beratung ein. Bis auf den Botschafter in Rom bestätigten ihm alle, dass jetzt ein Kurswechsel in der britischen Frage geboten sei.[114]

Es dauerte einige Wochen, bis de Gaulle von der Notwendigkeit überzeugt werden konnte, auf Großbritannien zuzugehen. Er rang sich erst dazu durch, nachdem ihm Richard Graf Coudenhove-Kalergi, der immer noch aktive Paneuropa-Gründer, einen Weg gezeigt hatte, wie das Ziel des unabhängigen Europas trotz des offensichtlich unvermeidlich gewordenen britischen Beitritts vielleicht doch noch aufrechterhalten werden konnte. Coudenhove-Kalergi, ein enger Vertrauter von Staatssekretär Jean de Lipkowski, plädierte im Gespräch mit dem General für eine neue Initiative zur Schaffung der Politischen Union – diesmal aber in der Form einer politischen Gemeinschaft der vier »Großen«: Großbritannien, Frankreich, die Bundesrepublik Deutschland und Italien. Wenn die britische Regierung sich dafür gewinnen ließ, so de Gaulles Überlegung, dann ließ sich der politische Schaden begrenzen, der aus einer EWG-Erweiterung zu erwachsen drohte.[115]

De Gaulle stimmte daher in der zweiten Januarwoche der Bitte des neuen britischen Botschafters Christopher Soames zu, ihn zu einem vertraulichen Gespräch zu empfangen. Soames, der als konservativer Politiker und Schwiegersohn Churchills mit den proeuropäischen Milieus des Kontinents bestens vertraut war, wollte in Wilsons Auftrag die Möglichkeiten für eine politische Verständigung mit dem General erkunden. In dem Gespräch, das dann aufgrund einer Indisponiertheit des Botschafters erst am 4. Februar stattfand, führte der Präsident zunächst seine bekannte Klage, dass ein Beitritt der vier Antragsteller den Charakter der EWG tiefgreifend verändern würde. Dann forderte er die britische Regierung auf, sich vertraulich zur Idee einer Neuformierung der europäischen Gemeinschaft zu äußern: »Es würde de facto darum gehen, dass beide Regierungen ihre Ansichten darüber bekannt geben würden, was eine wirtschaftliche Entente Europas sein könnte, wenn der Gemeinsame Markt in der Zukunft verschwinden würde, um einem anderen Regime Platz zu machen.« Zum Verhältnis von wirtschaftlicher und politischer Integration bemerkte er: »Es sollte eine breite Europäische Wirtschaftsassoziation geben, allerdings mit einem kleinen inneren Rat Europäischer politischer Assoziation, bestehend aus Frankreich, Britannien, Deutschland und Italien.« Hinsichtlich der politischen Gemeinschaft betonte er, auch da an bekannte Auffassungen anknüpfend, dass sie von den USA unabhängig sein müsse. Das schloss die nukleare Zusammenarbeit zwischen Frankreich und Großbritannien ein und würde, wie er unterstrich, die bisherige NATO-Struktur obsolet werden lassen.[116]

De Gaulles Offerte wurde durch ein Gespräch unterfüttert, das de Lipkowski, von Soames sogleich über den Inhalt seines Gesprächs mit de Gaulle informiert, noch am gleichen Tag am Rande des WEU-Ministerrat-Treffens in Luxemburg mit dem britischen Außenamts-Staatsminister Lord Chalfont führte. De Lipkowski erklärte, seiner Überzeugung nach sei de Gaulle jetzt zu einem Handelsarrangement »als einer Art Vor-Beitritt« bereit, allerdings unter der Bedingung, dass sich die britische Regierung auf ernsthafte Verhandlungen mit Frankreich einlasse, insbesondere über die politische Struktur Europas und seine Verteidigung. Dann betonte er, dass die Zeit für eine nukleare Kooperation Frankreichs und Großbritanniens reif sei, und regte einen Austausch der technischen Kenntnisse sowie die Bildung einer gemischten nuklearen Planungsgruppe an. Zum Schluss betonte er noch einmal, dass der General dabei sei, seine Außenpolitik grundlegend zu überdenken, und er deutete auch an, dass er großen Einfluss auf ihn habe. Vier Tage später wurde Soames von Debré zu einem Gespräch gebeten, in dem die Bitte um einen vertraulichen Gedankenaustausch über die wirtschaftliche und politische Struktur Europas wiederholt wurde. Debré erklärte, dass de Gaulle darüber direkt mit Wilson sprechen wolle oder zumindest mit Außenminister Stewart.[117]

Wieder einmal war de Gaulle zu vorsichtig, um erfolgreich sein zu können. Als Gegenleistung zu dem geforderten Bekenntnis zu einem unabhängigen Europa bot er keineswegs den Beitritt Großbritanniens zur EWG an oder auch nur Verhandlungen über einen solchen Beitritt; er erklärte sich nur im Grundsatz zu jener »wirtschaftlichen Entente« bereit, die seiner Meinung nach im Falle einer Erweiterung an die Stelle des Gemeinsamen Marktes treten würde. Soames verstand ihn jedoch so, dass er die Umwandlung der EWG »in eine lockerere Form einer Freihandelsassoziation mit Arrangements der einzelnen Staaten über den Handel mit Agrarerzeugnissen« wollte[118] und dass die britische Regierung dazu Stellung nehmen sollte. Für Stewart war dies alles andere als ein attraktives Angebot; er sah in der Einladung zu vertraulichen Gesprächen daher nur ein Manöver, mit dem Großbritannien von den Fünf isoliert werden sollte. Eine Analyse des Foreign Office vom 7. Februar bestärkte ihn in dieser Ansicht: John Robinson und Patrick Hancock vom *Integration Department* schrieben, dass die

Fünf einen Neubau Europas außerhalb der Römischen Verträge nicht zulassen und Verhandlungen darüber viele Jahre dauern würden. Würde die Regierung darüber vertraulich verhandeln, wäre ihr Beitrittsgesuch vollständig diskreditiert. Stattdessen empfahlen sie, die Regierungen der Fünf über de Gaulles Initiative zu informieren.[119]

Wilson folgte diesem Rat. Am 12. Februar sagte er Kiesinger bei einem seit längerem geplanten Staatsbesuch in Bonn, dass de Gaulle wohl anstrebe, »möglichst bald zu einer Auflösung der NATO zu gelangen«, an die Stelle der EWG »eine lockere Organisation im Sinne einer Freihandelszone« zu setzen und »die politischen und wirtschaftlichen Geschicke Europas von einer Führungsgruppe bestehend aus Frankreich, Deutschland, Italien und Großbritannien« bestimmen zu lassen. Wilson distanzierte sich von alledem und erreichte damit, dass in einer gemeinsamen Erklärung die deutsche Unterstützung für das britische Beitrittsgesuch bekräftigt wurde. In gleicher Weise wurden die Regierungen der anderen EWG-Mitglieder und auch die amerikanische Regierung informiert. Der französischen Regierung musste Soames ausrichten, dass man es für richtig gehalten habe, die Partner über de Gaulles Vorschläge in Kenntnis zu setzen, »dass man die französischen Vorstellungen über die Zukunft der NATO ablehne und dass es weiterhin der britische Wunsch sei, dem Gemeinsamen Markt beizutreten«.[120]

Hatte de Gaulle bis dahin schon genau das Gegenteil von dem erreicht, was ihm vorschwebte, so führte die Veröffentlichung seiner Initiative zu einer regelrechten Vergiftung der britisch-französischen Beziehungen. Nachdem das Foreign Office am 14. Februar auch noch die Botschafter in den meisten Commonwealth-Ländern, den anderen NATO-Ländern und den Ländern der EFTA über den Vorgang unterrichtet hatte, erschien am 18. Februar in der französischen Wirtschaftszeitung *Les Échos* ein Leitartikel, in dem behauptet wurde, de Gaulle wolle den Gemeinsamen Markt durch eine größere Freihandelszone ersetzen, die von einem Vierer-»Direktorium« geleitet werden sollte. Drei Tage später warf der *Figaro* der britischen Regierung vor, eine »auf Effekt bedachte Falschdarstellung des Gesprächs mit Mr. Soames« verbreitet zu haben; in einer Verlautbarung der Regierung wurde erklärt, der Präsident habe in seiner Unterredung mit Soames nichts Neues gesagt. Um den Vorwurf nicht auf sich sitzen zu lassen, reagierte die britische Regierung mit der vollständigen Veröffentlichung der Soames-Aufzeichnungen. Das geschah am 22. Februar in der *Times* – nicht ohne den Hinweis, dass deren Wortlaut von der französischen Seite gebilligt worden sei. Das wiederum wurde vom Quai d'Orsay sogleich bestritten.[121]

Damit war aus einem Missverständnis auf Seiten der britischen Adressaten von de Gaulles Botschaft die »Soames-Affäre« geworden: Paris und London bezichtigten sich wechselseitig der Lüge. Tatsächlich muss offenbleiben, wie substantiell die Änderungswünsche waren, die Debré Soames in der Unterredung vom 8. Februar vorgetragen hatte und inwieweit die veröffentlichte Fassung diese Änderungswünsche berücksichtigte. Möglicherweise lag der Auseinandersetzung auch in diesem Punkt nur ein Missverständnis zugrunde.[122] Das hinderte de Gaulle aber nicht, aus der Verbreitung von Äußerungen, die seine Absichten verzerrten, den Schluss zu ziehen, dass die Briten ganz gezielt versucht hatten, den Weg zu einem unabhängigen Europa zu torpedieren, und dass er schlecht beraten gewesen war, auf sie zuzugehen. »Vielleicht«, notierte er in seinem Tagebuch, »ist es ja besser, dass so jede Unsicherheit beseitigt wurde, die man hinsichtlich der tatsächlichen Absichten der Briten haben konnte.« Kiesinger beschied er bei dessen nächstem Besuch in Paris am 13. und 14. März: »Es ist nicht möglich, mit Großbritannien ernsthaft zu arbeiten.«[123] Als Stewart am 11. April versuchte, das Gespräch mit Debré wieder in Gang zu bringen, reagierte der französische Außenminister beleidigt: »Sie haben ein seriöses Angebot als ein Manöver genommen und so behandelt«; jetzt sei »das Band zerrissen« und man müsse Zeit verstreichen lassen, bevor der Dialog wieder aufgenommen werden könne.[124] Fürs Erste sah er keine Möglichkeit mehr, de Gaulle dazu zu bewegen, auf Großbritannien zuzugehen.

Für de Gaulles Gemütslage war es von Vorteil, dass sich Kiesinger angesichts der Zukunftsvisionen, die bei dem General durchschimmerten, bei seinem Besuch »gaullistischer« gab als jemals zuvor. Er versicherte, »dass er selbst niemals das Heil Europas unter einer europäischen Kommission gesehen habe« und »die gesamte Politik nur dann gelungen sein werde, wenn eines Tages die NATO überflüssig geworden sein werde«. De Gaulles Bedenken gegen die Erweiterung gab er zwar nicht hinsichtlich Großbritanniens recht, wohl aber im Hinblick auf die Anträge Irlands, Dänemarks und Norwegens und mögliche weitere Anträge von Schweden, Spanien und Portugal. In den folgenden Wochen konzipierte er den Plan einer engeren, auch politischen Gemeinschaft, die von einer weiteren, nur wirtschaftlich integrierten Gemeinschaft umgeben sein sollte. De Gaulle zeigte sich zum Schluss des Treffens entspannt wie selten und voller Lob über seinen deutschen Gast: »Die Betrachtungen der augenblicklichen Lage durch den Herrn Bundeskanzler und sein Weitblick hätten ihn auf das tiefste beeindruckt.«[125]

Dass der britische Beitrittsantrag nach wie vor auf der Tagesordnung stand, darüber sah de Gaulle geflissentlich hinweg. Als er am 28. April 1969 nach dem Scheitern des Referendums über die Senats- und Regionalreform zurücktrat, bewegte er sich europapolitisch nur noch in der Welt der Visionen, nicht mehr in der realen Politik. Dort hatte de Gaulles missglücktes Wendemanöver die Lösung der britischen Frage nur verzögert. Nach seinem Abgang von der politischen Bühne stellte sie sich drängender denn je.

4. Erweiterung und neue Perspektiven 1969–1975

Wendepunkt Haager Gipfel

Für Georges Pompidou, der die Wahl zum französischen Staatspräsidenten am 15. Juni 1969 mit großer Mehrheit für sich entschieden hatte, war der Beitritt Großbritanniens zu den Europäischen Gemeinschaften eine strategische Notwendigkeit. Dem Premierminister der Jahre 1962 bis 1968 und vormaligen Bankier war deutlicher als seinem Mentor de Gaulle bewusst, dass Frankreich für seine wirtschaftliche Modernisierung die EWG benötigte und dass diese dazu auch weiter ausgebaut werden musste. Eine Harmonisierung der Steuer- und Währungspolitik, technologische Zusammenarbeit, die Entwicklung einer gemeinsamen Industriepolitik, schließlich die Vollendung des gemeinsamen Industriemarktes, all das war in seinen Augen notwendig, wenn Frankreich in der Konkurrenz der dynamischen Industrienationen wieder mithalten wollte. Nachdem die europäischen Partner aber jede Initiative zu einem Ausbau der Gemeinschaft verweigerten, solange den Beitrittsgesuchen Großbritanniens und seiner drei Mitbewerber nicht stattgegeben wurde und selbst die dauerhafte Finanzierung des Gemeinsamen Agrarmarkts nach dem Auslaufen der Übergangsregelungen am 31. Dezember 1969 fraglich wurde, musste man dem Beitrittsbegehren seiner Meinung nach jetzt nachkommen. Dass damit auch die Aussicht auf eine französische Führungsrolle zu entschwinden drohte, störte ihn weniger als seinen Vorgänger. Gleichzeitig war dem überzeugten Marktwirtschaftler die Aussicht auf eine Erweiterung des Gemeinsamen Marktes grundsätzlich willkommen.[1]

Zu den strategischen Überzeugungen kamen taktische Notwendigkeiten. Um sicher zu gehen, dass er im Wahlkampf um das Präsidentenamt nicht gegenüber dem europafreundlichen Kandidaten der bürgerlichen Mitte, dem bisherigen Präsidenten des Senats Alain Poher, den Kürzeren ziehen würde, verbündete er sich mit den Unabhängigen Republikanern um Valéry Giscard d'Estaing und einer Fraktion des Zentrums um Jacques Duhamel. Diese machten ihre Unterstützung von einem Kurswechsel in der Beitrittsfrage abhängig, und so bezeichnete Pompidou den baldigen Beitritt Großbritanniens schon im Wahlkampf als höchst »wünschenswert«.[2] In der Regierung unter Premierminister Jacques Chaban-Delmas konnte sich Giscard d'Estaing, der kurz zuvor dem Aktionskomitee Monnets beigetreten war, erneut das Finanzministerium sichern. Neuer Außenminister wurde mit Maurice Schumann ein Vertreter der Christdemokraten, die die Regierung Pompidou im Mai 1962 aus Protest gegen de Gaulles Attacken auf das »integrierte Volapük« der vaterlandslosen EWG-Europäer verlassen hatten.

Bei der ersten Begegnung mit Willy Brandt, der sich bemüht hatte, sogleich mit dem neuen Präsidenten Kontakt aufzunehmen, ließ Pompidou denn auch erkennen, dass es ihm mit der Einlösung seiner Wahlkampf-Versprechungen ernst war. Er erläuterte beim Besuch Brandts am 4. Juli 1969, dass de Gaulles Offerte gegenüber der britischen Regierung missverstanden worden sei, und versicherte, dass Frankreich in der Beitrittsfrage keine »grundsätzlich feindliche Haltung« einnehme. Er wolle nur, »dass die Gemeinschaft ihr definitives Stadium erreicht« und sich die Sechs untereinander verständigten, »wie die Angelegenheit behandelt werden soll«. Als Forum für eine solche Verständigung schlug er die Einberufung einer neuen Gipfelkonferenz der Staats- und Regierungschefs der Sechs vor.[3]

Gleichzeitig wurde Pompidou aber von der Sorge geplagt, dass Großbritannien die Gemeinschaft von innen heraus zerstören könnte. Auch musste er mit Rücksicht auf die Traditionsgaullisten den Eindruck vermeiden, eine abrupte Kehrtwende in der Europapolitik zu vollziehen. Niemand konnte ihm garantieren, dass de Gaulle das Schweigen, das er sich nach seinem Rücktritt selbst auferlegt hatte, nicht doch wieder brechen würde – daher der Vorschlag einer Gipfelkonferenz, deren Ergebnis keineswegs von vornherein feststand, und daher auch sein Insistieren auf einer klaren Reihenfolge der Verhandlungsgegenstände. Erst sollte eine Verständigung über die Vollendung des Gemeinsamen Marktes und dabei besonders über die dauerhafte Finanzierung der Gemeinsamen Agrarpolitik erzielt werden, dann eine Verständigung über weitere Integrationsmaßnahmen, die aus seiner Sicht dringend waren, und erst danach die Verständigung auf ein Konzept und einen Fahrplan für die Beitrittsverhandlungen. Als Maurice Schumann den französischen Gipfelvorschlag am 22. Juli im Brüsseler Ministerrat offiziell vortrug, fasste er das in den Dreischritt von »Vollendung«, »Vertiefung« und »Erweiterung«.[4]

Die Regierungen der Niederlande und Italiens bestanden hingegen auf verbindlichen Zusagen hinsichtlich der Erweiterung, bevor sie der definitiven Finanzierung des Agrarmarkts sowie der weitergehenden Integrations- und Kooperationsvereinbarungen zustimmen wollten. Joseph Luns schlug Anfang Juni eine gemeinsame Absichtserklärung der Sechs zur Frage der Erweiterung vor; und als er damit nicht durchdrang, bestand er darauf, dass zumindest ein konkretes Datum für die Eröffnung von Beitrittsverhandlungen vereinbart werden würde. Sein italienischer Kollege Aldo Moro schloss sich dieser Forderung an und erinnerte daran, dass der Übergang zu Eigeneinnahmen der Gemeinschaft nicht ohne eine

Stärkung der Kompetenzen des Europäischen Parlaments zu haben sein würde. Belgiens Außenminister Pierre Harmel mahnte, dass der Gipfel die bestehenden Institutionen der Gemeinschaft nicht schwächen dürfe und daher, anders als Pompidou es hatte anklingen lassen, nicht zu einer ständigen Einrichtung werden sollte.

Willy Brandt versuchte einmal mehr, den Vermittler zu spielen, konnte aber bei einem Treffen des EWG-Ministerrats am 15. September nicht mehr erreichen als den Beschluss, *dass* ein Gipfeltreffen stattfinden würde, und zwar Mitte November in Den Haag, und dass dort von Vollendung, Vertiefung und Erweiterung die Rede sein sollte. Es wurde ausdrücklich festgehalten, dass dieser Gipfel keinen Präzedenzfall für weitere Treffen darstellen würde und dass der Präsident der Kommission dazu eingeladen werden sollte, wenn auch nur für den zweiten Verhandlungstag. *Was* auf dem Haager Gipfel hinsichtlich der Erweiterung beschlossen werden sollte, blieb jedoch offen; und es blieb auch höchst zweifelhaft, ob es gelingen würde, sich bis Ende des Jahres auf eine definitive Agrarmarkt-Regelung zu verständigen. Die Bundesregierung verlangte eine Eindämmung der für sie kostspielig gewordenen Überproduktion, und die italienische Regierung bestand einmal mehr auf grundsätzlichen Kurskorrekturen, die die strukturelle Benachteiligung eines Landes beseitigen würden, das zwar Wein und Obst exportierte, zugleich aber in hohem Maße auf Getreideimporte angewiesen war.

In dieser Situation war zunächst das Verhalten der Kommission hilfreich. Vom Ministerrat damit beauftragt, ihre Stellungnahme zu den Beitrittsanträgen vom September 1967 zu aktualisieren, legte sie am 1. Oktober 1969 einen Bericht vor, der die Aufnahme von Beitrittsverhandlungen nachdrücklich empfahl, zugleich aber deutlicher als zuvor auf die ökonomischen und monetären Schwierigkeiten hinwies, die mit einer Erweiterung verbunden sein würden. Als Konsequenz verlangte sie eine Übereinkunft der Sechs über ein präzises Verhandlungsmandat. Außerdem sollten die Beitrittsländer nicht nur den bislang erreichten Integrationsstand vollständig akzeptieren, sondern sich auch mit dem Prinzip der Verstärkung der Gemeinschaft einverstanden erklären.[5] Jean Rey erläuterte diese Grundsätze dem Ministerrat am 17. Oktober auch noch einmal persönlich. Dies kam der Sorge Pompidous vor einer Aufweichung der Gemeinschaft sehr entgegen und stärkte seine Position im Hinblick auf die Erarbeitung einer gemeinsamen Verhandlungsposition.

Gleichzeitig begriff Pompidou, dass seine Absichtserklärungen hinsichtlich der Erweiterung nicht völlig unverbindlich bleiben durften, wenn er die Vollendung des Gemeinsamen Marktes nicht infrage stellen wollte. »Wenn wir an unserer systematischen Verweigerung festhalten«, erklärte er seinen Mitarbeitern am 21. Oktober, »läuft das auf eine Art Tod des Gemeinsamen Marktes hinaus.«[6] Entsprechend stellte er die Forderung nach einer Vertiefung der Gemeinschaft als Vorbedingung für die Eröffnung von Beitrittsverhandlungen jetzt zurück und suchte den Partnern begreiflich zu machen, dass die Verweigerung eines Datums für den Verhandlungsbeginn lediglich sicherstellen sollte, dass man tatsächlich mit einer gemeinsamen Position in die Verhandlungen ging. »Wir sind zum Erfolg verdammt«, beschied er dem neu ernannten Koordinator für die deutsch-französischen Beziehungen Carlo Schmid bei dessen Antrittsbesuch am 9. November. »Die deutsche Regierung wünscht dringend, dass die Möglichkeit eröffnet wird, Verhandlungen mit Großbritannien zu beginnen. Ich sage gleich, dass wir dem keine Hindernisse in den Weg legen werden. Wenn wir das erhalten haben, was wir wünschen, werden wir keine neuen Schwierigkeiten machen. Sie können dem Kanzler sagen: Wir werden offen und kooperativ sein, aber wir wollen die Vollendung des Gemeinsamen Marktes und die Finanzregelung.«[7]

Adressat der Zusicherungen war in erster Linie Willy Brandt, der am 21. Oktober zum Bundeskanzler der sozialliberalen Koalition gewählt worden war und nun den Erfolg des Haager Gipfels zur Chefsache machte. Mit der Einrichtung des Amtes eines Parlamentarischen Staatssekretärs für Europafragen im Bundeskanzleramt und der Berufung der Europa-Föderalistin Katharina Focke in dieses Amt signalisierte er seine Absicht, in der Europapolitik künftig eine deutlich aktivere Rolle zu spielen.[8] Pompidou ließ Brandt schon gleich nach der Entscheidung zugunsten der Bildung der Regierung Brandt/Scheel ausrichten, dass er an einem vertraulichen direkten Austausch mit dem neuen Kanzler in der Vorbereitung des Gipfels interessiert war. Zwei Tage nach seinen Eröffnungen gegenüber Brandt bekräftigte Maurice Schumann die französischen Zusicherungen hinsichtlich der Erweiterung im Gespräch mit seinem neuen deutschen Kollegen Walter Scheel. Darüber hinaus kündigte er an, dass Frankreich auch zur Drosselung der landwirtschaftlichen Überschussproduktion bereit sein würde.[9]

Pompidous Zugeständnisse und Zusicherungen führten dazu, dass sich bei dem nächsten Vorbereitungstreffen der Außenminister am 10. November ein Einverständnis darüber abzeichnete, dass die Vollendung des Gemeinsamen Marktes auf dem Gipfel beschlossen werden sollte. Nachträgliche Änderungen im Zuge der Erweiterungsverhandlungen sollten möglich sein, aber nur, wenn alle Mitglieder zustimmten.[10] Brandt und Scheel bekräftigten diese Tendenzentscheidung, indem sie die Bundesregierung darauf festlegten, sich mit bloßen Absichtserklärungen hinsichtlich der Erweiterung und der Agrarreform als Gegenleistungen für die Zustimmung zur endgültigen Agrarfinanzierung zufrieden zu geben. Moro, der die Entscheidung über die Agrarfinanzierung ursprünglich erst nach dem Abschluss der Beitrittsverhandlungen treffen wollte, hatte große Schwierigkeiten, diese Umkehrung der Reihenfolge auch in der italienischen Regierung durchzusetzen, und musste daher um eine Verschiebung des Gipfeltermins auf den 1. und 2. Dezember bitten. Bis zum ursprünglich vorgesehenen Termin am

17. und 18. November war dann aber auch die italienische Regierung auf die Linie der deutschen gebracht.[11]

Um ganz sicher zu gehen, dass auf dem Gipfel eine Einigung auf dieser Linie zustandekommen würde, ließ Brandt die Regierungen der Mitgliedsländer auf diplomatischem Weg über die deutsche Verhandlungsposition informieren. Am 25. November sprach er noch einmal mit Luns, und am 27. November schrieb er einen ersten vertraulichen Brief an Pompidou. Darin verwies er auf die Dringlichkeit einer Einigung über den Beginn der Beitrittsverhandlungen und auf die Notwendigkeit einer Reform der Agrarpolitik. Darüber hinaus signalisierte er, eine Anregung von Jean Monnet aufgreifend, dass die Bundesregierung zur Bildung eines europäischen Reservefonds, der den Gemeinsamen Markt vor einer Destabilisierung durch Währungsturbulenzen schützen sollte, bereit sei.[12] Eine klare Benennung der deutschen Kernforderungen und ein zusätzliches Entgegenkommen in der Frage der Vertiefung sollten helfen, Pompidou möglichst konkrete Zusagen in den Fragen der Erweiterung und der Agrarreform zu entlocken.

Insgesamt entsprach Brandt also der Bitte um Vertrauen, die in Pompidous Avancen steckte, und zwang die daraus resultierende Verhandlungslinie, weil sie als einzige einen Ausweg aus der andauernden Krise der Gemeinschaft versprach, auch den kleineren Partnern auf. Zu Beginn der Verhandlungen in Den Haag, nachdem Pompidou die Frage der Erweiterung nur ganz allgemein und demonstrativ widerwillig angesprochen hatte, verstärkte Brandt dann den Druck auf den französischen Partner: Er machte darauf aufmerksam, dass der Deutsche Bundestag die Agrarfinanzierung nicht ohne Einhaltung der Zusicherungen hinsichtlich der Erweiterung und der Agrarreform ratifizieren würde. Darüber hinaus sprach er offen an, dass die Beunruhigung über die wirtschaftliche Stärkung der Bundesrepublik (die Pompidou persönlich viel weniger Sorgen machte als vielen seiner Landsleute) ein zusätzliches Argument für die Erweiterung darstellte.[13] Das genügte, um Pompidou bei einem Dinner am Abend des ersten Konferenztages die Zusage zu entlocken, die Erweiterungsverhandlungen »im Laufe des nächsten Jahres« zu beginnen. Öffentlich sollte diese Zusage jedoch mit Rücksicht auf die Traditionsgaullisten nicht werden. So begnügte man sich damit, dass Brandt zu Beginn des zweiten Verhandlungstages erklärte, man schenke der Erklärung Pompidous über die Erwünschtheit von Beitrittsverhandlungen und seinen Vorstellungen zum Zeitbedarf für deren Vorbereitung Vertrauen. Der niederländische Ministerpräsident wurde ermächtigt, als Gastgeber des Treffens in einer abschließenden Erklärung bekannt zu geben, dass alle Regierungen der Auffassung seien, die Vorbereitung der Beitrittsverhandlungen »im Laufe des ersten Halbjahres 1970« abschließen zu können; und Schumann bestätigte diese Aussage noch einmal für die französische Regierung.

Brandt wurde damit zum eigentlichen Vater des Erfolgs des Haager Gipfels. Angesichts der nunmehr verbindlichen Zusicherung Pompidous konnten die Partner einwilligen, den Übergang zur definitiven Finanzierung der Gemeinsamen Agrarpolitik zum 1. Januar 1970 zu vollziehen und dabei, wie die Kommission es vorgeschlagen hatte, die Finanzierungsbeiträge der Mitgliedsländer schrittweise durch Eigeneinnahmen der Gemeinschaft zu ersetzen. In der Frage des Erweiterungsverfahrens erhielt Pompidou ebenfalls Genugtuung: Im Abschlusskommuniqué wurde festgehalten, dass die Beitrittskandidaten den gesamten *acquis communautaire* der Gemeinschaft zu akzeptieren hätten und dass von der Basis einer zuvor von den Sechs gemeinsam festgelegten Position aus verhandelt werden würde. Anpassungen der Agrarregelungen sollten im Zuge der Beitrittsverhandlungen möglich sein, freilich nur, wenn alle Mitgliedsregierungen zustimmten, und in einer Weise, die die Grundsätze der Regelungen nicht verfälschte.[14]

Nachdem so in der Frage der Erweiterung der Durchbruch erzielt worden war, konnten auch mehrere Vertiefungsprojekte auf den Weg gebracht werden, gegen die sich die kleineren Partner unter dem Eindruck des französischen Vetos gesperrt hatten. Insbesondere fassten die Staats- und Regierungschefs den Beschluss, »im Laufe des Jahres 1970 einen Stufenplan für die Errichtung einer Wirtschafts- und Währungsunion« auszuarbeiten. Dabei sollte Brandts Vorschlag eines europäischen Reservefonds »geprüft« werden; und der deutsche Außenminister brachte im Kommuniqué auch noch die Forderung unter, dass sich »die Entwicklung der Zusammenarbeit in Währungsfragen […] auf die Harmonisierung der Wirtschaftspolitik stützen« sollte. Weitere Absichtserklärungen galten der Entwicklung von Gemeinschaftsprogrammen zur Förderung der industriellen Forschung und Entwicklung, der Wiederbelebung des Forschungsprogramms von Euratom, einer Reform des Sozialfonds »im Rahmen einer weitgehenden Abstimmung der Sozialpolitik« und der Schaffung einer »Europäischen Universität«. Dem deutschen Anliegen einer Agrarreform wurde grundsätzlich Rechnung getragen, wenn auch nur mit der allgemeinen Aufforderung an den Rat, »die Anstrengungen für eine bessere Beherrschung des Marktes durch eine landwirtschaftliche Erzeugungspolitik, die eine Beschränkung der Haushaltslasten gestattet, fortzusetzen«.

Wenig wurde dagegen im Hinblick auf das Ziel einer Politischen Union erreicht. Kiesinger hatte in seinen letzten Amtsmonaten als Bundeskanzler gemeint, die erkennbare Flexibilität des neuen französischen Präsidenten zu substantiellen Fortschritten auf diesem Gebiet nutzen zu können. Für Pompidou war die Entwicklung einer gemeinsamen Außen- und Sicherheitspolitik aber gerade kein kurzfristiges Ziel – erstens weil er davon überzeugt war, dass die wirtschaftliche Stabilisierung und Entwicklung der Gemeinschaft vordringlich war; und zweitens weil er ganz realistisch sah, dass die kleineren Partner für die Politische Union am wenigsten zu haben sein würden.[15] Brandts pflichtgemäßer Appell, auf die Schaffung eines Europas hinzuwirken, das eine eigenständige Rolle in der internationalen Politik spielt, führte daher nur zu einem vagen Auftrag an die Außenminister, bis Ende Juli 1970 zu prüfen, »wie in der Perspektive der Erweiterung am besten Fortschritte auf dem Gebiet der politischen Einigung erzielt werden können«.

Wenig Fortschritte brachte der Haager Gipfel auch für den Ausbau der europäischen Institutionen, wie sie vor allem die Kommission angemahnt hatte.[16] Die fünf Partner konnten Pompidou zwar das Zugeständnis abringen, dass mit dem Übergang zu eigenen Einnahmen der Gemeinschaft auch »die Haushaltsbefugnisse des Europäischen Parlaments zu verstärken« seien. Was dies genau bedeuten sollte, blieb jedoch unklar; eine gleichzeitige Stärkung der Stellung der Kommission wurde mit keinem Wort erwähnt. Ebenso wurde die Frage des Übergangs zu direkten Wahlen des Europäischen Parlaments einmal mehr vertagt. Eine Korrektur der Praxis, im Ministerrat gemäß dem Luxemburger »Kompromiss« auch in solchen Fällen den Konsens zu suchen, in denen nach dem EWG-Vertrag Mehrheitsentscheidungen vorgesehen waren, wurde im Abschlusskommuniqué noch nicht einmal erwähnt. Entsprechend enttäuscht zeigten sich die verschiedenen Sprecher der Europäischen Bewegung, die sich im unmittelbaren Vorfeld des Gipfels noch einmal zu einer starken Mobilisierung der öffentlichen Meinung aufgeschwungen hatten.[17]

Generell wurde aber anerkannt, dass es den Staats- und Regierungschefs in Den Haag gelungen war, dem europäischen Projekt zu einer neuen Dynamik zu verhelfen. Die wechselseitige Blockade in den Fragen von Erweiterung und Vertiefung war überwunden, der Weg, beides nunmehr zügig anzupacken, war frei. Dass auf diesem Weg weiterhin unterschiedliche Interessen und Konzeptionen aufeinander prallen würden, um die hart gerungen werden musste, war allen Beteiligten klar. Gleichzeitig war aber der zuletzt starke Zweifel gewichen, ob die Partner überhaupt noch daran interessiert waren, das römische Vertragswerk zu vollenden und das europäische Projekt weiterzuführen. Bei den Ministertreffen im Anschluss an den Gipfel machte sich ein »Geist von Den Haag« bemerkbar: eine neue Bereitschaft, die Anliegen der Partner ernst zu nehmen und konstruktiv miteinander umzugehen.[18] Nicht zuletzt begründete die wechselseitige Erfahrung, nicht betrogen worden zu sein, ein Vertrauensverhältnis zwischen Brandt und Pompidou, das zwar von persönlicher Freundschaft weit entfernt blieb, aber zur Führung der Gemeinschaft bei der Gestaltung des neuen Aufbruchs operativ genutzt werden konnte.

Die Vollendung des Gemeinsamen Marktes

Die Umsetzung der Haager Beschlüsse zur Vollendung des Gemeinsamen Marktes erwies sich dennoch als schwierig. Zu unterschiedlich waren die finanziellen Interessen an der Fortführung der bestehenden Agrarsubventionen bei Frankreich und den Niederlanden beziehungsweise einer Reduzierung der daraus resultierenden Belastungen bei der Bundesrepublik und Italien, als dass eine rasche Einigung über die Modalitäten des Übergangs zur Finanzierung der Gemeinsamen Agrarpolitik aus Eigeneinnahmen der Gemeinschaft möglich gewesen wäre. Zu vage waren auch die Zugeständnisse, die Frankreich im Hinblick auf die Stärkung der Rechte des Europäischen Parlaments gemacht hatte, die mit dem Übergang zu eigenen Einnahmen verbunden sein sollte; und noch vager waren die Zugeständnisse hinsichtlich einer Reform der Agrarpolitik. Die Staats- und Regierungschefs verständigten sich denn auch am Rande des Haager Gipfels vorsorglich darauf, die Uhren am 31. Dezember wieder einmal »anzuhalten«, falls bis dahin keine Einigung in den Detailfragen der Agrarfinanzierung erreicht sein sollte. Die vertraglichen Bestimmungen zur Vollendung des Gemeinsamen Marktes sollten so wenigstens im Nachhinein Geltung erlangen.

Tatsächlich gelang es den Außen-, Finanz- und Landwirtschaftsministern der Sechs dann aber in einem Verhandlungsmarathon, der am 15. Dezember begann und – nach einer Unterbrechung zwischen dem 16. und 19. Dezember – am frühen Morgen des 22. Dezembers endete, sich grundsätzlich und noch eben fristgerecht über die Finanzierung der gemeinsamen Agrarpolitik zu einigen. Dabei sollten die Agrarausgaben im Jahr 1970 noch einmal wie bisher aus Beiträgen der Mitgliedsländer finanziert werden, wenn auch mit leicht verändertem Beitragsschlüssel. Von 1971 an sollten die Abschöpfungen bei Agrarimporten, die unterhalb der Gemeinschaftspreise lagen, dem Gemeinschaftshaushalt zufließen, von 1971 bis 1974 schrittweise auch die Zolleinnahmen an den Gemeinschaftsgrenzen. Was darüber hinaus noch zu finanzieren war, sollte in dieser »Interimsphase« weiterhin aus Beiträgen der Mitgliedsländer kommen, bevor 1975 die Beiträge ganz entfallen sollten. Da mittelfristig aber mit sinkenden Einnahmen aus Abschöpfungen und Zöllen zu rechnen war (wegen der angestrebten Eigenversorgung und weiterer Zollsenkungen im Rahmen der GATT-Verhandlungen), wurde darüber hinaus vereinbart, der Gemeinschaft von dort an maximal ein Prozent des Mehrwertsteuer-Aufkommens zuzuweisen; dazu sollte der Mehrwertsteuersatz auf elf Prozent vereinheitlicht werden. Bis zum Ende des Jahres 1977 wurde dann noch ein »Korrektiv« eingebaut, das Italien den Abschied von den überproportional hohen Einnahmen aus Abschöpfungen erleichtern sollte – und den Niederlanden sowie der Bundesrepublik den Abschied von überproportional hohen Einnahmen aus Zöllen.

Hinsichtlich des Haushaltsverfahrens, das vom vollständigen Übergang zu Eigeneinnahmen an gelten sollte, wurde einem von der Kommission vorgelegten Entschließungsentwurf folgend beschlossen, dass der Ministerrat zunächst mit qualifizierter Mehrheit über den Haushaltsentwurf der Kommission befinden sollte. Das Parlament sollte mit einfacher Mehrheit Änderungen am Beschluss des Rates vornehmen können. Für den Fall, dass diese vom Rat nicht akzeptiert oder modifiziert würden, war eine zweite Lesung im Parlament vorgesehen. Das Parlament sollte dann mit drei Fünfteln der abgegebenen Stimmen entscheiden, ob und inwieweit den Änderungen des Rats Rechnung getragen wurde.[19] Der Einfluss der Kommission auf die Gestaltung des Haushalts wurde damit zwar nicht in dem Maße gestärkt, wie es in der Kommissionsvorlage von Hallstein im März 1965 vorgesehen war. Auf der anderen Seite wurde die Stellung des Parlaments sogar noch über den Vorschlag von 1965 hinaus ausgedehnt: Es sollte jetzt tatsächlich das letzte Wort über den Zuschnitt des Gemeinschaftshaushalts erhalten.

Maurice Schumann stimmte dieser Stärkung des Parlaments allerdings nur unter dem Vorbehalt zu, dass über die »Modalitäten, nach denen das Europäische Parlament die Höhe der Einnahmen festlegen soll«, noch einmal gesondert beraten werden müsse.[20] Und als die Brüsseler Beschlüsse am 14. Januar 1970 in der Pariser Regierung beraten wurden, machte Michel Debré, nunmehr Verteidigungsminister, auch gegen die Kompetenz des Parlaments zur Ausweitung der Ausgaben Front.[21] Pompidou stimmte dem zu. Offensichtlich glaubte er, sich in dieser Frage derzeit keinen Streit mit dem Hüter der gaullistischen Tradition leisten zu können. Vermutlich fürchtete er auch selbst ein unverantwortliches Agieren der Parlamentarier, wie er es in der IV. Republik erlebt hatte. Jedenfalls behauptete er im Gespräch mit Brandt am 31. Januar, die Aussicht auf eine Versammlung, die über das Initiativrecht für Ausgaben verfügt, erfülle ihn »mit Schrecken«.[22] Die Vereinbarung vom 22. Dezember war damit noch einmal grundsätzlich infrage gestellt.

Brandt zeigte für Pompidous Sorgen Verständnis. Er müsse gestehen, antwortete er dem französischen Präsidenten, dass diese Diskussion »nicht nach seinem Geschmack« sei, denn das sei »ein Thema, das frühestens im Jahr 1975 aktuell sein wird, und wir haben vorher das reale Programm von Den Haag zu verwirklichen«.[23] Im Zweifelsfall waren ihm die Erweiterung und der Ausbau der Gemeinschaften wichtiger als die Stärkung der Parlamentsrechte. Die großen Fortschritte, die bei dem Haager Gipfel erzielt worden waren, wollte er nicht wegen der offensichtlich andauernden Meinungsverschiedenheit in dieser Nebenfrage wieder aufs Spiel setzen.

Brandts Zurückweichen in der Frage der Parlamentsrechte führte nach langen Verhandlungen zu einem Kompromiss, der einer Niederlage des Parlaments und der Kommission gleichkam. In den frühen Morgenstunden des 7. Februar

1970 verständigten sich die Außenminister der Sechs auf eine Regelung, die zwar das Prinzip der Budgetkompetenz des Parlaments unangetastet ließ, die Entscheidung über die tatsächlichen Ausgaben aber weitgehend den nationalen Regierungen überantwortete: Das Recht des Parlaments zur abschließenden Entscheidung über Änderungen, die der Rat vorgenommen hatte, sollte nun nur noch für Ausgaben gelten, die sich nicht »zwingend aus dem Vertrag oder den aufgrund des Vertrages erlassenen Rechtsakten ergeben«. Für alle anderen Ausgaben – und das war mit den Agrarmarktordnungen der ganz überwiegende Teil des Haushalts, aktuell 96,5 Prozent – bedurften Änderungsvorschläge des Parlaments der Zustimmung einer qualifizierten Mehrheit des Rates. Darüber hinaus setzte der Ministerrat dem Initiativrecht des Parlaments im Hinblick auf die nicht-obligatorischen Ausgaben enge Grenzen: Eventuelle Mehrausgaben durften nicht über einen Höchstsatz hinausgehen, der aus der Entwicklung des Bruttosozialprodukts, der Haushaltspläne und der Lebenshaltungskosten errechnet wurde – es sei denn, der Rat stimmte einer darüber hinausgehenden Ausweitung ebenfalls mit qualifizierter Mehrheit zu.[24]

Die Verhandlungen über die Einführung von Marktordnungen für Tabak und Wein, die Italien zur Bedingung für seine Zustimmung zum Gesamtpaket der definitiven Agrarfinanzierung gemacht hatte, dauerten noch etwas länger. Frankreich fürchtete die Konkurrenz des billigen italienischen Tischweins, und die bundesdeutschen Winzer sahen die Absatzmöglichkeiten für ihre weniger sonnenverwöhnten Produkte schwinden. Das Ergebnis war eine Weinmarktordnung, die sich einerseits durch hohe Garantiepreise auszeichnete, den Deutschen aber auch die Möglichkeit beließ, ihre Weine durch Zuckerzusätze aufzubessern. Außenminister Scheel merkte dazu im Hauptausschuss seiner Partei sarkastisch an, dass er dafür gesorgt habe, dass in Deutschland weiterhin Weine produziert werden können, die er selbst nicht trinken wolle.[25] Nachdem diese Einigung in der dritten Aprilwoche im Grundsatz erreicht war, konnte am 22. April 1970 das Gesamtpaket zur Vollendung des Agrarmarktes verabschiedet werden.

Von der grundlegenden Agrarreform, die Brandt in Den Haag angemahnt hatte, blieb dabei wenig übrig. Die Forderung der Deutschen und der Italiener, eine generelle Obergrenze für die Agrarausgaben festzulegen, stieß auf hartnäckigen Widerstand der Franzosen, ebenso der niederländische Vorschlag einer mehrjährigen Finanzvorschau. Beschlossen wurde lediglich die Beibehaltung eines Plafonds für den Strukturfonds der Landwirtschaft. Der Plan zur Umstrukturierung der europäischen Landwirtschaft, den Agrarkommissar Mansholt im Dezember 1968 vorgelegt hatte, wurde damit im Kern gestoppt. Er sah, an die früheren Reformvorstellungen Mansholts anknüpfend, Investitionsbeihilfen anstelle weiterer Anhebungen der Garantiepreise vor, dazu die Stilllegung von landwirtschaftlichen Nutzflächen (im Umfang von fünf von insgesamt 70 Millionen Hektar) und die Verkleinerung der Milchkuhbestände sowie Unterstützungszahlungen für Landwirte, die sich für einen vorzeitigen Ruhestand oder den Wechsel in einen anderen Beruf entschieden. Auf diese Weise sollte der ebenso kostspieligen wie ökonomisch unsinnigen und die Entwicklung von Agrarländern hemmenden Überproduktion Einhalt geboten werden. Durch die Umstellung von Stützungspreisen auf Strukturbeihilfen sollte die Zahl der in der Landwirtschaft Beschäftigten innerhalb eines Jahrzehnts von etwa zehn auf fünf Millionen sinken, der Gesamtbetrag der Unterstützungsleistungen von 2.000 auf 750 Millionen Rechnungseinheiten.[26]

Mansholts ehrgeiziger Sanierungsplan stieß auf den lautstarken Widerstand von Kleinbauern und Nebenerwerbs-Landwirten, denen er die Aussicht auf weitere Subventionierung über Garantiepreise nahm. Bauernverbände polemisierten gegen eine angeblich drohende Zwangskollektivierung nach sowjetischem Muster. Die Regierungen erkannten den Reformbedarf zwar grundsätzlich an, schreckten aber angesichts der Proteste davor zurück, sich auf einschneidende Maßnahmen einzulassen. Unter diesen Umständen führte das deutsche und italienische Interesse an einer Eindämmung der Agrarausgaben dazu, dass der Reform die finanziellen Grundlagen zu einem guten Teil entzogen wurden. Die Kommission reagierte mit einer nun bescheidener ausfallenden Konkretisierung ihres Entwurfs: In einem Paket von Richtlinien und Verordnungen zur Implementierung des Plans, den sie am 29. April 1970 präsentierte, waren Preissenkungen nicht mehr vorgesehen; die Kriterien für »entwicklungsfähige Betriebe«, die künftig allein Strukturbeihilfen erhalten sollten, waren weicher gefasst.

Langwierige Verhandlungen über diesen »Mini-Mansholt-Plan« führten zu einem bescheidenen Erfolg: Am 14. März 1971 verabschiedete der Ministerrat Richtlinien zu Investitionsbeihilfen, zur Vorruhestands- und Umschulungsregelung und zur Beratung betroffener Landwirte. Die finanziellen Mittel, die für diese Maßnahmen zur Verfügung standen, wurden jedoch nicht aufgestockt. Die Kriterien für die Förderungswürdigkeit von Betrieben waren denkbar vage formuliert und ließen den Mitgliedsstaaten viel Spielraum. Die vorgeschlagene Richtlinie zu Flächenstilllegungen und Schlachtprämien wurde sogar ganz abgelehnt. Das Problem der wachsenden Butterberge, Zuckerkegel und nun auch noch Weinseen ließ sich mit diesen halbherzigen Maßnahmen nicht bewältigen.

Nachdem der Ministerrat die Rechte des Europäischen Parlaments nur in homöopathischen Dosen gestärkt hatte und die Staats- und Regierungschefs neue ehrgeizige Projekte in Angriff nahmen, die über die Römischen Verträge hinausgingen, sah die Kommission die Gefahr einer Schwächung ihrer Stellung innerhalb des Gemeinschaftsgefüges heraufziehen. Jean Rey und auch sein Nachfolger Franco Maria Malfatti suchten dieser Entwicklung entgegenzuwirken, indem sie auch über den Mansholt-Plan hinaus als programmatische Schrittmacher auftraten und die volle Beteiligung der Kommission an den neuen Aktionsfeldern reklamierten. Reys Amtszeit endete nach dem Fusionsvertrag am 1. Juli 1970. Die vierzehnköpfige Übergangskommission wurde von einer Kommission abgelöst, die wieder nur neun Mitglieder umfasste und an deren Spitze gemäß dem Rotationsprinzip nunmehr ein Italiener stand. Während Rey aufgrund einer Präferenz der belgischen Regierung für seinen aus der EGKS hervorgegangenen Kollegen Alfred Coppé ganz aus der Kommission ausscheiden musste, blieb Mansholt im Amt. Malfatti, ein enger Vertrauter von Außenminister Aldo Moro und mit 43 Jahren der wohl brillanteste Nachwuchspolitiker der Democrazia Cristiana, sah sich von weiteren politischen Schwergewichten umgeben: Für Hans von der Groeben rückte der liberale Intellektuelle Ralf Dahrendorf nach, der wesentlich dazu beigetragen hatte, der in Bonn mitregierenden FDP ein neues, linksliberales Profil zu geben. Zweiter italienischer Vertreter wurde der Europa-Föderalist Altiero Spinelli, der nach jahrelangem vergeblichen Bemühen, die Bürger der Gemeinschaft für die Einberufung einer europäischen Konstituante zu gewinnen, nunmehr auf die Führungsrolle der Kommission setzte. Generalsekretär Émile Noël, der mit Hallstein und Rey eng zusammengearbeitet hatte, konnte seinen Einfluss ausweiten; er sollte bis 1987 für Kontinuität in der Führung der Kommission sorgen.

Die Bemühungen Reys und Malfattis, die Schrittmacherfunktion der Kommission zu behaupten, stießen jedoch weiterhin auf den Widerstand Frankreichs. So gelang es Rey auch diesmal nicht, der Kommission die Verhandlungsführung bei den Erweiterungsverhandlungen zu sichern. Verhandlungsführer wurde der jeweils amtierende Ratspräsident, während sich die Kommission mit der Abgabe von Stellungnahmen und der Erarbeitung von Lösungsvorschlägen auf Ersuchen des Rates begnügen musste. Malfatti kämpfte vergeblich für eine uneingeschränkte Beteiligung der Kommission an der beginnenden Europäischen Politischen Zusammenarbeit. Tatsächlich wurde sie nur beteiligt, wenn solche Fragen zur Beratung anstanden, die in den Zuständigkeitsbereich der Gemeinschaften fielen. Vorschläge zu einer effizienteren und demokratischeren Gestaltung der Entscheidungsprozesse der Gemeinschaften, die die Kommission auf Betreiben Noëls im Mai 1972 vorlegte, wurden von den Staats- und Regierungschefs nicht aufgegriffen.

Immerhin gelang es der Kommission, durch sachbezogene Arbeit und intensiven Austausch mit den Regierungen die Annäherung unterschiedlicher Standpunkte und die Entwicklung einer gemeinsamen politischen Linie in hohem Maße zu fördern. Das galt nicht nur für die Erweiterungsverhandlungen, bei denen sie den *acquis communautaire* mit Erfolg verteidigte, sondern auch für die Verhandlungen über eine Währungsunion und die gemeinsame Vorbereitung der Konferenz über Sicherheit und Zusammenarbeit in Europa. Als sich in der amerikanischen Politik im Winter 1970/71 protektionistische Tendenzen bemerkbar machten, gelang es Malfatti, die Regierungen der Sechs auf einen gemeinsamen Standpunkt zu verpflichten, der der Vertiefung der Gegensätze entgegenwirkte, und in Washington einen hochrangigen diplomatischen Vertreter der Kommission zu etablieren.[27]

Diese Erfolge der Kommission wurden ein wenig dadurch überschattet, dass sich Malfatti nach dem Abschluss der Beitrittsverhandlungen mit Großbritannien, Irland, Dänemark und Norwegen im Januar 1972 dazu entschloss, vom Amt des Kommissionspräsidenten zurückzutreten, um sich bei vorgezogenen Neuwahlen in das italienische Parlament wählen zu lassen und seine nationale Politikerkarriere fortzusetzen. Nachfolger wurde mit Wirkung vom 22. März 1972 der langjährige Vizepräsident Mansholt. Nachdem de Gaulle in der Krise des »leeren Stuhls« vergeblich versucht hatte, ihn ganz loszuwerden, setzte sich jetzt ausgerechnet Pompidou für seine Beförderung ein: Offensichtlich glaubte man in Paris, dass er in den wenigen Monaten bis zur Bildung einer neuen Kommission unter Einbeziehung der neuen Mitgliedsländer keine neue Herausforderung für die französische Politik zustande bringen würde und danach aus Altersgründen nicht mehr zur Verfügung stünde. Tatsächlich nutzte Mansholt das Präsidentenamt, um sein neues Thema – die Propagierung von Nachhaltigkeit und Umweltschutz, an der er sich als Mitglied des *Club of Rome* beteiligte – auf die Agenda der internationalen Politik zu setzen. In der Kommission selbst konnte er sich damit jedoch nicht durchsetzen. Vor allem Wirtschaftskommissar Raymond Barre beharrte ihm gegenüber auf der Notwendigkeit weiteren wirtschaftlichen Wachstums.[28]

Bei der Gipfelkonferenz der Staats- und Regierungschefs am 19. und 20. Oktober 1972 in Paris verlangte Mansholt als »nächsten Schritt«, eine echte europäische Regierung zu bilden, die gegenüber einem direkt gewählten Parlament verantwortlich sein sollte. Über den Ausbau der sozial- und wirtschaftspolitischen Zusammenarbeit hinaus regte er die Aufhebung der Grenzkontrollen, die Gewährung europäischer Bürgerrechte und die Zusammenarbeit im Bildungsbereich an.[29] Dies alles war mehr, als bei der gegenwärtigen Interessenlage der Regierungen durchzusetzen war. Gleichwohl sorgte Mansholt mit seinem Auftritt auf dem Pariser Gipfel dafür, dass die Agenda des Haager Aufbruchs präzisiert und erweitert wurde.

Das war umso wichtiger, als sein Nachfolger François-Xavier Ortoli wenig Ehrgeiz entwickelte, den institutionellen Ausbau der Gemeinschaft zu forcieren. Als langjähriger persönlicher Mitarbeiter von Pompidou und Minister für wirtschaftliche Entwicklung in den Regierungen Chaban-Delmas und Messmer war ihm in erster Linie am Gelingen des Projekts der Währungsunion gelegen. Spinelli versuchte vergeblich, in der neuen Kommission die Zuständigkeit für institutionelle Fragen zu erhalten. Sein Vorschlag, die Forderung nach einer europäischen Regierung mit einem Plädoyer für ein verfassunggebendes Verfahren zu untermauern, wurde von Ortoli, nach eigenem Bekunden »kein Europa-Theologe«, als unangemessen zurückgewiesen.[30]

Die erste Erweiterung

Bei der Vorbereitung der Beitrittsverhandlungen zeigten sich die bekannten Gegensätze zwischen französischer Sorge vor einer Aufweichung des gerade erst mühsam erreichten *acquis communautaire* und den Befürchtungen der Fünf, dass mit einem allzu rigiden Auftreten der Gemeinschaft ein Scheitern der Verhandlungen vorprogrammiert sein würde. So sehr Pompidou von der Unvermeidlichkeit eines britischen Beitritts überzeugt war, so groß war auch sein Misstrauen gegenüber den tatsächlichen Absichten der Briten und den Hintergedanken seiner Partner. Auch wollte er bewusst »hart« auftreten, um den Eindruck eines abrupten Kurswechsels gegenüber seinem Vorgänger zu vermeiden. Er bestand deshalb darauf, von den Briten die uneingeschränkte Übernahme der Prinzipien der Gemeinsamen Agrarpolitik zu verlangen, auch wenn dies angesichts der hohen Importquote des britischen Lebensmittelmarktes mit großen finanziellen Belastungen für Großbritannien verbunden sein würde. Die Bereitschaft der Briten, diese Belastungen zu übernehmen, war für ihn so etwas wie ein Lackmustest für die Ernsthaftigkeit ihres Beitrittsbegehrens.[31]

Mit entsprechender Hartnäckigkeit gelang es Pompidou denn auch, bei der Festlegung des Verhandlungsmandats auf der Ratssitzung vom 8. und 9. Juni 1970 die französischen Positionen weitgehend durchzusetzen. Die Beitrittskandidaten hatten die Gemeinschaftspräferenz, die Einheitlichkeit der Preise und die solidarische Finanzierung des Agrarmarktes grundsätzlich zu akzeptieren. Ihre Anpassungsprobleme sollten nur durch Ausnahmeregelungen in einer Übergangszeit gelöst werden, wobei diese so kurz wie möglich gehalten werden sollte. Die Verhandlungsführung wurde dem Rat übertragen, und das hieß in der Praxis, dass die wesentlichen Interessengegensätze zwischen der französischen und der britischen Regierung ausgehandelt werden mussten. Der Kommission kam die Funktion zu, die französische Regierung im operativen Detail zu unterstützen, dabei aber darauf zu achten, dass die britischen Möglichkeiten nicht überstrapaziert wurden.

Für die britische Regierung waren das schlechte Ausgangsbedingungen. Wilson hatte ursprünglich gehofft, bei der definitiven Festlegung der Regeln der Gemeinsamen Agrarpolitik schon mitreden zu können. Nachdem diese Hoffnung getrogen hatte, blieb ihm nichts Anderes übrig, als die Prinzipien der Gemeinsamen Agrarpolitik anzuerkennen und dann unter Hinweis auf die Unzumutbarkeit der Belastungen, die bei ihrer Anwendung drohten, möglichst lange Übergangszeiten auszuhandeln. Während die Außenminister in Brüssel die Verhandlungslinie der Sechs fixierten, legte man sich im *Official Committee on the Approach to Europe* darauf fest, eine Übergangszeit von fünf oder sechs Jahren zu verlangen und dann noch einmal eine weitere Periode von sieben Jahren, in denen die britische Belastung sich nicht über einen bestimmten Prozentsatz hinaus steigern sollte. Nach diesen zwölf oder dreizehn Jahren sollte das gesamte System der Eigeneinnahmen erneut überprüft werden.[32] Im direkten Gespräch mit französischen Politikern und Diplomaten betonten die Briten das gemeinsame Interesse an der Einhegung der Deutschen, die nun nicht mehr nur mit ihrem wirtschaftlichen Erfolg, sondern auch mit den Avancen der »neuen Ostpolitik« Anlass zur Sorge gaben.[33] Das sollte helfen, Pompidous erkennbar harte Haltung aufzuweichen.

Der überraschende Wahlsieg der Konservativen in den Unterhauswahlen vom 18. Juni 1970 änderte an dieser Strategie nichts. Edward Heath, der die Verhandlungen der Jahre 1961 bis 1963 als Bevollmächtigter der Regierung Macmillan geführt hatte, ging jetzt als Premierminister mit jenen Unterlagen in die Verhandlungen, die die Regierung Wilson ausgearbeitet hatte, und er verfolgte auch die gleichen Ziele. Bei der Eröffnung der Beitrittsverhandlungen am 30. Juni machte der britische Europaminister Anthony Barber gleich deutlich, dass seine Regierung auf wesentlich längeren Übergangszeiten bestehen müsse, als sie von der Gemeinschaft vorgesehen waren. Die Belastungen, die sich aus einem abrupten Übergang in das Gemeinschaftssystem ergeben würden, könnte keine britische Regierung verantworten.[34]

Nach den ersten Sondierungen und Verhandlungen reduzierte die Regierung Heath die Forderung nach einer Übergangsperiode Anfang Dezember auf fünf Jahre; die anschließende »Korrektivphase« sollte nur noch drei Jahre dauern. Die britischen Beiträge, die sich aus Abschöpfungen, Zolleinnahmen und direkten Zahlungen bzw. Steueranteilen ergaben, sollten sich aber, so präzisierte der neue Europa-Minister Geoffrey Rippon am 17. Dezember, im ersten Jahr nur auf 2,6 bis 3 Prozent des Gemeinschaftshaushalts belaufen, und bis zum Ende der Übergangszeit sollte der britische Anteil schrittweise auf 13 bis 15 Prozent steigen. Bis zur vollständigen Übernahme des Abschöpfungssystems waren sechs Jahre vorgesehen, bis zur vollständigen Eingliederung in das gewerbliche Gemeinschaftssystem drei Jahre. Nur so glaubte man sicherstellen zu können, dass die erhofften Impulse für die britische Industrie nicht durch einen vorherigen drastischen Anstieg der Lebenshaltungskosten zunichte gemacht würden. Außerdem bestand London auf Ausnahmeregelungen für den Import karibischen Zuckers und neuseeländischer Butter: Hier existierten langfristige Lieferabkommen, die für die beteiligten Commonwealth-Länder essentiell waren.

Für Pompidou waren das geradezu lächerliche Zugeständnisse. Da die Briten von Anfang an von den Vorteilen des Gemeinsamen Marktes profitieren würden, schien ihm ein Anfangsanteil von 22 Prozent bei der Finanzierung des Agrarmarktes angemessen zu sein.[35] Eine Verzögerung der vollen Belastung schien ihm die Gefahr zu bergen, dass die Briten in fünf oder sieben Jahren erneut versuchen würden, das gesamte Finanzierungssystem zu kippen. »Man billigt den Engländern ja gerne drei Qualitäten zu«, kommentierte er das britische Angebot in einer Pressekonferenz am 21. Januar 1971: »Humor, Hartnäckigkeit und Realismus. Mir kommt der Gedanke, dass wir uns noch ein wenig im Stadium des Humors befinden. Ich habe keinen Zweifel, dass die Hartnäckigkeit folgen wird. Ich hoffe, dass dann auch der Realismus kommt und sich durchsetzt.«[36]

Zunächst kam freilich die Hartnäckigkeit – auf beiden Seiten. Während die Fünf den Briten entgegenkommen wollten, beharrte Frankreich mit Unterstützung der Kommission auf seiner Position. Mitte März verlangte Paris darüber hinaus auch noch, dem Drängen von Wirtschaftskommissar Barre folgend, dass die Briten auf den Status des britischen Pfundes als einer zweiten internationalen Reservewährung neben dem Dollar verzichten müssten. Hohe ausländische Sterling-Guthaben und die britische Garantie für die Währungsreserven der Commonwealth-Länder machten die britische Währung in hohem Maße anfällig für Währungsschwankungen, die mit dem Gemeinsamen Markt und erst recht mit der angestrebten Währungsunion nicht vereinbar waren. Angesichts des chronischen Zahlungsbilanzdefizits Großbritanniens sollten die Briten auf eine dezidierte Stabilitätspolitik verpflichtet werden, die der angestrebten Vereinheitlichung der Währungen förderlich war.

Heath dachte eine Zeit lang darüber nach, Pompidou dadurch kompromissbereiter zu machen, dass er ihm in der Frage einer gemeinsamen Atomstreitmacht entgegenkam. Spätestens seit 1965 war er von der Notwendigkeit einer eigenständigen europäischen Verteidigung überzeugt, und die Verbesserung der sowjetischen Raketenabwehr, die die Entwicklung neuer Raketensysteme notwendig machte, bestärkte ihn noch in dieser Überzeugung. So wollte er mit einer »radikalen Initiative« sowohl die britischen Sicherheitsprobleme lösen, als auch den Beitritt zu den Europäischen Gemeinschaften sichern. Interministerielle Komitees kamen im Februar 1971 zu der Empfehlung, die Schaffung einer »Organisation for the Co-ordination of European Defence« und die gemeinsame Entwicklung einer neuen Generation seegestützter Raketen vorzuschlagen. Außenminister Alec Douglas-Home gewann aber Mitte April den Eindruck, dass eine solche Initiative die Beitrittsverhandlungen eher belasten als beschleunigen würde; und so wurde sie erst einmal verschoben.[37]

In der Tat mehrten sich Mitte April die Anzeichen, dass Pompidou auch ohne britisches Entgegenkommen in der Frage einer eigenständigen europäischen Atomstreitmacht von seiner rigiden Haltung abrückte. Heath hatte Pompidou zu Beginn des Monats über Brandt wissen lassen, dass er bis zum Sommer ein vorzeigbares Ergebnis benötigte; andernfalls drohte die Stimmung in Großbritannien ganz zu kippen.[38] Damit war für Pompidou klar, dass er jetzt einlenken musste. Tat er es nicht, so war nicht nur ein Scheitern des Erweiterungsprojekts zu befürchten, sondern auch der Rückfall der Partner in die alte Lethargie. »Für England wird es noch einfacher sein, die Gemeinschaft zu blockieren, wenn es draußen bleibt, als wenn es drin ist«, hatte Jean-François Deniau, der mit der Leitung der Verhandlungsdelegation der Kommission beauftragte Kommissar für Außenhandel, Pompidou gesagt. »Seine Abwesenheit liefert jedem Mitglied, das keine Lust zum Handeln hat, eine ständige Entschuldigung.«[39]

Im Laufe der zweiten Aprilhälfte verständigten sich Michel Jobert, der Generalsekretär des französischen Präsidenten, und Botschafter Soames im Rahmen von Hintergrundgesprächen, die sie seit Februar führten, auf die Grundzüge eines Kompromisses: Anfangshöhe und Steigerung der britischen Beiträge sollten sich an objektiven Kriterien orientieren, die Drosselung der karibischen Zuckerimporte sollte auf das Ende der Übergangzeit verschoben, die Frage der neuseeländischen Butterimporte später geregelt werden. Hinsichtlich der Klärung der Währungsproblematik sollte eine britische Absichtsbekundung genügen. Außerdem wurde ein Fahrplan zur genauen Befriedung der Streitfragen vereinbart: zunächst ein Zeichen der Verständigungsbereitschaft auf der nächsten Tagung des Ministerrats, dann eine Verständigung über Grundsatzfragen bei einem Besuch von Heath in Paris, schließlich die Festlegung der Details bei den Ministerratstagungen im Juni.[40]

Tatsächlich stimmte die britische Delegation bei der Ministerratstagung am 11. und 12. Mai 1971 zur Überraschung der meisten Beteiligten einer Neuregelung der Zuckerimporte nach dem Auslaufen des Commonwealth-Zuckerabkommens Ende 1974 zu. Im Gegenzug akzeptierte die französische Delegation das Prinzip der schrittweisen Steigerung der britischen Beiträge. Grundsätzlich räumte sie auch die Möglichkeit ein, die Übergangsperiode über fünf Jahre hinaus auszudehnen; zur Berechnung der Steigerungsraten legte sie ein mathematisches Modell vor.[41] In den insgesamt zwölf Stunden dauernden Gesprächen zwischen dem französischen Präsidenten und dem britischen Premierminister am 20. und 21. Mai in Paris gab Heath zu verstehen, dass er bereit war, die nötigen Maßnahmen zur Stabilisierung des britischen Pfunds zu ergreifen. Ebenso machte er deutlich, dass dazu auch der Verzicht auf die bisherige Bindung des Pfundes an den amerikanischen Dollar gehören würde. Pompidou versicherte daraufhin, sich auch in der Frage der neuseeländischen Butter entgegenkommend zu zeigen: Nach einer schrittweisen Reduzierung der neuseeländischen Importe in der Übergangszeit sollte die Frage nach fünf Jahren im Lichte der dann erreichten Weltmarktregelungen noch einmal neu diskutiert werden. Dann erklärte er, dass der Eingangssatz des britischen Haushaltsbeitrags im Zuge der Verhandlungen »auf etwas unter zehn Prozent fallen« könnte.[42]

Das Ganze war weniger eine Verhandlung als eine Begleitmaßnahme zur Überwindung des Pompidouschen Misstrauens. Heath gab bereitwillig alle Zusicherungen, nach denen der französische Präsident verlangte: Er werde Beamte nach Brüssel schicken, die in der Lage seien, auf Französisch zu arbeiten; er werde keine Reduzierung der Unterstützung für die frankophonen Länder in Afrika verlangen; und, ja, er sei »vollständig einverstanden«, dass bei lebenswichtigen Interessen eines Landes Einstimmigkeit herrschen müsse. Ein Ergebnisprotokoll des Treffens, das auf Betreiben Pompidous angefertigt, aber nicht veröffentlicht wurde, hielt im Hinblick auf die Luxemburger Vereinbarung vom Februar 1962 fest, »dass in Angelegenheiten, die für einen oder mehrere Partner von vitalem nationalen Interesse sind, die Gemeinschaftsentscheidung in der Praxis durch allgemeine Zustimmung herbeigeführt werden muss«.[43]

Auf Pompidous Entgegenkommen in der Frage des Eingangs-Beitragssatzes ging Heath nicht ein. Er gestand lediglich zu, dass der letzte Schritt am Ende der Übergangsperiode nicht mehr zu hoch sein dürfte, und er versicherte einmal mehr, dass es Großbritannien mit der vollständigen Übernahme des Gemeinschaftssystems ernst sei: Seine Regierung hätte nicht die Absicht, »in der einen oder anderen Weise zu schummeln«.[44] Die persönlichen Referenten Jean-René Bernard und Peter Thornton wurden beauftragt, die Verhandlungen über diesen Punkt fortzusetzen.

Tatsächlich stellte eine Eingangs-Beteiligung von »etwas unter zehn Prozent« für Großbritannien immer noch eine Zumutung dar. Sie lief darauf hinaus, dass die Briten die Verteuerung der Lebenshaltungskosten sogleich beim Eintritt in die Gemeinschaft zu spüren bekamen, während die Steigerung des Exports und der Produktivität als Früchte des Beitritts vorerst auf sich warten ließen. In London musste man sich jetzt aber sagen, das viel mehr als die Reduzierung auf acht Prozent, die die anderen EWG-Partner für angemessen hielten, nicht zu erreichen war. So stimmte die britische Delegation nach einem erneuten Sitzungsmarathon in Luxemburg vom 21. bis 23. Juni schließlich einem Eingangssatz von 8,64 Prozent zu, der im fünften und letzten Jahr der Übergangsperiode auf 18,92 Prozent steigen sollte. Außerdem wurden für die ersten beiden Jahre der vollen Beitragszahlung – also 1978 und 1979 – Kappungsgrenzen vereinbart; und für den Fall einer »unakzeptablen Situation« wurden »gerechte Lösungen« versprochen. Hinsichtlich der neuseeländischen Butter wurde die Regelung präzisiert, die Pompidou angeboten hatte. Die britische Absichtserklärung, die Sterlingguthaben schrittweise abzubauen und Regelungen zur Anpassung an die geplante Wirtschafts- und Währungsunion zu treffen, war schon zuvor, beim Ministerrats-treffen vom 7. und 8. Juni, bekannt geworden – sehr zum Verdruss von Barre, der auch eine Verpflichtung zur Stabilisierung des Pfundes hatte aushandeln wollen.[45]

Für die anderen Beitrittskandidaten waren diese Konditionen einer fünfjähri-gen Übergangsperiode unproblematisch. Weil der Anteil an landwirtschaftlicher Eigenversorgung in Irland, Dänemark und Norwegen wesentlich höher war als in Großbritannien, stellte sich das Problem der anfänglichen Steigerung der Le-benshaltungskosten hier nicht. Dänemark konnte sogar schon im zweiten Jahr der Übergangsperiode den wirtschaftlichen Nettogewinn erzielen, der bei vol-ler Mitgliedschaft zu erwarten war. Die kleineren Beitrittskandidaten wehrten sich allerdings gegen den Versuch, sie auf schlechtere Übergangsbestimmungen festzulegen, als sie Großbritannien eingeräumt wurden. Als die Kommission im Dezember 1970 entsprechende Überlegungen anstellte, führte das zu scharfen Protesten insbesondere der dänischen Regierung unter Ministerpräsident Hilmar Baunsgaard. Schließlich wurde beim Treffen des Ministerrats mit den Vertretern der Beitrittskandidaten am 11. und 12. Juli 1971 vereinbart, dass die Konditionen, die man Großbritannien gewährt hatte, auch für die anderen Kandidaten gelten sollten. Sie erhielten damit im Wesentlichen jene Bedingungen, die die dänische Regierung selbst schon im Oktober 1970 vorgeschlagen hatte.[46]

Problematisch war für Dänemark etwas Anderes: die Niederlassungsfreiheit für Unternehmen der Gemeinschaftsländer, die mit dem Eintritt in den Gemein-samen Markt verbunden war. Sie drohte zu einem Ausverkauf landwirtschaftlicher Betriebe und küstennaher Erholungsanlagen Nordschleswigs an kapitalkräftige Deutsche zu führen. Weil Gegner des dänischen Beitritts hieraus ein gewichtiges Argument machten, verlangte die Regierung eine Aufrechterhaltung des Nieder-lassungsverbots bis zum Ende der Übergangszeit. Ende November 1971 stimmte der Ministerrat dem zu.[47]

Für Irland und Norwegen stellte die Gemeinsame Fischereipolitik, die der Mi-nisterrat nach langwierigen Verhandlungen gerade noch vor Eröffnung der Bei-trittsverhandlungen im Juni 1970 beschlossen hatte, das größte Problem dar. Sie sah wie für die Landwirtschaft die Finanzierung preisstabilisierender Maßnahmen und struktureller Modernisierung aus Gemeinschaftsmitteln vor und verlangte dafür, die nationalen Hoheitsgewässer für die Fischereiflotten aller Mitgliedslän-der zu öffnen. Ausnahmen sollten nur für die Küstenfischerei in Gebieten gelten, deren Bevölkerung stark vom Fischfang abhängig war, und dies auch nur für eine Übergangszeit von fünf Jahren. Das war für Irland und Norwegen insofern problematisch, als die wesentlich besser ausgerüsteten Fischereiflotten der gro-ßen Mitgliedsstaaten die Küstengewässer spätestens nach dem Ende der Über-gangszeit leer zu fischen drohten. Die norwegische Regierung sah demzufolge eine regelrechte Entvölkerung der ohnehin dünn besiedelten Küstengebiete in der nördlichen Landeshälfte auf sich zukommen.[48]

Beide Regierungen verlangten daher nicht weniger als die Aufrechterhaltung der Zwölf-Meilen-Zone exklusiv nationaler Fischrechte, die ihnen das Londoner Fischerei-Abkommen von 1964 gewährt hatte. Das war für die Kommission nicht akzeptabel, ebenso wenig wie der Vorschlag einer Niederlassungspflicht für ausländische Fischer in Norwegen, den die neue, prinzipiell europafreundlichere Regierung des Sozialdemokraten Trygve Bratteli im Juni 1971 präsentierte. Nach zähen Verhandlungen seit Oktober akzeptierte die irische Regierung am 12. Dezember zusammen mit der britischen und dänischen Regierung einen Kompromissvorschlag der Kommission, der die Übergangsregelung für bestimmte Küstenregionen auf zehn Jahre und die gesamte Zwölf-Meilen-Zone ausdehnte und zudem eine Überprüfung der Fischereipolitik zum Ende der Übergangsperiode ankündigte. Die norwegische Regierung versuchte weiterhin, Garantien für eine unbegrenzte Fortdauer der Sonderbehandlung zu erreichen. Sie musste sich dann aber am 15. Januar 1972 damit zufrieden geben, dass die norwegische Sonderzone deutlich nach Süden ausgeweitet wurde (bis nach Egersund) und ein Sonderprotokoll die Möglichkeit einer »Verlängerung des derogativen Systems« nach dem Ende der Übergangszeit erwähnte, falls die »besondere demographische und soziale Struktur des Landes« dies erforderlich machen sollte.[49]

Die Verhandlungen mit Norwegen gestalteten sich umso schwieriger, als die norwegischen Regierungen auch für die gesamte Landwirtschaft eine unbegrenzte Ausnahmeregelung verlangten. Angesichts der schwierigen klimatischen und topographischen Verhältnisse eines Landes, das mit seinen Bergen und Fjorden zu einem Drittel nördlich des Polarkreises lag, drohten die Öffnung des Marktes, das Absenken des Preisniveaus und das Ende der nationalen Stützungsmaßnahmen zu einem Einkommensverlust der norwegischen Bauern von über 50 Prozent zu führen. Produktivitätsgewinne durch die Schaffung größerer Einheiten waren technisch kaum möglich, und so war die Befürchtung einer Entvölkerung ganzer Landesteile auch in dieser Hinsicht nicht unberechtigt. Die Regierung Bratelli schlug vor, die Landwirte weiterhin mit Sonderregelungen für einzelne Produkte, insbesondere Preisbeihilfen für Milch und Transportbeihilfen, zu unterstützen; diese sollten aus dem Europäischen Ausrichtungs- und Garantiefonds finanziert werden.

Kommission und Ministerrat näherten sich diesem Vorschlag nicht zuletzt dank des Werbens Brandts um Verständnis für die Probleme seiner »zweiten Heimat« schrittweise an, machten ihn sich aber nicht vollständig zu eigen. Am 12. Dezember 1971 wurde schließlich ein Sonderprotokoll zur norwegischen Landwirtschaft verabschiedet, das zwar nicht explizit von dauerhaften Sonderregelungen sprach, aber die Notwendigkeit »spezifischer Vorkehrungen« auch nach dem

Ende der fünfjährigen Übergangszeit anerkannte.[50] Zu ihnen sollten Maßnahmen zur Sicherstellung der Milchproduktion und Transportbeihilfen gehören. Die Kommission sollte prüfen, inwieweit sich die Gemeinschaft an den hierzu notwendigen Ausgaben beteiligen könne. Für die norwegischen Landwirtschaftsorganisationen war das zu wenig; die Regierung aber glaubte, den Kern ihrer Forderungen durchgesetzt zu haben. Nachdem dann am 15. Januar auch noch die Konditionen des norwegischen Beitritts zur Gemeinsamen Fischereipolitik geregelt waren, war der Weg zur Unterzeichnung des gemeinsamen Beitrittsvertrags aller Kandidaten am 22. Januar 1972 frei.[51]

Angesichts der vielen Probleme, die den Abschluss der Verhandlungen verzögert hatten, war die Atmosphäre bei der Vertragsunterzeichnung in Brüssel alles andere als enthusiastisch. Und in der Tat sollte sich bald zeigen, dass es für den Beitritt in Norwegen keine Mehrheit gab. Fischereiminister Knut Hoem trat noch vor der definitiven Zustimmung seiner Regierung zum Fischereiprotokoll aus Protest gegen das seiner Meinung nach ungenügende Verhandlungsergebnis zurück. Bratelli und die anderen Beitrittsbefürworter in der Regierung, die von der Notwendigkeit eines Anschlusses an die prosperierende Europäische Gemeinschaft überzeugt waren, konnten den Abwärtstrend in der öffentlichen Meinung des Nordens und der Küstenregionen nicht stoppen. Zusammen mit dem Anti-Europäismus der radikalen Linken und dem Konservatismus liberaler Intellektueller ergab sich daraus eine Mehrheit von 53,3 Prozent, die sich in der konsultativen Volksabstimmung am 24. und 25. September 1972 gegen den Beitritt aussprach. Die Regierung Bratelli trat daraufhin, wie angekündigt, sogleich zurück. Die nachfolgende bürgerliche Minderheitsregierung um Lars Korvald musste unter großem Zeitdruck nun Verhandlungen über ein Freihandelsabkommen mit der Gemeinschaft führen, wie es Schweden und die anderen verbliebenen EFTA-Staaten unterdessen geschlossen hatten.[52]

In Großbritannien fand der Beitrittsvertrag die erforderlichen Mehrheiten. Nach einer intensiven Überzeugungskampagne und sechs Tagen Debatte im Unterhaus stimmte am 28. Oktober 1971 eine Mehrheit von 356 zu 244 Abgeordneten für einen Beitritt zu den Bedingungen, die die Regierung ausgehandelt hatte. Ein entsprechendes Beitrittsgesetz wurde am 13. Juli 1972 mit einer Mehrheit von 17 Stimmen angenommen. Allerdings präsentierte Heath das Verhandlungsergebnis aus Furcht vor den Beitrittsgegnern in außerordentlich defensiver Manier. Die politischen Ambitionen und ökonomischen Visionen, die hinter dem Beitrittsgesuch standen, wurden mit keinem Wort erwähnt; in einem Weißbuch vom 7. Juli 1971 behauptete die Regierung sogar, von einer »Erosion wesentlicher nationaler Souveränität« könne »keine Rede« sein.[53] Zudem setzte sich in der Labour Party unter dem Schock der unerwarteten Wahlniederlage die Tendenz durch, die diversen Gegenströmungen für eine rasche Rückkehr an die Macht zu mobilisieren.

Wilson wusste die Einheit der Partei und vor allem seine eigene Führungsposition nur noch dadurch zu sichern, dass er gegen einen »Beitritt zu Tory-Bedingungen« zu Felde zog. Den Wahlkampf des Winters 1973/74 bestritt er mit dem Versprechen, die Beitrittsbedingungen neu zu verhandeln und das Verhandlungsergebnis zur allgemeinen Abstimmung zu stellen.[54]

Die britischen Beitrittsgegner erhielten zusätzlichen Auftrieb, als sich die seit langem problematische Wirtschaftslage des Landes ausgerechnet im ersten Jahr der Mitgliedschaft dramatisch verschlechterte. Ein großer Bergarbeiterstreik im Januar 1973 ließ die Zahl der Arbeitslosen auf über eine Million ansteigen. Inflation und Handelsbilanzdefizit nahmen weiter zu, und dann führte die Vervierfachung des Erdölpreises im Oktober 1973 zu weiteren Belastungen. Wilsons ebenso spektakulärer wie fragwürdiger Kurswechsel zahlte sich unter diesen Umständen aus: Die Unterhauswahlen vom Februar 1974 brachten Labour mehr Parlamentssitze als den Konservativen; Wilson bildete am 4. März eine Minderheitsregierung, die sich in erneuten Wahlen im Oktober 1974 eine knappe Mehrheit sichern konnte.

Erneut im Amt musste Wilson nun die versprochenen Nachverhandlungen führen. Eine »grundlegende Neu-Verhandlung«, wie sie Labour angekündigt hatte,[55] wurde daraus jedoch nicht. Wilsons neuer Außenminister James Callaghan, einer der Wortführer der Abkehr vom Beitrittsvertrag, trat zwar zunächst in Brüssel entsprechend robust auf. Er musste aber bald einsehen, dass er damit nichts erreichte. Für die Partner war die Forderung nach Neuverhandlung nichts anderes als die Androhung eines Vertragsbruchs, die all jenen Recht gab, die vor einem britischen Beitritt gewarnt hatten. Wer weiterhin am Mitwirken Großbritanniens interessiert war, konnte nur achselzuckend zur Kenntnis nehmen, dass die britische Politik möglicherweise dabei war, das Ziel zu verspielen, um das sie so hartnäckig gerungen hatte.

Letztlich war es Helmut Schmidt, seit dem 16. Mai 1974 Brandts Nachfolger als deutscher Bundeskanzler, der Callaghan und Wilson half, das Gesicht zu wahren. Skeptischer hinsichtlich der Möglichkeiten der Währungsunion und der Politischen Union als Brandt und Scheel hatte der Hanseate Schmidt zugleich ein besonderes Interesse daran, dass die pragmatische Tradition britischer Politik in der Gemeinschaft zur Geltung kam. Das ließ ihn die Vermeidung eines Austritts der Briten als vordringliche Aufgabe betrachten. In einer Rede auf dem Labour-Parteitag Ende November warb er deshalb um einen Verbleib Großbritanniens in der Gemeinschaft – in souveränem Englisch, das ihm Respekt verschaffte, und in einem Ton, der auf die Mentalität der britischen Genossen zugeschnitten war. Sie brachte zwar nicht die Mehrheit der Delegierten zum Umdenken, stärkte aber die Position der Europa-Befürworter in der Partei. Vor allem aber machte sie Wilson und Callaghan Mut, sich für eine Bestätigung der Beitrittsentscheidung einzusetzen.

Sodann warb Schmidt bei Frankreichs neuem Staatspräsidenten Valéry Giscard d'Estaing dafür, den Briten in einigen nachrangigen Fragen Konzessionen zu machen. Noch vom Landsitz der britischen Premiers in Chequers aus, wo er nach der Rede mit Wilson konferierte, arrangierte er ein Treffen des Premierministers mit dem französischen Präsidenten. Am 3. Dezember sicherte Wilson Giscard zu, sich (wie von Schmidt verlangt) öffentlich für den Verbleib in der Gemeinschaft einzusetzen, wenn die Partner die Einführung eines »Korrekturmechanismus« zur Vermeidung überhöhter Haushaltsbeiträge zugestehen würden. Vier Tage später äußerte er sich öffentlich in diesem Sinne, und beim Treffen der Staats- und Regierungschefs am 9. und 10. Dezember in Paris machte Giscard dann ein entsprechendes Zugeständnis. Schmidt gestand darüber hinaus die auskömmliche Finanzierung eines Europäischen Regionalfonds zu, der nach Italien auch Großbritannien und Irland zugute kommen sollte. Auf dem Gipfeltreffen von Dublin am 10. und 11. März 1975, dem »Gipfel der Taschenrechner«, wurde beschlossen, dass der Korrekturmechanismus greifen sollte, wenn das Bruttosozialprodukt eines Mitgliedslandes auf weniger als 85 Prozent des Durchschnitts fiel – ein Level, das Großbritannien stets vermeiden konnte. Dazu wurde die Frist für die begünstigte Einfuhr neuseeländischer Butter von 1977 auf 1980 verlängert.

Zusammen mit der vagen Ankündigung einer »Überprüfung« der Gemeinsamen Agrarpolitik und dem Abkommen von Lomé, das die Begünstigung ehemaliger Kolonialgebiete auch auf Staaten des Commonwealth ausdehnte,[56] waren das genug Zugeständnisse, um im britischen Kabinett eine Mehrheit für den Verbleib in der Gemeinschaft durchzusetzen. Im Unterhaus und bei einer speziellen Parteikonferenz blieb eine Mehrheit der Labour-Politiker bei ihrem Nein. Bei einem Referendum, das Wilson siegessicher für den 5. Juni 1975 anberaumt hatte, stimmten hingegen 67 Prozent der Wähler dafür, »dass das Vereinigte Königreich in der Europäischen Gemeinschaft verbleiben sollte«. Damit war die Einheit der Partei gerettet, und Wilson hatte dennoch behauptet, was ihm im Interesse Großbritanniens notwendig erschien.[57]

Eine bewusste Entscheidung für eine Beteiligung an dem europäischen Projekt, wie es Wilson und in ähnlicher Weise auch Heath ursprünglich vorgeschwebt hatte, stellte das Referendum, verfassungsgeschichtlich ein absolutes Novum in der britischen Politik, jedoch nicht dar. Dazu zeigte auch der Labour-Premierminister zu wenig europapolitisches Profil in der Öffentlichkeit. Entscheidend für das positive Votum, das von der Geschäftswelt, der Presse und auch der Anglikanischen Kirche nach Kräften unterstützt wurde, war lediglich die Befürchtung, bei einem Austritt drohten dem Land noch größere wirtschaftliche Probleme. »Man kann Rührei nicht wieder trennen«, brachte ein pro-europäischer Labour-Abgeordneter die resignative Zustimmung auf den Punkt.[58]

Aufs Ganze gesehen kam die französische Zustimmung zu einem britischen Beitritt also zu spät, um aus Großbritannien ein aktives und engagiertes Mitglied der Europäischen Gemeinschaft zu machen. Wäre der Beitritt vollzogen worden, bevor das Ende des Nachkriegsbooms Großbritannien mit besonderer Härte traf, wäre durchaus ein anderer Ausgang dieser ersten Erweiterungsrunde denkbar gewesen. Ob Wilson in der Lage gewesen wäre, das Europa-Thema aus den innerparteilichen und innenpolitischen Machtkämpfen herauszuhalten, muss offenbleiben. Sicher ist nur, dass er im Interesse an einer Sicherung seiner Führungsposition dazu beitrug, das Entwicklungspotential der Gemeinschaft dauerhaft zu beeinträchtigten.

Das war umso fataler, als sich auch die Führer der dänischen Sozialdemokraten, die seit Oktober 1971 wieder den Ministerpräsidenten stellten, in der Referendumskampagne des Sommers 1972 ganz auf die wirtschaftlichen Vorteile einer Mitgliedschaft konzentrierten und ihre Ablehnung supranationaler Lösungen auf den Feldern der Währungs- und Außenpolitik betonten. Sie taten dies aus der Sorge, den europaskeptischen Teil ihrer Anhänger an radikalere Gruppierungen zu verlieren, und wurden dafür mit einer Zustimmung von 63,3 Prozent in der Volksabstimmung vom 2. Oktober 1972 belohnt. Die Entscheidung zur Billigung des Beitritts durch ein Referendum führte aber auch zu einer institutionellen Verfestigung der Europa-Gegner, die dem Aktionsspielraum künftiger dänischer Regierungen in der Gemeinschaft enge Grenzen setzen sollte.[59] Umgekehrt ließ die vorübergehende Gefahr eines britischen Rückzugs allerdings die irische Republik zu einem höchst aktiven Mitglied der Europäischen Gemeinschaft werden.[60]

Das Projekt der Währungsunion

Parallel zur ersten Erweiterung nahmen die Regierungen der Sechs das Projekt der Wirtschafts- und Währungsunion in Angriff. Es stand schon lange auf der Tagesordnung der Gemeinschaft, und zwar als notwendiges Pendant zur Vollendung des Gemeinsamen Marktes. Die Zollunion, der Gemeinsame Markt und die einzelnen Bereiche der Gemeinschaftspolitik konnten nicht auf Dauer funktionieren, wenn sich die Währungen der Mitgliedsländer auseinanderentwickelten und die Mitgliedsländer ihren Kurs mit unterschiedlichen oder gar gegenläufigen wirtschaftspolitischen Konzepten und Instrumenten zu steuern versuchten. Daher sah schon der EWG-Vertrag eine wirtschaftspolitische Koordinierung mit dem Ziel der Währungsstabilität und -konvertierbarkeit vor, verbunden mit der Möglichkeit »gegenseitigen Beistands« im Falle von Zahlungsbilanzschwierigkeiten.[61] Die Hallstein-Kommission schlug in ihrem Aktionsprogramm für die zweite Stufe des Gemeinsamen Marktes im Oktober 1962, beraten von dem belgisch-amerikanischen Ökonomen Robert Triffin, vor, die monetäre Zusammenarbeit der Sechs zu verstärken und einen Europäischen Reservefonds einzurichten. Beide Maßnahmen sollten spätestens nach dem Ende der Übergangszeit zu einer Währungsunion führen.[62]

Die Koordinierungsvorschläge führten zunächst nur zu bescheidenen Ergebnissen – erstens, weil die Regierungen den Verlust an währungs- und wirtschaftspolitischer Entscheidungsfreiheit scheuten, und zweitens, weil das Maßnahmenpaket der Kommission eine mittelfristige Wirtschaftsplanung keynesianischer Prägung einschloss, die den liberalen Kräften in den Regierungen nicht behagte. Im Mai 1964 wurden die Aufgaben des Währungsausschusses des Ministerrats erweitert; gleichzeitig wurden Ausschüsse für Haushaltspolitik und mittelfristige Wirtschaftspolitik sowie ein Ausschuss der Zentralbankgouverneure eingesetzt.

Die Währungsturbulenzen des Jahres 1968, die durch die laxe Finanzpolitik der USA und den daraus resultierenden Schwund des Vertrauens in den Dollar als internationaler Leitwährung ausgelöst worden waren, sorgten dann aber für eine Reaktivierung des Projekts. Ohne stärkere Konvergenz in der Wirtschafts- und Währungspolitik drohten nicht nur fortwährende Behinderungen der Gemeinschaftspolitiken, sondern eine Desintegration des Gemeinsamen Marktes mit verheerenden wirtschaftlichen Folgen. Die Kommission präsentierte daher im Februar 1968, jetzt unter der Federführung Raymond Barres, einen neuen Plan zur Schaffung eines Reservefonds und zur Einführung fester und definitiver Wechselkurse vor. Er blieb zunächst ohne Echo; im Herbst 1968 verweigerte sich die Bundesregierung der von den Partnern verlangten Aufwertung der D-Mark, und de Gaulle verweigerte trotzig die eigentlich unvermeidliche Abwertung des Franc.[63]

Daraufhin versuchte es die Kommission mit einer Initiative, die etwas weniger ehrgeizig war. Ihr nächster Vorschlag, im Dezember 1968 fertiggestellt und am 12. Februar 1969 offiziell präsentiert (der sogenannte »Barre-Plan«), sah zunächst nur gegenseitige Abstimmungen vor jeder Wechselkursänderung vor, dazu kurzfristige monetäre Stützungsaktionen auf der Grundlage von Beschlüssen der Zentralbanken und mittelfristigen Beistand auf Beschluss des Rates. Gleichzeitig sollte die Wirtschafts- und Konjunkturpolitik mit dem Ziel der Preisstabilität verstärkt koordiniert werden.[64] Giscard d'Estaing, der schon seit langem auf eine europäische Lösung des Problems der Währungsturbulenzen drängte, konnte Pompidou davon überzeugen, in diese Richtung zu gehen; und so konnte der Ministerrat der Europäischen Gemeinschaften die Grundzüge des Barre-Plans am 17. Juli 1969 billigen. Brandt ließ sich im November von Monnet davon überzeugen, darüber hinaus auch schon die Etablierung eines Europäischen Reservefonds anzusteuern. Als der Haager Gipfel Anfang Dezember beschloss, im Laufe des

Jahres 1970 einen Stufenplan zur Errichtung der Wirtschafts- und Währungsunion zu erstellen, war Triffin als Berater des Bundeskanzlers mit dabei.[65]

Bei der Erarbeitung des Plans zeigten sich allerdings unterschiedliche Prio-
ritätensetzungen. Während es den wirtschaftlich schwächeren Mitgliedsländern
in erster Linie um eine Unterstützung für ihre gefährdeten Währungen ging, beharrten die Deutsche Bundesbank und Wirtschaftsminister Karl Schiller auf der
Erzwingung von Haushaltsdisziplin und der Herbeiführung von makroökonomischer Konvergenz, die sie als Voraussetzung für die Einführung einer gemeinsamen Währung betrachteten. Entsprechend sah ein belgischer Entwurf für den
Stufenplan bereits für die erste Stufe eine Verringerung der Schwankungsbreiten
der europäischen Währungen gegenüber dem Dollar vor. Der deutsche Entwurf
wollte in dieser Phase dagegen nur kurzfristige Unterstützungsmaßnahmen zulassen und betonte ansonsten die Notwendigkeit einer Harmonisierung der Wirtschaftspolitik. In einem Ad-hoc-Komitee unter dem Vorsitz des luxemburgischen
Ministerpräsidenten und Finanzministers Pierre Werner, das der Ministerrat am
6./7. März 1970 einsetzte, führten die Gegensätze zu einer Verhandlungskrise, die
erst durch eine diskrete Intervention Brandts zugunsten rascherer Währungsintegration aufgelöst wurde. In dem Bericht, den das Komitee am 8. Oktober 1970
verabschiedete (der sogenannte »Werner-Plan«), wurde vorgeschlagen, in der ersten Phase versuchsweise mit Verringerungen der Bandbreiten zu beginnen und
»eventuell« schon einen Devisenausgleichsfonds zu installieren. Die gemeinsame
Währung sollte nach einem Jahrzehnt des Abbaus bestehender Ungleichgewichte
eingeführt werden, also im Jahr 1980. Die Verantwortung für die Währung sollte
dann bei einer gemeinsamen Zentralbank liegen und die Wirtschaftspolitik von
einem »Europäischen Wirtschaftspolitischen Entscheidungszentrum« gesteuert
werden, das dem Europäischen Parlament verantwortlich war.[66]

Die Betonung der Notwendigkeit verbindlicher Entscheidungen, die die
Bundesregierung als Gegenleistung für ihre Unterstützungszusagen ausgehandelt
hatte, wirkte nun aber auf Pompidou wie ein Angriff auf seine Gestaltungskom-
petenz bei der Dynamisierung der französischen Wirtschaft. Zusätzlich motivier-
ten ihn heftige Angriffe Debrés auf das Verhandlungsergebnis,[67] im Ministerrat
gegen jeden Eingriff in seine Haushaltspolitik zu wettern; Schumann und Giscard
wurden angewiesen, keiner Übertragung weiterer Kompetenzen auf die Gemeinschaftsebene zuzustimmen. Nachdem er sich wieder etwas beruhigt hatte, gestand
er Brandt beim deutsch-französischen Gipfel am 25. und 26. Januar 1971 aber
zu, dass die monetären Maßnahmen, die für die erste Stufe vorgesehen waren,
nur dann weiter gelten sollten, wenn vor ihrem Ablauf eine Einigung über den
weiteren Gang der Währungsintegration zustande kommen würde. Die Bundesregierung gab sich damit zufrieden, dass hinsichtlich der Endstufe nur allgemein
von einem gemeinschaftlichen Zentralbanksystem die Rede war und die Frage

seiner Kompetenzen und seiner Unabhängigkeit offenblieb. Ebenso akzeptierte sie die Formulierung, dass die erforderlichen wirtschaftspolitischen Beschlüsse auf Gemeinschaftsebene von den Organen der Gemeinschaft gefasst werden sollten.

Die Bundesregierung hatte damit die Zusicherung erhalten, dass währungs- und wirtschaftspolitische Maßnahmen Hand in Hand gehen und am Ende entsprechende Kompetenzen auf europäischer Ebene stehen würden. Die tatsächliche Form der währungs- und wirtschaftspolitischen Entscheidungsfindung in der künftigen Union blieb jedoch bewusst offen. In dieser Form wurde der Plan zur Schaffung einer Wirtschafts- und Währungsunion am 9. Februar 1971 vom Ministerrat verabschiedet.[68] Ein weiterer Ministerratsbeschluss vom 22. März präzisierte, dass die erste Stufe vom 1. Juli 1971 bis zum 31. Dezember 1973 dauern sollte. Als erste Maßnahme wurde eine geringfügige Verringerung der Bandbreiten zwischen den europäischen Währungen beschlossen: von bislang 0,75 Prozent nach oben oder nach unten auf 0,6 Prozent, zusammengerechnet also von bislang 1,5 Prozent auf 1,2 Prozent.

Der Kompromiss, der den Entscheidungen vom März 1971 zugrunde lag, hielt allerdings nicht lange vor. Als die Bundesrepublik wenige Wochen später zum Objekt spekulativer Dollar-Zuflüsse wurde, die das außenwirtschaftliche Gleichgewicht störten und die Gefahr einer importierten Inflation heraufbeschworen, reagierte Schiller mit der Forderung nach völliger Freigabe des DM-Kurses (dem sogenannten *Floating*) und setzte sie bei einem Treffen der EWG-Finanzminister am 8./9. Mai 1971 auch durch, zumindest für einen befristeten Zeitraum. Nach seiner Auffassung brauchten sich die anderen Mitgliedsländer dem bloß anzuschließen, um das Projekt eines gemeinsamen Währungsraumes zu retten. Tatsächlich drohte ein gemeinsames Floaten aber auch die Wettbewerbsfähigkeit der leistungsschwächeren Länder zu beeinträchtigen und die D-Mark zur europäischen Leitwährung zu befördern; daher kam es für Pompidou nicht in Frage. Isoliert störte das deutsche Floaten das Funktionieren des europäischen Agrarmarktes und ließ den Beschluss, mit der Verengung der Bandbreiten zu beginnen, obsolet werden.

Pompidous Enttäuschung über das deutsche Ausscheren war umso größer, als die substantiellere Alternative einer Abwertung des Dollars damit erst gar nicht in den Blick kam. Statt sich gemeinsam mit den europäischen Partnern für eine solche Forderung an die amerikanische Regierung stark zu machen, half die Bundesregierung den USA, ihre Haushaltsprobleme weiterhin auf Kosten ihrer europäischen Verbündeten zu lösen. Eine gemeinsame Reaktion der Europäer auf die amerikanische Herausforderung kam nicht zustande, auch dann nicht, als Präsident Nixon am 15. August die Konvertibilität des Dollars in Gold aufhob und damit dem Währungssystem von Bretton Woods definitiv die Grundlage entzog. Während Schiller weiterhin für ein gemeinsames Floaten plädierte und auch die

Niederländer sowie die Belgier und Luxemburger ihre Währung de facto zur Aufwertung freigaben, ging Frankreich dazu über, seinen Devisenmarkt zu spalten: Für Finanztransaktionen wurden die Wechselkurse freigegeben, für Handelsbewegungen wurden die bestehenden Paritäten weiterhin durch Interventionen und Kapitalkontrollen aufrechterhalten.

Um die Bundesrepublik wieder auf Gemeinschaftskurs zu bringen, war abermals eine Intervention Brandts fällig. Nach eigenem Verständnis ein währungspolitischer Laie hatte der deutsche Bundeskanzler seinen Wirtschaftsminister zunächst gewähren lassen, nicht zuletzt, da dessen Kurs zur Verteidigung der D-Mark sehr populär war. Als er aber merkte, dass die Divergenz in der Frage der Reaktion auf die Dollarschwemme auf eine grundsätzliche Gefährdung des Projekts der Währungsunion hinauslief, schickte er Mitte Oktober den Chef der Westdeutschen Landesbank Ludwig Poullain, einen Kritiker Schillers, zum französischen Präsidentenberater Jean-René Bernard, um einen Kompromiss auszuhandeln, der die Interessen beider Länder ausgewogen berücksichtigte: eine Rückkehr zu festen Wechselkursen unter Aufwertung der D-Mark, Abwertung des Dollar und Beibehaltung der Parität des Franc. Über die genaue Höhe der Dollar-Abwertung einigte sich Pompidou bei einem bilateralen Treffen mit Nixon auf den Azoren am 14. Dezember; sie wurde auf 7,9 Prozent festgelegt. Für die D-Mark wurde im anschließenden Smithsonian-Abkommen der G10-Finanzminister (so genannt nach dem Verhandlungsort am Smithsonian-Institut in Washington) am 18. Dezember eine Aufwertung von 4,6 Prozent vereinbart, was etwas weniger war, als Pompidou angestrebt hatte. Die europäischen Partner akzeptierten unter diesen Voraussetzungen eine Ausweitung der Schwankungsbreite ihrer Währungen gegenüber dem Dollar von ± 0,75 auf 2,25 Prozent (das heißt zusammen von 1,5 auf 4,5 Prozent) und kehrten insgesamt zur Intervention bei einer Abweichung von den daraus resultierenden Mittelwerten zurück.[69]

Um das Projekt der Währungsunion wieder voranzubringen, war darüber hinaus aber noch eine Verringerung der Bandbreiten zwischen den europäischen Währungen notwendig. Gegen einen entsprechenden Vorschlag der Kommission sträubte sich Schiller erneut. Brandt setzte sich jedoch darüber hinweg, und so konnte der Ministerrat am 21. März 1972 eine Aufforderung an die Notenbanken der Mitgliedsländer beschließen, die Fluktuationsmargen zwischen ihren Währungen auf ± 2,25 Prozent zu reduzieren. Innerhalb des »Tunnels« von 4,5 Prozent gegenüber dem Dollar entstand so eine »Schlange« mit einer Bandbreite von 2,25 Prozent. Während gegenüber den Dollarschwankungen ansonsten weiterhin in Dollars interveniert wurde, wurden die Interventionen innerhalb der Schlange erstmals in Gemeinschaftswährungen durchgeführt. Damit wurde die Abhängigkeit der schwächeren europäischen Währungen von der D-Mark gemindert, und es entstand ein europäischer Solidaritätskern der Intervention. Die Notenbank-

Präsidenten der Sechs schlossen am 10. April in Basel ein entsprechendes Abkommen, das am 24. April in Kraft trat. Die Beitrittskandidaten traten dem Abkommen bei, zunächst allerdings nur für kurze Zeit.

Der erneuerte deutsch-französische Konsens, der hinter der Einrichtung der europäischen Währungsschlange stand, überstand auch die nächsten Attacken auf europäische Währungen. Als im Juni wieder verstärkt amerikanische Dollars nach Europa strömten, entschied sich die britische Regierung, die Schlange wieder zu verlassen und das Pfund floaten zu lassen. Schiller wollte dem gleichtun und empfahl erneut ein gemeinschaftliches Floaten der europäischen Währungen. Brandt setzte dagegen im Bundeskabinett am 29. Juni den Entschluss durch, Kapitalkontrollen vorzunehmen, wie sie auch von Frankreich und Italien praktiziert wurden. Für Schiller war das der Anlass, von seinen Ministerämtern zurückzutreten. Nachfolger wurde mit Helmut Schmidt ein Allround-Politiker, der sich jenseits ökonomischer Lehrsätze, wie sie für Schiller maßgeblich waren, auf das politisch Machbare konzentrierte.

Von dieser Stabilisierung der deutsch-französischen Solidarität beflügelt forderte Pompidou nun, den geplanten Devisenausgleichsfonds tatsächlich schon bald zu installieren und ihn auch mit weitreichenden Kompetenzen auszustatten. Brandt stimmte zu, allerdings mit Rücksicht auf das Stabilitätsziel deutscher Wirtschaftspolitik nur unter dem Vorbehalt, dass die Kreditfazilitäten und die jährlich zur Verfügung stehenden Geldmengen gedeckelt würden. Von Giscard und Schmidt gemeinsam vorbereitet, konnten die Wirtschafts- und Finanzminister der Gemeinschaft am 11./12. September die Errichtung eines Europäischen Fonds für währungspolitische Zusammenarbeit noch in der ersten Stufe der Währungsunion beschließen. Der Fonds sollte zunächst der Konzertierung der Zentralbanken in der Währungsschlange dienen und den Saldenausgleich multilateralisieren, und zu diesem Zweck sollte auch eine europäische Rechnungseinheit eingeführt werden. Für die späteren Etappen wurde eine »stufenweise Vergemeinschaftlichung der Reserven« angekündigt. Der Pariser Gipfel im Oktober legte den Beginn dieses Kooperationsfonds auf April 1973 fest und bestätigte im Übrigen noch einmal den festgelegten Fahrplan zur Währungsunion.[70]

Eine Gewähr für die Rückkehr zu stabilen Wechselverhältnissen boten freilich weder die Kapitalkontrollen noch der Ausbau der Währungskooperation. Als Ende Januar 1973 eine neue Dollarflut auf die europäischen Devisenmärkte zurollte und die US-Regierung den Dollar im März zum Floating freigab, wusste sich Schmidt, im zweiten Kabinett Brandt Finanzminister mit erweiterter Zuständigkeit, nicht mehr anders zu helfen, als seinerseits ein gemeinsames Floaten der europäischen Währungen zu propagieren. Diesmal stimmte Pompidou trotz der damit immer noch verbundenen Gefahren für die französische Wettbewerbsfähigkeit zu, allerdings nur unter der Voraussetzung, dass die D-Mark erneut aufgewertet wurde (diesmal um drei Prozent) und die Entscheidung erst nach dem Abschluss der Wahlen zur französischen Nationalversammlung am 11. März getroffen wurde (was die Bundesbank beträchtliche Devisenreserven kosten sollte). Bei einem Abseitsstehen Frankreichs fürchtete er einen deutschen Alleingang, dem andere Länder mit harten Währungen gefolgt wären. So konnte am 12. März ein gemeinschaftliches Floaten der Länder der Währungsschlange beschlossen werden. Der »Tunnel« der Verpflichtung zu Stützungskäufen, um so die Bandbreiten gegenüber dem Dollar zu wahren, entfiel.

Einen wirklichen Fortschritt auf dem Weg zu europäischer Währungseinheit stellte der Übergang zum Blockfloating allerdings nicht dar. Dazu war der Währungsblock, der hier entstand, nicht groß und mächtig genug. Großbritannien und Italien blieben ihm fern, obwohl Brandt beiden Regierungen großzügige Beistandszusagen machte, die der Stabilitätsorientierung der deutschen Politik zuwiderliefen. Das »Wenn und Aber der Fachleute« auf beiden Seiten, so Brandt,[71] sorgte dafür, dass der große Wurf, der dem deutschen Bundeskanzler hier vorschwebte und der auch von Jean Monnet seit dem Pariser Gipfel energisch propagiert wurde, in den Verhandlungen der Wirtschafts- und Finanzminister auf der Strecke blieb. Über Frankreich, die Bundesrepublik und die Benelux-Länder hinaus beteiligte sich nur noch Dänemark.[72]

Mit dem Zurückschrecken der Regierungen Heath und Andreotti vor einem Engagement in der Währungsschlange schwand auch die Bereitschaft der Bundesregierung, zur Förderung der Währungssolidarität Abstriche an ihrer Stabilitätsorientierung vorzunehmen. Über die geringe Bereitschaft insbesondere des italienischen Gründungsmitglieds zur Haushaltsdisziplin sichtlich enttäuscht und zugleich wegen des anhaltenden Dollarzuflusses von wachsender Inflationsgefahr bedroht, bestand Schmidt fortan auf strikter Parallelität von Inflationsbekämpfung und monetärer Unterstützung. Brandt folgte ihm darin, nicht zuletzt unter dem Eindruck eines Stimmungswandels in der deutschen Öffentlichkeit, die zunehmend die angebliche Verschwendungssucht in den Partnerländern kritisierte. Als der Start des Währungskooperationsfonds zum 1. Juni 1973 vorbereitet wurde, bestand Schmidt auf verbindlichen Zusagen hinsichtlich der Haushaltsdisziplin; da diese jedoch verweigert wurde, sperrte er sich gegen eine substantielle Zuweisung von Währungsreserven an den Gemeinschaftsfonds, wie sie Monnet und die Europäische Kommission forderten.

Monnet versuchte, die daraus resultierende Stagnation der Währungsintegration dadurch zu überwinden, dass er einmal mehr zur Flucht nach vorn drängte. Im August ließ er Pompidou einen erneut von Triffin konzipierten Plan zukommen, der die baldige Vergemeinschaftung aller Währungsreserven vorsah, verbunden mit einer Stärkung der gemeinschaftlichen Autorität in Währungsfragen. Der Währungsfonds sollte ein Direktorium erhalten, das mit Entscheidungsgewalt ausgestattet war, und darüber hinaus sollten auch die Haushaltsrechte des Europäischen Parlaments gestärkt werden. Durch die Schaffung europäischer Eingriffsmöglichkeiten in die nationalen Haushaltspolitiken, so offenbar Monnets Kalkül, sollte die deutsche Furcht vor dem Abgleiten in eine Inflationsgemeinschaft gebannt werden. Freilich war Pompidou nicht oder noch nicht bereit, den Preis eines weiteren Verzichts auf nationale Souveränität zu zahlen, der hier verlangt wurde. »Gefährlich oder theoretisch« schrieb er auf den Bericht über Monnets Ansinnen, den Bernard für ihn angefertigt hatte.[73]

Am 3./4. Dezember gelang es den Wirtschafts- und Finanzministern der Gemeinschaft immerhin, sich auf ein Paket von Entscheidungen für den Übergang zur zweiten Stufe der Währungsunion zu verständigen. Sie stimmten einer Stabilitätsrichtlinie und einer wirtschaftspolitischen Konvergenzentscheidung zu, die auch für die Bundesregierung einige Glaubwürdigkeit aufwiesen. Im Gegenzug akzeptierte Schmidt zwar nicht die Poolung der Reserven, aber doch eine Aufstockung des kurzfristigen Währungsbeistands. Das Paket wurde jedoch vom Ministerrat nicht verabschiedet. Die britische und die italienische Regierung beharrten in der Ratssitzung vom 17./18. Dezember 1973 darauf, dass Beschlüsse zur Wirtschafts- und Währungsunion nicht getroffen worden konnten, ohne den Europäischen Regionalfonds einzurichten, auf den sie mit Blick auf ihre strukturschwachen Gebiete drängten. Da die Bundesregierung dazu nicht bereit war, wiederum in der Überzeugung, sich weitere Transferleistungen nicht mehr leisten zu können, blieb es bei einem Übergang in die zweite Stufe ohne neue Instrumente. Sie sollte, wie es hieß, der Konsolidierung des bislang Erreichten dienen. De facto war der qualitative Sprung in die Währungsintegration damit aber erst einmal auf unbestimmte Zeit vertagt.

Als infolge der Ölpreiserhöhung weitere Dollarmassen nach Europa und vor allem nach Deutschland strömten, rückte er in noch weitere Ferne. Pompidou sah sich vor die Notwendigkeit gestellt, tief in das Säckel der französischen Devisenreserven greifen zu müssen, wenn er dem erneuten Anstieg der D-Mark und damit der Schlange insgesamt folgen wollte. Das wollte er aber angesichts wachsender innenpolitischer Kritik wegen angeblicher Untätigkeit in der Wirtschaftskrise nicht riskieren. Das deutsche Angebot eines kurzfristigen Währungsbeistandes in Höhe von drei Milliarden Dollar lehnte er ab, vermutlich aus Furcht vor weiterem Ansehensverlust bei den Traditionsgaullisten. Stattdessen ließ er Giscard am 19. Januar 1974 den vorübergehenden Austritt Frankreichs aus der Währungsschlange erklären.[74]

Für Brandt war dies ein Moment tiefer Skepsis hinsichtlich der Zukunft der Europäischen Gemeinschaft. Die wirtschafts- und währungspolitischen Philosophien der Franzosen und der Deutschen seien nun einmal zu unterschiedlich, meinte er Anfang April bei einem Gespräch im Kanzleramt, und es sei »offensichtlich nicht möglich, das wirtschaftliche Zerbröckeln der Gemeinschaft durch politische Initiativen aufzufangen«.[75] Nur wenige Tage später plante er aber schon wieder unbegrenzte Stützungsmaßnahmen, die Frankreich die Rückkehr in die Währungsschlange erleichtern sollten. Auf ihrer Grundlage sollte es nach den Vorstellungen der Bundesregierung möglich sein, noch vor 1980 mit dem Aufbau einer europäischen Regierung zu beginnen, die auch auf europäischer Ebene parlamentarisch kontrolliert wurde.[76] Brandt hatte europapolitisch noch viel vor, als er sich am 7. Mai wegen der Spionage-Affäre um Günter Guillaume zum Rücktritt vom Amt des Bundeskanzlers entschloss.

Sein wiedergefundener Optimismus war insofern nicht ganz unberechtigt, als Giscard d'Estaing, der am 19. Mai zum neuen französischen Staatspräsidenten gewählt wurde, nachdem Pompidou am 2. April seiner langjährigen Bluterkrankung erlegen war, alsbald Maßnahmen zur Bekämpfung der Inflation ergriff, die die zügige Rückkehr Frankreichs in die Währungsschlange ermöglichen sollten. Beim ersten deutsch-französischen Gipfel, an dem er in der neuen Funktion wahrnahm, bekundete er seine Absicht, einen mit der Bundesrepublik vergleichbaren »Typ von Stabilität« und eine »echte Konvergenz« der Politik beider Länder anzustreben.[77] Tatsächlich konnte Giscard den Franc im Mai 1975 de facto wieder in die Währungsschlange zurückführen, wenn auch gegen heftigen Widerstand seines Finanzministers. Vom 10. Juli 1975 an war er wieder offiziell Teil des europäischen Währungsverbunds – zum gleichen Kurs gegenüber der D-Mark wie im Frühjahr 1973.

Von einem Scheitern des Projekts der Wirtschafts- und Währungsunion sollte man daher nicht sprechen. Tatsächlich wurde es nur zu spät in Angriff genommen, um zügig und konsequent umgesetzt zu werden. Die verständliche Nervösität, mit der die europäischen Gesellschaften auf das Ende der Jahre kontinuierlichen Wachstums reagierten, schränkte den Spielraum für solidarisches Handeln ein und hinderte die Staats- und Regierungschefs, die Vergemeinschaftung der Währungen so rasch voranzutreiben, wie es zur Bewältigung der von den USA ausgehenden Währungskrise notwendig gewesen wäre. Umgekehrt erwuchsen aus der Krise und dem daraus resultierenden Zerfall des Weltwährungssystems zusätzliche Motive, an dem europäischen Projekt festzuhalten. Auch wenn die europäische Währungsschlange und ihr gemeinsames Floaten nicht ausreichten, um die Währungsspekulation in den Griff zu bekommen, wurden doch ihre Folgen für den innergemeinschaftlichen Handel stark abgemildert. Zugleich wuchs das Wissen um die Notwendigkeit gemeinsamer Politik.

Die Politische Zusammenarbeit

Bei der Beratung der Frage nach »Fortschritten auf dem Gebiet der politischen Einigung« kamen, wie nicht anders zu erwarten, ebenfalls unterschiedliche Auffassungen zum Vorschein. Den ehrgeizigsten Plan legte die italienische Regierung unter der Federführung von Außenminister Aldo Moro vor. Ihr Memorandum vom 25. Februar 1970 sah nichts weniger als den schrittweisen Aufbau einer Politischen Gemeinschaft nach dem Muster der Wirtschaftsgemeinschaft vor. Sie sollte, und das war für die italienische Position neu, ausdrücklich auch den Verteidigungsbereich und die Justizpolitik umfassen. Für eine erste Phase wurden mindestens vierteljährliche Treffen der einschlägigen Fachminister und die Errichtung eines Sekretariats vorgesehen, für eine zweite Phase ab 1975 die schrittweise Zusammenlegung der Kompetenzen. In der dritten Phase nach 1980 sollten die bestehenden Gemeinschaften zu einer Art Bundesstaat fusionieren, mit der gemeinsamen Kommission von Politischer Gemeinschaft und Wirtschaftsgemeinschaft als föderaler Regierung und dem Ministerrat in einer Präsidentenfunktion.[78]

Die belgische Regierung mit Außenminister Pierre Harmel plädierte ebenfalls für die Einbeziehung der Verteidigungspolitik und des Justizbereichs, eventuell auch des Erziehungswesens, und insgesamt für starke gemeinschaftliche Strukturen. Zugleich schlug Harmel vor, die bis Juli 1970 zu erarbeitende Vereinbarung anschließend sogleich den Beitrittskandidaten vorzulegen, damit diese sich anschließen könnten. Ein Memorandum der Bundesregierung vom 21. Januar warnte demgegenüber davor, die Verhandlungen »zu Beginn schon mit der Streitfrage [zu] belasten, ob der Endzustand supranationalen oder föderalistischen Charakters sein werde«. Konkret wurden vorerst nur jährliche Treffen der Staats- und Regierungschefs vorgeschlagen sowie zu einem jeweils anderen Zeitpunkt stattfindende jährliche Treffen der Außenminister. Die Kommission und das Parlament sollten in die Beratungen einbezogen werden. Das Papier betonte zwar die Notwendigkeit gemeinsamer und solidarischer Positionen in der Außenpolitik; der Bereich der Verteidigungspolitik wurde jedoch überhaupt nicht erwähnt.

Am 6. März beauftragten die Außenminister bei einer Zusammenkunft in Brüssel ihre Politischen Direktoren, die Möglichkeiten für einen gemeinsamen Nenner in der Frage der politischen Einigung auszuloten. Vorsitzender des Komitees wurde der Belgier Étienne Davignon, der zuvor schon mit Brandts Staatssekretär Egon Bahr den Passus zur politischen Einigung im Kommuniqué des Haager Gipfels ausgehandelt hatte. Als das Komitee am 14. April zusammentrat, legte endlich auch die französische Seite ein Papier vor, und das fiel nun noch wesentlich zurückhaltender aus als das deutsche. Statt von politischer Gemeinschaft war nur von außenpolitischer Zusammenarbeit die Rede, und es wurde ausdrücklich betont, dass der Verteidigungsbereich davon ausgenommen bleiben sollte.

Die Entscheidungsfreiheit der beteiligten Regierungen sollte nicht beeinträchtigt werden und die Zusammenarbeit mit den Institutionen der Gemeinschaft auf ein Minimum beschränkt bleiben. Pompidou hatte ersichtlich keine Lust, den alten Streit um das Verhältnis der Europäer zu den USA wieder aufzunehmen. »Ich glaube nicht an das Politische Europa«, erklärte er seinem Außenamts-Staatssekretär, »zumindest nicht zum gegenwärtigen Zeitpunkt. Vielleicht kommt es eines Tages, 1980 oder später. Aber auch das bezweifle ich stark.«[79]

Der Kompromiss, auf den sich zunächst die Politischen Direktoren und dann die Außenminister in mehreren Etappen bis zum 20. Juli einigten, bewegte sich mehr oder weniger auf der Linie, die von den Deutschen vorgegeben worden war. Die Verpflichtung, auf die sich die Regierungen einließen, beschränkte sich zunächst nur auf das Bemühen um Harmonisierung in »allen wichtigen Fragen der Außenpolitik«. Diese sollte dadurch erreicht werden, dass sich die Außenminister alle sechs Monate trafen und das »Politische Komitee« der Politischen Direktoren vier Mal im Jahr, auf Verlangen des Vorsitzenden auch öfter. Den Vorsitz sollte der jeweilige Ratsvorsitzende übernehmen. Die Kommission sollte zu den Arbeiten hinzugezogen werden können, freilich nur, um Stellungnahmen abzugeben, und wenn es um Fragen ging, »die Auswirkungen auf die Tätigkeit der Europäischen Gemeinschaften haben«. Auch das Europäische Parlament sollte beteiligt werden, allerdings nur in der Form eines »Kolloquiums« mit den Mitgliedern seines Auswärtigen Ausschusses, das zweimal im Jahr stattfinden sollte. Die Frage der Einrichtung eines Sekretariats blieb offen, weil Frankreich die von den Anderen gewünschte Verbindung mit der Kommission ablehnte. Gleichzeitig wurde aber vereinbart, spätestens nach zwei Jahren einen weiteren Bericht vorzulegen, der Vorschläge für die Fortentwicklung der politischen Zusammenarbeit enthalten sollte.[80]

Das war, was die Ebene und den Gegenstandsbereich dieser »Europäischen Politischen Zusammenarbeit« (EPZ) betraf, weniger, als zur Zeit der Verhandlungen über die Fouchet-Pläne konsensfähig gewesen war. Zugleich war damit aber ein Anfang für eine tatsächliche außenpolitische Zusammenarbeit gemacht. Am 27. Oktober 1970 wurde der Bericht nach Billigung durch die Staats- und Regierungschefs offiziell verabschiedet. Zugleich war dieser Anfang nach vorne hin offen. Die Fürsprecher einer stärkeren Integration setzten darauf, dass sowohl hinsichtlich der Politikfelder, die einzubeziehen waren, als auch hinsichtlich der Entscheidungsmechanismen alsbald Fortschritte möglich sein würden. »Nachdem der Berg eine Maus geboren hat«, kommentierte Joseph Luns, »müssen wir uns jetzt an die Arbeit machen.«[81]

In der Tat versuchte Harmel daraufhin, seinem französischen Kollegen Schumann eine gemeinsame Sicherheits- und Verteidigungspolitik mit dem Hinweis auf die Stärkung der internationalen Position der Bundesrepublik durch den Abschluss des Moskauer Vertrages vom 12. August 1970 schmackhaft zu machen. Weiter verwies er auf die Tendenzen zur amerikanisch-sowjetischen Verständigung über eine Rüstungsbegrenzung und die Forderungen zur Reduzierung der amerikanischen Truppenpräsenz in Europa in der amerikanischen Öffentlichkeit.[82] Sein deutscher Kollege Scheel nutzte die deutsche Ratspräsidentschaft im zweiten Halbjahr 1970, um die Umsetzung der Beschlüsse zur politischen Zusammenarbeit rasch voranzutreiben, eine regelmäßige Unterrichtung der Botschafter der Mitgliedsländer in Drittstaaten und bei internationalen Organisationen über Beschlüsse der Außenminister durchzusetzen und auch die zeitnahe Information der Beitrittskandidaten zu institutionalisieren. Bereits bei ihrer ersten Zusammenkunft am 19. November 1970 kamen die Außenminister überein, gemeinsame Positionen zur Frage der Friedensordnung im Nahen Osten sowie zur geplanten Konferenz über Sicherheit und Zusammenarbeit in Europa (KSZE) zu erarbeiten. Ein Jahr später verlangte Scheel unter Hinweis auf die wachsende Bedeutung der EPZ eine Verbesserung ihrer Struktur: häufigere Treffen, stärkere Ausrichtung auf die Gemeinschaft und die bislang ausgesparte Etablierung eines ständigen Sekretariats.[83]

Pompidou sah sich in die Defensive gedrängt. Im Januar 1971 hielt er es für nötig, sich in einer Pressekonferenz zum Ziel eines politischen Europas und einer gemeinsamen Außenpolitik zu bekennen, mit der Europa wieder eine eigenständige Rolle in der Weltpolitik spielen könne. Als institutionelle Perspektive bezeichnete er die Bildung einer »europäischen Regierung«. Sobald sie konstituiert sein würde, sollte auch die Parlamentarische Versammlung zu einem echten Europäischen Parlament weiterentwickelt werden. Das Ganze waren freilich allenfalls Visionen für eine »ferne Zukunft«, wie er Brandt gestand.[84] Für die Gegenwart war das Beharren auf der Vorrangstellung der nationalen Regierungen und der Notwendigkeit einstimmiger Entscheidungen wichtiger. Im Februar 1972 gestand Pompidou dem deutschen Bundeskanzler die Einrichtung eines »leichten« Sekretariats der EPZ zu. Mit Rücksicht auf die Traditionsgaullisten beharrte er dann aber darauf, dass dieses seinen Sitz in Paris haben müsse. Da Brandt demgegenüber, von den kleineren Partnern und auch von Heath unterstützt, auf einem Sitz in Brüssel bestand, um die Integration der politischen Zusammenarbeit in die Gemeinschaftsbildung voranzutreiben, kam eine Einigung auch jetzt nicht zustande. Im September 1972 wurde die Frage des EPZ-Sekretariats einmal mehr vertagt.

Ebenso wies Pompidou Versuche der niederländischen, belgischen und italienischen Regierung zurück, die Stärkung der Gemeinschaftsorgane und die Direktwahl des Europäischen Parlaments auf die Tagesordnung des Pariser Gipfeltreffens zu setzen. Brandt hatte diese neue Gipfelkonferenz schon seit dem November 1970 betrieben, um die Vertiefungen, die auf dem Haager Gipfel beschlossen worden waren, substantiell voranzubringen. Als der französische Präsident nach mehrfachen Verzögerungen im September 1972 endlich dazu einlud, waren folglich in institutioneller Hinsicht keine weitreichenden Beschlüsse mehr zu erwarten. Pompidou überraschte die Gipfelteilnehmer, darunter zum ersten Mal die Vertreter der neuen Mitgliedsländer, kurz vor der Eröffnung am 19. Oktober mit einem persönlichen Entwurf für eine Abschlusserklärung, mit der die Mitgliedsstaaten ihre »Absicht« bekunden sollten, »vor Ablauf dieses Jahrzehnts die Gesamtheit ihrer Beziehungen in eine Europäische Union umzuwandeln«. Von Luxemburgs Außenminister Gaston Thorn dazu befragt, was dies denn sein solle, erklärte er, das wisse er selbst nicht; der Begriff sei aber geeignet, den Gegensatz zwischen »meinen Parteifreunden« und den Integrationsbefürwortern zu überbrücken.[85]

Genau das war seine Funktion. Nachdem Pompidous Versuch, sich mit Hilfe eines Referendums über seine Europapolitik von den Traditionsgaullisten zu emanzipieren, an zu geringer Wahlbeteiligung gescheitert war – an der Abstimmung vom 21. April hatten nur 60 Prozent der Wahlberechtigten teilgenommen –, blieb ihm nur die Möglichkeit, die Frage der institutionellen Ausgestaltung der Gemeinschaft offenzuhalten. So konnte der Gipfel nur grundsätzlich beschließen, »dass die Entscheidungsverfahren und die Arbeitsweise der Organe verbessert werden müssen, um ihre Wirksamkeit zu erhöhen«. Über das »Wie« dieser Verbesserung sollten die Organe der Gemeinschaft bis Ende 1975 einen Bericht ausarbeiten, über den anschließend eine weitere Gipfelkonferenz befinden sollte. Konkret wurde nur die Verdoppelung der Treffen der Außenminister im Rahmen der EPZ beschlossen: Sie sollten fortan viermal statt bisher zweimal im Jahr stattfinden.[86]

Zu einem deutlicheren Engagement für ein handlungsfähiges politisches Europa fand sich Pompidou erst nach den französischen Parlamentswahlen vom 4. und 11. März 1973 bereit. Sie bescherten den Gaullisten erhebliche Einbußen, bestätigten aber gleichzeitig die Regierungsmehrheit. Das ermöglichte es Pompidou, Debré zu entlassen und die Regierung stärker mit Männern seines Vertrauens zu besetzen – darunter Jobert, der den nicht wiedergewählten Schumann als Außenminister ablöste. Ohne weiterhin Querschüsse der Traditionsgaullisten befürchten zu müssen, konnte er jetzt dem Drängen von Heath auf nukleare Zusammenarbeit nachgeben: Bei einer erneuten Begegnung mit dem britischen Premierminister am 23. Mai wurden Expertengespräche über die Entwicklung der nächsten Generation von Mittelstreckenraketen vereinbart; sie sollten möglicherweise schon bis 1975 zu »etwas Gemeinsamem unter Europäern« führen.[87] Jobert forderte die Partner mit einer Rede in der Nationalversammlung am 19. Juni öffentlich auf, über eine eigenständige europäische Verteidigung nachzudenken.

Die Wiederaufnahme von de Gaulles Plänen für ein verteidigungspolitisch autonomes Europa wurde durch eine Initiative von Henry Kissinger begünstigt, die eigentlich genau auf das Gegenteil zielte: Mit seiner Forderung nach Ausarbeitung einer »neuen Atlantischen Charta«, mit der 1973 zum »Jahr Europas« werden sollte, vorgetragen in einer Rede vor Journalisten in New York am 23. April, wollte Nixons Sicherheitsberater die Beziehungen zwischen den USA und ihren europäischen Verbündeten wieder festigen und den isolationistischen Tendenzen in der amerikanischen Gesellschaft einen Riegel vorschieben. Da er aber eine stärkere Beteiligung der Europäer an den gemeinsamen Sicherheitsanstrengungen einforderte und gleichzeitig höchst ungeschickt zwischen globalen Interessen der USA und lediglich regionalen Interessen Europas unterschied, wurde das in Europa vielfach als Versuch verstanden, den Europäern höhere Kosten für die amerikanische Sicherheitsgarantie aufzubürden, ohne ihnen gleichzeitig stärkere Mitwirkungsmöglichkeiten einzuräumen. Dies förderte das Verständnis für das französische Bemühen um europäische Eigenständigkeit – und diese neue Aufgeschlossenheit für die Idee eines eigenständigen Europas wiederum die Bereitschaft Pompidous, den dafür nötigen Preis zu zahlen.

Die Verständigung über ein politisches Europa, das auch in Fragen der Verteidigung handlungsfähig war, fiel umso leichter, als Heath diese Orientierung mit seinen Zusicherungen an Pompidou, die Luxemburger Vereinbarungen im französischen Sinne zu interpretieren, keineswegs aufgegeben hatte. John Hunt, der Chef seiner Europa-Abteilung, erinnerte im Juli 1973 daran, dass Großbritannien der Gemeinschaft beigetreten sei, »um unserer Industrie den Anreiz und die Gelegenheiten eines wesentlich größeren Marktes zu geben, unsere Sicherheit zu sichern (insbesondere durch die Verankerung Deutschlands im Westen) und die Gemeinschaft zu einer politischen Einheit zu entwickeln«. Dazu werde eines Tages ein »qualitativer Sprung« nötig sein – »wenn ein Maß an Souveränität an eine zentrale Autorität übertragen wird, hinter das man nicht mehr zurückgehen kann«.[88] Jobert hatte Heath bei seiner Forderung, den amerikanischen Ambitionen entgegenzutreten, daher weitgehend auf seiner Seite – sehr zur Überraschung Kissingers.

Nachdem ein EPZ-Treffen der Außenminister am 5. Juni noch weitgehend ergebnislos verlaufen war, konnte am 23. Juli der zweite Bericht über die EPZ verabschiedet werden. Er enthielt über die Verdoppelung der Außenministertreffen und die Ausweitung der Treffen des Politischen Komitees hinaus die Verpflichtung, sich bei außenpolitischen Fragen, die die Interessen der Gemeinschaft berührten, nicht ohne vorherige Konsultation der Partner festzulegen. Außerdem wurden Mechanismen für eine engere Koordinierung der EPZ-Aktivitäten mit der Kommission und dem Parlament etabliert, und die bereits praktizierte Beteiligung der Botschaften in Drittstaaten wurde institutionalisiert.[89] Gleichzeitig wurde vereinbart, einen gemeinsamen europäischen Standpunkt auszuarbeiten, bevor das Gespräch mit der Nixon-Regierung über eine mögliche gemeinsame Erklärung aufgenommen würde. Schließlich akzeptierten die Neun auch Heath' Vorschlag, eine zusätzliche eigene Erklärung zur »europäischen Identität« vorzubereiten.

Bei der Vorbereitung der gemeinsamen Position arbeiteten Jobert und Heath eng zusammen. Bemühungen Brandts, die europäisch-amerikanischen Gegensätze im Dialog aufzulösen, liefen ins Leere. Beim nächsten Treffen am 10. und 11. September beschlossen die Außenminister den Entwurf einer Erklärung, mit der die USA die politische Eigenständigkeit der Europäer ausdrücklich anerkennen sollten: Sie »begrüßen«, hieß es da, »die Absicht der Neun, die Etablierung der Gemeinschaft als eine eigenständige Einheit in der internationalen Politik sicherzustellen«.[90] Zu handels- und währungspolitischen Streitfragen, in denen die USA Zugeständnisse verlangten, wurde wenig gesagt; und zu den Sicherheitsfragen wurde eine separate Erklärung vorgeschlagen, die vom NATO-Rat verabschiedet werden sollte. Auf diese Weise sollte vermieden werden, dass für die Aufrechterhaltung der amerikanischen Präsenz in Europa mit größeren handelspolitischen und sonstigen finanziellen Zugeständnissen bezahlt werden musste.

Das war allerdings nun überhaupt nicht in Kissingers Sinn. Er reagierte mit einem Gegenentwurf, der die Notwendigkeit enger Kooperation zwischen der Gemeinschaft und den USA betonte und intensive Konsultationen hinsichtlich der Politik gegenüber dem Ostblock verlangte. Über die gegensätzlichen Entwürfe wurde zwischen den Politischen Direktoren der Neun und Vertretern des State Departments verhandelt; dabei kam es aber zu keiner Annäherung der Standpunkte. Lediglich in formaler Hinsicht einigte man sich, dass es sowohl eine Erklärung zu den europäisch-amerikanischen Beziehungen als auch eine NATO-Erklärung geben sollte. Als sich die Neun dann am 6. November auch noch auf eine Erklärung zum Frieden im Nahen Osten verständigten, die sich von der pro-israelischen Haltung der USA im Jom-Kippur-Krieg deutlich unterschied, verlor Kissinger weitgehend das Interesse an den Erklärungen und an einem Europa-Besuch Nixons, bei dem sie unterzeichnet werden sollten. Im Januar 1974 gestand er Douglas-Home, dass sie wenig bringen würden.[91]

Während die Neun um eine Neubestimmung des Verhältnisses zu den USA rangen, zielten zwei andere Initiativen auf den raschen Ausbau ihrer politischen Zusammenarbeit: Zunächst griff Brandt Joberts Forderung nach Gesprächen über eine eigenständige Verteidigung der Europäer auf. Im Gespräch mit Pompidou am 21. Juni drängte er darauf, hier möglichst bald zu konkreten Ergebnissen zu gelangen. Der Leiter der Politischen Abteilung des Auswärtigen Amtes Günther van Well veröffentlichte einen Grundsatzartikel, in dem er sich zum Ziel einer »eigenständigen Rolle und Verantwortung der Europäischen Union« auch in der

Außen- und Verteidigungspolitik bekannte. Im Gespräch mit Jobert erläuterte Scheel, dass die Politische Union bis 1980 auch eine Verteidigungskomponente umfassen sollte. Noch längerfristiger müsse sich Europa »aus dieser ›unauflöslichen‹ Abhängigkeit [von den USA] befreien«.[92]

Sodann regte Jean Monnet Anfang September bei Pompidou, Heath und Brandt an, den Ausbau der Politischen Union dadurch zu beschleunigen, dass sich die Staats- und Regierungschefs der Neun zur »Provisorischen Europäischen Regierung« konstituierten. Sie sollten sich fortan mindestens dreimal im Jahr zu vertraulichen Beratungen treffen, um über die Ausführung des Programms des Pariser Gipfels zu wachen. »Soweit es notwendig ist und nach Anhörung des Präsidenten des Rates und der Kommission der Europäischen Gemeinschaften« sollten sie »Instruktionen für die Minister« festlegen, »die die Mitgliedsstaaten im Rat der Europäischen Gemeinschaften repräsentieren.« Auf diese Weise sollte der Entscheidungsstau, der sich in den intergouvernementalen Verhandlungen des Rates zeigte, überwunden werden. Darüber hinaus gab Monnet auch gleich vor, dass sich die Staats- und Regierungschefs auf die Schaffung »einer europäischen Regierung und einer europäischen Versammlung, die aus allgemeinen Wahlen hervorgeht«, festlegen sollten.[93]

Die beiden Initiativen trugen unterschiedlich weit. Auf Brandts Vorstoß reagierten Jobert und Pompidou eher ausweichend. Jobert wollte die Verteidigungsproblematik zunächst im Rahmen der WEU diskutieren, der freilich weder Dänemark noch Irland angehörten. Als der deutsche Verteidigungsminister Georg Leber demgegenüber – offenbar wenig mit Brandt und Scheel koordiniert – einen Beitritt Frankreichs zur »Eurogroup« der NATO anregte, beschloss Pompidou, das Thema erst einmal wieder zurückzustellen. Der Idee der »Provisorischen Europäischen Regierung« schloss sich Jobert vorbehaltlos an.[94] Pompidou dagegen, dem die weitere Perspektive der Etablierung einer europäischen Regierung mit korrespondierendem Parlament erst gar nicht vorgelegt wurde, signalisierte zunächst nur vorsichtig seine Bereitschaft zu »nicht allzu häufigen, aber doch regelmäßigen« Beratungen der politischen Zusammenarbeit »im Kreis der höchsten Verantwortlichen«.[95] Erst nachdem ihm Brandt und Heath ihre Unterstützung zugesichert hatten, schlug er den Partnern am 31. Oktober die Einrichtung regelmäßiger Gipfeltreffen offiziell vor; gleichzeitig regte er an, ein erstes derartiges Treffen noch vor Jahresende abzuhalten.

Gegen die Idee eines »Obersten Rates der Gemeinschaft«, wie Heath die neue Institution taufen wollte, machte nun aber die niederländische Regierung Front, ebenso das Europäische Parlament und die Kommission. Sie alle befürchteten, dass die Kommission ihre Initiativfunktion verlieren und der Rat überhaupt keine Entscheidungen mehr treffen würde. Auch war bei der Form, in der Pompidou den Vorschlag vortrug, nicht klar, ob die neue Einrichtung nicht doch wieder auf eine strikte Trennung von Politischer Zusammenarbeit und Gemeinschaft hinauslaufen würde. So konnte auf dem Gipfeltreffen, zu dem der dänische Ratspräsident für den 14. und 15. Dezember 1973 nach Kopenhagen einlud, nur beschlossen werden, dass die Staats- und Regierungschefs künftig »häufiger zusammenkommen« sollten, wenn der Fortgang der europäischen Einigung oder internationale Krisensituationen dies erforderlich machten; diese Treffen sollten allerdings die Arbeit der Gemeinschaftsorgane nicht beeinträchtigen. Genaueres sollte erst in der zweiten Jahreshälfte 1974 beschlossen werden.[96]

Inhaltlich konnte der Gipfel nur die »Erklärung zur europäischen Identität« verabschieden, an der die Außenminister und das Politische Komitee der EPZ seit dem Sommer gearbeitet hatten. Sie beschrieb »die Grundsätze der repräsentativen Demokratie, der Rechtsstaatlichkeit, der sozialen Gerechtigkeit sowie die Achtung der Menschenrechte« als »Grundelemente der europäischen Identität«, betonte die Notwendigkeit, »dass Europa sich zusammenschließt und mehr und mehr mit einer einzigen Stimme spricht«, und bekräftigte das Ziel einer Europäischen Union »vor Ablauf dieses Jahrzehnts«. Zu der brisanten Frage einer europäischen Verteidigung hieß es nur, dass Europa »über eine angemessene Verteidigung« verfügen müsse; und auf Drängen der Bundesregierung wurde auch noch die Fortsetzung des »konstruktiven Dialogs« mit den USA proklamiert.[97]

Im Wesentlichen wiederholte der Kopenhagener Gipfel also nur die vagen Formulierungen, auf die man sich schon ein gutes Jahr zuvor in Paris geeinigt hatte. Das machte umso weniger Eindruck, als die gleichzeitig notwendig gewordene Reaktion der Staats- und Regierungschef auf die Herausforderung durch das OPEC-Kartell die gerade proklamierte Einheitlichkeit schmerzlich vermissen ließ. Während die Bundesregierung auf kurzfristige Maßnahmen drängte, die vor allem den Niederlanden zugutekommen sollten (sie waren von dem Erdölembargo in besonderem Maße betroffen), verweigerten Frankreich und Großbritannien eine gemeinsame Aktion und verhandelten stattdessen individuell mit den arabischen Führern. Gleichzeitig plädierten Jobert und Pompidou einmal mehr dafür, einen Gemeinsamen Markt für Öl aufzubauen. Dem wollte Heath, die kürzlich entdeckten Ölvorkommen in der britischen Nordsee im Blick, aber nur zustimmen, wenn der geplante Regionalfonds der Gemeinschaft eine substantielle Ausstattung erhalten würde. Da sich die Bundesregierung dem auch noch bei der Ministerratstagung im Anschluss an den Gipfel verweigerte, blieb über die Ausstattung des Währungsreservefonds hinaus auch das Projekt einer gemeinsamen Energiepolitik in der Schwebe.

Krise und Neustart

Unterdessen führte eine weitere Initiative von Kissinger zu einer ernsthaften Belastung der Politischen Zusammenarbeit. Kissinger hatte in einer Rede am 12. Dezember 1973, also kurz vor dem Kopenhagener Gipfel, gefordert, eine Aktionsgruppe der wichtigsten vom Erdölimport abhängigen Industrienationen einzurichten. Jobert und Pompidou sahen darin zu Recht den Versuch, die amerikanische Hegemonie in der atlantischen Welt nun durch eine Fokussierung auf die aktuellen Versorgungsängste der westlichen Europäer durchzusetzen. Gleichzeitig gefährdete die amerikanische Initiative die französische Ambition, Europa auch auf diesem nun höchst akut gewordenen Feld zu einem eigenständigen Akteur werden zu lassen, der zudem einer Polarisierung zwischen Industrieländern und erdölexportierenden Ländern entgegenwirken konnte.

Um der Konfrontation vorzubeugen, die sich hier anbahnte, regte Heath auf dem Gipfeltreffen an, die Frage einer Zusammenarbeit der Verbraucherländer im Rahmen der OECD zu prüfen. Darauf konnten sich alle EG-Partner verständigen; in einer Anlage zur Kopenhagener Verlautbarung wurde ein solches Vorgehen als »nützlich« bezeichnet. Als Nixon am 9. Januar 1974 dennoch zu einer Konferenz der westlichen Verbraucherländer einlud, stimmte der EG-Ministerrat zwar einer Teilnahme grundsätzlich zu, jedoch wurden Kommissionspräsident Ortoli und Scheel als amtierender Ratspräsident für diese Konferenz mit einem restriktiven Mandat versehen: Sie durften weder der Einrichtung einer dauerhaften Organisation der Verbraucherländer zustimmen noch sonstigen Beschlüssen, die geeignet waren, den Dialog mit den erdölexportierenden Ländern zu erschweren. Pompidou machte dem amerikanischen Präsidenten darüber hinaus öffentlich klar, dass Frankreich die Einladung überhaupt nur annehme, »um es Europa zu erlauben, eine gemeinsame Position zu behaupten«.[98]

Als die Energiekonferenz am 11. Februar in Washington zusammentrat, drohte die amerikanische Führung den Europäern recht unverhohlen mit einem Bruch. Kissinger sagte Scheel in einem Vorgespräch, die USA könnten ohne die Europäer überleben, die Europäer aber wohl kaum ohne ihren mächtigsten Verbündeten. Nixon erinnerte in einer Tischrede am Abend des ersten Konferenztages an die Forderungen nach einem Truppenrückzug aus Europa, die im amerikanischen Kongress immer wieder laut wurden. Da die Bundesregierung durch Helmut Schmidt vertreten wurde, der die Aussichten für ein politisches Europa viel skeptischer betrachtete als Brandt und Scheel, genügten diese Drohungen, um die mühsam errichtete gemeinsame Front der Neun zusammenbrechen zu lassen. Heath und Brandt hatten ihr ohnehin nur halbherzig zugestimmt, glaubten sie doch, bei der Eindämmung der Ölpreis-Explosion und der Bewältigung ihrer Folgen auf die Kooperation mit den USA angewiesen zu sein. Schmidts Warnungen vor einem Zusammenbruch des Kräftegleichgewichts in Europa, der bei einem Rückzug der Amerikaner drohte, brachten auch die kleineren Verbündeten dazu, der amerikanischen Forderung nach Einsetzung einer Koordinationsgruppe und gemeinsamer Vorbereitung einer Konferenz mit den Produzentenländern weitgehend nachzugeben. Am 13. Februar wurde ein entsprechendes Kommuniqué von acht der neun EPZ-Repräsentanten unterzeichnet. Jobert blieb nichts anderes übrig, als seine Zustimmung zu den prozeduralen Teilen des Kommuniqués zu verweigern. In einer Pressekonferenz beklagte er, dass Schmidt sich für die USA und damit gegen Europa entschieden habe.

Kissingers Triumph war aber nur von kurzer Dauer. Drei Wochen später, beim EPZ-Außenministertreffen am 4. März, entschlossen sich die Acht, sich nach dem US-Plan für die Errichtung einer Verbraucherfront auch das französische Konzept für einen europäisch-arabischen Dialog zu eigen zu machen. Es sah die Bildung gemeinsamer Arbeitsgruppen der Neun und aller 19 Mitgliedsstaaten der Arabischen Liga vor, die auf eine gemeinsame Außenministerkonferenz hinarbeiten sollten. Mit Rücksicht auf Kissinger, der eine solche Außenministerkonferenz als höchst schädlich für sein eigenes Krisenmanagement im Nahen Osten betrachtete, wurde lediglich ihr Termin offengelassen und ihr Zusammentritt von produktiven Ergebnissen der Arbeitsgruppen abhängig gemacht. Das hielt Kissinger aber nicht davon ab, die Ergebnisse der Washingtoner Konferenz nach diesem Beschluss als »mehr als hinfällig« zu bezeichnen.[99] Nixon drohte in einem Fernsehinterview am 15. März öffentlich, die Europäer könnten nicht Schutz und Konfrontation zugleich haben.

Tatsächlich war Kissinger von einem Erfolg nicht so weit entfernt, wie er in einer ersten Aufwallung der Frustration glaubte. Die Europäer ließen sich durch die amerikanischen Drohungen zwar nicht von dem Projekt eines europäisch-arabischen Dialogs abbringen; sie bekamen aber zunehmend Zweifel, ob das Ziel eines unabhängigen Europas, das sie im zweiten Halbjahr 1973 beflügelt hatte, tatsächlich zu erreichen war. Brandt befand in einer Sitzung seiner Fraktion, er müsse »der Sicherheit wegen ein Stück mehr mit Amerika gehen« als mit Frankreich, und Scheel rückte im Gespräch mit Kissinger explizit vom Ziel eines »unabhängigen europäischen Sicherheitssystems« ab.[100] Pompidou, der diese Distanzierung zumindest atmosphärisch mitbekam, konzentrierte sich wieder ganz auf die nationale Komponente seiner Unabhängigkeitspolitik. Im Gespräch mit Breschnew, den er bei einem Staatsbesuch am 13. März in Moskau traf, lehnte er es ab, die Gegensätze zwischen den Neun durch »scheinbare Entwicklung der europäischen Integration« zu kaschieren, und erklärte eine gemeinsame Verteidigung mit nuklearer Komponente für obsolet.[101]

Einen weiteren Rückschlag erlitt das Projekt eines politischen Europas durch die Wahlniederlage von Edward Heath. Während Wilson vollauf damit beschäftigt war, den Spagat zwischen europafeindlicher Parteimehrheit und den vertraglichen Verpflichtungen Großbritanniens irgendwie durchzuhalten, lehnte Callaghan die Politische Union ebenso wie die Wirtschafts- und Währungsunion aus einer diffusen Furcht vor vermeintlicher Fremdbestimmung durch »Brüssel« rundheraus ab. Die pragmatische Abstimmung in der EPZ sagte ihm nach ersten Erfahrungen bald zu; hinsichtlich ihrer Weiterentwicklung zu einer gemeinsamen Außenpolitik verwies er dagegen beharrlich auf die Gegensätzlichkeit nationaler Interessen und Auffassungen. Eine Europäische Union sei »unnötig« und »unerwünscht«, erklärte er bei seinem ersten Auftritt im EG-Ministerrat am 1. April 1974, das Projekt der Währungsunion »in gefährlicher Weise überambitioniert«.[102]

Ohne außenpolitische Erfahrung und in demonstrativer Abkehr von der Betonung europäischer Eigenständigkeit bei Heath glaubte Callaghan zudem, die »special relationship« mit den USA wieder zum Eckpfeiler britischer Außenpolitik machen zu können. Gegenüber dem Versuch der Bundesregierung, einen Konsultationsmechanismus zwischen der EPZ und den USA zu etablieren, der den von Kissinger forcierten Konflikt entschärfen sollte, beharrte er auf der absoluten Handlungsfreiheit britischer US-Politik. Die Außenminister konnten bei einem Krisentreffen auf Schloss Gymnich bei Bonn am 20. und 21. April daher nur ein Procedere beschließen, das Möglichkeiten zur Blockierung der EPZ eröffnete. Während Scheel vorgeschlagen hatte, dass der amtierende Ratspräsident die US-Regierung auf Antrag eines Mitglieds konsultieren sollte, nachdem das Politische Komitee bereits einen gemeinsamen Standpunkt gefunden hatte, wurde es den Mitgliedsregierungen jetzt freigestellt, jederzeit eine Konsultation »eines verbündeten oder befreundeten Staates« zu verlangen.[103] Stimmten die Partner einer solchen Forderung nicht zu, war die Beratung des zur Verhandlung anstehenden Sachverhalts praktisch zu Ende.

Callaghans Aversion gegen die Politische Union bot Kissinger darüber hinaus eine unerwartete Gelegenheit, den Streit um die europäisch-amerikanischen Erklärungen doch noch in seinem Sinne zu Ende zu bringen. Von Kissinger dazu ermuntert, holte sich Callaghan von den EG-Partnern in Gymnich zunächst die Zustimmung zu einer NATO-Erklärung aus Anlass des 25-jährigen Jubiläums des Bündnisses, die unabhängig von den ausstehenden Grundsatzerklärungen sein sollte. Dann legte er am 15. Juni im NATO-Rat den Entwurf einer solchen Erklärung vor, der so umfassend angelegt war, dass er de facto an die Stelle der ursprünglich angestrebten Grundsatzerklärungen treten konnte. Die Acht wehrten sich dagegen, dass darin die Europäische Union mit keinem Wort erwähnt wurde. Schließlich begnügten sich Schmidt und Giscard d'Estaing mit der Formel, dass »sich der weitere Fortschritt zur Einheit, zu dem die Mitgliedsstaaten der Europäischen Gemeinschaft entschlossen sind, zu gegebener Zeit nutzbringend auf den Beitrag zur gemeinsamen Verteidigung der Allianz auswirken sollte«. In dieser Form wurde die »Atlantische Erklärung« am 19. Juni von den NATO-Außenministern in Ottawa verabschiedet, zusammen mit der Verpflichtung, »die Gepflogenheiten freimütiger und rechtzeitiger Konsultationen zu verstärken«.[104] Nixon kam zu ihrer Unterzeichnung am 26. Juni nach Brüssel.

Die Erklärung von Ottawa stellte nicht die Verpflichtung der Europäer zu stärkerer Einbindung in die amerikanische Strategie dar, die Kissinger vorgeschwebt hatte. Noch weniger war in ihr aber von einer eigenständigen Rolle der Europäer in der internationalen Politik die Rede, wie sie nach Pompidou und Jobert auch Heath und Brandt angestrebt hatten. Wie für den neuen Bundeskanzler war es auch für den neuen französischen Präsidenten wichtiger, die Kooperation mit den USA bei der Bewältigung der akuten Wirtschaftskrise zu sichern, als rasche Fortschritte auf dem Weg zu europäischer Eigenständigkeit zu erzielen. Da sich die USA in der Ottawa-Erklärung verpflichteten, ihre Truppen in Europa auf einem Niveau zu halten, das die Glaubwürdigkeit der alliierten Abschreckung nicht gefährdete, verlor das Projekt der eigenständigen Verteidigung der Europäer zudem auch wieder an Dringlichkeit.[105]

Darüber hinaus sorgte Callaghans Feldzug gegen jede Weiterentwicklung der Gemeinschaft dafür, dass die Verhandlungen über die institutionelle Ausgestaltung der Europäischen Union praktisch zum Erliegen kamen. Das Politische Komitee der EPZ brachte, mit der eigenen Krise vollauf beschäftigt, überhaupt kein Papier dazu zustande. Die Ständigen Vertreter der Minister bei der Kommission und eine Ad-hoc-Gruppe hochrangiger Beamter, die vom Ministerrat im Februar mit der Ausarbeitung eines Vorschlags beauftragt worden waren, lieferten in der letzten Juniwoche nicht mehr als einen neunseitigen Fragenkatalog ab. Angesichts der Unmöglichkeit, sich über die Substanz der Europäischen Union zu verständigen, war es geradezu ein Glücksfall, dass das Gipfeltreffen, das zum Ende der deutschen Ratspräsidentschaft geplant war, wegen des Todes von Pompidou und des Rücktritts von Brandt verschoben werden musste. Wilson meinte am 25. Juni im Gespräch mit Gaston Thorn, man solle den Begriff der Union ganz streichen und durch »irgend ein langes deutsches Wort wie ›Gemütlichkeit‹« ersetzen.[106]

Schmidts und Giscards Bemühungen um gute Beziehungen zu den USA änderten allerdings nichts daran, dass auch die beiden neuen Spitzen des deutsch-französischen Paares an einer Stärkung der europäischen Identität interessiert waren. Beide kannten sich aus Begegnungen im Aktionskomitee Monnets, dem Schmidt schon als Fraktionsvorsitzender der SPD in der Zeit der Großen Koalition beigetreten war. Bei beiden stand das Bewusstsein von der Notwendigkeit wirtschaftlicher Integration zunächst im Zentrum ihres europapolitischen Engagements, die Sorge um die Handlungsfähigkeit Europas war ihnen aber deswegen nicht fremd. Schmidt bezeichnete das »Ziel einer Europäischen Politischen

Union« in seiner Regierungserklärung vom 17. Mai als »dringender denn je«, und Giscard bekundete beim deutsch-französischen Gipfel am 9. Juli seine Bereitschaft, »zu einer neuen Etappe beim Aufbau Europas« beizutragen.[107]

Beide reagierten darum auch positiv, als Monnet sie zu einer »gemeinsamen Aktion« aufrief, um Europa aus der Krise herauszuführen und »wieder Hoffnung zu geben«.[108] Schmidt arbeitete während seines Sommerurlaubs »ein längeres privates Papier über seine Vorstellungen zur aktuellen Europapolitik« aus, wie er dem italienischen Ministerpräsidenten Mariano Rumor anschließend berichtete. Er schickte es Giscard mit der Bitte um ein Gespräch und schlug ihm vor, »die Regierungschefs der EG-Staaten zu einem langen privaten Abendessen einzuladen – ohne Beamte, nur mit Dolmetschern. Falls sich in den vertraulichen Gesprächen etwas Positives ergäbe, könnten die Außen- und Finanzminister gebeten werden, die Dinge weiterzuverfolgen. Komme es in dem einen oder anderen Punkt zu keiner Einigung und bliebe dies der Öffentlichkeit unbekannt, so könne daraus kein Schaden entstehen.«[109]

Inhaltlich ging es Schmidt um eine stärkere Koordinierung der EG-Aktivitäten durch den Rat der Außenminister und ihre ständigen Vertreter, den Übergang zu Mehrheitsentscheidungen im Rat und die Einbeziehung der EPZ in den Ministerrat. Beim Gespräch mit Giscard am Abend des 2. September mahnte er deshalb an, eine gemeinsame Haltung zu den Rüstungskontrollverhandlungen und zu strategischen Fragen generell zu entwickeln. Außerdem drängte er den französischen Präsidenten, den Maßnahmen beizutreten, die die Acht und die USA im Anschluss an die Washingtoner Energiekonferenz beschlossen hatten. Giscard beharrte demgegenüber darauf, dass es zunächst ein gemeinsames energiepolitisches Programm der Neun geben müsse. Die Erörterung der Verteidigungsproblematik bat er zurückzustellen, weil hier noch Klärungsbedarf in Paris bestehe. Bei der Einbeziehung der EPZ in die Arbeit des Außenministerrats bestand er auf getrennten Tagesordnungen und Beratungen in Abwesenheit des Kommissionspräsidenten. Mehrheitsentscheidungen im Ministerrat wollte er nur für »einzelne, schrittweise zu erweiternde Bereiche« zugestehen. Auf der anderen Seite plädierte er dafür, hier einer Anregung Monnets folgend,[110] das Projekt regelmäßiger Treffen der Staats- und Regierungschefs wieder aufzunehmen, das bei dem Kopenhagener Gipfeltreffen steckengeblieben war.

Schmidt und Giscard kamen überein, bei einem günstigen Echo der anderen Regierungschefs auf ihre Vorschläge die nächste Gipfelkonferenz noch unter französischer Ratspräsidentschaft stattfinden zu lassen; dort sollten dann die entsprechenden Beschlüsse gefasst werden. Bei dem gemeinsamen Abendessen im Élysée-Palast am 14. September, an dem neben den neun Staats- und Regierungschefs auch Kommissionspräsident Ortoli teilnahm, präzisierte Giscard, dass die regelmäßigen Treffen (mindestens drei, maximal vier Mal pro Jahr) das neue

Organ mit der Zeit zur »höchsten Instanz« der Gemeinschaft machen würden. Den Sorgen der kleineren Mitgliedsstaaten vor einer Entmachtung der Kommission kam er mit dem Angebot der Direktwahl sowie stärkerer Kompetenzen des Parlaments entgegen: Es sollte die Haushaltskontrolle sowie Initiativrechte von stärkerer Verbindlichkeit erhalten. Drei Tage später schlug Außenminister Jean Sauvagnargues die Schaffung des neuen Organs im Ministerrat offiziell vor. Dabei regte er an, es »vielleicht Europäischer Rat« zu nennen.[111]

Das Entgegenkommen in der Frage der Direktwahl und der Parlamentsrechte genügte in der Tat, um die Bedenken der kleineren Staaten diesmal zurücktreten zu lassen. Wilson, im Kreis der Staats- und Regierungschefs sichtlich in der Defensive und unterdessen ganz auf materielle Zugeständnisse konzentriert, die den britischen Wählern als Argument für einen Verbleib in der Gemeinschaft präsentiert werden konnten, erhob keine prinzipiellen Einwände. Auch die Kommission äußerte sich nicht mehr ablehnend; Giscard hatte durch ihre Einbeziehung in die Vorbereitung der Entscheidung dafür gesorgt, dass ihre Vertreter die neue Einrichtung eher als Chance denn als Gefahr für ihre eigene Stellung im Entscheidungsprozess der Gemeinschaft begriffen.

So konnte der Pariser Gipfel am 9. und 10. Dezember 1974 die Einführung des Europäischen Rates beschließen, ohne ihn allerdings offiziell so zu benennen: drei Gipfeltreffen pro Jahr, bei Bedarf auch mehr, davon – ein weiteres Zugeständnis an die kleineren Staaten – eines in Brüssel oder Luxemburg, die beiden anderen am Sitz der halbjährlichen Ratspräsidentschaft. An den Treffen sollten der Kommissionspräsident und, was Giscard ursprünglich nicht vorgesehen hatte, auch die Außenminister teilnehmen. Die Frage eines eigenen Sekretariates, das Frankreich und Großbritannien wünschten, die kleineren Partner aber nicht, wurde offen gelassen. Der Rat sollte sich auch mit Außenpolitik und allen anderen Fragen von gemeinsamem Interesse beschäftigen; die EPZ wurde faktisch in die Arbeit des Ministerrats integriert. Ebenso wurde beschlossen, das Europäische Parlament ab 1978 direkt zu wählen, seine Kompetenzen auszuweiten und auf die Praxis der einstimmigen Entscheidungen im Rat zu verzichten.

Die britische und die dänische Regierung machten allerdings Vorbehalte gegen die Einführung der Direktwahl des Parlaments ab 1978 geltend, die im gemeinsamen Abschlusskommuniqué vermerkt wurden. Hinsichtlich des Ziels der Europäischen Union wurde das Angebot des belgischen Ministerpräsidenten Leo Tindemans angenommen, bis Ende 1975 einen »zusammenfassenden Bericht« zu erstellen, der auf der Konsultation mit allen Regierungen, der Kommission, dem Parlament und wichtigen politischen Repräsentanten in allen Mitgliedsländern beruhte. Das ersparte es der britischen Regierung, vor dem Abschluss der Nachverhandlungen zur Frage einer Weiterentwicklung der Gemeinschaften Stellung zu nehmen, und vermied doch gleichzeitig, das Ziel stärkerer Integration und

Vereinheitlichung zu den Akten zu legen. Das Kommuniqué enthielt die Verpflichtung zu einer »Gesamtkonzeption der Europäischen Union« und bekräftigte das Ziel der Wirtschafts- und Währungsunion. Früher vereinbarte Daten und Fristen wurden jedoch nicht explizit wiederholt.[112]

Bei der Erstellung seines Berichts ließ sich Tindemans bewusst Zeit. Großbritannien besuchte er nicht vor dem positiven Ausgang des Referendums am 5. Juni 1975, und seine Sondierungen in Dänemark, Frankreich, Italien und der Bundesrepublik folgten erst, nachdem er Ende Juni und Anfang Juli mit der britischen Regierung und den Vertretern der maßgeblichen Parteien und Verbände des Inselreichs gesprochen hatte. Mitte November suchte Helmut Schmidt den Entscheidungsprozess zu beschleunigen, indem er den Ratskollegen und dem Kommissionspräsidenten ein Positionspapier zuschickte, das aus Beratungen der Bundesregierung hervorgegangen war und auf der bevorstehenden Ratstagung Anfang Dezember in Rom diskutiert werden sollte. Nachdem ihm die britische Regierung ihren Unwillen signalisiert hatte, jetzt schon zu institutionellen Fragen Position zu beziehen, verzichtete er jedoch darauf, sie in Rom zu thematisieren. Tindemans präsentierte seinen Bericht erst am 29. Dezember in Form eines vertraulichen Schreibens an die Ratskollegen. Ursprünglich hoffte er, die Diskussion darüber bis zum nächsten Treffen des Rates im Frühjahr 1976 auf vertraulicher Ebene halten zu können. Dann stellte er ihn aber doch am 7. Januar 1976 der Öffentlichkeit vor.[113]

Tindemans' Bericht bewegte sich ein wenig oberhalb der Ebene dessen, was unterdessen zwischen Giscard d'Estaing und der Bundesregierung konsensfähig war. Er sprach sich klar dafür aus, den »institutionellen gemeinschaftlichen Apparat [zu] verstärken«, falls es notwendig war auch durch »eine Anpassung der Verträge«. Der Unterschied zwischen den Ministertagungen zur Politischen Zusammenarbeit und den Ratstagungen sollte ganz aufgehoben werden; die Währungsschlange sollte in eine EG-Institution umgewandelt werden, die »deutlich sichtbar Gemeinschaftscharakter trägt«. Im Gemeinschaftsbereich und auch in außenpolitischen Bereichen, zu denen sich die Mitglieder auf eine gemeinsame Politik verpflichtet hatten, sollten Mehrheitsbeschlüsse »das übliche sein«. Das Parlament sollte ein echtes Initiativrecht erhalten sowie das Recht, den vom Europäischen Rat ernannten Präsidenten der Kommission zu bestätigen. Der Kommissionspräsident sollte seine Kollegen selbst aussuchen können, wenn auch »unter Berücksichtigung des nationalen Verteilungsschlüssels«; der Kommission sollten in stärkerem Maße als bisher Exekutivbefugnisse übertragen werden.[114]

Tindemans mochte hoffen, die Mehrheit der Mitglieder des Rates zumindest unter dem Druck der nationalen öffentlichen Meinungen mehr oder weniger auf dieses Programm verpflichten zu können. Frankreichs Rückkehr in die Währungsschlange und das geschlossene, ebenso geschickte wie solidarische

Auftreten der Neun auf der Konferenz für Sicherheit und Zusammenarbeit in Europa, das in entscheidendem Maße zu ihrem erfolgreichen Abschluss am 1. August 1975 beigetragen hatte,[115] machten in der Tat Mut, über die Konsolidierung dessen hinauszugehen, was in der Ära von Brandt und Pompidou erreicht worden war. Hinsichtlich möglicher Fortschritte auf dem Weg zur Wirtschafts- und Währungsunion, von Tindemans als besonders dringlich angesehen, nahm der Bericht zudem die Idee einer Vorreiterrolle einer Kerngruppe wirtschaftlich stärkerer Mitgliedsstaaten auf, wie sie Willy Brandt bereits im November 1974 vorgeschlagen hatte.[116] Ob die integrationswilligen Regierungen diese taktische Möglichkeit aufgreifen würden, war freilich offen. Ebenso war unklar, inwieweit die britische und die dänische Regierung bereit sein würden, der Mehrheit auf dem Weg zu mehr Effizienz und mehr Demokratie in der europäischen Konstruktion zu folgen. Callaghan hatte sich zwar im Gespräch mit Tindemans tendenziell in diesem Sinne geäußert; seine Vorstellungen zu institutionellen Regelungen und dem Zeitpunkt ihrer Einführung blieben aber ziemlich diffus.

Jean Monnet nahm die Etablierung des Europäischen Rates und die Festlegung auf künftige Direktwahlen des Europäischen Parlaments zum Anlass, das Aktionskomitee für die Vereinigten Staaten von Europa zum 9. Mai 1975 aufzulösen. Sein fortgeschrittenes Alter – er sollte im November 1975 seinen 87. Geburtstag feiern – trug zweifellos zu dieser Entscheidung bei. Die Begründung für seinen Entschluss war aber auch nicht von der Hand zu weisen: Nachdem die »Inhaber der höchsten Entscheidungsmacht in jedem Staat« kontinuierlich über den Fortgang der europäischen Integration wachten, schien ihm das Komitee »nun weniger unerlässlich und weniger in der Lage, eine Arbeit zu erledigen, die nach all den Verträgen den Organen der Gemeinschaft, den Regierungen und neuen Institutionen anvertraut war«.[117] Offensichtlich setzte er für die nächsten Jahre auf die Fähigkeiten von Giscard und Schmidt, der damit verbundenen Verantwortung gerecht zu werden.

5. Jahre der Konsolidierung 1976–1984

Der Weg zur Direktwahl

Helmut Schmidt und seine Kabinettskollegen betrachteten den Bericht über die Zukunft der »Europäischen Union«, den Leo Tindemans am 7. Januar 1976 vorgelegt hatte, als »realistisch und konstruktiv«. Den Vorschlag, auf dem Weg zur Währungsunion mit den wirtschaftlich leistungsfähigeren Staaten voranzugehen, lehnten sie ab, ebenso wie das Ansinnen, diesen Weg durch eine Automatisierung des kurz- und mittelfristigen Währungsbeistands und die Übertragung eines Großteils der Devisenbestände an den Währungsfonds zu beschleunigen. Den vorgeschlagenen institutionellen Reformen stimmten sie dagegen ausnahmslos zu, auch da, wo sie über das Programm der Bundesregierung vom 3. November 1975 hinausgingen – etwa bei dem Vorschlag, den Kommissionspräsidenten durch das Europäische Parlament bestätigen zu lassen. Nach einer Kabinettsberatung am 3. März schrieb Schmidt dem amtierenden Ratspräsidenten des ersten Halbjahrs 1976, Gaston Thorn, für die Bundesrepublik sei es sehr wichtig, dass die Grundlagen für die Europäische Union noch in diesem Jahr gelegt werden würden.[1]

Valéry Giscard d'Estaing hingegen machte im Telefongespräch mit Schmidt zwei Zugeständnisse wieder rückgängig, die er im Herbst 1974 gemacht hatte: Von einem Initiativrecht des Europäischen Parlaments wollte er jetzt nichts mehr wissen, und auch der Übergang zu Mehrheitsentscheidungen im Rat schien ihm nicht mehr opportun. Erst recht kam eine Bestätigung des Kommissionspräsidenten durch das Parlament für ihn nicht in Frage. Stattdessen wollte er das Problem des Entscheidungsstaus im Rat durch die Bildung eines »Direktoriums« der großen Mitgliedsstaaten lösen. Offensichtlich ließ die harsche Kritik, die die Traditionsgaullisten um Michel Debré unterdessen an der Grundsatzentscheidung für die Direktwahl des Parlaments geübt hatten, es ihm angeraten erscheinen, im Hinblick auf die Kompetenzen des Parlaments und die Frage der Mehrheitsentscheidungen wieder zu Positionen de Gaulles zurückzukehren.

Von der Direktoriumsidee konnte Schmidt Giscard wieder abbringen. Sie war angesichts der berechtigten Abneigung der kleineren Mitgliedsstaaten gegen ein solches Schema ohnehin nicht durchzusetzen. Für eine gemeinsame Initiative zur weitgehenden Umsetzung des Tindemans-Programms aber reichten die Gemeinsamkeiten in den institutionellen Fragen jetzt dennoch nicht mehr aus. Schmidt und Giscard konzentrierten sich bei dem nächsten Treffen des Europäischen Rates am 1. und 2. April 1976 in Luxemburg darauf, wenigstens in der Frage der Organisation der Direktwahl des Parlaments zu einer Entscheidung zu gelangen. Der Tindemans-Bericht wurde nach kurzer, wenn auch nicht unfreundlicher Diskussion zur weiteren Beratung an die Außenminister verwiesen. Beschlossen wurde lediglich, die Prüfung des Berichts noch vor Ende des Jahres abzuschließen.[2]

Sehr zum Verdruss von Thorn und Tindemans kam die Diskussion des Berichts aber auch im Rat der Außenminister nicht voran. Das Dokument wurde an den Ausschuss der Ständigen Vertreter weitergereicht, und dort trafen die bekannten Gegensätze aufeinander. James Callaghan versuchte zwar als neuer britischer Premierminister nach dem gesundheitsbedingten Rücktritt Wilsons am 16. März 1976 das Blockierer-Image loszuwerden; zu substantiellen Reformen, die die mühsam aufrechterhaltene Einheit der Labour Party nach dem positiven Ausgang des Referendums gefährdeten, war er deswegen aber nicht bereit.[3] So konnte der Rat, als er sich am 29. und 30. November 1976 in Den Haag wieder mit dem Tindemans-Bericht beschäftigte, nur allgemein eine positive Stellungnahme abgeben, die zumindest kurzfristig zu nichts verpflichtete. »Der Europäische Rat«, so hieß es in seiner Erklärung, »würdigte die große Bedeutung der Analysen und Vorschläge von Premierminister Tindemans. Er teilte die Auffassung des belgischen Premierministers hinsichtlich der Notwendigkeit, die Europäische Union im Wege einer Stärkung der konkreten Solidarität der neun Mitgliedsstaaten und ihrer Völker sowohl im Innern als auch in ihren Außenbeziehungen zu verwirklichen und die Union schrittweise mit den für ihre Aufgaben notwendigen Instrumenten und Institutionen auszustatten.« Die Kommission wurde beauftragt, jährlich einen Bericht über die Fortschritte auf dem Weg zur Europäischen Union zu erstellen.[4]

Die Enttäuschung der engagierten Verfechter einer Stärkung der europäischen Institutionen über diesen Ausgang einer Übung, die im Grunde mit den Beschlüssen des Haager Gipfels sieben Jahre zuvor begonnen hatte, war groß. Diese Enttäuschung und das daraus resultierende Schlagwort von der »Eurosklerose« der zweiten Hälfte der 1970er Jahre sollten jedoch nicht darüber hinwegtäuschen, dass mit der positiven Stellungnahme zum Tindemans-Bericht ein wesentlicher Schritt zur Konsolidierung der Europäischen Gemeinschaft getan war: Jetzt erkannten auch die britische und die dänische Regierung, die sich zuvor demonstrativ gegen eine Ausdehnung der Wirtschaftsintegration auf andere Politikbereiche gestellt hatten, das Ziel der Europäischen Union explizit an. Und generell war der Konsens darüber gewachsen, was unter diesem bewusst vage formulierten

Ziel zu verstehen war: ein Zusammenwachsen von politischer und wirtschaftlicher Integration, die Entwicklung einer gemeinsamen Außen- und auch Verteidigungspolitik und die Stärkung der dazu notwendigen Institutionen. Die Auseinandersetzungen über Prioritäten und Methoden mochten weitergehen, auch in polemischer Form, und damit Fortschritte auf dem Weg zu dieser Union zu einem langwierigen, oft quälenden und ermüdenden Prozess werden lassen. An der Richtung dieses Fortschritts war aber nicht mehr zu zweifeln. Die Gefahr eines Auseinanderbrechens der Gemeinschaft, die in der Wirtschaftskrise von 1973/74 nicht von der Hand zu weisen gewesen war, bestand nicht mehr.

Hinsichtlich der Wahlen zum Europäischen Parlament war auf dem Europäischen Rat in Rom Anfang Dezember 1975 der Beschluss gefasst worden, dass sie »zu einem einheitlichen Zeitpunkt im Mai bis Juni 1978« stattfinden sollten.[5] Bei der Beratung des Wahlgesetzes erhob sich nun aber von verschiedenen Seiten Widerstand gegen den Entwurf, den das Parlament nur wenige Wochen nach dem Grundsatzbeschluss des Pariser Gipfels vom Dezember 1974 vorgelegt hatte. Frankreich wehrte sich gegen eine differenzierte Berücksichtigung der Bevölkerungszahl der großen Mitgliedsstaaten, die dazu führte, dass das französische Kontingent an Abgeordneten geringer ausfallen sollte als das britische und vor allem das deutsche. Alle großen Mitgliedsstaaten fanden die überproportionale Berücksichtigung der kleinen Staaten zu hoch. Dänemark beharrte weiterhin auf dem Prinzip der indirekten Wahl: Dadurch sollte gesichert werden, dass die Wahlen zum Europaparlament in Dänemark mit den Wahlen zum *Folketing* verbunden wurden und das dänische Parlament dann Abgeordnete aus seinen Reihen nach Straßburg entsandte.

Eine Einigung über die Verteilung der Abgeordnetenmandate auf die Mitgliedsländer gelang erst bei dem Brüsseler Ratstreffen am 12. und 13. Juli 1976. Von den 410 Abgeordnetensitzen (knapp dreimal so viel wie bisher in der Versammlung entsandter Parlamentarier) wurden den vier »großen« Mitgliedsländern Deutschland, Frankreich, Großbritannien und Italien gleichmäßig 81 Sitze zugebilligt. Die »Kleinen« mussten sich mit weniger Sitzen begnügen, als im Parlamentsentwurf vorgesehen war: die Niederlande mit 25, Belgien mit 24 (davon je zwölf für Flandern und Wallonien), Dänemark mit 16, Irland mit 15 und Luxemburg mit sechs. Sie waren damit immer noch überproportional vertreten, doch war so gewährleistet, dass auch in den kleineren Mitgliedsstaaten unterschiedliche politische Gruppierungen von einiger Bedeutung zum Zuge kamen. Eine Einigung auf ein einheitliches Wahlverfahren, wie es die Römischen Verträge verlangten, gelang jedoch nicht, und es wurde auch kein Datum festgelegt, bis wann das Provisorium der Anwendung unterschiedlicher nationaler Wahlverfahren abgeschafft werden sollte. Den Dänen musste der Rat die lediglich kaschierte Abweichung vom Prinzip der Direktwahl zumindest für eine Übergangszeit zugestehen. Nur unter dieser Voraussetzung konnte der »Akt zur Einführung allgemeiner unmittelbarer Wahlen der Abgeordneten der Versammlung« am 20. September 1976 vom Ministerrat verabschiedet werden.[6]

Bevor der Akt umgesetzt werden konnte, mussten dann noch weitere Hürden in Frankreich und in Großbritannien überwunden werden. In Frankreich attackierten die oppositionellen Gaullisten um Michel Debré den Gesetzentwurf zu seiner Ratifizierung in bemerkenswertem Einklang mit den Kommunisten als verfassungswidrig: er laufe, so argumentierten sie, auf eine Abtretung nationaler Souveränität hinaus, die in der Verfassung der V. Republik nicht vorgesehen war. Giscard d'Estaing legte den Entwurf daraufhin dem Verfassungsrat zur Prüfung vor. Dieser bestätigte zwar in einem Urteil am 30. Dezember 1976 die Verfassungsmäßigkeit der Vorlage, allerdings mit einer Begründung, die die vorgesehene Ausweitung der Befugnisse des Europäischen Parlaments erschwerte: Die Souveränität könne »nur national sein«; die Direktwahl schaffe aber »weder eine Souveränität noch Institutionen, deren Natur mit der Beachtung der nationalen Souveränität unvereinbar« sei.[7] Die Regierung nahm daraufhin eine Klausel in das Ratifizierungsgesetz auf, die jede Ausweitung der Kompetenzen des Europäischen Parlaments untersagte, die als nicht mit der Verfassung vereinbar angesehen wurde.

In Großbritannien geriet die regierende Labour Party mit den Liberalen, mit denen sie nach einem erneuten Verlust ihrer Mehrheit ein Wahlbündnis hatte schließen müssen, über den Wahlmodus in Streit. Während die meisten Labour-Abgeordneten das britische Mehrheitswahlrecht auch bei den Wahlen zum Europäischen Parlament anwenden wollten, bestanden die Liberalen auf einem proportionalen Wahlsystem. Callaghan entschied sich im Februar 1977 für eine Gesetzesvorlage, die das Proportionalwahlrecht vorsah, gab aber die Abstimmung darüber frei, auch für seine Kabinettsmitglieder, die in der Frage der Europawahlen mehrfach gespalten waren. Im November 1977 billigte eine Mehrheit des Unterhauses die Beteiligung an den Wahlen, das Proportionalsystem wurde jedoch abgelehnt. Folglich musste eine neue Gesetzesvorlage ausgearbeitet werden, und diese konnte dann nicht mehr rechtzeitig verabschiedet werden, um den vereinbarten Wahltermin im Mai oder Juni 1978 zu halten.[8] Auf dem Ratstreffen am 7. und 8. April 1978 in Kopenhagen wurde daraufhin beschlossen, die Wahlen um ein Jahr zu verschieben. Als Wahltermin wurde der Zeitraum vom 7. bis 10. Juni 1979 vereinbart.

Die Aussicht auf die ersten Direktwahlen zum Europäischen Parlament führte die großen Parteienfamilien Europas dazu, ihre transnationale Kooperation zu verstärken. Nachdem schon im April 1974 ein »Bund der Sozialdemokratischen Parteien in der Europäischen Gemeinschaft« ins Leben gerufen worden war, folgten im März 1976 die Gründung der »Föderation der Liberalen und Demokratischen Parteien in der Europäischen Gemeinschaft« (ELD) und im April 1976 die Bildung der »Europäischen Volks-Partei« (EVP), eines Bündnisses christdemokratischer Parteien. Sie alle knüpften an Verbindungen an, die bereits in der Parlamentarischen Versammlung der EGKS geknüpft worden waren, und weiteten diese aus. Aufgrund der Heterogenität der beteiligten Parteien und der oft ganz unterschiedlichen nationalen Kontexte, in denen sie agierten, blieb die gemeinsame Identität dieser Parteienbünde jedoch vergleichsweise schwach, jedenfalls gemessen an der Parteienkohärenz auf nationalstaatlicher Ebene. So konnte sich das Bündnis der Sozialdemokraten nicht auf ein gemeinsames Wahlprogramm zu den Europawahlen einigen und begnügte sich stattdessen mit einem vagen »Appell« an die Wähler. Den Christdemokraten wiederum gelang zwar ein solches Programm, aber dann zerstritten sie sich über die Beteiligung an einer »Europäischen Demokratischen Union« mit den britischen und anderen europäischen Konservativen, die 1978 gegründet wurde.[9]

Gleichzeitig nutzten die Parteien den Europa-Wahlkampf zur Auseinandersetzung auf nationalstaatlicher Ebene. Teils wurden sie als Testwahlen instrumentalisiert, und zum Teil dienten sie auch anderen parteipolitischen Zwecken. So nutzte Jacques Chirac den Wahlkampf, um seine gaullistische Partei mit einer Kampagne gegen die angebliche Versklavung Frankreichs durch fremde Mächte und supranationale Politik gegenüber dem erfolgreichen Zusammenschluss der Christdemokraten, Liberalen und Unabhängigen Republikaner (der Partei Giscards) in Stellung zu bringen. In Großbritannien standen die Europa-Wahlen ganz im Schatten neuerlicher Unterhauswahlen, die fünf Wochen zuvor stattfanden und den Konservativen, nunmehr unter der Führung von Margaret Thatcher, wieder eine klare Mehrheit bescherten. In Italien fanden nationale Parlamentswahlen am 3. Juni 1979 statt, also nur wenige Tage vor den Europa-Wahlen.

Das Entstehen einer europäischen Öffentlichkeit wurde durch diese Art des Wahlkampfes nicht gefördert. Die Entfremdung zwischen europäischer Politik und den Bürgern der Gemeinschaft, die durch die endlosen Querelen um Erweiterung und Vertiefung und die wachsende Komplexität der Regelungen auf europäischer Ebene ohnehin schon gewachsen war, nahm im Gegenteil noch weiter zu. Dabei fiel die Wahlbeteiligung, dem Stand der nationalen europapolitischen Debatten entsprechend, im Einzelnen sehr unterschiedlich aus: In Großbritannien hielten es nur 31,6 Prozent der Wahlberechtigten für sinnvoll, sich an den Wahlen zum Europäischen Parlament zu beteiligen, in Dänemark 47,1 Prozent. Die Niederlande zeigten mit 57,8 Prozent eine einigermaßen repräsentative Beteiligung, ebenso Frankreich (60,7 %), Irland (63,6 %) und die Bundesrepublik (65,7 %). Deutlich über 80 Prozent erreichte die Wahlbeteiligung in jenen Ländern, in denen Wahlpflicht herrschte: Italien (85,5 %), Luxemburg (88,9 %) und Belgien (91,6 %). Hier wirkte sich auch aus, dass der Sitz der europäischen Institutionen mittlerweile zu einer wichtigen Klammer der heterogenen Volksgruppen geworden war. Insgesamt belief sich die Wahlbeteiligung auf 62,4 Prozent. Das genügte, um das direkt gewählte Parlament zu legitimieren, trug aber nur wenig zur Stärkung seiner Stellung gegenüber den nationalen Regierungen bei.[10]

Valéry Giscard d'Estaing nutzte das Wahlergebnis, um seine Europapolitik einmal mehr symbolisch zu profilieren. Nachdem er schon 1975 demonstrativ auf weitere Feiern zum Jahrestag der deutschen Kapitulation am 8. Mai 1945 verzichtet hatte, betrieb er jetzt die Wahl von Simone Veil zur ersten Präsidentin des direkt gewählten Europäischen Parlaments. Er hatte die liberale Ministerin, die als jüdische Jugendliche die Vernichtungslager Auschwitz und Bergen-Belsen überlebt hatte, dazu bewogen, an der Spitze der Liste der vereinten »Union pour la Démocratie française« (UDF) für das Europaparlament zu kandidieren. Nachdem diese Liste einen eindrucksvollen Wahlsieg gegenüber der von Chirac angeführten konkurrierenden Liste der Gaullisten errungen hatte, suchte er Helmut Schmidt die Wahl Veils zur Präsidenten als Bekräftigung der deutsch-französischen Aussöhnung schmackhaft zu machen. Sein Außenminister Jean-François Poncet agierte im gleichen Sinne bei den Außenministerkollegen, sein Freund Michel Poniatowski bei den neugewählten Abgeordneten. Die Agitation war erfolgreich; Simone Veil wurde am 17. Juli 1979 im zweiten Wahlgang zur Präsidentin gewählt, obwohl die Liberalen keineswegs die stärkste Fraktion des neuen Parlaments bildeten.[11]

Die Wahl von Simone Veil trug aber nicht nur dazu bei, die Stellung Giscards gegenüber seinem erklärten Rivalen Chirac zu stärken und sein Image als »Europäer« zu bekräftigen. Veil hatte als tatsächlich überzeugte Europäerin mit moralischer Autorität auch großen Anteil daran, das Selbstbewusstsein der europäischen Abgeordneten zu stärken und den Zusammenhalt unter ihnen zu fördern. Auch wenn deren Rolle wegen geringer Machtbefugnisse, mangelnder Karriereaussichten und durch die Größe der Wahlkreise mit eingeschränkter Vertreterfunktion diffus blieb, konnten sie sich doch durch eine Vielzahl von Anfragen und Anträgen eine Funktion als beständige Mahner erarbeiten, die deutlich über die Möglichkeiten der indirekt gewählten und nur sporadisch zusammentretenden Vorgänger-Parlamente hinausging.[12]

Das stärkere Selbstbewusstsein des direkt gewählten Parlaments führte auch zu einer stärkeren Nutzung seiner haushaltspolitischen Instrumente. Seit 1977 verfügte es einer Vereinbarung mit dem Rat und der Kommission vom 22. April 1975 entsprechend über das Recht, vor neuen Rechtsakten des Rates, »die ins Gewicht fallende finanzielle Auswirkungen haben und deren Erlass nicht schon aufgrund früherer Rechtsakte geboten ist«, gehört zu werden. Außerdem konnte es gemäß einer Vertragsänderung vom 22. Juli 1975 »aus wichtigen Gründen« den gesamten Haushalt mit einer Mehrheit von zwei Dritteln der abgegebenen

Stimmen ablehnen, und es wurde ihm zusätzlich die haushaltspolitische Kontrolle der Kommission übertragen. Bei der Wahrnehmung dieser Aufgabe wurde es durch den neu eingerichteten Europäischen Rechnungshof unterstützt.[13] Das neue Parlament machte gleich in seiner ersten Haushaltsberatung von dem Recht zur Pauschalablehnung Gebrauch, sodass die Gemeinschaft bis Mitte 1980 mit einem Nothaushalt wirtschaften musste. Es erzwang dadurch eine Erhöhung der Ausgaben für Strukturpolitik und verstärkte den Druck, die Gemeinschaftseinnahmen auszuweiten.

Fortan rang das Parlament regelmäßig mit dem Rat über die Verteilung der Ausgaben zwischen der Gemeinsamen Agrarpolitik, für die nach wie vor der Löwenanteil des Haushalts aufgewandt wurde, und der Strukturförderung durch Regionalfonds, Sozialfonds, Industriepolitik und Forschungsförderung, die die Abgeordneten in ihrer großen Mehrheit für dringender hielten. Fortschritte in seinem Sinne erzielte es zunächst nur in bescheidenem Umfang. Mittelfristig erzwang es aber eine Debatte über die Reform der Gemeinschaftspolitik auch auf der Ebene des Ministerrats und des Europäischen Rats.

Insgesamt gewann das Europäische Parlament Einfluss auf die Vorschläge der Kommission und in geringerem Maße auch auf die Entscheidungen des Ministerrats. Diese Stärkung im Machtgefüge der europäischen Institutionen wurde jedoch zum Teil dadurch wieder wettgemacht, dass der Europäische Rat die Entscheidung in wesentlichen Fragen in starkem Maße an sich zog. An diesen Entscheidungen, die nach wie vor einstimmig fallen mussten, war zwar die Kommission beratend und zuarbeitend beteiligt; das Parlament musste der Europäische Rat als informelles, in den Verträgen nicht verankertes Organ anders als der Ministerrat aber nicht konsultieren, und er musste ihm auch nicht Rede und Antwort stehen. De facto fielen die Entscheidungen des Europäischen Rates ohne jede Beteiligung des Parlaments. Zwischen der europapolitischen Debatte im Parlament und der obersten Entscheidungsebene der Gemeinschaft klaffte eine Lücke, die der Legitimierung europäischer Politik in den Augen der Wähler abträglich war.

Die Fragilität dieser Konstruktion kam auch in einem doppelten Wanderzirkus sinnfällig zum Ausdruck: Während der Europäische Rat nacheinander in der Hauptstadt der Ratspräsidentschaft des ersten Halbjahres, in Brüssel oder Luxemburg und in der Hauptstadt der Ratspräsidentschaft des zweiten Halbjahres tagte, befand sich der Sitz des Europäischen Parlaments weiterhin in Straßburg. Es tagte dort in der Regel eine Woche pro Monat. Die zwischenzeitlichen Sitzungen der Ausschüsse und die Sitzungen der Fraktionen fanden aber im Hinblick auf die Kooperation mit dem Ministerrat und der Kommission zunehmend in Brüssel statt, während die Verwaltung des Parlaments weiterhin ihren Sitz in Luxemburg hatte. Die zusätzlichen Belastungen der Abgeordneten, die daraus resultierten, ließen die Zahl der Europaparlamentarier, die gleichzeitig noch ein nationales Abgeordnetenmandat wahrnahmen – im Parlament von 1979 immerhin noch fast ein Drittel –, von Wahl zu Wahl schrumpfen. Entsprechend wurde die Rückbindung der Europapolitik an die nationalen Parlamente immer stärker zum Problem.

Das Europäische Währungssystem

Die Blockierung substantieller deutsch-französischer Initiativen durch den gaullistischen Regierungspartner Giscard d'Estaings schuf neuen Raum für eine Initiative der Europäischen Kommission. Es war daher durchaus folgenreich, dass die britische Regierung für die Nachfolge von François-Xavier Ortoli als Kommissionspräsident ab Januar 1977 einen überaus politischen Kandidaten präsentierte: Roy Jenkins, den Wortführer der Europa-Befürworter in der Labour Party und langjährigen Rivalen Wilsons und Callaghans im Kampf um die Parteiführung. Jenkins hatte diesen Kampf nach dem Rücktritt von Wilson verloren und sah nun an der Spitze der Kommission eine lohnendere Aufgabe; Callaghan hingegen wurde einen lästigen Kritiker im Kabinett los und gewann gleichzeitig einen effektiven Vertreter britischer Interessen in Brüssel.

Die neue Kommission, der mit Étienne Davignon als Industriekommissar und Antonio Giolitti mit der Zuständigkeit für die Regionalpolitik weitere politische Schwergewichte angehörten, sah ihre Aufgabe angesichts der vielfältigen Krisenphänomene nach dem Ende der anhaltenden Wachstumsphase zunächst in der Konsolidierung der Wirtschaftsintegration. Besonders in der Krise der Stahlindustrie und der chemischen Industrie bewährte sie sich als Hüterin der Wettbewerbspolitik gegen starke protektionistische Anwandlungen. Jenkins hatte aber wiederholt Anlass, die fortdauernde Ineffektivität des Ministerrats in seinen unterschiedlichen Ressortzusammensetzungen zu beklagen, und beobachtete auch mit Sorge, dass Konkretisierungen der Entwicklungsperspektive des Tindemans-Berichts ausblieben. Nach nur sechs Monaten im Amt war er so frustriert, dass er ernsthaft über einen Rücktritt nachdachte. Die Alternative zum Rücktritt, für die er sich schließlich entschied, war der Versuch, den europäischen Integrationsprozess mit einer eigenen Initiative voranzubringen.

Auf der Suche nach dem geeigneten Politikbereich für eine solche Initiative landete Jenkins wie Tindemans zwei Jahre zuvor beim Projekt der Wirtschafts- und Währungsunion. Hier war die Notwendigkeit substantieller Fortschritte angesichts der allgemeinen Inflationstendenzen und des erneuten Wertverlusts des Dollars am drängendsten; und gleichzeitig erschienen ihm die politischen

Widerstände gegen eine Vergemeinschaftung am ehesten überwindbar zu sein. So nutzte er eine Rede an dem kürzlich ins Leben gerufenen Europäischen Hochschulinstitut in Florenz am 27. Oktober 1977, um zur Wiederbelebung der Debatte über die Wirtschafts- und Währungsunion aufzurufen. In deutlichem Gegensatz zu den »Ökonomisten« deutscher und niederländischer Prägung, für die eine Währungsunion nur als Ergebnis der Angleichung von Wirtschaftskraft und Wirtschaftsstruktur in Frage kam, pries er die Gemeinschaftswährung als Instrument der Rationalisierung im Kampf gegen Inflation und Währungsspekulation, das die Rückkehr zu stabilem Wachstum ermöglichen würde und zugleich die Abhängigkeit vom Dollar verringerte. Drei Wochen später präsentierte die Kommission einen Zeitplan zur Vollendung der Währungsunion. Er sah vor, die notwendige Konvergenz der europäischen Wirtschaftspolitik in einem Zeitraum von fünf Jahren wiederherzustellen. Danach sollte die Währungsunion schrittweise verwirklicht werden.[14]

Jenkins' Initiative zielte in erster Linie darauf, die skeptische Haltung von Helmut Schmidt zu überwinden. Der deutsche Bundeskanzler sah die Währungsunion zwar grundsätzlich als wünschenswert an, sie schien ihm aber angesichts divergierender wirtschaftlicher Entwicklungen, unterschiedlicher wirtschaftspolitischer Vorstellungen und begrenzter deutscher Ressourcen auf absehbare Zeit nicht realisierbar. Er hielt sie auch für weniger dringlich, seit Nixons Nachfolger Gerald Ford eine recht erfolgreiche Anti-Inflationspolitik betrieb, die zum Ausgleich der Zahlungsbilanz und einer relativen Stabilisierung des Dollarkurses führte. Wichtiger als die Behauptung europäischer Eigenständigkeit war ihm jetzt die wirtschaftspolitische Abstimmung der großen Industrienationen. Schmidt willigte daher sogleich ein, als Giscard d'Estaing ihm im Juli 1975 vorschlug, eine Gipfelkonferenz der führenden westlichen Industrienationen auf den Weg zu bringen. Dass das Treffen von Rambouillet vom 15. bis 17. November 1975 eine tendenzielle Verständigung zwischen Ford und Giscard hinsichtlich der Notwendigkeit von Stabilitätsorientierung brachte, erfüllte ihn mit Genugtuung. Neben den USA, der Bundesrepublik, Großbritannien, Frankreich und Japan war nach hartnäckigem Drängen hier auch Italien vertreten, das gerade die europäische Ratspräsidentschaft innehatte.[15]

Als die Diskrepanzen in der wirtschaftlichen Leistungsfähigkeit Anfang 1976 zu neuem Druck zunächst auf die italienische Lira und dann auf den französischen Franc führten, fand sich Schmidt zu einer gewissen Aufwertung der D-Mark bereit, allerdings nicht in der Höhe, die Giscard für nötig hielt. Die Vorstellungen der anderen Mitglieder der Währungsschlange über eine Neufestsetzung der internen Paritäten divergierten ebenfalls. So blieben die Paritäten schließlich unverändert, und Frankreich schied am 15. März 1976 erneut aus der Schlange aus, um eine weitere Abwertung gegenüber dem Dollar zuzulassen. Die europäische Währungsschlange reduzierte sich damit praktisch auf eine »Deutschmarkzone« aus der Bundesrepublik, den Niederlanden, dem belgisch-luxemburgischen Währungsverbund und Dänemark. Bis 1977 gehörte ihr außerdem Schweden an, bis 1978 Norwegen; Österreich und die Schweiz waren assoziiert.

Nach dem erzwungenen abermaligen Austritt Frankreichs aus der Währungsschlange verstärkte Giscard d'Estaing die Stabilitätsorientierung der französischen Wirtschafts- und Haushaltspolitik, indem er im August 1976 Raymond Barre anstelle des zurückgetretenen Jacques Chirac zum Premierminister berief. Schmidt war jedoch weiterhin nicht bereit, den Ländern mit schwächeren Währungen durch substantiellere Unterstützungsmaßnahmen entgegenzukommen. Beim deutsch-französischen Gipfel am 3. und 4. Februar 1977 begegnete er Giscards Drängen, die Währungsreserven zusammenzulegen, mit dem Hinweis auf die Disparität der wirtschaftlichen Situation innerhalb der Gemeinschaft: »Angesichts [der] schwierige[n] Wirtschaftslage in mehreren EG-Ländern [sind] keine weitreichenden Integrationsschritte möglich, da sie die Kraft unserer Partner überfordern würden.«[16]

Dass Schmidt nicht bei dieser restriktiven Haltung blieb, ist in erster Linie darauf zurückzuführen, dass US-Präsident Jimmy Carter die Stabilitätsorientierung seines Vorgängers wieder aufgab und stattdessen versuchte, die amerikanische Wirtschaft mit vermehrten Staatsausgaben und verstärkten Ölimporten wieder anzukurbeln. Die Folgen waren nicht nur eine erneute hohe Inflationsrate und ein abermaliges Handelsbilanzdefizit, sondern auch ein rapider Verfall des Dollarkurses, der dem deutschen Export stark zusetzte. Schmidts Versuch, Carter beim Londoner Weltwirtschaftsgipfel am 7. Mai 1977 (aufgrund der zwischenzeitlichen Beteiligung Kanadas Treffen der G 7 genannt) zur Kurskorrektur zu bewegen, führte nur zu dem Vorwurf, dass Bonn und Tokio nicht genügend *deficit-spending* betrieben. Durch Carters ultimatives Drängen auf eine Stationierung der Neutronenbombe in Europa zusätzlich genervt, zog Schmidt daraus den Schluss, dass die Reform des internationalen Währungssystems, auf die er so große Hoffnungen gesetzt hatte, mit diesem US-Präsidenten nicht zustande kommen würde.

Dass Schmidts Vertrauen in die amerikanische Führung dahinschmolz, während der Aufschwung in Europa durch den Dollarverfall zunehmend in Mitleidenschaft gezogen wurde, dürfte Jenkins durchaus wahrgenommen haben. Allerdings reagierte der Bundeskanzler auf seinen Florentiner Appell vom 27. Oktober nicht gleich positiv. Als er ihn am 10. November in Bonn aufsuchte und um Unterstützung für sein Projekt warb, sicherte ihm Schmidt lediglich zu, dass er es nicht zu Fall bringen werde. Beim Treffen des Europäischen Rats in Brüssel am 5. und 6. Dezember in Brüssel bekam Jenkins nur von den Regierungschefs der Benelux-Länder und Italiens uneingeschränkten Beifall. Schmidt erklärte, prinzipiell für eine europäische Währungsunion zu sein, warnte aber gleichzeitig, diese dürfe nicht zu einer Inflationsrate von acht Prozent führen. Im Ergebnis der Beratungen wurde die Kommission zwar beauftragt, Vorschläge für die Verbesserung der monetären Zusammenarbeit auszuarbeiten; konkrete Maßnahmen und zeitliche Zielvorgaben wurden aber nicht beschlossen.

Was genau Schmidt dann dazu veranlasste, sich stärker auf Jenkins' Initiative einzulassen, ist nicht mit letzter Sicherheit auszumachen. Folgt man Raymond Barre,[17] so war es der Eindruck, dass der französische Stabilitätskurs unterdessen Früchte trug: Der Abbau des Haushaltsdefizits, eine Halbierung des Außenhandelsdefizits und ein Rückgang der Inflationsrate ließen Frankreich wieder als verlässlichen Partner beim Aufbau einer Währungsunion erscheinen. Wahrscheinlicher ist allerdings, dass Schmidt im Laufe des Februars 1978 zu der Überzeugung gelangte, die anhaltende Schwäche der französischen Wirtschaft bedrohe auch die politische Stabilität des Partners und Giscard bedürfe darum dringend deutscher Hilfe. Jedenfalls teilte er Jenkins bei einem weiteren Besuch in Bonn am 28. Februar vertraulich mit, er werde, sobald die für März angesetzten französischen Parlamentswahlen vorbei seien und unter der Voraussetzung, dass sie »gut« ausgehen »und keine Kommunisten in der französischen Regierung sind«, als Reaktion auf das Dollarproblem einen wesentlichen Schritt in Richtung Währungsunion vorschlagen: unsere gesamten Währungsreserven zu mobilisieren und in einem gemeinsamen Pool zusammenzulegen [...] und so einen europäischen Währungsblock zu bilden.«[18]

Als Begründung für diesen Schritt führte der Bundeskanzler nicht nur die Dollarkrise an, die sich weiter verschärfte, sondern auch die »Konfrontation zwischen Europa und Japan, den praktischen Zusammenbruch der multinationalen Handelsverhandlungen« und »die große Schwäche und Unsicherheit in Frankreich«. Für Jenkins kam in dem Gespräch auch Schmidts »tiefe Feindseligkeit gegenüber Carter« zum Ausdruck, »dessen Verhalten in der Dollarfrage unerträglich sei«. Als die Verhandlungen über den »wesentlichen Schritt« schon im Gange waren, begründete Schmidt ihn im Gespräch mit dem italienischen Ministerpräsidenten Giulio Andreotti mit der Furcht vor »einem Zusammenbruch des Gemeinsamen Marktes« und den potentiell gefährlichen innen- und außenpolitischen Konsequenzen, die daraus folgen würden. Um einen solchen Zusammenbruch zu verhindern, müsse er »Risiken eingehen«. Das neue währungspolitische Arrangement werde die Währungen der Mitgliedsländer stabilisieren, sie gegen Spekulation schützen und Vertrauen schaffen. Wenn Europa damit erfolgreich sein sollte, würde das auch helfen, »die Zahlungsbilanzpolitik der Vereinigten Staaten zu disziplinieren«.[19]

Nachdem bei den Wahlen zur französischen Nationalversammlung am 12. und 19. März der befürchtete Wahlsieg der Linksunion aus Sozialisten und Kommunisten ausgeblieben war und die Parteigänger Giscards auf Kosten der Gaullisten sogar noch dazugewonnen hatten, bereitete Jenkins für das nächste Treffen des Europäischen Rates Anfang April in Kopenhagen ein Memorandum vor, in dem er darauf drängte, die Arbeit an dem Währungsprojekt jetzt so zu intensivieren, dass beim übernächsten Treffen im Juli in Bremen verbindliche Beschlüsse gefasst werden könnten. Wie Schmidt argumentierte er, dass die staatliche Wirtschaftsförderung nur zu vermehrter Inflation geführt habe und sich die Europäer gegen die unverantwortliche Währungspolitik der USA schützen müssten.[20] Parallel dazu besprach Schmidt am 2. April mit Giscard auf Schloss Rambouillet, wie das Vorhaben bei dem Ratstreffen lanciert werden sollte. Beide waren sich einig, dass höchste Vertraulichkeit geboten war, nicht nur um spekulative Zurückhaltung von Investoren zu vermeiden, sondern auch um den Widerstand des Pariser Finanzministeriums und der Deutschen Bundesbank zu umgehen. Zur technischen Vorbereitung wurden nur Bernard Clappier, der Präsident der Banque de France und einstige Mitarbeiter Robert Schumans bei der Vorbereitung des Schuman-Plans, und Horst Schulmann, der Leiter der wirtschaftspolitischen Abteilung im Bundeskanzleramt, herangezogen. Die beiden sollten einen Plan vorbereiten, den Schmidt dann in Kopenhagen in vertraulicher Runde präsentieren sollte. Dem Bundeskanzler traute Giscard eher zu, die Skeptiker in der deutschen Finanzwelt überzeugen zu können.[21]

In Kopenhagen, wo sich die Staats- und Regierungschefs der Neun am 7. und 8. April trafen, sprachen Jenkins und Giscard erst verabredungsgemäß in allgemeiner Form über die Notwendigkeit einer stabileren Währungsordnung, bevor Schmidt dann das inoffizielle Kamingespräch nach dem Dinner mit einem fulminanten Plädoyer für ein neues währungspolitisches Arrangement eröffnete, bei dem der Dollar durch eine europäische Währungseinheit ersetzt werden sollte. Als konkrete Maßnahmen nannte er *erstens* die Schaffung eines Europäischen Währungsfonds, in den die bestehenden Institutionen und Mittel der Gemeinschaft und der Währungsschlange integriert würden; *zweitens* das Poolen von 15 bis 20 Prozent der Währungsreserven der Mitgliedsländer; *drittens* eine verstärkte Verwendung europäischer Währungen anstelle des Dollars zur Intervention auf den Geldmärkten; und *viertens* die verstärkte Verwendung der Europäischen Recheneinheit im Verkehr zwischen den Zentralbanken und später auch als eine neue Form von Reservevermögen, vergleichbar mit den Sonderziehungsrechten im Internationalen Währungsfonds. Mit der Zeit, so Schmidt, sollte die Europäische Rechnungseinheit, die seit April 1975 nach dem Durchschnitt der einzelnen Währungen berechnet wurde, gewichtet nach Wirtschaftskraft und Außenhandelsanteilen, so zu einer europäischen Währung werden.

Das Ziel der Inszenierung war in erster Linie James Callaghan, den Schmidt bei dem neuen Schritt in Richtung Währungsunion gerne dabei haben wollte, auch wenn die Labour-Regierung dem Projekt bislang immer ausgesprochen ablehnend gegenüber gestanden hatte. Callaghan kritisierte jedoch sogleich die anti-amerikanische Stoßrichtung des Projekts; er setzte weiterhin darauf, das internationale Währungssystems im Einvernehmen mit den USA zu restrukturieren. Erst als Giscard ihm am nächsten Morgen in einem Dreier-Gespräch mit Schmidt unmissverständlich klar machte, »dass er, wenn Callaghan nicht mitmachen würde, mit Schmidt alleine gehen würde«,[22] willigte er ein, sich an der Vorbereitung einer Beschlussvorlage für das Bremer Ratstreffen zu beteiligen. Die Expertengruppe aus Clappier und Schulmann wurde durch Kenneth Couzens vom britischen Schatzamt ergänzt.

Als Couzens im Laufe der Besprechungen nach dem Ratstreffen feststellen musste, dass es dem französischen und deutschen Kollegen mit der Vergemeinschaftung der Währungen tatsächlich ernst war, zog er sich aus den Gesprächen aber wieder zurück. Im Londoner Schatzamt war man noch weniger zu einer Einschränkung der Verfügungsgewalt über die eigene Währung bereit als in der Deutschen Bundesbank oder im französischen Directoire du Trésor. Mit Blick auf den Außenhandel mit Nicht-EG-Staaten, der immer noch bedeutend war, zog man ein Arrangement im Rahmen des Weltwährungsfonds vor. Fortan arbeiteten Clappier und Schulmann allein an dem Konzept, und am 23. Juni berieten sie es mit Giscard, dem französischen Außenminister Louis de Guiringaud und Schmidt in dessen Hamburger Privathaus. »Wir arbeiteten«, erinnert sich Schmidt an diese Beratung, »des großen Tisches wegen im Esszimmer. Loki versorgte uns mit Kaffee. Am nächsten Tag erzählte sie, wir hätten jedes Mal, wenn sie ins Zimmer kam, etwas legerer gesessen, zunächst noch im Jackett, dann ohne und zum Schluss auch ohne Schlips.«[23]

Das Ergebnis der sommerlichen Arbeitsrunde schickten Giscard und Schmidt kurz vor dem Ratstreffen am 6. und 7. Juli an die Ratskollegen; Clappier und Schulmann sprachen in den verschiedenen Hauptstädten vor, um es zu erläutern. Die von Schmidt vorgeschlagene verstärkte Verwendung der Europäischen Recheneinheit wurde jetzt dahingehend präzisiert, dass sie den »Kern« des verbesserten Währungsarrangements bilden sollte, das heißt sie sollte nicht nur zur Vereinfachung des Zahlungsverkehrs zwischen den Zentralbanken dienen, sondern auch die Grundlage für die Interventionen zur Einhaltung der Bandbreiten darstellen. Das deutsch-französische Papier, in das auch Überlegungen des belgischen Zentralbankers Jacques van Ypersele eingegangen waren, sprach daher von »Europäischer *Währungs*einheit« (EWE) und einem über die Schlange hinausgehenden »Europäischen *Währungssystem*« (EWS). Zur angestrebten Zusammenlegung von Währungsreserven wurde gesagt, dass »etwa 20 Prozent« der Währungsreserven der Mitgliedsländer in Dollar und Gold in dem Europäischen Währungskooperationsfonds hinterlegt werden sollten, dazu noch einmal ein »vergleichbarer Betrag« aus Währungen der Mitgliedsländer. Beim Ankauf von Dollars sollten ebenfalls ungefähr 20 Prozent im gemeinsamen Kooperationsfonds hinterlegt werden, beim Verkauf sollten die Zentralbanken etwa 20 Prozent in Europäischen Währungseinheiten erhalten.

Zur Verwendung der durch Hinterlegung von Währungsbeständen der Mitgliedsländer geschaffenen EWE-Mittel hieß es etwas ominös, sie werde »Bedingungen unterliegen, die je nach dem Betrag und der Fälligkeit variieren«; dabei werde »dem Bedarf an umfassenden kurzfristigen Fazilitäten Rechnung getragen«. Offensichtlich schwebte den Autoren eine Ausweitung und Vereinfachung der Kredite an solche Mitgliedsländer vor, die unter Abwertungsdruck gerieten. Über das genaue Ausmaß und die Konditionen hatten sie sich aber noch nicht einigen können; das Dokument mahnte nur an, die engere währungspolitische Zusammenarbeit werde »nur dann erfolgreich sein, wenn die Teilnehmerländer eine Politik verfolgen, die sowohl im Inland als auch im Ausland zu einer größeren Stabilität führt«. Zum Mechanismus der Wechselkurssteuerung hieß es nur, das neue System werde »mindestens ebenso strikt sein wie die ›Schlange‹«, und es müsste nach »Möglichkeiten der Koordinierung der Dollarinterventionen gesucht werden«.

Im Kern lief das vorgeschlagene Arrangement also darauf hinaus, dass die Hartwährungsländer (also in erster Linie die Bundesrepublik) den Weichwährungsländern durch Vergemeinschaftung eines Teils der Reserven und Ausweitung der Kreditmöglichkeiten ein Stück entgegenkamen, wofür diese sich Mechanismen unterwarfen, die sie in stärkerem Maße als bisher zur Orientierung an dem Stabilitätsziel verpflichteten. Um den Kreis der Mitglieder des Währungsverbundes so weit wie möglich auszudehnen, sah das Papier vor, dass Mitgliedsländer, die gegenwärtig nicht an der »Schlange« beteiligt sind, sich »in der Anlaufphase während eines begrenzten Zeitraums für etwas breitere Bandbreiten entscheiden« könnten. Wie groß das Entgegenkommen der Hartwährungsländer sein würde und wie stark die Verpflichtung der Weichwährungsländer, war allerdings noch nicht zu Ende diskutiert. Die Autoren vermerkten lediglich (und durchaus ehrgeizig), »spätestens zwei Jahre nach Einführung des Systems« würden »die bestehenden Vereinbarungen und Einrichtungen in einem Europäischen Währungsfonds (EWF) konsolidiert«.[24]

In Bremen versuchten Schmidt und Giscard zunächst, ein erneutes Dreiertreffen mit Callaghan vor Beginn der eigentlichen Ratstagung zu organisieren. Als der britische Premier das mit dem Hinweis auf dringende Dienstgeschäfte in London ablehnte, bestanden sie auf einer separaten Unterredung nach dem Ende der ersten Nachmittagssitzung. Callaghan blieb jedoch bei seinem Entschluss, keine Beschlussfassung auf der Grundlage des deutsch-französischen Papiers zuzulassen. In der Abendsitzung wurde er in seiner Kritik an der Vorbereitung der Tagung durch den niederländischen Ministerpräsidenten Andreas van Agt und dessen italienischen Kollegen Giulio Andreotti unterstützt. Andreotti und der irische Ministerpräsident Jack Lynch signalisierten ihr Interesse, sich an dem neuen Währungssystem zu beteiligen, meldeten aber gleichzeitig größeren Unterstützungsbedarf an. Um die verfahrene Situation zu retten, schlug Giscard vor, zunächst ohne Großbritannien zu beginnen. Dazu war aber Schmidt nicht bereit. Schließlich einigte man sich auf eine Erklärung, »eine engere währungspolitische Zusammenarbeit, die zu einer stabilen Währungszone in Europa führt, [...] in Aussicht« zu nehmen, verbunden mit einem Auftrag an die Finanzminister, bis Ende Oktober ein entsprechendes Konzept vorzulegen. Dieses sollte dann auf dem Ratstreffen in Brüssel im Dezember verabschiedet werden können. Der deutsch-französische Vorschlag wurde ohne nähere Qualifizierung als »Anlage« zu dieser Erklärung veröffentlicht.

Bei der Beratung der Abschlusserklärung am nächsten Vormittag schlug Giscard d'Estaing dann noch vor, für die neue Währungseinheit generell die englische Bezeichnung zu verwenden: *European Currency Unit* oder abgekürzt *ECU*. Den gleichen Vorschlag hatte Ortoli als Kommissionspräsident schon im September 1974 gemacht, mit der Begründung, dass er den anglophonen Mitgliedern ebenso gefallen würde wie den frankophonen – war der Ecu doch eine beliebte Silbermünze im vorrevolutionären Frankreich gewesen. Giscard hütete sich natürlich, diese zweite Begründung im Rat vorzutragen, und freute sich dann diebisch, als Callaghan ihm erfreut zustimmte. Das Gelingen seines Tricks bei der Namensgebung ließ ihm den Erfolg der Bremer Tagung insgesamt größer erscheinen, als er tatsächlich war.[25]

In den Verhandlungen des Rats der Wirtschafts- und Finanzminister, die jetzt notwendig geworden waren, ging das Ringen um das Ausmaß deutscher Zugeständnisse und bindender Stabilitätsverpflichtungen der Weichwährungsländer weiter. Die französischen Vertreter machten im Unterausschuss für Währungsfragen geltend, die Qualifizierung des ECU als »Kern« des neuen Systems bedeute, ihn als Leitwährung zugrunde zu legen. Überschreitungen der erlaubten Bandbreite von ± 2,25 Prozent würden dann in Bezug auf diese Leitwährung gemessen werden, und die Hauptlast der Intervention würde bei demjenigen liegen, der sie verursacht hatte. Die Vertreter Großbritanniens und Italiens schlossen sich dieser Interpretation an, wohingegen die Vertreter der Hartwährungsländer darauf beharrten, dass die Wechselkurse wie bisher lediglich bilateral zwischen je zwei Währungen gemessen wurden. Sie machten darauf aufmerksam, dass der ECU-Währungskorb bei einem Wertverlust einzelner nationaler Währungen ja ebenfalls an Wert verlieren würde. Sich bei der Interventionspflicht an ihm zu orientieren, hieße also, eine schleichende Inflation nicht nur stillschweigend hinzunehmen, sondern sie durch ein Abrücken von der Stabilitätsorientierung sogar noch weiter zu fördern. Die Frage beschäftigte die Experten lange. Schließlich wurde sie beim deutsch-französischen Gipfel vom 14. und 15. September in Aachen im Sinne der Hartwährungsländer entschieden. De facto bedeutete dies, dass Giscard seine Option für das deutsche Stabilitätsmodell bestätigte und sich damit gegen die latente Opposition im Directoire du Trésor durchsetzte. Angesichts der Bittstellerposition, in der er sich gegenüber den aktuellen Mitgliedern der Währungsschlange befand, war auch keine andere Entscheidung mehr möglich – jedenfalls dann nicht, wenn man die Währungsunion wirklich wollte.

Bei der Bemessung einer »Abweichungsschwelle«, deren Erreichen Regierungen und Zentralbanken bereits zur vorbeugenden Intervention verpflichten sollte, wurde dagegen – einem belgischen Vorschlag folgend – auf den ECU-Währungskorb Bezug genommen. Dem hartnäckigen Widerstand der Deutschen Bundesbank gegen die Verpflichtung zu stabilitätsgefährdenden Maßnahmen, die daraus resultierte (was die Vertreter der Bankenwelt und der Industrie Schmidt wiederholt verdeutlichten), kam die französische Seite schließlich durch die Formulierung entgegen, dass beim Erreichen eines Schwellenwerts von 75 Prozent der maximalen Abweichungsspanne die »Vermutung« bestehen würde, »dass die betreffenden Behörden diese Situation durch angemessene Maßnahmen korrigieren würden«. Das ließ der Bundesbank formal ihre Handlungsfreiheit, setzte sie aber gleichwohl unter starken politischen Druck. Sollte sie »aufgrund von besonderen Umständen« keine Maßnahmen treffen, musste sie die Gründe hierfür im Rahmen der »Konzertierung der Zentralbanken« mitteilen. Falls einzelne Teilnehmer dies für nötig hielten, waren zudem Konsultationen auf der Ebene des Ministerrats vorgesehen. Auch diese Regelung wurde auf Spitzenebene getroffen, bei einem weiteren Besuch Schmidts im Élysée-Palast am 2. November.

Ein weiteres neues Element, das leistungsschwächeren Ländern den Verbleib in der Währungsschlange erleichtern sollte, war die Einrichtung einer »sehr kurzfristigen« Fazilität in unbegrenzter Höhe. Sie konnte für 45 Tage in Anspruch genommen und dann für weitere drei Monate verlängert werden. Außerdem wurden die Kreditlinien für kurz- und mittelfristigen Währungsbeistand deutlich ausgeweitet, auf insgesamt 25 Milliarden ECU. Kurzfristige Kredite für maximal neun Monate konnten weiterhin vom Ausschuss der Zentralbankpräsidenten vergeben werden, während für mittelfristige Kredite für zwei bis fünf Jahre, die mit wirtschaftspolitischen Auflagen verbunden sein konnten, der Rat zuständig war. Schließlich mochte den Weichwährungsländern der Umstand entgegenkommen, dass die ECU-bezogenen Leitkurse der einzelnen Währungen in wechselseitigem Einvernehmen verändert werden konnten, wobei die Europäische Kommission in die Entscheidungsfindung einbezogen werden musste.

Hinsichtlich des Umfangs des Währungspools wurde präzisiert, dass er 20 Prozent der Dollar- und Goldreserven umfassen sollte; von einem vergleichbaren

Betrag von Währungen der Mitgliedsländer war nicht mehr die Rede. Ebenso wurde unter dem Druck der Bundesbank die Verbindlichkeit der zeitlichen Vorgabe zur Weiterentwicklung der vereinbarten Regelungen zu einem Europäischen Währungsfonds reduziert: Während sie im Schmidt-Giscard-Papier für einen Zeitpunkt innerhalb von zwei Jahren angekündigt worden war, hieß es jetzt nur noch, man sei »nach wie vor fest entschlossen«, sie spätestens nach zwei Jahren »in ein endgültiges System einzubringen«, das die Schaffung eines Europäischen Währungsfonds und die uneingeschränkte Verwendung des ECU als Reservewährung einschloss.[26]

Während sich die technischen Verhandlungen ihrem Ende zuneigten, hoffte Helmut Schmidt immer noch, die erkennbar zurückhaltenden Briten mit ins Boot bugsieren zu können. Zu diesem Zweck gab er sich nach außen hin jetzt recht amerikafreundlich. Auf dem Bonner Weltwirtschaftsgipfel gestand er Carter zu, mit Steuersenkungen und Investitionsprogrammen im Umfang von etwa einem Prozent des Bruttosozialprodukts zur Stärkung der internationalen Nachfrage beizutragen. Das half, eine amerikanische Intervention gegen das EWS-Projekt zu vermeiden. Callaghan konnte sich aber dennoch nicht zu einer Beteiligung durchringen. Neben dem hinhaltenden Widerstand des Schatzamtes plagte ihn jetzt auch noch die Sorge vor lautstarkem Protest der Gewerkschaften und einem Aufstand der Antieuropäer im Kabinett. Das konnte er sich angesichts der Notwendigkeit, für das Frühjahr 1979 Neuwahlen anzusetzen, nicht mehr leisten. Kurz vor der Brüsseler Ratstagung am 4. und 5. Dezember 1978 teilte er Schmidt offiziell mit, dass sich Großbritannien am Wechselkursmechanismus des EWS nicht beteiligen würde. Die britische Regierung erklärte sich lediglich damit einverstanden, dass das Pfund Sterling bei der Berechnung des Währungskorbs mit einbezogen wurde.

Callaghans Absage machte die Zusage Irlands umso bemerkenswerter. Der irische Ministerpräsident hatte schon während der Bremer Ratstagung zum Entsetzen Callaghans angekündigt, dass sich sein Land selbst dann an dem neuen Währungssystem beteiligen wolle, wenn Großbritannien abseits bleiben würde. Diese Ankündigung machte Jack Lynch jetzt auch wahr, obwohl sie implizierte, dass er die langjährige Bindung des irischen Pfunds an das britische Pfund aufgab und sich dem Risiko erheblicher Turbulenzen im Handelsverkehr mit dem großen Nachbarn aussetzte. Wie sein italienischer Kollege Andreotti bestand er allerdings darauf, dass Irland in der Anfangsphase größere Schwankungsmöglichkeiten eingeräumt wurden – und dass es eine finanzielle Unterstützung zur Anpassung der irischen Wirtschaft an die Struktur der Hartwährungsländer erhielt.

Im Falle Italiens wurden entsprechende Forderungen mit noch größerem Nachdruck vorgetragen. Der Christdemokrat Andreotti war an einem Beitritt seines Landes sehr interessiert; die mitregierenden Sozialisten und auch die Kommunisten, auf deren Tolerierung die Regierung angewiesen war, zeigten jedoch wenig Neigung, die hierzu notwendige Inflationsbekämpfung mitzutragen. Entsprechend schraubten sie ihre Ausgleichsforderungen immer mehr in die Höhe, und Andreotti sah sich genötigt, sie an die Ratskollegen weiterzureichen. Nachdem er schon in Bremen eine Beteiligung mit einer anfänglichen Bandbreite von ± sechs Prozent verlangt hatte (statt der bislang in der Schlange geltenden ± 2,25 Prozent), trat er auf der Brüsseler Ratstagung mit der Forderung nach Zinssubventionen in Höhe von 800 Millionen Rechnungseinheiten auf.

Der Forderung nach größerem Bewegungsspielraum für die Newcomer stimmten Schmidt und Giscard schließlich in vollem Umfang zu. In die Brüsseler Entschließung wurde nur die Bemerkung aufgenommen, dass anfangs höhere Bandbreiten »stufenweise verringert« werden sollten, »sobald es die wirtschaftlichen Gegebenheiten erlauben«. Anpassungsbeihilfen in der Größenordnung, wie Andreotti sie forderte, lehnten jedoch beide ab. Schmidt glaubte, dass sie das Stabilitätsziel unterlaufen könnten, und Giscard fürchtete, dass die Gaullisten und die Opposition ihm dann vorwerfen würden, für Frankreich zu wenig herausgeholt zu haben. Mehr als je 300 Millionen Rechnungseinheiten für Italien und Irland, verteilt über drei Jahre, wollte er nicht zugestehen. Schmidt hielt je 600 Millionen verteilt über drei Jahre für vertretbar. Schließlich einigte man sich auf eine Obergrenze von einer Milliarde (also, wenn Frankreich keine Mittel in Anspruch nahm und Großbritannien nicht beitrat, je 500 Millionen für Italien und Irland), verteilt über fünf Jahre.

Andreotti und Lynch stimmten dem allerdings nicht explizit zu. So endete die Brüsseler Ratstagung damit, dass zwar das Inkrafttreten des Europäischen Währungssystems zum 1. Januar 1979 beschlossen wurde; ob Italien und Irland dabei sein würden, war aber noch nicht klar.[27] Der italienische Entschluss zum Beitritt, Ausdruck eines Siegs der Modernisierer, die auf verstärkte Kooperation mit den europäischen Partnern setzten, stand erst nach einem Parlamentsvotum am 13. Dezember fest. Die Kommunisten quittierten die Niederlage, die sie dabei erlitten, mit dem Sturz Andreottis vier Wochen später. Lynch konnte am 15. Dezember den Beitritt Irlands melden, nachdem die Vertreter der bislang an der Schlange beteiligten Länder der irischen Regierung bei einem Treffen am 11. Dezember konkrete Zusagen hinsichtlich der finanziellen Zuweisungen gemacht hatten.

In Kraft treten konnte das EWS aber auch danach noch nicht. Chirac nutzte die Veröffentlichung der Brüsseler Beschlüsse, um ein dramatisches »Nein« zu einem »Frankreich, das heute abdankt und sich morgen auflöst«, zu publizieren.[28] Giscard zog daraus den Schluss, dass hinsichtlich der Forderungen der französischen Bauern nach Abschaffung der Ausgleichsabgaben, die sie infolge der Aufwertungen der D-Mark bei Exporten in die Bundesrepublik zu leisten hatten, mehr getan werden musste, als er in Brüssel erreicht hatte. Auf der Ratstagung war nur beschlossen worden, dass »die bestehenden Währungsausgleichsbeträge schrittweise verringert werden«. Landwirtschaftsminister Pierre Méhaignerie machte daraus am 18. Dezember die Forderung, sie müssten innerhalb eines Jahres ganz abgeschafft werden. Als die anderen Regierungen keine Anstalten machten, darauf einzugehen, erklärte die französische Regierung am 29. Dezember, das Europäische Währungssystem könne unter diesen Bedingungen nicht zum 1. Januar in Kraft treten.

Über das Problem des Grenzausgleichs im Gemeinsamen Agrarmarkt musste also weiter verhandelt werden, sowohl im Kreis der Landwirtschaftsminister als auch auf höchster Ebene. Eine Einigung kam erst bei einem Blitzbesuch von Premierminister Barre bei Schmidt am 23. Februar 1979 zustande. Sie beinhaltete, dass die Ausgleichszahlungen tatsächlich innerhalb eines Jahres abgeschafft wurden. Allerdings wurden auch die Preise angehoben, was die Aussicht auf die angestrebte Exportsteigerung der französischen Landwirte dann wieder zunichtemachte. Der Europäische Rat konnte das Europäische Währungssystem daraufhin bei seinem nächsten Treffen am 12. und 13. März 1979 in Paris mit sofortiger Wirkung in Kraft setzen.

Der holprige Start ließ Triumphgefühle gar nicht erst aufkommen. Hinzu kam, dass die öffentliche Aufmerksamkeit unterdessen fast ganz vom Sturz des Schahs im Iran und der damit einsetzenden zweiten Ölpreissteigerungswelle in Anspruch genommen wurde. Dabei wurde übersehen, dass Schmidt mit Unterstützung Giscards eine gewaltige Leistung vollbracht hatte: Gegen den Widerstand der Bundesbank, eines Großteils der veröffentlichten Meinung und der christdemokratischen Opposition hatte er die Gefahr eines Auseinanderdriftens des Gemeinsamen Marktes in währungspolitisch turbulenten Zeiten gebannt. Gleichzeitig war ein Stabilitätskern geschaffen worden, mit dem die europäischen Länder ihre Abhängigkeit von der Währungspolitik der USA reduzieren konnten. Das verstärkte Engagement der Bundesrepublik und der anderen Hartwährungsländer und der Zwang zu einvernehmlichen Wechselkursänderungen halfen Frankreich, Italien und Irland, diesmal in dem gemeinsamen Währungsverbund zu verbleiben und ihre inflationären Tendenzen abzubremsen. Gleichzeitig wurde der starke Aufwertungsdruck von der D-Mark genommen und insgesamt etwas gleichmäßiger auf die Gemeinschaft verteilt. Beides zusammen stoppte die Gefahr einer anhaltenden Wirtschaftskrise nach dem Ende des großen Booms. Die Weiterentwicklung der Währungsschlange zum Europäischen Währungssystem entsprach damit der »Sachlogik« des Integrationsprozesses, von der Walter Hallstein in den 1960er Jahren gesprochen hatte. Ohne den politischen Willen und die außerordentliche Energie von Helmut Schmidt wäre diese Logik aber nicht zur Geltung gekommen, zumindest nicht zu diesem Zeitpunkt.

Allerdings kam die Annäherung der unterschiedlichen wirtschaftspolitischen Konzepte, die in den Gemeinschaftsstaaten verfolgt wurden, nicht gleich in Gang, und sie reichte auch nicht aus, um die Disparitäten in der wirtschaftlichen Struktur und der wirtschaftlichen Leistungsfähigkeit substantiell zu verringern. Folglich ließen sich Leitkursänderungen infolge des zweiten Ölpreisschocks und einer Dollar- und Zins-Hausse in den Jahren 1981/82 nicht vermeiden. Bis 1983 kam es zu sieben Leitkursanpassungsrunden, wobei die D-Mark viermal aufgewertet und der französische Franc dreimal abgewertet wurde. Angesichts des Ausbleibens spektakulärer Erfolge wagte es Giscard d'Estaing nicht, den in Brüssel verabredeten Schritt zur Schaffung eines Europäischen Währungsfonds im Vorfeld der französischen Präsidentschaftswahlen im Frühjahr 1981 tatsächlich zu tun. Sein Nachfolger François Mitterrand, Präsident seit dem 10. Mai 1981, begann seine Amtszeit mit einem Programm staatlicher Konjunktur- und Beschäftigungsförderung, das dem Stabilitätsziel des EWS widersprach. Als die Kommission im September 1981 die Initiative für einen Übergang zur »zweiten Stufe« des Währungssystems ergriff, in der vorbeugende Interventionen beim Erreichen der »Abweichungsschwelle« verpflichtend sein sollten, konnte die Bundesbank mit Erfolg dagegenhalten, dass seine Mitglieder von der stabilitätsorientierten Konvergenz noch weit entfernt seien.

Im Frühjahr 1983 drohte das Europäische Währungssystem sogar zu scheitern. Angesichts steigender Arbeitslosenzahlen, Staatsverschuldung und des Außenhandelsdefizits stellten sich für Mitterrand die Alternativen, entweder zu einem rigorosen Austeritätskurs zurückzukehren oder das Europäische Währungssystem zu verlassen. Während starke Kräfte in der Sozialistischen Partei und auch der kommunistische Koalitionspartner für die zweite Option votierten, machten sich Premierminister Pierre Mauroy und Finanzminister Jacques Delors für einen wirtschaftspolitischen Kurswechsel stark. Es dauerte einige Wochen, bis sich Mitterrand am 17. März für die europäische Lösung entschied: Eine abermalige Abwertung des Franc innerhalb des Währungssystems wurde mit einem ganzen Paket von Maßnahmen zur Stabilisierung des Haushalts verbunden. Damit war der sozialistische Sonderweg der französischen Linksregierung praktisch beendet und die Konvergenzorientierung Frankreichs, die Giscard mit Barre eingeleitet hatte, bekräftigt.[29]

Die Süderweiterung

Ein zusätzlicher Grund für das Bemühen um Stabilisierung und Ausbau des Währungsverbunds war die Aussicht auf eine abermalige Erweiterung der Gemeinschaft durch den Beitritt Griechenlands, Portugals und Spaniens. Die drei südeuropäischen Länder erlebten in der Mitte der 1970er Jahre kurz hintereinander das Ende der diktatorischen Regime, die ihre Mitgliedschaft in der Europäischen Gemeinschaft bislang immer ausgeschlossen hatte. Im April 1974 putschten Offiziere einer »Bewegung der Streitkräfte« gegen das Salazar-Caetano-Regime in Portugal; danach rangen demokratische und kommunistisch orientierte Kräfte um die Ordnung des Landes. Im Juli des gleichen Jahres brach das Regime der Obristen in Griechenland zusammen, das sich sieben Jahre zuvor an die Macht geputscht hatte; eine Übergangsregierung unter dem früheren konservativen Ministerpräsidenten Konstantin Karamanlis arbeitete darauf hin, eine neue rechtsstaatliche Verfassung zu etablieren. Im November 1975 starb Spaniens langjähriger Diktator Francisco Franco; moderiert von dem gemäß Francos Programm zum König proklamierten Juan Carlos I. setzte ein Liberalisierungs- und Demokratisierungsprozess ein, der bis Ende 1978 zur Errichtung einer parlamentarischen Monarchie führte.

Diese Umbrüche, auf lange Sicht insgesamt Folgen konflikthafter Modernisierungsprozesse, räumten nicht nur Widerstände gegen eine EG-Mitgliedschaft dieser Länder beiseite, die aus dem Selbstverständnis der Gemeinschaft als einer Gemeinschaft von Demokratien resultierten. Die Europäische Kommission hatte ein Assoziierungsabkommen mit Griechenland, das von der damaligen Regierung Karamanlis im Juli 1961 geschlossen worden war, nach dem Putsch der Obristen »eingefroren«. Ein Assoziierungsantrag Spaniens vom Februar 1962 war von den Regierungen der Gemeinschaft stets hinhaltend behandelt worden. Bis 1970 hatte er nur zu einem Handelsvertrag geführt; Verhandlungen über weitere Zollsenkungen waren noch im Oktober 1975 nach der Hinrichtung baskischer Franco-Gegner unterbrochen worden. Angesichts der Schwierigkeiten auf dem Weg zur Etablierung demokratischer Regime stellte sich auch die Frage, wie die Länder der Gemeinschaft zur Stabilisierung der neuen Demokratien beitragen konnten und sollten.

Die griechische Regierung war die erste, die diese Frage mit einem Antrag auf Mitgliedschaft in der Europäischen Gemeinschaft beantwortete. Unmittelbar nach dem Inkrafttreten der neuen republikanischen Verfassung im Juni 1975 stellte die Regierung Karamanlis einen Beitrittsantrag. Zu der Hoffnung, bei der wirtschaftlichen Modernisierung unterstützt zu werden und Zugang zu den westeuropäischen Märkten zu erlangen (was schon bei dem Assoziierungsantrag von 1959 eine Rolle gespielt hatte), gesellten sich jetzt, eng miteinander verbunden, das Interesse an Hilfestellung bei einer modernen Zivilgesellschaft, die das parlamentarische Regime auf Dauer trug, und der Emanzipation von US-amerikanischer Vorherrschaft. Die USA wurden, nicht ganz zu Unrecht, für die Langlebigkeit des Obristenregimes verantwortlich gemacht. Vor allem aber warf man ihnen vor, die Griechen bei der türkischen Invasion Zyperns im Juli 1974 im Stich gelassen zu haben, die auf einen Putschversuch zypriotischer Obristenanhänger folgte und ein türkisch-zypriotisches Regime im Nordteil der Insel etablierte. Griechenland trat daher, dem französischen Beispiel folgend, im August 1974 aus der militärischen Organisation der NATO aus und bedurfte danach der Mitgliedschaft in der EG auch als politischem Gegengewicht gegenüber der Türkei, deren Politik in der Ägäis weiterhin als revisionistisch wahrgenommen wurde.

Die politischen Motive für einen Beitritt führten Karamanlis dazu, jetzt anders als 1959 auf unmittelbarer voller Mitgliedschaft zu bestehen. Nur so schien es möglich, Griechenland grundsätzlich auf einem westlichen Kurs zu halten und der Ausbeutung der antiamerikanischen Gefühle durch die radikale »Panhellenistische Sozialistische Partei« (PASOK) von Andreas Papandreou zuvorzukommen. Er wurde dabei von Frankreich unterstützt, das die Rückkehr von Karamanlis aus dem französischen Exil als Beitrag zur Demokratisierung des Landes wie zur Stärkung französischer Eigenständigkeit gegenüber der amerikanischen Führungsmacht gefördert hatte. Im Dezember besprach Karamanlis das Beitrittsprojekt mit dem damaligen französischen Premierminister Jacques Chirac; im Februar 1975 überbrachte ihm Außenminister Jean Sauvagnargues die offizielle Zusicherung, dass die französische Regierung einen Beitrittsantrag unterstützen würde. Erst danach kündigte Karamanlis sein Vorhaben öffentlich an, und am 12. Juni 1975, einen Tag nach dem Inkrafttreten der neuen Präsidialverfassung Griechenlands, legte er den Beitrittsantrag in Brüssel vor.

Frankreichs Begeisterung für Karamanlis' Vorhaben wurde allerdings nicht von allen Mitgliedern der Gemeinschaft geteilt. In London hatte man Bedenken, die amerikanische Rolle im östlichen Mittelmeer herauszufordern. Vor allem aber sah man Probleme im Verhältnis zur Türkei auf sich zukommen, die nicht nur ein wichtiges NATO-Mitglied war, sondern seit 1963 ebenfalls über ein Assoziierungsabkommen mit der Perspektive künftiger Mitgliedschaft in der EG verfügte. In Rom fürchtete man in erster Linie die künftige Billigkonkurrenz griechischer Obstbauern und Winzer; in Bonn blickte man mit Sorge auf den generellen Entwicklungsstand der griechischen Volkswirtschaft, der erneut Transferleistungen in einem Ausmaß erforderlich machen würde, das dem Stabilitätsziel deutscher Wirtschaftspolitik abträglich war. Angesichts gestiegener Arbeitslosenzahlen in allen westlichen Industrieländern wurde auch die baldige Freizügigkeit griechischer Arbeitskräfte als höchst problematisch angesehen. Als Giscard d'Estaing seinen Freund Schmidt von der Notwendigkeit eines griechischen Beitritts im Interesse an der Stabilisierung der Demokratie zu überzeugen versuchte, erntete er »nur lauter Seufzer«.[30]

Die Europäische Kommission teilte diese Bedenken. In ihrer Stellungnahme zu dem Beitrittsantrag, vorgelegt am 28. Januar 1976, empfahl sie daher, Griechenland zunächst nur eine Vor-Mitgliedschaft von unbegrenzter Dauer anzubieten. Eine Übergangsperiode mit vollen Mitgliedschaftsrechten sollte erst folgen, wenn die wirtschaftlichen, rechtlichen und administrativen Reformen durchgeführt waren, die für eine Mitgliedschaft als notwendig erachtet wurden. Karamanlis bestand demgegenüber darauf, wie dringlich die Stabilisierung der griechischen Demokratie sei. Ergänzend verwies er auf die Notwendigkeit der Solidarität der Demokraten angesichts neuer totalitärer Herausforderungen. Taktisch geschickt versicherte er zudem, Griechenland werde die Entwicklung der Beziehungen zwischen der EG und der Türkei nicht blockieren.

Die maßgebliche Rolle bei der Entscheidung, die der EG-Ministerrat am 9. Februar zu treffen hatte, dürfte wohl das Solidaritätsargument gespielt haben. Unterdessen hatten in Portugal linksgerichtete Offiziere der »Bewegung der Streitkräfte« mit starker Unterstützung durch die kommunistische Partei den Versuch unternommen, ein sozialistisches Regime zu etablieren, und in Italien waren die Kommunisten bei Kommunal- und Regionalwahlen im Juni 1975 ganz nahe an die regierenden Christdemokraten herangerückt. Da erschien es geboten, ein deutliches Zeichen zur Ermutigung der demokratischen Kräfte im südeuropäischen Raum zu setzen. Das leuchtete auch der Ford-Regierung ein: Sie unterstützte das Griechenland-Engagement der EG – wenn auch mit dem Wunsch, dass es in enger Absprache mit den USA erfolgen möge. Da die Unterstützung der griechischen Demokratie auch in den öffentlichen Meinungen der Mitgliedsländer populär war, stellten die Partnerregierungen ihre Bedenken schließlich zurück und votierten für die Aufnahme von Beitrittsverhandlungen.[31]

Die Verhandlungen wurden am 27. Juli offiziell eröffnet, tatsächlich begannen sie aber erst im November. Dabei zeigte sich die griechische Seite bereit, wirtschaftliche Interessen zugunsten eines zügigen Abschlusses zurückzustellen. Als der griechische Verhandlungsführer Nikolaos Kyriazidis, Stellvertretender Präsident der griechischen Zentralbank, im Januar 1977 aus Protest gegen diese Verhandlungslinie zurücktrat, wurde er durch den Generalsekretär des Außenministeriums Vyron Theodoropoulos ersetzt. Dass sich die Verhandlungen dennoch bis ins Frühjahr 1979 hinzogen, war in erster Linie den Mitgliedsstaaten zu verdanken, die sich so lange wie möglich vor griechischer Konkurrenz schützen wollten.

So enthielt das Beitrittsabkommen, das am 28. Mai 1979 in Athen unterzeichnet wurde, denn auch Ausnahmeregelungen zugunsten der bisherigen Mitgliedsstaaten. Es wurde eine Übergangszeit von fünf Jahren vereinbart; Tomaten und Pfirsiche sollten allerdings erst nach sieben Jahren zollfrei in die Gemeinschaft eingeführt werden können, und auch die Freizügigkeit der Arbeitskräfte sollte erst nach sieben Jahren gelten. Zum Schutz des griechischen Entwicklungsprogramms enthielt das Abkommen nur die Bestimmung, dass die griechische Regierung die Freiheit des Kapitalverkehrs zeitweilig einschränken konnte, um die Verschiebung allzu hoher Beträge zu verhindern. Ein Beitritt zum Europäischen Währungssystem sollte erst fünf Jahre nach dem Ende der Übergangszeit erfolgen. Im Übrigen sah das Abkommen einige Beihilfen zur Modernisierung der landwirtschaftlichen Produktion vor, besonders der Produktion von Olivenöl. Nachdem es im griechischen Parlament ebenso wie in den Parlamenten der bisherigen Mitgliedsländer eine Mehrheit gefunden hatte, trat es zum 1. Januar 1981 in Kraft.

In Portugal wurde ein Beitritt zur Europäischen Gemeinschaft erst zum Thema, nachdem sich die Entscheidung für ein demokratisches Regime mit den Parlamentswahlen vom 25. April 1976 konsolidiert hatte. Die Regierungen der Neun hatten auf diese Entscheidung hingewirkt, indem sie wirtschaftliche Unterstützung für die Neuorientierung nach dem Ende des portugiesischen Kolonialreiches in Aussicht gestellt hatten, diese aber explizit von der Entwicklung zu einer pluralistischen Demokratie abhängig machten. Sie hatten die demokratischen Kräfte im Lande unterstützt, Kissingers Distanzierung von den Sozialisten als deren stärkste Gruppe zurückgewiesen und Breschnew mit Erfolg gedrängt, seine Unterstützung für die portugiesischen Kommunisten aufzugeben. Starke Unterstützung für die portugiesischen Sozialisten unter Mário Soares war zudem von ihren europäischen Bruderparteien gekommen; insbesondere Willy Brandt und die SPD hatten sich finanziell und moralisch für sie engagiert.[32]

Die Entscheidung für eine Regierungsbildung durch die Sozialisten, die mit 34,8 Prozent als stärkste Partei bestätigt worden waren, stellte deshalb zugleich eine Option für Europa dar, die an die Stelle der traditionellen atlantischen Ausrichtung portugiesischer Politik und deren Dritte-Welt-Variante in der Politik der linken Offiziere trat. Sie wurde dadurch bekräftigt, dass sich auch die Christdemokraten für einen baldigen Beitritt zur Europäischen Gemeinschaft aussprachen und die Sozialdemokratische Partei, die die Reformkräfte des späten Caetano-Regimes repräsentierte, grundsätzlich in die gleiche Richtung tendierte. Lediglich die Kommunisten lehnten den Beitritt kategorisch ab. Die Mitgliedschaft in der Europäischen Gemeinschaft war damit für Soares ähnlich wie für Karamanlis in erster Linie ein Beitrag zur Stabilisierung der jungen Demokratie, die nach der Verfassung vom 2. April 1976 noch unter der Vormundschaft des Revolutionsrates stand. Bedenken von Wirtschaftsexperten, die Probleme für manche Zweige der wenig entwickelten portugiesischen Volkswirtschaft kommen sahen, wischte er mit dem Hinweis auf die mangelnde Fundierung der Demokratie beiseite.

Den ersten Schritt nach Europa machte die Regierung Soares im August 1976 mit dem Beitritt zum Europarat. Sie sicherte sich damit nicht nur die Anerkennung durch die westlichen Demokratien, sondern distanzierte sich auch demonstrativ vom Selbstverständnis des alten Regimes, das sich in den Jahren nach dem Zweiten Weltkrieg erst gar nicht um die Mitgliedschaft in dieser europäischen Basisorganisation bemüht hatte. Im September folgte die Unterzeichnung eines

Zusatz- und Finanzprotokolls zum Handelsvertrag mit der EG von 1972, mit dem das ungeliebte EFTA-Mitglied Portugal auf den EG-Beitritt Großbritanniens, Irlands und Dänemarks reagiert hatte. Mit ihm wurde eine Übergangshilfe organisiert, wie sie die Kommission mit dem Vorschlag einer Vor-Mitgliedschaft für Griechenland im Sinn gehabt hatte. Nach einer Reihe von bilateralen Verhandlungen mit den Regierungen der Neun folgte dann am 28. März 1977 der offizielle Beitrittsantrag.[33]

Die Kommission brauchte über ein Jahr, bis zum Mai 1978, ehe sie eine positive Stellungnahme zu dem Antrag abgab. Bis zum Verhandlungsbeginn vergingen weitere fünf Monate. Die Verhandlungen gestalteten sich unendlich langwierig. Sie dauerten noch viel länger als die Verhandlungen mit Griechenland, sodass sie erst im Juni 1985 abgeschlossen werden konnten. Der Hauptgrund für diese, gemessen an den Ermutigungen der Umbruchphase erstaunlich lange Verzögerung liegt in dem Umstand, dass die Regierung Suárez in Spanien vier Monate nach dem portugiesischen Antrag am 27. Juli 1977 ebenfalls einen Antrag auf Mitgliedschaft stellte und die Kommission wie der Rat einvernehmlich beschlossen, beide Anträge im Zusammenhang zu behandeln. Soares wollte das vermeiden, konnte sich damit aber nicht durchsetzen – im Unterschied zu Karamanlis, dem es gelang, die schon früher begonnenen Verhandlungen mit Griechenland aus dem Komplex der iberischen Fragen herauszuhalten.

Der spanische Beitrittsantrag resultierte aus einem konstanten Druck der Europäischen Gemeinschaft auf die Franco-Erben und der Unterstützung der demokratischen Parteien, die damit verbunden war. Im Mai 1976 veröffentlichte Maurice Faure im Auftrag des Europäischen Parlaments einen Bericht, der den Beitritt Spaniens zur Europäischen Gemeinschaft nicht nur ausdrücklich von seiner Demokratisierung abhängig machte, sondern die Schritte, die zu einer solchen Demokratisierung notwendig waren, im Einzelnen auflistete. Das Regime ließ sich, beginnend mit der Berufung von Adolfo Suárez zum Ministerpräsidenten im Juli 1976, auf diesen Prozess ein und machte damit den EG-Beitritt zum symbolischen Ausweis der Demokratisierung. Nach den ersten freien Wahlen am 15. Juni 1977, aus denen Suárez' Demokratisches Zentrum als stärkste Partei hervorging, stellte die neue Regierung den Beitrittsantrag. Sie wurde dabei von allen Parteien unterstützt. Selbst die Kommunisten machten sich für sie stark; im Unterschied zu den Leninisten in Portugal hatten sie sich mit Santiago Carrillo an der Spitze auf einen eurokommunistischen Kurs begeben.[34]

Mit dem spanischen Beitrittsantrag stellte sich nun aber das Problem südeuropäischer Obst-, Gemüse- und Weinbaukonkurrenz in einer ganz anderen Dimension. Die Produzenten des französischen Südwestens und des Languedoc fürchteten, von der klimatisch begünstigten Konkurrenz der Billiglohnländer förmlich überrannt zu werden, und die Gaullisten ebenso wie die französischen Kommunisten machten sich zu ihren Fürsprechern. Auch in Italien war der Widerstand stark, und von 1981 an bekam er auch noch Unterstützung aus Griechenland. Die Solidarität der Demokraten, die Karamanlis eingefordert hatte, hatte also auch ihre Grenzen, ebenso wie die Solidarität der Genossen. Carrillo musste sich vom französischen Parteichef Georges Marchais sagen lassen, ein Beitritt Spaniens zum Gemeinsamen Markt trage nicht dazu bei, die Probleme der spanischen Arbeiterklasse zu lösen.

Das Dringlichkeitsargument, das Karamanlis gegen die Widerstände in der Gemeinschaft geltend gemacht hatte, ließ sich im Falle Portugals und Spaniens nicht verwenden: *Erstens* drohte in Spanien nie die Gefahr eines »linken« Regimes, das die konservativen Regierungen im besonderen Maße schreckte. *Zweitens* ging die Furcht vor radikalen Umwälzungen oder konterrevolutionären Putschen in dem Maße zurück, wie die Demokratisierungsprozesse vorankamen; dabei spielte auch die Konsolidierung der politischen Verhältnisse in Italien nach dem Erschrecken über die Ermordung von Aldo Moro durch ein Terrorkommando der Roten Brigaden im Mai 1978 eine Rolle. Unter diesen Umständen genügte schon der Status als Beitrittskandidat, der mit Aussicht auf Erfolg verhandelte und allerlei Überbrückungshilfen erhielt, um die demokratische Ordnung zu befestigen; der Beitritt selbst verlor an Bedeutung.

Trotz der absehbaren Implikationen für die Gemeinsame Agrarpolitik gelangte die Kommission auch im Falle Spaniens zu einer positiven Stellungnahme. Sie wurde am 29. November 1978 vorgelegt, kurz nach der Ratifizierung der neuen spanischen Verfassung. Am 19. Dezember gab der Ministerrat grünes Licht für die Eröffnung der Verhandlungen. Nach anderthalb Jahren, im Juli 1980, wurden sie de facto auf Eis gelegt, weil Giscard d'Estaing darauf bestand, dass man sich zunächst über die Reform der Gemeinsamen Agrarpolitik und eine Erhöhung des Gemeinschaftsbudgets verständigen müsse. Auch nach den französischen Präsidentschaftswahlen im Mai 1981 kamen sie kaum voran; Giscards Nachfolger Mitterrand beharrte auf dem Europäischen Rat in Brüssel im Juni 1982 erneut auf einer Gesamtlösung aller mit der Erweiterung verbundenen Fragen. Die Lösung für das Problem der iberischen Konkurrenz wurde in Paris in einer Ausweitung der Ausgaben für die Gemeinsame Agrarpolitik gesehen; dazu war man aber weder in Bonn noch in London bereit. Auch der NATO-Beitritt Spaniens zum 30. Mai 1982 reichte nicht aus, die Widerstände zu brechen.

Ein Ausweg aus der Verhandlungskrise kam erst in Sicht, als der sozialistische Ministerpräsident Felipe González, Sieger der spanischen Parlamentswahlen vom 2. Dezember 1982, den moralischen Druck auf Paris und Bonn verstärkte. Auf der Stuttgarter Ratstagung am 18. und 19. Juni 1983 wurde eine Reform der Gemeinsamen Agrarpolitik beschlossen, die zur Verabschiedung von Marktordnungen für Obst, Gemüse und Olivenöl führte. Gleichzeitig stimmte Schmidts

Nachfolger Helmut Kohl im Prinzip einer Anhebung des Mehrwertsteuersatzes zu, den die Gemeinschaft als Einnahme erhielt und der mittlerweile mehr als die Hälfte der Eigeneinnahmen ausmachte. Ein Jahr später, auf der Ratstagung von Fontainebleau am 25. und 26. Juni 1984, wurde eine Erhöhung des Mehrwertsteuersatzes von 1,0 auf 1,4 Prozent beschlossen. Im Gegenzug stimmte Mitterrand einem definitiven Fahrplan für die Beitrittsverhandlungen zu. Unter ultimativem Druck von Papandreou, der im Oktober 1981 die Regierung in Griechenland übernommen hatte, wurde dann noch im Mai 1985 ein »Integriertes Mittelmeerprogramm« der Gemeinschaft aufgelegt, das über einen Zeitraum von sieben Jahren fast drei Milliarden ECU zur Modernisierungsförderung in Südfrankreich, Italien und Griechenland vorsah.

Derart abgesichert konnten die Verhandlungen mit Portugal und Griechenland dann unter Hochdruck zu Ende geführt werden. Die Verträge, die am 12. Juni 1985 in Lissabon und Madrid unterzeichnet wurden, sahen eine Übergangszeit von sieben Jahren für Spanien und von zehn Jahren für Portugal vor. Für die spanische Stahlindustrie, für spanisches Obst und für Olivenöl wurden bis zu sieben Jahre längere Übergangsfristen vereinbart. Der Zugang der bedeutenden spanischen Fischfangflotte zu den Hoheitsgewässern der anderen Gemeinschaftsmitglieder wurde sogar auf die Dauer von 70 Jahren quantitativ beschränkt. Der Escudo und die Peseta wurden in die Berechnung des ECU-Währungskorbs einbezogen, die Beteiligung am Wechselkursmechanismus des Europäischen Währungssystems jedoch auf einen späteren Zeitpunkt verschoben. Zum 1. Januar 1986 stieg die Zahl der Gemeinschaftsmitglieder von zehn auf nunmehr zwölf.[35]

Trotz der langen Verzögerung und der schwierigen Kompromisse gelang der Demokratisierungs- und Europäisierungsprozess in allen drei neuen Mitgliedsländern. Im Sinne einer Anpassung an die politischen Strukturen des westlichen Europas und nachholender wirtschaftlicher Entwicklung wurde er während der Übergangsphasen beschleunigt. In Griechenland führte Papandreou die ursprünglich anti-imperialistisch orientierte PASOK nach der Regierungsübernahme pragmatisch zu einer offensiven Unterstützung der EG-Mitgliedschaft. Selbst die Rückkehr in die Militärorganisation der NATO im Oktober 1980, die Karamanlis angesichts des Ausbleibens europäischer Verteidigungsstrukturen durchgesetzt hatte, wurde nicht mehr infrage gestellt. In Portugal machte die Aussicht auf den Beitritt die Verfassungsreform von 1982 möglich, die die demokratischen Institutionen von der Vormundschaft des Revolutionsrats und seines sozialistischen Programms befreite. Die Überzeugung, dass die Zukunft der Nation in der Europäischen Gemeinschaft liege, verfestigte sich und gehörte fortan zum nationalen Selbstverständnis. In Spanien ging Ministerpräsident González, gestützt auf einen umfassenden nationalen Konsens, vom Kampf um den Beitritt zum Kampf um den Ausbau der Europäischen Gemeinschaft über. Die Vorstellung eines starken

Spaniens in einem starken Europa avancierte zum identitätsstiftenden Leitbild spanischer Europapolitik.

Gleichzeitig stärkte die Erfahrung der Stabilisierung der südeuropäischen Demokratien das Bewusstsein, dass die Europäische Gemeinschaft mehr war als ein ökonomischer Zweckverband. Die Wahrnehmung von Verantwortung für die Demokratisierung der südeuropäischen Staaten unterstrich, dass die Integration der Deutschen nach dem Zusammenbruch des NS-Regimes keine singuläre Aufgabe gewesen war, vielmehr zur Kernfunktion der Schaffung von Voraussetzungen für die Dauerhaftigkeit demokratischer Ordnungen untrennbar gehörte. Indem die Europäische Gemeinschaft diese Funktion jetzt, anders als seinerzeit im deutschen Fall, weitgehend alleine wahrnahm, anfangs sogar in einem gewissen Gegensatz zu Tendenzen US-amerikanischer Politik, bekräftigte sie zugleich ihren Anspruch, ein eigenständiger Akteur in der internationalen Politik zu sein. Diese doppelte Erfahrung floss zusammen im Konzept von der »Zivilmacht Europa«, die jetzt populär wurde: der Wahrnehmung der Europäischen Gemeinschaft als eines internationalen Akteurs, der nicht durch die Verfügung über militärische Machtmittel Einfluss ausübte, sondern durch die Kombination einer attraktiven Zivilisation mit gezieltem Einsatz ihrer wirtschaftlichen Mittel. Der Bericht über die Bedeutung der Süderweiterung, den die Kommission 1984 vorlegte, wurde bezeichnenderweise von François Duchêne verfasst – einem Politikwissenschaftler, der die EG schon 1973 als »eine Macht zur internationalen Verbreitung ziviler und demokratischer Standards« gesehen hatte.[36]

Das Konzept der Zivilmacht wurde allerdings nicht im Falle der Türkei angewandt. Die türkische Regierung reagierte auf den griechischen Beitrittsantrag mit der Forderung nach gleichberechtigter Beteiligung an der EPZ. Sie wollte damit sicherstellen, dass wenigstens die Bestimmungen des 1973 in Kraft getretenen Zusatzprotokolls zum Assoziationsabkommen im türkischen Sinne durchgeführt wurden: nur ein allmählicher Abbau des Zollschutzes für türkische Industrieprodukte über einen Zeitraum von zwölf Jahren, für etwa 45 Prozent der EG-Exporte sogar über 22 Jahre; eine allmähliche Verringerung der Importbeschränkungen für türkische Agrarprodukte, ebenfalls über einen Zeitraum von 22 Jahren; schrittweise Herstellung der Freizügigkeit für türkische Arbeitskräfte in einem Zeitraum von zwölf Jahren; sowie schließlich Finanzhilfen, über deren Umfang alle fünf Jahre neu zu befinden war. Der Ministerrat lehnte dieses Ansinnen jedoch als vollkommen unangemessen ab; und angesichts der finanziellen Lasten, die mit der Süderweiterung ohnehin schon verbunden waren, fand sich auch in keinem der Mitgliedsländer eine politische Mehrheit für die Idee, die verstärkte Unterstützung für Griechenland dadurch zu kompensieren, dass die Leistungen für die Entwicklung der Türkei erhöht wurden.

Im Gegenteil: Als mit Baumwolltextilien endlich einmal ein türkisches Produkt Erfolg auf dem europäischen Markt hatte, begrenzte Großbritannien die Einfuhr. Die Bundesrepublik suchte der Verpflichtung zur Aufnahme weiterer Gastarbeiter zu entkommen, und generell entwertete die Mittelmeerpolitik der EG, darunter besonders das Freihandelsabkommen mit Israel, das 1975 geschlossen wurde, die Lockerung der Importbeschränkungen sowie die Finanzbeihilfen, die im Zusatzprotokoll vereinbart worden waren. Als das türkische Militär auf die zunehmende Unfähigkeit, eine stabile Regierung zu bilden, im September 1980 mit einem abermaligen Putsch reagierte, wurden die politischen Kontakte von Seiten des Europäischen Parlaments und der Kommission ausgesetzt und die Finanzhilfen eingefroren.

Damit setzte sich ein Teufelskreis fort, der die Annäherung der Türkei an die Europäische Gemeinschaft seit dem Beginn der Verhandlungen über den Assoziierungsantrag belastete: Auf der einen Seite mangelte es unter den Regierungen der Gemeinschaft an Konsens darüber, was man mit der Assoziierung eigentlich bezweckte; auf der anderen Seite fehlte es in der Türkei an einer kohärenten und langfristig angelegten Europäisierungsstrategie. Die Überzeugung, dass »die Türkei ein Teil Europas ist«,[37] die etwa für die Adenauer-Regierung und die Hallstein-Kommission noch ganz selbstverständlich gegolten hatte, rückte darüber vollkommen in den Hintergrund. Dass dies genau zu der gleichen Zeit geschah, in der die europäische Identität der Gemeinschaft an Tiefenschärfe gewann, entbehrt nicht einer gewissen Tragik. Der Weg aus der Isolierung, in die die Türkei zu Beginn der 1980er Jahre geraten war, sollte äußerst mühsam werden.[38]

Die Verteidigung der Détente

Während sich die Europäische Gemeinschaft als Zivilmacht profilierte, blieben Fortschritte auf dem Gebiet der Gemeinsamen Außen- und Sicherheitspolitik vorerst aus. Die regelmäßigen Treffen in der EPZ und im Europäischen Rat sorgten zwar für eine zunehmende europäische Sozialisation der außenpolitischen Akteure und die Entwicklung gemeinsamer Standpunkte, nicht nur im Hinblick auf die Süderweiterung, sondern auch zu den Konflikten in Afrika, zu den Beziehungen zu Lateinamerika und zur Krise im Iran nach dem Sturz des Schahs im Winter 1978/79. Der Europäische Rat von Venedig im Juni 1980 bekräftigte die Eigenständigkeit der europäischen Nahostpolitik, indem er das Recht der Palästinenser auf Selbstbestimmung anerkannte und die PLO als ihre legitimen Vertreter bezeichnete.[39] Die Kernfrage militärischer Eigenständigkeit blieb dabei aber ausgespart. Das ist zum einen auf die Absage der Labour-Regierung an eine gemeinsame Außenpolitik zurückzuführen, die auch nach der Bestätigung der Beitrittsentscheidung nicht zurückgenommen wurde. Andererseits war europäische Eigenständigkeit für den atlantisch sozialisierten Verteidigungsexperten Schmidt kein vorrangiges Ziel, und Giscard d'Estaing war zunächst damit beschäftigt, die anti-amerikanischen Spitzen französischer Europapolitik abzuschleifen.

Die Probleme, die sich aus der einseitigen Abhängigkeit Westeuropas und insbesondere der Bundesrepublik von den USA ergaben, und das Ungenügen einer allein national definierten Verteidigungsstrategie, auf die sich de Gaulle zuletzt zurückgezogen hatte, führten Schmidt und Giscard dann aber dazu, sich inhaltlich auf eine gemeinsame europäische Verteidigungsstrategie zuzubewegen. Nach dem Zeugnis von Schmidt, dem Giscard nicht widersprochen hat, war es der französische Staatspräsident, der hier den ersten Schritt machte – aus einem Gefühl des Unbehagens über den Status quo französischer Verteidigungspolitik heraus, den die selbsternannten Erben des Generals zur Doktrin erhoben hatten, und auf der Suche nach einer gemeinsamen Außenpolitik der Neun. Schmidt reagierte mit einer Reihe von Analysen und Vorschlägen, und daraus entwickelte sich über die Jahre ein überaus gründlicher Dialog, der wegen seines heiklen Charakters meist ganz ohne Zeugen geführt wurde.

»Ich habe meinem Freund damals vor allem drei sicherheitspolitische Aspekte vor Augen geführt«, fasst Schmidt den Inhalt dieser Gespräche zusammen: »*zum ersten* die unerwünschte, übergroße Abhängigkeit der Bundesrepublik von den USA, die infolge der Verweigerung französischer Beteiligung an einer gemeinsamen Verteidigungsorganisation unvermeidlich war. […] *Zum zweiten* betonte ich meine Überzeugung, dass die französischen Truppen und ihre mobilisierbaren Reserven zusammen mit den deutschen Truppen und deren Reserven allein fast ausreichen würden, um die Sowjetunion von jedem konventionellen Angriff in Europa abzuschrecken. Dabei machte ich Giscard auf die Vernachlässigung der konventionellen Streitkräfte Frankreichs aufmerksam, die in Bewaffnung und Ausrüstung, aber auch in der psychologischen Behandlung der Armee seit etwa fünfzehn Jahren zu beobachten war. *Zum dritten* wies ich auf die Gefährlichkeit der militärischen Pläne der NATO hin. Wie man sich konventionell den sowjetischen Streitkräften stark unterlegen fühle, wolle man im Falle der Verteidigung sehr früh mit sogenannten taktischen nuklearen Waffen antworten; eine nukleare Explosion auf deutschem Boden werde aber alsbald jeden weiteren deutschen Widerstandswillen erschüttern, gleichgültig ob es sich um eine amerikanische, englische oder französische Nuklearwaffe handele. Deshalb beruhe die französische Vorstellung von einem Glacis östlich des Rheins, welches die Deutschen verteidigen würden, auf sehr dubiosen theoretischen Überlegungen.«[40]

Unter dem Eindruck von Schmidts Argumenten nahm Giscard Korrekturen an der französischen Verteidigungspolitik vor. Im Mai 1976 erklärte General Guy

Méry, der Stabschef der französischen Landstreitkräfte, die Beteiligung Frankreichs an einer »Vorwärtsverteidigung« der NATO, also an einem Kampfeinsatz auf deutschem Boden, öffentlich für möglich, ebenso eine Phase konventioneller Kriegführung vor dem Einsatz der Atomwaffe. Hinsichtlich des Einsatzes der taktischen Atomwaffen wurden ultrageheime Verhandlungen mit den USA geführt, die 1979 in ein Abkommen mündeten. Gleichzeitig wurden mit amerikanischer Unterstützung strategische Raketen und Marschflugkörper entwickelt, die anders als die von Pompidou bestellten und seit 1974 installierten Pluton-Raketen auch sowjetisches Territorium erreichen konnten. Bei der Budgetplanung für den Zeitraum 1977–1982 wurde die konventionelle Rüstung, und hier vor allem die Ausgaben für die Landstreitkräfte, auf Kosten der atomaren Komponente verstärkt. Schließlich begann 1980 ein Programm zur Modernisierung der französischen Streitkräfte, die in der Bundesrepublik stationiert waren. Beim deutsch-französischen Gipfel am 4. und 5. Februar 1980 wurde der Bau eines gemeinsamen deutsch-französischen Kampfpanzers angekündigt.

Zu mehr, etwa zu einer öffentlichen Interventionsgarantie im Falle eines Angriffs auf die Bundesrepublik oder zu einer neuen Initiative zur Entwicklung einer europäischen Verteidigungsstruktur, fand sich Giscard d'Estaing jedoch nicht bereit. Dazu war der Widerstand der Gaullisten in Militär und Politik zu stark. Allein schon die vorsichtigen Distanzierungen Mérys von der Konzeption einer allein auf die Sicherung des nationalen Territoriums bezogenen *force de frappe* riefen ein solches Ausmaß an polemischer Kritik hervor, dass sich Premierminister Barre genötigt sah, in einer Rede zur Militärdoktrin ein Jahr später nur ganz allgemein von den »benachbarten und verbündeten Territorien« zu sprechen, auf die »das Konzept der Abschreckung ebenfalls anzuwenden« sei.[41] Der Widerspruch zwischen europäisch ausgerichteter Praxis und nach wie vor national definierter Doktrin wurde nicht aufgearbeitet.

Dies hatte zur Folge, dass Schmidt und Giscard bei der Lösung der dringendsten sicherheitspolitischen Tagesaufgabe ganz bei der überkommenen Arbeitsteilung zwischen französischer Eigenständigkeit und atlantischer Integration der Bundesrepublik verblieben. Diese bestand in der angemessenen Reaktion auf die Modernisierung der sowjetischen Mittelstreckenraketen, die auf Europa gerichtet waren. Weil die neuen Raketen – im Westen mit der Typenbezeichnung SS 20 versehen –, die vom Winter 1976/77 an aufgestellt wurden, im Unterschied zur vorherigen Generation der Mittelstreckenraketen vom Typ SS 4 und SS 5 in der Lage waren, die im westlichen Europa stationierten Atomwaffen ohne große Vorwarnzeit auszuschalten, befürchtete Schmidt eine Abkopplung Europas von der amerikanischen Sicherheitsgarantie. Um diese Gefahr zu bannen, forderte er (erstmals auf einem NATO-Gipfel im Mai 1977) eine Einbeziehung der Waffensysteme unterhalb der strategischen Ebene der Interkontinentalwaffen, mit denen die Sowjetunion und die USA ihre eigenen Territorien wechselseitig bedrohten, in die nächste Runde der Rüstungskontrollverhandlungen.[42]

Giscard d'Estaing stand dieser Forderung zunächst sehr zurückhaltend gegenüber, geriet doch mit Verhandlungen über die sogenannten »eurostrategischen« Waffen auch der Ausbau der französischen Mittelstreckensysteme in Gefahr, auf die er sich gerade erst eingelassen hatte. Beim deutsch-französischen Gipfel am 14. und 15. September 1978 empfahl er Schmidt als Alternative die Aufstellung amerikanischer Mittelstreckenraketen in Europa, die sowjetisches Territorium erreichen konnten. Das wiederum behagte Schmidt nicht: Selbst an der Rüstungsspirale weiter zu drehen, erschien ihm problematisch und innenpolitisch schwer durchsetzbar. Nachdem aber Breschnew bei seinem Staatsbesuch in der Bundesrepublik in der ersten Maiwoche überhaupt kein Verständnis für seine Forderung gezeigt hatte, das Mittelstreckenarsenal zu begrenzen, hielt er die Androhung einer solchen Stationierung dann doch für ein geeignetes Mittel, um die sowjetische Seite zum Einlenken zu bewegen. Dabei war er sich bewusst, dass sie unter Umständen auch wahr gemacht werden müsste; er hielt die Stationierung dann aber immer noch für die zweitbeste Lösung und sah im Übrigen gute Chancen, dass die Drohung ihre Wirkung zeigen würde.

Das war die Lösung, die dann unter dem Stichwort »Nachrüstung« in der Öffentlichkeit leidenschaftlich debattiert werden sollte. Im Grundsatz beschlossen wurde sie bei einem persönlichen Treffen von Carter, Callaghan, Giscard und Schmidt, um das der deutsche Bundeskanzler Anfang Oktober gebeten hatte und das dann, um französische Empfindlichkeiten zu schonen, auf Einladung Giscards vom 4. bis 6. Januar 1979 auf der französischen Antillen-Insel Guadeloupe stattfand. Carter bot hier die Produktion und Stationierung von Raketen vom Typ Pershing II an, die zumindest von deutschem Boden aus die Sowjetunion erreichen würden und in vier Jahren einsatzbereit sein konnten. Schmidt ging auf dieses Angebot ein, betonte aber wie Callaghan, dass zunächst mit den Sowjets über eine Begrenzung der Mittelstreckenraketen verhandelt werden müsse. Giscard unterstrich, dass der Westen ohne neue Waffensysteme ohne Verhandlungsmasse dastehen würde, und forderte deshalb eine Begrenzung des Verhandlungsangebots auf jene vier Jahre, die bis zur Stationierungsreife der Pershings benötigt wurden. Im Übrigen bestand er darauf, dass die Modernisierung des französischen Atomwaffenarsenals durch die Verhandlungen nicht beeinträchtigt werden dürfe.[43]

Die Akzente wurden von Schmidt und Giscard also durchaus unterschiedlich gesetzt: Während es dem deutschen Bundeskanzler in erster Linie um die Abrüstung der sowjetischen Mittelstreckenraketen ging, war der französische Präsident vor allem auf den Ausbau des eigenen Mittelstreckenarsenals bedacht. Im »Doppelbeschluss«, den die Außen- und Verteidigungsminister der NATO im Sinne der Grundsatzeinigung von Guadeloupe am 12. Dezember 1979 in Brüssel trafen, formal ohne Beteiligung Frankreichs, waren beide Ziele integriert worden: Bis Ende 1983 sollte verhandelt werden; sollten bis dahin jedoch keine zufriedenstellenden Ergebnisse erzielt worden sein, sollten 108 Raketen vom Typ Pershing II und 464 Marschflugkörper stationiert werden. Neben der Bundesrepublik sagte auch Italien die Stationierung zu; Belgien und die Niederlande machten sie vom Verhandlungsergebnis abhängig.[44] Das war insofern ein etwas ungleicher Deal, als die Chancen für erfolgreiche Verhandlungen nicht zuletzt durch den Umstand beeinträchtigt wurden, dass die französischen und britischen Atomwaffen dabei keine Berücksichtigung finden sollten. In der französischen Öffentlichkeit überwog denn auch das Gefühl der Erleichterung, dass die eigene Unabhängigkeit wie die deutsche Bindung an den Westen gewahrt werden konnte, während sich in den vorgesehenen Stationierungsländern und vor allem in der Bundesrepublik Angst vor neuem Wettrüsten und einem Absenken der Schwelle zum Atomkrieg ausbreitete.

Die unterschiedliche Prioritätensetzung beim Doppelbeschluss hinderte Schmidt und Giscard aber nicht daran, bei der Verteidigung der Entspannungspolitik gegen amerikanische Überreaktionen eng zusammenzuarbeiten und so die eigenständige Rolle der Europäer im Ost-West-Konflikt deutlicher hervortreten zu lassen. Beide hatten übereinstimmend versucht, Carter von der plakativen öffentlichen Anprangerung sowjetischer Menschenrechtsverletzungen abzubringen – Giscard mit einem aufsehenerregenden Interview mit dem amerikanischen Magazin *Newsweek* im September 1977, Schmidt durch eindringliche Vorhaltungen im vertraulichen Gespräch. Beide versuchten auch, zusammen mit den Partnern der EPZ die Carter-Administration davon abzuhalten, die KSZE-Folgekonferenz, die vom Oktober 1977 bis März 1978 in Belgrad tagte, zu einem bloßen Tribunal gegen östliche Menschenrechtsverletzungen ausarten zu lassen. Dabei war ihnen zwar kein großer Erfolg beschieden. Sie erreichten aber immerhin, dass das Belgrader Treffen mit einer Erklärung endete, den Entspannungsdialog fortsetzen zu wollen und mindestens eine weitere Folgekonferenz abzuhalten. Daran konnten die europäischen Regierungen in ihren bilateralen Verhandlungen mit den Ostblockstaaten anknüpfen, und das taten sie auch.[45]

Als Carter auf den Einmarsch sowjetischer Truppen in Afghanistan in den Weihnachtstagen 1979 mit der Aussetzung des Entspannungsdialogs und der Ratifizierung des SALT-II-Vertrags reagierte, bemühten sich Schmidt und Giscard erneut um Mäßigung. In einer gemeinsamen Erklärung zum Abschluss des deutsch-französischen Gipfels vom 4. und 5. Februar 1980 bezeichneten sie die sowjetische Intervention als »unannehmbar«. Ihre Warnung an die sowjetische Seite beschränkte sich aber auf den Satz, »dass die Entspannung einem neuen Schlag gleicher Art nicht standhalten würde«. Das war zwar eine zutreffende Analyse, enthielt aber gleichzeitig die Botschaft, dass die deutsche und die französische Regierung im Unterschied zum amerikanischen Präsidenten nicht bereit waren, von ihrem entspannungspolitischen Kurs abzuweichen. Kaum verhüllt folgte der Hinweis, dass die europäischen Mächte unter den gegenwärtigen Umständen besondere Verantwortlichkeiten zu übernehmen hätten.[46] Im französischen Fernsehen bezeichnete Giscard diese Erklärung als »markantes Datum des Wiederauftauchens Europas als neues Einfluss- und Entscheidungszentrum in der Weltpolitik«.[47]

In der Tat beteiligten sich die Neun nicht an den umfassenden Handelsbeschränkungen, die Washington als »Strafe« gegen Moskau verhängte. Auf den von Carter geforderten Boykott der Olympischen Sommerspiele in Moskau ließ sich nur die Bundesrepublik ein, und auch die nur nach heftigen innenpolitischen Auseinandersetzungen und in der Sorge, das westliche Bündnis nicht noch weiter zu beschädigen. Auf Drängen des polnischen Ministerpräsidenten Edward Gierek begab sich Giscard am 19. Mai zu einem Treffen mit Breschnew in Warschau, um ihn vor den Konsequenzen einer sowjetischen Intervention in Polen zu warnen. Schmidt nahm eine Einladung zu einem Besuch in Moskau am 30. Juni an, um die sowjetische Führung zu Verhandlungen über die Begrenzung der Mittelstreckenraketen zu bewegen. Die beiden Missionen waren miteinander abgesprochen,[48] und sie erwiesen sich letztlich auch als erfolgreich: Während man in Moskau vor einer militärischen Intervention gegen die Solidarność-Bewegung zurückschreckte, schlug Breschnew am 21. August die Aufnahme von Verhandlungen über die Mittelstreckenraketen vor. Carter konnte sie mit Rücksicht auf die Kohäsion des westlichen Bündnisses nicht gut ablehnen, und so wurde vom 16. Oktober an in Genf über die »eurostrategischen« Waffen verhandelt.

In der Krise der Entspannung, die durch den sowjetischen Entschluss zur Intervention in Afghanistan ausgelöst wurde, stützten sich Schmidt und Giscard also gegenseitig. Schmidts Reise nach Moskau schützte Giscard vor dem Vorwurf Mitterrands, sich zum »Botenjungen« Breschnews gemacht zu haben; und Giscards Reise nach Warschau konnte allen entgegengehalten werden, die in Schmidts Aktion nur wieder eine Anbiederung an Moskau im Interesse an der deutschen Wiedervereinigung sahen. Der Druck, den Carter auf beide ausübte, verpuffte mangels genügender Resonanz in Frankreich wie in der Bundesrepublik. Schmidt und Giscard sicherten dem westlichen Europa damit einen Einfluss auf die Eindämmung des »zweiten Kalten Krieges«, den weder die Bundesrepublik noch Frankreich hätten alleine ausüben können. »Alleine wäre ich ohne Zweifel viel vorsichtiger gewesen«, bestätigte Schmidt im Nachhinein.[49]

Im gemeinsamen Widerstand gegen den amerikanischen Druck fanden Schmidt und Giscard auch in der Frage der europäischen Verteidigung noch etwas stärker zusammen. Offensichtlich konnte der deutsche Bundeskanzler seinen französischen Freund davon überzeugen, dass die Behauptung des französischen Mittelstreckenarsenals Frankreich nicht vor den Folgen eines atomaren Schlagabtauschs auf deutschem Boden schützte und dass er für die Nichtberücksichtigung der französischen und britischen Atomwaffen bei den angestrebten Verhandlungen über die Mittelstreckenraketen eine Gegenleistung erwarten durfte. Jedenfalls verständigten sich die beiden im Juli 1980 auf ein deutsch-französisches Verteidigungsbündnis, das im Kern darauf hinauslief, der NATO einen eigenständigen europäischen Pfeiler zu verschaffen. Die Bundeswehr sollte demnach auf die taktischen Nuklearwaffen verzichten, dafür ihre konventionelle Kapazität in einem Zeitraum von fünf Jahren deutlich ausweiten und mit den französischen Streitkräften unter ein gemeinsames Oberkommando treten. Auf diese Weise sollte eine Streitmacht entstehen, die im Mobilisierungsfall innerhalb einer Woche 18 deutsche und zwölf französische Divisionen umfasste, damit eine Reduzierung der Präsenz der amerikanischen Heeresverbände in Europa erlaubte und eine »Verteidigung des westlichen Teils von Mitteleuropa« auch ohne Rückgriff auf Atomwaffen als aussichtsreich erscheinen ließ. Im Gegenzug zum Ausbau der Bundeswehr und einer Beteiligung der Bundesrepublik an den Kosten für die Modernisierung des französischen Heeres sollte Frankreich den Aufgabenbereich seiner atomaren *force de frappe* »durch einseitige Erklärung auch auf den Schutz Deutschlands« ausweiten. Über den Einsatz der *force de frappe* sollte der französische Staatspräsident nach wie vor allein entscheiden; allerdings sollte der deutsche Bundeskanzler ein Vetorecht gegen den Einsatz der taktischen Nuklearwaffen erhalten.[50]

Insgesamt sollte Frankreich also seine Verteidigungsstrategie europäisieren, und die Bundesrepublik sollte sich aus der bloßen Einordnung in die amerikanische Verteidigungsstrategie lösen. Inwieweit dies eine Rückkehr Frankreichs in die Verteidigungsorganisation der NATO oder eine Modifizierung der Entscheidungsmechanismen im westlichen Bündnis implizierte, blieb unklar und ist von Schmidt und Giscard auch nicht zu Ende verhandelt worden. Wichtig war ihnen zunächst, dass auf diese Weise die atomare Schwelle in Europa angehoben werden konnte und den Deutschen eine Version des französischen Nuklearkonzepts angeboten wurde, die sie mittragen konnten. Beides mochte außerdem helfen, die Angst der Deutschen vor der atomaren Konfrontation einzudämmen und so allen Neutralisierungstendenzen vorzubeugen. Die europäische Unabhängigkeit innerhalb des westlichen Bündnisses würde damit an Substanz gewinnen, und die Ausweitung des Zweierbündnisses auf die anderen Mitglieder der Gemeinschaft wäre danach nur noch eine Frage der Zeit.

Allerdings mussten auch beträchtliche Widerstände überwunden werden, um dieses Projekt durchzusetzen. Es passte nicht zum Dogma möglichst enger Verzahnung amerikanischer und deutscher Sicherheit, das für große Teile des militärischen Establishments in der Bundesrepublik galt und in der deutschen wie letztlich auch in der französischen Öffentlichkeit populär war. Es war auch nicht ohne weiteres mit dem entspannungspolitischen Ansatz von Egon Bahr zu vereinbaren, der sich Möglichkeiten zur deutschen Wiedervereinigung in erster Linie von einer Reduzierung der konventionellen Rüstung in Europa versprach und darum große Hoffnungen auf die MBFR-Verhandlungen in Wien gesetzt hatte. Vor allem aber zwang es zur Aufgabe der Illusion französischer Unabhängigkeit, an die sich die Gralshüter des Gaullismus in Militär und Politik ebenso klammerten wie der ganz überwiegende Teil der französischen Öffentlichkeit. Wenn es die US-Administration darauf anlegte, die verschiedenen Widerstände zu mobilisieren, hatte sie gute Chancen, das Projekt zu Fall zu bringen.

Nachdem Schmidt bei einem Treffen der G 7 in Venedig am 22. und 23. Juni einen Angriff Carters auf seine Entspannungspolitik erfolgreich abgewehrt hatte,[51] war er entschlossen, sich auch dieser neuen Herausforderung zu stellen. Er spekulierte dabei darauf, dass »die Unberechenbarkeit zweier amerikanischer Präsidenten [...] in der öffentlichen Meinung in Europa gewiss zum Verständnis der notwendigen Korrekturen« beitragen würde.[52] Giscard fürchtete jedoch, das Projekt eines deutsch-französischen Militärvertrags mit derart weitreichenden Implikationen könnte die Chancen auf seine Wiederwahl mindern, die im kommenden Frühjahr anstand. Er bat Schmidt daher, die Ausarbeitung des Vertrages auf die Zeit nach seiner Wiederwahl zu verschieben und bis dahin nichts zu tun, was die öffentliche Meinung in Frankreich beunruhigen könnte. Zum 20. Jahrestag des Élysée-Vertrages am 22. Januar 1983 sollte der Vertrag über die Bildung einer Militärallianz dann unterzeichnet werden. Schmidt stimmte notgedrungen zu, mahnte aber, nicht zu lange zu warten: »Meine Amtszeit hat ihre Grenzen.«[53]

Das Einzige, was Giscard d'Estaing noch vor den französischen Präsidentschaftswahlen im April/Mai 1981 in die Wege leiten wollte, war der Vorschlag einer »Konferenz über Vertrauensbildende Maßnahmen und Abrüstung in Europa« (KVAE). Er passte insofern zu dem neuen europäischen Verteidigungskonzept, als hier nur über konventionelle Rüstung verhandelt werden sollte. Im Unterschied zu den MBFR-Gesprächen sollte aber auch das sowjetische Territorium bis zum Ural in die Verhandlungen mit einbezogen werden. Der Vorschlag wurde von Schmidt sehr unterstützt und im November 1980 zu Beginn der Verhandlungen der Madrider Folgekonferenz der KSZE vorgelegt. Schließlich konnte er dort auch durchgesetzt werden. Am 17. Januar 1984 begannen die Verhandlungen der KVAE in Stockholm.[54]

Das Projekt der Militärallianz geriet nach den Präsidentschaftswahlen auf ein Abstellgleis. François Mitterrand war zunächst, außenpolitisch wenig profiliert, gegen jede Bevorzugung des deutschen Partners gegenüber den anderen Verbündeten. In seiner Umgebung setzte man in traditioneller Weise vornehmlich auf die Verständigung mit Großbritannien. Sicherheitspolitisch kehrte er zur Doktrin der *force de frappe* zurück, die den Einsatz der französischen Atomwaffe nur bei einem direkten Angriff auf das französische Territorium vorsah und das französische Engagement zur Verteidigung der Bundesrepublik auf den konventionellen Bereich beschränkte. Dieser wurde zwar durch den Aufbau einer »Schnellen Eingreiftruppe« ausgebaut; gleichzeitig wurden aber die Verknüpfungen mit der NATO-Einsatzplanung gekappt.[55]

Zu Beginn des Jahres 1982, aus Anlass der regulären deutsch-französischen Konsultationen, fand sich Mitterrand bereit, Schmidt »einen vertieften Meinungsaustausch zwischen den beiden Regierungen über Sicherheitsfragen« zuzugestehen. Zwischen den Außen- und Verteidigungsministern der beiden Länder wurden seither regelmäßig entsprechende Gespräche geführt, wie sie der Deutsch-Französische Vertrag vorgesehen hatte. Außerdem wurde eine deutsch-französische Sicherheits- und Verteidigungskommission eingerichtet, die aus den Generalstabschefs und den Politischen Direktoren der beiden Außenministerien bestand.[56] Inhaltlich kamen die Gespräche, die hier geführt wurden, aber kaum voran. Als die Außen- und Verteidigungsminister im Oktober 1982 zum ersten Mal zusammentraten, war gerade die sozialliberale Koalition auseinandergebrochen und Helmut Kohl neuer Bundeskanzler geworden. Damit fehlte dem Projekt der Militärunion nun auch von deutscher Seite die treibende Kraft: Kohl verstand unter deutsch-französischer Militärkooperation zunächst, ebenfalls ganz traditionell, nur die Rückkehr Frankreichs in die Militärintegration der NATO. Was die Konkretisierung der Pläne für eine europäische Verteidigung sehr erleichtert hatte – die Beschränkung auf einen Dialog im engsten Kreis der beiden Spitzenpolitiker –, erwies sich nach ihrer Abwahl als das entscheidende Hindernis bei ihrer Umsetzung.

Im Januar 1983 setzte sich Mitterrand in einer Rede vor dem Deutschen Bundestag in spektakulärer Weise für eine Umsetzung des Nachrüstungsbeschlusses ein. Dabei brachte er das französische Interesse an einer Ankoppelung der Bundesrepublik an die amerikanische Verteidigungsstrategie ebenso klar zum Ausdruck wie sein Verharren in der Ideologie sicherheitspolitischer Unabhängigkeit Frankreichs.[57] Dass weder das Eine noch das Andere mit der Entwicklung einer sicherheitspolitischen Identität Europas in Einklang zu bringen war, war ihm offensichtlich nicht bewusst. Anders als Giscard war er auch nicht bereit, für die Verhinderung des befürchteten Abdriftens der Bundesrepublik in die Neutralität selbst einen Preis zu zahlen. Als Schmidt ihm die Zusammenhänge bei einer privaten Begegnung im Juni 1983 darlegte, reagierte er zwar vorsichtig positiv. Zu dem entscheidenden Zugeständnis einer französischen Nukleargarantie für die Bundesrepublik konnte er sich jedoch nicht durchringen.[58]

Selbst der Beschluss zum gemeinsamen Bau eines Kampfpanzers wurde nicht ausgeführt. Mitterrand drängte zwar sehr auf seine Verwirklichung, doch machten sowohl die deutsche Rüstungslobby als auch die deutschen Haushaltspolitiker dagegen Front. In Frankreich wurde ein neuer Panzertyp schon 1990 benötigt, in der Bundesrepublik aber erst 1995. Zudem fürchtete man in der Bundesrepublik den Verlust von Absatzmärkten für den erfolgreichen deutschen Kampfpanzer vom Typ »Leopard« und war unter Konkurrenzgesichtspunkten auch nicht zum Technologietransfer nach Frankreich bereit. Da die Militärunion als politische Begründung für das Projekt außer Sichtweite geraten war, konnten sich die deutschen Gegner des Beschlusses vom Februar 1980 schließlich durchsetzen. Im Februar 1982 wurde der Bau des deutsch-französischen Panzers vom Verteidigungsausschuss des Bundestages gestoppt.

Was blieb, war der gemeinsame Wille, die Entspannungspolitik fortzusetzen. Schmidt und Mitterrand setzten sich übereinstimmend gegen die Forderung von US-Präsident Ronald Reagan zur Wehr, den Ost-West-Handel einzuschränken, um die Sowjetunion zu disziplinieren. Sie setzten den Bau einer Erdgas-Pipeline aus der Sowjetunion durch und weigerten sich, die Liste sicherheitsrelevanter Güter auszuweiten, die nicht in den Ostblock exportiert werden durften. Als in der öffentlichen Meinung Frankreichs ein Sturm der Entrüstung über die angeblich zu lasche Reaktion der Deutschen auf die Verhängung des Kriegsrechts in Polen im Dezember 1981 losbrach, betonte Mitterrand öffentlich, dass die Haltung der beiden Regierungen in dieser Frage übereinstimmte. Wirtschaftliche Sanktionen gegen die Sowjetunion, die Reagan nach dem Verbot von Solidarność verhängte, lehnten beide ab. Als die Sanktionen im Juni 1982 auf technische Ausrüstungen ausgedehnt wurden, die die Europäer für den Bau der Erdgas-Pipeline benötigten, verurteilten die EG-Außenminister das amerikanische Vorgehen als »für die Gemeinschaft unannehmbar«.[59]

Diese Gemeinsamkeit hielt auch über den Wechsel von Helmut Schmidt zu Helmut Kohl hinweg an. Hans-Dietrich Genscher, der das Amt des Außenministers in der neuen Regierungskoalition fortführte, machte sich mit Unterstützung Kohls für eine Erklärung der Staats- und Regierungschefs der Gemeinschaft stark, die das Ziel der weltpolitischen »Unabhängigkeit Europas« bekräftigte. Der »Entwurf für eine Europäische Akte«, die sie bei den Partnerregierungen durchzusetzen suchten, zielte darauf ab, »durch eine gemeinsame Außenpolitik ein gemeinsames Auftreten und Handeln der Mitgliedsstaaten in der Welt zu ermöglichen, damit Europa zunehmend die weltpolitische Rolle übernehmen kann, die ihm kraft seines wirtschaftlichen und politischen Gewichts zukommt«.[60]

Thatcher, Genscher und Colombo

Großbritannien hielt sich auch von der neuen Diskussion über »die Idee eines starken Europas, das seine Verantwortung in vollem Umfang übernimmt«,[61] ganz fern. Über eine stärkere Institutionalisierung der gemeinsamen Außenpolitik oder eine eigenständige Verteidigung war nicht nur mit Callaghan nicht zu reden. Margaret Thatcher, die Edward Heath 1975 als Vorsitzende der Konservativen abgelöst und die Unterhauswahlen vom Mai 1979 für sich entschieden hatte, setzte ebenfalls in ganz traditioneller Weise auf nationale Unabhängigkeit und enge Anbindung an die USA. Die »harte« Haltung gegenüber der Sowjetunion, die Carter seit Jahresbeginn 1980 praktizierte, entsprach ganz ihrem Temperament. Entsprechend schränkte sie nicht nur den diplomatischen Verkehr mit Moskau ein, sondern übte auch öffentliche Kritik an Giscards mangelnder Unterstützung für den neuen amerikanischen Kurs. Mit Carters Nachfolger Ronald Reagan verstand sie sich ausgesprochen gut.[62]

Statt auf die Entwicklung einer gemeinsamen Außenpolitik konzentrierte sich Margaret Thatcher zu Beginn ihrer Amtszeit auf das Problem der britischen Nettozahlungen, wie es ihr von Vertretern des EG-kritischen britischen Schatzamts dargestellt wurde. Thatcher war keine Gegnerin der britischen Mitgliedschaft. Sie verhielt sich, was die Europäische Gemeinschaft und ihre Weiterentwicklung betraf, eher wie »eine Agnostikerin, die weiterhin zur Kirche geht«, wie Christopher Soames einmal bemerkte.[63] Dies führte sie einerseits zu einer Reihe von Initiativen, die Gemeinschaft nach ihren Vorstellungen umzugestalten. Andererseits ließ sie sich auch immer wieder zu scharfer antieuropäischer Rhetorik verleiten, die sie in Konflikt mit einer Reihe von Kabinettskollegen brachte und ihre Initiativen konterkarierte.

Das Problem der Nettozahlungen griff sie auf, weil es, wie sich zum Ende der britischen Übergangszeit herausstellte, durch den »Korrekturmechanismus«, den Wilson den Partnern abgerungen hatte, nicht gelöst worden war. Dank des Nordseeöls, das unterdessen erschlossen wurde, und der daraus resultierenden Stärkung des britischen Pfunds sank das britische Bruttosozialprodukt pro Kopf der Bevölkerung nicht unter die Schwelle von 85 Prozent des Durchschnitts aller Mitgliedsländer, die zu einer Begrenzung der Abgaben an die Gemeinschaft führen sollte. Da Großbritannien weiterhin Lebensmittel und Industriegüter in großem Umfang aus Drittländern außerhalb der Gemeinschaft einführte, während seine Landwirtschaft dank Modernisierung und marktgerechter Produktion wenig Subventionen erhielt, führte es etwa doppelt so viele Zolleinnahmen und Abschöpfungen an den Gemeinschaftshaushalt ab, wie es Zuwendungen aus den Fördertöpfen der Gemeinschaft erhielt. Auf eine Milliarde Pfund berechnete das Schatzamt die zu erwartende Differenz für das Jahr 1980. Großbritannien wurde damit zum größten Nettozahler der Gemeinschaft noch vor der Bundesrepublik, obwohl es im Bruttosozialprodukt pro Kopf schon hinter Länder wie Frankreich, Dänemark und die Niederlande zurückgefallen war.

Thatcher empfand das als eine schreiende Ungerechtigkeit. Wenig sensibel für die volkswirtschaftlichen und politischen Gewinne, die Großbritannien aus der Mitgliedschaft ziehen konnte, verlangte sie nicht weniger als einen Ausgleich zwischen Zahlungen und Leistungen. »I want my money back« wurde zum Mantra, mit dem sie öffentlichkeitswirksam auftrat und das sie den Partnern immer wieder entgegenhielt. Schmidt und Giscard wurden damit schon bei ihren ersten Begegnungen mit der neuen Premierministerin konfrontiert, während die anderen Regierungschefs der Neun es bei der ersten Ratstagung zu hören bekamen, an der sie teilnahm. Als die Kommission daraufhin bei der nächsten Ratstagung im November 1979 in Dublin einen modifizierten Verteilungsvorschlag präsentierte, der auf eine Reduzierung des britischen Beitrags um 350 Millionen Pfund hinauslief, wies sie das als vollkommen ungenügend zurück. Das wiederum empfanden die Partner als höchst unangemessen, und so endete die Dubliner Ratstagung mit einem Eklat. Schmidt und Giscard zeigten sich über die endlosen Tiraden der »Krämertochter«[64] höchst ungehalten.

Nachdem sich die Gemüter wieder beruhigt hatten, kamen die Partner den britischen Forderungen deutlich mehr entgegen. Insbesondere Schmidt hielt sie für teilweise berechtigt. Unter seinem Einfluss wurde den Briten bei der nächsten Ratstagung im April 1980 in Kopenhagen angeboten, den britischen Beitrag für die Jahre 1980 und 1981 auf der Höhe des Durchschnitts von 1978/79 zu halten. Dies entsprach einer Verringerung um 760 Millionen Pfund. Den Partnern erschien das als ein großzügiges Angebot, und Außenminister Lord Carrington, Staatssekretär Michael Pallister ebenso wie Kommissionspräsident Roy Jenkins rieten Thatcher auch dringend, darauf einzugehen. Sie aber verweigerte sich erneut jedem Kompromiss, sodass auch dieses Ratstreffen ohne Ergebnis blieb. Ende Mai stimmte Carrington bei einer Ministerratstagung dem Angebot zu, allerdings unter der Voraussetzung, dass für 1982 ebenfalls eine Reduzierung des britischen Beitrags in Aussicht gestellt und die Kommission mit der Ausarbeitung einer Dauerlösung beauftragt wurde. Für Thatcher war das immer noch nicht akzeptabel. Erst nachdem Carrington und der außenpolitische Parlamentssprecher Ian Gilmour mit Rücktritt gedroht hatten, stimmte sie der Interimsregelung zu.[65]

Die Kommission, seit dem Januar 1981 unter dem Vorsitz von Gaston Thorn, nutzte den Auftrag, um ein umfassendes Reformprogramm vorzulegen, das offenkundig notwendige Korrekturen an der Gemeinsamen Agrarpolitik mit einer Ausweitung der Interventionen in anderen Wirtschaftsbereichen verband. Nach dem Bericht, den sie am 24. Juni 1981 vorlegte, sollten die Agrarausgaben dadurch gesenkt werden, dass die Subventionen beim Erreichen der Vollversorgung gekappt und schrittweise an die Weltmarktpreise angepasst wurden. Gleichzeitig sollten der Regionalfonds und der Sozialfonds besser ausgestattet werden. Drittens sollte der wirtschaftliche Aufschwung gefördert werden, durch den Ausbau des Europäischen Währungssystems, verstärkte Investitionen in Forschung und Entwicklung, gemeinsame Energiesparprogramme und eine stärkere Harmonisierung der Wettbewerbsregeln. Zusammen genommen sollten diese Maßnahmen auch zu einer gleichmäßigeren Verteilung der Gemeinschaftsmittel führen. Bis es soweit war, sollte Großbritannien Kompensationen erhalten, die sich an seinem prozentualen Anteil am Bruttosozialprodukt der Gemeinschaft orientierten. Um das Ganze zu finanzieren, wurde es als unerlässlich erklärt, die Einnahmen aus dem Mehrwertsteueraufkommen, das die Gemeinschaft erhielt, von dem bislang geltenden Anteil von einem Prozent auf zwei Prozent anzuheben.[66]

Eine Verständigung auf dieses Programm gelang jedoch nicht. Mitterrand stimmte zwar der Erhöhung des Mehrwertsteueranteils zu, sperrte sich aber gegen eine Reduzierung der landwirtschaftlichen Garantiepreise. Umgekehrt war Thatcher mit der Kürzung der Agrarausgaben einverstanden, sperrte sich aber gegen jede Ausweitung des Gemeinschaftsbudgets. Schmidt schloss sich dem an; als mittlerweile einziger Nettozahler betrachtete er die Praxis der Subventionsverteilung in der Gemeinschaft mit großer Skepsis. Thorn war nicht in der Lage, die wechselseitigen Blockaden aufzubrechen. Als Repräsentant des kleinsten Mitgliedslandes zum Kommissionspräsidenten bestimmt und als Liberaler ohne Rückhalt in einem der großen Parteiennetzwerke hatte er schon genug Schwierigkeiten, die Kommission auf eine einheitliche Linie zu bringen. Umso weniger gelang es ihm, die Staats- und Regierungschefs wie zuvor Ortoli und Jenkins auf Kompromisse zu verpflichten.

Thorn musste auch ohnmächtig zusehen, dass Margaret Thatcher, um eine Beschlussfassung in der Budgetfrage in ihrem Sinne zu erzwingen, ihren Landwirtschaftsminister Peter Walker die routinemäßig anstehende Erhöhung der Agrarpreise für die Produktionsperiode 1982/83 über mehrere Monate hinweg blockieren ließ. Dem britischen Erpressungsversuch konnte erst dadurch ein Ende gesetzt werden, dass Frankreich die Bundesregierung aus der Front der Erhöhungsgegner herauslöste. Am 18. Mai 1982 legte der Ministerrat die Agrarpreise kurzerhand per Mehrheitsbeschluss fest. Mitterrands Außenminister Claude Cheysson, der vor der Übernahme seines Regierungsamtes acht Jahre lang Kommissar in Brüssel gewesen war, erklärte kurzerhand, dass es sich bei Agrarpreisen nicht um vitale nationale Interessen handele und Großbritannien sich deshalb auch nicht auf den Luxemburger Kompromiss berufen könne.

Wie zur Strafe für gemeinschaftsfeindliches Verhalten musste Thatcher es hinnehmen, dass die Verringerung der Differenz zwischen Beiträgen und Subventionen für 1982 etwas geringer ausfiel als für die beiden vorangegangenen Jahre. 1983 musste sie erneut schwer kämpfen, um dann zum Ende der Stuttgarter Ratstagung vom 18. und 19. Juni triumphierend verkünden zu können: »Ich habe meinen Scheck.«[67] Aber auch das war nicht mehr als eine weitere vorläufige Regelung für ein Jahr. Die britische Beitragsfrage vergiftete weiterhin die Atmosphäre und trug damit zusammen mit den Schwierigkeiten bei den Verhandlungen mit Spanien und Portugal dazu bei, dass einmal mehr der Eindruck allgemeiner Handlungs- und Reformunfähigkeit der Gemeinschaft entstand.

Dieser Eindruck war umso nachhaltiger, als der deutsche Außenminister Hans-Dietrich Genscher parallel zu Thatchers Rückzahlungskampagne eine Initiative zur Stärkung der Gemeinschaftsinstitutionen unternahm. Genscher war unzufrieden damit, dass sich Schmidt so schnell mit Giscards Kehrtwende in der Frage der Ausweitung der Parlamentsrechte zufrieden gegeben hatte und der Beschluss des Pariser Gipfels vom Dezember 1974, auf Einstimmigkeit im Rat fortan verzichten zu wollen, ziemlich in Vergessenheit geraten war. Auch hielt er es für notwendig, die europäische Eigenständigkeit, die Giscard und Schmidt praktizierten, zu multilateralisieren und damit auf stabilere Grundlagen zu stellen. Generell ging es ihm darum, genau jenem Eindruck europapolitischen Stillstands entgegenzuwirken, der sich aus Thatchers Rückzahlungskampagne ergab, und den Integrationsprozess wieder zu dynamisieren.

In der Europa-Abteilung des Auswärtigen Amtes war im Frühjahr 1980 der Plan entwickelt worden, zu diesem Zweck den Abschluss eines »Vertrages über die Europäische Union« vorzuschlagen. Dieser sollte das politische Ziel der europäischen Einigung bekräftigen, die bestehenden Aktivitäten besser aufeinander abstimmen und Möglichkeiten zur Weiterentwicklung in einem überschaubaren Rahmen aufzeigen. Anders gesagt: Es ging darum, jetzt auch hinsichtlich derjenigen Teile des Tindemans-Berichts Beschlüsse zu fassen, die – anders als die Direktwahl und die Währungsunion – bislang in der Schwebe geblieben waren. Genscher griff diesen Vorschlag Anfang 1981 auf, und da er als Vorsitzender des kleineren Koalitionspartners auch gerne die Gelegenheit ergriff, die Freien Demokraten europapolitisch zu profilieren, tat er es öffentlich. In einer Rede auf dem traditionellen Dreikönigstreffen der FDP am 6. Januar 1981 in Stuttgart erklärte er, es sei »endlich Zeit« für einen solchen Vertrag. Als Ziele der Europäischen Union nannte er »die Entwicklung einer gemeinsamen europäischen Außenpolitik, den Ausbau der Gemeinschaftspolitiken entsprechend den Verträgen von Paris und Rom, die Abstimmung im Bereich der Sicherheitspolitik, die engere Zusammenarbeit im kulturellen Bereich und die Harmonisierung der Gesetzgebung«.[68]

Genschers Initiative wurde alsbald von Italiens Außenminister Emilio Colombo aufgegriffen. Der Christdemokrat Colombo, seit langem eine wichtige Figur in der italienischen Politik, sah darin nicht nur eine Chance, die europäischen Institutionen zu stärken, worauf er schon als Präsident des Europäischen Parlaments in den Jahren 1977 bis 1979 hingearbeitet hatte. Er begrüßte auch die Aussicht, das deutsch-französische Duopol in der Formulierung der europäischen Außenpolitik aufzubrechen und so stärker auf ihre Gestaltung Einfluss nehmen zu können. Zwei Wochen nach Genschers Stuttgarter Rede schloss er sich in einer Rede in Florenz der Forderung nach einem Unionsvertrag an; danach traf er wiederholt mit Genscher zusammen, um sich über dessen Inhalt auszutauschen.

Die Reaktionen in den anderen Hauptstädten waren weniger enthusiastisch. Giscard d'Estaing sah einmal mehr Angriffe wegen des Ausverkaufs nationaler Souveränität auf sich zukommen, die er vor den Präsidentschaftswahlen überhaupt nicht gebrauchen konnte. Nach den Wahlen war Mitterrand zunächst darauf bedacht, jede Einmischung der europäischen Partner in das sozialistische Wirtschaftsprogramm der neuen Regierung auszuschließen. Das Programm zur Schaffung eines »großen europäischen Sozialraums«, das sein Europaminister André Chandernagor am 13. Oktober der Öffentlichkeit präsentierte, sah ausdrücklich »keinerlei institutionelle Neuerung« vor und distanzierte sich unmissverständlich von einem »immer etwas wirklichkeitsfremden Gesamtkonzept«.[69] Lord Carrington signalisierte zwar Interesse, die außenpolitische Zusammenarbeit zu verstärken; die Vorschläge zur institutionellen Weiterentwicklung hingegen nahm auch er mit Zurückhaltung auf.

Schmidt sah sich durch die zurückhaltenden Reaktionen in seiner Skepsis bestätigt, was die Durchsetzbarkeit und damit die Nützlichkeit der Initiative betraf. Als Genscher seinen Vertragsentwurf am 18. September im Bundeskabinett präsentierte, stieß er zudem auf den Widerstand von Verteidigungsminister Hans Apel, dem die vorgesehene Ausweitung der außenpolitischen Zusammenarbeit auf die Verteidigungspolitik nicht behagte. Nach gründlicher Diskussion befand die Kabinettsmehrheit, dass ein neuer völkerrechtlich bindender Vertrag nicht durchsetzbar sein würde. Genscher wurde lediglich gestattet, über eine »politische Grundsatzerklärung« zu verhandeln, mit der die Staats- und Regierungschefs die Bekenntnisse des Pariser Gipfels von 1972 aktualisieren sollten. Von der Schaffung eines eigenen Rates für sicherheitspolitische Fragen, die Genscher zuvor angeregt hatte, sollte dabei nicht mehr die Rede sein.[70]

Um der Initiative gleichwohl so viel Gewicht zu geben, wie noch möglich war, entschlossen sich Genscher und Colombo, sie als gemeinsame Initiative der deutschen und der italienischen Regierung zu präsentieren und die angestrebte Grundsatzerklärung als »Europäische Akte« rhetorisch aufzuwerten. Am 4. November legten sie den gemeinsamen Entwurf für eine solche Akte vor. Er bekräftigte den Willen zu einer gemeinsamen Außen- und Sicherheitspolitik, zur Vollendung des Binnenmarktes und zur Weiterentwicklung des Europäischen Währungssystems. Als neue Gebiete der Zusammenarbeit nannte er die Kultur, die Rechtsordnung und die innere Sicherheit. Institutionell sah er die Schaffung eines Sekretariats für die EPZ vor, halbjährliche Berichte des Europäischen Rates an das Parlament, die Ratifizierung internationaler Verträge durch das Parlament und eine Verpflichtung zu zurückhaltender Anwendung des Vetorechts im Rat. Wer ein solches Veto einlegte, sollte es schriftlich begründen müssen. Außerdem wurde in dem Entwurf eine Überprüfung der Vereinbarungen nach fünf Jahren angekündigt. Sollte sie positiv ausfallen, sollte dann doch ein entsprechender Vertrag geschlossen werden, der rechtlich bindend war.[71]

Der Europäische Rat schob das Vorhaben erst einmal auf die lange Bank. In einem Ad-hoc-Ausschuss, der bei der Londoner Ratstagung vom 27. und 28. November eingerichtet wurde, wurden die verschiedenen Bedenken gegen die institutionelle Stärkung und die inhaltliche Ausweitung artikuliert. Als sich der Ministerrat am 20. Juni 1982 damit beschäftigte, gelang es Genscher und Colombo nicht, sie zu zerstreuen. Erst nachdem Kohl im Oktober 1982 Bundeskanzler geworden war und die »Europäische Akte« zu einem Kernstück *seiner* Europapolitik gemacht hatte, gewann das Unternehmen an Fahrt. Anders als Schmidt stand Kohl in der föderalistischen Tradition christdemokratischer Europapolitik. Als Oppositionsführer hatte er sich intensiv darum gekümmert, das transnationale christdemokratische Netzwerk der »Europäischen Volkspartei« zu entwickeln. Er nutzte daher gerne die Gelegenheit, sich gleich zu Beginn seiner Kanzlerschaft europapolitisch zu profilieren, und ging dazu bewusst auf Mitterrand zu. »Ich war der festen Überzeugung«, schrieb er rückblickend, »in diesem Jahrzehnt den entscheidenden Schritt auf dem Weg zur politischen Einigung Europas wagen zu sollen.«[72]

Dabei kam ihm zugute, dass die Bundesrepublik im ersten Halbjahr 1983 turnusgemäß wieder den Ratsvorsitz innehatte. In der dritten Märzwoche erleichterte er Mitterrand den Verbleib im Europäischen Währungssystem, indem er gegen den Rat der meisten Finanzminister und Zentralbankpräsidenten eine abermalige Aufwertung der D-Mark parallel zur Abwertung des Franc und der italienischen Lira durchsetzte. Den Gewinn an Vertrauen, den er damit bei Mitterrand erzielte, nutzte er dazu, den französischen Präsidenten auf eine Reihe abgeschwächter Formulierungen im Sinne des Genscher-Colombo-Programms zu verpflichten. Das Ergebnis ihrer Absprachen war die »Feierliche Erklärung zur Europäischen Union«, die der Europäische Rat bei seinem Treffen in Stuttgart verabschiedete. Im Kern stellte sie jetzt nur noch eine Absichtserklärung dar, die bestehenden Verflechtungen zu vertiefen und neue Bereiche der Zusammenarbeit zu erschließen. Dabei wurden im Unterschied zur deutsch-italienischen Vorlage auch die Agrarpolitik, die Sozialpolitik und die regionale Entwicklungsförderung erwähnt, während die Zusammenarbeit im Verteidigungsbereich auf ihre »politischen und wirtschaftlichen Aspekte« beschränkt wurde. In institutioneller Hinsicht wurde neben der Zurückhaltung bei der Anwendung des Vetorechts nur eine stärkere

Konsultation des Parlaments versprochen. Bei völkerrechtlichen Verträgen sollten lediglich »Stellungnahmen« des Parlaments erforderlich sein.[73]

Der Wert dieser abgeschwächten Form der »Europäischen Akte« wurde durch einseitige Zusatzerklärungen weiter eingeschränkt. Nicht weniger als fünf der zehn Unterzeichner gaben zu Protokoll, dass sie bei sogenannten vitalen Fragen an der Notwendigkeit der Einstimmigkeit im Ministerrat festhielten – so Frankreich, Irland, Griechenland, Großbritannien und Dänemark. Die beiden Letztgenannten wollten sich noch nicht einmal verpflichten, die Inanspruchnahme des Vetorechts schriftlich zu begründen. Die Griechen erklärten außerdem, dass ihr Recht zur Gestaltung der Außenpolitik nach ihren nationalen Interessen in keiner Weise beeinträchtigt werden könne; die Dänen brachten Vorbehalte zu insgesamt sechs Punkten der Erklärung an.

Die Annäherung Mitterrands an Kohls Linie ging aber noch über die grundsätzliche Verpflichtung auf einen konzertierten Ausbau der Gemeinschaften und eine Zusammenarbeit der Regierungen hinaus. Nachdem er verstanden hatte, dass die Modernisierung Frankreichs letztlich nur im Verbund der Gemeinschaft gewährleistet werden konnte und die enge Partnerschaft mit der Bundesrepublik deswegen alternativlos war, fand er sich im Vorfeld der Stuttgarter Ratstagung auch dazu bereit, dem Prinzip einer Begrenzung des Agrarhaushalts zuzustimmen. Die französische Regierung erklärte sich mit einem von der Bundesregierung vorgeschlagenen Verfahren zur Reform der Agrarpolitik einverstanden, sodass auf dem Stuttgarter Ratstreffen, wie schon erwähnt, ein Verhandlungspaket über die Reform der Agrarpolitik, die Erhöhung der Eigeneinnahmen und die definitive Regelung der britischen Beitrittsfrage auf den Weg gebracht werden konnte.

Nach dem Stuttgarter Treffen intensivierten Kohl und Mitterrand ihre telefonischen Kontakte und Treffen; informelle Besprechungen zwischen den Spitzenbeamten beider Regierungen fanden jetzt häufiger statt. In der dritten Septemberwoche trafen sich Mitarbeiter des Bundeskanzleramtes und des Élysée-Palastes zu einem deutsch-französischen Seminar an Adenauers früherem Urlaubsort Cadenabbia am Comer See, um sich wechselseitig über ihre Arbeitsmethoden und Positionen zu informieren. Die offenen Fragen der Europapolitik wurden »im Zuge sehr offener Diskussionen« ausführlich erörtert.[74] Dabei wuchs, wie es scheint, auch Mitterrands Verständnis dafür, wie notwendig Europa war, um die französische Unabhängigkeit zu sichern. »Wir befinden uns zwischen zwei Imperien, die uns wie Kolonien behandeln«, sagte er zu seinem Berater Jacques Attali. »Was soll man machen, um dem zu widerstehen, wenn nicht Europa?«[75] Am Ende des Jahres löste er Europaminister Chandernagor durch seinen persönlichen Freund Roland Dumas ab. Diesem gelang es, rasch einen engen Kontakt zu Genscher herzustellen.

Auf diese Weise konnten in einer ganzen Reihe von Punkten deutsch-französische Verständigungen erzielt werden. Im Laufe des Winters 1983/84 vereinbarten Paris und Bonn den Bau eines gemeinsamen Kampfhubschraubers, mehrere Projekte technisch-wissenschaftlicher Zusammenarbeit im Rahmen des ESPRIT-Forschungsprogramms der EG sowie eine Reihe von technischen Regelungen zum Abbau des Protektionismus und der Ungleichgewichte im deutsch-französischen Handel. Im Mai 1984 wurde ein Abkommen geschlossen, das den schrittweisen Abbau der Personen- und Warenkontrollen an der Grenze zwischen Frankreich und der Bundesrepublik vorsah. Alle diese Maßnahmen waren exemplarisch gemeint, und sie sollten auch Ausweitungen auf andere Länder der Gemeinschaft zur Folge haben.

Zeitgleich dazu wurden die beiderseitigen Haltungen zum Stuttgarter Verhandlungspaket aufeinander abgestimmt. Die Verständigung in der Agrarpolitik wurde dahingehend konkretisiert, dass die Preisgarantie für Milch mengenmäßig begrenzt werden sollte; die Preise für die Agrarprodukte sollten generell eingefroren werden. Dafür stimmte Bonn dem schrittweisen Abbau der sogenannten Währungsausgleichszahlungen an deutsche Landwirte zu, die in andere Gemeinschaftsländer exportierten. Hinsichtlich des Anteils der Mehrwertsteuer, den die Gemeinschaft als Eigeneinnahme erhalten sollte, fand sich die Bundesregierung zwar nicht zu einer Verdoppelung bereit, wie die Kommission sie gefordert hatte, aber immerhin zu einer Anhebung von 1,0 auf 1,4 Prozent. Hinsichtlich des britischen Beitrags akzeptierte Mitterrand schließlich eine Verringerung um zwei Drittel der Differenz zwischen Zahlungen aus der Mehrwertsteuer und Leistungen aus dem Gemeinschaftshaushalt.

Auf der Grundlage dieser Verständigungen hätte bei der Brüsseler Ratstagung am 19. und 20. März 1984 eigentlich eine Lösung der Haushaltsprobleme erfolgen können, die sich seit 1979 angestaut hatten. Der Durchbruch, den Bonn und Paris sorgfältig vorbereitet hatten, blieb jedoch aus, weil sich Margaret Thatcher mit der Höhe der Rückerstattung britischer Zahlungen, der Mitterrand zugestimmt hatte, nicht zufrieden geben wollte. Da bei ihrer Berechnung die Einnahmen aus Zöllen und Abschöpfungen nicht mehr berücksichtigt wurden, fiel die angebotene Dauerregelung in der Tat deutlich geringer aus als die Einmalzahlungen in den Jahren zuvor. Thatcher fand dies umso weniger akzeptabel, als der Mehrwertsteueranteil, der an die Gemeinschaft ging, um 40 Prozent steigen sollte. Als sie in gewohnter Hartnäckigkeit auf ihren Forderungen beharrte, weigerte sich Kohl schlicht, weiter mit ihr zu verhandeln. Die Staats- und Regierungschefs gingen ohne Ergebnisse auseinander.

Bis zum nächsten Ratstreffen, das am 25. und 26. Juni in Fontainebleau stattfinden sollte, suchte Mitterrand als amtierender Ratspräsident alle Regierungen einzeln auf, um sie auf den zwischen Bonn und Paris ausgehandelten Kompromiss einzuschwören. Zugleich ließ er in mehreren öffentlichen Äußerungen, am deutlichsten bei einer Rede vor dem Straßburger Europaparlament am 24. Mai, seine Bereitschaft erkennen, das Projekt der Europäischen Union wie von Genscher und Colombo angeregt jetzt doch in eine vertragliche Form zu gießen. Intern verabredeten die deutsche und die französische Regierung ein Alternativprogramm für den Fall, dass Frau Thatcher bei ihrer Verweigerungshaltung bleiben sollte: In diesem Fall sollte der Vertrag über die Europäische Union auch ohne Großbritannien geschlossen werden, und zwar nur mit den Ländern, die dazu bereit waren. Die Mitarbeiter des Élysée-Palastes und des Kanzleramts bereiteten hierzu ein gemeinsames Memorandum vor, das einer von Mitterrand einzuberufenden Konferenz außerhalb des Ratsmechanismus vorgelegt werden sollte. Mitterrand ließ die britische Regierung nicht darüber im Unklaren, dass Bonn und Paris ernsthaft über diese Alternative nachdachten.[76]

Die Drohung mit einem Kerneuropa ohne Großbritannien wirkte. Bei dem Treffen in Fontainebleau zeigte sich Thatcher zwar zunächst demonstrativ unbeeindruckt. Als Mitterrand am zweiten Verhandlungstag die Verhandlungen mit der Bemerkung unterbrach, er sehe kaum noch Aussicht auf Erfolg, lenkte sie aber plötzlich ein. Im Gespräch mit Mitterrand akzeptierte sie eine Regelung, die nur einen Prozentpunkt über der zwischen Bonn und Paris vereinbarten Linie lag. Kohl stimmte ihr unter der Bedingung zu, dass die Bundesrepublik als größter Nettozahler nur zwei Drittel des britischen Rabatts zu schultern hatte und die anderen Mitglieder einen entsprechend größeren Anteil übernehmen mussten. Außerdem bestand er darauf, dass die Erhöhung des Mehrwertsteueranteils an den Abschluss der Verhandlungen mit Spanien und Portugal gebunden wurde. Sie sollte erst zum 1. Januar 1986 gelten.[77]

Nachdem die Haushaltsprobleme auf diese Weise endlich gelöst waren, die sich seit 1979 angestaut hatten, konnte der weitere Ausbau der Gemeinschaft, der im Kontext der Genscher-Colombo-Initiative diskutiert worden war, konkret in Angriff genommen werden. Thatcher hatte dazu in Kenntnis der Alternativpläne, die Mitterrand und Kohl vorbereitet hatten, ein Papier mit dem Titel »Europe, the Future« nach Fontainebleau mitgebracht, das signalisierte, wo die Briten Ausbaubedarf sahen: im Bereich der Zusammenarbeit in der Außen- und Sicherheitspolitik und bei der Liberalisierung des Gemeinsamen Marktes.[78] Die Partner griffen diesen Impuls gerne auf. Im Abschlusskommuniqué der Ratstagung bekundeten die Staats- und Regierungschefs ihre Absicht, der wirtschaftlichen Entwicklung in Europa durch die »Vollendung des Binnenmarktes« und die Entfaltung des wissenschaftlichen und technischen Potentials einen neuen mächtigen Impuls zu geben. Sodann setzten sie zwei Ausschüsse ein, die Maßnahmen zur Weiterentwicklung der Gemeinschaft erarbeiten sollten: ein »Komitee für das Europa der Bürger«, das Vorschläge zur grenzüberschreitenden Mobilität und zur Identifizierung der Bürger mit der Gemeinschaft entwickeln sollte, und ein Komitee, um die europäischen Institutionen und die Zusammenarbeit weiterzuentwickeln.[79]

Damit bog in der Jahresmitte 1984 nicht nur die Frage der Süderweiterung auf die Zielgerade ein. Es waren auch die Weichen für einen weiteren Ausbau der Gemeinschaft gestellt, der sich an den Bedürfnissen der Zeit orientierte: der verstärkten Notwendigkeit, weltpolitisch eigenständig zu agieren, und der Herausforderung, die von der Konkurrenz der aufstrebenden Wirtschaftsmächte des Fernen Ostens, insbesondere Japans, ausging. Nach einem Moment der Krise, die sich aus der anfänglichen Fremdheit Mitterrands gegenüber der Europapolitik Giscard d'Estaings ergeben hatte, hatte die überraschende Annäherung des sozialistischen Präsidenten an Kohl für eine neue Handlungsfähigkeit der Gemeinschaft gesorgt. Es war daher kein Zufall, dass die Aufnahmen von einer Gedenkfeier an den Soldatengräbern von Verdun am 22. September 1984, als Mitterrand spontan Kohls Hand ergriff, zum Sinnbild einer neuen Epoche deutsch-französischer Führung in der Europapolitik wurden.

6. Jahre des Ausbaus 1984–1992

Die Einheitliche Europäische Akte

Der Ausbau der Europäischen Gemeinschaft, den Helmut Kohl und François Mitterrand auf die Tagesordnung der europäischen Politik gesetzt hatten, entwickelte sich mit bemerkenswerter Dynamik. Der Ad-hoc-Ausschuss zur Weiterentwicklung der europäischen Institutionen und der Zusammenarbeit, der vom Europäischen Rat in Fontainebleau eingesetzt worden war, nahm seine Arbeit am 28. September 1984 auf. Er bestand je zur Hälfte aus den Staatssekretären der Außen- oder Europaministerien der Zehn und unabhängigen Persönlichkeiten, die zurzeit ohne Regierungsamt waren. Da Irland unterdessen die Ratspräsidentschaft übernommen hatte, wurde der irische Senator und frühere Außenminister James Dooge zum Vorsitzenden bestimmt. Sein Arbeitsauftrag lautete, denkbar vage, »Vorschläge zum besseren Funktionieren der europäischen Zusammenarbeit im Gemeinschaftsbereich wie auch im Bereich der Politischen Zusammenarbeit und in anderen Bereichen zu unterbreiten«. Den Vorschlägen sollte eine ähnliche Funktion zukommen, wie sie der Spaak-Bericht für die Entstehung der Römischen Verträge gehabt hatte. Bei der Einsetzung des Ausschusses wurde explizit an das Spaak-Komitee erinnert.[1]

Bei seinen Beratungen konnte sich der Dooge-Ausschuss auf einen »Entwurf eines Vertrages zur Gründung der Europäischen Union« stützen, den das Europäische Parlament am 14. Februar 1984 verabschiedet hatte. Dieser Entwurf ging auf Altiero Spinelli zurück, der seinen Versuch, die Kommission politisch stärker zu profilieren, im Mai 1976 aufgegeben hatte und nun als Abgeordneter des Europäischen Parlaments (auf der Liste der italienischen Kommunisten gewählt) bei seinen Parlamentskollegen um Unterstützung für eine eigene, grundlegende Reforminitiative des Parlaments warb. Da die Abgeordneten das Verhältnis zwischen Arbeitsaufwand und tatsächlichem Einfluss auf die Entscheidungen in der Europapolitik nach wie vor als unbefriedigend empfanden, hatte er damit auch Erfolg. Im Juli 1981 wurde beschlossen, einen Entwurf für einen Vertrag auszuarbeiten, der die bisherigen Gemeinschaftsverträge ablösen sollte. Der Vertragsentwurf, an dem der Institutionelle Ausschuss des Parlaments über ein Jahr arbeitete, wurde vom Plenum mit der großen Mehrheit von 237 gegen 31 Stimmen gebilligt; 43 Abgeordnete enthielten sich.

Da die Rolle, die Spinelli bei seiner Entstehung gespielt hatte, nicht unbekannt blieb, geriet der Vertragsentwurf später in den Ruf, föderalistischen Maximalpositionen gehuldigt zu haben. Tatsächlich unterschied er sich nur wenig von dem, was bereits im Tindemans-Bericht als konsensfähig angesehen worden war. Der Spinelli-Entwurf behielt die bestehende Unterscheidung zwischen Gemeinschaftsbereich und intergouvernementaler Zusammenarbeit bei; er sah nur vor, dass der Europäische Rat das Recht erhalten sollte, »nach Anhörung der Kommission und mit Zustimmung des Parlaments« weitere Politikbereiche in den Bereich der »gemeinsamen Aktion« zu überführen. Im Ministerrat sollte mit qualifizierter Mehrheit entschieden werden; allerdings sollten die Mitgliedsstaaten noch während einer Übergangszeit von zehn Jahren über das Recht verfügen, unter Berufung auf ein »vitales einzelstaatliches Interesse« eine Verschiebung der Beschlussfassung zu verlangen; einem solchen Antrag sollte stattgegeben werden, wenn die Kommission das Vorliegen eines solchen Interesses bestätigte. Das Parlament sollte dem Ministerrat hinsichtlich der Beteiligung am Gesetzgebungs- und Haushaltsverfahren gleichgestellt werden. Der Kommissionspräsident wiederum sollte auch nach diesem Entwurf das Recht erhalten, nach Rücksprache mit dem Rat die Kommission selbst zusammenzustellen. Sprach das Parlament der Kommission das Misstrauen aus, musste sie zurücktreten, und der Europäische Rat hatte danach einen neuen Kommissionspräsidenten zu ernennen.

Wirklich neu an dem Vertragsentwurf des Europäischen Parlaments war nur das Verfahren, das zu seiner Umsetzung vorgesehen war: Er war nicht an den Europäischen Rat oder den Ministerrat gerichtet, sondern direkt an die nationalen Regierungen. Diese sollten seine Ratifizierung nach den jeweils geltenden Verfahren einleiten, und sobald der Vertrag »von einer Mehrheit der Mitgliedsstaaten, deren Bevölkerung zwei Drittel der Gesamtbevölkerung der Gemeinschaft ausmacht«, ratifiziert worden sei, sollte eine Regierungskonferenz der betreffenden Staaten über Verfahren und Datum der Inkraftsetzung entscheiden – und »über die Beziehungen zu den Mitgliedsstaaten, die ihn noch nicht ratifiziert haben«. Eine Blockierung der Reform durch reformunwillige Staaten wie Großbritannien und Dänemark war damit ausgeschlossen, ebenso jede Verwässerung des Entwurfs durch eine Regierungskonferenz, die auf den Konsens aller Mitgliedsstaaten angewiesen war.[2]

Die Regierungen waren freilich nicht bereit, sich die Entscheidung über ein Vorangehen ohne Großbritannien, Dänemark und wohl auch Griechenland aus der Hand nehmen zu lassen. Anders als Spinelli gehofft hatte, wurden sie auch nicht von den nationalen Parlamenten dazu gedrängt. Lediglich die italienische Abgeordnetenkammer forderte ihre Regierung mit großer Mehrheit auf, sich den

Vertragsentwurf des Europäischen Parlaments zu eigen zu machen. In den anderen Parlamenten fanden solche Anträge keine Mehrheit oder wurden erst überhaupt nicht gestellt. Mitterrand sprach sich aber in seiner Rede als amtierender Ratspräsident vor dem Straßburger Parlament am 24. Mai 1984 grundsätzlich für einen neuen Vertrag aus und ließ dabei auch seine Bereitschaft erkennen, sich von dem Entwurf des Parlaments inspirieren zu lassen. Als regierungsunabhängigen Vertreter Frankreichs bestellte er Maurice Faure in den Dooge-Ausschuss, der 1956/57 als Staatssekretär eine entscheidende Rolle bei den Verhandlungen über die Römischen Verträge gespielt hatte.

Derart vorbereitet kam auch der Dooge-Ausschuss zu dem Ergebnis, dass ein neuer Vertrag geschlossen werden sollte, der die Ausweitung der Gemeinschaftsaktivitäten kodifizierte und für »leistungsfähigere demokratische Institutionen« sorgte. Der Ausschuss orientierte sich dabei an einem Bericht, den Faure in die Beratungen eingeführt hatte. Als Methode, um zu einem solchen Vertrag zu gelangen, wurde die Einberufung einer Regierungskonferenz gemäß Artikel 236 des EWG-Vertrags vorgeschlagen. Inhaltlich sollte den Verhandlungen aber »der Besitzstand der Gemeinschaft, dieser Bericht und die Feierliche Deklaration von Stuttgart« zugrunde gelegt werden, und dann wurde ausdrücklich erklärt, »man sollte sich von Geist und Methode des vom Europäischen Parlament verabschiedeten Vertragsentwurfs inspirieren lassen«. Hinsichtlich der Aufgaben der Europäischen Union, des Mehrheitsvotums im Ministerrat, der Mitentscheidung des Parlaments und der Stärkung der Kommission kam der Dooge-Ausschuss zu ganz ähnlichen Empfehlungen wie das Parlament.[3]

Freilich waren dies zum Teil Mehrheitspositionen. Die Vertreter Großbritanniens, Dänemarks und Griechenlands machten an verschiedenen Stellen in Fußnoten deutlich, dass sie anderer Auffassung waren. Das galt insbesondere für das Mehrheitsvotum im Ministerrat, zum Teil auch für die Rechte des Parlaments. Die Minderheit gab auch zu Protokoll, dass erst Beratungen zwischen den Regierungen stattfinden sollten, bevor über die Einberufung einer Regierungskonferenz entschieden wurde. Die Staats- und Regierungschefs beschlossen denn auch gleich zu Beginn der Brüsseler Ratstagung vom 29. und 30. März 1985, eine Entscheidung über den Bericht des Dooge-Ausschusses auf die nächste Zusammenkunft zu verschieben, die Ende Juni in Mailand stattfinden sollte.

Die Thatcher-Regierung argumentierte, dass das, worauf es ihr ankam, nämlich die Stärkung der außenpolitischen Zusammenarbeit und die Vollendung des Binnenmarktes, auch ohne Vertragsänderung zu erreichen sei. Bei einem Treffen des Ministerrats am 10. Juni in Stresa legte Außenminister Geoffrey Howe einen Plan vor, der vorschlug, eine Blockierung des Binnenmarktes durch eine Verpflichtung auf ein »gentlemen's agreement« zu vermeiden: Dissentierende Mitglieder sollten sich im Konfliktfall einfach der Stimme enthalten. Darüber hinaus sollte ein Abkommen zur Politischen Zusammenarbeit geschlossen werden. Von neuen Institutionen war dabei nicht die Rede, sondern lediglich von engerer Zusammenarbeit unter der Leitung des Europäischen Rates. »Ein Abkommen, um nicht sehr weit zu gehen«, kommentierte Kohl.[4]

Um zu vermeiden, dass ihre Initiative zur institutionellen Reform auf diese Weise versandete, ließen Kohl und Mitterrand wenige Tage vor der Mailänder Ratstagung in aller Eile einen »Entwurf eines Vertrages über die Europäische Union« konzipieren, der sich ganz auf den Ausbau der Außen- und Sicherheitspolitik konzentrierte. Die Entwicklung einer gemeinsamen Außenpolitik einschließlich der politischen und wirtschaftlichen Aspekte der Sicherheit sollte durch die Einrichtung eines Generalsekretariats des Europäischen Rates befördert werden. Weiterhin sollte die Präsenz der Kommission bei den Sitzungen des Rates und der Außenminister vertraglich festgeschrieben werden, ebenso die regelmäßige Konsultation des Parlaments. Der Entwurf wurde von Kohl am 27. Juni im Deutschen Bundestag angekündigt, einen Tag vor Beginn der Mailänder Tagung. Der Entwurfstext lag den Teilnehmern erst wenige Stunden vor Beginn der Beratungen vor.[5]

In den elf Paragraphen des Vertragsentwurfs war allerdings mit keinem Wort von einer Reform der Entscheidungsprozeduren in der bestehenden Gemeinschaft die Rede. Das ließ nicht nur bei den Vertretern Italiens und der Benelux-Staaten den Verdacht aufkommen, es ginge dem deutsch-französischen Duo einmal mehr um die Unterordnung der Gemeinschaft unter das Diktat der Regierungen. Auch Jacques Delors, der einer Verabredung von Kohl und Mitterrand am Rande der Ratstagung von Fontainebleau entsprechend zum Jahresbeginn Thorn als Kommissionspräsident abgelöst hatte, machte sowohl beim deutschen Bundeskanzler als auch beim französischen Präsidenten entsprechende Bedenken geltend. Diese sahen schnell ein, dass sie sich taktisch vergaloppiert hatten. Mitterrand sprach plötzlich nur noch von einem »bloßen Arbeitsinstrument«, und Genscher legte am zweiten Verhandlungstag ein neues Arbeitsinstrument vor: ein Papier, das die Empfehlungen des Dooge-Ausschusses insgesamt aufgriff und vor allem die Notwendigkeit der Einberufung einer Regierungskonferenz zur Reform der Römischen Verträge betonte. Er hatte sich nach dem gemeinsamen Abendessen der Außenminister dazu Gedanken gemacht und es am Morgen während des Rasierens diktiert.[6]

Als Thatcher, ihr griechischer Kollege Papandreou und der dänische Ministerpräsident Poul Schlüter wie zu erwarten gegen die neue deutsche Vorlage opponierten, diskutierten die Befürworter der Regierungskonferenz in einer Verhandlungspause, ob man sie per Mehrheitsentscheidung einsetzen sollte. Italiens Ministerpräsident Bettino Craxi und sein Außenminister Giulio Andreotti waren sofort dafür, ebenso Kohl und Genscher. Der luxemburgische Außenminister Jac-

ques Poos warnte vor der Spaltung der Gemeinschaft. Dann aber ließ sich Mitterrand von Genscher für das Mehrheitsvotum gewinnen. Wie schon im Vorfeld
der Ratstagung von Fontainebleau zu sehen, war auch ihm der europapolitische
Fortschritt im Zweifelsfall wichtiger als die Mitnahme der Briten.[7]

Damit war über den Ausgang der Mailänder Ratstagung entschieden. Als das
Plenum wieder zusammentrat, stellte Craxi, der im ersten Halbjahr 1985 als Ratspräsident amtierte, die deutsche Vorlage für Thatcher völlig überraschend zur Abstimmung. Sie wurde mit sieben gegen drei Stimmen angenommen. Damit war
das Mehrheitsvotum zum ersten Mal auch im Europäischen Rat praktiziert worden. Als die Gegner der Regierungskonferenz dagegen protestierten, wurde ihnen
gesagt, dass es sich ja nur um eine Abstimmung in einer Verfahrensfrage handele;
dagegen könne man sich nicht auf vitale nationale Interessen berufen. Tatsächlich
hatte Craxi mit der Anwendung einer Verfahrensregel des Ministerrats deutlich
gemacht, dass die Europäische Gemeinschaft letztlich selbst entscheiden konnte,
ob sie eine Vertragsrevision in Angriff nehmen wollte.[8]

Thatcher war darüber außer sich vor Zorn. Mit Blick auf ihre eigenen Ziele
hinsichtlich des Binnenmarkts und der Außenpolitik konnte sie sich aber nicht
dazu durchringen, die nunmehr beschlossene Regierungskonferenz zu torpedieren. Stattdessen konzentrierte sie sich, dem Rat ihrer Mitarbeiter folgend, alsbald
darauf, dort ihre Interessen zu vertreten. Auch Papandreou und Schlüter signalisierten mit ihrer Zustimmung zu den abschließenden »Schlussfolgerungen«
des Rates ihre Bereitschaft, an der Regierungskonferenz teilzunehmen. Bis zur
nächsten Ratstagung im Dezember in Luxemburg sollte diese Konferenz sowohl
einen Vertragsentwurf zur gemeinsamen Außen- und Sicherheitspolitik als auch
Vorschläge zur Reform des EWG-Vertrages und Regelungen zu den neuen Hand-
lungsfeldern vorlegen.

Die Mailänder Ratstagung billigte auch den Bericht über das »Europa der
Bürger«, den der zweite Ad-hoc-Ausschuss unter dem Vorsitz des ehemaligen italienischen Europa-Abgeordneten Pietro Adonnino erarbeitet hatte. Er enthielt eine
Fülle von Vorschlägen zur Herstellung des freien Personen- und Güterverkehrs
in der Gemeinschaft, zur Erleichterung der Niederlassung und Beschäftigung in
anderen Mitgliedsländern, zur Organisation grenzüberschreitender Wirtschafts-
räume, zur Anerkennung der Gleichwertigkeit von Diplomen, zur Förderung von
Städtepartnerschaften und Studentenaustausch, zur Vereinfachung des Verkehrs
mit den europäischen Behörden, zur Einführung eines europäischen Passes und
zur Verwendung der europäischen Flagge. Der Europäische Rat stimmte ihnen
pauschal zu und wies die Kommission und die Mitgliedsstaaten an, »die für die
Durchführung erforderlichen Vorkehrungen zu treffen«.[9] Nach entsprechender
Beschlussfassung durch den Ministerrat galt das ursprünglich vom Europarat ge-

nutzte Banner mit zwölf Sternen auf blauem Grund vom 29. Mai 1986 an als das offizielle Flaggensymbol der Europäischen Gemeinschaften.

Schließlich stimmte der Rat in Mailand auch einem »Weißbuch zur Vollendung des Binnenmarktes« zu, das Delors in Auftrag gegeben und am 14. Juni vorgestellt hatte. Das Weißbuch griff Forderungen auf, die Étienne Davignon als Industriekommissar und insbesondere Karl-Heinz Narjes als Wirtschaftskommissar der Thorn-Kommission erhoben hatten, wobei sie bislang aber immer am Widerstand nationaler Einzelinteressen im Ministerrat gescheitert waren. Sie betrafen nicht nur die Beseitigung technischer und rechtlicher Handelshemmnisse, die mit der Vollendung der Zollunion 1968 noch nicht abgeschafft worden waren, sondern auch die vielen direkten und indirekten Subventionen, Verwaltungsvorschriften und Steuervorteile, die die Regierungen unter dem Druck der beiden Ölpreisschocks 1973 und 1979 zum Schutz ihrer nationalen Produktion erlassen hatten. Zusammen genommen stellten sie mittlerweile eine große Gefahr für das wirtschaftliche Wachstum dar: Unternehmer und Kapitalgesellschaften sahen den Gemeinsamen Markt als zunehmend bedroht an und zögerten folglich, weiterhin in Europa zu investieren; damit sank zugleich die Wettbewerbsfähigkeit gegenüber den USA und Japan, die unterdessen anders als die Europäer wieder deutliche Zuwachsraten zu verzeichnen hatten. Der Ton der Memoranden, mit denen die Thorn-Kommission Maßnahmen zur Vollendung des Binnenmarktes forderte, wurde denn auch von Jahr zu Jahr dringlicher; die Empfehlungen des Europäischen Rates, die daraus hervorgingen, blieben aber weitgehend folgenlos. Beim Ratstreffen von Fontainebleau wurde ein Memorandum vom 7. Juni 1984, das über hundert einzelne Maßnahmen auflistete, die erforderlich waren, um innerhalb von zwei Jahren die völlige Marktfreiheit herzustellen, wegen der Konzentration auf die Lösung der Haushaltsfragen noch nicht einmal zur Kenntnis genommen.

Delors entschloss sich nun nach sorgfältiger Konsultation mit den Regierungschefs und unter dem Eindruck entsprechender Forderungen der Industrie, das Binnenmarkt-Projekt zum Kernthema seiner Präsidentschaft zu machen. Dazu gewann er Thatcher als Verbündete, für die die Beseitigung von Handelshemmnissen in der Europäischen Gemeinschaft parallel zur Liberalisierung des britischen Marktes nicht nur ein Lippenbekenntnis war und die in ihrem Kampf für einen echten Wettbewerb auf dem europäischen Markt von britischen Unternehmern und der Londoner City unterstützt wurde. Das Wirtschaftsressort der Kommission übertrug er Lord Francis Arthur Cockfield, einem Vertrauten Thatchers mit Erfahrungen in der Politik wie in der Geschäftswelt, der die Operationalisierung des Binnenmarkt-Projekts mit großer Professionalität dirigierte. Sodann ging Delors mit dem Vorhaben bewusst in die Öffentlichkeit und propagierte, erstmals in seiner Inaugurationsrede vor dem Europäischen Parlament am 14. Januar 1985, einen Zeitpunkt bis zu seiner Vollendung: bis zum Jahr 1992. Schließlich lieferte die Kommission mit dem Weißbuch einen präzisen Zeitplan zur Umsetzung von insgesamt 282 Einzelmaßnahmen und Rechtsakten, die unterdessen als notwendig erachtet wurden, um den Binnenmarkt wirklich zu vollenden. Indem der Europäische Rat in Mailand dieses Dokument nicht nur im Grundsatz, sondern auch in seinem Zeitplan billigte, gab er Delors ein Instrument in die Hand, mit dem er Druck auf die Regierungen ausüben konnte.[10]

In der Regierungskonferenz, die mit einer Sitzung des Ministerrats am 9. und 10. September in Luxemburg begann, standen sich grob gesprochen zwei Fraktionen gegenüber: diejenigen, die das institutionelle Reformprogramm des Parlaments und des Dooge-Ausschusses möglichst vollständig umsetzen wollten (also Italien, Irland und die Benelux-Staaten), und diejenigen, die möglichst nichts davon aufgreifen wollten, nämlich Großbritannien, Dänemark und Griechenland. Dass sich daraus nicht wieder eine neue Blockade ergab, war zum einen der engen Zusammenarbeit von Genscher und Dumas zu verdanken, die die Verhandlungen entschieden auf das Machbare hin orientierten. Dumas hatte nach der Rückkehr Cheyssons in die Brüsseler Kommission zu Beginn des Jahres das Außenministerium übernommen und sorgte nun für eine noch engere Abstimmung zwischen Paris und Bonn. Zum anderen versorgte die Kommission die Konferenz sogleich mit ausformulierten Textvorschlägen, und Delors wurde nicht müde, sie mit dem Hinweis auf die Erfordernisse des Binnenmarktes zu begründen. In prozeduraler Hinsicht wurde er dabei vom luxemburgischen Ratspräsidenten Jacques Santer und dessen Außenminister Jacques Poos unterstützt; die drei galten in den Sitzungen des Ministerrats bald als »die drei Jacques«.[11]

Was die Praxis des Mehrheitsvotums betraf, so konnte Delors durchsetzen, dass es für alle Bereiche gelten sollte, die für den Binnenmarkt von Belang waren, mit den allerdings gewichtigen Ausnahmen der Steuerpolitik, des freien Personenverkehrs und der Arbeitnehmerrechte. Hatten nach den Bestimmungen des EWG-Vertrags mehr als zwei Drittel der im Weißbuch vorgesehenen Maßnahmen der Einstimmigkeit bedurft, so war es jetzt nur noch ein Viertel. Zur Übernahme neuer Politikfelder in den Gemeinschaftsbereich sollten einstimmige Voten erforderlich sein; sobald sie aber eingeführt waren, sollte auch hier das Mehrheitsvotum gelten.

Hinsichtlich der Parlamentsrechte wurden die Maximalisten von den Deutschen unterstützt, die Minimalisten dagegen von den Franzosen. Das Ergebnis war, einem Vorschlag der Kommission entsprechend, ein »Verfahren der Zusammenarbeit«, das dem Parlament begrenzte Mitwirkungsrechte in jenen Bereichen einräumte, in denen im Ministerrat mit Mehrheit abgestimmt wurde. Änderungen, die das Parlament hier an Ratsbeschlüssen vornahm, sollte der Ministerrat, wenn die Kommission sie gebilligt hatte, nur noch einstimmig ablehnen können.

Allerdings wurden auch einige Bereiche festgelegt, in denen dieses Mitbestimmungsrecht trotz Mehrheitsverfahren im Rat nicht gelten sollte: so bei der Festlegung der Außenhandelstarife, der Gewährung von Dienstleistungsfreiheit und freiem Kapitalverkehr, der Verkehrspolitik und der Agrarpolitik. Darüber hinaus sollten künftige Beitrittsverträge und Assoziierungsabkommen der Zustimmung einer absoluten Mehrheit des Parlaments bedürfen. Auch wurde der Status des Parlaments begrifflich etwas aufgewertet: Während bislang vor allem die französische Regierung Wert darauf gelegt hatte, nur von einer »Parlamentarischen Versammlung« zu sprechen, wie die Formulierung in den Römischen Verträgen lautete, wurde in dem neuen Vertrag die Selbstbezeichnung »Europäisches Parlament« aufgegriffen, die sich die Versammlung 1962 gegeben hatte.

Die Sorge um die Effizienz bei der Umsetzung des Binnenmarkt-Projekts, die sich in diesen Regelungen widerspiegelt, führte auch zu einem Ausbau der Exekutivkompetenzen der Kommission: Sie wurde ermächtigt, Ausführungsbestimmungen zu den Richtlinien zur Angleichung der Rechtsvorschriften und zur Gewährleistung des Wettbewerbs zu erlassen. Allerdings behielten sich die Regierungen das Recht vor, in »besonderen Fällen« selbst die Ausführung zu übernehmen, wenn der Ministerrat dies einstimmig beschloss. Außerdem wurden »Regulierungsausschüsse« eingerichtet, mit denen die Regierungen die Ausführung kontrollierten. Delors scheiterte mit seinem Versuch, diesen Ausschüssen lediglich beratende Funktionen zuzuweisen.

Hinsichtlich der Außen- und Sicherheitspolitik blieb im Grunde alles beim Alten. Genauer gesagt wurde die bisherige Praxis jetzt in eine vertragliche Form überführt. Dumas und Genscher wollten sie durch die Einrichtung eines Generalsekretariats des Europäischen Rates verstärken, wie es im deutsch-französischen Entwurf für einen Unionsvertrag vorgesehen war. Doch stieß das weder bei den Vertretern der kleineren Staaten auf Zustimmung, die eine Bevormundung der Kommission befürchteten, noch bei den Briten, die anders als zu Zeiten von Edward Heath keine neue Struktur für die Außen- und Sicherheitspolitik wollten. Die institutionelle Verstärkung, die der Europäische Rat erhielt, beschränkte sich auf die Einrichtung eines kleinen administrativen Sekretariats in Brüssel, dem jeweils einige Beamte der vorherigen, der aktuellen und der nächsten Ratspräsidentschaft angehören sollten. Ansonsten waren die Gemeinschaften und die Politische Zusammenarbeit nun in einen gemeinsamen Vertragstext eingebunden und der Europäische Rat als übergreifende Institution vertraglich verankert; ihre Verflechtung reichte aber weiterhin nicht über die Präsenz der Kommission bei allen Zusammenkünften des Rates, der Außenminister und ihrer Direktoren hinaus. Weil Dänemark und Großbritannien keine Europäische Union wollten, konnte auch die Bezeichnung »Akte der Europäischen Union« für das neue Vertragswerk nicht durchgesetzt werden. Als minimaler Kompromiss blieb die Qualifizierung der Akte als »einheitlich«, die den Zusammenhang zwischen Gemeinschaften und Zusammenarbeit betonte.

Vertragliche Verankerungen im Zusammenhang mit Präzisierungen gab es im Hinblick auf die Sozialpolitik, die Regionalpolitik, die Forschungspolitik und die Umweltpolitik. Das Programm für einen »Sozialraum Europa« wurde nicht so weit ausgebaut, wie es Mitterrand zu Beginn seiner Präsidentschaft gefordert hatte und jetzt auch von der dänischen Regierung vertreten wurde, die als Minderheitsregierung von der Zustimmung der oppositionellen Sozialdemokraten abhängig war. Immerhin wurden aber Direktiven zum Arbeits- und Gesundheitsschutz in den Bereich der Mehrheitsentscheidungen überführt, und die Kommission wurde beauftragt, Kollektivverträge zwischen den Sozialpartnern auf europäischer Ebene zu fördern. Der Regionalfonds wurde in ein Programm zur Förderung der »wirtschaftlichen und sozialen Kohäsion« eingebettet, das auf eine bessere Ausstattung der Fonds hinauslief und für Ausführungsbestimmungen ebenfalls das Mehrheitsvotum einführte. Hinsichtlich der Forschungs- und Technologiepolitik wurde die Praxis der mehrjährigen Forschungs-Rahmenprogramme institutionalisiert, die die Kommission 1984 eingeführt hatte. Gleichzeitig wurden Vorkehrungen getroffen, ihnen durch Mehrheitsvoten und Kooperation mit nationalen und internationalen Forschungsprogrammen zu größerer Effektivität zu verhelfen. Schließlich wurde auch der Umweltschutz zum Gemeinschaftsziel erklärt. Aufgrund des Widerstands der weniger entwickelten Länder blieb es hier aber bei sehr allgemeinen Bestimmungen; abgesehen von Maßnahmen mit Gemeinschaftscharakter verblieb die Finanzierung in der Verantwortung der Mitgliedsstaaten.

Trotz der diversen Angebote an weniger entwickelte oder sozial fortschrittliche Mitgliedsländer, die diese Programme enthielten, musste Delors einige Abstriche an seinem Binnenmarkt-Programm hinnehmen. Die Forderungen, das Vetorecht beizubehalten, gingen ursprünglich noch über die Steuerpolitik, den Personenverkehr und die Arbeitnehmerrechte hinaus. So wollten Großbritannien und Irland die Gesundheitskontrolle in der Hand behalten, Irland auch die Kontrolle des Versicherungs- und Bankwesens. Generell geriet die Freizügigkeit der Personen dadurch in Gefahr, dass der Begriff des »Raumes ohne Binnengrenzen« durch einen Marktbegriff ersetzt werden sollte. Delors konnte dies nur dadurch verhindern, dass er Mitterrand und Kohl persönlich um Hilfe bat. Dumas und Genscher legten daraufhin beim »Konklave« der Außenminister kurz vor der Luxemburger Ratstagung am 2. und 3. Dezember einen gemeinsamen Entwurf vor, der die wesentlichen Bestimmungen des Binnenmarkt-Programms rettete. Die Ankündigung, den »Raum ohne Binnengrenzen« bis zum 31. Dezember 1992 zu verwirklichen, hatte freilich keinen rechtlich bindenden Charakter. Das ließ offen, inwieweit einzelstaatliche Widerstände gegen seine Verwirklichung tatsächlich überwunden werden konnten.

Noch weniger erreichte Delors im Hinblick auf die Vollendung der Währungsunion. Für ihn war sie ein logisches Pendant zur Freiheit des Kapitalverkehrs und letztlich auch ein Element der einheitlichen Marktordnung. Er wollte daher in die Akte die Bestimmung aufnehmen, dass der im Europäischen Währungssystem vorgesehene Europäische Währungsfonds per einstimmiger Entscheidung des Rates geschaffen werden kann. Dagegen machten jedoch sowohl die Briten als auch die Deutschen und die Niederländer Front. Thatcher konnte sich eine Aufgabe der britischen Währungssouveränität schlicht nicht vorstellen, und Kohl hörte auf die Warnungen der Bundesbank und seines Finanzministers Gerhard Stoltenberg vor einer abermaligen Beeinträchtigung des deutschen Stabilitätskurses. Beide verabredeten bei einem Treffen in London am 27. November, dass das Projekt der Währungsunion in dem Vertrag erst gar nicht erwähnt werden sollte.

Als Mitterrand ihm bei einer bilateralen Unterredung während der Luxemburger Ratstagung drohte, ohne eine solche Erwähnung werde sich Frankreich nicht auf das Binnenmarkt-Programm einlassen, rückte Kohl von dieser Zusage jedoch wieder ab. Er akzeptierte jetzt eine von Delors entworfene Formulierung, mit der sich die Vertragspartner verpflichten sollten, bei der wirtschaftspolitischen Zusammenarbeit die »Erfahrungen [zu] berücksichtigen, die bei der Zusammenarbeit im Rahmen des Europäischen Währungssystems (EWS) und bei der Entwicklung des ECU gesammelt worden sind«. Das war, genau besehen, keine starke Verpflichtung. Kohl bestand auf Insistieren von Stoltenbergs Staatssekretär Hans Tietmeyer auch noch darauf, dass institutionelle Reformen in der Währungspolitik als Vertragsänderungen gewertet wurden und vor einer entsprechenden Beschlussfassung »auch der Währungsausschuss und der Ausschuss der Präsidenten der Zentralbanken gehört« werden sollten. Für Thatcher war dies aber immer noch viel zu viel. Sie fühlte sich wieder einmal hintergangen und drohte, gegen die Aufnahme dieser Bestimmungen ein Veto einzulegen. Erst nachdem ihr die Mitarbeiter deutlich gemacht hatten, dass damit im Grunde nur die Fortführung der bisherigen Praxis währungspolitischer Zusammenarbeit gemeint sei, nahm sie davon wieder Abstand.

Die Einheitliche Akte, wie sie sich nach über 30 Stunden Diskussion im Europäischen Rat abzeichnete,[12] war damit weit von der klaren Struktur entfernt, die den Vertragsentwurf des Europäischen Parlaments ausgezeichnet hatte. Spinelli, der als Berichterstatter des institutionellen Ausschusses ständig über den Gang der Verhandlungen informiert worden war, sprach tief enttäuscht von einer »elenden kleinen Maus«, die die Regierungskonferenz geboren habe.[13] Freilich war eine kohärentere und weitergehende Reform kaum zu erreichen, wenn man die Minimalisten auf dem Weg zur Europäischen Union weiter mitnehmen wollte. Ein Bruch mit ihnen war aber für Kohl und Mitterrand nur die zweitbeste Lösung, und so waren sie froh, dass Thatcher ihnen mit partiellem Entgegenkommen half, einen solchen Schritt zu vermeiden.[14] Delors' Binnenmarkt-Projekt erwies sich in dieser Hinsicht in doppelter Weise als funktional: Zum einen erinnerte es an die wichtigste Herausforderung, vor der die Gemeinschaft in der Mitte der 1980er Jahre stand, und ließ damit einen Bruch mit Großbritannien als besonders unangemessen erscheinen; andererseits entlockte es Thatcher ein Maß an Zugeständnissen zu supranationalen Regelungen, das weit über das hinausging, was mit ihren ideologischen Prämissen vereinbar war. Tatsächlich sollte die Einheitliche Europäische Akte nach Jahren der Stagnation eine weitgehende Verwirklichung des Binnenmarktes ermöglichen und damit auch eine neue Dynamik in den anderen Integrationsbereichen auslösen. Spinellis harsches Urteil war weit überzogen.

Als der Ministerrat den Vertragsentwurf am 16. und 17. Dezember abschließend beriet, behielten sich die Außenminister Italiens und Dänemarks ihre endgültige Stellungnahme vor – Andreotti, weil man den Forderungen des Europäischen Parlaments nicht genügend entgegengekommen war, sein dänischer Kollege, weil ihm die Zugeständnisse an das Parlament zu weit gingen. Nach einer Ablehnung der Einheitlichen Akte durch das Kopenhagener Parlament am 2. Januar 1986 musste in Dänemark eine Volksabstimmung organisiert werden. Das führte dazu, dass bei der Unterzeichnung der Akte durch die Außenminister am 17. Februar 1986 in Luxemburg nur neun Länder vertreten waren, darunter auch die beiden neuen Mitglieder Spanien und Portugal, die auch vor ihrem Beitritt schon an der Regierungskonferenz teilgenommen hatten. Die griechische Regierung entschied sich, erst einmal den Ausgang des Referendums in Dänemark abzuwarten. Einen Tag nach dem positiven Votum der dänischen Wähler am 27. Februar – 56,2 Prozent stimmten zu – setzten auch die Außenminister Dänemarks, Griechenlands und Italiens ihre Unterschrift unter den Vertrag. Nachdem der Oberste Gerichtshof in Irland ebenfalls ein Referendum angeordnet hatte, trat er erst zum 1. Juli 1987 in Kraft.

Das Binnenmarkt-Projekt

Noch bevor die regelmäßige Anwendung des Mehrheitsprinzips im Ministerrat die Beseitigung nichttarifärer Handelshemmnisse tatsächlich wesentlich beschleunigte, nahm Delors weitere Maßnahmen in Angriff, die den Konsens hinsichtlich des Binnenmarkt-Projekts stärken und damit letztlich auch die Kohäsion der Gemeinschaft befördern sollten. Dazu gehörten, wie er am 18. Februar 1987 vor dem Straßburger Parlament ausführte, eine substantielle Reform der Gemeinsamen Agrarpolitik, eine bessere finanzielle Ausstattung der Fonds und der neuen

Gemeinschaftspolitiken und eine abermalige Ausweitung des Gemeinschaftsbudgets, verbunden mit einer Stärkung der Haushaltsdisziplin. Dieses Programm ging auf Überlegungen zurück, die seit Mitte 1986 in der Kommission entwickelt worden waren, und nahm Anregungen auf, die Delors bei einer erneuten Sondierung bei allen Staats- und Regierungschefs Anfang 1987 sammeln konnte. Es wurde schließlich unter dem suggestiven Titel »Die ›Einheitliche Akte‹ erfolgreich gestalten« präsentiert, in der Öffentlichkeit aber bald nur noch das »Delors-Paket« genannt.

Seine Verabschiedung gelang allerdings nicht so zügig, wie Delors erhofft hatte. Der Allgemeine Rat, der Rat der Finanzminister und der Rat der Landwirtschaftsminister stimmten den großen Linien des Vorhabens zu. Als aber bei der Zusammenkunft des Europäischen Rates am 4. und 5. Dezember 1987 konkrete Beschlüsse gefasst werden sollten, verlor sich die Debatte in den unterschiedlichen Detailaspekten des Programms. Margaret Thatcher wollte einmal mehr Entscheidungen zum Abbau des Landwirtschaftsbudgets herbeiführen, während sie die übrigen Elemente des Programms ablehnte. Es bedurfte der Energie und des Verhandlungsgeschicks Kohls, um im Zuge der erneuten deutschen Präsidentschaft bei der nächsten Ratstagung am 11. und 12. Februar 1988 in Brüssel eine Entscheidung herbeizuführen, die nur wenig hinter den Forderungen der Kommission zurückblieb.[15]

Um die Überproduktion und die exorbitanten Kosten der Landwirtschaft einzudämmen, wurde in erster Linie beschlossen, dass die Ausgaben in den nächsten Jahren nicht mehr als um 80 Prozent des Wachstums des Bruttosozialprodukts steigen durften. Damit wurden der jährlichen Preisanpassung nach oben Grenzen gesetzt und darüber hinaus Anreize geschaffen, in stärkerem Maße marktkonform zu produzieren. Die mengenmäßige Begrenzung der Garantiepreise wurde auf Getreide und Pflanzenöle ausgedehnt. Gleichzeitig wurden Flächenstilllegungen im Umfang von zehn bis fünfzehn Prozent der landwirtschaftlichen Nutzfläche gefördert und kleineren landwirtschaftlichen Betrieben direkte Einkommensbeihilfen gewährt. Schließlich wurde eine Währungsreserve angelegt, um bei den Agrarverkäufen auf dem Weltmarkt von den Schwankungen des Dollars unabhängig zu werden. Die Gemeinschaft unternahm damit zugleich erste Anstrengungen, um sich auf die anstehende Uruguay-Runde der GATT-Verhandlungen einlassen zu können.

Hinsichtlich der Strukturfonds stimmte der Rat in Brüssel nicht weniger als einer Verdoppelung seiner Mittel zu – zwar nicht schon zum Jahr 1993, wie die Kommission gefordert hatte, aber immerhin zum Jahr 1994. Dabei wurden die Ziele der Strukturfonds präzisiert: Hilfe für Gebiete mit Entwicklungsrückstand, Unterstützung des Strukturwandels von Industrieregionen im Niedergang, Kampf gegen die Langzeitarbeitslosigkeit, Förderung der beruflichen Eingliederung von

Jugendlichen, Modernisierung landwirtschaftlicher Produktion und die Förderung ländlicher Entwicklung. Die Förderung aus den Strukturfonds wurde davon abhängig gemacht, ob gleichzeitig gewisse Anteile durch nationale Fördermittel abgedeckt wurden. Zu den Fördermitteln kamen ferner Kredite der Europäischen Investitionsbank, die bei den einzelnen Projekten in enger Abstimmung mit der Kommission agierte. Insgesamt sollten diese Maßnahmen sicherstellen, dass die Beseitigung der Wettbewerbshemmnisse nicht zu einer weiteren Akzentuierung der Ungleichheiten führte, sondern im Gegenteil zusätzliche Produktivitätspotentiale erschloss.

Zur Finanzierung der Strukturfonds, des Forschungsprogramms und der anderen Gemeinschaftsaufgaben wurde das Budget für das Jahr 1988 auf 1,15 Prozent des kumulierten Bruttosozialprodukts der Mitgliedsländer angehoben; bis 1992 sollte es schrittweise auf 1,2 Prozent steigen. Für 1988 entsprach dies einer Steigerung um 20 Prozent auf etwa 45 Milliarden ECU. Soweit dieses Volumen nicht durch Zolleinnahmen, Abschöpfungen und den Mehrwertsteueranteil von 1,4 Prozent erreicht wurde, sollten Beiträge der Mitgliedsländer als vierte Einnahmequelle herangezogen werden, die sich an dem jeweiligen Anteil am Bruttosozialprodukt orientierten. Der Ministerrat und die Kommission wurden ermächtigt, mit dem Parlament eine Vereinbarung über eine fünfjährige »Finanzielle Vorausschau« zu treffen, die die Einnahmen und Ausgaben in der bezeichneten Höhe vorstrukturierte und ebenso langwierige wie unproduktive Auseinandersetzungen um einzelne Etatposten verringerte.

Um den Druck auf die Regierungen weiter zu verstärken, gab Delors eine umfassende wissenschaftliche Studie über »Die Kosten des Nicht-Europa« in Auftrag; Ende März 1988 ließ er ihre Ergebnisse publizieren. Ihre Autoren unter der Federführung des italienischen Wirtschaftswissenschaftlers Paolo Cecchini versprachen sich von der Vollendung des Binnenmarktes eine Steigerung des Bruttosozialprodukts der Gemeinschaft um etwa fünf Prozent. Die Verbraucherpreise sollten um durchschnittlich sechs Prozent sinken, die Arbeitslosigkeit sollte deutlich sinken, die öffentlichen Haushalte sollten Mehreinnahmen von durchschnittlich 2,2 Prozent des Bruttosozialprodukts erzielen, und die Außenhandelsbilanz sollte sich um ein Prozent des Bruttosozialprodukts verbessern. Die Autoren betonten allerdings, dass diese Ergebnisse nur zu erreichen sein würden, wenn die konsequente Beseitigung der nichttarifären Handelshemmnisse von gezielter Wirtschaftsförderung, verstärkter Wettbewerbspolitik und einer Fortführung des währungspolitischen Stabilitätskurses begleitet würde. Außerdem müssten die Unternehmen die neuen Chancen, die sich ihnen boten, durch eine aktive Investitionspolitik nützen.[16] Der Bericht war natürlich wie alle wirtschaftswissenschaftlichen Prognosen anfechtbar. Da aber das Anziehen der weltwirtschaftlichen Konjunktur in der zweiten Hälfte der 1980er Jahre allmählich auf die Länder der Europäischen

Gemeinschaft übergriff, wurde er überwiegend positiv aufgenommen. Die Unternehmer begannen, im Vorgriff auf den Binnenmarkt zu investieren, und übten dann Druck auf die Regierungen aus, ihn jetzt auch tatsächlich zu verwirklichen.

Die Aufbruchsstimmung, die die Kommission mit ihren Maßnahmen und Ankündigungen erzeugte, half in der Tat, den Widerstand diverser Lobby-Gruppen gegen einzelne Elemente des Binnenmarkt-Projekts aufzuweichen. Bis Ende 1988 verabschiedete der Ministerrat 109 der 279 Vorschläge, die im Weißbuch von 1985 angekündigt waren. Bis zum Stichtag am 31. Dezember 1992 waren dann 264 Kommissionsvorschläge zu Direktiven des Ministerrats geworden, was dem Europäischen Rat in Edinburgh am 11. und 12. Dezember 1992 die Feststellung erlaubte, dass die Ziele des Weißbuchs im Wesentlichen erreicht oder deren Verwirklichung zumindest auf den Weg gebracht seien. Allerdings waren zu diesem Zeitpunkt erst 45 Prozent der Direktiven in allen Mitgliedsländern in nationales Recht umgesetzt worden. Die Erfüllungsquote lag in Griechenland mit 70,4 Prozent am niedrigsten und in Dänemark mit 88,7 Prozent am höchsten, während Frankreich und die Bundesrepublik Deutschland mit Quoten von etwa 77 Prozent im gleichen Maße im Rückstand waren.[17] Das Binnenmarkt-Projekt erwies sich so als ein Langzeitvorhaben, das die europäische Politik bis ins 21. Jahrhundert hinein beschäftigen sollte.

Die meisten Fortschritte erzielte die Kommission beim Abbau der sogenannten »technischen« Handelshemmnisse in Gestalt unterschiedlicher nationaler Vorschriften und technischer Normen. Dabei kam ihr die Rechtsprechung des Europäischen Gerichtshofs zu Hilfe, der im Februar 1979 in einem wegweisenden Urteil der deutschen Rewe-Handelsgruppe gegen das Verbot, französischen Johannisbeerlikör der Marke »Cassis de Dijon« zu importieren, stattgegeben hatte. Die deutschen Behörden hatten das Verbot damit begründet, dass »Cassis de Dijon« nicht einen Alkoholanteil von mindestens 25 Prozent enthielt, wie ihn das deutsche Branntweinmonopolgesetz vorschrieb. Das Gericht argumentierte dagegen, dass »jedes Erzeugnis, das in einem Mitgliedsstaat rechtmäßig hergestellt und in den Handel gebracht wird, grundsätzlich auch in den anderen Mitgliedsstaaten gehandelt werden« müsse – sofern der Gesundheits- und Verbraucherschutz sowie die Redlichkeit des Handels gewährleistet waren. Nach dem Prinzip der gegenseitigen Anerkennung nationaler Vorschriften, das sich aus diesem und weiteren Lebensmittel-Urteilen der folgenden Jahre ergab, konnten sich Kommission und Rat damit begnügen, Mindeststandards im Hinblick auf Sicherheit, Gesundheit und Verbraucherschutz festzulegen. Das Ersetzen der nationalen Normen durch gemeinsame europäische Normen gemäß Artikel 100 des EWG-Vertrages verlor damit an Dringlichkeit; es konnte europäischen Normierungsausschüssen überlassen werden, in denen die nationalen Normierungsausschüsse zusammenarbeiteten.[18]

In ähnlicher Weise stellte eine Richtlinie zur gegenseitigen Anerkennung von Universitätsdiplomen, die der Rat im Januar 1989 verabschiedete, einen wesentlichen Fortschritt für die freie Berufsausübung im gemeinsamen Wirtschaftsraum dar. Es folgten Richtlinien zu beruflichen Befähigungsnachweisen, zur Beseitigung von Verwaltungshürden bei der Ausübung freier akademischer Berufe und zur Öffnung des öffentlichen Dienstes für Angehörige anderer Mitgliedsstaaten. Hier ließ die Umsetzung in nationales Recht allerdings häufig auf sich warten, vor allem im Hinblick auf die Beschäftigung im öffentlichen Dienst. Die Niederlassungsfreiheit wurde vom 1. Juli 1992 an auf diejenigen Bürger von Mitgliedsländern ausgedehnt, die nicht berufstätig waren: Studierende, Rentner, sonstige Privatiers und ihre Angehörigen. Für die Genehmigung ihres Aufenthalts galt freilich der Vorbehalt, dass sie dem Aufnahmeland wirtschaftlich nicht zur Last fielen. Darüber hinaus unternahm die Kommission auch eigene Anstrengungen, die Mobilität von Wissenschaftlern und Studierenden zu fördern. Insbesondere das »Erasmus«-Programm zur Förderung des Studierendenaustauschs, das 1987 erstmals aufgelegt wurde, erlangte rasch große Bedeutung.

Erfolgreich war die Kommission dank des Übergangs zu Mehrheitsvoten auch bei der Beseitigung von Wettbewerbshemmnissen, die sich aus den unterschiedlichen Formen nationaler Wettbewerbs- und Kartellpolitik ergaben. Mit einer »Verordnung über die Kontrolle von Unternehmenszusammenschlüssen«, die die Kommission schon 1973 vorgeschlagen hatte, wurde ihr 1989 endlich das alleinige Recht übertragen, Zusammenschlüsse oder Beteiligungen von gemeinschaftsweiter Bedeutung zu genehmigen oder zu versagen. Damit wurde das Verbot von Kapitalbeteiligungen aus anderen Mitgliedsländern unter Berufung auf die Sicherung des Wettbewerbs auf nationaler Ebene unterbunden; und gleichzeitig wurden Zusammenschlüsse erleichtert, die geeignet erschienen, die Wettbewerbsfähigkeit europäischer Unternehmen auf dem Weltmarkt zu stärken. Zum 1. Juli 1990 wurde der Kapitalverkehr in der Gemeinschaft freigegeben: Dabei behielten die Mitgliedsländer allerdings das Recht, ihn im Bedarfsfall zur Stützung ihrer Währungen für maximal sechs Monate wieder einzuschränken. Ebenso erhielten die Banken zum 1. Januar 1993 das Recht, sich in allen Mitgliedsländern niederzulassen. Die Bankenaufsicht verblieb nach dem Prinzip der gegenseitigen Anerkennung bei dem jeweiligen Ursprungsland.

Der Versicherungswirtschaft die gleiche Niederlassungsfreiheit einzuräumen, erwies sich dagegen aufgrund der Komplexität der Materie als schwierig. Von 1990 an konnte sie aber immerhin einen Teil ihrer Dienste gemeinschaftsweit anbieten. Ebenso fiel es schwer, das öffentliche Auftragswesen für den Wettbewerb zu öffnen. Aufträge staatlicher Behörden mussten zwar von einer bestimmten Größenordnung an im Amtsblatt der Gemeinschaft ausgeschrieben werden, und es wurde auch eine Reihe weiterer Vorschriften erlassen, um den Wettbewerb bei der Auftragsvergabe durch die öffentliche Hand zu gewährleisten. Die Mitgliedsstaaten behielten sich aber viele Ausnahmeregelungen vor, insbesondere im Bereich der Energieversorgung. Auch waren die Verstöße gegen diese Vorschriften zahlreich, und es dauerte lange, bis sich hier ein Mentalitätswandel einstellte.

Hinsichtlich der Vereinheitlichung der Steuertarife auf Waren, Dienstleistungen und Kapitalerträge waren nur gewisse Annäherungen möglich. Im Oktober 1992 vereinbarten die Regierungen, ihre Mehrwertsteuersätze in einem Zeitraum von vier Jahren einander anzugleichen. Als »Mindestnormalsatz« wurde eine Steuerquote von 15 Prozent festgelegt, als Normalsatz für ermäßigte Steuern fünf Prozent. Ebenso wurden Mindestsätze für die unterschiedlichen Sondersteuern auf Alkohol, Tabak, Mineralöl usw. vereinbart. Die Kommission wurde ermächtigt, »objektive Steuersätze« im Hinblick auf gemeinschaftliche Ziele in der Gesundheits-, Energie-, Verkehrs- und Umweltpolitik vorzuschlagen, an denen sich die Mitgliedsländer bei der Vereinheitlichung orientieren sollten. Eine Vereinheitlichung der Kapitalertragssteuer, die notwendig gewesen wäre, um die Steuerflucht in Länder mit niedrigen Sätzen oder Steuerfreiheit zu verhindern, gelang dagegen überhaupt nicht. Die Kommission schlug einen einheitlichen Quellensteuersatz von 15 Prozent vor, was dem Durchschnitt der in den Mitgliedsländern erhobenen Kapitalertragssteuer entsprach. Dagegen wehrten sich jedoch Großbritannien und Luxemburg, die von den niedrigen Steuersätzen am meisten profitierten. Sie machten dagegen geltend, dass das Kapital bei einer einheitlichen Besteuerung die Europäische Gemeinschaft ganz verlassen würde.

Der freie Warenverkehr innerhalb der Gemeinschaft wurde 1988 durch eine Vereinheitlichung der Warenbegleitpapiere erleichtert; zum 1. Januar 1993 wurden diese ganz abgeschafft. Die Formalitäten, die sich aus den unterschiedlichen Mehrwertsteuersätzen ergaben, wurden nicht mehr beim Grenzübergang erledigt, sondern den jeweils zuständigen Finanzämtern überlassen. Ebenso wurden die Veterinär- und Pflanzenkontrollen an den Grenzen abgeschafft; an ihre Stelle trat eine Harmonisierung der nationalen Normen unter der Kontrolle der Kommission.

Dagegen konnte die Kontrolle der Personen beim Grenzübertritt, sinnfälligstes Kennzeichen eines wirklich gemeinsamen Marktes, nicht überall abgeschafft werden, und sie war auch nicht so schnell zu realisieren. Sie setzte einheitliche Regelungen im Hinblick auf die Einwanderung, die Bekämpfung der Kriminalität und den Kunst- und Antiquitätenhandel voraus, die nicht ohne großen Aufwand zu verwirklichen waren; manche Länder, so vor allem Großbritannien, wollten sie auch gar nicht. So konnte zunächst nur zwischen der Bundesrepublik, Frankreich und den drei Benelux-Staaten ein Abkommen geschlossen werden, unterzeichnet am 14. Juni 1985 im luxemburgischen Grenzdorf Schengen, das die Aufhebung der Personenkontrollen in Fortführung der Vereinbarung, die die

Bundesrepublik und Frankreich schon im Jahr zuvor getroffen hatten, für 1990 vorsah. Seine Umsetzung musste allerdings zweimal verschoben werden, zunächst auf 1993 und dann auf den 1. Juli 1995. Unterdessen waren Spanien und Portugal dem Abkommen beigetreten, sodass sich der freie Personenverkehr, begleitet von gemeinsamen Einreise- und Asylregelungen und einer Kooperation in der Verbrechensbekämpfung, jetzt auf sieben Länder erstreckte.

Mit der Aufhebung nationaler Regulierungen zugunsten europäischer Rahmenrichtlinien und der begleitenden Entwicklung neuer Politikfelder bekamen die Bürger der Gemeinschaft »mehr Europa«. War der Ministerrat nach dem Inkrafttreten der Römischen Verträge zunächst nur in vier fachlich unterschiedlichen Formationen zusammengetreten, aus denen sich bis zum Jahr 1975 zwölf unterschiedliche Zusammensetzungen des Rates herausgebildet hatten, so stieg die Zahl der Ratsformationen bis 1990 auf nicht weniger als 22. Bis auf die Verteidigungsministerien hatte nun nahezu jedes nationale Fachministerium eine europäische Entsprechung, in der die Fachminister zusammenarbeiteten und häufig auch Beschlüsse fassten. Die Zahl der Rechtsakte, die vom Ministerrat verabschiedet wurden, hatte sich bereits im Laufe der 1970er Jahre nahezu verdoppelt (von 375 im Jahr 1970 auf 627 in 1980) und stieg jetzt weiter auf 724 im Jahr 1986. Die Zahl der Beamten, die für die Kommission tätig waren, wuchs von etwa 5.000 gegen Ende der 1960er Jahre auf nahezu 13.000 im Jahr 1990. In gleicher Weise stieg die Zahl der Interessenverbände und Nicht-Regierungsorganisationen, die es für nötig hielten, in Brüssel mit eigenen Vertretungen präsent zu sein, bis Ende der 1980er Jahre auf über 2.000 an.[19]

Nachdem die Entwicklung in Richtung Binnenmarkt in Fahrt gekommen war, verwandte Delors verstärkte Anstrengungen darauf, die soziale Dimension der Gemeinschaft stärker mit Leben zu füllen. Der Abbau protektionistischer Regelungen auf nationaler Ebene, der zur Verwirklichung des Binnenmarktes notwendig war, sollte nach seinem Verständnis nicht zu einer ungehemmten Entfesselung kapitalistischer Konkurrenz führen, sondern durch die Etablierung partnerschaftlicher Regelungen auf europäischer Ebene abgefedert werden; das war ihm aufgrund seiner Herkunft aus der christlichen Gewerkschaftsbewegung Frankreichs wichtig. Bei der Ratstagung in Hannover am 27. und 28. Juni 1988 forderte er, angesichts der großen Furcht der Arbeitnehmer vor den Folgen der Deregulierung, »in diesem Bereich ein starkes politisches Zeichen zu setzen«.[20] Wenig später kündigte er, soeben für eine zweite Amtszeit als Kommissionspräsident nominiert, vor dem Europäischen Parlament einen weiteren Ausbau der Gemeinschaft an: In zehn Jahren würden »80 % der Wirtschaftsgesetzgebung, vielleicht auch der steuerlichen und sozialen, gemeinschaftlichen Ursprungs sein«. Dazu, so ließ er die Abgeordneten und indirekt auch die nationalen Regierungen wissen, würde eine weitere Stärkung der europäischen Institutionen erforderlich sein: »Meines Erachtens wird es uns nicht gelingen, alle Beschlüsse zu fassen, die bis zum Jahr 1995 gefasst werden müssen, ohne in der einen oder anderen Form den Grundstein für eine europäische Regierung zu legen.«[21]

Von den Vertretern der Arbeitnehmerorganisationen wurde diese Botschaft verstanden. Die britischen Trade Unions, die angesichts der Koinzidenz von britischem Beitritt und Wirtschaftskrise meistens im Lager der EG-Gegner zu finden gewesen waren, feierten Delors jetzt geradezu als Retter vor den Zumutungen des Thatcherismus. Als sich der Kommissionspräsident auf ihrem Jahreskongress am 7. September 1988 in Bournemouth dafür einzusetzen versprach, dass »der Binnenmarkt allen zugutekommt« und »eines Tages europaweit vertraglich abgesicherte Zustände« erreicht werden, stimmten die begeisterten Delegierten den französischen Kanon vom »Frère Jacques« an. Ihr Vorsitzender Clive Jenkins, der beim Referendum von 1975 für den Austritt aus der Gemeinschaft geworben hatte, gab offen zu: »Ich habe mich geirrt.«[22]

Für Margaret Thatcher aber mutierte Delors mit der Forcierung von Regelungen auf europäischer Ebene vom Bundesgenossen im Kampf um den Binnenmarkt zum größenwahnsinnig gewordenen Verfechter einer allmächtigen Brüsseler Bürokratie. Dass sie mit ihrem Engagement für den Binnenmarkt selbst zu einem guten Teil zur Stärkung der Gemeinschaft beigetragen und dabei die supranationalen Implikationen ihrer Zugeständnisse unterschätzt hatte, war ihr nicht bewusst. Umso wütender machte sie die, wie sie meinte, schleichende Kompetenzverlagerung nach Brüssel, die vertraglich nicht gedeckt war. Fest entschlossen, diese Tendenz zu stoppen, nutzte sie eine Rede, die sie dem Europa-Kolleg in Brügge für den 20. September zugesagt hatte, um ihre Interpretation des Binnenmarkt-Programms unmissverständlich deutlich zu machen. »Wir haben«, führte sie ausgerechnet vor den Studenten und Professoren dieser Kaderschmiede der Europäischen Bewegung aus, »die Grenzen des Staates in Britannien nicht dafür erfolgreich zurückgedrängt, dass sie uns auf einer europäischen Ebene wieder auferlegt werden, mit einem europäischen Super-Staat, der von Brüssel aus eine neue Herrschaft ausübt.« Im Eifer des Gefechts erteilte sie dem supranationalen Prinzip, auf das sich die britischen Regierungen, auch ihre eigene, mit ihrer Zustimmung zu den Verträgen verpflichtet hatten, sogar eine generelle Absage. Stattdessen beschwor sie das Ideal einer »bereitwilligen und aktiven Zusammenarbeit zwischen unabhängigen souveränen Staaten«.[23]

Das Foreign Office hatte dafür gesorgt, dass einige besonders provozierende Passagen, die Thatchers außenpolitischer Berater Charles Powell in den Entwurf der Rede hineingeschrieben hatte, wieder gestrichen wurden – so der stolze Satz, dass Britannien ganz allein Europa von der »preußischen Herrschaft« befreit habe, und der Appell, das Ziel der Vereinigten Staaten von Europa zu »vergessen«. Aber auch so wirkte die lange und emotionsgeladene Rede wie ein Fanal. Verunsicherten Konservativen sprach sie aus der Seele; und sie trug sie viel dazu bei, das Zerrbild vom Brüsseler »Superstaat« in Großbritannien zu popularisieren. Gleichzeitig begannen aber die pragmatischen Europäer in der Regierungsmannschaft, sich von der Premierministerin abzuwenden – so Außenminister Geoffrey Howe und Finanzminister Nigel Lawson. An der Dynamik, die das Binnenmarkt-Projekt entwickelt hatte, konnte die Rede nichts mehr ändern. Stattdessen trug sie langfristig zum Sturz Thatchers im November 1990 bei.

Das Projekt der Wirtschafts- und Währungsunion

Wirtschaftlicher Aufschwung und politische Aufbruchsstimmung wurden auch dadurch begünstigt, dass die währungspolitische Zusammenarbeit vorankam. Nach der Kehrtwende der französischen Wirtschaftspolitik im März 1983 räumten ausnahmslos alle Mitgliedsländer des Europäischen Währungssystems der Inflationsbekämpfung Priorität ein. Das hatte zur Folge, dass sich die Inflationsraten auf das niedrige deutsche und niederländische Niveau zubewegten und Währungsanpassungen seltener notwendig wurden. Lediglich Italien und Irland mussten größere Abwertungen hinnehmen – die Lira verlor im Juli 1985 um sechs Prozent an Wert, das irische Pfund im August 1986 um acht Prozent. Leistungsschwächere Länder kamen der Flucht aus ihren Währungen dadurch zuvor, dass ihre Zentralbanken in währungsstarken Zeiten D-Mark-Bestände aufkauften und diese dann bei drohender Schwächung ihrer Währung einsetzten, noch bevor die Interventionsschwellen erreicht waren. Die D-Mark entwickelte sich so mehr und mehr zu einer zweiten Reservewährung neben dem Dollar und zur Ankerwährung des EWS. Die Orientierung an der D-Mark verhalf den Stabilisierungsbemühungen der Regierungen zu Nachdruck und Glaubwürdigkeit.

Mit der Konsolidierung des EWS trat auch die Frage seiner Weiterentwicklung zur Währungsunion wieder auf den Plan. Seit er sich im Laufe des Jahres 1983 entschlossen hatte, den Ausbau der Europäischen Gemeinschaft zu einem Kernthema seiner Präsidentschaft zu machen, setzte sich besonders François Mitterrand für sie ein. Ein Memorandum, das Roland Dumas mit Unterstützung durch den Quai d'Orsay und das französische Schatzamt ausarbeitete und das zum 1. Juni 1984 vorlag, betonte die Notwendigkeit einer stärkeren Konzertierung der Währungspolitik und der Entwicklung einer gemeinsamen wirtschaftlichen Rahmenplanung zur Sicherung von Stabilität und Wachstum. Weiterhin sollte die private Nutzung des ECU gefördert werden. Schließlich sollte der Europäische Währungskooperationsfonds zu einem Europäischen Währungsfonds ausgebaut werden, mit dem man die europäischen Währungen gegen den Dollar verteidigen konnte. Aus dem ECU sollte so eine wirkliche europäische und internationale Währung werden.[24]

Begründet wurde die Wiederaufnahme der Pläne für eine Währungsunion in dem Dumas-Memorandum in erster Linie mit der Notwendigkeit, die Abhängigkeit von den Schwankungen des Dollarkurses und der amerikanischen Zinspolitik zu überwinden. Mit der wachsenden Selbstbindung an die D-Mark kam aber noch ein zweites Motiv hinzu: die einseitige Abhängigkeit von der Dollarpolitik und der Zinspolitik der Deutschen Bundesbank. Sie war umso schwerer zu ertragen, als die Bundesbank infolge des Überhandnehmens vorbeugender unilateraler Intervention vor Erreichen der Interventionsschwellen viel weniger zur Aufrechterhaltung der Paritäten beitrug als die Zentralbanken schwächerer Länder. Die »Abweichungsschwelle« auf ECU-Basis, bei deren Überschreiten sich auch die Bundesbank zur Intervention gedrängt sah, wurde selten erreicht, und mit der Zeit geriet dieses Instrument zur ausgewogenen Konvergenzförderung praktisch in Vergessenheit.[25]

Mit der komfortablen Position, die die Bundesbank durch diese Entwicklung gewonnen hatte, waren aber auch die Widerstände gegen eine Vergemeinschaftung der Währungsreserven und der Währungspolitik gewachsen. Bundesbankpräsident Karl Otto Pöhl hütete sich zwar, als prinzipieller Gegner einer europäischen Währungsunion aufzutreten. Mit der Forderung, sich vor einzelnen Reformschritten zunächst über das definitive institutionelle Design dieser Union zu verständigen, schraubte er aber die Hürden, die zu ihrer Verwirklichung zu nehmen waren, bewusst hoch. Kohl konnte sie nicht so einfach wieder abbauen, weil sein Finanzminister Stoltenberg, der eng mit der Bundesbank zusammenarbeitete, zusehends an Popularität gewann und bald als potentieller Rivale des Bundeskanzlers galt. Grundsätzlich war Kohl schon für die Währungsunion; sie gehörte für ihn ganz selbstverständlich zu seiner Vision von einem vereinten Europa. Er musste aber darauf bedacht sein, sie im Konsens mit der deutschen Politik oder wenigstens seiner Partei durchzusetzen, und das ließ ihn zögern, auf die französischen Initiativen einzugehen. Die Zugeständnisse, zu denen er sich bei der Ausformulierung der Einheitlichen Akte bereitfand, gingen längst nicht so weit, wie Mitterrand gehofft hatte.

Einen ersten Einbruch erlebte die deutsche Abwehrfront im Winter 1986/87, als ein dramatischer Verfall des Dollarkurses den französischen Franc unter Abwertungsdruck und die D-Mark unter Aufwertungsdruck setzte. Jacques Chirac, seit dem Sieg der Gaullisten in den Parlamentswahlen vom März 1986 neuer Premierminister Mitterrands, machte dafür die Anhebung der Geldmarktzinsen durch die Bundesbank verantwortlich. Stoltenberg verteidigte die Bundesbank gegen die öffentliche Kritik aus Paris. Intern musste er der Kritik aber Recht geben und zog daraus den Schluss, dass das Währungssystem mit besseren Mechanismen zur Abwehr spekulativen Drucks ausgestattet werden müsste. Die Bundesbank sollte so zu flexiblerem Vorgehen veranlasst und gleichzeitig vor weiteren Attacken geschützt werden. Die deutsch-französische Konfrontation endete mit einem Beschluss der Finanzminister am 12. Januar 1987, die D-Mark und den niederländischen Gulden um bescheidene drei Prozent aufzuwerten und den belgisch-luxemburgischen Franc um zwei Prozent. Die Forderung nach Abwertung des französischen Franc wurde fallengelassen.

Gleichzeitig beauftragten die Finanzminister den Währungsausschuss und den Ausschuss der Präsidenten der Zentralbanken, ein Konzept zur Stärkung der Interventionsmechanismen des Währungssystems zu erarbeiten. Dieses wurde von den Zentralbankpräsidenten am 8. September 1987 in Basel verabschiedet und von den Finanzministern am 12. September in Nyborg ohne Ergänzungen bestätigt. Das Basel-Nyborg-Abkommen beinhaltete vor allem zwei Zugeständnisse, die die Bundesbank bei einem entsprechenden Vorstoß der Europäischen Kommission im März 1982 noch verweigert hatte: Sehr kurzfristige Kredite des EWS konnten künftig auch zur Finanzierung der vorbeugenden »intramarginalen« Interventionen verwendet werden, und die Rückzahlung von Interventionskrediten konnte künftig ganz in ECU erfolgen, und nicht nur zur Hälfte wie bisher. Darüber hinaus sollten die Zentralbankpräsidenten verstärkt auf Unvereinbarkeiten in den nationalen Währungspolitiken aufmerksam machen und Zinspolitik mit dem Ziel der Aufrechterhaltung der Paritäten betreiben. Pöhl gelang es aber auch, seine Kollegen explizit auf das Ziel größerer interner und externer Stabilität zu verpflichten.[26]

Außenminister Hans-Dietrich Genscher genügte die stärkere Verpflichtung der Bundesbank auf das Ziel der Währungsunion, die in dem Basel-Nyborg-Abkommen enthalten war, freilich noch nicht. Für ihn war mit der Aufwertungskrise der Jahreswende 1986/87 die Notwendigkeit deutlich geworden, die Währungsunion trotz des hinhaltenden Widerstands der Bundesbank auf die Tagesordnung der Bundesregierung zu setzen. Er wurde dazu nicht nur von Dumas gedrängt, dem völlig klar war, dass eine öffentliche Initiative, wenn sie denn Erfolg haben sollte, von der deutschen Seite kommen musste. Genscher fürchtete darüber hinaus, dass das Währungssystem eine Fortdauer der bestehenden Asymmetrien nicht lange überleben würde. Damit wäre auch das Ziel einer Politischen Union gefährdet, und das zu einem Zeitpunkt, da sie angesichts der Reforminitiativen des sowjetischen Generalsekretärs Michail Gorbatschow mehr denn je gebraucht wurde.

Die Reformen in der Sowjetunion und die Anstrengungen zur Überwindung des Kalten Krieges, die Gorbatschow unternahm, verliehen dem Projekt der Europäischen Währungsunion in Genschers Sicht eine ganz neue Dringlichkeit: »Die West-Ost-Annäherung verlangte geradezu nach einer handlungsfähigen

EG, die eng zusammenarbeitete statt auseinanderzudriften. Außerdem würde die deutsche Haltung dazu im Licht der neuen Entwicklungen nicht nur in Paris mit Argusaugen betrachtet werden: Blieben die Deutschen an Bord des Dampfers Europäische Gemeinschaft oder gingen sie wieder eigene Wege? Sobald die deutsche Vereinigung aktuell wurde, würde sich diese Fragestellung noch verschärfen; da durfte es keine Unsicherheiten, keine Unklarheiten geben, denn dies hätte verheerende Auswirkungen zur Folge gehabt.«[27] Genscher nahm offensichtlich wahr, dass hinter dem wachsenden Druck der französischen Seite auch die Furcht vor einer Emanzipation der Deutschen von der Europäischen Gemeinschaft steckte. Dieser Sorge konnte man nur begegnen, indem man sich rechtzeitig um eine stärkere Einbindung der Deutschen bemühte.

Der deutsche Außenminister suchte also nach einer Gelegenheit, den Einfluss der Bundesbank auf die Haltung der Bundesregierung zu dem Projekt der Währungsunion substantiell zurückzudrängen. Er fand sie schließlich, nachdem seine FDP in den Bundestagswahlen vom Januar 1987 deutlich an Gewicht gewonnen hatte und Stoltenberg durch die »Barschel-Affäre« in seiner politischen Basis in Schleswig-Holstein im Herbst und Winter 1987/88 zusehends an Einfluss verlor. Nachdem der deutsche Erfolg bei der Verabschiedung des »Delors-Pakets« auf der Brüsseler Ratstagung vom 11. und 12. Februar 1988 Genschers Ansehen in der deutschen Öffentlichkeit wie bei den europäischen Partnern noch weiter gemehrt hatte, trat er am 26. Februar mit einem sorgfältig ausgearbeiteten Plan zur Schaffung eines »Europäischen Währungsraumes« an die Öffentlichkeit, der die Opposition der Bundesbank ausmanövrieren und den immer noch zögernden Bundeskanzler in Zugzwang bringen sollte.

Das Memorandum war bewusst nicht in der Bundesregierung abgestimmt worden und firmierte daher als ein persönliches Statement Genschers, nicht als eine amtliche Erklärung des Außenministers. Es griff die Zielvorstellungen zu einer Währungsunion auf, die von Pöhl und anderen Vertretern der Bundesbank geäußert worden waren, und verband sie mit einem Verfahrensvorschlag, der auf ihre Verwirklichung binnen kurzer Zeit zielte. Kernstück der Währungsunion sollte danach die Errichtung einer Europäischen Zentralbank sein, die ebenso unabhängig war wie die Bundesbank und die in gleicher Weise auf das Ziel der Preisstabilität verpflichtet war. Um sie auf den Weg zu bringen, sollte der Europäische Rat bei seiner nächsten Zusammenkunft im Juni einen »Sachverständigenausschuss« mit »professioneller und politischer Autorität« einsetzen; dieser sollte innerhalb eines Jahres die Eckpunkte für die Schaffung eines europäischen Wirtschaftsraumes bestimmen, das Statut der Europäischen Zentralbank ausarbeiten und Vorstellungen für die Übergangszeit bis zur Vollendung der Währungsunion entwickeln, die sich am Prinzip der Parallelität von wirtschaftlicher und monetärer Integration orientierten.[28]

Dagegen konnten die Gegner der Währungsunion nur noch Einwände hinsichtlich des Verfahrens vorbringen, und das taten sie auch prompt. Stoltenberg ließ dem Staatssekretärsausschuss für Europäische Angelegenheiten und dem Währungsausschuss des EG-Ministerrats am 15. März ein Gegenmemorandum zukommen, das in enger Zusammenarbeit mit der Bundesbank entstanden war und eine ganze Reihe von Vorbedingungen auflistete, die vor der Errichtung einer Europäischen Zentralbank erfüllt sein müssten: weitere »Verstärkung« der monetären Zusammenarbeit und der Orientierung am Stabilitätsziel, unwiderrufliche Freigabe der Kapitalbewegungen in der Gemeinschaft, stärkere Konvergenz der wirtschaftlichen Entwicklung, uneingeschränkte Beteiligung aller Mitgliedsländer am Währungssystem, Sicherstellung der Unabhängigkeit der nationalen Zentralbanken und eine substantielle Übertragung nationaler Hoheitsrechte auf die Gemeinschaftsebene auch über den Bereich der Währungspolitik hinaus.[29] Die Währungsunion blieb in dieser Sicht ein Fernziel, das im Sinne der unter deutschen Finanzexperten beliebten »Krönungstheorie« erst dann erreicht werden konnte, wenn sich alle Mitgliedsländer den deutschen Verhältnissen angepasst hatten.

Kohl leuchteten Genschers Argumente durchaus ein. Angesichts des nunmehr offenkundig gewordenen Gegensatzes in seiner Regierung hielt er sich aber zunächst weiterhin bedeckt und wartete die weiteren Reaktionen auf Genschers Initiative ab. Erst nachdem sich die Vertreter von Industrie und Handel überwiegend positiv geäußert hatten und Mitterrand am 7. Mai als Staatspräsident wiedergewählt worden war, entschloss er sich, den Vorschlag zur Einsetzung eines Sachverständigenausschusses zur Chefsache zu machen. Um ihm den nötigen Erfolg zu sichern, bestand er aber darauf, dass ihm neben einer Reihe unabhängiger Persönlichkeiten auch die Zentralbankpräsidenten angehören sollten. Beim deutsch-französischen Gipfel am 2. Juni in Evian schlug er deshalb vor, dass Delors, mit dem er unterdessen eng zusammenarbeitete, den Vorsitz in diesem Ausschuss übernehmen sollte. Gleichzeitig verlangte er von Mitterrand, eine Vorbedingung zu erfüllen, die für Stoltenberg besonders wichtig war: die Freigabe des Kapitalverkehrs in der Gemeinschaft.[30] Nachdem Mitterrand dieser Forderung nachgekommen war und der EG-Ministerrat am 24. Juni die Freigabe des Kapitalverkehrs spätestens zum 1. Juli 1990 beschlossen hatte, war für Kohl der Weg frei, bei der nächsten Ratstagung als Initiator der Währungsunion aufzutreten. Stoltenbergs Opposition konnte mit dem Hinweis auf den Erfolg bei der Liberalisierung des Kapitalverkehrs neutralisiert werden.

Bei der Ratstagung in Hannover am 27. und 28. Juni suchte Kohl zunächst Thatcher im privaten Gespräch zu überzeugen, dass sie von einem Ausschuss, der im Wesentlichen aus orthodoxen Zentralbankern bestand, nichts zu befürchten hatte. Dann, nachdem die Ratskollegen Delors gerade für eine weitere Amtszeit als Kommissionspräsident bestätigt hatten, trat er beim Abendessen mit dem Vorschlag hervor, Delors auch zum Vorsitzenden des neuen Ausschusses zu berufen. Dem Ausschuss sollten ferner alle zwölf Zentralbankpräsidenten angehören und Frans Andriessen als weiteres Mitglied der Europäischen Kommission sowie Miguel Boyer, Präsident der spanischen Außenhandelsbank, Alexandre Lamfalussy, Generaldirektor der Bank für Internationalen Zahlungsausgleich, und Niels Thygesen, Wirtschaftsprofessor in Kopenhagen, als unabhängige Persönlichkeiten. Der Vorschlag stieß in dieser Konstellation auf allgemeine Zustimmung. Thatcher bestand nur darauf, dass die Frage nach der Errichtung einer Europäischen Zentralbank nicht explizit in den Arbeitsauftrag für den Ausschuss hineingeschrieben wurde. Und Tietmeyer, der der deutschen Delegation wieder als »Aufpasser« aus dem Finanzministerium angehörte, erreichte im letzten Moment den Zusatz, dass die Zentralbankpräsidenten nur in ihrem eigenen Namen tätig werden sollten, nicht als Vertreter ihrer Institutionen. In der abschließenden Pressekonferenz gab sich Kohl als amtierender Ratspräsident »zu 90 Prozent sicher«, dass die Europäische Zentralbank bis zum Jahr 2000 verwirklicht sein würde.[31]

In der Tat war mit der Einsetzung eines Ausschusses, der einen Fahrplan zur Währungsunion ausarbeiten sollte, der Übergang zu einer gemeinsamen Währung wieder auf die Tagesordnung der Gemeinschaft gesetzt worden. Durch die Einbindung der Zentralbankpräsidenten war es zudem gelungen, die Opposition der Bundesbank zu neutralisieren. Pöhl beklagte sich zwar, dass ihm mit Delors ein unqualifizierter Politiker vor die Nase gesetzt wurde, und er versuchte sogar, die Einladung zur Mitarbeit in dem Ausschuss an ein anderes Mitglied des Bundesbank-Direktoriums abzutreten. Angesichts der Beteiligung aller anderen Zentralbankpräsidenten konnte er sich dem Auftrag aber letztlich nicht entziehen. Es blieb ihm nur noch die Möglichkeit, die Position der Bundesbank im Delors-Ausschuss so offensiv wie möglich zu vertreten und auf diese Weise die Hürden auf dem Weg zur Währungsunion weiterhin hochzuhalten.

Der Delors-Ausschuss trat in Basel zusammen, und zwar jeweils im Anschluss an die monatlichen Sitzungen des Ausschusses der Zentralbankpräsidenten. Dabei wurde rasch deutlich, dass Pöhl in die Defensive geraten war. Bei seinen Vorbehalten gegen eine Beschleunigung des Weges zur Währungsunion wurde er zwar meist von dem dänischen Zentralbankpräsidenten Erik Hoffmeyer und seinem niederländischen Kollegen Wim Duisenberg unterstützt. Auf der anderen Seite traten aber der Italiener Carlo Ciampi, der Belgier Jean Godeaux und der Franzose Jacques de Larosière als eifrige Verfechter der Währungsunion auf, und Boyer und Thygesen waren als Mitglieder des von Schmidt und Giscard Ende 1986 ins Leben gerufenen »Komitees für die Währungsunion Europas« ohnehin auf rasche Fortschritte bei der Währungseinigung programmiert. Delors konzentrierte sich allerdings darauf, eine gemeinsame Antwort aller Kommissionsmitglieder auf die

Frage nach dem Weg zur Währungsunion zustande zu bringen. Folglich insistierte er nicht weiter, wenn Pöhl bestimmte Forderungen als nicht verhandelbar bezeichnete, und bemühte sich obendrein auch um äußerste Verbindlichkeit. Als Pöhl bei seinen Ausführungen in französischer Sprache entnervt die Kopfhörer absetzte, machte er unverdrossen in schlechtem Englisch weiter.

Delors' verbindliche Zielstrebigkeit und die Vermittlerdienste, auf die sich Duisenberg wiederholt verstand, sorgten dafür, dass bis zum 12. April 1989 tatsächlich ein Bericht zustande kam, der von allen Kommissionsmitgliedern getragen wurde. Er bewegte sich auf der von Genscher vorgezeichneten Linie, enthielt allerdings auch einige Unschärfen, hinter denen sich fortdauernde Meinungsverschiedenheiten verbargen. In der Zielbeschreibung eines unabhängigen Europäischen Zentralbankensystems, das vom Direktorium der Europäischen Zentralbank und den Präsidenten der nationalen Zentralbanken geleitet wurde und auf das Ziel der Preisstabilität verpflichtet war, folgte er den deutschen Vorgaben. Mitterrand hatte de Larosière hierzu seinen Segen gegeben, weil er wusste, dass die Währungsunion anders nicht zu erreichen war. Um die Unwiderruflichkeit der Fixierung der Wechselkurse zu demonstrieren, sollte es auch nominal eine Gemeinschaftswährung geben. Hinsichtlich der parallelen Entwicklung einer gemeinsamen Wirtschafts- und Fiskalpolitik, die Delors für notwendig hielt, wenn die Währungsunion dauerhaft funktionieren sollte, war dagegen nur vage von »makroökonomischer Koordinierung einschließlich verbindlicher Regeln im Haushaltsbereich« die Rede. Die ausdrückliche Erwähnung einer »Übertragung von Entscheidungsmacht« auf die europäische Ebene in einem frühen Entwurf wurde von Delors als nicht durchsetzbar gestrichen.

Was den Fahrplan betraf, so konnte Delors wohl die Idee eines Vorgehens in drei Stufen durchsetzen und auch die Empfehlung, dass es gleich zu Beginn des Prozesses eine »klare politische Verpflichtung auf die Endstufe« geben müsse; von einem Zeitplan, wie ihn das Schmidt-Giscard-Komitee verlangt hatte, blieb jedoch nur die Empfehlung, die erste Stufe spätestens mit der Freigabe des Kapitalverkehrs am 1. Juli 1990 beginnen zu lassen. Ansonsten wurde weder klar gesagt, welche Bedingungen erfüllt sein müssten, um von der ersten zur zweiten oder von der zweiten zur dritten Stufe fortschreiten zu können, noch wurden irgendwelche zeitlichen Vorgaben für diese Übergänge gemacht. In der ersten Stufe sollte die Konvergenz von wirtschaftlicher Entwicklung und Wirtschaftspolitik weiter gefördert werden, und es sollten alle Mitgliedsländer dem Wechselkursmechanismus des EWS beitreten. Außerdem sollte ein Vertrag über die Wirtschafts- und Währungsunion ausgearbeitet werden. Nach dessen Ratifizierung sollte das Europäische Zentralbankensystem in der zweiten Stufe den Übergang zur vollen Währungsunion in der dritten Stufe organisieren.

Hinsichtlich der Organisation des Übergangs in der zweiten Stufe blieb der Bericht des Delors-Ausschusses ebenfalls vage. Pöhl wehrte de Larosières Forderung nach Einrichtung eines Europäischen Währungsfonds für diese Übergangsphase mit Erfolg ab, ebenso die Idee, eine europäische Parallelwährung zu schaffen, die neben den nationalen Währungen gelten sollte. Der Bericht hielt lediglich fest, dass die Europäische Zentralbank die Möglichkeit haben sollte, »einen gewissen Betrag an Währungsreserven« zusammenzulegen und ihn zur Intervention auf dem Devisenmarkt zu nutzen. Die Bandbreiten zwischen den nationalen Währungen sollten in dem Maße verengt werden, wie es die Umstände und der Fortschritt bei der Konvergenz erlaubten. Darüber hinaus sollten präzise Regeln für den Umfang und die Finanzierung von Haushaltsdefiziten vereinbart werden; diese sollten allerdings noch nicht verbindlich sein. »Leitlinien« zur makroökonomischen Entwicklung sollten mit Mehrheitsvotum verabschiedet werden, während die »endgültige Verantwortung« für politische Entscheidungen in dieser Phase aber noch bei den nationalen Instanzen verbleiben sollte.[32]

Auch wenn damit wesentliche Essentials der Bundesbank hinsichtlich der Gestalt der künftigen Währungsunion gewahrt blieben und das Tempo ihrer Verwirklichung unklar blieb, war doch mit der Empfehlung eines unmittelbaren Starts mit gleichzeitiger Verpflichtung auf das Ziel ein starker Impuls gegeben, mit der Weiterentwicklung des Währungssystems zur Währungsunion jetzt zu beginnen. Pöhl fing denn auch gleich nach der Veröffentlichung des Berichts am 17. April damit an, sich von seinem Inhalt zu distanzieren und vor einer »übereilten« Verwirklichung der empfohlenen Schritte zu warnen. Der neue deutsche Finanzminister Theo Waigel reagierte mit einer öffentlichen Bestätigung der »Krönungstheorie«; einer Beschleunigung des Weges zur Währungsunion erteilte er eine klare Absage. Der Wissenschaftliche Beirat des Bundeswirtschaftsministeriums sprach sich darüber hinaus auch gegen verbindliche Haushaltsregeln auf europäischer Ebene aus. In einem Brief an Wirtschaftsminister Helmut Haussmann warnte er davor, Vertragsverhandlungen auf der Grundlage des Drei-Stufen-Plans zu beginnen.[33]

Demgegenüber drängten Mitterrand, Delors und Genscher darauf, den Bericht des Delors-Ausschusses auf der nächsten Ratstagung in Madrid zu verabschieden und sogleich eine Regierungskonferenz einzusetzen, die den für Stufe 2 erforderlichen Vertrag ausarbeiten sollte. Der Umstand, dass es gelungen war, alle Zentralbankpräsidenten auf ein gemeinsames Programm zu verpflichten, musste genutzt und das Eisen geschmiedet werden, solange es noch heiß war. Mitterrand schob daher die Bedenken seines Finanzministers Bérégovoy hinsichtlich fehlender wirtschafts- und fiskalpolitischer Steuerungskompetenz der projektierten Union kurzentschlossen beiseite. Während einer Besprechung im Élysée-Palast am 11. Mai machte er klar, dass die Risiken, die Frankreich mit der Freigabe der

Kapitalbewegungen einging, durch die Vorteile der Währungsunion mehr als auf-
gewogen würden.[34]

Kohl geriet durch den Druck, den die Währungsunions-Protagonisten ausübten, erneut in ein Dilemma: Auf der einen Seite teilte er ihre Lageanalyse und die
Schlussfolgerungen, die sie daraus zogen; andererseits musste er innenpolitisch
gerade jetzt besonders vorsichtig agieren. Die Kritik an seiner Amtsführung hatte
sich zugespitzt, und sein eigener Generalsekretär Heiner Geißler war dabei, seine
Ablösung zu betreiben. Da konnte er es sich einfach nicht leisten, Finanzminister
Waigel zu düpieren, der die Nachfolge von Franz Josef Strauß als Vorsitzender
der bayerischen CSU angetreten hatte und ihn gegen die innerparteiliche Kritik
unterstützte. In den Kabinettsberatungen konnte Genscher deshalb zwar durchsetzen, dass sich die Bundesregierung für die Annahme des Delors-Berichts und
den Beginn der ersten Stufe zum 1. Juli 1990 aussprechen würde. Als Waigel und
Tietmeyer (dessen Fachkompetenz der neue Finanzminister sehr schätzte) aber
geltend machten, dass vor einer Festlegung auf den Beginn der Regierungskonferenz noch eine Reihe von »technischen Fragen« geklärt werden müssten, wagte
Kohl nicht zu widersprechen.[35]

In Madrid, wo die Staats- und Regierungschefs am 26. und 27. Juni zusammenkamen, konnte denn auch nicht mehr beschlossen werden. Kohl nutzte den
Widerstand Thatchers gegen einen neuen Vertrag, um sich als Vermittler zu präsentieren und dann auf ein Ergebnis hinzuarbeiten, das ihm abermals Zeitge-
winn verschaffte: Der Bericht des Delors-Ausschusses wurde als unentbehrliche
Grundlage für die Vorbereitung der Währungsunion begrüßt und der Beginn der
ersten Stufe auf den 1. Juli 1990 festgelegt. Die Regierungskonferenz sollte aber
erst zusammentreten, sobald die zuständigen Gremien – also der Allgemeine und
der Finanzrat, die Kommission, der Ausschuss der Zentralbankpräsidenten und
der Währungsausschuss – die notwendigen Vorbereitungen abgeschlossen hatten.
In keinem Fall sollte das vor Beginn der ersten Stufe der Fall sein. Der Rat billigte
im Übrigen ausdrücklich das Vorhaben der Deutschen, eindeutige Konvergenzkriterien festzulegen, und lehnte den französischen Plan für einen Europäischen
Reservefonds ab.[36]

Mitterrand suchte nun die europäische Ratspräsidentschaft, die er im zweiten
Halbjahr 1989 wieder innehatte, dazu zu nutzen, die Vorbereitungen für die Regierungskonferenz entscheidend voranzutreiben und den Deutschen ein verbind-
liches Datum für ihren Zusammentritt abzuringen. Wenigstens noch vor Ende
des Jahres 1990 sollte sie beginnen. Die dazu notwendigen Beschlüsse sollten auf
der nächsten Ratstagung im Dezember in Straßburg gefasst werden, und eine
Arbeitsgruppe aus Vertretern aller Außen- und Finanzministerien, die unter dem
Vorsitz seiner Europa-Referentin Elisabeth Guigou tagte, sollte sie vorbereiten.
Er habe die Absicht, »den Zug auf die Räder zu setzen«, kündigte er Margaret

Thatcher bei einem Blitzbesuch am 4. September an, und er sollte nicht »von ein oder zwei Staaten« aufgehalten werden.[37] Im Klartext hieß das: Frankreich würde die Währungsunion jetzt auf den Weg bringen, auch wenn Großbritannien nicht gleich mitmachen würde.

Bei seinem Drängen auf Einberufung einer Regierungskonferenz kam Mitterrand der Umstand zu Hilfe, dass die Aussichten auf eine Überwindung der Teilung Europas und damit Deutschlands, die im Laufe des Sommers und Herbstes 1989 deutlicher wurden, den Einsichten in die strategischen Notwendigkeiten, die Mitterrand und Genscher bewegten, breitere Resonanz verschafften. Angesichts der Öffnung der ungarischen Grenze nach Österreich und der Bildung einer Allparteien-Regierung in Polen begannen sowohl Bérégovoy als auch Waigel zu begreifen, dass die Währungsunion unbeschadet ihrer unterschiedlichen Auffassungen über das Wie rasch verwirklicht werden musste. Bei ihrer ersten Begegnung im Rahmen der Deutsch-Französischen Wirtschaftskommission in Tegernsee am 24. und 25. August fassten sie Vertrauen zueinander. Ihre beiden Häuser arbeiteten fortan nicht mehr heimlich gegen die Währungsunion, sondern konstruktiv auf sie hin. Selbst Pöhl gab sich jetzt überzeugt, dass die Währungsunion aus politischen Gründen kommen müsse.

Dazu passte, dass Kohl den innerparteilichen Machtkampf in der CDU auf dem Bremer Parteitag in der zweiten Septemberwoche für sich entscheiden konnte. Mit neuem Selbstbewusstsein trat er jetzt als Sprecher auch der Deutschen in der DDR auf, und er sah auch die Notwendigkeit, mögliche Irritationen der Verbündeten hinsichtlich eines neuen deutschen Sonderwegs durch rechtzeitige Gesten vorzubeugen. Am 13. Oktober ließ sein Europa-Referent Joachim Bitterlich die Kollegin Guigou in Paris wissen, dass der Bundeskanzler bei der bevorstehenden Ratstagung in Straßburg im Dezember für eine Vereinbarung über den Zusammentritt der Regierungskonferenz plädieren würde. Als Datum für den Konferenzbeginn wurde Ende 1990 genannt. Die Verhandlungen sollten bis Ende 1991 zu einem Vertragsabschluss führen, und die Ratifizierung des Vertrages sollte dann im Laufe des Jahres 1992 erfolgen.[38] Mitterrand verstand, dass die Verhandlungen erst nach den Bundestagswahlen beginnen sollten, die für Anfang Dezember 1990 vorgesehen waren, und das Thema der Währungsunion so aus dem deutschen Wahlkampf herausgehalten werden sollte.

Wirklich entschieden war mit diesem Einlenken Kohls aber, anders als Mitterrand meinte, immer noch nichts. Der Bundeskanzler zog nämlich aus den Umbrüchen in Ungarn und Polen und dem sichtlichen Verfall des SED-Regimes in der DDR jetzt den Schluss, dass neben der wirtschaftlichen und monetären Integration nun auch die politische Einigung Europas beschleunigt werden müsse. Das schien ihm erstens nötig zu sein, um für den Prozess der deutschen Wiedervereinigung einen starken Rahmen zu schaffen; und zweitens sah er auch bei der Bewältigung der Hinterlassenschaften des Kommunismus im östlichen Teil Europas neue Aufgaben auf die Gemeinschaft zukommen. Elf Tage nach der Botschaft, die Bitterlich übermittelt hatte, flog Kohl eigens nach Paris, um Mitterrand das zu sagen. »Es wäre notwendig, nach dem wirtschaftlichen ein politisches europäisches Projekt in Angriff zu nehmen«, erläuterte er ihm beim gemeinsamen Abendessen am 24. Oktober. Der Bundeskanzler machte auch deutlich, dass eine entsprechende Initiative seiner Meinung nach dringlich war: »Der Gipfel von Straßburg muss eine klare Botschaft in Richtung Osten aussenden.«

Mitterrand entging nicht, dass Kohl auf seine Frage nach dem Datum für die Regierungskonferenz ausweichend reagierte: »Man kann nichts entscheiden, bevor man sieht, was in Straßburg geschieht.« Das ließ ihn misstrauisch werden. Mitterrands Berater Jacques Attali schloss seine Aufzeichnungen zu dieser »schwindelerregenden« Unterredung mit der Bemerkung: »Ich spüre zum ersten Mal, dass der Kanzler uns nicht Alles anvertraut was er weiß und was er will.«[39] Aus dem Misstrauen wurde große Unruhe, als Kohl seine Vorstellungen in einem Schreiben an Mitterrand am 27. November präzisierte: In Straßburg sollten die Finanzminister und die Zentralbankpräsidenten mit der Vorbereitung der Regierungskonferenz beauftragt werden; und die Konferenz sollte dann nicht nur über die Wirtschafts- und Währungsunion verhandeln, sondern in einer zweiten Phase von Ende 1991 an über die sonstigen institutionellen Reformen, insbesondere über eine Stärkung der Stellung des Europäischen Parlaments. Die »politische Entscheidung zur Einsetzung der Regierungskonferenz über die Wirtschafts- und Währungsunion« sollte erst Mitte Dezember 1990 getroffen werden, die Verhandlungen erst Anfang 1991 beginnen. Beide Verhandlungsteile sollten im Laufe des Jahres 1992 abgeschlossen werden, »spätestens im Dezember«. Die Ratifizierungen würden dann, so wurde abschließend betont, rechtzeitig vor den nächsten Wahlen zum Europäischen Parlament im Mai/Juni 1994 erfolgen können.[40]

In Paris interpretierte man die hier angekündigte Verschiebung der politischen Entscheidung über die Währungsunion um ein weiteres Jahr in Verbindung mit der Einbettung in ein umfassenderes Reformprojekt, das viele Fallstricke barg, als eine verdeckte Absage. »Wenn das wirklich die Position des Bundeskanzlers ist«, kommentierte Attali, »dann bedeutet das, dass er auf die britische Argumentation eingeschwenkt ist. Und das Alles beerdigt ist. Die deutschen Probleme werden die europäische Konstruktion hinwegfegen.«[41] Nicht nur das Projekt der Währungsunion drohte genau in dem Moment zu scheitern, in dem es aus französischer Sicht besonders dringlich wurde, sondern die Einbindung Deutschlands überhaupt, die doch ein wesentliches Motiv nicht nur der französischen Europapolitik war.

Europäische Sicherheit und deutsche Einheit

Grundsätzlich war Mitterrand durchaus ja auch für ein politisches europäisches Projekt zu haben. Seit seiner Annäherung an Kohl im Winter 1983/84 plädierte er für eine gemeinsame Außenpolitik und auch eine gemeinsame Verteidigungsorganisation der Europäer, die von einer entsprechenden Zusammenarbeit Frankreichs und der Bundesrepublik ausgehen sollte. Im Februar 1984 erklärte er Kohl seine Bereitschaft, nach der Regelung der britischen Beitragsfrage und der Süderweiterung »weiterzugehen und mit Ihnen über die europäische Verteidigung zu sprechen«. Dabei sei »nichts ausgeschlossen, weder die konventionelle Rüstung noch darüber hinausgehend die nukleare«. Als Kohl sogleich die Möglichkeit einer französischen Konsultationsverpflichtung beim Einsatz von Atomwaffen auf deutschem Boden oder von deutschem Boden aus ansprach, wie sie Präsident Reagan eingegangen war, meinte Mitterrand nur: »Warum nicht?« Drei Monate später bekannte er sich in seiner Grundsatzrede vor dem Europäischen Parlament auch öffentlich zur Notwendigkeit einer »gemeinsamen Verteidigung der Europäer«.[42]

Dahinter stand nicht nur die anhaltende Sorge, dass die Neutralisierungstendenzen in der deutschen Politik fühlbarer zutage treten könnten. Mitterrand zeigte sich auch zunehmend über die Eigenmächtigkeiten und Inkonsistenzen in der Politik von Ronald Reagan besorgt, insbesondere über das SDI-Programm eines im Weltraum stationierten Raketen-Abwehrschirms, das die Sicherheitsinteressen der Europäer sträflich vernachlässigte. Darüber hinaus war er wohl auch für die Vision seines Freundes Régis Debray empfänglich, der in einem unabhängigen westlichen Europa auch eine Möglichkeit sah, die Demokratisierung des östlichen Europas zu fördern. In den »Überlegungen zur Außenpolitik Frankreichs«, die er Anfang 1986 veröffentlichte, beschwor er jedenfalls die Versöhnung der beiden Teile Europas auf der Grundlage gemeinsamer Werte und des demokratischen Sozialismus, die nach der Überwindung der Exzesse des amerikanischen Liberalismus und des Kommunismus möglich werden sollte.[43]

Mitterrands Sozialistische Partei erarbeitete bis Juli 1985 einen Bericht zur Verteidigungspolitik, der mit den deutschen Parteifreunden abgestimmt war; vor allem Egon Bahr hatte daran mitgewirkt. Darin wurde die strategische Solidarität betont, die Frankreich mit dem übrigen westlichen Europa und besonders mit der Bundesrepublik verband, und angesichts der Erosion der amerikanischen Sicherheitsgarantie eine »interne Gewichtsverlagerung innerhalb der atlantischen Allianz« verlangt. Diese sollte auf einer »verstärkten und selbständigeren Zusammenarbeit der Europäer im Bereich der Verteidigung« und einer »Ausweitung der französischen Verantwortlichkeit in diesem Bereich« beruhen. Die französischen

Streitkräfte sollten einschließlich ihrer nuklearen Komponente ausdrücklich auf die Sicherheit Europas hin ausgerichtet werden.[44]

Bei der Konkretisierung seiner Vorschläge schraubte Mitterrand die französischen Angebote allerdings wieder zurück. Zunächst betonte er, Deutsche und Franzosen sollten »alles gemeinsam machen, was Euch [den Deutschen] nicht verboten ist, das heißt den Weltraum, die chemischen Waffen und den Laser«. Gerade im Hinblick auf die Entwicklung einer eigenständigen Raketenabwehr Europas erschien ihm die deutsche Unterstützung ebenso notwendig wie machbar. Sie sollte, wie er Kohl im November 1985 erklärte, der Bundesrepublik in einem Zeitraum von 20 Jahren »eine tatsächliche Defensivmacht« verschaffen. Eine »Integration der Atomwaffe« schloss er aus: Sie würde der angestrebten Verbesserung der Beziehungen zur Sowjetunion im Wege stehen und Frankreich außerdem des nötigen Gegengewichts zur deutschen Wirtschaftsmacht berauben. Im Dezember sprach er sich auch gegen eine Ausdehnung der französischen Nukleargarantie auf die Bundesrepublik aus, wie sie Schmidt und Giscard vereinbart hatten; gleichzeitig betonte er, dass die Pariser Diskussion über eine Beteiligung der französischen Truppen an der Vorwärtsverteidigung auf deutschem Boden noch nicht abgeschlossen sei.[45]

Selbst die Verpflichtung zur Konsultation vor dem Einsatz französischer Atomwaffen auf deutschem Boden, auf die Kohl beständig drängte, ging Mitterrand angesichts des Widerstands seines Generalstabschefs Jean Saulnier nur unter Vorbehalt ein. In einer gemeinsamen Erklärung, die beim deutsch-französischen Gipfel am 27. und 28. Februar 1986 in Bonn verabschiedet wurde, erklärte er sich dazu »in den Grenzen« bereit, »die die außerordentliche Schnelligkeit solcher Entscheidungen erfordert«. Zudem »erinnerte« er daran, »dass die Entscheidung in diesem Bereich nicht geteilt werden kann«. Befriedigender für die deutsche Seite war die gleichzeitige Zusicherung Mitterrands, dass die Stäbe beider Seiten operativ zusammenarbeiten sollten und er im Verteidigungsfall die französischen Truppen sogleich bis zur innerdeutschen Grenze marschieren lassen würde.[46]

Die Enttäuschung über die geringe Substanz der französischen Konsultationszusage hielt Kohl nicht davon ab, nun von sich aus einen Ausbau der militärischen Zusammenarbeit zu fordern. Er hatte auf die französischen Vorschläge positiv reagiert, weil er ebenso wie Mitterrand die amerikanischen Rückzugstendenzen und den deutschen Hang zur Neutralisierung fürchtete. Letzteren sah er nun durch die Abrüstungsinitiativen Gorbatschows stärker werden, und so drängte er jetzt auf eine »ganz enge Zusammenarbeit«, wie er Mitterrand bei einem Treffen auf Schloss Chambord am 28. März 1987 sagte.[47] Vier Monate später präsentierte Horst Teltschik, Leiter der Außenpolitischen Abteilung im Bundeskanzleramt, bei einem Besuch seines französischen Pendants Attali in Bonn seine diesbezüglichen Pläne: die Schaffung einer Deutsch-Französischen

Brigade, der sich Luxemburg, die Niederlande und Italien anschließen könnten; vermehrte gemeinsame Manöver und erweiterte gemeinsame Logistik, das Ganze »in der Perspektive einer Fusion der EWG und der WEU«; die Einrichtung eines deutsch-französischen Verteidigungsrats und eines ständigen Generalstabs; schließlich Präzisierungen hinsichtlich der vereinbarten Konsultation vor dem Einsatz französischer Atomwaffen.[48]

Für Mitterrand ging das wieder zu weit. Gemeinsamen Manövern stimmte er zu, sodass im September 1987 20.000 Soldaten der Ersten französischen Armee und der Schnellen Eingreiftruppe an einem spektakulären Manöver mit der Bundeswehr teilnahmen. Beim 50. deutsch-französischen Gipfeltreffen im November 1987 wurde die Schaffung der Deutsch-Französischen Brigade bekanntgegeben; zum 25. Jahrestag der Unterzeichnung des Deutsch-Französischen Vertrags am 22. Januar 1988 trat der gemeinsame Verteidigungs- und Sicherheitsrat ins Leben. Doch obwohl das gemeinsame Manöver außerhalb des NATO-Rahmens stattfand und Bundeswehr-Soldaten in der gemeinsamen Brigade zum ersten Mal außerhalb des integrierten NATO-Kommandos agierten, war Mitterrand nicht bereit, die Konsultationszusage zu gemeinsamer Einsatzplanung auszuweiten und dem Verteidigungsrat operative Funktionen zuzubilligen. Die Deutsch-Französische Brigade (im Umfang von 4.200 Mann) kam damit über eine symbolische Funktion nicht hinaus, und die Verständigung über eine gemeinsame Verteidigungskonzeption ließ weiter auf sich warten.[49]

Immerhin gelang es im Dialog zwischen Kohl und Mitterrand, die Haltung zu den Abrüstungsinitiativen Gorbatschows einander anzunähern und so gemeinsame europäische Interessen bei dem sich abzeichnenden Ende des Wettrüstens zu wahren. Als sich Reagan und Gorbatschow bei einem improvisierten Gipfeltreffen in Reykjavik am 11. und 12. Oktober 1986 darauf verständigten, binnen eines Zeitraums von zehn Jahren alle Atomwaffen abzuschaffen, waren sich Kohl und Mitterrand schnell einig, dass dies höchst gefährlich sein würde und es daher auch im vitalen Interesse der Bundesrepublik lag, die französische Abschreckungsmacht zu erhalten und sie weiter zu modernisieren. Thatcher reiste nach kurzer Absprache mit Mitterrand nach Washington, um Reagan einzuschärfen, dass es »kein zweites Reykjavik« geben dürfe; Kohl mahnte den amerikanischen Präsidenten, bevor die strategischen Raketen über 50 Prozent hinaus vermindert würden, müsste erst ein konventionelles Gleichgewicht in Europa erreicht sein.[50]

Gorbatschows Angebot, alle Mittelstreckenraketen abzuschaffen, sah Mitterrand dann aber anders als sein Verteidigungsminister André Giraud und die Beamten des Quai d'Orsay durchaus positiv. Sich dagegen zu stellen, schien ihm nicht nur angesichts der Erwartungen der öffentlichen Meinung in Deutschland wie in Frankreich unmöglich zu sein. Er war unterdessen auch zu der Überzeugung gelangt, dass die Raketen mittlerer und kürzerer Reichweite weder zur französischen noch zur amerikanischen Sicherheit beitrugen. »Unsere Nuklearmacht sind die Unterseebote«, erläuterte er Kohl, »und dazu dann noch die 18 Raketen von Albion, die die UdSSR erreichen können.«[51] Entsprechend setzte er sich sowohl bei der britischen als auch bei der deutschen Regierung für die »doppelte Null-Lösung« ein, die den Abbau aller Mittelstreckenraketen mit der Vernichtung der Raketen kürzerer Reichweite verband. Kohl, der unter dem Druck seiner Militärexperten wenigstens noch die alten Pershing-Ia-Raketen als Gegengewicht zur konventionellen Überlegenheit des Warschauer Paktes behalten wollte, räumte im August 1987 auch diese Position.[52] Damit war der Weg zur Unterzeichnung des Washingtoner Abkommens über die Beseitigung der Mittelstreckenraketen am 8. Dezember 1987 frei.

In der Frage der in der Bundesrepublik stationierten Kurzstreckenraketen, die nach den Vorstellungen der amerikanischen Strategen zum Ausgleich für den Wegfall der Mittelstreckenraketen modernisiert werden sollten, trat Mitterrand für Verhandlungen vor einer Modernisierungsentscheidung ein. Gleichzeitig unterstützte er Kohl bei dessen Forderung, Verhandlungen über einen Abbau der Asymmetrie bei den konventionellen Waffen zu beginnen, der die Aussicht bot, die unpopuläre Aufstellung neuer Kurzstreckenraketen vielleicht überflüssig zu machen. Als Kohl, dem Drängen Genschers folgend, in einer Bundestagsrede am 27. April 1989 die baldige Eröffnung von Verhandlungen über die Kurzstreckensysteme verlangte und dabei zu erkennen gab, dass er eine dritte »Null-Lösung« auch für diesen Bereich nicht mehr ausschloss, wirkte Mitterrand auf Amerikaner und Briten, die eine Denuklearisierung der Bundesrepublik fürchteten, beruhigend ein. Gegenüber Reagans Nachfolger George Bush plädierte er dafür, sich auf Fortschritte in den Verhandlungen über konventionelle Abrüstung zu konzentrieren und die Frage der Kurzstreckenwaffen erst einmal zu verschieben. Tatsächlich fassten die Staats- und Regierungschefs der NATO bei einem Gipfeltreffen in Brüssel am 29. und 30. Mai 1989 einen entsprechenden Beschluss, der es dem westlichen Bündnis erlaubte, auf die Vorschläge Gorbatschows mit großer Einmütigkeit einzugehen.[53]

In den Verhandlungen über konventionelle Streitkräfte in Europa, die seit dem 9. März in Wien geführt wurden, kam es jetzt zu raschen Fortschritten. Kohl konnte Gorbatschow bei einem Staatsbesuch in der Bundesrepublik vom 12. bis 15. Juni versichern, dass die Modernisierung der Kurzstreckenraketen nach einem erfolgreichen Abschluss der Verhandlungen kein Thema mehr sein würde. Mitterrand setzte sich gegenüber Bush dafür ein, Gorbatschow bei seinen Reformen zu unterstützen, und drängte ihn, sich möglichst bald mit dem sowjetischen Generalsekretär zu treffen. Der Gipfel von Malta am 2. und 3. Dezember, bei dem Bush und Gorbatschow das Ende des Kalten Krieges proklamierten, war so nicht zuletzt ein Ergebnis parallelen, wenn auch nicht eng miteinander abgestimmten Agierens des deutschen Bundeskanzlers und des französischen Präsidenten.

Was die Gefahr der Neutralisierung der Bundesrepublik betraf, so hielt es Mitterrand jetzt für ausreichend, erstens Kohl in der innenpolitischen Auseinandersetzung zu unterstützen und zweitens die Notwendigkeit eines europäischen Rahmens für die Wiedervereinigung zu betonen. Als ihn Journalisten bei einer Pressekonferenz zum Abschluss des Staatsbesuchs von Gorbatschow am 5. Juli nach seiner Haltung zur deutschen Wiedervereinigung befragten, betonte er die Legitimität der deutschen Wünsche, fügte aber direkt hinzu, dass der Prozess natürlich »friedlich ablaufen« müsse und keine »neuen Spannungen hervorrufen« dürfe. Drei Wochen später wiederholte er diese Position in einem Interview, das er fünf europäischen Zeitungen zugleich gewährte: Die Wiedervereinigung müsse »friedlich und demokratisch« verlaufen; dazu gehöre ein Dialog der Vier Mächte und eine Einigung der »beiden deutschen Regierungen«.[54]

Konzeptionell stand hinter dieser Flucht in die öffentliche Diskussion der deutschen Frage die Vorstellung einer Vertiefung der Europäischen Gemeinschaft als »hartem Kern jeder Organisation des Europas vom Atlantik bis zum Ural«. Angesichts der Erosion des sowjetischen Imperiums galt es, wie der Politische Direktor des Quai d'Orsay, Bertrand Dufourcq, im Februar 1989 an den Präsidenten schrieb, die Bundesrepublik stärker denn je an die Gemeinschaft zu binden und deren Entwicklung zu einer Politischen Union mit einer gemeinsamen Verteidigung zu beschleunigen. Beitrittsgesuche von EFTA-Staaten wie Österreich sollten vorerst im Interesse der Vertiefung der Gemeinschaft zurückgewiesen werden. Gleichzeitig sollte aber gemeinsam mit diesen Staaten des »zweiten Kreises« die Zusammenarbeit mit den Ostblockländern (dem »dritten Kreis«) organisiert werden – in Bereichen wie der Kultur, den Medien, den sozialen Fragen und der Technologie. Die Annäherung der beiden Teile Europas und der beiden Deutschlands sollte sich so im Gleichklang vollziehen.[55] Im August ergänzte Jacques Attali diese Vision um die Dimension finanzieller Unterstützung für die Reformen in den Ostblockländern: Alle europäischen Länder einschließlich der Sowjetunion sollten die Probleme des Übergangs auf einem gemeinsamen Forum diskutieren (Mitterrand sprach von einer »Konföderation«), und eine Europäische Entwicklungsbank sollte bei der Bewältigung ihrer wirtschaftlichen Dimension helfen.[56]

Ende Oktober ventilierte Mitterrand die Idee der Konföderation und der Entwicklungsbank bei den europäischen Verbündeten. Er stieß damit jedoch nicht gerade auf großes Interesse, weder bei Kohl, der beim Abendessen des 24. Oktobers auf seine diesbezüglichen Bemerkungen überhaupt nicht einging, noch im Kreis der zwölf Staats- und Regierungschef, die er wenige Tage nach dem Fall der Mauer zu einem informellen Treffen in den Élysée-Palast einlud. Stattdessen wurden die Teilnehmer des Abendessens am 18. November Zeugen einer heftigen

Konfrontation zwischen Margaret Thatcher, die ihre Furcht vor einer deutschen Wiedervereinigung nicht verbergen konnte, und dem Bundeskanzler, der sich bei der Entscheidung über die jetzt erforderlichen Schritte in der Wiedervereinigungsfrage nicht von den elf Partnern einschränken lassen wollte. Als Kohl eine NATO-Erklärung aus dem Jahr 1970 zitierte, in der die deutsche Position zur Wiedervereinigung unterstützt wurde, unterbrach ihn Thatcher mit der Bemerkung, damals habe man doch »nicht geglaubt, dass sie jemals stattfinden würde«. Kohl blaffte zurück: »Sie können das deutsche Volk nicht daran hindern, seinem Schicksal zu folgen.« Thatcher quittierte die ominöse Drohung mit einem Wutausbruch: »Seht ihr, seht ihr, das ist es, was er will.«[57]

Mitterrand sah die deutschlandpolitische Entwicklung zu diesem Zeitpunkt noch wesentlich gelassener. Zwar trieb auch ihn die Sorge um, eine unkontrollierte Vereinigungsbewegung der Deutschen könne zum Sturz Gorbatschows und damit möglicherweise sogar zu einem großen Krieg zwischen Ost und West führen. Gleichzeitig verfügte er aber anders als Thatcher über ein Konzept zur friedlichen Lösung der deutschen Frage; und er hoffte stark, dass Kohl ihm helfen würde, diese europäische Option zu verwirklichen. Umso größer war seine Beunruhigung, als der Bundeskanzler am 27. November seine Zustimmung zur Einberufung einer Regierungskonferenz über die Währungsunion praktisch wieder zurücknahm. Die Unruhe wuchs noch weiter an, als Kohl gleich am Tag darauf, ohne die Partner zuvor informiert zu haben, mit einem Wiedervereinigungsplan in zehn Punkten an die Öffentlichkeit trat. Auch wenn bei dem angekündigten Weg über »konföderative Strukturen« vieles unklar blieb, nicht zuletzt der zeitliche Rahmen des Wiedervereinigungsprozesses, hatte der Bundeskanzler damit doch unmissverständlich die *staatliche* Wiedervereinigung auf die Tagesordnung der internationalen Politik gesetzt. Für Mitterrand hieß das, wie er Gorbatschow bei einem Treffen in Kiew am 6. Dezember erklärte, dass Kohl der deutschen Vereinigung nun doch Priorität vor der Vertiefung der europäischen Einigung und der Schaffung einer europäischen Friedensordnung einräumte.[58]

Der Präsident setzte nun alles daran, den deutschen Bundeskanzler doch noch zur verbindlichen Zustimmung zur Einberufung der Regierungskonferenz zur Währungsunion auf der bevorstehenden Straßburger Ratstagung zu bewegen. Eine Verständigung über Verhandlungen zur Politischen Union, so willkommen sie im Prinzip war, sollte auf später verschoben werden, um den Durchbruch in der Währungsfrage nicht zu gefährden. Noch am Nachmittag des 28. November griff er zum Telefonhörer, um Kohl zu drohen, dass Frankreich seinem Wiedervereinigungsplan nur zustimmen würde, wenn die Bundesregierung zuvor dreierlei Verpflichtungen eingegangen wäre: Start der Verhandlungen über die Währungsunion, definitive Anerkennung der Grenze zu Polen, Bekräftigung des Atomwaffenverzichts der Bundesrepublik. Noch düsterer äußerte er sich gegenüber Genscher, der ihn am 30. November aufsuchte, um die Wogen zu glätten, die Kohls einsame Initiative hervorgerufen hatte: »Wenn die deutsche Einheit vor der europäischen Einheit verwirklicht wird, werden Sie die Tripel-Allianz (Frankreich, Großbritannien, UdSSR) gegen sich haben, genau wie 1913 und 1939. [...] Sie werden eingekreist sein, und das wird in einem Krieg enden, in dem sich erneut alle Europäer gegen die Deutschen verbünden. Ist es das, was Sie wollen? Wenn die deutsche Einheit dagegen geschaffen wird, nachdem die Einheit Europas Fortschritte gemacht hat, dann werden wir Ihnen helfen.«[59]

Spätestens nachdem ihm Genscher von dem Gespräch mit Mitterrand berichtet hatte, muss Kohl klar geworden sein, dass sein Engagement für die Politische Union nicht ausreichte, um Frankreichs Unterstützung für den Wiedervereinigungsprozess zu gewinnen. Daraus folgte, dass er in der Währungsfrage nun doch ein größeres innenpolitisches Risiko eingehen musste, wenn er den nötigen Spielraum für die Gestaltung des Wiedervereinigungsprozesses behalten wollte, ohne zugleich die europäische Konstruktion zu gefährden. Nicht auszuschließen war auch die Gefahr, dass er bei weiterer Blockierung der Währungsunion die Initiative in der einen wie in der anderen Frage wieder an Genscher verlieren könnte. All das zusammen genommen führte ihn dazu, in der Frage der Verpflichtung auf die Währungsunion einzulenken. Kurz bevor die Teilnehmer der Ratstagung am 8. Dezember zusammenkamen, ließ das Kanzleramt den Élysée-Palast wissen, dass Kohl bereit sei, sich bereits jetzt auf die Eröffnung einer Regierungskonferenz zur Währungsunion im Dezember 1990 festzulegen.[60]

Die Straßburger Ratstagung begann daraufhin in relativ entspannter Atmosphäre. Kohl erklärte schon beim einleitenden Mittagessen, dass ein klarer Fahrplan notwendig sei, »um unseren Willen zu demonstrieren, Fortschritte zu erzielen«. Mitterrand konnte als amtierender Ratspräsident feststellen, »dass für die Einberufung einer Regierungskonferenz im Sinne des Artikels 236 des Vertrags die erforderliche Mehrheit gegeben ist. Die Regierungskonferenz wird auf Einladung der italienischen Regierung vor Ende 1990 zusammentreten.« Zur Politischen Union wurden keine Beschlüsse gefasst; es wurde nur festgehalten, »dass die Wirtschafts- und Währungsunion dem Demokratieerfordernis in vollem Umfang Rechnung tragen« sollte. Gegen die Stimme von Margaret Thatcher wurde auch die »Gemeinschaftscharta der sozialen Grundrechte der Arbeitnehmer« angenommen, für die Mitterrand und Delors seit langem gekämpft hatten. Schließlich billigten die Zwölf auch die Schaffung der »Europäischen Bank für Wiederaufbau und Entwicklung«. Mitterrand musste Thatcher nur zugestehen, dass auch »die übrigen OECD-Mitgliedsstaaten«, das hieß vor allem die USA, eingeladen wurden, sich daran zu beteiligen.[61]

Als Gegenleistung für sein Einlenken in der Währungsfrage wollte Kohl eine explizite Unterstützung seiner Wiedervereinigungspolitik erhalten. Das erwies sich als schwierig, weil er mit Rücksicht auf Wählerstimmen aus dem konservativen Lager immer noch nicht bereit war, sich verbindlich auf die Oder-Neiße-Grenze als künftige Ostgrenze eines wiedervereinigten Deutschlands festzulegen. In der Vorbereitungsgruppe ließ sich daher keine Einigung über den genauen Wortlaut einer entsprechenden Erklärung erzielen, und beim Abendessen des 8. Dezember sah sich Kohl erneut heftigen Attacken von Thatcher ausgesetzt. Diesmal sekundierten ihr Giulio Andreotti und Ruud Lubbers; allein Felipe González unterstützte den Kanzler. Mitterrand beauftragte schließlich Dumas und Genscher, eine Kompromissformulierung zu finden.

Der Text, der am nächsten Morgen vorlag, war eher im Sinne Kohls als im Sinne seiner Kontrahenten: Die Zwölf bekannten sich darin zur »Stärkung des Zustands des Friedens in Europa, in dem das deutsche Volk in freier Selbstbestimmung seine Einheit wiedererlangt«, nannten als Bedingungen für diesen Prozess aber nur die »Wahrung der Abkommen und Verträge sowie sämtlicher in der Schlussakte von Helsinki niedergelegten Grundsätze« und die Einbettung »in die Perspektive der europäischen Integration«.[62] Das war hinsichtlich der Anerkennung der polnischen Westgrenze, die die Bundesrepublik in den Verträgen von Moskau und Warschau ausgesprochen hatte, ziemlich undeutlich formuliert, hinsichtlich der Ermöglichung einer Wiedervereinigung bei gleichzeitiger Stärkung der Europäischen Gemeinschaft dagegen ziemlich klar. Kohl hatte sich mit der definitiven Bindung an die Währungsunion die grundsätzliche Unterstützung des Wiedervereinigungsprozesses sichern können.

Das hieß aber nicht, dass die Preisgabe der D-Mark und der komfortablen Position im Europäischen Währungssystem, die die Bundesrepublik unterdessen erlangt hatte, der Preis gewesen wäre, der – wie es der *Spiegel* später kolportierte[63] – für die Wiedervereinigung gezahlt werden musste. Kohl hatte nur erkannt, dass der Schritt zur Währungsunion jetzt ungeachtet der Bedenken der Währungshüter und der damit verbundenen innenpolitischen Risiken getan werden musste, wenn das Zusammenwachsen der beiden deutschen Staaten, in welcher Form und welchem Tempo auch immer, den Bestand und die Vertiefung der Europäischen Gemeinschaft nicht gefährden sollte. Auf der Basis der gemeinsamen Sorge um das europäische Projekt konnte er sich mit Mitterrand auf die Formel der deutschen Einheit in europäischer Perspektive verständigen.

Nachdem der Bundeskanzler so den europäischen Rahmen einer deutschen Wiedervereinigung abgesichert hatte, konnte er den Vereinigungsprozess in Reaktion auf den Zerfall der DDR weiter beschleunigen.[64] Mitte Januar 1990 stoppte er das Projekt einer Vertragsgemeinschaft, die laut dem Zehn-Punkte-Plan mit der DDR-Regierung unter Hans Modrow vereinbart werden sollte; am 6. Februar bot er der DDR-Bevölkerung einen Beitritt zum Währungsgebiet der Bundesrepublik innerhalb eines halben Jahres an. Mitterrand verfolgte dies mit großem

Unbehagen. So sehr er über Kohls Einlenken in der Währungsfrage erleichtert war, so sehr gewann nun die Sorge um das mögliche Schicksal Gorbatschows an Virulenz. »Kohl will die Wiedervereinigung ganz schnell organisieren«, bilanzierte er nach einem Besuch des Bundeskanzlers auf seinem Landsitz in Latché am 4. Januar. »Uns macht er Glauben, dass er nichts dafür kann, dass er von der Menge getrieben wird. Alle Welt wird aufschreien, aber vergeblich. Nur Gorbatschow kann ihn aufhalten. Wenn ihm das nicht gelingt, wird er sein Amt verlieren. Und dann werden wir einen General im Kreml haben. Sie werden sehen, das wird alles sehr schnell gehen. Zwei oder drei Jahre, höchstens.«[65]

Für seine Versuche, »die deutsche Wiedervereinigung abzubremsen, um die Errungenschaften der Perestroika zu retten«,[66] standen ihm freilich nur wiederholte Appelle an Kohls Einsicht zu Gebote. Als Thatcher ihn am 20. Januar zu gemeinsamen Aktionen drängte, bedeutete er ihr, dass man letztlich nicht viel machen könne und »nichts schlechter wäre, als Einwände zu erheben, die keine Wirkung zeigen«.[67] Nachdem Gorbatschow das Recht der Deutschen auf Wiedervereinigung beim Besuch Kohls am 10. Februar prinzipiell anerkannt hatte, war auch die Hoffnung zunichte, der sowjetische Generalsekretär werde sich schon aus purem Eigeninteresse gegen rasche Fortschritte auf dem Weg zur deutschen Einheit sperren. »Was ist in Gorbatschow gefahren?«, platzte es aus Mitterrand heraus, nachdem ihn Kohl am Telefon über das Ergebnis des Moskauer Gesprächs unterrichtet hatte. »Vor vier Tagen hat er mir noch geschrieben, dass er fest bleiben wird, und heute gibt er in allen Punkten nach!«[68]

Die tiefe Enttäuschung über Gorbatschows Schwäche hinderte Mitterrand nicht, sich bemerkenswert rasch auf die »neue deutsche Realität« einzustellen. »Man muss sich damit abfinden«, ließ er Kohl bei einem neuerlichen Abendessen im Élysée-Palast am 15. Februar wissen.[69] Er mahnte weiterhin zu Vorsicht und zur Rücksichtnahme auf Gorbatschow. Gleichzeitig unternahm er aber auch große Anstrengungen, die unausweichlich gewordene deutsche Einheit in eine vertragliche Form zu bringen, die für Frankreich und Europa akzeptabel war. So unterstützte er den amerikanischen Vorschlag, die internationalen Aspekte einer Vereinigung der beiden deutschen Staaten in einer Konferenz zu klären, an der die Bundesregierung, eine demokratisch legitimierte DDR-Regierung und die Regierungen der vier Siegermächte beteiligt waren. Für ihn sollte es eher eine »Vier-plus-zwei«-Konferenz sein als eine »Zwei-plus-vier«-Konferenz. Nachdem aber sichergestellt war, dass die beiden deutschen Staaten den vier Mächten nicht einfach nur ihre internen Verhandlungsergebnisse präsentieren würden, akzeptierte er auch diese Formel. Mit Genugtuung nahm er zur Kenntnis, dass auch Kohl ihr letztlich zustimmte – nämlich am 13. Februar in einem Telefongespräch mit Bush, das grünes Licht für einen entsprechenden Beschluss der in Ottawa versammelten sechs Außenminister gab. Angesichts der Übereinstimmung aller vier Siegermächte in dieser Frage konnte sich Kohl gegen die damit verbundene Einschränkung seines Entscheidungsspielraums nicht mehr sperren.

Sodann versuchte Mitterrand Kohl bei dem gemeinsamen Abendessen am 15. Februar auf die Bedingungen deutscher Einheit festzulegen, die er für unerlässlich hielt: Beschleunigung der wirtschaftlichen und auch der politischen Einigung Europas, Verbleib des vereinten Deutschlands in der NATO, aber keine Ausweitung der amerikanischen Kommandogewalt auf das Territorium der DDR, Bestätigung des Atomwaffenverzichts und völkerrechtliche Anerkennung der Oder-Neiße-Grenze. Bei den ersten beiden Punkten zeigte sich Kohl vollkommen einverstanden; beide griffen den Vorschlag des irischen Ratspräsidenten Charles Haughey auf, die Folgen der deutschen Vereinigung für die europäische Gemeinschaft auf einem Sondergipfel im kommenden April zu diskutieren. Von einer Vorab-Festlegung in der Atomwaffenfrage wollte Kohl jedoch nichts wissen; und auf die Forderung, sich in der Grenzfrage bereits jetzt festzulegen, reagierte er denkbar ungehalten. Unter dem Eindruck des sich abzeichnenden Wahlsiegs der Kohl-nahen »Allianz für Deutschland« in den Wahlen zur DDR-Volkskammer begann er dann aber Anfang März, sich schrittweise auf die französischen Positionen zuzubewegen. Schließlich konnten sowohl der Atomwaffenverzicht als auch der Verzicht auf die ehemaligen deutschen Ostgebiete im »Zwei-plus-vier«-Vertrag festgehalten werden. Die deutsche Vereinigung zum 3. Oktober 1990 vollzog sich zu den außenpolitischen Bedingungen, auf denen Mitterrand bestanden hatte.[70]

Der Weg nach Maastricht

Dass die Beschleunigung der deutschen Vereinigung von einer Beschleunigung des europäischen Einigungsprozesses begleitet werden müsste, hatte als erster Jacques Delors artikuliert, sowohl intern als auch mehr oder weniger deutlich in der Öffentlichkeit. Bereits drei Tage nach dem Fall der Mauer hatte er im deutschen Fernsehen erklärt, dass den DDR-Bürgern nach den Bestimmungen der Römischen Verträge der Weg in die Europäische Gemeinschaft offenstehe. Bei der Antrittsrede vor dem Europäischen Parlament zu Beginn seiner zweiten Amtszeit am 17. Januar 1990 hatte er argumentiert, »dass die Gemeinschaft ihre Anziehungskraft nur dann erhalten kann, wenn sie ihren Zusammenschluss beschleunigt«. Dazu gehörte für ihn, »dass der Kommission umfassende Exekutivbefugnisse übertragen werden«, und als Konsequenz »die Erweiterung der Befugnisse des Parlaments«.[71]

Mitterrands Europa-Referentin Elisabeth Guigou, einst Mitarbeiterin von Delors in seiner Zeit als Finanzminister, machte sich diese Argumentation in einem Memorandum an den Präsidenten am 6. Februar im Kern zu eigen. Die Gemeinschaft, schrieb sie, müsse daran interessiert sein, »sehr schnell eine institutionelle Armatur zu erfinden, die das deutsche Faktum banalisiert« und sicherstellt, »dass Deutschland seine Orientierungen im Rahmen der Gemeinschaft festlegt und nicht autonom«. Sie schlug daher vor, Kohls Initiative zur Schaffung einer Politischen Union jetzt aufzugreifen und eine »Europäische Union« zu errichten, die die bisherigen europäischen Institutionen überwölben sollte. Es sei besser, begründete sie die Dringlichkeit ihres Vorschlags, »die Europäische Union mit einem Deutschland zu verhandeln, das vorläufig noch in zwei Staaten geteilt ist und die Gemeinschaft braucht, als mit einem wiedervereinten Deutschland, das niemand mehr braucht«.[72] Im Vorfeld des Abendessens vom 15. Februar, zu dem Mitterrand Kohl gebeten hatte, nahm sie Kontakt mit ihrem deutschen Pendant Bitterlich auf und bekräftigte dann ihren Vorschlag mit dem Hinweis, dass der Bundeskanzler zu einer gemeinsamen Initiative für die Politische Union bereit wäre.

Mitterrand zögerte allerdings, auf den Vorschlag zur Lancierung der Politischen Union einzugehen. Er fürchtete immer noch, unterschiedliche Auffassungen über die institutionelle Ausgestaltung und die politische Finalität der Gemeinschaft könnten die Implementierung der Währungsunion hinausschieben. So schlug er Kohl am 15. Februar konkret nur vor, den Beginn der Regierungskonferenz zur Währungsunion vorzuverlegen, was dieser prompt ablehnte. Einer gemeinsamen deutsch-französischen Initiative für die Politische Union stimmte er erst Ende März zu, nachdem die Deutschen ihrerseits mit einem entsprechenden Vorschlag an die französische Seite herangetreten waren und Kohl beim amtierenden Ratspräsidenten Haughey darauf gedrängt hatte, beim Sondertreffen der Staats- und Regierungschefs, das unterdessen auf den 28. April festgelegt worden war, einen Beschluss zur Einberufung einer Regierungskonferenz zur Politischen Union zu fassen. Der belgische Ministerpräsident Wilfried Martens hatte unterdessen mit einem von Delors inspirierten Memorandum an die Adresse der Partnerregierungen, in dem eine Regierungskonferenz zur institutionellen Reform verlangt wurde, den Druck auf Mitterrand verstärkt.

Die deutsch-französische Initiative in Form eines gemeinsamen Briefes Mitterrands und Kohls an Ratspräsident Haughey am 18. April sah für die bevorstehende Ratstagung noch keinen Beschluss über die Einsetzung einer weiteren Regierungskonferenz vor. Weil Mitterrand eine voreilige Festlegung auf die institutionellen Vorstellungen der Deutschen fürchtete, konnte zunächst nur vorgeschlagen werden, dass sich die Außenminister mit der Vorbereitung einer Regierungskonferenz zur Politischen Union befassen. Erst auf der Grundlage ihres Berichts sollte bei der nächsten regulären Ratstagung Ende Juni ein entsprechender Beschluss gefasst werden. Als zeitlichen Rahmen für die Regierungskonferenz zur Politischen Union gab der gemeinsame Brief vor, dass sie parallel zur Regierungskonferenz zur Währungsunion stattfinden sollte, sodass »die Gesamtheit der Beziehungen zwischen den Mitgliedsstaaten bis zum 1. Januar 1993 in eine Europäische Union umgewandelt werden kann«. Inhaltlich blieb der Vorschlag relativ unbestimmt: Die Politische Union sollte »die demokratische Legitimation der Union verstärken« und ihre Institutionen »effizienter ausgestalten«, aber auch für die »Einheit und die Kohärenz« ihrer Aktivitäten »in den Bereichen der Wirtschaft, der Währung und der Politik« sorgen und »eine gemeinsame Außen- und Sicherheitspolitik definieren und in die Tat umsetzen«.[73]

In Dublin, wo sich die Staats- und Regierungschefs am 28. April trafen, stieß die deutsch-französische Initiative, wie zu erwarten, auf den Widerstand von Margaret Thatcher. Für die britische Premierministerin ergab sich aus der deutschen Vereinigung kein Argument zur Vertiefung der europäischen Gemeinschaft, sondern im Gegenteil zu ihrer Blockierung: »Die europäische Konstruktion wird Deutschland nicht binden können, vielmehr wird Deutschland die europäische Konstruktion beherrschen«, hatte sie Mitte März bei einem Abendessen in der französischen Botschaft in London gesagt.[74] Entsprechend konnte nur beschlossen werden, dass die Außenminister die Notwendigkeit eventueller Vertragsänderungen zur Stärkung der demokratischen Legitimität und zur effektiven Reaktion auf die »Anforderungen der neuen Lage« bis zur nächsten Ratstagung am 25./26. Juni überprüfen sollten. Ob dann tatsächlich beschlossen werden würde, eine zweite parallele Regierungskonferenz einzuberufen, blieb offen. Der Europäische Rat hielt nur fest, dass die Vertragsänderungen, die für die zweite Stufe der Währungsunion notwendig waren, bis zum 1. Januar 1993 in Kraft gesetzt sein müssten.[75] Für Kohl war das nicht das starke Signal für einen Fortschritt in der politischen Einigung, das er zur Absicherung der Währungsunion bei den deutschen Wählern für nötig hielt.

Ansonsten verabschiedete der Europäische Rat in großer Einmütigkeit einige Grundsätze zur Integration der DDR in die Gemeinschaft. Sie sollte ohne Änderung der Verträge erfolgen, allerdings unter Beachtung von Übergangsvorschriften, für die die Kommission »so bald wie möglich« Vorschläge ausarbeiten sollte. Eine besondere Integrationsbeihilfe, die Delors bei der Ratstagung vorschlagen wollte, lehnte Kohl mit Rücksicht auf die Empfindlichkeiten der Partner ab. Stattdessen wurde beschlossen, dass die DDR zunächst wie alle anderen Ostblockländer an den EG-Hilfen für Wirtschaftsreformen partizipieren und die neuen Länder dann in die bestehenden Strukturprogramme der Gemeinschaft einbezogen werden sollten. Kohl verzichtete auch ausdrücklich auf eine stärkere Präsenz des vereinten Deutschlands in der Kommission oder eine stärkere Gewichtung der deutschen Stimme im Ministerrat. Eventuell nötige Anpassungen sollten den Verhandlungen über institutionelle Reformen überlassen bleiben.

Den Vorschlägen der Kommission entsprechend, die von eigens zusammengestellten Arbeitsgruppen unter großem Zeitdruck entwickelt wurden, sollte der wechselseitige freie Zugang zu den Märkten dann schon mit der Bildung der deutsch-deutschen Währungsunion erfolgen, also zum 1. Juli 1990. Übergangsregelungen sollten spätestens mit der Vollendung des Binnenmarktes zum 31. Dezember 1992 auslaufen. Bis dahin wurden die Handelsverträge mit COMECON-Ländern weiter bedient. Technische Regelungen hinsichtlich des Lebensmittelrechts, des Verkehrs, der Telekommunikation, des Umweltschutzes und der Sicherheit am Arbeitslatz traten noch nicht in Kraft. Für Strukturbeihilfen wurde eine Pauschalsumme festgesetzt, und für die Neuausrichtung der Landwirtschaft wurden nationale Beihilfen erlaubt.[76]

Immerhin gelang es den Außenministern der Zwölf, sich bei einem Treffen am 19. und 20. Mai auf einige Grundsätze zur Politischen Union zu einigen. Kohl und Genscher hatten ihre Vorstellungen zur institutionellen Stärkung der Gemeinschaft auf ein realistisches Maß zurückgeschraubt, sodass mehr oder weniger Einigkeit darüber erzielt werden konnte, dass der Europäische Rat weiterhin die zentrale Institution der Union bilden sollte; über ihn sollten der Gemeinschaftsbereich und der Bereich der politischen Zusammenarbeit stärker miteinander verflochten werden. Auf der anderen Seite kam Dumas den Bedenken diverser Partner hinsichtlich der gemeinsamen Außen- und Sicherheitspolitik dahingehend entgegen, dass diese erst schrittweise entwickelt werden sollte. Auf dieser Grundlage wurde es möglich, bei der regulären Ratstagung am 25. und 26. Juni, ebenfalls in Dublin, Einverständnis darüber zu erzielen, das parallel zur Regierungskonferenz zur Währungsunion eine Regierungskonferenz zur Politischen Union zusammentreten sollte. Genauer gesagt: Die Währungskonferenz sollte am 13. Dezember 1990 beginnen, die »Politische« Konferenz am 14. Dezember. Beide Konferenzen sollten ihre Arbeiten so abschließen, dass die daraus resultierenden Verträge bzw. Vertragsänderungen vor dem Ende des Jahres 1992 ratifiziert werden konnten.[77]

Bei der Vorbereitung der zweiten Regierungskonferenz arbeiteten Kohl und Mitterrand weiterhin eng zusammen. Die Motive waren dabei zum Teil unterschiedlich: Für Kohl und die Bundesregierung ging es in erster Linie darum, das demokratische Defizit der Gemeinschaft abzubauen, das durch die Ausweitung der Gemeinschaftsaktivitäten auf die vielen neuen Politikbereiche der Einheitlichen Akte entstanden war, und so die Europa-Orientierung der deutschen Politik langfristig zu sichern. Die Europamüdigkeit in der deutschen Öffentlichkeit, die unter anderem an geringerer Beteiligung an den Wahlen zum Europäischen Parlament im Juni 1989 abzulesen war, wurde in Bonn durchaus als Alarmsignal wahrgenommen. Mitterrand und seine Berater hatten dagegen in erster Linie die Stärkung der gemeinsamen Außen- und Sicherheitspolitik im Blick. Sie rechneten fest damit, dass sich die amerikanische Präsenz in Europa nach dem Ende des Kalten Krieges über kurz oder lang verringern würde, und wollten diesen Umbruch dazu nutzen, die europäische Eigenständigkeit in der Weltpolitik substantiell zu fördern.

Beide Regierungen stimmten aber überein, dass die Vollendung der Währungsunion von einer Stärkung der politischen Strukturen der Gemeinschaft begleitet werden musste, wenn die nunmehr souveränen Deutschen auf Dauer eingebunden bleiben sollten. Als Kohl dem französischen Präsidenten am Tag nach dem Vollzug der deutschen Einheit einen Brief zukommen ließ, in dem er ihm für seine Unterstützung dankte und sich für eine Beschleunigung der europäischen Einigung einzusetzen versprach, zeigte sich Mitterand im Gespräch mit Attali versöhnt und zugleich entschlossen, die Chance zur Stärkung der europäischen Gemeinschaft zu nutzen, die sich ihm mit Kohl bot: »Der Kanzler ist aufrichtig. Und er wird all das machen, wenn er die Zeit dazu hat. Das ist ein Mann von sehr großem Wert. Aber nach ihm? Man muss Deutschland in die Politische Union Europas einbinden, es in ihr auflösen, bevor Kohl geht. Wenn nicht, wird die deutsche Arroganz – diesmal die bayerische und nicht mehr die preußische – erneut den Frieden in Europa bedrohen.«[78] Beide Staatsmänner waren auch bemüht, nach außen hin zu demonstrieren, dass ihre Divergenzen in der Frage der deutschen Einigungspolitik, die der Öffentlichkeit ja nicht ganz verborgen geblieben waren, an ihrer Entschlossenheit nichts geändert hatten, gemeinsam die europäische Einigung voranzubringen.

Einem Vorschlag folgend, den Dumas Genscher beim deutsch-französischen Gipfel am 17. und 18. September in München unterbreitet hatte, arbeiteten beide Seiten daher an einer weiteren gemeinsamen Erklärung, die Kohl und Mitterrand im Vorfeld der Eröffnung der beiden Regierungskonferenzen vorlegen sollten. In dem gemeinsamen Brief an den amtierenden Ratspräsidenten (jetzt Giulio Andreotti) vom 6. Dezember bekannte sich Kohl noch deutlicher als bei seinen Bemühungen um die Entwicklung einer gemeinsamen deutsch-französischen Verteidigungskonzeption im Sommer 1987 zu dem Ziel einer »gemeinsamen Verteidigung« Europas. Dazu sollte eine »klare organische Beziehung« zwischen der Politischen Union und der WEU geschaffen werden; langfristig sollte die WEU Bestandteil der Politischen Union werden und demnach auch diejenigen Unionsmitglieder einschließen, die ihr bislang noch nicht angehörten. Als Felder, auf denen sich eine »echte gemeinsame Außenpolitik« entwickeln könnte, nannte das Dokument die Beziehungen zu den ehemaligen Ostblock-Staaten und zu den Anrainerstaaten des Mittelmeers, die Abrüstungsverhandlungen und die Entwicklungspolitik. Entscheidungen sollten »grundsätzlich einstimmig getroffen« werden; es sollte aber auch möglich sein, Beschlussfassungen mit Mehrheit zu treffen, insbesondere bei der Entscheidung über Ausführungsmodalitäten.

Paris kam Bonn bei der Forderung entgegen, die Einwanderungspolitik und den Kampf gegen die internationale Kriminalität in den Gemeinschaftsbereich einzubeziehen. Hier hatte sich infolge der Abschaffung des »Eisernen Vorhangs« und des Wiederaufbrechens ethnischer Konflikte in den ehemaligen Ostblockstaaten ein aktuelles Problem für die Bundesrepublik ergeben, das sie nicht allein tragen wollte und auch nicht allein bewältigen konnte. In dem gemeinsamen Brief wurde daher auch angeregt, einen Rat der Innen- und Justizminister einzurichten. Hinsichtlich der Stärkung der Gemeinschaftsorgane verständigten sich Paris und Bonn auf eine »Mitentscheidung« des Parlaments bei Gesetzgebungsakten »im engeren Sinne«, die diesem letztlich ein Vetorecht einräumte, die Bestätigung des Kommissionspräsidenten und der Kommission durch eine Mehrheit des Parlaments und die Einführung des Mehrheitsvotums im Ministerrat als Regelfall. Um die demokratische Legitimität der Gemeinschaft zu stärken, sollte außerdem eine »echte europäische Staatsbürgerschaft« geschaffen werden.[79]

Für Kommissionspräsident Delors war das jedoch nicht genug, um tatsächlich die Handlungsfähigkeit und Legitimität der Gemeinschaft zu sichern. Auf Ausarbeitungen seines stellvertretenden Kabinettschefs François Lamoureux gestützt, legte er der Regierungskonferenz daher Ende Februar 1991 eine Reihe von Entwurfstexten vor, die auf ein stärkeres Maß an Supranationalität hinausliefen. So sollten Aktionen im außenpolitischen Bereich immer dann zur Entscheidung anstehen, wenn die Ratspräsidentschaft, die Kommission oder eine Gruppe von mehr als sechs Mitgliedsstaaten dies verlangten. Die Entscheidung, auf einem bestimmten Feld tätig zu werden, sollte weiterhin vom Europäischen Rat mit Einstimmigkeit getroffen werden. Über die Art der zu treffenden Maßnahmen sollte dann aber der Ministerrat *zwingend* mit qualifizierter Mehrheit entscheiden; ihre Ausführung sollte in erster Linie der Kommission obliegen.[80] Generell sollte die Kommission größeren Spielraum beim Erlass von Ausführungsbestimmungen erhalten. Ebenso sollte sie die Vertretung der Gemeinschaft in internationalen Organisationen wie dem Weltwährungsfonds übernehmen. Schließlich schlug die Kommission auch vor, dass die Gemeinschaft das Recht erhalten sollte, eigene Steuern zu erheben.

Das ging nun weit über das hinaus, was unter den Regierungen der Zwölf konsensfähig war, und es lief auch der Abneigung gegen einen Machtzuwachs der Kommission zuwider, die Mitterrand wiederholt geäußert hatte. Die Regierungsvertreter auf der Arbeitsebene zeigten wenig Neigung, die Vorlagen der Kommission zu übernehmen. »Wir legten die Entwürfe der Kommission einfach beiseite und arbeiteten mit anderen«, erinnert sich ein Mitglied des Ratssekretariats.[81] Mitte April legte die luxemburgische Ratspräsidentschaft einen ersten Vertragsentwurf vor. Dabei wurde das Prinzip unterschiedlicher »Säulen« der künftigen Union aufgegriffen, das der französische Repräsentant Pierre de Boissieu in Abwehr der Machtansprüche der Kommission in die Diskussion eingebracht hatte. Danach sollten Außen- und Verteidigungspolitik sowie Justiz- und Innenpolitik jeweils eigene Säulen der Union bilden, in denen strikt intergouvernemental verfahren wurde. Im Gemeinschaftsbereich sollte das Initiativrecht der Kommission dadurch an Bedeutung verlieren, dass auch das Parlament ein solches Recht erhielt. Der Rat sollte Kommissionsvorschläge mit einfacher Mehrheit abändern können. Bei Meinungsverschiedenheiten zwischen Rat und Parlament sollte die Kommission nicht mehr befugt sein, Abänderungsvorschläge zu machen oder die Gesetzesvorlage einfach zurückzuziehen.[82]

Delors attackierte diesen Entwurf als Versuch, die Kommission zu einer Art Sekretariat herabzustufen, das den anderen Institutionen der Gemeinschaft untergeordnet ist. Damit hatte er einigen Erfolg: Bei einem informellen Ministerratstreffen am 2. und 3. Juni, zu dem Genscher nach Dresden eingeladen hatte, übten der niederländische Außenminister Hans von den Brock und sein belgischer Kollege Mark Eyskens heftige Kritik an der vorgeschlagenen Säulenstruktur. Genscher, der italienische Außenminister Gianni De Michelis, der spanische, der irische und selbst der griechische Außenminister äußerten sich ebenfalls kritisch. Die luxemburgische Ratspräsidentschaft sah sich dadurch genötigt, den Vertragsentwurf noch einmal zu überarbeiten. In der Fassung, die der Luxemburger Ratstagung am 28. und 29. Juni vorgelegt wurde, wurde nun die Einheitlichkeit des institutionellen Rahmens der Union stärker betont.[83]

Allerdings blieb die Säulenstruktur des Entwurfs erhalten und der Kommission damit der Zugang zu den Bereichen der Außenpolitik und der inneren Sicherheit verwehrt. Die niederländische Ratspräsidentschaft des zweiten Halbjahres 1991 versuchte das noch einmal zu ändern, indem sie für einen eigenen Vertragsentwurf warb, der die drei Säulen unter Gemeinschaftsrecht zusammenband und die Rechte des Parlaments weiter stärkte. Da der niederländische Entwurf aber gleichzeitig die Rolle der gemeinsamen Außen- und Sicherheitspolitik herunterspielte, fand er auch bei vielen Anwälten einer Stärkung der Gemeinschaftsorgane nicht die notwendige Unterstützung.[84] Ende September entschloss sich die Bundesregierung, Pariser Drängen folgend, sich für die Beibehaltung des Luxemburger Entwurfs einzusetzen. Auf der Ministerratssitzung vom 30. September, dem sogenannten »Schwarzen Montag« der niederländischen Präsidentschaft, wurde ein entsprechender Beschluss gefasst.

Delors konnte nur erreichen, dass die Abstriche an den Kompetenzen der Kommission, die in dem Luxemburger Entwurf gemacht worden waren, wieder zurückgenommen wurden. Bei einem Konklave der Regierungsvertreter in Noordwijk am 12. und 13. November wurde beschlossen, dass Gesetzesinitiativen des Parlaments zunächst der Kommission vorgelegt werden sollten. Damit blieb das Initiativmonopol der Kommission zumindest im Sinne einer Vetomacht erhalten. Auch sollte die Kommission weiterhin Gesetzesentwürfe zurückziehen können, wenn sie mit den Abänderungen durch die anderen Organe nicht einverstanden war. Die Stärkung der Stellung des Parlaments blieb im Wesentlichen auf die Einführung des Mitentscheidungsverfahrens in einzelnen Bereichen und die Ausweitung der Kontrollrechte beschränkt; auch bedurfte die Kommission fortan der Bestätigung durch die Parlamentsmehrheit. Für den Ministerrat wurde die Mehrheitsabstimmung als Regelverfahren eingeführt, allerdings wurde im Einzelnen auch eine Reihe von Ausnahmen festgehalten, so bei der Definition der Forschungsrahmenprogramme und der Industriepolitik.

Die Bonner Entscheidung gegen den niederländischen Vertragsentwurf war zugleich Teil einer Bekräftigung des Votums für eine eigenständige europäische Verteidigung. Dagegen hatte nicht nur die niederländische Regierung opponiert. Auch die britische, dänische und portugiesische Regierung argumentierten, man solle den ohnehin bedrohten Zusammenhalt der NATO jetzt nicht auch noch durch die Betonung einer europäischen Verteidigungsidentität weiter gefährden. Die Ausformulierung des deutsch-französischen Programms, die Dumas und Genscher am 4. Februar vorgelegt hatten,[85] stieß daher nicht überall auf Zustimmung. Bei der Luxemburger Ratstagung konnte deshalb nur vereinbart werden, die Beschlussfassung darüber auf die Endphase der Regierungskonferenz zu vertagen. In Paris begann man zu zweifeln, ob Bonn wirklich bereit war, sich auf die unabhängige Verteidigung einzulassen; und in der tagespolitischen Hauptfrage gemeinsamer Außenpolitik – der Haltung zur serbischen Intervention gegen die Unabhängigkeitserklärungen Sloweniens und Kroatiens Ende Juni – nahmen die beiden Partner gegensätzliche Positionen ein. Mitterrand sorgte sich einmal mehr um die Stabilität der Grenzen in Europa, während die Bundesregierung unter dem Druck süddeutscher Sympathisanten der ehemaligen Habsburg-Länder stand.

Um die Gefahr eines Scheiterns der deutsch-französischen Initiative für die gemeinsame Außen- und Sicherheitspolitik zu bannen, schlug Kohl Mitterrand bei einem Treffen in Lille am 25. Juni einen abermaligen gemeinsamen Vorstoß vor. Daraus entwickelte sich bis Anfang Oktober ein neuer gemeinsamer Brief an den Ratsvorsitzenden, jetzt den niederländischen Ministerpräsidenten Ruud Lubbers, der das Ziel der Außen- und Sicherheitspolitik in drei Punkten präzisierte: *Erstens* wurde ein Textentwurf für die diesbezüglichen Vertragsbestimmungen vorgelegt, der die WEU als Durchführungsorgan gemeinsamer Sicherheitspolitik benannte, gleichzeitig aber die »Besonderheiten der Verteidigungspolitik einzelner Mitgliedsstaaten« für davon »unberührt« erklärte. Spätestens für 1996 wurde eine Überprüfung dieser Bestimmungen angekündigt. *Zweitens* präsentierten Bonn und Paris den Entwurf einer Erklärung der WEU-Mitgliedsstaaten, die dem Unionsvertrag beigefügt werden sollte; darin wurde sowohl der »schrittweise

Ausbau der WEU zur Verteidigungskomponente der Union« betont, als auch das Ziel der »Schaffung eines europäischen Pfeilers« der atlantischen Allianz formuliert. *Drittens* kündigten der Bundeskanzler und der Staatspräsident nicht nur einen Ausbau der deutsch-französischen Militäreinheiten an. Sie erklärten auch, diese könnten »den Kern eines europäischen Korps bilden«, an dem sich »Streitkräfte anderer Mitgliedsstaaten der WEU« beteiligten.[86]

Thatchers Nachfolger John Major erklärte Mitterrand, dass die hier angekündigte Unterordnung der WEU unter die Vorgaben der Union unter keinen Umständen in Frage käme. Nachdem die US-Regierung aber die »Entwicklung einer Sicherheitsidentität Europas« in einer Erklärung des NATO-Rats vom 8. November akzeptiert hatte, musste er sich beim Abschluss der Vertragsverhandlungen bei der Ratstagung vom 9. und 10. Dezember in Maastricht damit zufrieden geben, dass die Formulierungen des deutsch-französischen Entwurfs abgeschwächt wurden. Der Vertragstext enthielt jetzt nur die Erklärung, dass die gemeinsame Verteidigungspolitik »zu gegebener Zeit zu einer gemeinsamen Verteidigung führen *könnte*«; für praktische Regelungen infolge der Ratsentscheidungen zur Verteidigungspolitik wurde »Einvernehmen« zwischen Rat und den Organen der WEU postuliert. Außerdem wurden Mehrheitsentscheidungen bei »Fragen, die verteidigungspolitische Bezüge haben«, ausdrücklich ausgeschlossen.[87] Eine weitergehende Verwässerung der Verteidigungsperspektive wussten Mitterrand und Kohl durch enge Zusammenarbeit während der Maastrichter Ratstagung zu verhindern.[88]

Was den Zeitplan für die Währungsunion betraf, so votierten Mitterrand und Delors übereinstimmend für präzise politische Festlegungen. Die zweite Stufe der Währungsunion sollte so bald wie möglich beginnen, das hieß mit dem Inkrafttreten der Verträge zum 1. Januar 1993. Praktischerweise war das auch der Zeitpunkt, zu dem der Binnenmarkt vollendet sein sollte. Das deutsche Finanzministerium, jetzt mit Theo Waigel und dem neuen Staatssekretär Horst Köhler an der Spitze, wollte hingegen kein Datum vereinbaren, sondern das Erfüllen objektiver Kriterien wie das Erreichen von Preisstabilität und Haushaltsdisziplin. Kohl fand sich schließlich bei der Ratstagung in Rom am 27. und 28. Oktober 1990 zu einem Kompromiss bereit. Danach sollte die zweite Stufe am 1. Januar 1994 beginnen, sofern bis dahin »genügend« Fortschritt hinsichtlich der realwirtschaftlichen und monetären Konvergenz erreicht sei – eine vage Formulierung, die den deutschen Ordoliberalen nicht mehr viel Spielraum ließ, den tatsächlichen Beginn der Währungsunion weiter zu verzögern.[89]

Mitterrands Drängen auf Festlegung eines Zeitpunkts für den Übergang zur dritten Stufe, also die Einführung der Gemeinschaftswährung, gab Kohl jetzt aber noch nicht nach. Erst als Genscher im März 1991 öffentlich für den 1. Januar 1997 als Übergangsdatum plädierte, bekannte sich auch der Bundeskanzler zur

Notwendigkeit eines klaren Zeitplans, der die Weichwährungsländer zu Reformanstrengungen verpflichtete und den Übergang zur dritten Stufe unausweichlich machte. Ein konkretes Datum wollte er aber auch jetzt noch nicht nennen, um nicht die Kritik der DM-Nostalgiker auf sich zu lenken. Der 1. Januar 1999 als spätestes Datum für den Beginn der Währungsunion wurde erst von Andreotti auf der Maastrichter Ratstagung ins Spiel gebracht und dann auch so akzeptiert. Sollte der Rat vor Ende 1996 mit qualifizierter Mehrheit feststellen, dass eine Mehrheit der Mitgliedsländer die Beitrittskriterien erfüllte, sollte die Währungsunion auch schon zum 1. Januar 1997 beginnen können. Andernfalls sollte vor dem 1. Juli 1998 entschieden werden, wer an der Währungsunion teilnehmen könne.

Damit wurde auf die wirtschaftlich schwächeren Länder Druck ausgeübt, sich ernsthaft um ein Erreichen der Beitrittskriterien zu bemühen: Neuverschuldung nicht über drei Prozent, Gesamtverschuldung nicht über 60 Prozent des Bruttoinlandsprodukts, Inflationsrate nicht mehr als 1,5 Prozent des Durchschnitts der drei stabilsten Länder, langfristiger Zinssatz nicht über zwei Prozent dieser Länder, keine Abwertung innerhalb des EWS in den letzten zwei Jahren. Gleichzeitig entstand aber auch ein gewisser Spielraum, diese Kriterien großzügig zu interpretieren, wenn ein Land wie Frankreich bis 1998 noch deutlich vom Niveau der Bundesrepublik abweichen sollte. Waigel, Köhler und Tietmeyer (der unterdessen Vizepräsident der Bundesbank geworden war) mussten es hinnehmen, dass Kohl der Verbindlichkeit des Beschlusses zur Einführung der Gemeinschaftswährung Vorrang vor einer absoluten Stabilitätsgarantie einräumte. »Ich gestehe, dass ich damals mit dem Kopf geschüttelt habe«, räumte Tietmeyer rückblickend ein. »Aber so ist das nun einmal.«[90]

Großbritannien wurde die Möglichkeit gewährt, auch bei positiver Bewertung seiner Wirtschaftsleistung auf eine Beteiligung an der dritten Stufe zu verzichten. Das war der Preis, der dafür gezahlt werden musste, dass Major die notwendige Vertragsänderung nicht durch ein Veto blockierte. Gleichzeitig hielt diese Regelung den Weg für eine britische Beteiligung weiterhin offen. Tatsächlich war eine solche Entscheidung, die im Grunde von allen Partnern gewünscht wurde, nach den 1992 anstehenden Unterhauswahlen nicht ganz auszuschließen. Immerhin hatte Major als Schatzkanzler zusammen mit Außenminister Douglas Hurd den Beitritt Großbritanniens zum Europäischen Währungssystem zum 5. Oktober 1990 erzwungen, und dann hatte die verbreitete Kritik an der aggressiv europafeindlichen Rhetorik Thatchers sechs Wochen später sogar zum Sturz der Premierministerin geführt. Dahinter stand nicht unbedingt die Absicht, sich an einer Gemeinschaftswährung zu beteiligen. Wohl aber hofften die Thatcher-Gegner, dass die Probleme der britischen Wirtschaft wie zunehmende Inflation und ein massives Defizit in der Handelsbilanz eher in den Griff zu bekommen waren, wenn man am Europäischen Währungssystem teilnahm. Auch waren sie davon überzeugt, dass man als Mitglied des Währungssystems eher auf seine Ausgestaltung Einfluss nehmen konnte als bei weiterem Abseitsstehen. Britannien sollte seinen Platz »mitten im Herzen Europas« einnehmen, proklamierte Major als neuer Premierminister bei seinem ersten öffentlichen Auftritt in Bonn.[91]

Nachdem der niederländische Vorschlag, allen Mitgliedsländern ein Recht zum Ausstieg nach der Ratsentscheidung zum Übergang in die dritte Stufe einzuräumen, bei einem informellen Treffen der Finanzminister am 1. Dezember 1991 in Scheveningen abgelehnt worden war, verlangte auch die dänische Regierung unter Berufung auf ihre Verfassungsbestimmungen ein besonderes Ausstiegsrecht. Sie machte geltend, dass ein Beitritt zur Währungsunion möglicherweise von einer Volksabstimmung gebilligt werden müsste und sie sich daher jetzt nicht vertraglich binden könnte. Die Partner stimmten auch diesem Begehren in Form eines Zusatzprotokolls zu, wohlwissend, dass hier, was das Gewicht der Gemeinschaftswährung im Weltwährungsgefüge und die Kohäsion des Binnenmarktes anging, ungleich weniger auf dem Spiel stand als im britischen Fall.

Der Kompromisscharakter der Vereinbarungen zur Währungsunion zeigte sich noch deutlicher bei den Bestimmungen zur zweiten Stufe: Köhler, der die Verhandlungen für die deutsche Seite mit Rückendeckung durch Waigel und Kohl führte, musste akzeptieren, dass die Vorbereitung der dritten Stufe nicht einfach dem Ausschuss der Notenbankpräsidenten überlassen blieb, sondern von einem »Europäischen Währungsinstitut« übernommen wurde, das unter der Leitung eines externen, vom Europäischen Rat bestimmten Präsidenten stand. Dieses Währungsinstitut sollte aber nicht schon die Koordinierung der nationalen Währungspolitiken übernehmen, wie es Frankreich, vertreten durch Schatzamtsdirektor Jean-Claude Trichet, und die Kommission für eine schon zu Beginn der zweiten Stufe einzurichtende Europäische Zentralbank gefordert hatten. Ebenso wenig sollte es bereits die Verantwortung für die Währungsreserven übernehmen. Nationale Zentralbanken konnten ihm Währungsreserven übertragen, wobei es dann aber nur in ihrem Auftrag handelte.

Was die grundsätzlich bereits akzeptierte Unabhängigkeit des Europäischen Zentralbankensystems und die Verpflichtung auf das Ziel der Währungsstabilität betraf, so musste die deutsche Seite hinnehmen, dass die Unabhängigkeit der nationalen Zentralbanken erst vor dem Eintritt in die dritte Stufe realisiert sein musste und nicht schon vor dem Eintritt in die zweite Stufe. Umgekehrt wurden Bérégovoys Hoffnungen auf eine umfassende »Wirtschaftsregierung« der Gemeinschaft als notwendigem Pendant zur Gemeinschaftswährung dadurch zurechtgestutzt, dass der Rat statt verbindlicher »Richtlinien« nur eine »Empfehlung« aussprechen konnte und die finanzielle Unterstützung in Schwierigkeiten geratener Mitgliedsstaaten von einstimmigen Voten des Rates abhängig blieb.

Eine Haftung der Gemeinschaft für Schulden einzelner Mitgliedsstaaten wurde, wie die Bundesbank es verlangt hatte, ausdrücklich ausgeschlossen; Mitgliedsstaaten mit »übermäßigem Defizit« wurden »Geldbußen in angemessener Höhe« angedroht. Hinsichtlich der Wechselkurspolitik erreichten Waigel und Köhler beim abschließenden Ministertreffen in Brüssel am 2. und 3. Dezember 1991, dass der Rat nur zu »allgemeinen Orientierungen« ermächtigt wurde, nicht aber zur Verabschiedung von »Richtlinien«; zudem wurde festgehalten, dass diese Orientierungen das Ziel der Preisstabilität »nicht beeinträchtigen« durften.[92]

Waigel und Köhler waren auch erfolgreich bei der Abwehr der spanischen Forderung, einen »Konvergenzfonds« für die schwächeren Mitgliedsländer einzurichten. Das Bekenntnis zur sozialen und wirtschaftlichen Kohäsion wurde in einem Protokoll untergebracht, das dem EU-Vertrag beigegeben wurde. Darin wurde die Schaffung eines »Kohäsionsfonds« angekündigt, mit dem schwächere Mitgliedsländer bei »Vorhaben in den Bereichen Umwelt und transeuropäische Netze« unterstützt werden konnten. Die Umverteilung, die im Zuge der Konvergenzförderung notwendig werden sollte, hielt sich damit in engen Grenzen. Ebenso wurde die Regelung der Kompetenzen der Gemeinschaft im Bereich der Sozialpolitik – Sicherung von Mindeststandards bei Arbeitsförderung, Arbeitsbedingungen, Gleichheit der Geschlechter und Mitbestimmung – in ein gesondertes Abkommen verwiesen, an dessen Unterzeichnung sich Großbritannien nicht beteiligte. Kohl konnte in Maastricht noch die Bestimmung durchsetzen, dass eine weitere Regierungskonferenz im Jahr 1996 die Praktikabilität der vereinbarten Regelungen überprüfen sollte. Damit blieb allen Beteiligten die Aussicht auf Nachbesserungen in ihrem Sinne erhalten.

Das Vertragswerk von Maastricht ließ sich somit unter zweierlei Aspekten betrachten: Auf der einen Seite war es Kohl und Mitterrand unter beträchtlichem Aufwand gelungen, den europäischen Einigungsprozess über die Phase der Gefährdung durch die deutsche Wiedervereinigung zu retten und sogar noch weiter voranzutreiben. Mit der gemeinsamen Währung war ein Maß an Verflechtung und europäischer Staatlichkeit erreicht, das ihn irreversibel machte. Auf der anderen Seite blieben die Fortschritte in den Bereichen, die entweder dem deutschen Bundeskanzler oder dem französischen Staatspräsidenten besonders wichtig waren, weit hinter dem Maß zurück, das für einen dauerhaften Erfolg notwendig gewesen wäre. Was die Stärkung der Parlamentsrechte und die Ausweitung der Mehrheitsentscheidungen im Ministerrat zum Abbau des demokratischen Defizits beitrugen, wurde durch die Vervielfältigung der Verfahrensweisen weitgehend wieder wettgemacht. Das Bekenntnis zum Ziel gemeinsamer Entscheidungsstrukturen in der Verteidigung wurde durch den Zwang zur Einstimmigkeit auf dem Weg zu seiner Verwirklichung relativiert.

Diese Defizite, die Delors von einer »organisierten Schizophrenie« sprechen ließen,[93] waren zum Teil darauf zurückzuführen, dass die Zusammenarbeit zwischen Delors und Mitterrand seit der Jahreswende 1989/90 einer gereizten Spannung gewichen war. Delors hatte es in offenkundiger Selbstüberschätzung versäumt, sich mit Mitterrand in den institutionellen Fragen abzustimmen; und Mitterrand hatte sich wenig Gedanken darüber gemacht, wie die »Wirtschaftsregierung« und die Gemeinsame Außen- und Sicherheitspolitik funktionieren sollten. Eine einheitliche Verhandlungsstrategie für den Ausbau der Gemeinschaft ließ sich so nicht entwickeln. Das Netzwerk, das Delors, Genscher und Dumas gebildet hatten (mit Guigou als Mittlerin zu Mitterrand), konnte sich nicht voll entfalten. Seit Anfang 1991 agierte Delors weitgehend isoliert. Am Ende musste er froh sein, den Status quo für die Kommission retten zu können.

Bis der Vertrag über die Gründung der Europäischen Gemeinschaft, der auf dem revidierten EWG-Vertrag aufbaute, sowie der Vertrag über die Europäische Union mit allen Protokollen und Erklärungen redigiert und in alle Amtssprachen übersetzt waren, vergingen einige Wochen. Am 7. Februar 1992 kamen die Außen- und Finanzminister der Zwölf noch einmal in Maastricht zusammen, um die Verträge zu unterzeichnen. Dreieinhalb Monate später, zum Abschluss des deutsch-französischen Gipfeltreffens in La Rochelle am 22. Mai 1992, gaben die deutsche und die französische Regierung die Schaffung des Deutsch-Französischen Korps im Umfang von 35.000 Mann offiziell bekannt. Bei der Ratstagung in Edinburgh am 11. und 12. Dezember 1992 konnten endlich auch Beschlüsse über den Sitz wichtiger Gemeinschaftsorgane gefasst werden: Der Kommission, die inzwischen auf über 17.000 Beamte angewachsen war, wurde Brüssel offiziell als Sitz zugewiesen – kurz nachdem das Berlaymont-Gebäude wegen Asbestverseuchung geräumt worden war. Das Parlament hatte einmal im Monat in Straßburg zu tagen, weitere Plenarsitzungen und die Ausschusssitzungen sollten ebenso wie die Sitzungen des Ministerrats in Brüssel stattfinden. Die Vielfalt der Maastrichter Regelungen spiegelte sich so auch in der Uneinheitlichkeit ihrer geographischen Lokalisierung wider.

7. Von Maastricht nach Nizza 1992–2001

Die Umsetzung der Währungsunion

Die Verwirklichung der Beschlüsse von Maastricht war kein Selbstläufer. Nicht nur, dass offen geblieben war, ob sich Großbritannien und Dänemark an der dritten Stufe der Währungsunion beteiligen würden. Die Vollendung des Binnenmarktes und die Einführung einer gemeinsamen Währung brachten so viele Veränderungen in der Wirtschaftsorganisation und im Alltagsleben der Europäer mit sich, dass offen war, ob sie ohne weiteres akzeptiert werden würden. Zudem hatten die Mitgliedsstaaten beim Erreichen der Konvergenzkriterien, die für den Übergang zur dritten Stufe notwendig waren, mit divergierenden wirtschaftlichen Entwicklungen zu kämpfen, die sie nur beschränkt beeinflussen konnten.

Die Ratifizierung des Vertrages über die Europäische Union und des revidierten EWG-Vertrages (der jetzt Vertrag zur Gründung der Europäischen Gemeinschaft hieß) geriet in Gefahr, als bei der Abstimmung im dänischen Folketing am 12. Mai 1992 zwar eine große Mehrheit der Abgeordneten (130 zu 25) für das Ratifizierungsgesetz stimmte, die nach der Verfassung für eine sofortige Annahme erforderliche Mehrheit von fünf Sechsteln jedoch verfehlt wurde. Jetzt musste ein Referendum organisiert werden, und dazu vereinten sich prinzipielle Gegner der dänischen Mitgliedschaft in der Europäischen Gemeinschaft und Gegner ihres Ausbaus in einer Kampagne, die auf überraschend große Resonanz stieß. Gegen das Votum fast aller im Parlament vertretenen Parteien, der Gewerkschaften und der großen Zeitungen votierten bei der Abstimmung am 2. Juni 1992 50,7 Prozent der Wähler gegen die Maastricht-Verträge. Der Abstand zu den 49,3 Prozent, die dafür stimmten, betrug gerade einmal 46.000 Stimmen.

Das überraschende dänische Nein löste einen ziemlichen Schock in der Gemeinschaft aus. Der Ministerrat beschloss sogleich, dass die Ratifizierungsverfahren in den anderen Ländern dem vorgesehenen Zeitplan entsprechend weitergeführt werden sollten. Die Staats- und Regierungschefs schlossen bei ihrem Treffen in Lissabon am 26. und 27. Juni jede Neuverhandlung der Verträge aus; ansonsten wurde das dänische Problem erst einmal vertagt. In den nationalen Öffentlichkeiten der anderen Länder aber erhielten all jene Kräfte Auftrieb, die aus unterschiedlichen Gründen gegen einzelne Aspekte der Verträge oder die ganze Richtung des Einigungsprozesses waren. Nachdem ihre Opposition bislang wenig Aussicht auf Erfolg zu haben schien, waren sie jetzt in der Lage, heftige Grundsatzdiskussionen über den Fortgang der europäischen Einigung zu entfachen.

In den meisten Ländern änderte dies nichts am Ergebnis der Ratifizierungsverfahren. In Irland waren die Befürworter der Verträge beim Referendum am 18. Juni mit 68,7 Prozent der Stimmen erfolgreich. In Luxemburg, Belgien und Griechenland stimmten die Parlamente im Laufe des Julis mit ganz breiten Mehrheiten zu, ebenso die italienische Abgeordnetenkammer und das spanische Parlament im Oktober und das portugiesische Parlament im Dezember. In den Niederlanden stimmte am 17. November zunächst die Abgeordnetenkammer zu, am 15. Dezember auch der Senat. Wie zuvor im Europäischen Parlament gab es hier viel Kritik am demokratischen Defizit, an der Nichteinbeziehung der Außen- und Innenpolitik in die Gemeinschaftsverfahren und an der Unverbindlichkeit der Sozialcharta. Jedoch führte die Unzufriedenheit mit den Verhandlungsergebnissen nicht dazu, die gleichwohl erreichten Fortschritte zu blockieren.

Anders verhielt es sich in Frankreich. Hier stimmte der Kongress als gemeinsame Versammlung von Nationalversammlung und Senat den Verfassungsänderungen, die zur Ratifizierung der Maastricht-Verträge notwendig waren, am 23. Juni mit breiter Mehrheit zu. Die Abstimmung über die Verträge selbst wollte Mitterrand allerdings dem Volk überlassen; dies hatte er Ende Mai unter dem Eindruck der Debatte in Dänemark entschieden. Aufgrund der Meinungsumfragen rechnete er mit einer Mehrheit in seinem Land, die zugleich der angeschlagenen Stellung der sozialistischen Regierung zugute kommen würde. Gleichzeitig hatte er sich davon überzeugt, dass eine gemeinsame Währung der Zustimmung der Wähler bedurfte, wenn sie auf Dauer Erfolg haben sollte. Zudem plagte ihn seit einer plötzlichen Beschleunigung seines Krebsleidens eine gewisse Amtsmüdigkeit, die seine Risikobereitschaft erhöhte. Sollte er verlieren, sagte er zu Attali, würde er zurücktreten, und das wäre dann doch ein schöner Abgang.[1]

Mitterrand gab seine Entscheidung am 3. Juni bekannt, einen Tag nach der Ablehnung des Vertragswerks durch eine knappe Mehrheit der Dänen. In der lebhaften Debatte, die daraufhin einsetzte, bekräftigten nicht nur die Kommunistische Partei von Georges Marchais und die »Nationale Front« des Jean-Marie Le Pen ihre Gegnerschaft gegen die europäische Einigung. Auch Minderheiten bei den Gaullisten (Charles Pasqua, Philippe Séguin), den Konservativen (Philippe de Villiers) und den regierenden Sozialisten (Jean-Pierre Chevènement) profilierten sich als Verteidiger nationaler Identität und Souveränität gegen die »Brüsseler Technokratie« und die Hegemonie der Deutschen. Rückenwind bekamen sie sowohl durch das dänische Nein als auch durch den Druck auf den französischen

Franc, den es auslöste, und schließlich durch die Hochzinspolitik der Bundesbank, die das Wachstum der französischen Wirtschaft bedrohte.

Als die Mehrheit der Vertragsbefürworter rapide dahinschmolz, beschloss Kohl, dem Staatspräsidenten mit einem Auftritt im französischen Fernsehen zu Hilfe zu eilen. Am 3. September wurde er einem Fernseh-Marathon zugeschaltet, bei dem Mitterrand die gemeinsame Währung verteidigte und die deutsch-französische Freundschaft feierte. Der Bundeskanzler beschwor die Franzosen, dem großen Werk ihres Präsidenten die Unterstützung nicht zu versagen.[2] Ob und wie sehr das half, bleibt schwer zu sagen. Jedenfalls stimmte am 20. September eine ganz knappe Mehrheit von 51,05 Prozent für die Ratifizierung. 48,95 Prozent votierten dagegen; ein knappes Drittel der Wähler blieb zu Hause. »Maastricht« war damit gerade noch einmal gerettet. Die breite Unterstützung für das europäische Projekt, die Mitterrand im Sinn gehabt hatte, blieb jedoch aus, sowohl in Frankreich als auch in anderen wichtigen Mitgliedsländern.

In der Bundesrepublik machten *Bild* und *Spiegel* gegen »das Ende der Mark« Front, und einige Politiker der CSU, mit größter Lautstärke Peter Gauweiler, schürten die Ängste vor dem »Esperanto-Geld«. Nach dem dänischen Nein veröffentlichte die *Frankfurter Allgemeine Zeitung* ein »Manifest« von 60 deutschen Wirtschaftswissenschaftlern, die die in Maastricht festgelegten Konvergenzkriterien als »zu weich« kritisierten und vor »starken ökonomischen Spannungen« infolge einer »überhasteten Einführung« der Gemeinschaftswährung warnten.[3] Die Bundesbank mahnte einmal mehr eine »umfassende politische Union« als Voraussetzung für einen »dauerhaften Bestand« der Währungsunion an und betrieb ansonsten ihre Hochzinspolitik zur Finanzierung der deutschen Einheit, ohne sich um die Gefährdung der Mehrheit für das Vertragswerk in Frankreich zu kümmern. Nachdem dort die Entscheidung zugunsten der Ratifizierung gefallen war, konnten Kohl und Waigel die Gegenstimmen in den Parteien aber erfolgreich isolieren. Am 2. Dezember billigte der Bundestag die Verträge mit der überwältigenden Mehrheit von 543 gegen 17 Stimmen.

In Dänemark hatten sich die Parteien im Parlament unterdessen am 30. Oktober auf eine Erklärung verständigt, in der sie ein besonderes Statut Dänemarks in der Europäischen Union verlangten: keine Beteiligung an einer gemeinsamen Verteidigung, der Gemeinschaftswährung, der Unionsbürgerschaft und an gemeinsamen Kompetenzen in den Bereichen Justiz und Polizei. Der Europäische Rat blieb jedoch bei seiner Linie, über Ausnahmeregelungen nicht mehr zu verhandeln. Auf der Ratstagung in Edinburgh am 11. und 12. Dezember wurde lediglich »zur Kenntnis genommen«, dass Dänemark sich an einer gemeinsamen Verteidigung und der Gemeinschaftswährung nicht beteiligen würde. Im Hinblick auf die Unionsbürgerschaft erklärte der Rat, dass sie »in keiner Weise an die Stelle der nationalen Staatsbürgerschaft treten« würde. Die dänische Regierung fügte in einer einseitigen Erklärung hinzu, dass Kompetenzübertragungen in den Bereichen Justiz und Polizei durch ein Referendum gebilligt werden müssten.[4] Auf der Basis dieser Präzisierungen stimmten 56,8 Prozent der dänischen Wähler den Maastricht-Verträgen in einem zweiten Referendum am 18. Mai 1993 zu; am 17. Juni 1993 hinterlegte die Regierung die Ratifikationsurkunde.

In Großbritannien stritten eine kleine, aber höchst aggressive Minderheit der regierenden Konservativen, angeführt von Margaret Thatcher, und eine Minderheit der Labour Party gegen die Maastricht-Verträge. Da die Regierungsmehrheit in den Wahlen vom 9. April auf 21 Sitze schrumpfte, konnten die konservativen Maastricht-Gegner nach dem dänischen Nein bei Premierminister Major durchsetzen, dass das Ratifizierungsverfahren im Parlament angehalten wurde, bis geklärt war, was aus der Ablehnung der Verträge in Dänemark folgen würde. Nachdem das dänische Folketing am 30. Oktober ein besonderes Statut im Rahmen der Europäischen Union verlangt hatte, wurde die Debatte im Unterhaus wieder aufgenommen. Abgestimmt werden konnte aber erst nach dem positiven Ausgang des zweiten dänischen Referendums am 18. Mai 1993, nach einer heftigen parlamentarischen Auseinandersetzung um eine ganze Fülle von Zusatzanträgen. Am 20. Mai 1993 billigte das Unterhaus die Maastricht-Verträge mit 292 gegen 112 Stimmen. Die Mehrheit der Labour-Abgeordneten verhalf dem Vertragswerk durch Stimmenthaltung zum Erfolg.

Mit der Hinterlegung der britischen Ratifikationsurkunde am 2. August konnten die Verträge aber immer noch nicht in Kraft treten. Nicht weniger als 29 Gegner des Vertragswerks in Deutschland reichten Klagen beim Bundesverfassungsgericht ein. Dieses ließ zwar nur eine Klage zu, brauchte aber dann bis zum 12. Oktober, bis es sein Urteil verkündete. Die Klage wurde abgewiesen, sodass die Bundesregierung die deutsche Ratifizierungsurkunde noch am gleichen Abend in Brüssel hinterlegen konnte und die Verträge zum 1. November 1993 in Kraft gesetzt wurden – zehn Monate später als geplant. Allerdings verbanden die Verfassungsrichter ihre Zustimmung mit einer Interpretation des Vertragswerks, die den Maastricht-Gegnern weitere politische Möglichkeiten offenhielt. Sie bezeichneten die Union als »Staatenverbund«, in der die Mitgliedsstaaten die Herren der Verträge blieben. Die Übertragung weiterer Hoheitsrechte an die Union wurde damit unter den Vorbehalt einer Zustimmung des Verfassungsgerichts gestellt, und dem Bundestag wurde das Recht bescheinigt, bei einem Verfehlen des Stabilitätsziels den Übergang zur dritten Stufe der Währungsunion zum 1. Januar 1999 zu verweigern.[5]

Diese Infragestellung eine zentrale Vereinbarung des modifizierten Gemeinschaftsvertrages war umso bedeutsamer, als die Stabilitätsorientierung, die die Mitglieder des Europäischen Währungssystems in Erwartung der Währungsunion verfolgten, infolge einer Verringerung des Wirtschaftswachstums immer schwerer aufrecht zu erhalten war. Die Inflation, der sich die Bundesrepublik infolge der Umstellung der DDR-Guthaben im Verhältnis 1:1 und wachsender Verschuldung zur Finanzierung der deutschen Einheit ausgesetzt sah, und ein deutlicher Verfall des US-Dollars verschärften noch die Spannungen zwischen den beteiligten Währungen. Die Entscheidung der Bundesbank, die Inflation durch eine drastische Anhebung der Leitzinsen zu bekämpfen – ihr Diskontsatz stieg von 2,0 Prozent 1987 auf 8,75 Prozent im Juli 1992 – stellte die Länder mit den schwächeren Volkswirtschaften vor das Dilemma, bei weiterem Mithalten bei den Zinsen konjunkturelle Einbrüche zu erzeugen.

Als dann noch das dänische Nein im Juni 1992 die Verwirklichung der Währungsunion plötzlich unsicher werden ließ, begannen die Märkte, auf die Abwertung einzelner Währungen zu spekulieren. Ende August geriet das britische Pfund unter heftigen Druck, kurz darauf auch die italienische Lira. John Major und sein Schatzkanzler Norman Lamont wollten zunächst nicht abwerten, und die Bundesbank zeigte wenig Neigung, den Partnern mit einer Senkung ihrer Zinssätze zu helfen. So konnte der Währungsausschuss der Zentralbankgouverneure am 12. und 13. September nur eine Abwertung der Lira um sieben Prozent beschließen, begleitet von einer geringfügigen Absenkung der Leitzinsen in Deutschland, Belgien und den Niederlanden. Die halbherzige Entscheidung verstärkte den Druck auf das Pfund und die Lira weiter. Am 16. September, dem »schwarzen Mittwoch«, erreichte er ein Ausmaß, das die britische Regierung zwang, sich aus dem Wechselkursmechanismus des Währungssystems zurückzuziehen – zumindest »vorläufig«, wie es hieß. Auch Italien musste nach einer kurzfristig einberufenen Nachtsitzung des Währungsausschusses aus dem Wechselkursmechanismus ausscheiden, und die spanische Peseta wurde um fünf Prozent abgewertet. Die britische Forderung, das Währungssystem insgesamt auszusetzen, wurde von den Partnern zurückgewiesen.[6]

Nach der demütigenden Niederlage der Briten konzentrierte sich die Spekulation auf den französischen Franc. Wie Major und Lamont zuvor verlangten jetzt auch Mitterrand und der französische Schatzamtsdirektor Jean-Claude Trichet eine Senkung der deutschen Zinssätze. Darüber hinaus forderten sie eine Erklärung, dass sich an der Parität zwischen Franc und D-Mark nichts ändern würde. Für Bundesbankpräsident Helmut Schlesinger (der Pöhl nach dessen Rücktritt im Juni 1991 gefolgt war) war das vollkommen unakzeptabel. »Ich möchte mich nicht der Lächerlichkeit aussetzen, dass ich 12, 24 oder 48 Stunden später durch die Tatsachen widerlegt werde«, sagte er bei einem Treffen der deutschen und französischen Finanzminister und Notenbankpräsidenten am Rande der Jahrestagung des Internationalen Währungsfonds in Washington am 22. September. Trichet beschwor demgegenüber die Gefahr eines Scheiterns des gemeinsamen Währungsprojekts: »Das Bündnis zwischen Frankreich und Deutschland ist seit der Aussöhnung der Angelpunkt des europäischen Systems. Was in Ihrer Rede und in Ihrem Ton zum Ausdruck kommt, ist die Auflösung des Systems.«[7]

Unterstützung erhielt Trichet in dieser kritischen Situation von Helmut Kohl. Nachdem Mitterrand dem Bundeskanzler in einem Gespräch im Élysée-Palast am gleichen Tag den Ernst der Lage vor Augen geführt hatte, griff dieser zum Telefonhörer, um zuerst Horst Köhler und dann auch dem Schlesinger-Stellvertreter Hans Tietmeyer in Washington zu sagen, dass er »innerhalb der nächsten Stunde« eine Erklärung der Gouverneure über die Aufrechterhaltung der Parität zwischen beiden Währungen wünschte.[8] Natürlich fügte er mit Blick auf die Unabhängigkeit der Bundesbank hinzu, dass diese letztlich selbst entscheiden müsse. Der Druck, den er damit ausübte, reichte aber aus, um die Haltung der deutschen Delegation in Washington zu ändern. Am Schluss der über vier Stunden dauernden Sitzung stand ein gemeinsames Kommuniqué der Notenbankgouverneure und Finanzminister, in dem die Parität zwischen Franc und D-Mark für unantastbar erklärt wurde. Außerdem erklärte sich die Bundesbank bereit, ihre Kredite für die *Banque de France* auf 39 Milliarden D-Mark zu erhöhen, vier Milliarden mehr, als der *Bank of England* am »schwarzen Mittwoch« gewährt worden waren.

Zusammen mit einer leichten Senkung der deutschen und Erhöhung der französischen Zinssätze reichten diese Maßnahmen tatsächlich aus, um die Spekulation gegen den Franc zu zügeln. Spanien musste noch zwei weitere Abwertungen hinnehmen, Portugal musste zweimal abwerten, und nachdem das britische Pfund bis Jahresende gegenüber der D-Mark um mehr als zehn Prozent an Wert verloren hatte, musste auch Irland trotz solider Wirtschaftsdaten eine Abwertung vornehmen. Finnland, Schweden und Norwegen lösten die Bindungen an die europäische Währungseinheit, die sie 1990/91 eingegangen waren, wieder auf. Demgegenüber schickte sich der Franc mit einer Inflationsrate von zwei Prozent in Frankreich an, die D-Mark mit einer Inflationsrate von über vier Prozent in der Bundesrepublik als Ankerwährung abzulösen.

Frankreich musste für die Politik des »harten« Franc aber einen hohen Preis zahlen: Die Arbeitslosigkeit stieg auf nahezu zwölf Prozent an. Das löste im Sommer 1993 eine neue und diesmal noch heftigere Spekulation gegen den Franc aus. Als Ende Juli klar wurde, dass die Parität zwischen D-Mark und Franc nicht mehr zu halten war, verlangte Premierminister Édouard Balladur von Kohl, entweder eine substantielle Senkung der deutschen Zinsen herbeizuführen oder die Bundesrepublik aus dem Wechselkursmechanismus ausscheiden zu lassen. Das würde, so hoffte er, die Probleme der anderen Länder verringern und Frankreich gleichzeitig die Führungsrolle im verbleibenden Währungssystem verschaffen. Der Bundeskanzler, von Waigel, Schlesinger und Tietmeyer an seinem Urlaubsort am Wolfgangsee aufgesucht, ließ sich darauf freilich nicht ein. So musste sich Frankreich schließlich mit einer Ausweitung der Schwankungsbreiten des Wechselkursmechanismus zufrieden geben, und Kohl akzeptierte, dass die Schwankungen von bislang 2,25 Prozent auf nicht weniger als 15 Prozent ausgeweitet wurden. In der Nacht vom 1. auf den 2. August wurde das von den Finanzministern und Notenbankgouverneuren so beschlossen. Lediglich die Niederlande und Deutschland vereinbarten, untereinander bei den bisherigen 2,25 Prozent zu bleiben.[9]

Damit war die förmliche Abwertung des Franc erneut vermieden und die Spekulation eingedämmt worden. Die Spekulanten sahen sich um die Gewinne gebracht, die sie sich von einer Abwertung des Franc erhofft hatten. Fortan mussten sie mit einem weitaus höheren Wechselkursrisiko rechnen, was ihre Neigung, gegen einzelne Währungen zu spekulieren, merklich schrumpfen ließ. Gleichzeitig war aber die Verpflichtung auf das Stabilitätsziel des Vertrags über die Währungsunion gelockert worden. Ließen sich die Länder, gegen deren Währungen spekuliert worden war, jetzt darauf ein, die Zinsen zu senken und die Geldmenge zu vermehren, um das Wachstum anzukurbeln und die Arbeitslosigkeit zu senken, rückte die Verwirklichung des Maastricht-Vertrages in unerreichbare Ferne.

Für das Schicksal des Projekts der Währungsunion war es von entscheidender Bedeutung, dass Balladur, den Mitterrand nach der Wahlniederlage der Sozialisten Ende März 1993 zum Premier einer konservativen Regierung berufen hatte, genau dies nicht tat und die Hartwährungsländer unter den attackierten EWS-Mitgliedern – Belgien, Dänemark und Irland – seinem Beispiel folgten. Folglich erholten sich die Kurse ihrer Währungen gegenüber der D-Mark rasch wieder, und mit Ausnahme des Franc bewegten sie sich meistens wieder innerhalb der alten engen Bandbreite. Die D-Mark konnte sich damit als Ankerwährung behaupten und wurde auf dem weiteren Weg zur Gemeinschaftswährung in geradezu idealer Weise vor Spekulation geschützt.

Um die gleichwohl von wachsender Inflationsangst geplagte deutsche Öffentlichkeit zu beruhigen, bestand Kohl bei der Tagung des Europäischen Rates am 29. Oktober 1993 darauf, dass Frankfurt am Main, wo die Bundesbank ihren Sitz hatte, zum Sitz des Europäischen Währungsinstituts bestimmt wurde. Den Deutschen sollte damit demonstriert werden, dass die künftige Europäische Zentralbank ebenso unabhängig und stabilitätsorientiert sein würde wie die Deutsche Bundesbank.[10] Das Währungsinstitut nahm seine Arbeit mit dem Übergang zur zweiten Stufe der Währungsunion zum 1. Januar 1994 vertragsgemäß auf. Es residierte von Ende Oktober 1994 an in der ehemaligen Zentrale der Bank für Gemeinwirtschaft im Frankfurter Stadtzentrum. Aus den anfänglich 150 Mitarbeitern, die zumeist aus den Zentralbanken der Mitgliedsländer kamen, wurden bis zum tatsächlichen Start der Gemeinschaftswährung zum Ende des Jahrzehnts 600. Bis 2008 wuchs die Belegschaft auf 1.400 Mitarbeiter an.

Nachdem Jacques Chirac am 7. Mai 1995 zum Nachfolger Mitterrands gewählt worden war, begann die Bundesregierung, auf weitere Maßnahmen zur

Sicherung des Stabilitätsziels zu drängen. Chirac hatte im Wahlkampf gegen Balladur für eine Ankurbelung der französischen Wirtschaft geworben und attackierte nun wiederholt den Stabilitätskurs der Banque de France, die – von der Regierung unabhängig geworden – seit September 1993 von Trichet geleitet wurde. Das französische Haushaltsdefizit stieg infolge rezessionsbedingter Mindereinnahmen und vermehrter Ausgaben für die Arbeitslosen auf fünf Prozent an. Um dem entgegenzusteuern, verlangte Theo Waigel seit Anfang September 1995 den Abschluss eines »Stabilitätspaktes«, mit dem die Einhaltung der Obergrenze eines Haushaltsdefizits von drei Prozent des Bruttoinlandsprodukts nach der Vollendung der Währungsunion gesichert werden sollte. Länder, die über diese Obergrenze hinausgingen, sollten automatisch mit finanziellen Strafen belegt werden.

Waigels Forderung stieß bei den Anwälten einer »anderen« Wirtschaftspolitik in Frankreich auf wenig Gegenliebe. Auch in den Südländern Italien, Spanien, Portugal und Griechenland war die Bereitschaft nicht groß, sich von den Deutschen von einer Politik der Wachstumsförderung abhalten zu lassen. Chirac musste aber schließlich akzeptieren, dass ohne eine solche Absicherung gegen die Inflationsgefahr der Widerstand gegen den tatsächlichen Vollzug der Währungsunion in Deutschland zu groß sein würde. Nachdem ihm Kohl in einer Unterredung am 25. Oktober zugestanden hatte, mit Bundesbankpräsident Tietmeyer über eine Senkung der deutschen Zinssätze zu sprechen, fand er sich zu einer Abkehr von seinem bisherigen Kurs bereit. Am 26. Oktober schlug er sich in einer Fernsehansprache auf die Seite der Fürsprecher des starken Franc und der Gemeinschaftswährung. Bei der Madrider Ratstagung am 15. und 16. Dezember 1995 konnte Kohl daraufhin eine prinzipielle Verpflichtung auf den »Stabilitätspakt« durchsetzen. »Ich sehe Dich und mich als ein gemeinsames Gespann für Europa«, hatte er Chirac kumpelhaft versichert. »Dein Erfolg ist auch mein Erfolg.«[11]

Selbst bei der Festlegung der Bezeichnung für die Gemeinschaftswährung musste auf die Befindlichkeit der Deutschen Rücksicht genommen werden. Frankreich wollte es bei der Bezeichnung der bisherigen Rechnungseinheit belassen, die im Vertrag festgehalten war und an die alten französischen Silbermünzen erinnerte. Für Kohl kam »Ecu« als Bezeichnung für die neue Währung jedoch überhaupt nicht in Frage, hatte die Rechnungseinheit doch durch die vielen Abwertungen einzelner Mitgliedsländer in den 16 Jahren ihres Bestehens fast 40 Prozent ihres Wertes gegenüber den stabilsten Währungen unter ihren Bestandteilen verloren. Bei der Brüsseler Ratstagung entspann sich deswegen eine längere Debatte. John Major schlug den »Gulden« vor, der einstmals im britischen Aquitanien gegolten hatte. Helmut Kohl signalisierte seine Bereitschaft, den »Franken« zu akzeptieren, der an die stabile Schweizer Währung erinnerte und den Franzosen zugleich erlaubte, an ihrer bisherigen Währungsbezeichnung festzuhalten. Das aber war für Felipe González nicht akzeptabel, drohte diese Bezeichnung doch die Erinnerung an die Diktatur Francos auf den Plan zu rufen. So schlug der spanische Ministerpräsident schließlich vor, die neue Währung einfach »Euro« zu nennen. Das fand breite Zustimmung. Chirac, der gerne beim Ecu geblieben wäre, musste sich beugen.

Angesichts des aktuellen Ausmaßes der Haushaltsdefizite – selbst in der Bundesrepublik lag es 1995 rezessionsbedingt bei 3,5 Prozent – war unterdessen klar, dass keine Aussicht bestand, die Währungsunion bereits am 1. Januar 1997 beginnen zu lassen. Der Rat legte sich daher in Madrid definitiv auf den 1. Januar 1999 fest und beschloss, einem »Grünbuch« der Europäischen Kommission folgend, die Prozedur, nach der die Mitglieder der Währungsunion ermittelt werden sollten. Die Kommission sollte Anfang 1998 feststellen, welche Mitgliedsländer im Bezugsjahr 1997 den Beitrittskriterien entsprochen hatten, und auf dieser Grundlage sollte der Europäische Rat im Frühjahr 1998 seinen Beschluss über die Zusammensetzung der Währungsunion fassen. Danach sollte das Europäische Währungsinstitut in die Europäische Zentralbank überführt werden; die Wechselkurse der bisherigen Währungen zur Gemeinschaftswährung sollten definitiv festgelegt werden. Mit der Einführung des neuen Bargelds sollten sich die Mitglieder der Währungsunion nach ihrem Inkrafttreten dagegen noch etwas Zeit lassen können. Spätestens zum 1. Januar 2002 sollte der Euro aber in Umlauf gebracht werden, und zum 1. Juli 2002 sollte das Bargeld der bisherigen Währungen seine Gültigkeit verlieren.[12]

Von den Beschlüssen der Madrider Ratstagung ging, wie Kohl das in den Verhandlungen zum Maastricht-Vertrag vorausgesehen hatte, ein starker Impuls zur Haushaltssanierung aus. Auch stark verschuldete Länder wie Italien mit einem Haushaltsdefizit von 6,7 Prozent im Jahr 1996, Spanien (6,6 Prozent im Jahr 1995) und Griechenland (14,1 Prozent im Jahr 1994) wollten bei der Euro-Einführung dabei sein – zum einen aus Prestigegründen, vor allem aber, weil ihnen dann niedrigere Zinsen winkten, mit denen sie die Modernisierung ihrer Volkswirtschaften finanzieren konnten. Ohne eine Beteiligung an der Währungsunion drohten sie auf Dauer in der Zweitrangigkeit stecken zu bleiben. Chirac hielt daher trotz einer Streikwelle, die Frankreich im Dezember 1995 vier Wochen lang lahmlegte, an seinem neuen Austeritätskurs fest. In Italien und Spanien traten neue Regierungschefs mit drastischen Sparprogrammen an (Romano Prodi als Kandidat der italienischen Linken beziehungsweise der konservative José Maria Aznar in Madrid); in Griechenland setzte sich nach dem krankheitsbedingten Rücktritt von Andreas Papandreou im Januar 1996 der Wirtschaftsmodernisierer Kostas Simitis als neuer Ministerpräsident einer Pasok-Regierung durch.

Begünstigt wurden die Sanierungsbemühungen durch zwei Entwicklungen, mit denen nicht unbedingt zu rechnen war: Zum einen gewann der US-Dollar ab Mitte 1995 wieder an Wert. Das verbilligte die europäischen und besonders auch die deutschen Exporte und verhalf der Konjunktur zu einem neuen Aufschwung. Zum anderen begann man in der Bundesbank zu begreifen, dass fortwährende Abwertungen in den Gemeinschaftsländern den deutschen Export in einem Maße bedrohten, das mit der Aufrechterhaltung des deutschen Produktionsniveaus nicht mehr vereinbar war. »Ich und andere kamen zu dem Schluss«, berichtete Otmar Issing, der Chefvolkswirt der Bundesbank, auf einer Konferenz im November 2007, »dass der Gemeinsame Markt eine weitere solche Währungskrise [wie 1992/93] nicht überstehen würde«.[13] Entsprechend fanden sich die deutschen Währungshüter 1996 zu Zinssetzungen in einem Umfang bereit, den sie bislang immer abgelehnt hatten. Der Diskontsatz wurde auf 2,5 Prozent reduziert, der Lombardsatz auf 4,5 Prozent. Entsprechend verbilligten sich die Kredite nicht nur für deutsche Unternehmer, sondern auch für die europäischen Nachbarn. Gleichzeitig sanken die Kosten für den Schuldendienst, und das trug wiederum zur Senkung der Haushaltsdefizite bei.

Um dem Kriterium der zweijährigen Zugehörigkeit zum Europäischen Wechselkursmechanismus zu genügen, setzte Prodi im letzten Moment – zum 4. Dezember 1996 – den Wiedereintritt Italiens durch. Die Märkte begannen sich daraufhin auf eine Beteiligung Italiens an der Währungsunion einzustellen, und die Zinssätze pendelten sich in ganz Europa auf das deutsche Niveau ein. Die Finanzmärkte gingen mehr und mehr davon aus, dass die Währungsunion aller Schwierigkeiten zum Trotz pünktlich und mit einer relativ großen Teilnehmerzahl beginnen würde. Lediglich in Großbritannien war keine Bereitschaft mehr zu erkennen, in den Wechselkursmechanismus zurückzukehren: Freies Floaten und die Abkehr vom deutschen Zinsniveau hatten das Wirtschaftswachstum hier in einem solchen Ausmaß gefördert, dass für eine Rückkehr in die Währungsdisziplin des EWS keine Notwendigkeit mehr gesehen wurde. Tony Blair, der John Major nach einem erdrutschartigen Sieg der Labour Party am 1. Mai 1997 als Premierminister ablöste, ließ seinen Schatzkanzler Gordon Brown erklären, dass die Zeit für eine britische Beteiligung an der Währungsunion noch nicht gekommen sei.

Trotz aller Anstrengungen blieb es allerdings fraglich, ob die Südländer und auch Frankreich und Deutschland eine Beschränkung der Neuverschuldung auf drei Prozent tatsächlich schon im Referenzjahr 1997 erreichen würden. Deshalb mehrten sich die Stimmen, die bei der Bemessung der Haushaltsstabilität die Rezession berücksichtigt wissen wollten und einer Bewertung der »Tendenz« der Haushaltsentwicklung das Wort redeten. In Frankreich gewann der Sozialistenchef Lionel Jospin vorgezogene Parlamentswahlen am 25. Mai und 1. Juni 1997 mit der Parole, dass die Bekämpfung der Arbeitslosigkeit Vorrang vor der punktgenauen Einführung des Euro haben müsse. Von Chirac zum neuen

Premierminister berufen lehnte er eine Unterzeichnung des Stabilitätspakts in der vorliegenden Form ab, wie sie für die Ratstagung in Amsterdam am 16. und 17. Juni vorgesehen war.

Die Bundesregierung und die Bundesbank wiesen dagegen jeden Versuch kategorisch zurück, das Drei-Prozent-Kriterium aufzuweichen und den Stabilitätspakt zu modifizieren. Waigel beharrte auf der exakten Einhaltung der Obergrenze für Haushaltsdefizite derart stoisch und oft, dass sein in kraftvollem Bayerisch formuliertes »dreikommanull« zeitweilig als deutsches Lehnwort in die französische Presse einging. Die Verabschiedung des Stabilitätspaktes durch die Amsterdamer Ratstagung konnte nur dadurch gerettet werden, dass die Staats- und Regierungschefs, einem Vermittlungsvorschlag von Kommissionspräsident Delors folgend, gleichzeitig eine Entschließung verabschiedeten, mit der die Koordinierung der nationalen Wirtschaftspolitiken gemäß Artikel 102 und 103 des Maastricht-Vertrages auch auf die Sozialpolitik, die Beschäftigungspolitik und die strukturellen Reformen ausgedehnt wurde. Außerdem wurde ein Sondergipfel zur Bekämpfung der Arbeitslosigkeit zugesagt. Dieser fand dann am 21. und 22. November 1997 in Luxemburg statt und führte zur Koordinierung nationaler Beschäftigungsstrategien mit Unterstützung der Europäischen Investitionsbank.

Hinsichtlich des Stabilitätspaktes selbst (der einer Forderung Chiracs nachkommend jetzt »Stabilitäts- und Wachstumspakt« genannt wurde) hatten Kohl und Waigel schon zuvor, auf einer turbulenten Ratstagung in Dublin am 13. und 14. Dezember 1996, Abstriche an ihrer Konzeption hinnehmen müssen. Statt automatischer Sanktionen wurde eine Sanktionsentscheidung durch den Ministerrat beschlossen. Außerdem wurde die Möglichkeit »außergewöhnlicher Umstände« eingeräumt, bei denen von Sanktionen abgesehen werden konnte. Auf einer Ministerratstagung am 7. Juli 1997 wurde vereinbart, dass eine Rezession von zwei Prozent des Bruttoinlandsprodukts als außergewöhnlicher Umstand gelten sollte. Bei einer Rezession zwischen zwei und 0,75 Prozent sollte die Kommission Empfehlungen hinsichtlich der Sanktionierung aussprechen. Ein Überschreiten der Obergrenze des Haushaltsdefizits bei einer Rezession von weniger als 0,75 Prozent sollte in jedem Fall sanktioniert werden. Für jeden Prozentpunkt, mit dem ein Land über die zulässige Defizit-Obergrenze hinausging, sollten 0,25 Prozent des Bruttoinlandsprodukts bei der Kommission deponiert werden. Die hinterlegte Summe verfiel, wenn das unzulässige Defizit nicht nach zwei Jahren abgebaut war.

Das Verhältnis zwischen den Ländern, die bei der Einführung der Gemeinschaftswährung dabei sein würden, und denjenigen, die dies nicht konnten oder wollten, wurde auf der Amsterdamer Ratstagung so geregelt, dass für letztere das Europäische Währungssystem mit einer Schwankungsbreite von ± 15 Prozent fortgelten sollte. Großbritannien sah darin freilich keinen Grund, zum Wechselkursmechanismus zurückzukehren. Schweden, das unterdessen dem Maastricht-Vertrag beigetreten war, kündigte an, mit einem Beitritt zur Währungsunion noch warten zu wollen. Dänemark hingegen akzeptierte die Neuregelung und kehrte sogar offiziell zu der alten Schwankungsbreite von ± 2,25 Prozent zurück.

Die Regierungen, die an einer Beteiligung an der Währungsunion von Anfang an interessiert waren, halfen dann noch ein wenig mit kurzfristigen Stabilisierungsmaßnahmen und mehr oder weniger kreativer Buchführung nach. Die Regierung Jospin hielt an der Erhöhung der Mehrwertsteuer fest, die von der konservativen Vorgängerregierung beschlossen worden war, und setzte die Unternehmens- und Wertzuwachssteuer hinauf. Die Regierung Prodi nahm scharfe Einschnitte bei den Sozialleistungen vor und beschloss eine vorübergehende Steuererhöhung, die zwei Jahre später zu 60 Prozent erstattet werden sollte. Selbst die Regierung Kohl bezog die Erlöse von Privatisierungen und die Überschüsse der Kranken- und Rentenversicherungen in die Berechnung ihres Haushaltsdefizits ein. Die Kommission konnte daraufhin bei ihrer Schätzung im Herbst 1997 feststellen, dass tatsächlich alle Kandidaten den Beitrittskriterien genügen würden. Lediglich Griechenland würde mit einem aktuellen Haushaltsdefizit von über vier Prozent noch außerhalb der Euro-Zone bleiben müssen. Das Kriterium einer Gesamtverschuldung von nicht mehr als 60 Prozent, an dem vor allem Italien und Belgien zu scheitern drohten, wurde dabei vernachlässigt. Die Kommission argumentierte hier, politisch durchaus plausibel, mit den Fortschritten beim Schuldenabbau, den ausnahmslos alle Beitrittskandidaten gemacht hatten.

Die Veröffentlichung der Schätzungen der Kommission am 14. Oktober 1997 löste vielfach Überraschung aus. Dass nahezu alle Mitglieder des Währungssystems den Übergang zur dritten Stufe der Währungsunion schaffen würden, damit hatte noch Monate zuvor kaum jemand gerechnet. Entsprechend verloren die Sorgen um die Währungsstabilität und der Widerstand gegen die Kürzung von Sozialleistungen nach einem »Sommer der Ungewissheit« an Gewicht, und die Implementierung der Übergangsbeschlüsse konnte sich allenthalben in einem Klima sicherer Mehrheiten vollziehen. Am 25. März 1998 gaben die Kommission und das Europäische Währungsinstitut offiziell bekannt, dass elf Länder die Bedingungen für einen Beitritt zum 1. Januar 1999 erfüllten: Deutschland, Frankreich, Belgien, die Niederlande, Luxemburg, Italien, Spanien, Portugal und Irland sowie die Neumitglieder Österreich und Finnland. Am 2. Mai 1998 fassten die Staats- und Regierungschefs bei einem Zusammentreffen in Brüssel einen entsprechenden Beschluss zum Start der Währungsunion. Um Spekulationen in letzter Minute vorzubeugen, wurde vereinbart, die bilateralen Wechselkurse der zu vereinigenden Währungen bis zum Ende der Übergangszeit nicht mehr zu verändern.[14]

Der Beschluss zur Bildung einer Währungsunion mit elf Mitgliedern wurde überschattet von einem heftigen Gerangel um die Besetzung des Präsidentenamtes der Europäischen Zentralbank. Eigentlich war der frühere niederländische Notenbankpräsident Wim Duisenberg dafür vorgesehen: Er hatte das Amt des Präsidenten des Europäischen Währungsinstituts zum 1. Juli 1997 nur nach mehr oder weniger deutlichen Zusicherungen übernommen, dass er auch nach dessen Ausbau zur Europäischen Zentralbank an seiner Spitze bleiben würde. Die neue französische Regierung war jedoch der Auffassung, dass das Amt von einem Franzosen wahrgenommen werden müsse, und Chirac schloss sich ihr an. Am 4. November 1997 präsentierten Chirac und Jospin gemeinsam Jean-Claude Trichet als ihren Kandidaten. Das Ringen um die beiden Kandidaten zog sich bis in die Nacht zum 3. Mai 1998 hin. Tietmeyer und Waigel blockierten Kompromissvorschläge, nach denen die Amtszeit zwischen Duisenberg und Trichet aufgeteilt werden sollte. Schließlich wurde vereinbart, dass Duisenberg das Amt erhalten sollte, er gleichzeitig aber gebeten wurde, es aus Altersgründen nicht volle acht Jahre auszuüben; Trichet sollte nach seinem Rücktritt die Nachfolge übernehmen.

Das war nun ein Kompromiss, der überhaupt nicht gut ankam. Duisenberg rief mit seiner Erklärung, er habe »freiwillig entschieden, nicht die ganzen acht Jahre zu amtieren«, Stirnrunzeln in den Hartwährungsländern hervor. Als er vier Tage später vor dem Europäischen Parlament ausführte, er könne letztlich auch die vollen acht Jahre im Amt bleiben, fühlten sich die Franzosen düpiert.[15] Tatsächlich hatten sich die Anwälte einer starken Gemeinschaftswährung wieder einmal behauptet. In der Bundesrepublik wurde das aber nicht recht wahrgenommen. Kohl geriet wegen der leicht skurrilen Brüsseler Entscheidung in die Kritik. Ob dies zu seiner Abwahl am 27. September 1998 beigetragen hat, bleibt schwer abzuschätzen. Sicher ist nur, dass er – entgegen der vorherigen Zusicherungen an seine Frau und seinen Wunsch-Nachfolger Wolfgang Schäuble – nicht zuletzt deswegen noch einmal zur Wahl angetreten war, weil er fürchtete, dass die Euro-Einführung ohne ihn scheitern könnte.[16]

Das tat sie dann doch nicht. Kohls Nachfolger Gerhard Schröder, der die neue Währung in einem Interview mit der »Bild-Zeitung« als »kränkelnde Frühgeburt« bezeichnet hatte, die die Arbeitslosigkeit in Deutschland erhöhen würde,[17] betonte nach seiner Wahl zum Bundeskanzler die Chancen, die eine schwächere Gemeinschaftswährung dem deutschen Export bot. Duisenberg schweißte den heterogenen EZB-Rat zu einem kollegialen Gremium zusammen, das sich ganz dem Ziel der Preisstabilität verpflichtet fühlte. Als Zielmarge vereinbarten die neuen Währungshüter im Oktober 1998, den Anstieg der Verbraucherpreise mittelfristig knapp unter zwei Prozent zu halten – genau so, wie es die Bundesbank immer praktiziert hatte. Begünstigt durch einen anhaltenden Konjunkturaufschwung und historisch niedrige Inflationsraten vollzog sich der Übergang zur Gemeinschaftswährung in relativ entspannter Atmosphäre. Im Dezember 2001 konnten die Bürger der Eurozone die ersten gemeinsamen Münzen und Geldscheine in Empfang nehmen, und vom 1. Januar 2002 an konnten sie sie als Zahlungsmittel einsetzen.

Zu ihnen gehörten auch die Griechen. Bei ihnen hatte das Urteil, als einziges beitrittswilliges Land die Beitrittskriterien knapp verfehlt zu haben, geradezu ein nationales Trauma ausgelöst. Die Regierung Simitis hatte ihre Reformanstrengungen noch einmal verstärkt, um wenigstens bei der Einführung des Euro-Bargeldes dabei sein zu können. Damit war sie letztlich erfolgreich: Im Dezember 1999 gab sie bekannt, dass die Konvergenzkriterien erreicht waren, und im Juni 2000 wurde dieser Befund vom Rat der Wirtschafts- und Finanzminister bestätigt. Zweifel an der Solidität der griechischen Zahlen (die vier Jahre später von der konservativen Nachfolge-Regierung bestätigt werden sollten) wurden von der Sorge überdeckt, die Modernisierungsprogramme Simitis' durch eine abermalige Zurückweisung grundsätzlich zu gefährden. Nach dem Beschluss des Ecofin-Rates konnte der griechische Beitritt zur Währungsunion zum 1. Januar 2001 erfolgen, noch eben rechtzeitig zur Vorbereitung auf die allgemeine Bargeld-Einführung.[18]

Die Norderweiterung

Parallel zum Ringen um die Ratifizierung der Maastricht-Verträge und die Implementierung der Währungsunion verhandelten der Ministerrat und die Kommission über den Beitritt von Ländern, die bislang durch ihren neutralen Status im Ost-West-Konflikt daran gehindert worden waren, Mitglied der Europäischen Gemeinschaft zu werden. Österreich, die Schweiz, Liechtenstein, Schweden und Finnland hatten nach dem EWG-Beitritt Großbritanniens, Irlands und Dänemarks 1972/73 zusammen mit den übrigen verbliebenen EFTA-Staaten Island, Portugal und Norwegen bilaterale Zoll- und Handelsverträge mit der Gemeinschaft geschlossen, die auf die schrittweise Errichtung einer gemeinsamen Freihandelszone für den gewerblichen und industriellen Sektor hinausliefen, für den landwirtschaftlichen Sektor aber nur eine gewisse Liberalisierung vorsahen. Die dänische Regierung, die ein besonderes Interesse an einem Abbau der Handelsschranken gegenüber den nordischen Nachbarn besaß, hatte 1982 die Initiative für eine weitere Annäherung zwischen EG und EFTA getroffen; daraus war 1984 die Vereinbarung hervorgegangen, einen »einheitlichen europäischen Wirtschaftsraum« (EWR) zu schaffen, der durch einen weiteren Abbau des Protektionismus und verstärkte wirtschaftliche Zusammenarbeit gekennzeichnet sein sollte.[19]

Die Umsetzung dieser Vereinbarung, die am 9. April 1984 in Luxemburg unterzeichnet wurde, ließ dann aber auf sich warten. Zu groß war auf EG-Seite die Furcht vor einer Störung des Binnenmarkt-Programms, zu kategorisch die Ablehnung supranationaler Elemente bei den EFTA-Staaten. In den formellen Verhandlungen, die im Juni 1990 begannen, forderte die EG-Kommission einerseits die vollständige Übernahme aller Regulierungen des Binnenmarktes, während sie andererseits die Schaffung gemeinsamer Entscheidungsmechanismen ablehnte. Die EFTA-Länder mussten sich in dem EWR-Abkommen, das am 2. Mai 1992 in Porto unterzeichnet wurde, damit zufrieden geben, dass für einzelne sensible Wirtschaftsbereiche Übergangsfristen vereinbart wurden. Die Liberalisierung in den Bereichen Landwirtschaft und Fischerei blieb künftigen bilateralen Verhandlungen überlassen. Außerdem mussten sich die EFTA-Staaten an dem Kohäsionsfonds für strukturschwache EG-Regionen beteiligen; die Schweiz und Österreich mussten in Transitabkommen verstärkten LKW-Verkehr über die Alpenpässe zugestehen.

Nicht zuletzt deswegen ist der EWR-Vertrag von einer ganz knappen Mehrheit – 50,3 Prozent – der Schweizer Bevölkerung in einem Referendum am 6. Dezember 1992 abgelehnt worden. Inkrafttreten konnte er erst zum 1. Januar 1994, nachdem sich die verbliebenen EFTA-Staaten in einem zusätzlichen Anpassungsprotokoll verpflichtet hatten, 78 Prozent des Schweizer Anteils am Kohäsionsfonds zu übernehmen.[20]

Unterdessen hatten aber schon fünf der sieben verbliebenen EFTA-Staaten – Portugal war der Gemeinschaft bekanntlich zum 1. Januar 1986 beigetreten – Anträge auf Vollmitgliedschaft in der EG gestellt. Als erstes Land hatte Österreich am 17. Juli 1989 seinen Beitrittsantrag eingereicht. Am 1. Juli 1991, nach Gesprächen von Ministerpräsident Ingvar Carlsson mit seinen Parteifreunden Felipe González in Spanien und Franz Vranitzky in Österreich, folgte Schweden. Die finnische Regierung stellte ihren Beitrittsantrag am 18. März 1992, die Schweizer Regierung am 26. März 1992, und die norwegische Regierung initiierte am 25. November 1992 zum zweiten Mal ein Beitrittsverfahren. Wenn sie schon die Regelungen des Binnenmarktes übernehmen mussten, um nicht im Wirtschaftsverkehr mit ihren wichtigsten Handelspartnern diskriminiert zu werden, so wollten die Regierungen all dieser Länder nun auch gleichberechtigt mitentscheiden. Nachdem die schwedische Regierung ihren Beitrittsantrag gestellt hatte, kam bei den verbliebenen Regierungen die Furcht hinzu, den Zug zur Stärkung ihrer Wettbewerbsfähigkeit zu verpassen.

Bei den bislang neutralen Ländern war es darüber hinaus notwendig geworden, sich nach der Aufhebung der Ost-West-Spaltung des europäischen Kontinents neu zu positionieren. Die österreichische Regierung unter Bundeskanzler Franz Vranitzky hatte in ihrem Beitrittsgesuch noch die Notwendigkeit eines Festhaltens an der österreichischen Neutralitätsverpflichtung betont, was in Brüssel, aber auch in Paris ziemliches Stirnrunzeln hervorgerufen hatte. Im schwedischen Beitrittsgesuch zwei Jahre später fanden sich lediglich Vorbehalte, die sich auf eine Mitwirkung an einer Gemeinsamen Außen- und Sicherheitspolitik bezogen. Die finnische Regierung versicherte sogar, an der GASP, wie sie unterdessen im Maastricht-Vertrag fixiert worden war, konstruktiv mitwirken zu wollen. Von den Verpflichtungen des finnisch-sowjetischen Freundschaftsvertrags befreit, suchte man in Helsinki jetzt nach einer Absicherung gegen Turbulenzen im russischen Nachbarland.[21]

Die Beitrittsanträge der EFTA-Länder wurden nicht nur in Kopenhagen begrüßt. Auch in Bonn und in London war man von der Aussicht auf Erschließung neuer Märkte angetan. John Major sah darüber hinaus eine Gelegenheit, die supranationale Dimension der Gemeinschaft, die in Maastricht gerade bekräftigt worden war, wieder etwas zu verwässern. In Paris dagegen und auch in Brüssel fürchtete man um die Handlungsfähigkeit der Europäischen Union, sollte sich die Zahl ihrer Mitglieder jetzt so schnell von 12 auf 17 erweitern. Delors unternahm daher einen Versuch, die Entscheidung zugunsten der Säulenstruktur des Vertrages über die Europäische Union zu korrigieren. In einem Papier, das er dem Europäischen Rat in Lissabon Ende Juni 1992 vorlegen wollte, plädierte er dafür, parallel zu den anstehenden Beitrittsverhandlungen ein neues institutionelles Modell zu erarbeiten, das von den Neumitgliedern ebenso akzeptiert werden müsste wie der *acquis communautaire*.

Das überraschende dänische »Nein« zu den Maastricht-Verträgen in der Volksabstimmung vom 2. Juni machte diese Initiative jedoch zunichte. Jetzt erschien es selbst einigen Kommissionsmitgliedern nicht mehr opportun, die supranationale Dimension des Vertragswerks zu forcieren. Die Kommission mahnte zwar noch, die Funktionsfähigkeit sicherzustellen und das Demokratiedefizit zu verringern. Jedoch »wischten die Mitglieder des Europäischen Rates«, wie Delors klagte, »unsere Bedenken mit einer Handbewegung vom Tisch, ohne ihnen die notwendige Aufmerksamkeit zu zollen«.[22] Die Kommission wurde aufgefordert, »die notwendigen vorbereitenden Arbeiten zu beschleunigen«, um einen »baldigen Abschluss von Verhandlungen« mit den beitrittswilligen EFTA-Ländern zu erreichen. Vor Eröffnung der Beitrittsverhandlungen sollte lediglich der Ratifizierungsprozess der Maastricht-Verträge abgeschlossen werden, ebenso wie die Haushalts-Rahmenplanung des »Delors-II-Pakets« für die Jahre 1993 bis 1999 verabschiedet worden sein sollte.[23]

Letzteres wurde auf der Ratstagung in Edinburgh am 11. und 12. Dezember 1992 erreicht. Delors konnte zwar nicht die angestrebte Ausweitung des Haushaltsvolumens der Gemeinschaft von 1,20 Prozent des Bruttoinlandsprodukts auf 1,37 Prozent bis 1997 durchsetzen; es wurde aber immerhin eine Ausdehnung auf 1,27 Prozent bis 1999 beschlossen. Die Expansion des Agrarhaushalts wurde gemäß einem Reformbeschluss vom 21. Mai 1992 gestoppt, der eine Senkung der Garantiepreise sowie Mengenbegrenzungen und Stilllegungsprämien vorsah; auch wurde eine »Währungsreserve« gestrichen, mit der negative Auswirkungen der Dollarschwäche auf die Wettbewerbsfähigkeit der Agrarexporte kompensiert werden sollten. Gleichzeitig konnten die Ausgaben für den Regionalfonds um 72 Prozent gesteigert werden, und González setzte mit großem Geschick durch, dass der neue Kohäsionsfonds mit 15 Milliarden Ecu einigermaßen passabel ausgestattet wurde. Lediglich hinsichtlich der Aufstockung des Forschungsetats erlebte Delors eine bittere Enttäuschung.

Mitterrands zweite Vorbedingung für die Eröffnung der Beitrittsverhandlungen – der Abschluss der Ratifizierungsverfahren – wurde dagegen auf dieser Ratstagung fallen gelassen. Unter dem Druck von Kohl stimmte jetzt auch der französische Präsident der Forderung zu, die Verhandlungen gleich zu Beginn des nächsten Jahres zu eröffnen, damit die Beitritte zum 1. Januar 1995 erfolgen konnten. Der Bundeskanzler war davon überzeugt, dass eine solche Flucht nach vorn helfen könnte, die anwachsende Europamüdigkeit zu stoppen, die sich in den Ratifizierungsdebatten gezeigt hatte. Institutionelle Reformen, wie sie Delors für nötig erachtet hatte, wurden auf die Verhandlungen über eine Revision des Maastricht-Vertrages verschoben, die für 1996 vorgesehen waren.[24]

Die Verhandlungen mit Österreich, Schweden und Finnland begannen am 1. Februar 1993. Am 5. April konnten auch die neuen Verhandlungen mit Norwegen eröffnet werden. Für die Schweiz dagegen bereitete die Kommission kein Verhandlungspaket vor. Nach der Ablehnung des EWR-Abkommens im Referendum vom Dezember 1992 galt der Schweizer Beitrittsantrag als vorerst nicht aktuell, auch wenn er offiziell nicht zurückgezogen wurde. Da große Teile des Verhandlungskomplexes bereits im Zuge der EWR-Verhandlungen geklärt worden waren, gingen die Verhandlungen zügig voran. Schweden wollte wie Großbritannien und Dänemark das Recht erhalten, beim Übergang zur dritten Stufe der Währungsunion »Nein« sagen zu können; das jedoch wurde kategorisch ausgeschlossen. Die Vorbehalte, die Österreich und Schweden hinsichtlich der Gemeinsamen Außen- und Sicherheitspolitik gemacht hatten, traten hinter Versicherungen zurück, dass die aktive und solidarische Mitwirkung an dieser Politik sehr wohl mit den Prinzipien der Bündnisfreiheit vereinbar sei.

Ansonsten drängten die Kandidaten darauf, an der Regionalförderung beteiligt zu werden, sowie auf großzügige Ausnahme- und Übergangsregelungen für die Landwirtschaft und den Fischfang. Dem wurde nach zähem Widerstand in letzter Minute weitgehend stattgegeben. Delors konnte mit britischer und deutscher Unterstützung im Februar und März 1994 Kompromisse schmieden, die den Interessen der Antragsteller entgegenkamen. Österreich konnte eine gewisse

Verlängerung der Begrenzung des Transitverkehrs und Ausgleichszahlungen für die Landwirtschaft einhandeln, Schweden höhere Unterstützungsleistungen für seine Landwirtschaft, Finnland Gemeinschaftshilfen für 85 Prozent seines Territoriums und Norwegen die Fortdauer exklusiver Fischereirechte nördlich des 62. Breitengrades für drei Jahre. Unterm Strich ergab sich aus diesen Ausnahmeregelungen, dass die neuen Mitglieder erst von 1998 an zu den Nettozahlern der Gemeinschaft gehören würden.[25]

Erhebliche Spannungen gab es zum Schluss der Verhandlungen hinsichtlich der künftigen Gewichtung der Stimmen im Ministerrat. Während das Problem der Repräsentation der neuen Mitglieder in der Kommission und im Parlament einfach durch eine Ausweitung der Zahl der jeweiligen Sitze gelöst wurde, sperrten sich die britische und die spanische Regierung gegen die Heraufsetzung der Zahl der Stimmen, die für eine Sperrminorität gegen eine qualifizierte Mehrheitsentscheidung im Rat erforderlich waren. Die Briten wollten damit Mehrheitsentscheidungen erschweren, die Spanier fürchteten ein permanentes Übergewicht der »Nordländer« auf Kosten des Südens. Bei einem Treffen der Außenminister in der nordgriechischen Stadt Ioannina am 24. März 1994 wurde vereinbart, dass die Sperrminorität wohl von 23 auf 27 Stimmen erhöht würde. Jedoch sollte beim Erreichen eines Quorums von mindestens 23 Stimmen »alles versucht« werden, um »in angemessener Frist« doch noch vier weitere Stimmen für die Mehrheitslösung zu gewinnen. Die Kommission machte vergeblich darauf aufmerksam, dass diese Selbstbindung, da nicht vertraglich fixiert, keine rechtliche Verbindlichkeit besaß. Tatsächlich wurde die Entscheidungsfindung im Rat mit dieser »Ioannina-Formel« wieder etwas komplizierter.

Das Europäische Parlament sah das umso kritischer, als seine Forderung, vor der Erweiterung über die Verbesserung der Funktionsweisen der Union zu verhandeln, ebenso unbeachtet geblieben war wie die Mahnungen der Kommission. Als der Ministerrat die Beitrittsverträge nach der Paraphierung am 30. März 1994 dem Parlament zur Zustimmung vorlegte (wie es seit dem Inkrafttreten der Einheitlichen Akte vorgesehen war), war bei den Parlamentariern deshalb der Unwille groß, sich noch in der laufenden Legislaturperiode damit zu befassen. Die Regierungen befürchteten jedoch, dass bei einer Beschlussfassung erst durch das im Juni neu zu wählende Parlament die Zeit für eine Ratifizierung bis zum Ende des Jahres nicht mehr ausreichen würde. Sie übten daher starken Druck auf die Abgeordneten aus, von denen viele um ihre erneute Nominierung fürchten mussten. Kohl versprach in einem Brief an die Vorsitzenden aller Fraktionen des Straßburger Parlaments, eine Arbeitsgruppe zur Vorbereitung der institutionellen Reformen einzusetzen, an der das Parlament ebenso beteiligt sein würde wie die Staatenvertreter und die Kommission. Ganze Delegationen von Ministern aus den Kandidatenländern beschworen die Abgeordneten, nicht mit ihrer Verweigerungshaltung die öffentliche Meinung in ihren Ländern gegen den Beitritt aufzubringen.

Der vielfältige Druck zeigte Wirkung: Am 4. Mai lehnte eine Mehrheit von 305 gegen 150 Europa-Abgeordneten (bei 13 Enthaltungen) den von Claude Cheysson und anderen Abgeordneten eingebrachten Antrag auf Vertagung der Beitrittsverträge ab. Die Verträge selbst wurden danach mit noch größeren Mehrheiten gebilligt. Am 25. Juni konnten sie bei der Tagung des Europäischen Rates auf Korfu unterzeichnet werden.

In den Ratifizierungsdebatten, die in allen vier Ländern unmittelbar nach der Paraphierung eingesetzt hatten, wurde deutlich, dass der Beitritt einen kräftigen Schritt in die globalisierte Moderne implizierte. In Regionen, die vorwiegend von der Landwirtschaft oder vom Fischfang lebten, überwog die Furcht vor diesem Schritt, während in den Städten oft mit Leidenschaft dafür geworben wurde. Traditionsbewusste Linke und Umweltschützer sprachen sich ebenfalls häufig gegen einen Beitritt aus. In Österreich, wo schon am 12. Juni eine Volksabstimmung über den Beitrittsvertrag stattfand, resultierte daraus eine deutliche Mehrheit von 66,4 Prozent Ja-Stimmen. Auch in Finnland, wo am 16. Oktober abgestimmt wurde, überwog das Ja mit 56,9 Prozent recht eindeutig. In Schweden dagegen entschied sich bei der Abstimmung am 13. November nur eine knappe Mehrheit von 52,2 Prozent für den Beitritt. Und in Norwegen, wo das Referendum am 28. November stattfand, sprach sich eine ebenso knappe Mehrheit von 52,2 Prozent gegen den Beitritt aus. Die Dynamik, die von den Beitrittsentscheidungen in den Nachbarländern ausging, reichte nicht aus, um den anhaltenden Widerstand im Norden des Landes dieses Mal zu überwinden.

So traten zum 1. Januar 1995 nur Österreich, Finnland und Schweden der Europäischen Union bei. Aus dem Europa der 12 wurde ein Europa der 15. Norwegen verblieb, sehr zum Leidwesen der Industrie und der städtischen Bevölkerung des Südens, im weniger komfortablen Europäischen Wirtschaftsraum – genauso wie Island, das zum Schutz seiner Fischfanggebiete vor den Flotten der EU-Staaten erst gar keinen Beitrittsantrag gestellt hatte, und wie Liechtenstein, das umgekehrt der Ablehnung des EWR-Vertrags durch die benachbarte Schweiz nicht gefolgt war. Die Mitgliedszahlen der Institutionen wurden nach dem erneuten Fernbleiben Norwegens noch einmal revidiert. Jetzt waren für eine qualifizierte Mehrheit nach der Ioannina-Formal nur noch drei zusätzliche Stimmen erforderlich und nicht mehr vier.[26]

Insgesamt konnte die Europäische Union mit den neuen Mitgliedern ihren Kurs der Vertiefung und Substantiierung der Integration fortsetzen. Österreich erlebte einen Schub wirtschaftlicher Internationalisierung und Produktivitätssteigerung, der die hohe Zustimmungsrate zu dem Beitritt konstant hielt, allerdings auch dem xenophoben Rechtspopulismus um Jörg Haider verstärkten Zulauf brachte. Integrationspolitisch engagierte sich die Regierung vor allem bei der Vertiefung der Wirtschaftsintegration; sie trug damit auch dazu bei, dass die Währungsunion auf breiter Basis verwirklicht werden konnte. Auch Finnland arbeitete an der Etablierung der Währungsunion tatkräftig mit. Darüber hinaus engagierte sich die finnische Europapolitik beim Ausbau der Gemeinsamen Außen- und Sicherheitspolitik und trug auch die Stärkung der europäischen Organe konsequent mit. Schweden hingegen blieb gegenüber der supranationalen Perspektive der EU zurückhaltend und beteiligte sich darum auch nicht am Übergang zur Währungsunion. In der Gemeinsamen Außen- und Sicherheitspolitik arbeiteten die Schweden aber durchaus engagiert mit, und sie sprachen sich auch für eine möglichst zügige Osterweiterung der Union aus.

Der Weg nach Amsterdam

Die Schwierigkeiten, in die das Vertragswerk von Maastricht nach dem dänischen Referendum vom 2. Juni 1992 geraten war, brachten die Staats- und Regierungschefs dazu, das Mandat von Jacques Delors als Kommissionspräsident noch einmal um zwei Jahre zu verlängern, bis zur Jahreswende 1994/95. Die Erfahrungen, die er unterdessen gemacht hatte, sollten helfen, nicht nur die Klippen zu umschiffen, die die Ratifizierung der Maastricht-Verträge gefährdeten, sondern auch die anstehende Erweiterung durch die EFTA-Länder in einer Weise zu vollziehen, die den prekären Konsens, der den Vertragsabschluss von Maastricht trug, nicht zerbrechen ließ. Der Europäische Rat von Lissabon am 26. und 27. Juni 1992 bestätigte Delors daher für zwei weitere Jahre im Amt.

Delors nutzte die neue Amtszeit, um ein Projekt auf den Weg zu bringen, das ihn seit dem dänischen Referendum mehr und mehr beschäftigte: die Verbesserung der Wettbewerbsfähigkeit der Europäischen Union im globalen Maßstab. Er beobachtete mit Sorge, dass die Wirtschaft in den USA und im Fernen Osten schneller wuchs als in Europa und die Arbeitslosigkeit in den Ländern der Union auf hohem Niveau weiter zunahm, während sie in den USA und im Fernen Osten deutlich geringer war. Wie er den Staats- und Regierungschefs bei der Kopenhagener Ratstagung am 21. und 22. Juni 1993 erläuterte, war die Arbeitslosenquote in der Gemeinschaft von zwei Prozent vor der Ölkrise von 1973/74 auf durchschnittlich 17 Prozent gestiegen. Weniger als 60 Prozent der Bevölkerung im Beschäftigungsalter befanden sich tatsächlich in einem Arbeitsverhältnis. In den USA waren es dagegen um die 70 Prozent, in Japan sogar über 75 Prozent. Delors sah darin nicht ganz zu Unrecht einen der Gründe für den wachsenden

Widerstand gegen eine Vertiefung des Integrationsprozesses und eine Gefahr für die Stabilität der demokratischen Ordnung überhaupt.

Gestützt auf die Beratergruppe zur Zukunftsplanung, die er 1989 innerhalb der Kommission eingerichtet hatte (»Cellule de prospective«), entwickelte er daher einen Plan, um die Wettbewerbsfähigkeit und Beschäftigung auf europäischer Ebene zu sichern. Er fand dafür sowohl die Unterstützung von Helmut Kohl als auch von François Mitterrand und der dänischen Ratspräsidentschaft des ersten Halbjahres 1993 und erreichte so, dass die Kommission vom Europäischen Rat in Kopenhagen mit der Ausarbeitung eines »Weißbuchs zu Wachstum, Wettbewerbsfähigkeit und Beschäftigung« beauftragt wurde. Das Weißbuch, das zum Europäischen Rat in Brüssel am 10. und 11. Dezember 1993 in Brüssel vorgelegt wurde, schilderte noch einmal eindringlich die strukturellen Probleme der europäischen Volkswirtschaften und forderte dann ganz unterschiedliche Maßnahmen: Zum einen verlangte es mehr Flexibilität auf dem Arbeitsmarkt, Teilzeitarbeit und die Teilung von Arbeitsplätzen auf betrieblicher Ebene, bessere Arbeitsvermittlung und ständige Weiterqualifizierung der Arbeitnehmer. Zweitens sollte massiv in den Ausbau effizienter europaweiter Verkehrsnetze, Energieversorgung und Telekommunikation investiert werden. Drittens sollten die Einführung und Verbreitung der neuen Informationstechnologien gefördert werden, und viertens wurden noch einmal zusätzliche Anstrengungen in der Forschungsförderung generell angemahnt.[27]

Den Finanzbedarf für die erforderlichen Infrastrukturmaßnahmen bezifferte das Weißbuch auf 120 Milliarden Ecu, verteilt auf die nächsten sechs Jahre, also 20 Milliarden Ecu pro Jahr. Fünf Milliarden davon sollten jährlich aus dem Gemeinschaftshaushalt kommen, sieben Milliarden von der Europäischen Investitionsbank, und für die restlichen acht Milliarden sollten Gemeinschaftsanleihen aufgelegt werden, sogenannte »Union bonds«. Genau hier befand sich die Achillesferse des Plans: Die Staats- und Regierungschefs billigten das Weißbuch zwar im Grundsatz; von neuen Gemeinschaftsanleihen wollten aber weder John Major noch Helmut Kohl und Ruud Lubbers etwas wissen – der Brite aus grundsätzlichen Erwägungen, der Deutsche und der Niederländer mit Blick auf das Stabilitätsziel der Währungsunion. So wurde auf der Brüsseler Ratstagung lediglich beschlossen, zwei Arbeitsgruppen – zur Frage der Netze und der Informationstechnologien – einzusetzen, die zunächst dem Rat der Finanzminister berichten sollten.

Ein Jahr später, auf dem Ratstreffen am 9. und 10. Dezember 1994 in Essen, gelang es immerhin, eine Prioritätenliste für den Ausbau der Verkehrsinfrastruktur zu verabschieden, die 14 unterschiedliche Großprojekte umfasste. Zu ihrer Finanzierung standen aber nur drei Milliarden Ecu von Seiten der Union bereit; 13 Milliarden wurden von den Mitgliedsstaaten aufgebracht. Hinsichtlich der

IT-Revolution sahen die Staats- und Regierungschefs ihre Aufgabe in erster Linie darin, die notwendigen rechtlichen und ökonomischen Rahmenbedingungen zu schaffen. Ansonsten diente das Weißbuch im Wesentlichen zur Initiierung und Koordinierung *nationaler* Beschäftigungspolitiken, über die regelmäßig auf der Ebene des Europäischen Rates berichtet wurde. Delors' Initiative hatte somit nicht den großen Sprung auf eine Spitzenposition in der weltwirtschaftlichen Konkurrenz zur Folge, die ihm vorschwebte. Sie trug aber dazu bei, dass sich die Wirtschaftspolitiken der Union den Herausforderungen der Globalisierung stellten, noch ehe der Begriff dafür in Mode kam, und dass sie sich darüber einander stärker anglichen.[28]

Die Lancierung des Weißbuchs zu Wachstum, Wettbewerbsfähigkeit und Beschäftigung hatte auch zur Folge, dass Delors' Ansehen und politisches Gewicht, die unter seinem selbstherrlichen Auftreten in der Zeit der Erarbeitung der Maastricht-Verträge gelitten hatten, zum Schluss seiner Amtszeit wieder wuchsen. Mehrere Regierungschefs baten ihn deshalb auch, noch ein weiteres Mal anzutreten. Aber Delors hatte schon bei der Verlängerung über acht Jahre hinaus erklärt, dass dies seine letzte Amtsperiode sein würde. Zudem befand Mitterrand jetzt kategorisch, »es sei genug«.[29] Möglicherweise hatte er dabei im Sinn, den mittlerweile auch in Frankreich recht populären Kommissionspräsidenten als Kandidaten für seine Nachfolge als Staatspräsident zu gewinnen. Delors ließ sich freilich auf dieses Angebot nicht ein. Unterdessen 69 Jahre alt und wiederholt von einem Ischias-Leiden geplagt, erschienen ihm das Amt zu strapaziös und die Aussichten, die Wahl hierfür zu gewinnen, auch zu ungewiss. Nachdem er sich einige Monate bedeckt gehalten hatte, erklärte er Anfang Dezember 1994, dass er nicht zu einer Kandidatur für das Amt des französischen Staatspräsidenten bereit war.

Für die Nachfolge Delors' als Kommissionspräsident wurde zunächst der niederländische Ministerpräsident Ruud Lubbers vorgeschlagen. Mit ihm waren aber weder Kohl noch Mitterrand einverstanden – der Bundeskanzler nicht, weil der Christdemokrat Lubbers im Prozess der deutschen Vereinigung doch allzu deutlich auf der Seite der Bremser gestanden hatte; und der französische Präsident nicht, weil er davon überzeugt war, dass Lubbers den Maastricht-Gipfel allzu sehr zugunsten der Briten gelenkt hatte. Folglich präsentierten sie bei der Ratstagung von Korfu am 24. und 25. Juni 1994 einen Gegenkandidaten: den belgischen Ministerpräsidenten Jean-Luc Dehaene, ebenfalls ein Christdemokrat. Eine Abstimmung des Rates – die beiden Kandidaten hatten sich durch ihre Außenminister vertreten lassen – ergab acht Stimmen für Dehaene und vier Stimmen für Lubbers. Papandreou als amtierender Ratspräsident wollte nun Dehaene durchsetzen. Damit stieß er aber auf den erbitterten Widerstand von Major, der die Parole ausgegeben hatte, es dürfe kein zweiter Delors zum Zuge kommen, und Dehaene als »zu föderalistisch« ablehnte. Die Entscheidung über die Nominierung des nächsten Kommissionspräsidenten musste schließlich vertagt werden – und zwar auf ein Sondertreffen des Europäischen Rates, das für den 15. Juli nach Brüssel einberufen wurde.[30]

Nach der Rückkehr von Korfu verständigte sich Kohl mit Major, Mitterrand und dem neuen italienischen Ministerpräsidenten Silvio Berlusconi auf den luxemburgischen Ministerpräsidenten Jacques Santer als gemeinsamen Kandidaten. Auch Santer war ein Christdemokrat und von seiner ganzen politischen Sozialisation her nicht weniger föderalistisch gesonnen als Dehaene. Seit 1987 war er Vorsitzender der Europäischen Volkspartei, und er stand in engem Kontakt zu Kohl. Doch war dies Major vielleicht nicht bewusst oder es genügte ihm, wenigstens einmal vor dem heimischen Publikum Härte demonstriert zu haben. Santer zögerte etwas, das Amt anzunehmen, da er gerade zum zweiten Mal als Ministerpräsident von den luxemburgischen Wählern bestätigt worden war. Erst als Kohl ihm darlegte, dass er der einzige Kandidat sei, der allgemeine Zustimmung finden würde, willigte er ein. Am 15. Juli wurde er vom Rat einstimmig nominiert. Das Amt des Ministerpräsidenten von Luxemburg übernahm sein bisheriger Finanzminister Jean-Claude Juncker.

Als Kompromisskandidat hatte es Santer schwer, sich Autorität zu verschaffen. Das neugewählte Europäische Parlament bestätigte ihn am 21. Juli nur mit 260 gegen 238 Stimmen bei 23 Enthaltungen. Das Misstrauen, das hier zum Ausdruck kam, galt weniger der Person als dem Verfahren, mit der sie zu dem Amt gekommen war. Santer verstand es aber, die Zuständigkeiten in der neuen Kommission so zu verteilen, dass eine effektive Kooperation der nunmehr 20 Kommissare gewährleistet war. Das Parlament honorierte das, indem es die Kommission insgesamt am 18. Januar 1995 mit 416 gegen 103 Stimmen bei 59 Enthaltungen im Amt bestätigte. Hinsichtlich der weiteren Vertiefung des Binnenmarktes, des Übergangs zur Währungsunion und des Engagements für Wachstum und Beschäftigung setzte die Santer-Kommission die Linien fort, die Delors verfolgt hatte.

Dagegen zeigte die neue Kommission im Hinblick auf die Stärkung der europäischen Institutionen nicht mehr das starke Profil, das Delors ausgezeichnet hatte. Santer musste sich zunächst um Konsensbildung in der heterogenen Kommission bemühen. Dies ließ ihm nicht die Möglichkeit, sich persönlich als Anwalt eines effektiven Regierens in der Union zu profilieren. Die Vertretung der Kommission in der Reflexionsgruppe, die die Revision des Maastricht-Vertrages vorbereiten sollte, überließ er dem früheren spanischen Außenminister und Generalsekretär des Europarats Marcelino Oreja.

Die Reflexionsgruppe wurde gemäß dem Versprechen, das Kohl den Fraktionsvorsitzenden im Europa-Parlament gegeben hatte, vom Europäischen Rat in Korfu eingesetzt. Das Parlament war darin durch Mitterrands frühere Europa-

Referentin Élisabeth Guigou und den deutschen Christdemokraten Elmar Brok vertreten. Zusammen mit dem Vertreter des Kommissionspräsidenten sorgten sie dafür, dass der Bericht, den die Gruppe unter dem Vorsitz des spanischen Außenamts-Staatssekretärs Carlos Westendorp am 5. Dezember 1995 vorlegte, auch tatsächlich die Probleme der Maastricht-Konstruktion benannte: das Ungenügen und die mangelnde Kohärenz des zweiten und dritten Pfeilers und die außerordentliche Komplexität der Entscheidungsprozesse. Als Ziel der Vertragsrevision formulierte der Bericht dreierlei: Europa den Bürgern näher zu bringen, die Handlungsfähigkeit der Union nach außen zu stärken und die Institutionen der Union demokratischer und effektiver zu gestalten, vor allem im Hinblick auf die anstehende nächste (und größere) Erweiterung nach Osten hin.[31]

Die Diskussion über die anstehende Reform wurde durch ein Positionspapier belebt, das die CDU/CSU-Fraktion des Deutschen Bundestages am 1. September 1994 unter den Namen ihres Vorsitzenden Wolfgang Schäuble und des außenpolitischen Sprechers Karl Lamers veröffentlichte. Darin sprachen sich die beiden deutschen Europapolitiker zum einen für eine Beschleunigung der Integration der osteuropäischen Länder in die Union aus sowie für die Entwicklung einer gemeinsamen Außenpolitik und die Schaffung einer europäischen Verteidigung. Zweitens verlangte sie eine stärkere Ausrichtung der Union »am Modell eines föderativen Staatsaufbaus«: Die Reform sollte sich an Vorstellungen orientieren, »nach denen sich das Europaparlament schrittweise zu einem neben dem Rat gleichberechtigten Gesetzgeber entwickelt […] und die Kommission Züge einer europäischen Regierung annimmt«. Drittens forderten die deutschen Christdemokraten, den »festen Kern der integrationsorientierten und kooperationswilligen Länder« zu institutionalisieren und weiter zu festigen. Die Länder, die zu diesem Kern gehörten – in der Sicht der CDU/CSU-Fraktion vorerst nur Frankreich, Deutschland und die Benelux-Staaten –, sollten bei allen Projekten verstärkter Integration oder Kooperation dabei sein, alle anderen Länder jeweils nur, soweit sie daran interessiert waren und ihnen das auch möglich war.[32]

Das Schäuble-Lamers-Papier rief vielfältige Kritik hervor. Die Einen lehnten die Orientierung am Föderalismus ab, die Anderen die Schaffung eines harten Kerns und wiederum andere beides. Berlusconi beschwerte sich sogleich bei Kohl über den Versuch, ausgerechnet das Gründungsmitglied Italien in die zweite Klasse der weniger integrierten Länder abzuschieben, Mitterrand zeigte sich »beunruhigt«, und Major polemisierte gegen den Versuch, einzelnen Staaten einen »privilegierten Status« einzuräumen. Die heftige und bisweilen auch ziemlich verworrene Debatte[33] führte aber immerhin dazu, dass sich Chirac und Kohl vor der Regierungskonferenz zur Reform des Maastricht-Vertrags darauf verständigten, das beim Deutsch-Französischen Korps, der Abschaffung von Grenzkontrollen und der Währungsunion schon gehandhabte Prinzip selektiver Integration im

Unionsvertrag zu verankern. Am 6. Dezember 1995 schrieben sie in einem gemeinsamen Brief an den amtierenden Ratsvorsitzenden, dass »Staaten, die dies wünschen und dazu in der Lage sind, die Möglichkeit eröffnet« werden sollte, »unter Wahrung des einheitlichen institutionellen Rahmens der Union eine verstärkte Zusammenarbeit zu entwickeln«.[34]

Die Regierungskonferenz wurde mit einem Treffen des Ministerrats am 29. März 1996 in Turin eröffnet. Die Hauptarbeit lag bei einem Ausschuss aus Vertretern der Außenminister und der Kommission. Die Vertreter des Parlaments, die in der Reflexionsgruppe mitgearbeitet hatten, gehörten diesem Ausschuss nicht mehr an; sie wurden aber regelmäßig über den Fortgang der Verhandlungen informiert und konnten dazu ihre Meinung äußern. Außerdem konnte der Präsident des Parlaments bei den monatlichen Treffen des Ministerrats und den Tagungen des Europäischen Rats Stellungnahmen abgeben. Bis zum Ende des Jahres 1996 war dies der deutsche Sozialdemokrat Klaus Hänsch, auf ihn folgte gemäß einer internen Absprache der beiden größten Fraktionen der spanische Konservative José-Maria Gil-Robles. Aus dieser Konstellation ergab sich eine größere Öffentlichkeit der Verhandlungen, allerdings auch mehr Kontingenz bei ihren Ergebnissen.

Der Vertragsentwurf wurde bis zum 12. Juni 1997 fertiggestellt und dann bei der Amsterdamer Ratstagung am 16. und 17. Juni in einigen wichtigen Punkten noch einmal modifiziert oder präzisiert.[35] Hinsichtlich der Einführung der »verstärkten Zusammenarbeit« machte vor allem die britische Regierung ihren Widerstand geltend. Daraus ergab sich eine erhebliche Einschränkung ihrer Anwendungsmöglichkeiten. Grundsätzlich sollte sie nur möglich sein, wenn sich mehr als die Hälfte der Mitgliedsstaaten daran beteiligen wollte. Nur beim dritten Pfeiler der justiziellen und polizeilichen Zusammenarbeit sollte sie mit qualifizierter Mehrheit beschlossen werden können. Im Bereich der Außen- und Sicherheitspolitik war sie gar nicht vorgesehen, und im Gemeinschaftsbereich wurde ein Vetorecht gegen ihre Einführung per Mehrheitsbeschluss verankert. Außerdem sollten hier überhaupt nur Anträge eingebracht werden können, wenn ihnen die Kommission vorher zugestimmt hatte, und sie durften nicht Bereiche betreffen, die in die ausschließliche Zuständigkeit der Gemeinschaft fielen. Eine systematische Stärkung des Kerns der Union, wie sie den Autoren des Schäuble-Lamers-Papiers vorgeschwebt hatte, war damit so gut wie ausgeschlossen.

Von unmittelbarer praktischer Bedeutung war in diesem Zusammenhang nur der Umstand, dass die Abschaffung von Grenzkontrollen innerhalb des EU-Raums, wie sie Kohl und Mitterrand im Mai 1984 vereinbart hatten und unterdessen mit dem Schengen-Abkommen vom 14. Juli 1985 und einem Durchführungsabkommen vom 19. Juni 1990 auf den Weg gebracht worden war, als konkreter Fall verstärkter Zusammenarbeit in den Vertrag aufgenommen wurde.

Dem ursprünglichen Abkommen zwischen Frankreich, Deutschland, Belgien, den Niederlanden und Luxemburg hatten sich unterdessen Italien (1990), Spanien (1991), Portugal und Griechenland (1992) angeschlossen. 1995 war Österreich hinzugekommen, und zum Jahresende 1996 traten Dänemark, Schweden und Finnland bei, sodass lediglich die beiden Inselstaaten Großbritannien und Irland außerhalb des Schengen-Raumes blieben. Realisiert wurde der kontrollfreie Grenzübertritt für die Kerngruppe der Schengen-Staaten im März 1995. Ab 1997 galt er auch für Österreich, ab dem Jahr 2000 ebenso für die skandinavischen Länder.[36] Durch die Qualifizierung der Schengen-Vereinbarungen als »verstärkte Zusammenarbeit« wurden die Gemeinschaftsorgane für ihre Durchführung zuständig.

Generell wurde mit dem Amsterdamer Vertrag ein erheblicher Teil der Zusammenarbeit im Bereich »Inneres und Justiz« (der sogenannten dritten Säule des Maastrichter Unionsvertrags) in den Gemeinschaftsbereich übernommen. Nicht nur im Hinblick auf die Aufhebung der Binnengrenzen und die gemeinsame Bewachung der Außengrenzen, sondern auch durch gemeinschaftliche Regelungen, die sich auf die Visaerteilung, die Asyl- und Einwanderungspolitik, die Bestrafung von organisierter Kriminalität, Terrorismus und Drogenhandel sowie die Zusammenarbeit im zivilrechtlichen Bereich bezogen, sollte innerhalb von fünf Jahren ein gemeinsamer »Raum der Freiheit, der Sicherheit und des Rechts« entstehen. Auf Drängen einiger deutscher Bundesländer und Österreichs, die sich in besonderem Maße mit dem Ansturm von Zuwanderern aus dem östlichen Europa konfrontiert sahen, behielten sich die Staaten aber hinsichtlich der Visaerteilung vor, auch nach dem Ablauf von fünf Jahren auf einstimmigen Beschlüssen zu bestehen.[37] Bei der polizeilichen und justiziellen Zusammenarbeit in Strafsachen, die in der dritten Säule verblieben, wurden die Verfahren vereinfacht und eine stärkere Beteiligung der gemeinsamen Polizeibehörde Europol an der Ermittlungsarbeit innerhalb von fünf Jahren vereinbart.[38]

Zur Stärkung des gemeinsamen Rechtsraums trug auch bei, dass dem Rat in der Zusammensetzung der Staats- und Regierungschefs ein Wächteramt hinsichtlich der Einhaltung der »Grundsätze der Freiheit, der Demokratie, der Achtung der Menschenrechte und Grundfreiheiten sowie der Rechtsstaatlichkeit« gegeben wurde. Wurde einstimmig festgestellt, dass ein Land diese Grundsätze verletzt (wobei die Stimme des betroffenen Landes nicht mitgezählt wurde), so konnte der Rat mit qualifizierter Mehrheit beschließen, »bestimmte Rechte« dieses Landes bis auf Weiteres auszusetzen; die Verpflichtungen blieben aber weiterhin bestehen. Die Beachtung der Grundsätze wurde auch explizit zu einem Kriterium für die Aufnahme weiterer Beitrittskandidaten erklärt. Schließlich wurde dem Europäischen Gerichtshof die Kompetenz zugesprochen, bei Handlungen der Gemeinschaftsorgane darüber zu wachen, dass die Europäische Konvention der Menschenrechte eingehalten wurde. Für die EU-Bürger ergab sich daraus ein höheres Maß an Grundrechtsschutz durch die Union.

Der angestrebten größeren Bürgernähe der Union mochte auch dienen, dass die soziale Kompetenz der Gemeinschaft gestärkt wurde. Der neue britische Premierminister Tony Blair erklärte gleich nach dem Wahlsieg der Labour Party am 1. Mai 1997, dass Großbritannien dem Sozialprotokoll des Maastricht-Vertrages beitreten werde. Damit konnte das Abkommen über die Einführung von Mindeststandards beim Arbeitsschutz, bei der Gleichstellung von Männern und Frauen, bei der sozialen Sicherung und bei der kollektiven Wahrnehmung von Arbeitnehmerinteressen, das bei den Vertragsverhandlungen von 1991 auf den hartnäckigen Widerstand von John Major gestoßen war, in letzter Minute in den neuen Gemeinschaftsvertrag übernommen werden. Darüber hinaus wurde, zusätzlich begünstigt durch den Wahlsieg der Linksparteien in den französischen Parlamentswahlen vom 1. Juni 1997, ein Beschäftigungskapitel in den Vertrag aufgenommen. Es erklärte die Förderung eines »hohen Beschäftigungsniveaus« zum Ziel der Union und wollte dieses durch regelmäßige Berichtspflicht der Mitgliedsstaaten, Empfehlungen, Informationsaustausch und Pilotprojekte fördern. Weiterreichende Vorstellungen zur finanziellen Förderung beschäftigungspolitischer Maßnahmen scheiterten am Widerstand der Bundesregierung. Die konservativ-liberale Regierung in Bonn hielt davon grundsätzlich nicht viel, und sie wollte ihren Wählern auch keine weitere finanzielle Belastung durch die Gemeinschaft zumuten.

Der Regierungswechsel in London gestattete auch eine Ausweitung der Parlamentsrechte: Das Verfahren gleichberechtigter Mitentscheidung des Parlaments wurde auf nahezu alle Bereiche gemeinschaftlicher Politik mit Ausnahme der Währungsunion ausgedehnt, in denen der Rat mit qualifizierter Mehrheit entschied. Das traf auf etwa 70 Prozent aller legislativen Akte der Gemeinschaft zu; zuvor waren es etwa 30 Prozent gewesen. Außerdem wurde das Mitentscheidungsverfahren wesentlich vereinfacht: Rechtsakte konnten fortan schon in erster Lesung verabschiedet werden (wenn das Parlament keine Änderungen an der Ratsvorlage vornahm oder der Rat alle Änderungen akzeptierte). Eine dritte Lesung, die die Verantwortung für das Scheitern eines Vermittlungsverfahrens einseitig dem Parlament zuschob, entfiel ganz. Weiterhin musste der Rat das Parlament künftig vor der Verabschiedung verbindlicher Rechtsakte im Bereich der strafrechtlichen und polizeilichen Zusammenarbeit konsultieren. Bei der Benennung des Kommissionspräsidenten sollte fortan nicht mehr die vorherige Anhörung des Parlaments genügen, sondern das Parlament musste dem einvernehmlichen Vorschlag der Regierungen vielmehr ausdrücklich zustimmen.

Letzteres war umso bedeutsamer, als es bei der Benennung der übrigen Kommissionsmitglieder nicht mehr genügen sollte, den designierten Präsidenten zu konsultieren. Es musste vielmehr Einvernehmen mit ihm erzielt werden. Darüber hinaus wurde dem Präsidenten die »politische Führung« der Kommission übertragen. In einer Erklärung, die die Regierungskonferenz verabschiedete, hieß es zudem, »dass der Präsident der Kommission sowohl bei der Zuweisung der Aufgaben innerhalb des Kollegiums als auch bei jeder Neuordnung dieser Aufgaben während der Amtszeit einen großen Ermessensspielraum haben muss«.[39] Das lief auf eine Art Weisungsbefugnis hinsichtlich der Strategien und der jeweiligen Aufgabenverteilung hinaus. Insgesamt eröffneten die Zustimmungspflicht des Parlaments und die Stärkung der Position des Kommissionspräsidenten den europäischen Parteienverbünden die Chance, alternative Kandidaten für das Präsidentenamt zu benennen und so die Wählerinnen und Wähler an der Entscheidung für den nächsten Präsidenten und dessen Arbeitsprogramm zu beteiligen.

Für das Europäische Parlament waren die Ausweitung der Parlamentsrechte und die Stärkung der Stellung des Kommissionspräsidenten »ein Durchbruch«, wie sein Präsident Klaus Hänsch rückblickend kommentierte. »In Maastricht war die Tür vom Beratungs- zum Entscheidungsparlament einen Spalt geöffnet worden, nun stand sie offen.«[40] Zu verdanken hatte es diesen Erfolg nicht zuletzt seinen beiden Repräsentanten Guigou und Brok, die sich in den Verhandlungen weitgehend auf diese beiden Punkte konzentrierten und dadurch erheblich mehr Einfluss auf das Verhandlungsergebnis nehmen konnten, als ihnen formal zugestanden worden war. Wichtig war zudem, dass Kohl seinen neuen Partner Chirac nach dessen anfänglicher Zurückhaltung für die Verallgemeinerung des Mitentscheidungsverfahrens gewinnen konnte.

Der Erfolg des Parlaments wurde allerdings dadurch deutlich begrenzt, dass die Zahl der Politikfelder, in denen im Rat mit qualifizierter Mehrheit abgestimmt werden sollte, kaum ausgeweitet wurde. Allein Belgien und Luxemburg waren zur durchgehenden Anwendung des Mehrheitsprinzips bereit. Frankreich, Spanien und Großbritannien lehnten die Einführung von Mehrheitsvoten in institutionellen Fragen ab; die deutsche Delegation sperrte sich auf Druck einzelner Ministerien und Bundesländer gegen Mehrheitsvoten in sensiblen Einzelbereichen wie der Kulturpolitik, der Industriepolitik und der Umweltpolitik; generell war die Bereitschaft gering, Mehrheitsvoten bei Rechtsakten zuzulassen, die sich unmittelbar auf den Haushalt der Gemeinschaft auswirkten. Schließlich wurden gerade einmal vier von 56 Politikfeldern, in denen bislang einstimmig entschieden wurde, in das Mehrheitsregime überführt, hauptsächlich im Bereich der Forschungs- und Technologiepolitik. Nicht nur über die Landwirtschaftspolitik, Industriepolitik, Wettbewerbspolitik und Steuerpolitik wurde weiterhin allein vom Rat und der Kommission entschieden, auch bei den wesentlichen Fragen der Währungsunion, bei der Wasser-, Raumordnungs- und Energiepolitik und der Einführung verstärkter Kooperation verfügte das Parlament über keine Mitentscheidungskompetenz.

Die französische Regierung wäre zu größeren Zugeständnissen in der Frage der Mehrheitsentscheidungen bereit gewesen, wenn zugleich das Stimmengewicht im Rat zugunsten der größeren Mitgliedsstaaten neu berechnet worden wäre. Tatsächlich implizierten die erfolgte und die bevorstehende Aufnahme neuer Mitgliedsstaaten einen Gewichtsverlust der von Bevölkerungszahl und Wirtschaftskraft her größten Mitgliedsstaaten; gleichzeitig bot sie dem Parlament größere Chancen, im Rat Verbündete für Sperrminoritäten zu finden. Die kleineren Staaten lehnten jedoch eine Neugewichtung der Stimmen zugunsten der größeren Mitgliedsstaaten entweder ganz ab (so Griechenland, Irland, Finnland und Schweden) oder plädierten für ein System der doppelten Mehrheiten (Mehrheit der gewichteten Stimmen plus Mehrheit der Bevölkerung) bei gleichzeitiger Anhebung der Mindeststimmenzahl für Mehrheitsbeschlüsse. Ebenso sperrten sie sich gegen eine Reduzierung der Zahl der Kommissionsmitglieder auf die Zahl der tatsächlich unterschiedlichen Aufgabenbereiche (etwa zehn) und beharrten stattdessen darauf, mit jeweils einem Mitglied in der Kommission vertreten zu sein. Vermittlungsversuche der deutschen Delegation, die für ein System der doppelten Mehrheiten ohne Anhebung der Mindeststimmenzahl plädierte, scheiterten am Widerstand der französischen Vertreter. Der Verlust an Gleichrangigkeit gegenüber Deutschland, der bei diesem Verfahren drohte, war für sie nicht akzeptabel. Auch waren die Franzosen nicht bereit, bei einer Verkleinerung der Kommission selbst, wie von Vertretern kleinerer Staaten gefordert wurde, zeitweilig auf ein französisches Kommissionsmitglied zu verzichten.

An den Fragen der Gewichtsverteilung im Rat und der Handlungsfähigkeit der Kommission drohte die Regierungskonferenz fast zu scheitern. Kohl, der angesichts des schleppenden Gangs der Verhandlungen schon im Herbst 1996 signalisiert hatte, dass auf »Maastricht II« wohl noch ein »Maastricht III« folgen müsse, schlug seinen Ratskollegen daher in der Nacht vom 17. zum 18. Juni 1997 in Amsterdam vor, die strittigen Fragen auf eine nächste Regierungskonferenz zu verschieben.[41] So wurde es beschlossen. Im Vertrag wurde der Status quo hinsichtlich der Stimmengewichtung und der Zahl der Kommissionsmitglieder bestätigt. Sodann wurde ein Protokoll verabschiedet, das eine Einigung in zwei Etappen vorsah: Sollte bis zum Inkrafttreten der nächsten Erweiterung die Stimmengewichtung im Rat »in einer für alle Mitgliedsstaaten annehmbaren Weise geändert« sein, würde von da an jeder Mitgliedsstaat nur noch einen Kommissar benennen können. »Spätestens ein Jahr vor dem Zeitpunkt, zu dem die Zahl der Mitgliedsstaaten 20 überschreiten wird«, sollte eine weitere Regierungskonferenz einberufen werden, »um die Bestimmungen der Verträge betreffend die Zusammensetzung und die Arbeitsweise der Organe umfassend zu überprüfen«.[42]

Die Anpassung der Stimmengewichtung im Rat und der Kommissionszusammensetzung an die Erfordernisse der Erweiterung scheiterte also letztlich an der Weigerung der französischen Politik, die zentrale Rolle preiszugeben, die Frankreich auf der europäischen Ebene bislang stets innegehabt hatte.[43] Umgekehrt führte der fortdauernde deutsch-französische Gleichklang hinsichtlich der Gemeinsamen Außen- und Sicherheitspolitik dazu, dass hier gegenüber den Bestimmungen des Maastrichter Unionsvertrages einige Fortschritte erzielt werden konnten. Die Außen- und Europaminister der beiden Länder kamen in gemeinsamen Leitlinien, die sie am 27. Februar 1996 verabschiedeten, überein, dass die Entscheidungsfähigkeit in der Außen- und Sicherheitspolitik durch die Einführung des Prinzips konstruktiver Enthaltung, die Schaffung einer Planungs- und Analyseeinheit zur Entwicklung gemeinsamer Strategien und die Einrichtung einer »neuen Funktion, die zu einer besseren Sichtbarkeit und Kohärenz der GASP beiträgt«, zu verbessern. Außerdem sollte die Überführung der WEU in die EU beschleunigt und ihre Zusammenarbeit jetzt schon verstärkt werden.[44]

Diese Ziele ließen sich bei der Regierungskonferenz im Wesentlichen durchsetzen, wenn auch mit Abstufungen. Das Instrument der konstruktiven Enthaltung wurde dahingehend definiert, dass ein Land, das sich derart erklärt, nicht zur Beteiligung an der Durchführung verpflichtet ist, wohl aber zur Beteiligung an der Finanzierung. Mehrheitsvoten sollten künftig nicht nur bei der Implementation gemeinsamer Aktionen möglich sein, sondern bei sämtlichen Maßnahmen im Rahmen einer gemeinsam definierten Strategie. Allerdings wurde dissentierenden Ratsmitgliedern wie bei der Einrichtung »verstärkter Zusammenarbeit« das Recht eingeräumt, die Anwendung des Mehrheitsverfahrens zu verhindern. Ein entsprechender Beschluss konnte dann nur noch zustande kommen, wenn die Staats- und Regierungschefs im Europäischen Rat anders entschieden, als ihre Außenminister es zuvor im Ministerrat getan hatten. Außerdem sollte die Mehrheitsregel nicht für die Entsendung von Truppen zu einer auswärtigen Militärmission gelten. In diesem Punkt wichen auch der deutsche Außenminister Klaus Kinkel und Verteidigungsminister Volker Rühe von den französischen Vorstellungen ab.

Ferner wurde per Erklärung der Regierungskonferenz eine »Strategie- und Frühwarneinheit« geschaffen, die sich aus Angehörigen des Generalsekretariats des Europäischen Rates, der Ministerien der Mitgliedsstaaten, der Kommission und der WEU zusammensetzte. Ihre Leitung oblag dem Generalsekretär des Europäischen Rates, der nun zusätzlich die Aufgabe eines »Hohen Vertreters für die Gemeinsame Außen- und Sicherheitspolitik« übernahm. Französische Vorstellungen, die Vertretung der GASP als politisches Amt mit großer Außenwirkung zu gestalten, ließen sich angesichts des Widerstands von britischer und neutraler Seite nicht durchsetzen. Auch der deutsche Vorschlag, den Hohen Repräsentan-

ten mit dem Vorsitz im Politischen Komitee zu betrauen – dem wöchentlich ta-
genden Zusammenschluss der Politischen Direktoren der Außenministerien aller
Mitgliedsstaaten –, wurde als zu weitreichend zurückgewiesen.

Einen genauen Fahrplan zur Überführung der WEU in die EU im Vertrag
zu verankern, gelang Franzosen und Deutschen ebenfalls nicht. Es wurden aber
»engere institutionelle Beziehungen zur WEU im Hinblick einer Integration der
WEU in die Union« beschlossen, die innerhalb eines Jahres nach Inkrafttreten
des Vertrages erarbeitet werden sollten. Weitere Schritte zu einer gemeinsamen
Verteidigungspolitik und die Integration der WEU in die EU sollten vom Europäischen Rat beschlossen werden können. Davon abgesehen, wurde die Leit-
linienkompetenz des Europäischen Rates bereits jetzt auf die WEU ausgedehnt.
Im Hinblick auf »humanitäre Aufgaben und Rettungseinsätze, friedenserhaltende
Aufgaben sowie Kampfeinsätze bei der Krisenbewältigung«, wie sie im Juni 1992
als Aufgaben von WEU-Militäreinsätzen definiert worden waren (»Petersberger
Erklärung« des WEU-Ministerrats), erhielten auch diejenigen Mitgliedsstaaten
das Recht zu gleichberechtigter Mitwirkung, die nicht zugleich Mitglieder der
WEU waren.[45]

Das Instrument der »verstärkten Zusammenarbeit« wurde auf die Bestimmungen zur Außen- und Sicherheitspolitik nicht ausgedehnt. Zwar hatte sich
die Bundesregierung hierzu im Oktober 1996 bereitgefunden. Nachdem aber die
Vertreter Großbritanniens, Schwedens und Dänemarks darauf bestanden hatten,
die Einführung verstärkter Zusammenarbeit mit einem Veto verhindern zu können, verfocht nur noch die französische Delegation die Möglichkeit, eine Gruppe
von Staaten zum Handeln im Namen der Union zu beauftragen. Der deutsche
Außenminister Klaus Kinkel fühlte sich an den entsprechenden Vorschlag, den
er zusammen mit seinem französischen Amtskollegen Hervé de Charrette eingebracht hatte, nicht mehr gebunden. Die verstärkte verteidigungspolitische Zusammenarbeit eines Kerns nach deutsch-französischem Muster blieb damit ein
Instrument, das nicht in die Regelungen des Vertrags einbezogen wurde.[46]

Die Stärkung der Gemeinsamen Außen- und Sicherheitspolitik fiel also nicht
ganz so deutlich aus, wie dies Kohl und Chirac in ihrem gemeinsamen Brief vom
Dezember 1995 verlangt hatten. In einer Konstellation, in der der britische und
niederländische Widerstand aus der Zeit der Maastricht-Verhandlungen durch
die Zurückhaltung der neuen neutralen und paktfreien Mitglieder noch verstärkt
wurde, war aber auch nichts anderes zu erwarten gewesen.

Zusammen mit dem eklatanten Versagen der französischen Führung in den
Fragen der Stimmengewichtung im Rat und der Zahl der künftigen Kommissionsmitglieder ergab sich daraus der Eindruck, dass die Regierungskonferenz zur
Reform des Vertragswerks von Maastricht nur wenig zur Bewältigung der anstehenden Probleme der EU beigetragen hatte. »Verhaltener Jubel« schrieb die

Frankfurter Allgemeine Zeitung über ihren Bericht zu den Ergebnissen der Amsterdamer Ratstagung.[47] Dass die Rechte des Europäischen Parlaments beträchtlich ausgeweitet worden waren und der Kommissionspräsident eine wesentliche Stärkung seiner Position erfahren hatte, geriet darüber etwas in den Hintergrund. In der Öffentlichkeit wenig diskutiert, wurde der Vertrag von Amsterdam am 2. Oktober 1997 unterzeichnet. Nach Abschluss der Ratifikationsverfahren trat er am 1. Mai 1999 in Kraft.

Beflügelt von seinem Erfolg in den Reformverhandlungen nahm das Europäische Parlament seine Kontrollrechte noch vor dem Inkrafttreten des Vertrages extensiv wahr. Dabei stieß es auf allerlei Ungereimtheiten in der Haushaltsführung der Kommission für das Jahr 1996. Die für März 1998 vorgesehene Entlastung musste verschoben werden, und dann wurden immer mehr Missstände deutlich. Die Kritik galt insbesondere der französischen Forschungskommissarin Édith Cresson, einer kurzzeitigen Premierministerin Mitterrands, die offensichtlich Vetternwirtschaft betrieben hatte, und dem spanischen Mittelmeer- und Nahostkommissar Manuel Marín, in dessen Verantwortungsbereich Betrügereien bei der Abwicklung humanitärer Hilfe fielen. Nachdem Rücktrittsforderungen an die Adresse von Cresson und Marín ohne Wirkung geblieben waren, verweigerte das Parlament am 17. Dezember 1998 der Kommission zum ersten Mal in seiner Geschichte die Entlastung.

Als auch dieser Schritt nicht zum freiwilligen Rücktritt der belasteten Kommissare führte, griffen die Abgeordneten zum Mittel des Misstrauensvotums gegen die gesamte Kommission. Ein entsprechender Antrag erreichte am 14. Januar 1999 zwar nicht die erforderliche Zweidrittelmehrheit. Eine Untersuchungskommission, die stattdessen eingesetzt wurde, brachte die Kommission aber in noch größere Bedrängnis. Die Vorwürfe gegen Cresson wurden in deren Bericht, der am 15. März vorgelegt wurde, noch ausgeweitet, und generell wurde den Kommissaren vorgeworfen, die Kontrolle über die Vorgänge in ihrer Administration verloren zu haben. Es fehle jede Bereitschaft, individuell oder kollektiv Verantwortung zu übernehmen, und es sei »schwierig, jemanden […] zu finden, der in diesem Sinne den geringsten Sinn für Verantwortung aufbringt«.[48]

Nach dem verheerenden Eindruck, den der Bericht der unabhängigen Untersuchungskommission hervorgerufen hatte, war die Kommission Santer nicht mehr zu halten. Noch am gleichen Abend eröffneten jene Abgeordneten der Sozialistischen Fraktion, die die Kommission bislang noch gestützt hatten, dem Präsidenten, dass auch sie nunmehr einem Misstrauensvotum zustimmen würden. Santer, der bislang darauf gesetzt hatte, dass die nationalen Regierungen die umstrittenen Kommissare zurückziehen würden, konnte der Absetzung der gesamten Kommission nur noch entgehen, indem er ebenfalls noch am Abend des 15. März einen Beschluss zum kollektiven Rücktritt aller Kommissare durchsetzte. Am 16. März wurde dieser Rücktritt erklärt. Santer und seine Kollegen blieben allerdings noch bis zur Bestellung einer neuen Kommission geschäftsführend im Amt.

Bundeskanzler Gerhard Schröder, der die Ratspräsidentschaft im ersten Halbjahr 1999 innehatte, betätigte sich jetzt als Krisenmanager. Bereits auf der Ratstagung vom 24. und 25. März 1999 in Berlin setzte er Romano Prodi, der sein Land als Ministerpräsident erfolgreich in die Euro-Zone geführt hatte, als neuen Kommissionspräsidenten durch. Das Europäische Parlament bestätigte Prodi am 5. Mai, und dann erfolgte die Bestellung der übrigen Kommissionsmitglieder nach dem Ko-Dezisionsverfahren des Amsterdamer Vertrags. Der neuen Kommission gehörten nur wenige Personen an, die schon in der Santer-Kommission vertreten waren: Neil Kinnock als Beauftragter für die anstehende Verwaltungsreform, der Österreicher Franz Fischler als Landwirtschaftskommissar und der Italiener Mario Monti als Wettbewerbskommissar. Zu den Neuzugängen, die beträchtliche Wirkung entfalten sollten, gehörten der Franzose Pascal Lamy, ehemaliger Kabinettschef von Delors, als Außenhandelskommissar, der Deutsche Günter Verheugen, bisher sozialdemokratischer Staatsminister im Auswärtigen Amt, als Erweiterungskommissar und der Brite Chris Patten als Außenkommissar. Nachdem alle Nominierten einzeln angehört worden waren, stimmte das Parlament der Bestellung der neuen Kommission am 15. September 1999 mit sehr großer Mehrheit zu; am 18. September nahm sie ihre Arbeit auf.

Insgesamt ging das Europäische Parlament aus der Konfrontation mit einigen Mitgliedern der Santer-Kommission weiter gestärkt hervor. Der Europäische Rat gewann ebenfalls an Profil, und mittelfristig wurde auch die Autorität der Kommission wieder gefestigt. Der erzwungene Wechsel in der Besetzung der Kommission reichte allerdings nicht aus, um dem Vertrauensschwund der Bürger in die europäische Politik Einhalt zu gebieten. Bei den fünften Direktwahlen zum Europäischen Parlament, die zwischen dem 10. und 13. Juni 1999 stattfanden, stieg der Anteil der Nichtwähler, der 1994 schon 43,2 Prozent betragen hatte, weiter auf 50,6 Prozent. Auch hinderte der Zwang zur Konzentration auf die notwendige Reform der Administration die Prodi-Kommission zumindest in ihren Anfängen, ihre Rolle als Impulsgeber des Integrationsprozesses offensiv wahrzunehmen.

Sicherheits- und Ostpolitik

Die Umsetzung der Beschlüsse zur Entwicklung einer gemeinsamen Außen- und Verteidigungspolitik blieb mühsam. Auf Ministerratsebene wurde zwar eine ganze Reihe gemeinsamer Positionen entwickelt, etwa im Hinblick auf eine Befriedungspolitik nach dem Zerfall Jugoslawiens, die Bürgerkriege in Zentralafrika und den Dauerkonflikt zwischen Israel und den Palästinensern. Die Westeuropäische Union richtete sich schrittweise auf ihre Aufgabe als Instrument gemeinsamer Verteidigungspolitik aus: mit der Verlegung ihres Ständigen Rates und ihres Generalsekretariats von London nach Brüssel, der Einrichtung eines Satellitenzentrums, eines Logistikzentrums, einer Planungseinheit und eines Krisenüberwachungszentrums sowie der Aufnahme Griechenlands als Mitglied, der NATO-Länder Türkei, Island und Norwegen als assoziierten Mitgliedern und der neutralen EU-Länder Irland, Österreich, Schweden und Finnland als Beobachtern. Mehrere multinationale Militäreinheiten entstanden, so das Eurokorps aus 50.000 französischen, deutschen, belgischen, spanischen und luxemburgischen Soldaten, das Ende 1995 einsatzfähig war, eine Multinationale Division aus belgischen, britischen, niederländischen und deutschen Einheiten und die multinationalen Mittelmeer-Streitkräfte Eurofor und Euromarfor.

Gemeinsame Aktionen blieben aber weitgehend auf das Entsenden von Vertretern der Union in Krisenregionen, die Unterstützung von Demokratisierungs- und Wiederaufbauprogrammen und die Entsendung von Wahlbeobachtern beschränkt. Die Streitkräfte der WEU wurden kaum in Anspruch genommen. Die WEU sicherte lediglich von 1992 bis 1996 zusammen mit der NATO und den Vereinten Nationen ein Waffenembargo gegen die Länder des ehemaligen Jugoslawien und ein Handelsembargo gegen Serbien-Montenegro. Außerdem wurde die EU-Administration von Mostar durch eine Polizeitruppe von etwa 180 Personen unterstützt. An der UNO-Friedensmission für Bosnien-Herzegowina beteiligte sich in erster Linie Frankreich, daneben Belgien, die Niederlande, Spanien und schließlich Großbritannien; Italien sorgte für die Fluglogistik. Die Schwäche der Europäer wurde offenkundig, als im Mai 1995 400 Blauhelm-Soldaten von den bosnischen Serben als Geiseln genommen wurden und niederländische Blauhelm-Soldaten zwei Monate später ohnmächtig zusehen mussten, wie Soldaten der bosnisch-serbischen Armee bei der Einnahme der Schutzzone von Srebrenica rund 8.000 Muslime ermordeten. Erst nachdem amerikanische NATO-Kampfflugzeuge im August die serbischen Stellungen bombardiert hatten, konnte die Einstellung der Kampfhandlungen erzwungen werden. Das Friedensabkommen von Dayton vom 14. Dezember 1995 wurde von den USA vermittelt und von einer internationalen Friedenstruppe unter Führung der NATO überwacht.

Die eklatante Schwäche der Europäer im Konflikt in Bosnien-Herzegowina war nicht zuletzt auf das Zögern der Deutschen zurückzuführen, sich außerhalb des Bündnisgebiets der NATO militärisch zu engagieren. Sie trug dazu bei, dass sich im Ringen um die Eigenständigkeit der europäischen Verteidigung das Gewicht allmählich zugunsten der NATO verschob. Hatte Mitterrand zu Beginn der 1990er Jahre noch erwartet, dass sich die NATO nach dem Ende des Kalten Krieges auflösen würde und eine eigenständige europäische Streitkraft an ihre Stelle treten könnte, so verloren die deutschen Nachbarn jetzt allmählich ihr Interesse an einem französischen Nuklearschirm, während die NATO sich mangels greifbarer europäischer Alternativen neue Aufgaben verschaffen konnte. Nachdem eine Debatte über die Wiederaufnahme französischer Atomwaffentests durch Präsident Chirac im Juni 1995 wieder einmal die Schwierigkeiten gezeigt hatte, die einer Europäisierung der Nuklearstrategie entgegenstanden, entschloss sich Jacques Chirac im November, die Errichtung eines europäischen Pfeilers *innerhalb* der NATO anzusteuern. Am 5. Dezember kündigte er an, dass der französische Verteidigungsminister und der Generalstabschef künftig an den Arbeiten der Allianz teilnehmen würden. Sechs Monate später unterzeichneten Paris und Washington ein Abkommen über den Austausch nuklearer Entwicklungsdaten, das weitere Testexplosionen überflüssig machen sollte.

De facto reduzierte sich das französische Bemühen um europäische Eigenständigkeit damit auf den konventionellen Bereich. Insbesondere sollten die Europäer die Möglichkeit erhalten, Material und Logistik der NATO zur Durchführung eigener Operationen zu erhalten, wenn und soweit die USA von einer Beteiligung amerikanischer Bodentruppen absahen. Auf der NATO-Ratstagung am 3. Juni 1996 in Berlin wurde ein entsprechender Grundsatzbeschluss gefasst: Die WEU sollte in Zukunft eigenständig mit den Mitteln der NATO operieren können, allerdings nur, wenn die entsprechende Operation zuvor vom NATO-Rat einstimmig gebilligt worden war. Frankreich sagte zu, bei der Implementierung dieses Beschlusses in die Kommandostrukturen der NATO zurückzukehren und seine Sonderrolle innerhalb der westlichen Allianz aufzugeben.[49]

Die Umsetzung dieses Beschlusses ließ ebenfalls auf sich warten. Frankreich verlangte, dass die regionale Befehlsgewalt in Europa dauerhaft an europäische Generäle übertragen wurde. Dazu war die Clinton-Administration in Washington jedoch nicht bereit; über die Zulassung einzelner, genau definierter Missionen, die von den Europäern eigenständig durchgeführt wurden, wollte sie nicht hinausgehen. Chirac erklärte Außenministerin Madeleine Albright daraufhin bei einem Besuch in Paris im Februar 1997, dass die Bedingungen für eine Rückkehr Frankreichs in die Kommandostrukturen der NATO noch nicht erfüllt seien. Hubert Védrine, Außenminister der im Juni 1997 gebildeten sozialistischen Regierung Jospin, bestärkte ihn in dieser Entscheidung. Für ihn war die Annäherung Frankreichs an die NATO, die Chirac im Dezember 1995 vollzogen hatte, ein strategischer Missgriff, den es zu korrigieren galt.[50] Auf der Madrider Tagung des NATO-Rats am 8. und 9. Juli 1997 wurden die fortdauernden französisch-amerikanischen Gegensätze publik; die Bundesregierung, die noch nicht auf Militäreinsätze außerhalb des Bündnisgebiets vorbereitet war, tat nichts, um die französische Position zu unterstützen. Folglich blieb die genaue Struktur des »europäischen Pfeilers« der NATO weiterhin ungeklärt.[51]

Gleichzeitig unternahm die NATO einen weitreichenden Schritt, um sich dauerhaft als maßgebliche Sicherheitsorganisation auf dem europäischen Kontinent zu etablieren: Polen, Ungarn und die Tschechische Republik wurden eingeladen, über ihren Beitritt zur Atlantischen Allianz im Jahr 1999 zu verhandeln. Dahinter stand weniger eine klare Strategie als der Wunsch Bill Clintons, sich außenpolitisch zu profilieren, und ebenso seine Empfänglichkeit für polnische und tschechische Begehren. Die NATO handelte sich mit dieser Osterweiterung mehr Probleme als Lösungen ein. Sie war aber fortan in den ostmitteleuropäischen Ländern präsent; und es war zu erwarten, dass ihre Ausdehnung noch weiter gehen würde. Slowenien und Rumänien, die ebenfalls Beitrittsanträge gestellt hatten, wurden zwar trotz Unterstützung durch die Mehrheit der europäischen Allianzmitglieder noch nicht zugelassen; im Abschlussprotokoll der Madrider Ratstagung wurden sie aber als mögliche Kandidaten für eine nächste Erweiterungsrunde genannt.[52]

Neue Dynamik kam in die europäische Sicherheitspolitik erst im Herbst 1998, als der Konflikt zwischen Kosovo-Albanern, die mit Anschlägen für ihre Unabhängigkeit von Serbien kämpften, und der serbischen Militärmacht zu eskalieren drohte. Blair, der ein Jahr zuvor noch nicht den Mut aufgebracht hatte, sich für eine Beteiligung Großbritanniens an der Gemeinschaftswährung zu engagieren, sah jetzt eine Chance gekommen, sich in jenem Bereich europapolitisch zu profilieren, in dem den Briten noch am ehesten eine Führungsrolle winkte. Die Furcht der Europäer vor Augen, dass sich die traumatische Erfahrung von Bosnien-Herzegowina wiederholen könnte, plädierte er bei einem informellen Treffen des Europäischen Rates am 25. und 26. Oktober im österreichischen Pörtschach für ein »neues Denken« in der Sicherheitspolitik: den Aufbau glaubwürdiger und einsatzfähiger Krisenreaktionskräfte der Europäer, die selbständig eingreifen könnten, wenn die USA nicht zum Einsatz bereit sein würden, möglicherweise verbunden mit der vollen Integration der WEU in die EU.[53]

Chirac nutzte diesen Kurswechsel in der britischen Sicherheitspolitik sogleich, um Blair so weit wie möglich auf eine beschleunigte Umsetzung der Amsterdamer Beschlüsse zur Sicherheitspolitik zu verpflichten. Bei einem Treffen in Saint-Malo am 3. und 4. Dezember gewann er Blairs Zustimmung zu einer gemeinsamen Erklärung, in der der französische Präsident und der britische Premier ankündigten, gemeinsam darauf hinwirken zu wollen, dass »die Europäische Union in die Lage versetzt wird, ihre Rolle auf der internationalen Bühne uneingeschränkt zu spielen«. Dazu sollte die Union »über die Fähigkeit zu selbständigem Handeln verfügen, gestützt auf glaubwürdige militärische Kräfte, die Mittel, um über ihren Einsatz zu entscheiden, und die Bereitschaft, sie einzusetzen, um auf internationale Krisen zu antworten«. Zur Überführung der WEU in die EU hieß es, immer noch etwas vage, dass die Entwicklung ihrer Beziehungen zur EU »in Betracht gezogen« werden sollte.[54]

Das militärische Eingreifen im Kosovo blieb einmal mehr der NATO überlassen. Nachdem die serbische Armee am 20. März 1999 eine breite Offensive gegen die Kosovo-Albaner in Gang gesetzt hatte, reagierte die NATO vom 24. März an mit Luftangriffen auf militärische und wirtschaftliche Ziele in Serbien, Kosovo und Montenegro. Nach mehr als zwei Monaten der Bombardierung stimmte Serbiens Präsident Slobodan Milošević am 3. Juni dem Rückzug aus dem Kosovo zu; die UNO beauftragte eine internationale Friedenstruppe, die von der NATO organisiert wurde, mit der vorläufigen Besetzung der nach Unabhängigkeit strebenden Provinz.

Die erneute Ohnmachtserfahrung bei der Bestimmung der Ziele der Lufteinsätze bestärkte aber den Willen zu autonomer Handlungsfähigkeit der Europäer. Noch wichtiger war der Umstand, dass der neue deutsche Außenminister Joschka Fischer durch die Auseinandersetzung im Kosovo dazu getrieben wurde, in seiner traditionell zum Pazifismus neigenden »grünen« Partei eine grundsätzliche Befürwortung von Einsätzen der Bundeswehr außerhalb des Bündnisgebietes durchzusetzen und diese in Deutschland insgesamt mehrheitsfähig werden zu lassen. Fischer musste, um eine Isolierung der Bundesrepublik oder ein Scheitern der rot-grünen Koalition noch vor ihrem Regierungsantritt zu vermeiden, Mitte Oktober 1998 einer Beteiligung der Bundeswehr an einem möglichen NATO-Einsatz gegen die großserbische Armee zustimmen. Als Milošević Mitte März seine Unterschrift unter ein »Übergangsabkommen« zur Teilautonomie des Kosovo verweigerte, das nicht zuletzt auf Druck der Bundesregierung zustande gekommen war und mit seiner Offensive begann, löste die Regierung Schröder/Fischer diese Zusage ein. Fischer rechtfertigte sein Vorgehen mit dem Argument, er habe aus der jüngsten deutschen Geschichte nicht nur die Lektion »Nie wieder Krieg« gelernt, sondern auch »Nie wieder Auschwitz«.[55]

Gleichzeitig nutzte Fischer die deutsche Ratspräsidentschaft des ersten Halbjahres 1999, um die Substantiierung der europäischen Sicherheitspolitik, die durch den britischen Kurswechsel möglich geworden war, auf der europäischen Ebene festzuklopfen. Zu einem informellen Treffen des Ministerrats am 13. und 14. März 1999 in Reinhartshausen legte er ein Diskussionspapier vor, das konkrete Vorschläge zur Umsetzung des Programms von Saint-Malo machte. Auf seiner Grundlage wurde auf der Kölner Ratstagung vom 3. und 4. Juni 1999 beschlossen, die Strukturen für eine »Europäische Sicherheits- und Verteidigungspolitik« (ESVP) zu verbessern: An den Ratstagungen der Außenminister sollten bei Bedarf auch die Verteidigungsminister teilnehmen, und der Politische Ausschuss der GASP sollte zu einem ständigen »Politischen und sicherheitspolitischen Ausschuss« aus hohen Beamten oder Botschaftern erweitert werden. Weiter sollten ein EU-Militärausschuss geschaffen werden, der aus den nationalen Stabschefs bestand, sowie ein EU-Militärstab, dem neben der strategischen Planung auch die Durchführung von Operationen obliegen sollte. Die Aufgaben der WEU sollten bis Ende 2000 in die EU »einbezogen« werden.[56]

Außerdem sorgte die Bundesregierung dafür, dass gleich bei der ersten gemeinsamen Strategie, die nach dem Inkrafttreten des Amsterdamer Vertrages beschlossen wurde – sie betraf das künftige Verhältnis zu Russland –, auf die Erzwingung von Einstimmigkeit bei den Durchführungsmaßnahmen verzichtet wurde und die entsprechende Vertragsbestimmung in den Hintergrund trat. Ebenso wirkte sie maßgeblich daran mit, dass zum ersten »Hohen Vertreter« für die GASP niemand anderes als der bisherige NATO-Generalsekretär und frühere spanische Außenminister Javier Solana berufen wurde. Das gab dem Amt ein politisches Gewicht, das deutlich über die Beschlussfassung von Amsterdam hinausging. Solana, der sein neues Amt am 1. November 1999 antrat und in Personalunion auch das Amt des WEU-Generalsekretärs übernahm, gab der außenpolitischen Linie der EU ein Gesicht, das auch in der Öffentlichkeit wahrgenommen wurde.

Bis zur Ratstagung in Helsinki am 10. und 11. Dezember 1999 wurde – den Bedenken NATO-orientierter und nicht-paktgebundener EU-Staaten Rechnung tragend – präzisiert, dass die EU-Militärstruktur tatsächlich nur der Krisenbewältigung außerhalb des Bündnisgebietes dienen sollte. Daraus ergab sich, dass die WEU, anders als die Bundesregierung dies angestrebt hatte, als Organisation mit der kollektiven Beistandsverpflichtung ihrer Mitglieder erhalten blieb, auch wenn ihre Instrumente und Missionen von der EU übernommen wurden. Darüber hinaus verpflichteten sich die Staats- und Regierungschefs in Helsinki, einem britischen Vorschlag folgend, ihre Streitkräfte bis zum Jahr 2003 so zu organisieren, dass innerhalb von 60 Tagen eine Eingreiftruppe von 50.000 bis 60.000 Mann aufgeboten und deren Einsatz mindestens ein Jahr lang aufrechterhalten werden konnte. Auf einer »Beitragskonferenz« der Außen- und Verteidigungsminister am 20. November 2000 wurde dieser Beschluss dahingehend konkretisiert, dass die 60.000 Personen umfassenden Bodentruppen durch 30.000 Marine- und Luftwaffensoldaten ergänzt werden sollten; dazu wurden 400 Kampfflugzeuge und 100 Schiffe benötigt. Einschließlich der Reserven, die erforderlich waren, um ein Engagement ein Jahr lang bestreiten zu können, ergab sich daraus ein Gesamtbedarf von etwa 150.000 Soldaten.

Mit dem Aufbau der neuen Institutionen, der Regelung ihres Verhältnisses zur NATO und den nicht paktgebundenen EU-Staaten und der Festlegung ihrer Arbeitsweise wurde im März 2000 begonnen. Im Juni kam noch ein Ratsausschuss für ziviles Krisenmanagement hinzu. Außerdem beschloss der Europäische Rat im portugiesischen Feira am 19. und 20. Juni, bis zum Jahr 2003 5.000 Polizeibeamte für ziviles Krisenmanagement bereitzuhalten. 1.000 Polizisten sollten innerhalb von 30 Tagen eingesetzt werden können. Bei der Ratstagung in Nizza vom 7. bis 10. Dezember 2000 wurden die Kompetenzen, Funktionsweisen und Formen der Zusammenarbeit definitiv geregelt. Im Militärausschuss sollten sich die Generalstabschefs zwei bis viermal pro Jahr treffen, die in Brüssel akkreditierten militärischen Vertreter einmal pro Woche. Bei den Ländern, die an der NATO-Integration beteiligt waren, sollten dies die gleichen Vertreter sein, die auch dem Militärausschuss der NATO angehörten. Der Politische und Sicherheitsausschuss sollte sich zweimal pro Woche auf Botschafterebene in Brüssel treffen; er konnte aber auch weiterhin in der bisherigen Form einer Konferenz der Politischen Direktoren der Außenministerien zusammentreten. Ein Versuch Deutschlands und Frankreichs, den Hohen Repräsentanten der GASP als Vorsitzenden des Politischen Ausschusses zu etablieren, war nicht erfolgreich. Im Reformvertrag von Nizza wurde lediglich die Möglichkeit eingeräumt, ihn in Krisenzeiten mit dem Vorsitz zu betrauen.[57]

Im Ergebnis war Frankreich damit dem Ziel einer eigenständigen Verteidigungsplanung Europas nicht näher gerückt. Es hatte sich aber die Option darauf erhalten, zumindest im konventionellen Bereich. Gleichzeitig hatte sich die EU die Fähigkeit verschafft, als Krisenmanager außerhalb des Bündnisgebiets der NATO militärisch eigenständig zu handeln. Sie reagierte damit auf die veränderte Sicherheitslage der Europäer grundsätzlich angemessen und beugte so weiteren Beschädigungen des europäischen Selbstbewusstseins vor.

Das war umso wichtiger, als unterdessen auch die Weichen für eine Erweiterung der Europäischen Union nach Osten hin gestellt waren. Manche Länder und Interessengruppen hatten gehofft, den Zeitpunkt für eine solche Erweiterung noch weiter hinausschieben zu können – drohten doch mit der Mitgliedschaft zahlreicher ehemals kommunistischer Staaten die Konkurrenz billiger Produkte und Arbeitskräfte, Produktionsverlagerungen in Länder mit niedrigem Lohnniveau, massive Mehrausgaben für die Agrarpolitik und die Strukturförderung oder deren Reduzierung beziehungsweise Verlagerung in die ostmitteleuropäischen und südosteuropäischen Länder. Mitterrand hatte im Juni 1991 davon gesprochen, dass es noch »Jahrzehnte« dauern würde, bis eine Mitgliedschaft dieser Länder in der Gemeinschaft möglich sein würde.[58] Die Assoziierungsabkommen, die die EU im Dezember 1991 nach schwierigen Verhandlungen mit Polen, Ungarn und der Tschechoslowakei geschlossen hatte – 1993 folgten gleichartige Abkommen mit Rumänien und Bulgarien, 1995 mit den baltischen Staaten und Slowenien –, waren ausdrücklich mit der Maßgabe versehen, dass sie einen späteren Beitritt nicht präjudizierten.[59]

Die Regierungen der assoziierten Länder hatten jedoch alsbald erklärt, dass sie sich mit der bloßen Assoziierung auf Dauer nicht zufrieden geben konnten.

Sie wurden darin von der Bundesregierung unterstützt, die ein lebhaftes Interesse an der Etablierung stabiler und prosperierender Demokratien im Osten Deutschlands besaß. Die britische und die dänische Regierung drängten sogar noch stärker auf einen möglichst zügigen Beitritt der assoziierten Länder, nicht zuletzt, weil sie in der Osterweiterung eine Möglichkeit sahen, die supranationale Vertiefung der Union abzubremsen. Die zögerlichen west- und südeuropäischen Regierungen konnten sich den Erfordernissen einer Stabilisierung der osteuropäischen Region letztlich nicht verschließen. So stimmte der Europäische Rat am 21. und 22. Juni 1993 in Kopenhagen nach wiederholten Vorstößen der Kommission der Erklärung zu, dass »die künftige Zusammenarbeit mit den assoziierten Ländern auf das nunmehr feststehende Ziel einer Mitgliedschaft abzustimmen ist«. Gleichzeitig wurden Kriterien festgelegt, die erfüllt sein mussten, wenn dem Beitrittswunsch nachgekommen werden sollte: stabile demokratische und rechtsstaatliche Ordnung, funktionierende Marktwirtschaft, wirtschaftliche Wettbewerbsfähigkeit, Bereitschaft zur vollständigen Übernahme des *acquis communautaire* und der politischen Zielsetzung der Union sowie Aufnahmefähigkeit der bestehenden Union.[60]

Um das Erreichen der Kriterien zu beschleunigen, installierte der Europäische Rat in Essen am 9. und 10. Dezember 1994 nach Vorgaben der Kommission und der deutschen Ratspräsidentschaft einen »Strukturierten Dialog« zwischen den Regierungen der Mitgliedsländer, dem Europäischen Parlament und den Regierungen der assoziierten Länder. Bereits im Vorfeld der Essener Ratstagung wurden Fachminister der Kandidatenländer herangezogen, um eine Heranführungsstrategie zu erarbeiten; danach ging es im Wesentlichen um das Kennenlernen der Arbeitsweise der Union. Mit seinem Sinn für Symbolik lud Kohl die Staats- und Regierungschefs der assoziierten Länder wenige Tage vor dem Essener Treffen zu einer ersten Begegnung mit den Mitgliedern des Europäischen Rates am Rande der Ratstagung ein. Das wurde in den Kandidatenländern als deutliches Zeichen für eine tatsächliche Aufnahmebereitschaft der Union gewertet.

Die materielle Vorbereitungsstrategie durch weitere Handelserleichterungen und Förderung von Investitionen, die ebenfalls in Essen beschlossen wurde, konnte allerdings nur teilweise umgesetzt werden. Angesichts vielfältiger Widerstände gegen ungeliebte Konkurrenz aus den Kandidatenländern dauerte es bis zum November 1995, bis sich im Ministerrat eine Mehrheit für eine lediglich fünfprozentige Aufstockung der Zollkontingente für die mittel- und osteuropäischen Länder fand. Auch der deutsche Landwirtschaftsminister sperrte sich gegen eine weitergehende Aufstockung oder Flexibilisierung der Kontingente. Es bedurfte noch einmal intensiven Drängens des Bundeskanzlers, bis der Europäische Rat am 15. und 16. Dezember 1995 in Madrid ein konkretes Datum für den Beginn von Beitrittsverhandlungen in Aussicht stellte: sechs Monate nach dem Abschluss der Regierungskonferenz zur Reform des Maastrichter Vertragswerkes, das hieß zu Beginn des Jahres 1998. Fest zugesagt wurde der Verhandlungsbeginn zu diesem Zeitpunkt nur den Mittelmeerländern Zypern und Malta, die 1990 Beitrittsanträge gestellt hatten. Zu den mittel- und osteuropäischen Ländern hieß es nur, dass der Rat »bestrebt« sei, einen Verhandlungsbeginn zum gleichen Zeitpunkt »zu erreichen«. Die Europäische Kommission wurde beauftragt, Stellungnahmen zu den Beitrittsgesuchen und einen Bericht zu allen damit zusammenhängenden Fragen zu erstellen.[61]

Die Kommission entschloss sich, dem vorherrschenden Trend unter den Regierungen folgend, zeitlich unterschiedliche Beitrittstermine je nach Entwicklungsstand anzustreben und die Beitrittsprozesse so zu organisieren, dass die Union ohne zusätzlichen Finanzbedarf auskam. Nach Auswertung der Unterlagen, die die Beitrittskandidaten eingereicht hatten, kam Kommissionspräsident Santer zu dem Schluss, dass neben Zypern (Malta hatte seine Kandidatur zurückgezogen) zunächst nur mit Polen, Ungarn und der Tschechischen Republik Beitrittsverhandlungen eröffnet werden sollten. Die deutschen, britischen und der niederländische Kommissar plädierten aber dafür, aus politischen Gründen wenigstens noch je ein baltisches Land und ein Land des ehemaligen Jugoslawien hinzuzunehmen. So wurde in dem Bericht »Agenda 2000«, den die Kommission am 16. Juli 1997 vorlegte, auch die Aufnahme von Verhandlungen mit Estland und Slowenien empfohlen, über deren Wettbewerbsfähigkeit in fünf Jahren man geteilter Meinung sein konnte. Es wurde aber betont, dass die Aufnahme von Verhandlungen keineswegs einen gleichzeitigen Abschluss präjudiziere.[62]

Der Europäische Rat stimmte der Empfehlung, Beitrittsverhandlungen mit den sechs nominierten Ländern aufzunehmen, auf der Luxemburger Ratstagung am 12. und 13. Dezember 1997 zu. Ein griechischer Vorschlag, auch Rumänien und Bulgarien in die erste Verhandlungsrunde einzubeziehen, blieb ebenso unberücksichtigt wie das Plädoyer Dänemarks und Schwedens, Lettland und Litauen zu beteiligen. Zugleich wurden »Beitrittspartnerschaften« zwischen der Union und allen zehn osteuropäischen Kandidatenländern vereinbart, in deren Rahmen finanzielle und sonstige Hilfen zur Umstrukturierung mit jährlichen Fortschrittsberichten gekoppelt wurden. Darüber hinaus wurde, auch hier der Kommissionsempfehlung folgend, eine »Europäische Konferenz« eingerichtet, in der alle europäischen Länder, die für einen Beitritt in Frage kamen (also über den Kreis der osteuropäischen Reformstaaten hinaus), über Fragen der Zusammenarbeit jenseits der Gemeinschaftssäule beraten sollten. Auf diese Weise sollte die differenzierte Erweiterung gesichert werden, ohne diejenigen Länder, die in der zweiten Reihe verblieben, von einer Intensivierung ihrer Reformanstrengungen abzuhalten.

Dagegen gelang es den Staats- und Regierungschefs nicht, sich auf die Reform der kostenintensiven Gemeinschaftspolitiken zu verständigen, die die Kommission ebenfalls vorgeschlagen hatte: eine weitere Umorientierung der Agrarpolitik von Garantiepreisen zu Direktbeihilfen und eine geographische und thematische Konzentration der regionalen Strukturförderung. Der konservative spanische Ministerpräsident José María Aznar machte als Sprecher aller Nettoempfängerländer gegen jede Senkung oder Umverteilung der bisherigen Transferleistungen Front, während Kohl einmal mehr deutlich machte, dass Deutschland nicht bereit war, seine Nettozahlerposition auszuweiten; vielmehr sollte sie künftig sogar reduziert werden. Von einer Senkung der Garantiepreise für landwirtschaftliche Produkte wollte Kohl mit Blick auf die Bundestagswahlen im Herbst 1998 aber auch nichts wissen. So begannen die Verhandlungen mit den ersten sechs Beitrittskandidaten am 31. März 1998, ohne dass die Finanzierung der Erweiterung geregelt war.

Eine Einigung in den schwierigen Finanzfragen kam auch bei den Ratstagungen in Cardiff im Juni und in Wien im Dezember nicht zustande. Erst während der Berliner Ratstagung vom 24. und 25. März 1999 gelang eine Verständigung auf den Finanzrahmen für die Jahre 2000 bis 2006 – nach einer dramatischen Nachtsitzung und um den Preis anhaltender Verstimmung zwischen Schröder und Chirac. Die Bundesregierung musste ihre Forderung nach nationaler Kofinanzierung der Agrarsubventionen aufgeben. Dafür wurden die Garantiepreise für Agrarprodukte abgesenkt (allerdings nicht so stark und nicht so schnell, wie die Kommission vorgeschlagen hatte, durchschnittlich um etwa 15 Prozent), und auch die Ausgaben für die Strukturpolitik gingen geringfügig zurück (von 230 auf 213 Milliarden Euro). Weitere 40 Milliarden Euro sollten für die ersten Beitrittsländer zur Verfügung stehen. Eine Erhöhung der Gesamtausgaben um etwa 25 Prozent bis 2006, wie sie die Kommission aus den angenommenen jährlichen Wachstumsraten errechnet hatte, wurde nicht vorgenommen.[63]

Damit hatte die Bundesregierung immerhin erreicht, dass die Osterweiterung nicht mit einem weiteren Anstieg ihrer finanziellen Belastungen verbunden sein würde. Die Subventionsempfänger in der Union mussten nur schmale Einbußen hinnehmen; für Griechenland, Irland, Spanien und Portugal ergab sich sogar eine Aufstockung des Kohäsionsfonds. Der große Durchbruch in der Agrarreform blieb aus. Gleichzeitig verblieben Fragezeichen hinsichtlich der Finanzierung der Osterweiterung. Längere Übergangsfristen bei der Einbeziehung der Beitrittsländer in die Gemeinschaftsprogramme waren ebenso vorprogrammiert wie weitere Auseinandersetzungen um die Reform des Budgets.

Die Erfahrung des Kosovo-Krieges führte dann zu einer Akzentverschiebung in der Erweiterungsstrategie: Vor allem Fischer und Schröder fassten jetzt die sicherheits- und stabilitätspolitische Dimension der Erweiterung klarer ins Auge. Das ließ ihnen die Ausdehnung in den ex-jugoslawischen Raum dringlicher erscheinen, und sie entwickelten auch neue Argumente für eine Einbeziehung der Türkei. Da die Kommission in ihrem ersten Fortschrittsbericht zur Entwicklung der Beitrittskandidaten im Herbst 1998 gerade auch bei den Kandidaten der zweiten Reihe deutliche Verbesserungen im Hinblick auf die politischen Beitrittskriterien festgestellt hatte und die dänische und schwedische Regierung ohnehin schon (wenn auch bislang vergeblich) die Aufnahme von Beitrittsverhandlungen mit Lettland und Litauen forderten, ergab sich daraus eine Hinwendung zu Verhandlungen mit allen weiteren Kandidaten.

Von der Bundesregierung dazu ermuntert, entschloss sich der neue Kommissionspräsident Romano Prodi, die anstehende Osterweiterung zum Schwerpunkt seiner Kommission zu machen und eine eigene Generaldirektion Erweiterung mit horizontaler Zuständigkeit einzurichten. Mit der Wahrnehmung der entsprechenden Kommissionsfunktion beauftragte er den bisherigen Fischer-Stellvertreter Verheugen. Dieser kam nach abermaliger Überprüfung der Verhältnisse in den Kandidatenländern und Abwägung der politischen Verhältnisse zu der Empfehlung, jetzt die Verhandlungen mit allen Kandidaten der zweiten Reihe aufzunehmen, also mit Lettland, Litauen, der Slowakei, Rumänien, Bulgarien – und Malta, das nach einem Wahlsieg der proeuropäischen Nationalist Party seinen Beitrittsantrag erneuert hatte. Auf der Ratstagung in Helsinki am 10. und 11. Dezember 1999 wurde ein entsprechender Beschluss gefasst. Gleichzeitig wurde vereinbart, dass die Vorbereitungen zur Aufnahme weiterer Mitglieder bis zum Jahr 2003 abgeschlossen sein sollten.[64]

Der Beschluss von Helsinki implizierte keine Abkehr von der bisherigen Differenzierungsstrategie. Der Abschluss der Verhandlungen und der reale Vollzug des Beitritts blieben von den Reformfortschritten und der erreichten *performance* des jeweiligen Landes abhängig. Eine Dynamisierung des Erweiterungsprozesses ergab sich aus dieser Entscheidung lediglich insofern, als die Bereitschaft gewachsen war, aus politisch-strategischen Gründen größere Risiken einzugehen, wenn es um die Beurteilung der ökonomischen Probleme ging. Außerdem wurden jetzt deutlich größere personelle Kapazitäten in die gleichzeitigen Verhandlungen mit nicht weniger als zwölf Beitrittskandidaten investiert.

Darüber hinaus gewährten die Staats- und Regierungschefs in Helsinki der Türkei den Status eines Beitrittskandidaten. Das war insofern ein bemerkenswerter Schritt, als die EU das türkische Beitrittsbegehren auch nach der Rückkehr des Landes zu parlamentarischen Verhältnissen im November 1983 bislang immer abgewehrt hatte. Die für 1986 zugesagte Arbeitnehmerfreizügigkeit war von der EU auf deutsches Betreiben hin verweigert worden, und das offizielle Beitrittsgesuch vom 14. April 1987 hatte die Gemeinschaft auf die lange Bank geschoben. Im März 1995 war es gelungen, sich auf die Vollendung der Zollunion zwischen der Türkei und der Gemeinschaft als »Endphase« der Assoziation zu verständigen.

Aber dann hatte Griechenland die Freigabe der seit 1981 eingefrorenen Finanz-mittel blockiert, und beim Erweiterungsbeschluss von Luxemburg im Dezember 1997 hatte man die Türkei wiederum nicht berücksichtigt.

In der Türkei war die Erbitterung über die erneute Verschiebung der Bei-trittsentscheidung umso größer, als die neue Erweiterungsrunde ja im Zeichen der »Wiedervereinigung Europas« stand. Die Botschaft, dass die Regierungen der Mitgliedsstaaten und der Beitrittskandidaten die Türkei nicht mehr oder nicht mehr eindeutig zu Europa rechneten, war nicht zu überhören. Dass Zypern zu Beitrittsverhandlungen eingeladen worden war, obwohl das türkische Regime im Norden der Insel das nicht wollte, schmerzte zusätzlich. Die Regierung von Mi-nisterpräsident Mesut Yilmaz lehnte daher die Einladung zur Beteiligung an der »Europäischen Konferenz« potentieller Beitrittskandidaten ab und fror alle Bezie-hungen zur EU mit Ausnahme der Zollunion ein.

Die Zuerkennung des Kandidatenstatus mit den damit verbundenen finanzi-ellen Hilfen war ein Versuch, die drohende Isolierung der Türkei abzuwenden. An seinem Zustandekommen waren sowohl die Regierung von Yilmaz' Nachfolger Bülent Ecevit beteiligt, die die Trotzhaltung zu Recht für wenig produktiv hielt, als auch die Clinton-Administration, die die Europäer ermahnte, sich einem EU-Beitritt des NATO-Mitglieds Türkei nicht zu verschließen. Die amerikanischen Mahnungen zeigten nicht nur bei der Regierung Schröder/Fischer Wirkung, son-dern auch bei der griechischen Regierung Simitis. Dem griechischen Außenmi-nister Georgios Papandreou gelang es im Sommer 1999, eine Annäherung an Ankara einzuleiten. Beschleunigt wurde sie durch eine unerwartete Welle gegen-seitiger Hilfsbereitschaft nach den schweren Erdbeben in der Türkei im August und in Griechenland im September. Mit der Zuerkennung des Kandidatenstatus war allerdings noch kein wirklicher Durchbruch zur Aufnahme von Beitrittsver-handlungen erreicht: In den Mitgliedsländern begann jetzt, da der türkische Bei-tritt näher zu rücken schien, eine Debatte über den »europäischen« Charakter der Türkei; die türkische Regierung aber zeigte wenig Neigung, die im Sinne der Kopenhagener Kriterien nötigen Reformen in Angriff zu nehmen.[65]

Der Nizza-Komplex

Nach der Entscheidung, die Beitrittsverhandlungen auszuweiten, sahen sich die europäischen Regierungen genötigt, auch noch die letzte Hürde anzugehen, die vor einem Vollzug der Osterweiterung zu nehmen war: die Anpassung der euro-päischen Institutionen. Das war nach einer Erklärung, die die Staats- und Regie-rungschefs Frankreichs, Belgiens und Italiens zum Abschluss der Verhandlungen

über den Vertrag von Amsterdam abgegeben hatten, unabdingbar. Die Bundesregierung setzte daher ihren Ehrgeiz daran, den Beschluss zur Einberufung der
weiteren Regierungskonferenz, die vor einer Ausweitung über 20 Mitgliedsländer
hinaus notwendig war, noch im Rahmen ihrer Präsidentschaft herbeizuführen.
Das gelang: Bei der Kölner Ratstagung im Juni 1999 wurde auch beschlossen, im
Laufe des Jahres 2000 über die künftige Zusammensetzung der Kommission und
die Stimmengewichtung im Ministerrat zu verhandeln.

Fischer wollte sich freilich mit einer bloßen Anpassung der Gemeinschaftsorgane an die beträchtlich größer werdende Zahl der Mitgliedsländer nicht zufrieden
geben. Er interpretierte die Selbstverpflichtung der Ratsmitglieder zu »umfassender« Überprüfung der Zusammensetzung und Arbeitsweise der Organe so, dass
jetzt die Gelegenheit gegeben war, bei der Beseitigung der Defizite an politischer
Integration endlich einen großen Sprung nach vorn zu tun. Mit starker Betonung
der »historischen Herausforderungen«, vor denen er die Union jetzt stehen sah,
suchte er seinen französischen Amtskollegen Hubert Védrine für eine gemeinsame
Initiative zur Stärkung der europäischen Institutionen zu gewinnen. Der winkte
jedoch ab: Als Diener zweier Herren, des sozialistischen Premierministers und des
konservativen Staatspräsidenten, war er nicht in der Lage, der französischen Europapolitik seinen Stempel aufzudrücken. Nachdem sich die Kommission in ihrer
Stellungnahme zur Regierungskonferenz aber auch für eine »tiefgreifende Reform
der europäischen Institutionen« ausgesprochen hatte,[66] entschloss sich Fischer zu
einem Alleingang: Mit einer persönlichen Programm-Rede wollte er, ähnlich wie
Genscher 1981 und 1987, der europäischen Einigungspolitik einen Impuls geben,
der die Verhandlungen der Regierungen in die von ihm gewünschte Richtung
lenken sollte.

In der Rede an der Berliner Humboldt-Universität am 12. Mai 2000, an deren Vorbereitung unter anderen Jacques Delors mitgewirkt hatte, sprach er dra-
matisierend von der »wohl größte[n] Herausforderung, vor der die Union seit
ihrer Gründung jemals gestanden hat«, und forderte dann nichts weniger als »den
Übergang vom Staatenverbund der Union hin zur vollen Parlamentarisierung in
einer Europäischen Föderation«. Er sollte erreicht werden durch die Verabschiedung eines »europäischen Verfassungsvertrages«, wie ihn Wolfgang Schäuble und
Karl Lamers ein Jahr zuvor postuliert hatten.[67] Fischer nannte das »einen bewuss-
ten politischen Neugründungsakt Europas«, zu vollziehen »innerhalb der nächsten Dekade« entweder von »einer Mehrheit der Mitgliedsstaaten« oder von einer
»kleinere[n] Gruppe«, die als »Gravitationszentrum« mit der politischen Integration »voranzuschreiten« bereit ist. Wer zu dieser kleineren Gruppe gehören sollte,
sagte er anders als Schäuble und Lamers 1994 bewusst nicht; und er ließ auch
offen, in welchem Bezug die aktuelle Regierungskonferenz zu dem postulierten
Gründungsakt stehen sollte.[68]

Tatsächlich reagierte Chirac auf Fischers Vorstoß durchaus positiv. In einer Rede vor dem Deutschen Bundestag am 27. Juni 2000 (nunmehr im Berliner Reichstagsgebäude) bekannte er sich, für einen Gaullisten bemerkenswert mutig, zum Prinzip der »gemeinsamen Souveränität«, zu stärkerer Demokratisierung und zur Ausweitung der Mehrheitsabstimmungen. Sodann stimmte er der Bildung einer »Pioniergruppe« zu, wenn auch nur in der Form verstärkter Kooperation. Und schließlich machte er sich die Idee eines Verfassungsvertrags zu eigen. Dieser sollte allerdings, hier wurde er konkreter als Fischer, nicht im Rahmen der Regierungskonferenz erarbeitet werden, sondern erst danach, wobei die Volksvertreter im Europäischen Parlament und in den nationalen Parlamenten hinzuzuziehen seien.[69] Die nötige Anpassung an die Erweiterung sollte nicht durch längere Auseinandersetzungen über eine grundsätzliche Reform der Union verzögert werden.

In der Regierungskonferenz, die seit dem 14. Februar 2000 tagte, konnte daraufhin die Handlungsfähigkeit der Union in nicht wenigen Punkten verbessert werden. Kommissionspräsident und Kommissare sollten nach dem Anfang Dezember in Nizza fertiggestellten Vertrag künftig mit qualifizierter Mehrheit bestimmt werden, ebenso der Hohe Vertreter für die Außen- und Sicherheitspolitik sowie Sonderbeauftragte im Bereich der GASP. Der Kommissionspräsident sollte über die Verteilung der Ressorts entscheiden und Kommissare entlassen können. Mehrheitsentscheidungen sollte es künftig auch im Bereich der Außenwirtschaftspolitik und der Außen- und Sicherheitspolitik geben, bei letzterer bei der Entwicklung »gemeinsamer Standpunkte und Aktionen« im Falle »verstärkter Zusammenarbeit«. In den Bereichen der Struktur- und Kohäsionsfonds sowie der Visa-Erteilung, Einwanderung und Freizügigkeit sollten ebenfalls Mehrheitsentscheidungen eingeführt werden, allerdings unter dem Vorbehalt, dass man sich über die Annahme der nächsten finanziellen Vorausschau beziehungsweise über die Einreise- und Einwanderungsregeln verständigte.

Gestärkt wurden auch die Rechte des Europäischen Parlaments. Sein Recht, im Rahmen der Ko-Dezision mitzuwirken, wurde auf sechs neue Fälle ausgedehnt; in drei neuen Bereichen war fortan seine Zustimmung nötig. Allerdings hielt der Ausbau der Parlamentsrechte nicht mit der Ausweitung der Mehrheitsentscheidungen Schritt. Mehrheitsentscheidungen in finanzrelevanten Bereichen wurden zur Enttäuschung der Abgeordneten gerade nicht an eine Mitentscheidung des Parlaments gekoppelt. Das Instrument der »verstärkten Zusammenarbeit« wurde zwar auf den Bereich der Außen- und Sicherheitspolitik ausgedehnt und seine Anwendung erleichtert (nämlich durch die Verringerung der Mindestzahl teilnehmender Staaten auf acht und die Möglichkeit, sie im Bereich der polizeilichen und justiziellen Zusammenarbeit mit qualifizierter Mehrheit zu beschließen), doch sollte es weder zur Erschließung neuer Politikfelder genutzt werden können noch zu einer Änderung der Verfahrensregeln in dem jeweils betroffenen Politikfeld. Zur Bildung einer Avantgarde-Gruppe war es damit nach wie vor wenig geeignet. Eine »Charta der Grundrechte der Europäischen Union«, die der Europäische Rat in Köln in Auftrag gegeben hatte, wurde zwar verabschiedet, mit Rücksicht auf die Opposition der britischen Regierung aber nicht in den Vertrag integriert.[70]

Gewiss hätten sich deutlichere Fortschritte und ein weniger verwirrendes Gesamtbild erreichen lassen können, wenn sich Deutschland und Frankreich im Hinblick auf die Konferenzstrategie abgestimmt hätten. Dazu kam es jedoch nicht. Stattdessen lieferten sich Schröder und Chirac ein heftiges Wortgefecht über die Gewichtung der Stimmen im Ministerrat, das produktive Entscheidungen bis in die Schlussphase der Ratstagung von Nizza blockierte. Schröder ließ Chirac mit brutaler Offenheit wissen, dass sich der Bevölkerungszuwachs der Bundesrepublik infolge der Wiedervereinigung endlich auch in einem höheren Stimmengewicht im Rat niederschlagen müsse; Chirac antwortete verbindlich, aber ebenso bestimmt, dass eine Preisgabe des Prinzips der Gleichrangigkeit zwischen Frankreich und Deutschland nicht in Frage käme. Das Ergebnis, in der Nacht zum 11. Dezember in einem »abscheulichen Klima« (Chirac) festgezurrt, bestand darin, dass an der Gleichrangigkeit festgehalten wurde, der Bundesrepublik (und jedem anderen Mitgliedsland) aber zugleich die Möglichkeit eingeräumt wurde, auf dem Erreichen einer Mehrheit von 62 Prozent der Gesamtbevölkerung der Union zu bestehen. Den »großen« Staaten (inklusive Spaniens und Polens) wurde eine knapp 50 Prozent höhere Gewichtung zugestanden als bisher; die »kleineren« Staaten konnten die Einführung des zusätzlichen Kriteriums »Mehrheit der Mitgliedsstaaten« als Erfolg verbuchen.[71]

Damit hatte man eine schwer zu kalkulierende dreifache Mehrheit eingeführt, ohne das Problem mangelnder Repräsentativität durchgehend zu beheben. Die verbliebenen Disproportionen zwischen Bevölkerungszahl und Stimmenanteil lösten Unzufriedenheit bei den Benachteiligten aus. Allein Aznar und die in Nizza noch gar nicht vertretenen Polen konnten sich als Gewinner fühlen. Zudem führte die mangelnde Einigkeit unter den »Großen« dazu, dass auch das Problem der Handlungsfähigkeit der Kommission ungelöst blieb: Deutschland, Großbritannien, Frankreich und Italien verzichteten zwar auf den zweiten Kommissar, die anderen Länder aber nicht auf das Prinzip, dass jede Nation mit einem Sitz in der Kommission vertreten sein sollte. Erst nach der Unterzeichnung des Beitrittsvertrags des 27. Mitgliedsstaates (das heißt nach dem erfolgreichen Abschluss aller laufenden Beitrittsverhandlungen) sollte das Rotationsprinzip bei der Besetzung der Kommission eingeführt werden. Wie viele Länder dann jeweils für eine Amtszeit auf einen Sitz in der Kommission verzichten sollten, blieb offen.[72]

Bei dem verheerenden Eindruck, den dieser Abschluss der Regierungskonferenz in Nizza nicht nur bei vielen Beteiligten, sondern auch in der Öffentlichkeit und im Europäischen Parlament hinterließ, wurden die gleichwohl erzielten Fortschritte im Hinblick auf die Handlungsfähigkeit der Union und ihre demokratische Kontrolle weitgehend übersehen. Die »Erklärung zur Zukunft der Union«, mit der die Staats- und Regierungschefs eine »eingehendere und breiter angelegte Diskussion über die Zukunft der Europäischen Union« und eine weitere Regierungskonferenz für das Jahr 2004 ankündigten,[73] erschien wie das Eingeständnis, bei den Verhandlungen in Nizza versagt zu haben. Tatsächlich setzte sie nur auf die Tagesordnung der europäischen Politik, was Fischer angeregt und Chirac sich zu eigen gemacht hatte.

Die Staats- und Regierungschefs erklärten zudem, dass der neue Vertrag bis Ende 2002 in Kraft treten sollte, und sie gaben der Hoffnung Ausdruck, dass die ersten neuen Mitgliedsstaaten an den Wahlen zum Europaparlament im Juni 2004 teilnehmen könnten. Für die Kandidatenländer war damit zum ersten Mal eine mögliche zeitliche Perspektive gegeben. Tatsächlich wurde der Vertrag von Nizza am 26. Februar 2001 von den Außenministern unterzeichnet. Seine Ratifizierung scheiterte überraschender Weise zunächst in Irland, wo die Regierung nur wenig getan hatte, um sich eine Mehrheit bei der Volksabstimmung am 7. Juni 2001 zu beschaffen. Eine zweite Abstimmung am 19. Oktober, diesmal mit massiver Unterstützung durch die Regierung, korrigierte dieses Votum. Am 1. Februar 2003 konnte das Vertragswerk von Nizza schließlich in Kraft treten.

In der Hauptsache waren der EU damit im Jahrzehnt nach der Vertragsunterzeichnung von Maastricht die wesentlichen Schritte der Erweiterung und Vertiefung gelungen, die nach dem Zusammenbruch des sowjetischen Imperiums geboten waren. Helmut Kohl hatte an diesem Gelingen einmal mehr einen großen Anteil. Wichtig war aber auch, das sollte man bei den gelegentlichen deutsch-französischen Misstönen nach dem Ende der Mitterrand-Ära nicht übersehen, dass es Jacques Chirac wiederholt gelang, über den ideologischen Schatten der gaullistischen Tradition zu springen. Für die Schaffung eines sicherheitspolitischen Kriseninstrumentariums waren zudem die Wendemanöver von Tony Blair und Joschka Fischer maßgeblich. Die Fülle unterschiedlicher Einzelregelungen, auf die sich die Staats- und Regierungschefs dabei einließen, machte freilich die Fortschritte beim Abbau des Demokratiedefizits zum Teil wieder zunichte. So hinkte die Entwicklung des europäischen Bewusstseins der Europäisierung immer weiterer Politikfelder nach wie vor hinterher.

8. Verfassungsstreit und »Euro-Krise«
2001–2012

Die Osterweiterung

Mit der Ausdehnung der Beitrittsverhandlungen auf sechs weitere Kandidatenländer, die der Europäische Rat im Dezember 1999 in Helsinki beschlossen hatte, war keine Vergrößerung des für die Erweiterung vorgesehenen Finanzvolumens verbunden gewesen. Entsprechend reagierten die Länder der ersten, im Dezember 1997 in Luxemburg eingerichteten Verhandlungsgruppe auf die Ausweitung der Konkurrenz nicht gerade mit Begeisterung. Zugleich setzte aber unter den Kandidaten ein »Wettlauf nach Brüssel« ein: Jedes Land wollte nun möglichst früh die Beitrittsreife erreichen und sich so die besten Bedingungen für einen Beitritt sichern. Das Reformtempo in den Ländern der ersten Gruppe, das nach dem Erfolg von Luxemburg nachgelassen hatte, zog wieder an; die Länder der Helsinki-Gruppe bemühten sich intensiv, ihren Rückstand gegenüber der Luxemburg-Gruppe aufzuholen.

Freilich drohten bei sukzessiven Beitritten nach dem Wettbewerbsprinzip problematische Rückschläge im Modernisierungs- und Demokratisierungsprozess derjenigen Länder, die auf die hinteren Plätze verwiesen wurden. Vor allem in Polen und Tschechien, die erkennbar nicht an der Spitze der Reformfortschritte standen, drohten dann die Widerstände gegen einen Beitritt zu Brüsseler Bedingungen unüberwindbar zu werden. Auch war fraglich, ob es in allen bisherigen Mitgliedsländern politische Mehrheiten für eine Erweiterungsrunde ohne polnische und tschechische Beteiligung geben würde. Erweiterungskommissar Günter Verheugen wagte daher einen politischen Kraftakt: Im Oktober 2000 deutete er in einem Zeitungsinterview die Möglichkeit an, dass im Jahr 2004 zehn Länder gleichzeitig beitreten könnten. Sodann legte er dem Europäischen Rat in Nizza einen Fahrplan für die weiteren Beitrittsverhandlungen vor, der die verschiedenen Verhandlungskapitel auf die nächsten drei Ratspräsidentschaften verteilte und einen Abschluss der Verhandlungen für Ende 2002 vorsah.[1]

Die Staats- und Regierungschefs hielten einen Beitritt von zehn neuen Mitgliedern im Jahr 2004 vielfach für utopisch. Sie akzeptierten aber die *road map* der Kommission und setzten damit einen Wettbewerb der Ratspräsidenten in

Gang, die alle den Ehrgeiz entwickelten, die Verhandlungskapitel, die ihnen zugewiesen worden waren, tatsächlich im Rahmen ihrer Amtszeit abzuschließen. Dies gelang denn auch weitgehend. Während der schwedischen Präsidentschaft im ersten Halbjahr 2001 konnten unter anderen die Kapitel Freizügigkeit, Sozialpolitik und Umwelt zu Ende verhandelt werden. In der Zeit der belgischen Präsidentschaft im zweiten Halbjahr 2001 gelang eine weitgehende Einigung in den Bereichen Landwirtschaft, Energie, Justiz und Inneres.

Hinsichtlich der Freizügigkeit der Arbeitnehmer, die die Anrainerstaaten Deutschland, Österreich und Italien mit großer Sorge sahen, wurde dabei ein komplexer Kompromiss erzielt: Einzelne Mitgliedsstaaten konnten für eine Übergangszeit von zunächst zwei Jahren Zugangsbeschränkungen erlassen. Falls erforderlich, konnten die Beschränkungen danach für drei Jahre verlängert werden und letztmalig für weitere zwei Jahre. Im Bereich der Landwirtschaft gelang eine weitgehende Verständigung auf Produktionsquoten und die Förderung der ländlichen Entwicklung, für sieben Länder auch schon die Verpflichtung auf Standards beim Tier- und Pflanzenschutz. Mit Litauen konnte ein Stufenplan zur Abschaltung des gigantischen und höchst gefährlichen Atomkraftwerks Ignalina vereinbart werden, das zu Sowjetzeiten errichtet worden war. Tschechien und Österreich einigten sich unter Vermittlung Verheugens darauf, dass das neue Atomkraftwerk in Temelin nahe der Grenze zu Österreich zwar in Betrieb gehen durfte, sich danach aber noch einmal einer Umweltverträglichkeitsprüfung unterziehen musste und einem System der grenzüberschreitenden Information und Zusammenarbeit unterlag.

In ihrem nächsten Fortschrittsbericht im November 2001 prognostizierte die Kommission, nach durchaus kritischer Prüfung der Entwicklung in den Kandidatenländern, dass bei einer Beibehaltung des gegenwärtigen Reformtempos alle Kandidaten bis auf Rumänien und Bulgarien bis Ende 2002 für den Beitritt bereit sein könnten. Der Europäische Rat erklärte daraufhin bei seinem Treffen im Brüsseler Königsschloss in Laeken am 14. und 15. Dezember 2001, dass sowohl Estland, Polen, Slowenien, Tschechien, Ungarn und Zypern als auch Litauen, Lettland, Slowakei und Malta zu der Gruppe gehören sollten, mit der die Verhandlungen bis Ende 2002 abgeschlossen werden sollten. Für Rumänien und Bulgarien wurde ein Beitritt im Jahr 2007 ins Auge gefasst.

Um dieses Verhandlungsziel zu erreichen, mussten nun aber noch die heiklen, weil finanzrelevanten Bereiche der Direktzahlungen der Gemeinsamen Agrarpolitik, der Förderung strukturschwacher Regionen und der Beteiligung der neuen Mitgliedsländer an der Finanzierung der Gemeinschaft geklärt werden. Den Verteilungskämpfen, die hier unvermeidlich waren, konnte dadurch die Spitze genommen werden, dass die Ratspräsidentschaft des ersten Halbjahres 2002 von Spanien wahrgenommen werden musste und die spanische Regierung damit nicht erneut als Wortführer der Besitzstandswahrer des Südens auftreten konnte. Außerdem waren jetzt die Regierungen aller Mitglieds- und Kandidatenländer zum Erfolg verdammt: Nachdem ein gemeinsamer Zeitplan für nicht weniger als zehn Beitrittskandidaten verbindlich war, konnte es niemand mehr riskieren, die Verantwortung für ein Scheitern des großen Beitrittsprojekts zu übernehmen.

Die Kommission legte Ende Januar 2002 einen Verteilungsvorschlag vor, der mit 40,16 Milliarden Euro zusätzlicher Mittel für die Jahre 2004 bis 2006 zwar noch etwas unterhalb des 1999 in Berlin vereinbarten Finanzrahmens blieb, mit der schrittweisen Einbeziehung der neuen Mitglieder in das System der Direktbeihilfen der Gemeinsamen Agrarpolitik aber zugleich den Weg zu erheblichen Mehrbelastungen in der Zukunft eröffnete. Im ersten Jahr der Mitgliedschaft sollten die Landwirte der neuen Länder 25 Prozent der Zahlungen an die Altmitglieder erhalten, im zweiten Jahr 30 Prozent und so weiter – bis im Jahr 2013 hundert Prozent erreicht sein würden. Bei der regionalen Strukturförderung sollte es bei den bisherigen Bemessungsgrenzen für die Anerkennung von Förderungsgebieten bleiben. Danach war zu erwarten, dass mit Ausnahme Zyperns alle Beitrittsländer in die höchste Förderkategorie fallen würden (»Ziel 1«). Lediglich die Hauptstadtregionen Prag, Bratislava und Budapest würden nur im Rahmen von »Ziel 2« förderungswürdig sein. Für die drei ersten Jahre der Förderung war ein Betrag von 25,6 Milliarden Euro vorgesehen.

Den Nettozahlern Deutschland, Großbritannien, Schweden und den Niederlanden ging vor allem die Einbeziehung der neuen Länder in das System der Direktbeihilfen zu weit. Sie verlangten stattdessen, die Direktbeihilfen auch für die Altmitglieder zurückzufahren, um so zusätzliche Mittel für die Förderung der Neumitglieder freizubekommen. Dagegen sperrte sich wiederum Frankreich, sodass sich im Laufe des ersten Halbjahres 2002 ein heftiger deutsch-französischer Disput über die Agrarreform entwickelte. Befriedet wurde er erst bei einem Treffen zwischen Schröder und Chirac im Vorfeld der Brüsseler Ratstagung vom 24. und 25. Oktober 2002: Deutschland akzeptierte jetzt die Direktzahlungen an die neuen Mitglieder. Allerdings wurden die Gesamtausgaben für Direktzahlungen und Marktordnungen bis 2013 auf dem – hohen – Stand von 2006 eingefroren. Die schrittweise Einbeziehung der neuen Mitgliedsstaaten implizierte damit ab 2007 eine schrittweise Reduzierung der Zahlungen in den alten Staaten. Außerdem lenkte Chirac jetzt endlich im Streit um eine höhere Gewichtung der deutschen Stimmen im Ministerrat ein.[2] Auf der Grundlage dieses Kompromisses konnte der Rat am 25. Oktober die Grundsatzentscheidung für die Aufnahme der zehn Bewerberländer treffen. Dabei wurde der Maximalbetrag für den Struktur- und Kohäsionsfonds von 25,6 auf 23 Milliarden Euro gekürzt. Der Inflationsausgleich von jährlich 1,5 Prozent, den Schröder Chirac für die Bemessung des Agrarbudgets ab 2007 zugestanden hatte, wurde nach hartnäckigem Insistieren des niederländischen Premierministers Jan-Pieter Balkenende auf ein Prozent reduziert.

Die Beitrittskandidaten waren von diesem Ausgang des Ringens um die Verteilung der Fördermittel sichtlich enttäuscht. Besonders der polnische Ministerpräsident Leszek Miller, dem die Bauernpartei als Koalitionspartner im Nacken saß, wehrte sich heftig dagegen, dass sein Land durch die komplexen Verfahrensregeln beim Anfordern von Strukturmitteln beim Start in der Gemeinschaft gleich in die Position eines Nettozahlers zu geraten drohte. Die Regierungen der 15 kamen den Sorgen der Zehn zunächst dadurch entgegen, dass sie den vorgesehenen Beitrittstermin vom 1. Januar auf den 1. Mai 2004 verlegten; dadurch konnten im ersten Jahr der Mitgliedschaft die Beitragszahlungen für vier Monate gespart werden. Sodann wurden Polen und Tschechien auf der abschließenden Kopenhagener Ratstagung am 12. und 13. Dezember 2002, einem Vermittlungsvorschlag Schröders folgend, besondere Cashflow-Fazilitäten für eine Übergangszeit eingeräumt, die aus dem Budget für Strukturförderung finanziert wurden. Das strukturpolitische Budget wurde noch weiter reduziert, auf 21,7 Milliarden Euro. Ebenso wurde den neuen Mitgliedsländern die Möglichkeit eingeräumt, die jährlichen Direktzahlungs-Quoten zu erhöhen, bis einschließlich 2006 allerdings nur auf Kosten derjenigen Mittel, die für die ländliche Strukturförderung vorgesehen waren. Polen wurde zudem eine höhere Milch-Produktionsquote zugestanden.[3]

Durch die Heraufsetzung landwirtschaftlicher Produktionsquoten und die Bereitstellung zusätzlicher Gelder für die volle Einbeziehung der neuen Länder in den Schengen-Raum und die Sicherung der neuen Außengrenzen der Union stieg die Gesamtsumme der Verpflichtungen und Zahlungen für die neuen Länder auf 40,85 Milliarden Euro. Sie lag damit immer noch knapp zehn Milliarden unter dem Höchstbetrag, der in Berlin vereinbart worden war. Insofern war das Kalkül der Kommission aufgegangen, mit einem niedrigeren Vorschlag Spielraum für Verhandlungslösungen zu schaffen. Die Umschichtung von der Strukturförderung in den Konsum, die durch die Kopenhagener Zugeständnisse noch verstärkt wurde, war allerdings im Hinblick auf das Gelingen des Integrationsprozesses der vormaligen Staatswirtschaftsländer problematisch. Sie stellte den Preis dar, der politisch gezahlt werden musste, um den Eintritt in den Gemeinsamen Markt nicht an kurzfristig aufgeputschten Modernisierungsängsten scheitern zu lassen.

Nachdem das Europäische Parlament am 9. April 2003 dem Beitritt jedes einzelnen Landes mit über 90 Prozent der Stimmen zugestimmt hatte, wurde der Beitrittsvertrag am 16. April 2003 in einer feierlichen Zeremonie in der Stoa des Attalos, dem antiken Marktplatz am Fuße der Akropolis von Athen, von den 25 Staats- und Regierungschefs und ihren Außenministern unterzeichnet. Aufgrund der vielen Übergangsregelungen, einseitigen Erklärungen und Briefwechsel umfasste er nahezu 5.000 Seiten, die in zwei dicke Folianten gebunden waren. Sie betrafen zum Teil Grundsätzliches wie die Beschränkung der Arbeitnehmerfreizügigkeit bis zu maximal sieben Jahren sowie des Erwerbs von Agrar- und Forstland in den neuen Ländern auf sieben, in Polen sogar auf zwölf Jahre. Daneben gab es aber auch Erklärungen zu sehr spezifischen Interessen wie der Möglichkeit, in Estland weiterhin Braunbären zu jagen, oder zum Schutz der einheimischen Honigbienenart in Slowenien. Der Beitritt der neuen Länder zum Schengen-Raum wurde von einem späteren Votum des Europäischen Rates abhängig gemacht; für Oktober 2007 vorgesehen, sollte er tatsächlich aber erst zum Oktober 2008 stattfinden. Hinsichtlich des Beitritts zum Euro-Raum sollten die gleichen Kriterien und Verfahrensweisen gelten wie für die Gründungsmitglieder. Als erstes neues Mitgliedsland sollte Slowenien der Währungsunion zum 1. Januar 2007 beitreten. Zum 1. Januar 2008 folgten Zypern und Malta, zum 1. Januar 2009 die Slowakei und zum 1. Januar 2011 Estland.

Insgesamt sorgten die vielen Übergangsregelungen dafür, dass der Widerstand gegen die große Erweiterung in den bisherigen EU-Mitgliedsstaaten gering und in den Beitrittsländern unterhalb der kritischen Grenze blieb. Bei den Ratifizierungen in den Parlamenten der Alt-Mitglieder stimmten nur wenige Abgeordnete gegen die Aufnahme der neuen Mitglieder. In den Referenden, die in allen Beitrittsländern mit Ausnahme Zyperns stattfanden, lagen die Zustimmungsquoten zwischen 54 Prozent im europapolitisch gespaltenen Malta und 92 Prozent in der Slowakei. In Polen und Tschechien stimmten über 77 Prozent der Wähler zu, in Ungarn 84 Prozent.

Beim Sondergipfel der 25 Staats- und Regierungschefs auf Phoenix Castle, 30 Kilometer von Dublin entfernt, am 1. Mai 2004 trat die Erinnerung an das kräftezehrende Ringen um die Bedingungen der Osterweiterung in den Hintergrund. »Ich sah viele feuchte Augen an diesem Nachmittag in Irland«, berichtet Verheugen. »Niemand dachte in diesem Moment an Milchquoten, Binnenmarktregeln und Konvergenzprogramme.« Es überwog die Genugtuung über das Gelingen des Gemeinschaftswerks, an dem herausragende Politiker der alten wie der neuen Mitgliedsländer wie der dänische Ministerpräsident Anders Fogh Rasmussen als Ratspräsident der letzten Verhandlungsperiode oder der polnische Staatspräsident Alexander Kwasniewski ebenso ihren Anteil hatten wie Prodi und Verheugen. Und es zeigte sich ein Gespür für die symbolische Bedeutung dieses Tages: »Das ist der Triumph Europas über das 20. Jahrhundert«, formulierte es die lettische Außenministerin Sandra Kalniete, die fortan zu den ersten Mitgliedern der EU-Kommission gehören sollte, die aus dem einstigen Sowjetimperium kamen.[4]

Das Selbstbewusstsein und die Solidarität des Netzwerks von Erweiterungs-Strategen, das hier entstanden war, färbten auf die europäischen Institutionen ab.

Nachdem Vertreter der neuen Mitgliedsländer schon seit der Unterzeichnung des Beitrittsvertrags als »aktive Beobachter« an den Arbeiten des Parlaments und des Ministerrats teilgenommen hatten, wurde die Kommission zum 1. Mai 2004 um zehn neue Mitglieder erweitert. Wie im Falle Lettlands wechselten ganz überwiegend erfahrene Europapolitiker im Ministerrang oder Spitzenbeamte, die die Beitrittsverhandlungen an führender Stelle mitgestaltet hatten, in die Kommission. Im Europäischen Parlament waren die neuen Länder seit den Wahlen vom 10. bis 13. Mai 2004 regulär vertreten. Allerdings ging die Euphorie über die gelungene Erweiterung hier nicht so weit, dass Borislaw Geremek zum Präsidenten der Abgeordneten gewählt worden wäre. Der prominente polnische Historiker, langjähriger Berater der Solidarnošč-Bewegung und Außenminister der Jahre 1997 bis 2000, wurde von der liberalen Fraktion vorgeschlagen, unterlag aber im ersten Wahlgang am 20. Juli aufgrund der nunmehr schon traditionellen Absprache zwischen den beiden großen Fraktionen der Europäischen Volkspartei und der Sozialisten. Präsident wurde für die ersten zweieinhalb Jahre der neuen Legislaturperiode der spanische Sozialist Joseph Borrell. Ihm sollte 2007 der deutsche Christdemokrat Hans-Gert Pöttering folgen.

Der Bevölkerung in den alten wie in den neuen Mitgliedsländern teilte sich die Euphorie über das offensichtliche Gelingen der Wiedervereinigung Europas nur sehr bedingt mit. Dass der Weg in die europäische Gemeinschaft wesentlich dazu beitrug, demokratisch-rechtsstaatliche Ordnungsverhältnisse zu stabilisieren und den Wohlstand in den postkommunistischen Ländern zu mehren, wurde zu wenig gesehen. Stattdessen hielten sich in den alten Ländern diffuse Ängste vor Billigkonkurrenz auf dem Arbeitsmarkt, unabsehbaren Zahlungsverpflichtungen und Unregierbarkeit einer Union der 25 oder gar 27. In den neuen Ländern gingen die Konflikte zwischen Gewinnern und Verlierern der Transformation weiter, und die Neigung, auf überzogene nationalistische Vorstellungen zurückzugreifen, blieb groß. Zudem herrschte wenig Verständnis für die Mechanismen der Union und damit auch für die Implikationen des Beitritts, für den man sich mit großen Mehrheiten entschieden hatte.

Damit wurde die Spannung zwischen europäischen und europäisierten Eliten einerseits und großen Teilen der Bevölkerung der Mitgliedsstaaten mit veränderter Akzentsetzung fortgeschrieben. Was auf der einen Seite an europäischem Elan hinzukam, wurde durch vermehrte nationalistische Reflexe auf der anderen Seite wieder wettgemacht. Bei den Wahlen zum Europäischen Parlament im Mai 2004 stieg die Wahlbeteiligung in den alten Mitgliedsländern gegenüber 1999 von 49,4 auf 52,6 Prozent, während in den neuen Mitgliedsländern nur durchschnittlich 31,2 Prozent der Abstimmungsberechtigten an den Wahlen teilnahmen. Dabei spielte die Unkenntnis der neuen Institutionen ebenso eine Rolle wie die Neigung zur Abstrafung derjenigen Parteien, die die Beitrittsverhandlungen erfolgreich bewältigt hatten.

Was den Konstrukteuren der großen Erweiterung nicht gelang, war die Überwindung der Spaltung Zyperns. Zunächst hatte sich der Führer der türkischen Volksgruppe im Norden der Insel, Rauf Denktasch, gegen die Landrückgabe an die im Krieg von 1974 in den Süden geflohenen Griechen gesperrt. Dann, als den türkischen Zyprioten mehrheitlich bewusst wurde, dass die Überwindung ihrer wirtschaftlichen Probleme nur bei einer Mitgliedschaft in der EU gelingen konnte, setzte sich bei den zyprischen Griechen die Auffassung durch, dass der türkischen Minderheit in dem Plan zur Vereinigung der beiden Inselteile in einer Föderation, den UN-Generalsekretär Kofi Annan vorgelegt hatte, zu große Sonderrechte eingeräumt wurden. Bei der Volksabstimmung am 24. April 2004 wurde der Annan-Plan von den Zyperntürken mit 64,9 Prozent angenommen, von den Zyperngriechen dagegen mit 75,8 Prozent abgelehnt – sehr zur Enttäuschung der Kommission, die gehofft hatte, das Beitrittsgesuch der griechisch-zyprischen Regierung dazu nutzen zu können, die Wiedervereinigung der Insel zu befördern. Danach galten die Bewohner des Nordteils der Insel zwar als EU-Bürger, der *acquis communautaire* konnte aber vorerst nur auf den Südteil angewandt werden. Der nordzyprische Export in andere EU-Länder blieb von der Genehmigung durch griechisch-zyprische Behörden abhängig, sodass auch Unterstützungszusagen des EU-Ministerrats zur Heranführung des Nordens an den Süden nur zum Teil abgerufen werden konnten.[5]

Auf die Verhandlungen mit Bulgarien und Rumänien wurden die gleichen Kriterien angewandt, die schon für die Verhandlungen mit den »Zehn« gegolten hatten. Dabei zeigte sich, dass Bulgarien sowohl im Hinblick auf die Marktfähigkeit als auch hinsichtlich der Rechtsstaatlichkeit und der Verwaltungsorganisation größere Fortschritte machte als sein nördlicher Nachbar. Die bittere Armut Rumäniens, die Zerstörung seiner Zivilgesellschaft durch das Ceaucescu-Regime und das hohe Ausmaß an Kriminalität und Korruption, die daraus resultierten, stellten Herausforderungen dar, die nicht leicht zu bewältigen waren. Im Februar 2004 forderte die Berichterstatterin des Europäischen Parlaments die Kommission daher auf, die Verhandlungen mit Rumänien vorerst auszusetzen. Während für Bulgarien alle Verhandlungskapitel im Juni 2004 vorläufig abgeschlossen werden konnten, drohte der Beitritt Rumäniens auf 2008 verschoben zu werden.

Die besonders schwierigen Verhandlungskapitel Wettbewerb sowie Justiz und Inneres konnten in den Verhandlungen mit Rumänien erst am 8. Dezember 2004 abgeschlossen werden. Die Kommission gab daraufhin am 22. Februar 2005 eine positive Stellungnahme auch zu dem rumänischen Beitrittsgesuch ab, und der Rat stimmte dem Beitrittsvertrag mit Bulgarien und Rumänien am 25. April 2005 zu. Unmittelbar danach wurde der Beitrittsvertrag von allen 27 Vertragsparteien in Luxemburg unterzeichnet. Um den Bedenken hinsichtlich der Beitrittsfähigkeit Rumäniens Rechnung zu tragen, wurde der Vertrag um eine Schutzklausel ergänzt, die eine Verschiebung des Inkrafttretens vom 1. Januar 2007 auf den 1. Januar 2008 für den Fall vorsah, dass der Rat auf der Grundlage der Monitoring-Berichte der Kommission feststellen sollte, dass gravierende Mängel in den Bereichen Wettbewerb sowie Justiz und Inneres immer noch nicht beseitigt sein sollten. Im Falle Bulgariens war für die Verschiebung ein einstimmiges Votum des Rates erforderlich, im Falle Rumäniens genügte die qualifizierte Mehrheit.[6]

In ihrem zweiten Monitoring-Bericht vom 26. September 2006 rügte die Kommission Bulgarien wegen seines Rückstands bei der Verabschiedung von Gesetzen und der Revision der Verfassung. Beiden Ländern wurde bescheinigt, dass durchgreifende Erfolge bei der Bekämpfung von Korruption und organisiertem Verbrechen ausgeblieben waren. Dennoch konnte sich die Kommission nicht dazu durchringen, eine Verschiebung der Beitritte zu empfehlen. Stattdessen schlug sie vor, die Überwachung noch drei Jahre nach dem Beitritt fortzusetzen und die beiden Länder zu halbjährlichen Fortschrittsberichten zu verpflichten. Sollten sie ihren Verpflichtungen nicht nachkommen, drohte die Nichtanerkennung ihrer Urteile und Gerichtsentscheidungen. Außerdem sollte ein Mechanismus geschaffen werden, um Mängel bei der Verwaltung der EU-Agrarfonds zu ahnden. Der Rat stimmte diesen Empfehlungen am 17. Oktober 2006 zu, sodass der Beitritt Bulgariens und Rumäniens tatsächlich zum 1. Januar 2007 vollzogen werden konnte. Das Paket zur Finanzierung dieser Beitritte in den Jahren 2007 bis 2009, auf das sich der Rat schon im März 2004 geeinigt hatte, belief sich auf weitere 15,4 Milliarden Euro.[7]

Die beiden neuen Mitglieder blieben freilich die Sorgenkinder der Osterweiterung. Das Monitoring-System wurde 2009 auf unbestimmte Zeit verlängert. In Rumänien wurde die Bekämpfung von Korruption und Kriminalität durch einen anhaltenden Machtkampf zwischen dem im November 2004 gewählten Staatspräsidenten Traian Băsescu und wechselnden Premierministern behindert. Im Juli 2011 bestätigte die Kommission der rumänischen Regierung »bedeutende Schritte« bei der Reform des Justizwesens und der Ermittlung von Korruptionsfällen, auch auf höchster Ebene.[8] Dann aber stellte der Versuch des im Mai 2012 ins Amt gekommenen sozialdemokratischen Regierungschefs Victor Ponta, mit Dekreten zu regieren und Băsescu seines Amtes zu entheben, die Umsetzung der Reformen wieder in Frage. »Bei uns führen Cliquen einen Kampf auf Leben und Tod, um den Staat zu erobern und ihn zu plündern«, kommentierte die EU-Anti-Korruptionsberaterin Alina Mungiu-Pippidi.[9]

Die Erfahrungen mit Bulgarien und Rumänien trugen zusammen mit punktuellen Schwierigkeiten mit der neuen europäischen Arbeitsteilung und den neuen Wettbewerbern dazu bei, dass weitere Beitrittsanträge jetzt wieder mit großer

Skepsis gesehen wurden. Das galt vor allem für die Beitrittsgesuche westlicher Balkanstaaten, denen der Europäische Rat in Thessaloniki im Juni 2003 eine »europäische Perspektive« zugebilligt hatte. Kroatien hatte bereits im Februar 2003 einen Beitrittsantrag gestellt. Ihm folgten Mazedonien im März 2004, Montenegro im Dezember 2008, Albanien im April 2009 und Serbien im Dezember 2009. Den Kroaten bescheinigte die Kommission im April 2004 noch die grundsätzliche Beitrittsfähigkeit, und nach einer Verzögerung aufgrund mangelnder Zusammenarbeit der kroatischen Behörden mit dem Internationalen Strafgerichtshof für das frühere Jugoslawien begannen die Beitrittsverhandlungen im Oktober 2005. Für die anderen Länder entwickelte die Kommission, nunmehr unter der Präsidentschaft des Portugiesen José Manuel Barroso und mit dem Finnen Olli Rehn als Erweiterungskommissar, dagegen ein gestuftes Verfahren, das die Aufnahme von Beitrittsverhandlungen explizit von der Erfüllung von Vorbedingungen abhängig machte: Zunächst sollte geprüft werden, ob die Voraussetzungen für den Abschluss eines Stabilitäts- und Assoziierungsabkommens (SAA) vorliegen, dann sollte bei Einhaltung der Verpflichtungen aus dem SAA der Status eines Beitrittskandidaten verliehen werden, und erst nach wesentlichen Fortschritten bei der wirtschaftlichen Entwicklung und der Erfüllung der *acquis*-Kriterien sollten die Beitrittsverhandlungen beginnen.[10]

Mazedonien wurde der Kandidatenstatus im Dezember 2005 zugesprochen. Im Oktober 2009 empfahl die Kommission, die Beitrittsverhandlungen aufzunehmen. Im Rat wurde diese Empfehlung jedoch von Griechenland blockiert: Die griechische Regierung beharrte auf einer Namensänderung der mazedonischen Republik, die jeden Anspruch auf die mazedonischen Gebiete Griechenlands ausschloss. Eine Formulierung, die beide Seiten in diesem Namensstreit zufriedenstellte, konnte bislang nicht gefunden werden. Montenegro erhielt im Dezember 2010 den Kandidatenstatus, und die Beitrittsverhandlungen begannen im Juni 2012. Serbien wurde im März 2012 zum Kandidaten erklärt. Albanien dagegen gelangte bislang noch nicht über den Rang eines assoziierten Staates hinaus. Bosnien-Herzegowina und Kosovo, die bislang noch keinen Beitrittsantrag gestellt haben, bewegen sich noch im Vorfeld des Stabilisierungs- und Assoziierungsabkommens; die Verhandlungsimpulse der Anrainerstaaten Österreich und Griechenland erwiesen sich als zu schwach, um eine stärkere Integrationsdynamik in den Balkanstaaten zu erzeugen.

Die Kommission suchte dem Erlahmen der Integrationsdynamik im westlichen Balkan dadurch zu begegnen, dass sie 2009 den Durchbruch in den Verhandlungen mit Kroatien zustande bringen wollte. Dieser Plan wurde jedoch dadurch konterkariert, dass Slowenien die Eröffnung der letzten zwölf Verhandlungskapitel unter Hinweis auf den slowenisch-kroatischen Streit über den Grenzverlauf in der Adria blockierte. Erst nachdem sich die slowenische Regierung im September

2009 auf Drängen der schwedischen Ratspräsidentschaft damit einverstanden erklärt hatte, die Festlegung des Grenzverlaufs einem internationalen Schiedsgerichtshof zu überlassen, konnten die Verhandlungen in die Schlussphase eintreten. Hier traten besonders die Regierungen der Niederlande, Dänemarks und Großbritanniens noch einmal auf die Bremse, weil sie immer noch beträchtliche Defizite im Justizwesen, bei der Bekämpfung von Korruption und Kriminalität sowie in der Zusammenarbeit mit dem Haager Tribunal diagnostizierten. Am 11. Juni 2011 konnte Kommissionspräsident Barroso dann aber die Verhandlungen für abgeschlossen erklären. Der Beitritt Kroatiens erfolgte zum 1. Juli 2013.[11]

Während die Erweiterung auf dem Balkan vor allem unter den Nachwehen überkommener ethnischer Konflikte und einem signifikanten Mangel an demokratischer Tradition litt, so machten sich im Hinblick auf die Türkei verstärkt Bedenken hinsichtlich der kulturellen Kompatibilität eines muslimisch geprägten Staates und der Aufnahmefähigkeit der Gemeinschaft bemerkbar. Kritiker des Beitrittsprojekts machten wiederholt darauf aufmerksam, dass die Türkei im Jahr 2013 mit 79 Millionen etwa so viele Einwohner zählen dürfte wie alle zehn Beitrittsländer von 2004 zusammen, aber nur die Hälfte der addierten Wirtschaftskraft der zehn neuen Mitglieder zu erwarten war.[12] Ein Beitritt der Türkei würde »das Ende der Europäischen Union« bedeuten, warnte Frankreichs ehemaliger Staatspräsident Giscard d'Estaing im November 2002 in *Le Monde*.[13]

Die Reformen, zu denen sich die türkische Politik in den Jahren 2002 bis 2004 aufraffte, führten daher nicht zu dem erhofften Erfolg. Im August 2002 votierte die türkische Nationalversammlung mit großer Mehrheit für die endgültige Abschaffung der Todesstrafe (was gerade auch den Verzicht auf die Hinrichtung des PKK-Chefs Abdullah Öcalan implizierte), die Zulassung der kurdischen Sprache in Rundfunk- und Fernsehsendungen sowie in privaten Lehreinrichtungen, das Recht religiöser Minderheiten, Grundbesitz zu erwerben, und die Zulassung von Verbindungsbüros ausländischer Nichtregierungsorganisationen. Nach dem Wahlsieg der konservativ-religiösen Gerechtigkeitspartei (AKP) im November 2002 setzte der neue Ministerpräsident Recep Tayyip Erdoğan eine grundlegende Liberalisierung des türkischen Strafrechts und die »Zivilisierung« des Nationalen Sicherheitsrats durch, der bislang von den Militärs beherrscht worden war. Außerdem führte er einen Wandel in der türkischen Zypernpolitik herbei: Vom Winter 2003/2004 an wurde die Wiedervereinigung der Insel auf der Grundlage des Annan-Plans von der Türkei unterstützt.

Die Kommission befand daraufhin in ihrem Fortschrittsbericht vom 6. Oktober 2004 nach kontroverser interner Diskussion, »dass die Türkei die politischen Kriterien in ausreichendem Maß erfüllt«, und empfahl die Eröffnung von Beitrittsverhandlungen. Ein konkretes Datum für den Verhandlungsbeginn nannte sie aber nicht. Stattdessen kündigte sie an, den Reformprozess verstärkt zu überwachen, verwies auf die Möglichkeit einer Aussetzung der Verhandlungen und betonte, »dass dies ein Prozess mit offenem Ende ist, dessen Ausgang sich nicht im Vorhinein garantieren lässt«. Einen Abschluss erklärte sie erst nach der Beschlussfassung über die Finanzielle Vorausschau ab 2014 für möglich. Zudem sollte der Beitrittsvertrag lange Übergangsregelungen und vielleicht sogar dauerhafte Schutzklauseln vorsehen, etwa im Hinblick auf die Freizügigkeit der Arbeitnehmer.[14] Der Europäische Rat entschied sich bei seiner Brüsseler Tagung am 16. und 17. Dezember 2004 nach ebenfalls kontroverser Diskussion für einen Verhandlungsbeginn am 3. Oktober 2005. Er bestand aber darauf, dass zuvor die Gesetze zur Reform des Strafrechts in Kraft gesetzt und ein Zusatzabkommen unterzeichnet werden müssten, mit dem die Zollunion zwischen der Türkei und der Gemeinschaft an die Zehner-Erweiterung angepasst wurde. Indirekt machte der Rat damit die Anerkennung des neuen EU-Mitglieds Zypern durch die Türkei zur Voraussetzung für die tatsächliche Aufnahme der Verhandlungen.[15]

Notgedrungen stimmte die Regierung Erdoğan der Unterzeichnung des Zusatzprotokolls zum Vertrag von Ankara zu. Innenpolitisch wegen der Aussicht auf eine Mitgliedschaft zweiter Klasse unter Druck geraten, erklärte sie aber bei der Unterzeichnung am 29. Juli 2005, dass dieser Akt nicht als Anerkennung der Republik Zypern zu werten sei. Sie wandte das Protokoll daher auch nicht auf Zypern an, womit türkische Häfen und Flughäfen für Schiffe und Flugzeuge aus der Republik Zypern geschlossen blieben. Das ermöglichte es zwar, die Verhandlungen wie vorgesehen am 3. Oktober 2005 zu eröffnen. Ein Versuch der österreichischen Regierung, das Erreichen einer bloßen »Partnerschaft« als alternatives Ziel in den Verhandlungsrahmen hineinzuschreiben, konnte jedoch im letzten Moment gestoppt werden. Nachdem die türkische Regierung aber auch über die »Screening«-Phase der Verhandlungen hinaus an der Nichtanwendung des Zusatzprotokolls festhielt, beschloss der Ministerrat der EU am 11. Dezember 2006, die Verhandlungen über alle Kapitel auszusetzen, die in direktem Bezug zur Zollunion stehen und damit den wirtschaftlichen Kern der Gemeinschaft betreffen.

Ein spektakulärer Abbruch der Verhandlungen konnte damit vermieden werden. Jedoch ließ die Reformdynamik in der Türkei wieder nach, und der Zeitpunkt für einen möglichen EU-Beitritt verschob sich immer weiter in die Zukunft. Bundeskanzlerin Angela Merkel, seit September 2005 im Amt, schätzte die strategische Notwendigkeit einer türkischen EU-Mitgliedschaft deutlich geringer ein als ihr Vorgänger. Chiracs Nachfolger Nicolas Sarkozy, im Mai 2007 gewählt, sprach sich sogar explizit gegen eine Mitgliedschaft der Türkei als Ziel der Verhandlungen aus. Gegen die Eröffnung von fünf weiteren Kapiteln, die aus seiner Sicht die Mitgliedschaft präjudizierten (Wirtschafts- und Währungsunion, Gemeinsame Agrarpolitik, Regionalpolitik, Institutionen und Haushalt), legte er sein Veto ein. Zudem blockierte Zypern die Eröffnung der Kapitel Energie sowie

Bildung und Kultur. Bis 2012 konnten danach nur 13 von 35 Kapiteln eröffnet werden; und lediglich ein Kapitel (Wissenschaft und Forschung) konnte vorläufig abgeschlossen werden.[16]

Angesichts des Stillstands in den Verhandlungen begann sich die türkische Politik nach dem großen Wahlerfolg Erdoğans in den Parlamentswahlen vom Juni 2011 nach Alternativen zu einer EU-Mitgliedschaft umzusehen. Die Handelsbeziehungen zu den Wachstumsmärkten des Nahen Ostens, Mittelasiens und Nordafrikas wurden ausgebaut, die Ambitionen zur Bildung einer eigenständig agierenden Regionalmacht verstärkt und gesetzliche Anpassungen an EU-Normen als zu kostspielig auf unbestimmte Zeit verschoben. Als im zweiten Halbjahr 2012 die zyprische Regierung turnusgemäß den EU-Ratsvorsitz übernahm, leistete sich Ankara sogar ein vorübergehendes Einfrieren der Beziehungen zur EU. Die Geschichte der Annäherung der Türkei an Europa ist damit nicht zu Ende, ihr Fortgang ist aber höchst ungewiss.

Während die Frage einer türkischen Mitgliedschaft offen blieb, bildete sich in der EU allmählich ein Konsens heraus, dass weiteren Transformationsländern auf absehbare Zeit keine Beitrittsperspektive angeboten werden sollte. Wirtschaftliche Entwicklung und demokratische Strukturen sollten stattdessen durch finanzielle und technische Hilfen sowie die Gewährung von Marktzugängen gefördert werden, wie sie die Kommission seit 2004 im Rahmen der »Europäischen Nachbarschaftspolitik« konzipierte. Die Beziehungen zu den insgesamt 16 Ländern, für die dieses Programm gedacht ist, entwickelten sich bislang sehr unterschiedlich; eine Verständigung über eine kohärente Strategie konnte noch nicht erzielt werden. Im Jahr 2008 wurde auf Drängen Sarkozys eine »Union für das Mittelmeer« ins Leben gerufen, die die regionale Zusammenarbeit der Mittelmeeranrainer fördern soll. 2009 folgte auf Initiative Schwedens und Polens eine »Östliche Partnerschaft«, die Weißrussland, die Ukraine, Moldawien, Armenien, Georgien und Aserbaidschan einschließt. Am stärksten wurden die Möglichkeiten der Nachbarschaftspolitik von der Ukraine sowie von Moldawien und Georgien genutzt. Auf die Eröffnung einer Beitrittsperspektive hofften diese Länder aber bislang vergebens.[17]

Dagegen hatten die Institutionen der EU und die Regierungen der Mitgliedsländer kein Problem, auf das Beitrittsgesuch Islands positiv einzugehen, das am 16. Juli 2009 beim Vorsitzenden des Europäischen Rates eingegangen war. Der kleine Inselstaat im Nordatlantik entschloss sich zu einem solchen Schritt, nachdem ihn der Finanzkollaps von 2008 an den Rand des Staatsbankrotts gebracht hatte. Eine Überwindung der finanziellen Turbulenzen schien einer Mehrheit der Isländer jetzt nur noch bei einer Zugehörigkeit zur Eurozone möglich zu sein. Dafür waren sie bereit, Abstriche bei der exklusiven Nutzung ihrer Fischgründe hinzunehmen. Da Island bereits seit 1994 in den Europäischen Wirtschaftsraum integriert war und sich zudem 2001 dem Schengener Abkommen angeschlossen hatte, ließ sich die volle Übernahme des *acquis communautaire* relativ problemlos gestalten. Die Beitrittsverhandlungen begannen am 27. Juli 2010 und gingen zügig voran.[18] Nachdem aber die massive Abwertung der isländischen Krone der Fischerei und dem Tourismus wieder auf die Beine geholfen hatte, schlug die Stimmung bei den Wikinger-Nachfahren im Laufe des Jahres 2012 wieder um. Nach dem Sieg der konservativen Unabhängigkeits-Partei bei den Parlamentswahlen im Mai 2013 setzte die neue Regierung die Beitrittsverhandlungen bis auf unbestimmte Zeit aus.

Nach dem Abschluss des Erweiterungsprojekts von 1999 standen die Zeichen also vorwiegend auf Konsolidierung der EU 28. Sie wurde und wird zu Recht als Voraussetzung dafür angesehen, dass die Union handlungsfähig bleibt und ihre Interessen im europäischen und internationalen Umfeld angemessen wahrnehmen kann.

Der Verfassungsvertrag

Tatsächlich blieb die im Vorfeld der großen Erweiterung vor allem in Frankreich befürchtete Handlungsunfähigkeit der Union aus. Dies war vor allem den parallel zu den Erweiterungsverhandlungen stattfindenden Verhandlungen über eine weitere Vertragsreform zu verdanken, die der Europäische Rat im Dezember 2000 in Nizza beschlossen hatte.

Bei der Vorbereitung der Regierungskonferenz von 2004 arbeiteten Frankreich und Deutschland wieder eng zusammen. Im Katzenjammer über den verheerenden Eindruck, den ihre Konfrontation während des Gipfels von Nizza hinterlassen hatte, kamen Chirac und Schröder sehr schnell überein, sich künftig alle sechs bis acht Wochen im ganz kleinen Rahmen, nur begleitet von den Außenministern, zu gemeinsamen Essen zu treffen, um die laufenden Probleme der Europapolitik zu besprechen. Beim ersten dieser Treffen, das auf Initiative Chiracs am 31. Januar 2001 im elsässischen Blaesheim nahe bei Straßburg stattfand, verabredeten die beiden, eine gemeinsame Position zur Vorbereitung der Regierungskonferenz zu erarbeiten. Diese kam dann allerdings nicht so rasch zustande wie geplant, weil Außenminister Hubert Védrine darauf bedacht war, die Kontrolle über das Reformverfahren nicht aus der Hand zu geben. Nachdem sich aber das Europäische Parlament am 31. Mai dafür ausgesprochen hatte, die Vorbereitung der Regierungskonferenz in der Form eines Konvents nach dem Muster und der Mandatsaufteilung des Grundrechtekonvents zu organisieren, setzten Chirac und Schröder das Votum für einen Konvent und die Erarbeitung einer Verfassung als gemeinsame Position durch. In einer gemeinsamen Erklärung, die auf dem 78. Deutsch-Französischen Gipfel am 23. November in Nantes veröffentlicht wurde, bekundeten sie ihre Entschlossenheit, »beständig und ausdauernd Einvernehmen in allen Fragen anzustreben, die sich aus der Tätigkeit des Konvents ergeben werden«.[19]

Der belgische Ministerpräsident Guy Verhofstadt konnte also der Unterstützung Chiracs und Schröders gewiss sein, als er als Ratspräsident des zweiten Halbjahres 2001 bei den Regierungen darum warb, die Vorschläge zur institutionellen Reform der Union auf einem Konvent aus Vertretern der Regierungen, der nationalen Parlamente, des Europaparlaments und der Kommission zu beraten und der Reform den Charakter einer Konstitutionalisierung zu geben. Um die Beratungen zu strukturieren, legte er dem Europäischen Rat in Laeken am 14. und 15. Dezember 2001 einen Katalog von nicht weniger als 67 Fragen vor, zu denen der Konvent Stellung beziehen sollte. Die Beratungen des Konvents sollten am 1. März 2002 beginnen und innerhalb eines Jahres abgeschlossen werden. Der Konvent sollte öffentlich tagen und für Anregungen aus der Zivilgesellschaft offen sein.

Verhofstadts Vorschlag, den Konvent mit der Ausarbeitung eines einzigen Verfassungsentwurfs zu beauftragen, dem dann große Verbindlichkeit für die anschließende Regierungskonferenz zukommen würde, konnte sich in Laeken nicht durchsetzen. Nach kontroverser Diskussion blieb in der »Erklärung von Laeken« offen, ob nicht auch mehrere alternative Entwürfe am Ende der Beratungen stehen könnten. Ansonsten akzeptierten die Staats- und Regierungschefs aber den belgischen Entwurf, auch hinsichtlich der Zusammensetzung des Konvents (je ein Vertreter der Regierungen, zwei Vertreter pro nationales Parlament, 16 Mitglieder des Europaparlaments, zwei Vertreter der Kommission, dazu Vertreter der Regierungen und der Parlamente der Kandidatenländer in beratender Funktion). Der Konventspräsident sollte Schlussfolgerungen aus der öffentlichen Debatte ziehen und zusammen mit den Präsidiumskollegen eine erste Arbeitsgrundlage für den Konvent erstellen.[20]

Präsident des Konvents wurde Valéry Giscard d'Estaing. Der ehemalige Staatspräsident hatte sich seit Ende September selbst nachdrücklich für dieses Amt ins Spiel gebracht, und Chirac hatte sich für ihn entschieden – erstens, weil er einen Franzosen in dieser Funktion sehen wollte, und zweitens, weil er hoffte, damit einen potentiellen Gegner seiner eigenen Wiederwahl neutralisieren zu können. Nachdem Schröder der Option Chiracs sogleich zugestimmt hatte, hatten andere mögliche Kandidaten keine Chance mehr – weder Jacques Delors, der sich allzu lange zierte, noch der niederländische Ministerpräsident Wim Kok und dessen früherer italienischer Kollege Guiliano Amato, die die Regierungschefs der kleineren Mitgliedsländer und mit ihnen Verhofstadt bevorzugt hätten. Die

Nominierung Giscards erfolgte letztlich einstimmig, nachdem Verhofstadt vorgeschlagen hatte, zusätzlich die Ämter von zwei Vizepräsidenten einzuführen und diese an Amato und den früheren belgischen Premierminister Jean-Luc Dehaene zu vergeben. Auch Amato und Dehaene, ein Sozialist und ein Christdemokrat, wurden einstimmig nominiert.[21]

De facto wurde der Konvent, der seine Arbeit am 28. Februar 2002 aufnahm, nicht von seinem Präsidenten geleitet, sondern von einem zwölfköpfigen Präsidium, dem Vertreter aller Mitgliedsgruppen angehörten. Giscard hatte durchaus eigene Vorstellungen, wie der Konvent zu führen sei und zu welchem Ergebnis er gelangen sollte; er musste sich in der nichtöffentlichen Debatte des Präsidiums aber öfters dem besseren Argument fügen. Klaus Hänsch, einer der beiden Vertreter des Europäischen Parlaments im Präsidium, bestätigt dem damals 76jährigen Präsidenten eine »erstaunliche Kombination von Führungsfähigkeit und Lernbereitschaft«.[22] Das Präsidium setzte durch, dass sich der Konvent auf Konsenssuche begeben sollte. Das hieß: Statt das Plenum über unterschiedliche Vorschläge abstimmen zu lassen, sollte der Präsident jeweils abschließend feststellen, worin der Konsens in einer Sachfrage bestand. Als Konsens sollte gelten, was in keiner der Mitgliedsgruppen auf »nennenswerten Widerstand« stieß. Was »nennenswert« war, blieb der Einschätzung des Präsidenten überlassen.

Tatsächlich war auf Widerstand besonders dann zu achten, wenn er aus den Reihen der Regierungen kam. Der Konvent wurde auf einen Kompromiss hin programmiert, der von der anschließenden Regierungskonferenz nicht mehr infrage gestellt werden konnte. Das Verfahren stellte sicher, dass es am Ende nicht mehrere, sondern nur einen Entwurf geben würde, hinter dem mehr als eine knappe Mehrheit stand. Einen solchen Entwurf würden die Regierungen nicht mehr umgehen können. Absehbarer Widerspruch einzelner Regierungen zu einzelnen Punkten wurde damit isoliert und die Vetomacht einer jeder Regierung, die die bisherigen Regierungskonferenzen so mühsam gemacht hatte, auf diese Weise tendenziell entwertet. Der Kompromiss lief nicht mehr auf den kleinsten gemeinsamen Nenner hinaus, sondern auf das, was angesichts der tatsächlichen Machtverhältnisse mit *Common sense* erreichbar war.

Um genügend Zeit für die Konsensfindung zu haben, genehmigte das Präsidium dem Konvent von vornherein drei zusätzliche Arbeitsmonate. Bis zum Europäischen Rat im Juni 2003 sollte das Ergebnis aber vorliegen. Bis Oktober 2002 war der Austausch in Arbeitsausschüssen, die von einem Präsidiumsmitglied geleitet wurden, in Zusammenkünften der Mitgliedsgruppen und Parteifamilien, im Plenum und im Präsidium so weit gediehen, dass Giscard d'Estaing dem Präsidium ein erstes Gerüst des Vertragsentwurfs vorlegen konnte.

Er sah die Auflösung der bisherigen Verträge über die Europäische Union und die Europäische Gemeinschaft und die Aufgabe der Drei-Säulen-Struktur von

Maastricht zugunsten eines einheitlichen Vertrages vor. In einem ersten Teil sollte der Vertrag Grundlagen, Organe und Verfahren beschreiben, dann sollte die in Nizza beschlossene Charta der Grundrechte als zweiter Teil folgen, und schließlich sollte ein dritter Teil die bisherigen Vertragsinhalte zu den drei Säulen unter Einbeziehung der Verfahrensmodifikationen wiedergeben. Der Vertrag sollte als »Verfassung« bezeichnet werden, ungeachtet der Tatsache, dass er von den beteiligten Staaten geschlossen wurde und nicht auf dem Votum eines europäischen Staatsvolks beruhte. Gleichzeitig wurde zum ersten Mal die Möglichkeit eines Austritts aus der Union vorgesehen.[23] Bedenken einzelner Beteiligter wie Hänsch, die Verwendung des Verfassungsbegriffs könnte der Kritik an einem vermeintlichen »Superstaat« Vorschub leisten, wusste Giscard beiseite zu drängen.

Mit der Präsentation der Grundlinien eines Verfassungsvertrags am 28. Oktober änderte sich der Charakter der Konventsarbeit. Hatte bislang noch Skepsis vorgeherrscht, ob der Konvent mehr zustande bringen würde als unverbindliche Absichtserklärungen, so zeichnete sich jetzt ab, dass er tatsächlich in der Lage sein würde, den künftigen Charakter der Union weitgehend zu bestimmen. Entsprechend versuchten die Regierungen jetzt verstärkt, auf das Ergebnis der Beratungen Einfluss zu nehmen. Der deutsche Außenminister Joschka Fischer nahm die Vertretung der Bundesregierung im Konvent, die bislang dem früheren Bundestagsabgeordneten und SPD-Geschäftsführer Peter Glotz übertragen worden war, selbst in die Hand. Chiracs neuer Außenminister Dominique de Villepin trat an die Stelle des bisherigen, noch von der sozialistischen Regierung Jospin bestellten Europaministers Pierre Moscovici. Die französische und die deutsche Regierung legten dem Konvent nun eine Reihe gemeinsamer Standpunkte vor.

Die Kompromisse, die sie dabei eingehen mussten, betrafen vor allem die Gestaltung der Exekutive der Union. Hatte sich Chirac zunächst dem Votum Giscards angeschlossen, einen hauptamtlichen Präsidenten des Europäischen Rates zu bestellen, der auf die exekutiven Befugnisse der Kommission zugreifen konnte, so warb die Bundesregierung zusammen mit den Regierungen der meisten kleineren Staaten für eine Wahl des Kommissionspräsidenten durch das Europäische Parlament und seine Beauftragung mit dem Vorsitz im Europäischen Rat. Der Kompromiss bestand im Wesentlichen darin, dass nun auch die Bundesregierung für die Einführung eines hauptamtlichen Präsidenten plädierte; allerdings sollte er nur für zweieinhalb Jahre gewählt werden (mit der Möglichkeit einmaliger Wiederwahl), und er sollte nicht in die Belange der Kommission eingreifen können. Der Konvent korrigierte die nun auch von der französischen Seite akzeptierte Wahl des Kommissionspräsidenten durch das Parlament dahingehend, dass sie auf Vorschlag des Europäischen Rates stattfinden sollte. Der Rat sollte seinen Vorschlag jedoch »unter Berücksichtigung der Wahlen zum Europäischen Parlament« machen.[24]

Der deutsche Vorschlag, den Kommissar für Außenbeziehungen zugleich mit dem Vorsitz im Rat für Außenbeziehungen und Verteidigung zu beauftragen und ihn so zum »Außenminister« der Union zu machen, wurde dahingehend modifiziert, dass der vom Europäischen Rat mit Zustimmung des Kommissionspräsidenten ernannte Außenminister zugleich Mitglied der Kommission sein sollte. Er allein würde über das Initiativrecht in der Außenpolitik verfügen, nicht mehr die Kommission insgesamt. Allerdings sollte er als Vizepräsident der Kommission wiederum eng in die Kommissionsarbeit eingebunden sein. Die Generaldirektion Außenbeziehungen und die außenpolitischen Bereiche des Ratssekretariats sollten zu einem Europäischen Diplomatischen Dienst zusammengefasst werden. Die deutsch-französische Forderung nach Mehrheitsentscheidungen in der Außenpolitik (allerdings nicht bei militärischen oder verteidigungspolitischen Bezügen) scheiterte einmal mehr am britischen Widerstand. Die Befürworter einer effektiveren Außenpolitik erreichten lediglich, dass die Möglichkeit verstärkter Zusammenarbeit einer Kerngruppe von Staaten auf alle Bereiche der GASP und der ESVP ausgeweitet und deren Blockierung durch einzelne Mitglieder schwieriger wurde.

Die Rolle des Europäischen Parlaments als Gesetzgeber wurde weiter gestärkt – vor allem dadurch, dass einem Vorschlag der Benelux-Staaten folgend die Unterscheidung zwischen obligatorischen und nichtobligatorischen Ausgaben aufgehoben wurde. Damit rückte der Agrarhaushalt als umfangreichster Teil des Budgets in den Bereich der gleichberechtigten Gesetzgebung. Das Parlament sollte künftig in 92 statt bisher 35 Politikfeldern an den Gesetzgebungsverfahren mitwirken, davon in 70 statt bisher 30 Politikfeldern gleichberechtigt mit dem Ministerrat. Der Umfang des Haushalts sollte weiterhin vom Ministerrat auf der Grundlage der Einstimmigkeit festgelegt werden. Über seine Verteilung sollte aber mit qualifizierter Mehrheit entschieden werden, und dazu sollte auch die Mehrheit des Parlaments erforderlich sein.

Der Ministerrat sollte dem deutsch-französischen Vorschlag folgend öffentlich tagen, sofern er als Gesetzgeber agierte, und er sollte »in der Regel« mit qualifizierter Mehrheit entscheiden. Allerdings wurde die Mehrheitsregel dann doch mit Rücksicht auf die Möglichkeit einer Blockierung des Entwurfs durch einzelne Regierungen nicht nur in Bezug auf die Außenpolitik durchbrochen. Auch Beschlüsse zum System und zur Obergrenze der Finanzmittel, wichtige Maßnahmen im Rahmen der Innen- und Justizpolitik (Harmonisierung des Strafrechts, Einsetzung einer Europäischen Staatsanwaltschaft, polizeiliche Zusammenarbeit) und sensible Bereiche der Handelspolitik (Dienstleistungen im Bereich von Kultur, Audiovision, Sozialem, Bildung und Gesundheit) sollten weiterhin der Einstimmigkeit unterliegen. Aufgrund einer deutschen Forderung sollte die Wahl zwischen verschiedenen Energiequellen weiterhin in nationaler Hand bleiben.

Nachdem Chirac seinen Widerstand gegen eine stärkere Berücksichtigung des demographischen Faktors bei der Stimmengewichtung im Rat aufgegeben hatte, konnte das Prinzip der doppelten Mehrheit (Mehrheit der Mitgliedsstaaten plus Mehrheit der Bevölkerung) durchgesetzt werden. Zwar versuchte der Vertreter Spaniens im Präsidium, die für Spanien und Polen wesentlich günstigere Regelung von Nizza zu verteidigen, geriet damit aber immer mehr in die Isolation. Am Ende einer turbulenten Präsidiumssitzung Ende Mai 2003, kurz vor Mitternacht, befand Giscard d'Estaing, es herrsche Konsens über die Formel »Mehrheit der Mitgliedsstaaten, die mindestens drei Fünftel der Bevölkerung der Union repräsentieren«.[25] Im Plenum wurde kein Versuch mehr unternommen, dieses Ergebnis infrage zu stellen.

Noch heftiger fiel die Kontroverse in der Frage aus, wie umfangreich die Kommission sein sollte. Während sich Giscard und die meisten Vertreter der größeren Länder für eine deutliche Verkleinerung der Kommission aussprachen, beharrten die Vertreter der kleineren Länder angesichts der Entscheidung für einen hauptamtlichen Ratspräsidenten darauf, dass jeder Mitgliedsstaat einen eigenen Kommissar stellen müsse. Giscard votierte schließlich für einen Kompromiss, der auf beiden Seiten ungute Gefühle hinterließ: eine Kommission aus 15 Mitgliedern (Präsident, Außenminister und 13 Kommissare), dazu nicht stimmberechtigte Kommissionsmitglieder aus den Ländern, die gerade nicht im Kreis der 15 vertreten waren (bei 27 Mitgliedsländern also noch einmal zwölf weitere Mitglieder). Allgemeine Zustimmung fand dagegen die weitere Stärkung der Stellung des Kommissionspräsidenten: Er sollte seine Kommissionsmitglieder künftig aus jeweils drei Vorschlägen des jeweiligen Herkunftslandes auswählen können, die Struktur seiner Kommission bestimmen und die Richtlinienkompetenz für die Arbeiten der Kommission ausüben.

Bei der Zusammenstellung der einzelnen Vertragselemente zu einem Gesamtentwurf präsentierte Giscard dem Präsidium und der Öffentlichkeit Ende April die ursprünglich auch von der französischen Regierung geteilte Idee, einen Kongress aus nationalen und europäischen Abgeordneten einzurichten. Er sollte sich einmal im Jahr zur Aussprache über die Lage der Union treffen und später auch den Präsidenten der Union wählen. Weil diese Konstruktion das mühsam erreichte Gleichgewicht zwischen Rat und Parlament zu stören drohte, wurde sie bereits in der nächsten Präsidiumssitzung zu Fall gebracht. Das Präsidium akzeptierte sodann einige Abweichungen vom Mehrheitsprinzip und schickte Giscard vor, das Ergebnis den einzelnen Mitgliedsgruppen in getrennten Sitzungen zu verkaufen. Das gelang: »Mit einer brillanten Mischung aus Argument und Appell gewann der Präsident die nationalen und die europäischen Parlamentarier im Konvent für die Schlusskompromisse und stellte die murrenden Vertreter der Regierungen ruhig.«[26] Anschließend verkündete er auf einer Pressekonferenz, dass der Konsens gefunden sei. Den Konventsmitgliedern blieb nur noch, dies in der Plenumssitzung vom 13. Juni zu bestätigen.

Der Vertragsentwurf war damit noch eben rechtzeitig vor dem Europäischen Rat in Thessaloniki am 19. und 20. Juni fertig geworden. Für eine gründliche Beratung durch die Staats- und Regierungschefs reichte die Zeit aber nicht mehr. Auch fehlte noch die Einarbeitung und Überarbeitung der alten Vertragstexte in den operativen dritten Teil zu den Politikbereichen der Union. Die Konventsmitglieder nutzten die Zeit, die für diese technische Anpassung erforderlich war, um auch noch einige Ergänzungen im Grundsatzteil vorzunehmen. So wurde ein Abschnitt über Symbole der Union eingefügt, der den Kreis von zwölf goldenen Sternen auf blauem Grund als Flagge festschrieb, Beethovens »Ode an die Freude« als Hymne und »In Vielfalt geeint« als Devise bestimmte und den 9. Mai zum Europatag erhob. Auf Initiative des deutschen Sozialdemokraten Jürgen Meyer wurde ein Europäisches Bürgerbegehren ermöglicht. Der österreichische Grüne Johannes Voggenhuber setzte durch, dass der Euratom-Vertrag nicht in den Verfassungsvertrag aufgenommen wurde. Die Gegner der Atomindustrie sollten keinen Anlass haben, sich gegen den Verfassungsvertrag zu entscheiden.

Nach letzten Querelen über die französische Forderung nach Einstimmigkeit bei der Beschlussfassung über Handelsverträge, die »die kulturelle und sprachliche Vielfalt in der Union beeinträchtigen könnten«, setzten am 10. Juli alle Mitglieder des Konvents ihre Unterschrift unter den überarbeiteten Entwurf. Manche taten das nur mit Murren und innerem Vorbehalt, die überwiegende Mehrheit war aber überzeugt, einen akzeptablen Kompromiss gefunden zu haben, der um des nötigen Erfolgs willen nicht wieder aufgeschnürt werden sollte. Am 18. Juli überreichte Präsident Giscard d'Estaing das Konventsdokument in Rom dem neuen Ratspräsidenten Silvio Berlusconi.[27]

Als die Regierungskonferenz am 4. Oktober zusammentrat, verlangten die Außenminister Spaniens und Polens, sich erst gar nicht mit dem Entwurf des Konvents zu befassen, sondern stattdessen den Vertrag von Nizza zum Ausgangspunkt der Verhandlungen zu machen. Die Vertreter Österreichs und Finnlands schlossen sich dieser Forderung an. Es bedurfte leidenschaftlicher Appelle Fischers und Villepins, ehe sich das Gremium dazu durchrang, den Verfassungsvertrag als Verhandlungsgrundlage zu akzeptieren. Die Forderungen nach Beibehaltung der Stimmengewichtung von Nizza (Spanien und Polen) und einem Kommissar für jedes Mitgliedsland (Österreich und Finnland) aber blieben. Der Streit darüber konnte auch auf der Ratstagung am 12. und 13. Dezember in Brüssel nicht beigelegt werden. Berlusconi, der das Vertragswerk gerne als neuen »Vertrag von Rom« unterzeichnet hätte, scheiterte kläglich bei dem Versuch, zwischen den Kontrahenten zu vermitteln.

Ein Durchbruch in den Verhandlungen zeichnete sich erst ab, nachdem der Sozialist José Luis Zapatero den Konservativen José María Aznar nach den Wahlen zum spanischen Abgeordnetenhaus am 14. März 2004 abgelöst hatte. Der neue Ministerpräsident signalisierte sogleich seine Kompromissbereitschaft in der Verfassungsfrage, während sich sein polnischer Kollege Leszek Miller isoliert sah. Die irische Ratspräsidentschaft erarbeitete daraufhin in neuen Sondierungen einen Kompromissvorschlag, der nach langem Ringen auf der Brüsseler Ratstagung vom 17. und 18. Juni 2004 mit einigen Modifikationen angenommen wurde. Es blieb beim Prinzip der doppelten Mehrheit, allerdings wurden die Quoren von 50 auf 55 Prozent der Mitgliedsstaaten und von 60 auf 65 Prozent der Bevölkerung angehoben. Zusätzlich war für eine Mehrheit die Zustimmung von 15 Staaten erforderlich oder eine Ablehnung durch weniger als vier Staaten. Für die Bereiche Justiz und Inneres, Außenpolitik, Wirtschaft und Finanzen wurde eine Mehrheit von 72 Prozent der Mitgliedsstaaten verlangt, sofern der Vorschlag nicht von der Kommission bzw. vom Europäischen Außenminister ausging.

Bei der Zusammensetzung der Kommission wurde die Unterscheidung zwischen stimmberechtigten und nicht-stimmberechtigten Mitgliedern aufgegeben. Für die erste Kommission, die nach dem Inkrafttreten des Verfassungsvertrags gebildet wurde, sollte die Regelung von Nizza fortgelten; danach (also ab 2014) sollten immer nur zwei Drittel der Mitgliedsstaaten in der Kommission vertreten sein. Bei der Aufstellung des mehrjährigen Finanzrahmens beharrten die Staats- und Regierungschefs auf Einstimmigkeit im Rat; der Übergang zu qualifizierter Mehrheitsabstimmung wurde lediglich als Möglichkeit in den Vertragstext aufgenommen. Bei der jährlichen Haushaltsverabschiedung wurde dem Parlament das Letztentscheidungsrecht genommen, die Kommission musste, falls sich Rat und Parlament nicht einigen konnten, einen neuen Entwurf aufstellen.[28]

Mit diesen Änderungen verlor der Vertrag gegenüber dem ursprünglichen Entwurf des Präsidiums noch einmal etwas an Kohärenz und die Union an Handlungsfähigkeit und demokratischer Legitimation. Substantielle Fortschritte in der Vergemeinschaftung, wie von manchen im Hinblick auf die Außen- und Sicherheitspolitik oder die Finanz- und Haushaltspolitik gewünscht, wurden insgesamt nicht erreicht. Dennoch wurden im Vergleich zum Vertrag von Nizza alle Organe der Union beträchtlich gestärkt, die Strukturen und Verfahren wurden vereinheitlicht und zumindest teilweise gestrafft. Vor allem aber gelang eine weitgehende Annäherung an das Prinzip der Entsprechung von Mehrheitsentscheidungen im Rat und gleichberechtigter Mitentscheidung des Parlaments. Der Gefahr, dass sich mit der Ausweitung der Handlungsfähigkeit der Union ihre demokratische Legitimation verringert, wurde damit ein Riegel vorgeschoben.[29] Ermöglicht wurde das zum einen durch Chiracs Bereitschaft, gaullistische Dogmen preiszugeben, und die daraus resultierende Annäherung zwischen der französischen und der deutschen Regierung in institutionellen Fragen. Zum anderen spielten aber auch die strategischen Fähigkeiten Giscard d'Estaings und seiner Präsidiumskollegen eine wesentliche Rolle. Die Regierungsvertreter wurden aus ihren nationalen Programmschemata herausgerissen und mit Mehrheitsmeinungen gewählter Volksvertreter konfrontiert, denen sie sich schlecht widersetzen konnten.

Der »Vertrag über eine Verfassung für Europa« wurde am 29. Oktober 2004 von den nunmehr 25 Staats- und Regierungschefs der Union unterzeichnet. Die Zeremonie fand im gleichen »Saal der Horatier und Curiatier« des Konservatorenpalastes auf dem Kapitol in Rom statt, in dem auch die Römischen Verträge von 1957 unterschrieben worden waren. Wahrscheinlich eher unbewusst signalisierten die Unterzeichner damit, dass sie in der Kontinuität europäischer Vertragsgestaltung standen. Verfassungsqualität wies die Europäische Union auch bislang schon auf, insofern sie über eigenständige Hoheitsgewalt verfügte. Zum Staat wurde sie aber auch mit dem neuen Vertrag nicht: Die Mitgliedsstaaten und ihre Parlamente blieben die Herren des Vertrags und seiner möglichen Weiterentwicklung. Anders als es die erstmalige Verwendung des Verfassungsbegriffs im Titel des Vertrags suggerierte, hatten die Staats- und Regierungschefs einer Verfassungsverbesserung zugestimmt, nicht aber einer Verfassungsgebung.[30]

Von Prodi zu Barroso

Die Hoffnungen auf eine Stärkung der internationalen Sichtbarkeit der Europäischen Union, die Tony Blair, Joschka Fischer und andere mit der Osterweiterung und dem Projekt des Verfassungsvertrags verbunden hatten, erfüllten sich jedoch nur teilweise. Gewiss: Der 1999 beschlossene Aufbau einer Europäischen Eingreiftruppe, eines Ständigen Militärausschusses und eines Militärstabs ging planmäßig vonstatten. Gemeinsame Standpunkte der EU-Länder zu außenpolitischen Fragen nahmen an Häufigkeit zu, nicht zuletzt dank des ebenso energischen wie verbindlichen Einsatzes des Hohen Repräsentanten Javier Solana. Bei Abstimmungen in den Vereinten Nationen gelang es den Vertretern der EU-Länder in etwa 75 Prozent der Fälle, eine gemeinsame Position einzunehmen; der Hohe Vertreter erhielt Rederecht im Sicherheitsrat. Im Januar 2003 übernahm die EU von den Vereinten Nationen die internationale Polizeimission in Bosnien-Herzegowina. Drei Monate später folgte die Übernahme der Militärmission in Mazedonien von der NATO. Vom Juni bis September 2003 führte die EU auf Bitten des UN-Generalsekretärs eine kurzfristig angelegte Befriedungsaktion im Bürgerkrieg in der ostkongolesischen Provinz Ituri durch. Insgesamt wurden allein bis zum Sommer 2007 19 Polizei- oder Militärmissionen in Krisengebieten initiiert und zum Teil auch schon wieder abgeschlossen.[31]

Diese Missionen wurden jedoch in der Öffentlichkeit nur wenig beachtet. Sie blieben im Umfang bescheiden und litten zumindest anfangs auch noch unter Koordinierungsschwierigkeiten und Streit um die Finanzierung. Nach den Anschlägen des 11. September 2001 gelang es der EU zwar, unter der Ägide von Ratspräsident Verhofstadt eine bemerkenswert kohärente Strategie zur Bekämpfung des internationalen Terrorismus entwickeln. Sie war jedoch aufgrund mangelnder militärischer Vorbereitung und unterschiedlicher Auffassungen nicht in der Lage, der amerikanischen Option für eine »Koalition der Willigen« in der Bekämpfung der Taliban in Afghanistan mit einer gemeinsamen Kriegsführungsstrategie zu begegnen. Nach der Zerschlagung des Taliban-Regimes beteiligten sich 13 EU-Mitglieder und vier Beitrittskandidaten unter britischer Koordinierung zu Beginn des Jahres 2002 an der Bildung einer internationalen Schutztruppe, die den Aufbau eines freiheitlichen Staates absichern sollte. Ein EU-Sonderbeauftragter bemühte sich, nicht immer erfolgreich, um eine Koordinierung der nationalen Aktivitäten vor Ort.

Die europäische Position in der Weltpolitik wurde noch weiter geschwächt, als sich Blair, Chirac und Schröder in der zweiten Jahreshälfte 2002 in der Frage eines militärischen Vorgehens gegen den irakischen Diktator Saddam Hussein überwarfen. Im Herbst 2001 hatten sich die »Großen Drei« der EU noch wiederholt im Kampf gegen den Terrorismus abgesprochen und damit den Unmut der kleineren EU-Partner hervorgerufen. Jetzt aber entschloss sich Blair, der amerikanischen Option für ein energisches Vorgehen gegen das irakische Programm zur Produktion von Massenvernichtungswaffen zu folgen, selbst wenn das einen Krieg zum Sturz des Saddam-Regimes zur Folge haben würde. Für ihn war Saddam ein »Ungeheuer«, das den Frieden im Nahen Osten gefährdete und bedenkenlos den Terrorismus von Al Qaida unterstützte. Außerdem hielt er es für fatal, sich von dem amerikanischen Verbündeten ausgerechnet in einer Frage zu trennen, die für diesen nach dem Schock des 11. Septembers 2001 existenziell geworden war.[32]

Demgegenüber waren Chirac und Schröder davon überzeugt, dass von Saddam keine unmittelbare Gefahr drohte und eine militärische Aktion zu seiner Entmachtung nur den Kampf gegen den Terrorismus und die Bemühungen um einen Frieden im Nahen Osten erschweren würde. Gleichzeitig sahen sie im Insistieren auf kollektiven Aktionen der Vereinten Nationen eine Gelegenheit, den selbstherrlichen Unilateralismus der Regierung von Präsident George W. Bush in seine Schranken zu verweisen und der Vision eines unabhängigen Europas in der Weltpolitik neue Zugkraft zu verleihen. Der französische Präsident und der deutsche Kanzler erklärten daher nach einem Treffen in Schröders Privatwohnung in Hannover am 7. September, dass vom Beschluss des Sicherheitsrates, das Vorhandensein von Massenvernichtungswaffen im Irak erneut durch Inspektoren überprüfen zu lassen, nicht abgewichen werden dürfe. Schröder fügte mit Blick auf den laufenden Bundestagswahlkampf in Deutschland hinzu, dass sich die Bundesrepublik unter keinen Umständen an einer militärischen Aktion gegen den Irak beteiligen würde. Chirac hingegen vermied vorerst eine solch kategorische Festlegung, ebenfalls mit Blick auf den ungewissen Ausgang der Bundestagswahl.[33]

Angesichts der Abneigung weiter Kreise der europäischen Öffentlichkeit gegen das einseitige Vorgehen der Bush-Administration gegen die »Achse des Bösen« hielten es die Regierungen in Paris und Berlin für opportun, dem Europäischen Konvent »die Fortentwicklung der ESVP zur Europäischen Sicherheits- und Verteidigungsunion« vorzuschlagen. In einem gemeinsamen Papier vom 22. November skizzierten die Außenminister Villepin und Fischer eine Union, die nicht nur Kriseneinsätze übernimmt, wenn die NATO als Ganzes nicht beteiligt ist, sondern »die Sicherheit ihres Gebiets und ihrer Bevölkerung« garantiert und »zur Stabilität ihres strategischen Umfelds« beiträgt. Um in vollem Umfang handlungsfähig zu werden, sollten die Europäer nicht nur ihre Anstrengungen zur Modernisierung der Rüstung verstärken; die Union sollte auch parallel zur NATO eigene Kommandostrukturen entwickeln.[34]

Gleichzeitig begann Kommissionspräsident Prodi die britische Orientierung am amerikanischen Unilateralismus öffentlich zu kritisieren und für ein Europa zu werben, das »zu allen Aspekten der Außenbeziehungen mit einer Stimme spricht«. In einer Rede vor dem Europäischen Konvent am 5. Dezember forderte er die Regierungschefs auf, »sich an ihre Verpflichtung zu halten, Europa zu einer Supermacht zu machen« und »die erste wirklich supranationale Demokratie in der Welt zu schaffen«. Dies sei notwendig, »um das soziale Modell Europas in einer globalisierten Welt zu verteidigen und unsere Werte zu schützen«. Speziell an die Adresse der britischen Regierung gerichtet, warnte er davor, auf Einfluss durch Pflege der »special relationship« mit Washington zu hoffen. Die Briten sollten sich den Bemühungen der anderen Europäer anschließen, ein einiges Europa zu schaffen, da »Großbritanniens volle Beteiligung an Europa notwendig ist, wenn die beiden Kontinente je zu einer Partnerschaft von Gleichen gelangen sollten«.[35]

Unterdessen suchte Tony Blair der drohenden Isolierung zu entgehen, indem er sich seinerseits um Unterstützung für seine Position in der Irak-Frage bei den europäischen Verbündeten bemühte. Er war damit relativ erfolgreich. Einer Erklärung, in der sowohl vor »der anhaltenden Bedrohung der Weltsicherheit durch das irakische Regime« als auch vor einem Zerfall des transatlantischen Verhältnisses gewarnt und die »Entwaffnung« des Saddam-Regimes verlangt wurde, veröffentlicht am 30. Januar 2003 in der Londoner *Times*, stimmten nicht nur der konservative spanische Ministerpräsident José María Aznar, dessen atlantisch orientierter portugiesischer Kollege José Manuel Barroso, der dänische Ministerpräsident Anders Fogh Rasmussen und der italienische Regierungschef Silvio Berlusconi zu. Auch die Regierungs- bzw. Staatschefs der drei größten Kandidatenländer schlossen sich dem Aufruf an: Leszek Miller für Polen, Vaclav Havel für Tschechien und Peter Medgyessy für Ungarn.[36] Besorgt über das Zusammengehen Frankreichs und Deutschlands mit Russland nutzten sie die Gelegenheit, gegenüber der befürchteten deutsch-französischen Dominanz Eigenständigkeit zu demonstrieren. Wenige Tage später äußerten sich auch die anderen Kandidatenländer des europäischen Ostens im Rahmen einer Erklärung der »Vilnius-Gruppe« im gleichen Sinne.[37]

Für die Anwälte des eigenständigen Europas war das eine böse Überraschung und ein herber Rückschlag. Bushs Verteidigungsminister Donald Rumsfeld streute noch Salz in die Wunden, indem er Frankreich und Deutschland öffentlich als Vertreter des »alten Europa« verspottete, über das die Zeit hinweggegangen sei: »Wenn Sie auf das gesamte heute der NATO angehörige Europa blicken, so verschiebt sich das Gravitationszentrum nach Osten. Und dort gibt es eine Menge neuer Mitglieder.«[38] Chirac konnte mit der Ankündigung eines Vetos im UN-Sicherheitsrat am 10. März noch eben verhindern, dass der Angriff auf den Irak mit einer Resolution der Vereinten Nationen legitimiert wurde. Dem Kriegsbeginn selbst, der am 20. März erfolgte, standen die »alten« Europäer machtlos gegenüber, und sie sahen sich darüber hinaus auch heftigen Angriffen der »Atlantiker« ausgesetzt. US-Außenminister Colin Powell kündigte an, Russland zu »verzeihen«, Frankreich aber zu »bestrafen« und Deutschland künftig zu »ignorieren«.[39]

Die mangelnde Unterstützung durch die Regierungen der Acht hielt Chirac und Schröder aber nicht davon ab, das Projekt der unabhängigen Verteidigung weiter zu betreiben. Auf belgische Initiative trafen sie sich am 29. April mit dem belgischen Premierminister Guy Verhofstadt und dessen luxemburgischen Kollegen Jean-Claude Juncker in Brüssel, um Details des Weges zu einer Verteidigungsunion zu beraten. Die Vier vereinbarten, im Vorgriff auf die Union »verschiedene konkrete Initiativen auf den Weg zu bringen«: eine »schnelle Reaktionsfähigkeit«, ein strategisches Luftfahrtkommando, eine gemeinsame ABC-Abwehrfähigkeit, ein System humanitärer Soforthilfe und europäische Ausbildungszentren. Vor allem aber sollte bis zum Sommer 2004 der »Nukleus einer kollektiven Fähigkeit zur Planung und Führung von Einsätzen« geschaffen werden. Konkret war vorgesehen, diese Kommandozentrale im belgischen Tervuren zu stationieren.[40]

Von atlantisch orientierten Beobachtern wurde das Treffen in Brüssel sogleich als »Pralinengipfel« lächerlich zu machen versucht. Nachdem die siegreichen Truppen im Irak aber keinerlei Massenvernichtungswaffen gefunden hatten und nach dem Sturz des Diktators ein schwer durchschaubarer Bürgerkrieg zwischen

Sunniten, Schiiten und Kurden anhob, gerieten die Regierungen der Acht in ihren eigenen Ländern zunehmend unter Druck, und die Vision der gemeinsamen europäischen Außen- und Sicherheitspolitik gewann an Plausibilität. Im Oktober 2003 zeigte sich selbst Blair geneigt, der Schaffung eines eigenständigen Befehlszentrums zuzustimmen.[41]

Dazu kam es dann doch nicht, weil Bush dem britischen Premier klarmachen konnte, dass er einen solchen Schritt als Spaltung der NATO betrachten würde. Immerhin konnten Fischer und Villepin im Verfassungskonvent zuletzt noch die Ausweitung der verstärkten Zusammenarbeit auf die Sicherheits- und Verteidigungspolitik durchsetzen. Auf dem Europäischen Rat in Thessaloniki am 19. und 20. Juni 2003 beschlossen die Staats- und Regierungschefs, eine europäische Rüstungsagentur aufzubauen. Bei der Brüsseler Ratstagung am 12. und 13. Dezember wurde eine »Europäische Sicherheitsstrategie« verabschiedet, die Solana und sein Stab vorbereitet hatten. Die EU bekannte sich darin ausdrücklich zu einer Weltordnung, »die sich auf einen wirksamen Multilateralismus stützt«, und sie verlangte, die europäische Handlungsfähigkeit durch bessere Absprachen untereinander, eine verstärkte Bereitstellung ziviler Mittel und den Aufbau von »flexibleren mobilen Einsatzkräften« zu verbessern.[42] Die Verteidigungs*union* war damit nicht näher gekommen, doch wurde die Sicherheits*politik* mit Substanz gefüllt.

Auf der Strecke blieb Blairs Ambition, seine britischen Landsleute, wenn schon nicht über eine Beteiligung an der Währungsunion, so doch über die Entwicklung einer kraftvollen gemeinsamen Außen- und Sicherheitspolitik in das Zentrum der Union zu führen. Seit er sich in der Auseinandersetzung um den Irak-Krieg so dezidiert auf die Seite Bushs geschlagen hatte, wirkten seine Plädoyers für ein einiges Europa, das eine starke Rolle in der Weltpolitik spielt, nicht mehr glaubwürdig. Die Konservativen ließen sich von ihren amerikanischen Parteifreunden dazu verleiten, ganz auf ein enges Bündnis Großbritanniens mit den USA zu setzen. In der Öffentlichkeit mutierte die herrschende Europaskepsis zu geradezu hysterischer Europafeindlichkeit. »Zeitungen mit einer gemeinsamen Auflagenhöhe von acht Millionen«, erinnert sich Blair, »waren gegenüber der EU absolut, vollkommen und hoffnungslos feindselig eingestellt und berichteten völlig subjektiv darüber. Für sie war es ganz einfach: Alles, was Brüssel guthieß, war schlecht für die Briten. Die Murdoch-Presse war besonders bösartig.« Da die Briten, wie Blair es empfand, »aufgehört hatten, mich zu lieben«, war er auch nicht mehr in der Lage, dagegen anzukämpfen.[43]

Die Auseinandersetzungen zwischen Blair und Schröder sowie Chirac wirkten noch fort, als es im Juni 2004 galt, einen neuen Kommissionspräsidenten zu bestimmen. Eine Verlängerung des Mandats von Romano Prodi kam nicht in Frage, da der Präsident jetzt auch die Bestätigung durch das Parlament benötigte und die konservative Mehrheit in der neuen Straßburger Versammlung nicht geneigt war, erneut einem Vertreter der Linken das Vertrauen auszusprechen. Außerdem kreidete man Prodi an, dass die grundlegende Verwaltungsreform, die Neil Kinnock ins Werk gesetzt hatte, in einem Klima des Generalverdachts zu einem Verlust an Effektivität und Kreativität unter den EU-Beamten geführt hatte. Prodi hatte es weder verstanden, sich innerhalb der Administration größere Autorität zu verschaffen, noch wusste er sich in der Öffentlichkeit in Szene zu setzen und sich gegenüber den Regierungen zu behaupten. Bei der Erarbeitung des Nizza-Vertrags und den anschließenden Verhandlungen des Europäischen Konvents hatte die Kommission keine bedeutende Rolle gespielt. Blair und die anderen »Atlantiker« nahmen ihm seine Parteinahme im Irak-Krieg übel, während Berlusconi dem innenpolitischen Rivalen nicht länger eine internationale Bühne bieten wollte.

Auf der Ratstagung am 17. und 18. Juni 2004 unterstützten Blair und Berlusconi zunächst die von der EVP-Fraktion betriebene Kandidatur des bisherigen Außenkommissars Chris Patten, der den britischen Konservativen angehörte. Chirac lehnte jedoch einen Kandidaten aus einem Land, das weder der Eurozone noch dem Schengen-Raum angehörte, aus grundsätzlichen Erwägungen ab und unterstrich somit die Randposition, in die die Briten mittlerweile gerückt waren. Zusammen mit Schröder schlug er stattdessen Guy Verhofstadt vor. Der aber war Blair »zu föderalistisch« und zu anti-amerikanisch. Zusammen mit Berlusconi organisierte er eine Abwehrfront, der sich alle »Atlantiker« des Rates anschlossen. Einen Ausweg aus der wechselseitigen Blockade hätte Jean-Claude Juncker bieten können, doch lehnte dieser einen Wechsel von Luxemburg nach Brüssel ab. Die Ratstagung ging zu Ende, ohne dass ein Kandidat nominiert worden wäre.

Nach weiteren Konsultationen präsentierte der irische Ratspräsident Bertie Ahern einen Kompromisskandidaten: José Manuel Barroso. Der portugiesische Ministerpräsident hatte sich zwar in der Irak-Krise als »Atlantiker« profiliert, er hatte sich aber auch als konsequenter Sanierer des portugiesischen Staatshaushalts Vertrauen erworben. Von seinen jugendlichen Anfängen als Maoist bis zu den Erfolgen als liberal-konservativer Ministerpräsident hatte er eine brillante Karriere absolviert. Mit seiner perfekten Beherrschung des Französischen, Englischen und Spanischen unterschied er sich wohltuend von Prodi, der sich nur in seiner Muttersprache sicher ausdrücken konnte. Chirac und Schröder akzeptierten ihn notgedrungen, sodass er am 29. Juni auf einem Sondergipfel nominiert werden konnte. Schröder verzieh Blair freilich nicht, dass er Verhofstadt verhindert hatte: »Bei dem Abendessen, an dem Verhofstadts Ernennung blockiert wurde, attackierte er mich auf sehr persönliche Art. Ich versuchte ihm zu erklären, dass ich mit Verhofstadts Vorstellung von Europa nicht einig sei. Das sei nichts Persönliches. Doch Schröder machte mir klar: Für ihn war es persönlich, Punkt, aus.«[44]

Ein Teil der Sozialisten im Europäischen Parlament blieb bei der Ablehnung Barrosos. Damit fehlte ihm die nötige Mehrheit, sodass er zu einem Deal gezwungen war: Um sich die wahlentscheidenden Stimmen der Liberalen zu sichern, verzichtete er darauf, den Kommissar für Industriepolitik, wie von Schröder gefordert, mit einer Koordinierungsfunktion für all jene Ressorts auszustatten, die mit der Wirtschaftspolitik verbunden waren. Am 22. Juli wurde er unter dieser Voraussetzung gewählt. Verheugen, der nach dem erfolgreichen Abschluss der großen Osterweiterung von Schröder für diese neue Schlüsselaufgabe der Kommission vorgeschlagen worden war, musste sich mit dem Titel eines Vizepräsidenten und einem normalen Zuschnitt des Industrieressorts begnügen.

Das Parlament setzte im Zuge des Besetzungsverfahrens noch weitere Änderungen am Zuschnitt der neuen Kommission durch: Der für das Justizressort vorgesehene Italiener Rocco Buttiglione wurde wegen diskriminierender Äußerungen gegen Frauen und Homosexuelle abgelehnt und durch den bisherigen Außenminister Franco Frattini ersetzt. Der ungarische Kandidat László Kovács musste vom Energieressort in das Steuerressort wechseln, und die lettische Kandidatin Ingrida Udre wurde durch Andris Piebalgs ersetzt, der das Energieressort übernahm. Ansonsten suchte Barroso die nötige Kohärenz der auf 25 Mitglieder ausgeweiteten Kommission dadurch zu sichern, dass er die Ressortverteilung selbst in die Hand nahm und dabei Konflikte mit den Regierungen nicht scheute. Von der Notwendigkeit überzeugt, die Förderung von Wirtschaftswachstum, Wettbewerbsfähigkeit und Beschäftigung zum Schwerpunkt der neuen Kommission zu machen, sorgte er dafür, dass hierfür wichtige Ressorts an Kommissare gingen, die seine liberalen Auffassungen teilten. So erhielt die aus der Privatwirtschaft kommende Niederländern Neelie Kroes das Wettbewerbsressort, das Binnenmarktressort ging an den Iren Charlie McGreevy, und Handelskommissar wurde Blairs Ideengeber Peter Mandelson.[45]

Der Entscheidung, die Förderung von Wirtschaftswachstum zum Schwerpunkt der neuen Kommission zu erheben, war heftige Kritik an den bisherigen Ergebnissen der »Lissabon-Strategie« vorausgegangen, die der Europäische Rat im März 2000 beschlossen hatte. Damals hatten sich die Staats- und Regierungschefs – im Wesentlichen auf Betreiben des portugiesischen Ratsvorsitzenden Antonio Guterres, der von der dynamischen Wirtschaftswissenschaftlerin Maria João Rodrigues beraten wurde – das ehrgeizige Ziel gesetzt, die Union bis zum Ende des Jahrzehnts »zum wettbewerbsfähigsten und dynamischsten wissensbasierten Wirtschaftsraum der Welt zu machen«. Durch »offene Koordination«, sprich: die Vereinbarung von Zielmarken und Maßnahmen und deren regelmäßige Überprüfung, sollte die Wachstumsschwäche überwunden werden, die Europa seit Beginn der 1990er Jahre im Vergleich zu den USA zeigte. Dazu wurde es als notwendig erklärt, eine »Informationsgesellschaft für alle« zu schaffen, einen »europäischen Raum der Forschung und Integration«, ein »günstiges Umfeld für die Gründung und Entwicklung innovativer Unternehmen« sowie »effiziente und integrierte

Finanzmärkte«. Durch Bildungsinvestitionen und einen aktiven Wohlfahrtsstaat sollte gleichzeitig die »Modernisierung des europäischen Gesellschaftsmodells« vorangetrieben werden.[46]

In den beiden folgenden Jahren waren die Zielmarken präzisiert worden. 2001 war auch noch ökologische Nachhaltigkeit in den Zielkatalog aufgenommen wurden, und 2002 hatte man vereinbart, die Aufwendungen für Forschung und Entwicklung bis 2010 auf nahezu drei Prozent des Bruttoinlandsprodukts zu steigern. Tatsächlich aber blieben die Leistungen in fast allen Bereichen deutlich hinter den Zielvorgaben zurück, sodass sich der Abstand zwischen amerikanischem und europäischem Wachstum noch weiter vergrößerte. Die Zwischenbilanz, die eine von der Kommission eingesetzte Expertengruppe unter dem Vorsitz des früheren niederländischen Ministerpräsidenten Wim Kok im November 2004 vorlegte, kam zu dem ernüchternden Ergebnis, dass die USA bis zum Jahr 2010 weder überholt noch auch nur eingeholt werden könnten.[47]

Für Barroso waren stärkeres Wirtschaftswachstum, mehr und bessere Arbeitsplätze und eine Steigerung der Lebensqualität auch die Schlüssel zu einer stärkeren Akzeptanz der EU in der Bevölkerung und zu größerem Vertrauen in ihre Institutionen. Zu Beginn seiner Amtszeit kündigte er daher nicht weniger als eine »Erneuerung Europas« an, die über eine »wiederbelebte und neu ausgerichtete Agenda von Lissabon« zu erreichen sei.[48] Vor allem wollte er die Arbeitsmärkte flexibilisieren, die sozialen Schutzsysteme modernisieren, Qualifizierung und Anpassungsfähigkeit der Arbeitnehmer verbessern und dazu auch die Struktur- und Kohäsionsfonds gezielter einsetzen. Die »offene Koordination« sollte durch die Einführung eines Drei-Jahres-Zyklus stärker strukturiert werden: zunächst die Vorlage »integrierter Leitlinien« durch die Kommission, dann die Erarbeitung nationaler Reformprogramme und eines Gemeinschaftsprogramms, die sich an den Leitlinien orientieren, und schließlich jährliche Berichterstattung über die Umsetzung in den Mitgliedsländern wie auf Gemeinschaftsebene.[49]

Die Verpflichtung auf nationale Programme und jährliche Berichterstattung, zu der sich der Europäische Rat in seiner Brüsseler Sitzung vom 22. und 23. März 2005 bereitfand, beseitigte mehr und mehr jene Schutzräume, die sich dem Wettbewerb des Binnenmarktes bislang hatten entziehen können – etwa in der Telekommunikation oder im Bereich der kommunalen Dienstleistungen. Das Niveau der Bildungsabschlüsse und die Flexibilität der Arbeitskräfte stiegen. Gleichzeitig wuchs aber die Zahl der prekären und zeitlich befristeten Beschäftigungsverhältnisse, und die Zahl der Arbeitslosen ging nur geringfügig zurück – im EU-Durchschnitt von 9,2 Prozent 2004 auf 7,0 Prozent 2008, bei großen Unterschieden im Einzelnen.[50] Die Wirtschaft wuchs um durchschnittlich 0,7 Prozent pro Jahr – genug, um den Abstand zu den USA nicht noch größer werden zu lassen, aber zu wenig, um ihn zu verringern. Die Bedingungen wirtschaftlichen Wachstums

erwiesen sich als zu komplex, um mit einer einheitlichen Strategie überall mit
gleicher Effektivität gefördert werden zu können. Gleichzeitig bargen die Deregulierung und die Marktorientierung der Bildungsanstrengungen, die mit ihr verbunden waren, Gefahren, die nicht leicht zu bannen waren: neue gesellschaftliche
Polarisierungen und einen Verlust an Kreativität.

Die Anstrengungen der Barroso-Kommission im Rahmen der Lissabon-
Strategie trugen daher nicht zu einer Überwindung des Vertrauensverlusts in
das europäische Projekt bei. Sie begünstigten im Gegenteil die Stärkung einer
Gegenbewegung, die die EU und ihre Institutionen nur noch als Agenten einer
Globalisierung wahrnahm, die auf einen Abbau des europäischen Sozialmodells
und die Maximierung von Kapitalgewinnen zielte. Vor allem im Umfeld der mili-
tanten Globalisierungskritiker von ATTAC sowie neo-sozialistischer Parteien und
Parteiflügel gewannen solche Vorstellungen an Popularität. Dass die Kommission
auch auf Maßnahmen bedacht war, mit denen der soziale Zusammenhalt der
Gesellschaft gewahrt werden sollte, und beispielsweise im Frühjahr 2005 forderte, »Flexibilität und Beschäftigungssicherheit in ein ausgewogenes Verhältnis [zu]
bringen«,[51] wurde dabei geflissentlich übersehen.

Zwischen großspurigen Ankündigungen und tatsächlichen Erfolgen der neuen
Kommission klaffte so eine deutliche Lücke. Auch vermied es Barroso, in anderen
Bereichen der Unionspolitik besonderes Profil zu zeigen. Das Schmieden von Koalitionen und die Durchsetzung von Mehrheitsentscheidungen waren seine Sache
nicht. Eher zog er Vorlagen zurück, wenn sie zu heftigen Auseinandersetzungen
mit einzelnen Regierungen zu führen drohten. »Es macht keinen Sinn, Pläne
zu veröffentlichen, wenn die Mitgliedsstaaten nichts damit anfangen werden«,
bremste er den Eifer seiner Kommissionskollegen bei vielen Gelegenheiten ab.[52]

Auf der anderen Seite gelang es Barroso, die Kommission unter Einschluss
der Mitglieder aus den vielen Beitrittsländern zu konsolidieren. Die Kommunikation zwischen den verschiedenen Abteilungen der Administration wurde
wesentlich verbessert, die Entscheidungsprozesse innerhalb der Kommission
wurden gestrafft. Viele Entscheidungen fielen jetzt schon in informellen Runden
mit dem Präsidenten, bevor sie in den wöchentlichen Sitzungen der Kommissare
formal bestätigt wurden. Barroso »liebt es, im Zentrum der Aufmerksamkeit zu
stehen, und er kommuniziert ausgezeichnet«, befand der Ko-Autor einer Unter-
suchung, die im Herbst 2007 die Entscheidungspraxis der Kommission unter die
Lupe nahm.[53] Die Zusammenkünfte der 27 Kommissare nahmen weniger Zeit
in Anspruch als die Sitzungen der 15 Kommissare der Prodi-Kommission. Den
nunmehr über 22.000 Beamten der Kommission – immer noch weniger als die
Zahl der Beamten, die für die Verwaltung einer europäischen Großstadt wie Köln
benötigt wird – konnte wieder Effizienz bescheinigt werden.

Die Überwindung der letztlich bis in die Delors-Ära zurückreichenden internen Krise der Kommission fand ihren symbolischen Niederschlag im Wiedereinzug in das Berlaymont-Gebäude am Brüsseler Schuman-Rondell im Herbst 2004, über zwölf Jahre nach der Schließung wegen Asbestbelastung, nach dem Scheitern von Abrissplänen und einer aufwändigen Renovierung. Ihm gegenüber befand sich jetzt das Gebäude des Ministerrats, nach dem frühneuzeitlichen Altertumsforscher Justus Lipsius benannt, das 1996 fertiggestellt worden war. Das Parlament tagte seit 2001 wenige hundert Meter entfernt in einem pompösen Glaspalast an der Place Léopold, der wegen seines halbrunden, an eine bekannte Camembert-Marke erinnernden Mittelaufbaus im Volksmund bald »Caprice des Dieux« genannt wurde. In seinem Umfeld siedelten sich zahlreiche weitere Verwaltungen und Vertretungen an. Aus dem gepflegten Villenviertel der Gründerzeit wuchs so nach und nach ein Regierungsviertel der Union heraus, das auch als solches wahrgenommen wurde.

Die Barroso-Kommission wirkte auch durchaus konstruktiv an der Erarbeitung des Finanzrahmens der Union für die Jahre 2007 bis 2013 mit, auf den sich der Rat, die Kommission und das Parlament am 17. Mai 2006 in einer inter-institutionellen Vereinbarung verständigten. Im Vorfeld dieser Verständigung waren die üblichen harten Kontroversen zwischen Nettozahlern und Nettoempfängern sowie Nutznießern und Gegner der Gemeinsamen Agrarpolitik ausgetragen worden, und der ursprüngliche, noch von der Prodi-Kommission ausgearbeitete Entwurf war in seinem Umfang stark beschnitten worden. Die Nettozahler hatten ein Abschmelzen der »Staatsquote«, das heißt der Beanspruchung von Ressourcen durch den EU-Haushalt, von maximal 1,09 Prozent des Bruttonationaleinkommens (BNE) im Jahr 2006 auf maximal 0,95 Prozent im Jahr 2013 durchgesetzt. Der Kommission war es aber gelungen, die Tendenz der Umschichtung von Ressourcen zu den neuen Politikbereichen zu wahren, die sie angestrebt hatte. So stiegen die »Lissabon«-Ausgaben um 71 Prozent und die Ausgaben für die Unionsbürgerschaft um 78 Prozent, während die Ausgaben für die Landwirtschaft und die Entwicklung des ländlichen Raums um acht Prozent zurückgingen.

Unter dem Druck der neuen Mitgliedsstaaten musste Tony Blair während der Brüsseler Ratstagung am 15. und 16. Dezember 2005 akzeptieren, dass der »Britenrabatt« von 2009 an nur noch teilweise und ab 2011 überhaupt nicht mehr auf die Beteiligung an den Kosten der Erweiterungen seit 2004 angewendet werden sollte. Dies kam einer Reduzierung des Rabatts um etwa 20 Prozent gleich. Zudem erhielten nun auch andere Mitgliedsstaaten Beitrittsermäßigungen, wenn auch nur zeitlich begrenzt. Weitergehende Reformen wurden verschoben, blieben aber auf der Tagesordnung: Blair, der unter dem öffentlichen Druck seines Schatzkanzlers Gordon Brown stand, stimmte der Reduzierung des »Britenrabatts« nur unter der Voraussetzung zu, dass die Kommission beauftragt wurde, bis

2008/2009 sämtliche Aspekte der EU-Ausgaben und der Eigenmittel zu überprüfen. Barroso konnte durch geschicktes Vermitteln eine Reihe von Einzelelementen durchsetzen, die ihm besonders am Herzen lagen, so einen Globalisierungsfonds zur Wiedereingliederung von entlassenen Arbeitnehmern in das Erwerbsleben. In den anschließenden Verhandlungen mit dem Parlament fand er sich zu Einsparungen im Verwaltungsetat bereit, um die Aufstockung der Ausgaben für Forschung, lebenslanges Lernen und transeuropäische Netze zu ermöglichen.[54]

Die Verfassungskrise

Die Ratifizierung des neuen Vertrags von Rom ging in vielen Ländern rasch und weitgehend geräuschlos vonstatten; die Zustimmung erfolgte mit breiten bis sehr breiten Mehrheiten. Als erstes billigte das Parlament von Litauen den Vertrag am 11. November 2004. Ungarn folgte am 20. Dezember, Slowenien am 1. Februar 2005, Italien am 6. April, Griechenland am 19. April, Estland in erster Lesung am 9. Mai, die Slowakei am 11. Mai, Österreich am 23. Mai und Deutschland am 27. Mai. In Spanien wurde am 20. Februar ein Referendum über den Vertrag abgehalten, bei dem 76,7 Prozent der Wähler zustimmten. Das Parlament bestätigte das Wählervotum am 11. Mai.

Blair und Chirac hatten sich ebenfalls dazu entschlossen, den Verfassungsvertrag durch ein Referendum billigen zu lassen. Blair hatte dies nicht ganz freiwillig getan: Die konservative Opposition hatte ein solches Referendum verlangt, und Rupert Murdoch hatte ihm wohl auch sagen lassen, dass er ihm die Unterstützung durch seine Massenblätter entziehen werde, wenn er den Vertrag nicht zur Abstimmung stellen würde. So kündigte der britische Premier am 20. April 2004 an, für alle Beobachter überraschend und ohne jede Absprache mit den anderen Regierungschefs, dass die Wähler »um ihre Meinung [zu dem Vertrag] gefragt werden« würden. Ohne ein Referendum fürchtete er, dass der Vertrag im Oberhaus scheitern würde, und selbst der Mehrheit im Unterhaus war er sich nicht ganz sicher. Zudem war abzusehen, dass die Konservativen bei den Unterhauswahlen im nächsten Jahr von einer Verweigerung des Referendums profitieren würden. Was blieb, war die vage Hoffnung, mit dem Werben für den Vertrag endlich einen Umschwung in der öffentlichen Meinung hin zur EU-Mitgliedschaft herbeiführen zu können. Sollte das nicht gelingen, hätte Blair wohl zugunsten von Gordon Brown zurücktreten müssen.[55]

Blairs Entscheidung setzte Chirac unter Druck. In Frankreich anders als bei den Maastricht-Verträgen auf ein Referendum zu verzichten, während nun selbst in Großbritannien ein Referendum stattfand, wäre der französischen Öffentlichkeit nur schwer zu vermitteln gewesen. Die Entscheidung für das Referendum, beim traditionellen Fernseh-Interview zum 14. Juli 2004 bekanntgegeben, fiel Chirac umso leichter, als praktisch alle französischen Parteiführer öffentlich dafür plädiert hatten und die Meinungsumfragen hohe Zustimmungsraten zu dem Verfassungsprojekt signalisierten. Ein eindrucksvolles Votum für den Vertrag mochte sogar helfen, den Abwärtstrend in der Beliebtheit zu stoppen, dem der Präsident und seine Partei angesichts anhaltender Rezession ausgesetzt waren.[56]

Dabei übersah er allerdings, dass die Rezession den Globalisierungskritikern, die die EU und ihre neoliberale Ausrichtung für wachsende Arbeitslosigkeit und Sozialabbau verantwortlich machten, einen ausgezeichneten Nährboden bot und dass diese Kritik ohne große Mühe gegen einen Reformvertrag gerichtet werden konnte, der bei allem Bemühen um Kohärenz doch immer noch recht komplex ausgefallen war. Kaum war das Referendum angekündigt worden, entwickelte sich eine massive Polemik gegen den vermeintlichen Versuch, die ultraliberale Ausrichtung Europas in Stein zu meißeln. Laurent Fabius, der frühere Premierminister Mitterrands, konnte der Versuchung nicht widerstehen, sich an die Spitze der Kritik zu stellen, um so den Streit um die Nachfolge Jospins in der Führung der Sozialistischen Partei und die Präsidentschaftskandidatur von 2007 für sich zu entscheiden. Traditionelle konservative Europa-Gegner wie Philippe de Villiers und Chirac-Gegner in der eigenen Partei brachten den Verfassungsvertrag sogar mit einem möglichen Beitritt der Türkei zur Europäischen Union in Verbindung und erschreckten die Wähler mit einem Horrorgemälde von der bevorstehenden Islamisierung Europas.

Im März 2005 begannen die Gegner der Ratifizierung den Befürwortern den Rang abzulaufen. Da half es auch nicht mehr, dass Chirac es Barroso als Aushängeschild der forcierten Liberalisierung strikt untersagte, im französischen Meinungsstreit Flagge zu zeigen. Der grüne Europa-Abgeordnete Daniel Cohn-Bendit hielt den Verfassungsgegnern im alternativen Milieu entgegen, sie seien »complètement meschugge«.[57] Aber auch solche Appelle an die Vernunft konnten nicht mehr verhindern, dass sich die Kampagne für eine Stärkung der Europäischen Union zu einer Kampagne gegen den unpopulären Regierungschef Jean-Pierre Raffarin und gegen Chirac entwickelte. UMP-Chef Nicolas Sarkozy, der ungeduldig auf die Nachfolge Chiracs spekulierte, ging schon einmal in Deckung, indem er zwischen tumben EU-Fundamentalisten und nüchternen EU-Realisten von seinem Schlag unterschied. Am 29. Mai stimmten 54,7 Prozent der französischen Wähler gegen den Verfassungsvertrag.

Der Rückschlag für das Reformvorhaben war umso härter, als drei Tage später, am 1. Juni, auch die Niederländer den Vertrag ablehnten. Mit 61,6 Prozent errangen die Nein-Sager in den Niederlanden sogar einen noch deutlich höheren Sieg. Auch hier vermengte sich populistische Kritik von rechts und von links mit

genereller Unzufriedenheit mit einer Regierung, die schmerzhafte Haushaltskürzungen vornehmen musste und auch sonst vielfach in die Kritik geraten war. Die
rechtspopulistische Partei von Geert Wilders, die sich zu Beginn des Jahres von
der rechtsliberalen VVD abgespalten hatte, fand großen Anklang mit ihren Warnungen vor osteuropäischer Billigkonkurrenz und Islamisierung; die linksradika-
le Sozialistische Partei um Jan Marijnissen punktete mit dem Schreckbild einer
»Auflösung der Niederlande« und ihres Sozialstaatsmodells. Obwohl sich alle Re-
gierungsparteien und auch die oppositionellen Sozialdemokraten und Grünen für
die Annahme des Verfassungsvertrags ausgesprochen hatten, entschied sich eine
Mehrheit, durch das französische »Nein« zum Schluss noch zusätzlich mobilisiert,
bei allerdings geringer Wahlbeteiligung (62,8 Prozent) dagegen. Die Risse in der
niederländischen Konsensdemokratie, die seit der Ermordung des Rechtsextre-
misten Pim Fortuyn im Mai 2002 immer deutlicher geworden waren, vertieften
sich weiter.

Sogleich nach der Bekanntgabe des Ergebnisses der Volksabstimmung in
Frankreich gaben Jean-Claude Juncker als amtierender Ratspräsident, Kommissionspräsident Barroso und Parlamentspräsident Borrell eine gemeinsame Erklärung ab, in der sie verlangten, den Ratifizierungsprozess in den Ländern, die bislang noch nicht über den Vertrag entschieden hatten, trotz des negativen Votums
der Franzosen fortzusetzen. Alle EU-Länder sollten die Gelegenheit haben, den
Verfassungsvertrag zu ratifizieren. Nach dem niederländischen Votum wiederholten sie diese Erklärung; Chirac und Schröder schlossen sich ihr an. Die französischen und die niederländischen Wähler sollten nach dem Muster des Umgangs
mit dem dänischen »Nein« zu den Maastricht-Verträgen unter Druck gesetzt werden, ihre Entscheidung zu revidieren. Es sollte ihnen klar werden, dass es keine
Nachverhandlungen über ein »sozialeres« Europa geben würde, wie sie die proeuropäischen Maximalisten unter den Vertragsgegnern in Aussicht gestellt hatten.

In der Tat ließ sich das Parlament in Lettland durch das dramatische Geschehen in Frankreich und den Niederlanden nicht davon abhalten, den Vertrag am
2. Juni zu ratifizieren. Für Blair hingegen war die Ablehnung des Verfassungsvertrags durch eine Mehrheit der französischen und niederländischen Wähler eine
willkommene Gelegenheit, der durchaus realen Gefahr einer persönlichen Niederlage zu entkommen. »Super Nachrichten«, kommentierte sein Außenminister
Jack Straw die Meldungen aus Paris und Den Haag.[58] Während die britischen
Europa-Gegner triumphierten, beschloss das Kabinett am 6. Juni, den Ratifizierungsprozess in Großbritannien vorerst auszusetzen. Angesichts des Votums der
Wähler in zwei Kernländern der Union müsse der Weg, der mit dem Verfassungsvertrag eingeschlagen worden war, überdacht werden – so lautete die Argumentation, die Blair am 16. und 17. Juni auch dem Europäischen Rat in Brüssel vortrug.

Angesichts der Aussetzung des Ratifizierungsverfahrens in Großbritannien war keine klare Botschaft an die Adresse der Franzosen und der Niederländer mehr möglich. Der Rat erklärte zwar, die Fortsetzung des Ratifizierungsprozesses nicht infrage zu stellen. Er appellierte aber gleichzeitig an alle betroffenen Parteien, die Lage gemeinsam zu überdenken, und verschob das vorgesehene Datum für das Inkrafttreten des Vertrags großzügig um ein Jahr, vom 1. November 2006 auf den 1. November 2007. In einigen Ländern begannen daraufhin die Mehrheiten für das Vertragswerk zu bröckeln, und ihre Regierungen entschlossen sich, das vorgesehene Referendum bzw. die Parlamentsabstimmung ebenfalls zu verschieben – so in Dänemark, Schweden, Polen, Tschechien, Portugal und Irland. Juncker hielt demonstrativ am Referendum in Luxemburg fest, das für den 10. Juli vorgesehen war, drohte mit Rücktritt für den Fall einer Ablehnung und erreichte eine Zustimmung von 56,5 Prozent. Aber damit allein ließ sich eine Revision der Entscheidungen in Frankreich und den Niederlanden nicht erzwingen, ebenso wenig wie mit den Zustimmungen der Parlamente in Zypern (30. Juni) und Malta (16. Juli). Auch der Abschluss der Ratifizierungsverfahren in Belgien am 8. Februar 2006, in Estland am 9. Mai und in Finnland am 18. Mai war nicht geeignet, eine Kehrtwende in der öffentlichen Meinungsbildung einzuleiten.

Als Ratspräsident des zweiten Halbjahres 2005 vermied Blair sorgsam jede Initiative zur Überwindung der Krise des Ratifizierungsprozesses. So wurde aus der »Denkpause«, die er erzwungen hatte, eine »Pause im Denken«, in der jener Konsens wieder zerrann, der bei der Erarbeitung des Verfassungsvertrags mühsam errungen worden war. Die niederländische Regierung um Jan-Pieter Balkenende erklärte den Vertrag mit Blick auf die nächsten Parlamentswahlen, die im November 2006 anstanden, für »tot«. Chirac entwickelte, ebenfalls schon die nächste Wahlhürde im Auge (in diesem Fall die Präsidentschaftswahlen im Mai 2007), die Idee, bei den Reformen vom Vertrag von Nizza auszugehen und im Übrigen institutionelle und inhaltliche Reformen voneinander zu trennen. Sarkozy warb für eine Reform in drei Schritten: zunächst möglichst zeitnah institutionelle Reformen, die das aktuelle Knirschen im Getriebe des Europa der 25 beseitigten; dann inhaltliche Reformen über den Weg der verstärkten Zusammenarbeit; und schließlich, nach den Parlamentswahlen von 2009, die Einberufung eines neuen großen Konvents.[59]

Als der Europäische Rat am 15. und 16. Juni 2006, wie ein Jahr zuvor vereinbart, eine Bilanz des Nachdenkens ziehen sollte, konnte daher nur eine Verlängerung der Reflexionsphase um ein weiteres Jahr beschlossen werden. Die deutsche Bundeskanzlerin Angela Merkel, seit September 2005 Nachfolgerin Schröders an der Spitze einer Regierung der Großen Koalition aus Christdemokraten und Sozialdemokraten, wurde beauftragt, dem Rat zum Abschluss der deutschen Präsidentschaft im ersten Halbjahr 2007 einen Bericht über den Stand der Beratungen und mögliche künftige Entwicklungen des Verfassungsprojekts vorzulegen. Dieser Bericht sollte dann als Grundlage für weitere Beschlüsse dienen. Damit war klar, dass es vor den Wahlen in den Niederlanden und in Frankreich keine Entscheidung in der Frage des weiteren Umgangs mit dem Verfassungsvertrag geben würde.[60]

Auf der anderen Seite war mit der Verschiebung der Entscheidung im Grunde auch schon entschieden, wie sie ausfallen würde: nämlich nicht zugunsten einer Neuverhandlung auf der Basis des Nizza-Vertrags, wie sie Blair und Chirac letztlich wünschten, sondern zugunsten einer geringfügigen Modifikation des Reformvertrags, die es den Wählern in Frankreich und den Niederlanden ermöglichen würde, ihr Votum vom Mai/Juni 2005 zu korrigieren. Angela Merkel hatte von Anfang an keinen Zweifel daran gelassen, dass für sie die Substanz des ausgehandelten Vertrags nicht zur Disposition stand und sie seine Aufspaltung in einzeln zu verhandelnde Teile nicht für eine erfolgversprechende Strategie hielt. Wie sie machten auch die Vertreter der anderen 15 Staaten, die den Vertrag bereits ratifiziert hatten, geltend, dass man über das Votum von nahezu zwei Dritteln der Mitgliedsländer nicht so einfach hinweggehen könne. Das Europäische Parlament drohte damit, den Erweiterungsprozess zu stoppen, wenn die Reformen nicht wie beschlossen durchgeführt würden.

Am 17. Januar 2007 machte Angela Merkel vor dem Europäischen Parlament ihren Anspruch deutlich, eine Lösung auf der Basis des Verfassungsvertrags herbeizuführen und deren entscheidende Konturen schon auf dem Juni-Gipfel zum Ende ihrer Präsidentschaft festzuklopfen. Die Details sollten dann in einer kurzen Regierungskonferenz unter der portugiesischen Präsidentschaft im zweiten Halbjahr 2007 geklärt werden, sodass der modifizierte Vertrag noch vor Jahresende beschlossen und vor den Neuwahlen des Europäischen Parlaments im Juni 2009 in Kraft treten konnte. Unterstützung für dieses ehrgeizige Ziel fand sie bei einer von Zapatero und Juncker initiierten Zusammenkunft der Vertreter der 18 Länder, die den Vertrag bereits ratifiziert hatten (unterdessen waren auch noch die Neumitglieder Rumänien und Bulgarien hinzugekommen), und zwei weiterer Länder, die ihm grundsätzlich positiv gegenüberstanden (Irland und Portugal), am 26. Januar in Madrid. Die »Freunde des Verfassungsvertrags«, wie sie sich in einer gemeinsamen Erklärung nannten, bekundeten ihre Entschlossenheit, an der Substanz des Vertrages festzuhalten, und brachten damit die Vertragsgegner in die Defensive.[61]

Mit dem Votum der 20 im Rücken konnten Merkels Emissäre die Vertragsgegner dazu bewegen, in die »Berliner Erklärung«, die die Ratspräsidentin zusammen mit den Präsidenten von Kommission und Parlament am 25. März 2007 aus Anlass des 50. Jahrestags der Unterzeichnung der Römischen Verträge abgab, eine Passage aufzunehmen, in der die Organe der Union ihren Willen bekundeten,

»die EU bis zu den Wahlen zum Europäischen Parlament 2009 auf eine erneuerte gemeinsame Grundlage zu stellen«.[62] Damit war der Fahrplan der Kanzlerin de facto akzeptiert. Der tschechische Staatspräsident Václav Klaus, seit jeher ein erklärter Gegner des Verfassungsvertrags, distanzierte sich zwar im Nachhinein von dieser Erklärung. Aus Polen, wo seit dem Oktober 2005 die europakritischen Brüder Kaczyński regierten (Lech Kaczyński als Staatspräsident, sein Zwillingsbruder Jarosław Kaczyński zunächst als Vorsitzender der neuen Regierungspartei »Recht und Gerechtigkeit«, seit dem Juli 2006 auch als Ministerpräsident), war weiterhin Kritik am Fehlen eines Verweises auf das christliche Erbe Europas zu hören. Das konnte Merkel jedoch nicht daran hindern, nunmehr in bilateralen Kontakten auf höchster Ebene zu klären, wie ein Kompromiss zwischen den »Freunden des Verfassungsvertrags« und seinen taktischen und inhaltlichen Gegnern aussehen könnte.[63]

Die entscheidende Kompromisslinie wurde dabei schon im Vorfeld der bilateralen Gespräche gefunden: Nachdem die Bundesregierung darauf verzichtet hatte, den Begriff der »Verfassung« in die Berliner Erklärung aufzunehmen, rückte Nicolas Sarkozy als Präsidentschaftskandidat in klarer Erkenntnis der veränderten Machtlage stillschweigend von seiner Forderung ab, das Vertragspaket in unterschiedliche einzelne Reformpakete aufzuschnüren. Aus dem »Mini-Vertrag« als erstem Schritt, der ohne ein Referendum auskommen sollte, wurde in der Rhetorik des Wahlkampfs der »vereinfachte Vertrag«, der auf den Verfassungsbegriff ebenso verzichtete wie auf den Vertragsrang der Symbole. Noch am Tage seines Amtsantritts als Präsident, am 16. Mai 2007, suchte Sarkozy Angela Merkel auf, um ihr zu erklären, dass er sie bei den bevorstehenden Verhandlungen unterstützen würde. Das tat er dann auch: Nicht ohne Seitenblick auf das heimische Publikum, dem er sich als der eigentliche Überwinder der Verfassungskrise präsentieren wollte, reiste er nach London, Brüssel, Rom, Lissabon und Warschau, um die dortigen Regierungschefs auf die Linie einzuschwören, auf die er sich mit Merkel verständigt hatte.[64]

Mit dieser Rückkehr zur deutsch-französischen Kooperation war der Weg zur Überwindung der Verfassungskrise praktisch frei. Ein Vertrag, der darauf verzichtete, seine Verfassungsqualität hervorzuheben, und darum auch nicht der Ratifizierung durch ein Referendum bedurfte, war im Prinzip auch für den niederländischen Premierminister Balkenende akzeptabel. Die Regierung, die aus den Wahlen vom November 2006 hervorgegangen war, eine Koalition aus Christdemokraten, Sozialdemokraten und Christenunion, verlangte nur eine Art Vetorecht der nationalen Parlamente, wenn es um die Übertragung neuer Aufgaben an die EU ging. Damit gerieten die Anwälte eines zumindest vorläufigen Festhaltens am Nizza-Vertrag – insbesondere Blair und die Kaczyński-Brüder – in die Isolation. Sie konnten nur noch versuchen, aus dem Vertragskomplex einige Elemente herauszulösen, die ihnen eindeutig zu weit gingen. So verlangte die britische Regierung, der Europäischen Union den Charakter einer Rechtspersönlichkeit zu nehmen und die Grundrechtecharta aus dem Vertrag zu streichen. Außerdem sollte das Vetorecht nicht so stark eingeschränkt werden, und der Europäische Außenminister sollte wie bisher »Hoher Repräsentant für die Außen- und Sicherheitspolitik« heißen. Die polnische Regierung verlangte zudem, begleitet von einer hitzigen Kampagne unter dem Motto »Nizza oder der Tod«, dass es bei der Stimmengewichtung im Rat bei der in Nizza vereinbarten Regelung bleiben müsse.

Auf der europäischen Ratstagung am 21. und 22. Juni in Brüssel ließ sich davon nur wenig durchsetzen. Zwar wurde die Grundrechtecharta als Teil II des Verfassungsvertrags aus dem Vertrag herausgenommen; der neue Vertrag erhielt den Charakter eines Änderungsvertrags zum Vertrag über die Europäische Union (entsprechend dem Teil I des Verfassungsvertrags) und zum Vertrag zur Gründung der Europäischen Gemeinschaften (entsprechend dem Teil III des Verfassungsvertrags). Die Rechtsverbindlichkeit der Grundrechtecharta aber blieb, auch wenn in einer Fußnote zum Mandat für die Regierungskonferenz festgehalten wurde, dass man sich vor britischen Gerichten nicht auf sie berufen konnte. Ansonsten fiel nur der Titel des Europäischen Außenministers weg. An seiner Stellung und seinen Kompetenzen änderte sich nichts, und auch sonst blieb die Substanz der Teile I und III erhalten. Lech Kaczyński wehrte sich hartnäckig gegen die Einführung des Prinzips der doppelten Mehrheit, willigte dann aber auf Drängen Sarkozys und Junckers ein, dass es ab 2017 gelten sollte. Als sein Bruder Jarosław von Warschau aus in einer Fernsehansprache erklärte, dass er diesen Kompromiss ablehnte, kündigte Merkel an, das Mandat für die Regierungskonferenz dann eben ohne Polen zu beschließen. Das genügte, um auch den polnischen Ministerpräsidenten zum Einlenken zu bewegen.

Das Mandat für die neue Regierungskonferenz konnte danach bis zu den frühen Morgenstunden des 23. Juni fertiggestellt werden. Den Niederländern wurde zugesichert, dass die nationalen Parlamente jeweils sechs Monate vor einer Ausweitung der Mehrheitsabstimmungen oder des ordentlichen Gesetzgebungsverfahrens von der entsprechenden Absicht des Europäischen Rates unterrichtet würden.[65] Das Mandat war so detailliert formuliert, dass die Regierungskonferenz, die am 23. Juli unter portugiesischem Vorsitz zusammentrat, praktisch nur noch Redaktionsarbeit zu leisten hatte. Die britische Regierung konnte allerdings noch einige Ausnahmeregelungen im Bereich Inneres und Justiz durchsetzen, und Polen schloss sich der britischen Erklärung an, vor nationalen Gerichten keine Berufung auf die Grundrechtecharta zuzulassen. Allen anderen Änderungsversuchen setzte die portugiesische Präsidentschaft energischen Widerstand entgegen. Auf einer informellen Tagung des Europäischen Rates am 18. und 19. Oktober in Lissabon wurde dann der endgültige Vertragstext nach acht letzten Verhandlungsstunden verabschiedet. Am 13. Dezember unterzeichneten die Staats- und Regierungschefs und die Außenminister den »Vertrag von Lissabon« in einer feierlichen Zeremonie in den historischen Gemäuern des Hieronymus-Klosters von Lissabon.

Für die Anhänger einer Stärkung der Europäischen Union bedeutete der Reformvertrag von Lissabon[66] einen späten Triumph. Das Regieren in der Union wurde demokratischer, und ihre Effizienz wurde in einigen Bereichen gestärkt, während in anderen die Reformbestimmungen dafür sorgten, dass sie trotz der großen Erweiterung nicht hinter das Niveau von Maastricht zurückfiel. Angela Merkel, die mit entschlossener Wahrnehmung ihrer Führungsaufgabe den entscheidenden Anteil an der Überwindung der Verfassungskrise hatte, fand dafür allgemein Anerkennung; am 1. Mai 2008 wurde ihr der prestigeträchtige Karlspreis der Stadt Aachen verliehen. Der Jubel fiel freilich verhalten aus: Mehr Transparenz und größere Bürgernähe ließen sich mit einem Vertrag, der auf die explizite Verfassungsrhetorik und die Symbole europäischer Staatlichkeit verzichten musste, noch weniger erreichen als mit dem von einer Mehrheit der beteiligten Länder bereits ratifizierten Vertrag von 2004.

Immerhin half der neue Vertrag nicht nur den Regierungen in Paris und Den Haag aus der Klemme, sondern auch Blairs Nachfolger Gordon Brown: Er konnte jetzt behaupten, der Vertrag von Lissabon stelle keinen Verfassungsvertrag dar und bedürfe daher auch nicht der Billigung durch ein Referendum. Dem wurde zwar von konservativer Seite wie von den Euroskeptikern in der Labour Party widersprochen; die Kampagnen für ein neues Referendum fanden jedoch in der Bevölkerung keine große Zustimmung. Im Unterhaus wurde daraufhin am 5. März 2008 ein Antrag zur Abhaltung eines Referendums, den die konservative Opposition eingebracht hatte, mit 311 zu 248 Stimmen abgelehnt. Sechs Tage später billigten die Abgeordneten den Reformvertrag mit 346 zu 206 Stimmen. Brown blieb im Amt und Großbritannien in der stärker werdenden EU. Mit seinen zahlreichen »Opt-outs« bewegte sich das Land nunmehr freilich mental und politisch am Rande der Union. An die Übernahme einer Führungsrolle, wie sie Blair vorgeschwebt hatte, war nicht mehr zu denken. Dass Brown zur Vertragsunterzeichnung in Lissabon zu spät gekommen war und deswegen auf dem offiziellen Foto fehlte, sollte sich als bezeichnend erweisen.[67]

Die Ratifizierungen des Lissabon-Vertrags erfolgten auch in den meisten anderen Mitgliedsländern mit großen Mehrheiten. Nur in Irland, wo nach einer Entscheidung des Obersten Gerichtshofs ein Referendum zur Verfassungsänderung unabdingbar war, machten sich überraschend Schwierigkeiten bemerkbar. Die Vertragsgegner behaupteten wahrheitswidrig, der Lissabon-Vertrag gefährde die Steuerhoheit, das Verbot von Abtreibung und Euthanasie sowie die Neutralität des Landes. Auch gegen den angeblich schwindenden Einfluss Irlands (Verlust eines Abgeordnetensitzes, Rotation bei der Besetzung der Kommission) wurde polemisiert. In einem Klima allgemeinen Misstrauens gegen die Regierung ergab sich daraus bei der Abstimmung am 13. Juni eine negative Mehrheit von 53,4 Prozent – bei einer Wahlbeteiligung, die mit 53,1 Prozent höher war als ursprünglich erwartet.

Das abermalige »Nein« in einer Volksabstimmung führte kurzzeitig zu Verzweiflung und Ratlosigkeit. Die alten Fronten brachen wieder auf: Tschechiens Präsident Klaus erklärte den Vertrag für »tot«, und sein polnischer Kollege Kaczyński kündigte an, er werde ihn einstweilen nicht unterzeichnen, da er durch das irische Votum »gegenstandslos« geworden sei.[68] Auf der anderen Seite forderte etwa Jürgen Habermas die vertiefungsbereiten Staaten dazu auf, nun endlich den Weg zu einem »Kerneuropa« zu gehen und eine konsequent demokratische Europa-Verfassung in einem europaweiten Referendum zur Abstimmung zu stellen.[69]

Anders als nach dem französischen und niederländischen »Nein« hielten die Staats- und Regierungschefs aber diesmal daran fest, dass der Ratifizierungsprozess weiter vorangetrieben werden sollte. Die irische Regierung wurde lediglich aufgefordert, bis zur nächsten Ratstagung eine Stellungnahme abzugeben. Bei der Brüsseler Ratstagung am 11. und 12. Dezember vereinbarten die Staats- und Regierungschefs dann genau das, was geeignet erschien, um den Iren in einer zweiten Abstimmung die Zustimmung zu erleichtern: nämlich »rechtliche Garantien«, dass der Vertrag Irland weder bei seiner Steuerpolitik noch bei seiner Haltung in der Abtreibungsfrage und auch nicht in seiner Sicherheits- und Verteidigungspolitik beschränken würde. Außerdem sollte der Vertrag dahingehend revidiert werden, dass weiterhin jedes Mitgliedsland ständig durch ein Mitglied in der Kommission vertreten sein sollte.[70] Die entsprechenden Garantien wurden auf der Ratstagung vom 18. und 19. Juni 2009 abgegeben und zur Vertragsänderung wurde festgehalten, dass sie zusammen mit dem nächsten Beitrittsvertrag erfolgen sollte.

Diese Zusicherungen und Zugeständnisse sollten genügen, die Stimmung in Irland wieder umzudrehen. Im Verein mit einer gründlichen Informationskampagne zum tatsächlichen Inhalt des Vertragswerks sorgte vor allem die Furcht vor einer Isolierung Irlands in der unterdessen manifesten Finanzkrise dafür, dass die Abstimmung vom 2. Oktober 2009 ganz anders ausging: Bei einer Wahlbeteiligung von 58 Prozent stimmten jetzt 67,1 Prozent der Iren für den Lissabon-Vertrag. Danach kam Polens Präsident Lech Kaczyński endlich der Forderung des seit Oktober 2007 regierenden Ministerpräsidenten Donald Tusk nach, den vom Parlament längst gebilligten Vertrag zu unterschreiben. Anfang November wies das tschechische Verfassungsgericht eine Klage der tschechischen Lissabon-

Gegner gegen den Vertrag ab. Damit konnte er zum 1. Dezember 2009 in Kraft treten – elf Monate nach dem Termin, den die Staats- und Regierungschefs im Juni 2007 vereinbart hatten, und drei Jahre nach dem ursprünglichen Termin für das Inkrafttreten des Verfassungsvertrags.

Die Wahlen zum Europäischen Parlament im Juni 2009 fanden demnach noch unter den Bedingungen des Nizza-Vertrags statt. Die Wahlbeteiligung ging noch einmal leicht zurück – von 45,5 auf 43 Prozent. Ausschlaggebend dafür war erneut die extrem niedrige Mobilisierung in vielen mittel- und osteuropäischen Staaten; hier gingen im Durchschnitt nur 32,2 Prozent der Stimmberechtigten zur Wahl. In den Ländern, die schon vor der Erweiterung von 2004 der EU angehört hatten, lag die Wahlbeteiligung mit durchschnittlich 52,4 Prozent nur knapp unter den Werten von 1999 und 2004. Insgesamt hatten die Parteien es nicht verstanden, die Mobilisierungschancen zu nutzen, die schon in den Bestimmungen des Nizza-Vertrags steckten. Die Europäische Volkspartei sprach sich zwar für eine zweite Amtszeit von Barroso aus, machte daraus aber kein Wahlkampfthema. Die Sozialdemokraten diskutierten eine Kandidatur ihres Parteichefs Poul Nyrup Rasmussen, konnten sich aber letztlich nicht darauf einigen. Die Abgeordneten der Labour Party sowie der spanischen und portugiesischen Sozialisten warben offen für eine Verlängerung des Mandats von Barroso. In den Wahlkämpfen überwogen daher wie eh und je nationale Themen; europapolitisch wurden nur undifferenzierte Schlagworte ausgetauscht.

Im Ergebnis verloren sowohl die EVP als auch die SPE an Stimmen. Zu den Gewinnern zählten sowohl kleinere Parteien aus dem integrationsfreundlichen Spektrum als auch europaskeptische und europafeindliche Parteien. Im Ergebnis war eine Große Koalition im Europäischen Parlament weiterhin möglich; die Gewichte zwischen Christdemokraten und Sozialdemokraten hatten sich aber deutlich verschoben: Die Christdemokraten konnten mit den Liberalen und der neuen Fraktion der Konservativen (die im Wesentlichen von den britischen, polnischen und tschechischen Konservativen gebildet wurde) eine alternative Mehrheit bilden, während die Sozialdemokraten dazu nicht nur die Liberalen und die Grünen benötigten, sondern auch die Kommunisten und Vertreter einer der beiden euroskeptischen Fraktionen. Zum Parlamentspräsidenten wurde nach bewährtem Muster für die erste Hälfte der Legislaturperiode der polnische EVP-Abgeordnete Jerzy Buzek gewählt. Die Besetzung für die zweite Hälfte aus den Reihen der Sozialdemokraten blieb vorerst offen. Tatsächlich übernahm im Januar 2012 der bisherige Vorsitzende der Sozialistischen Fraktion, der Deutsche Martin Schulz, das Amt.[71]

Angesichts des Wahlergebnisses lief die Kampagne der Mehrheit der Sozialdemokraten und der Grünen gegen ein neues Mandat für Barroso als den angeblich »schwächsten Kommissionspräsidenten in der Geschichte der EU« (so

Martin Schulz[72]) ins Leere. Merkel und Sarkozy verständigten sich bei einem »Blaesheim«-Treffen am 11. Juni 2009 in Berlin darauf, Barroso für eine zweite Amtszeit vorzuschlagen, und der Europäische Rat schloss sich dem am 18. Juni ohne Gegenstimmen an. Nach dem Geschmack der Kanzlerin und des Präsidenten war dieser Kommissionspräsident zwar vielleicht um einige Grade zu stark konsensorientiert, doch war das in ihren Augen kein Grund, ihn nicht weiter agieren zu lassen.[73] Guy Verhofstadt, nunmehr Vorsitzender der liberalen Fraktion im Europaparlament, meldete allerdings noch Klärungsbedarf hinsichtlich des künftigen Programms des Kommissionspräsidenten an und verhinderte so eine Wahl noch vor der Sommerpause.

Barroso verstand, dass es nicht mehr genügte, sich den Regierungen anzudienen. Er versprach den Abgeordneten, sich künftig stärker um die soziale Dimension des Integrationsprozesses zu bemühen, für eine Ausweitung des Haushalts zu kämpfen und enger mit dem Parlament zusammenzuarbeiten. Außerdem kündigte er an, Kommissionsmitglieder für drei neu zugeschnittene Kompetenzbereiche zu installieren: für Justiz, Grund- und Bürgerrechte, für Innere Angelegenheiten und Migration sowie für den Klimawandel. Das genügte, um ihm bei der Abstimmung am 16. September die Stimmen der Europäischen Volkspartei, der Konservativen und der Liberalen zu sichern. Die meisten Sozialdemokraten und Grünen sowie die Vereinigte Europäische Linke stimmten gegen ihn oder enthielten sich. Danach wehrte Barroso recht souverän Ansprüche einzelner Regierungen auf bestimmte Ressorts ab. Michel Barnier als französisches Kommissionsmitglied erhielt die Zuständigkeit für den Binnenmarkt, der Deutsche Günther Oettinger musste sich mit dem Energieressort begnügen.[74]

Bei der Besetzung der Spitzenpositionen, die mit dem Inkrafttreten des Lissabon-Vertrags hinzukamen, stießen unterschiedliche Vorstellungen aufeinander. Merkel wollte unter keinen Umständen Tony Blair, der von Sarkozy für das Amt des Ständigen Ratspräsidenten vorgeschlagen worden war. Sarkozy wiederum legte sein Veto gegen Jean-Claude Juncker ein, der dieses Amt anders als die Kommissionspräsidentschaft fünf Jahre zuvor gerne übernommen hätte. Dem luxemburgischen Premier nahm er vor allem übel, dass dieser als Vorsitzender des Rats der Wirtschafts- und Finanzminister (Ecofin) seine Pläne für eine Abkehr vom Stabilitätskurs im Sommer 2007 sogleich im Keim erstickt hatte. Das doppelte Nein führte zur Einigung auf einen Kompromisskandidaten: Im Vorfeld des informellen Brüsseler Gipfels vom 19. November 2009 einigten sich Merkel und Sarkozy auf Herman Van Rompuy, einen Christdemokraten, der seit knapp einem Jahr als belgischer Ministerpräsident amtierte.[75]

Bei der Entscheidung über die Besetzung des Amtes des Hohen Repräsentanten für die Außen- und Sicherheitspolitik spielte Barroso die Schlüsselrolle: Indem er hierfür Catherine Ashton nominierte, die ein Jahr zuvor Peter Mandelson als Handelskommissarin abgelöst hatte, kam er sowohl den Sozialdemokraten als auch Sarkozy entgegen. Dem französischen Präsidenten bot er die Weggefährtin Blairs praktisch als Kompensation dafür an, dass er seinen Wunschkandidaten für die Ratspräsidentschaft nicht hatte durchsetzen können.

Im Jahr zuvor hatte Sarkozy die französische Ratspräsidentschaft dazu genutzt, der Gemeinsamen Außen- und Sicherheitspolitik neuen Auftrieb zu geben: Im Konflikt zwischen Georgien und Russland, der Anfang August 2008 zu einer militärischen Konfrontation eskaliert war, hatte er in diskreter Abstimmung mit den wichtigsten europäischen Partnern zunächst einen Waffenstillstand (12. August) und dann einen Rückzug der russischen Truppen aus dem georgischen Kerngebiet vermittelt (8. September). Dabei wurde die Anerkennung der abtrünnigen Provinzen Südossetien und Abchasien durch Russland nicht durch Sanktionen infrage gestellt; die EU entsandte lediglich Beobachter, die die Einhaltung des Waffenstillstands überwachen sollten. Bei der Verständigung der Staats- und Regierungschefs auf diese Linie hatte der Hohe Repräsentant für die Außen- und Sicherheitspolitik, damals noch Solana, allerdings keine Rolle gespielt.[76] Mit der Entscheidung für die außenpolitisch kaum erfahrene Handelskommissarin Ashton stellte Sarkozy sicher, dass sich an der Vorrangstellung der Regierungen bei der außenpolitischen Profilierung der Union auch durch die institutionelle Stärkung des Außenamtes nicht viel ändern würde.

Die außenpolitische Profilierung blieb auch insofern halbherzig, als es auch Sarkozy nicht gelang, ein permanentes Hauptquartier europäischer Generäle in der NATO zu installieren. Dies hatte er wie Chirac unter dem Druck des militärischen Establishments ursprünglich als Voraussetzung dafür verlangt, dass die angekündigte Rückkehr Frankreichs in das integrierte Kommando der NATO nun auch vollzogen wurde. Nachdem aber Gordon Brown aus Furcht vor einem allzu europafreundlichen Image bei den britischen Wählern vor einem solchen Schritt zurückgeschreckt war und sich auch Angela Merkel nicht dafür stark machte, musste sich Sarkozy mit weniger prestigeträchtigen Gegenleistungen zufrieden geben. Im Oktober 2008 gestand das Pentagon zu, dass Frankreich das Kommando über das Planungs-Hauptquartier in Norfolk im amerikanischen Bundesstaat Virginia sowie über das Hauptquartier der NATO-Reaktionskräfte in Lissabon erhalten würde.[77] Am 11. März 2009 kündigte Sarkozy die Rückkehr Frankreichs zu diesen Bedingungen an; beim Jubiläumsgipfel der NATO am 3. und 4. April, der auf Betreiben Merkels in Straßburg und Kehl zugleich stattfand, ließ er sich dafür feiern.

Die Grenzen der Gemeinsamen Außen- und Sicherheitspolitik wurden einmal mehr deutlich, als Sarkozy im Frühjahr 2011 für eine militärische Intervention zugunsten der Rebellen plädierte, die gegen Libyens Diktator Muammar al-Gaddafi zu kämpfen begonnen hatten. Guido Westerwelle, Außenminister der christlich-liberalen Koalition, die die erste Regierung Merkel im November 2009 abgelöst hatte, machte demgegenüber geltend, dass das Risiko einer Verwicklung in langwierige Bodenkämpfe nicht auszuschließen war, und er blieb mit stillschweigender Billigung Merkels auch dann noch bei dieser Position, als sich sowohl die Regierung von Barack Obama in Washington als auch die Regierung von David Cameron in London zur Unterstützung Sarkozys bereitfanden. Als der UN-Sicherheitsrat am 11. März 2011 beschloss, die Rebellen mit Luftangriffen auf die Truppen Gaddafis und die libysche Infrastruktur zu unterstützen, enthielt sich Westerwelle zusammen mit den Vertretern Russlands und Chinas der Stimme. Die Angriffe wurden von der NATO koordiniert und in erster Linie von französischen und britischen Verbänden bestritten.[78]

Um die Kritik der Verbündeten wegen mangelnder Solidarität abzuwehren, entschloss sich die Bundesregierung Ende März, 300 zusätzliche Soldaten nach Afghanistan zu schicken, um dort bei der Radar-Überwachung durch AWACS-Flugzeuge zu helfen. Das konnte aber nicht ungeschehen machen, dass sich beide Seiten wieder einmal über die schon im Deutsch-Französischen Vertrag eingegangene Verpflichtung hinweggesetzt hatten, sich vor grundlegenden außenpolitischen Entscheidungen auf eine gemeinsame Linie zu verständigen. Die EU musste sich mit Aktivitäten in der zweiten Reihe begnügen: Sie organisierte die Rückholung von EU-Bürgern aus den Kampfgebieten und leistete humanitäre Hilfe für die libysche Bevölkerung.

Die Briten zogen aus dem Abseitsstehen der Deutschen und anderer EU-Mitglieder den Schluss, dass eine weitere Stärkung der europäischen Sicherheitsstrukturen weder sinnvoll noch notwendig sei: Wie der Erfolg der Rebellen in Libyen zeigte, funktionierte die bilaterale Zusammenarbeit zwischen Großbritannien und Frankreich ganz gut und sie schien auch zu genügen, um das deutlich verringerte amerikanische Engagement in Europa und im europäischen Umfeld auszugleichen. Nach dem Sturz Gaddafis im Sommer 2011 statteten Cameron und Sarkozy gemeinsam Tripolis einen Besuch ab, um ihren Sieg demonstrativ zu feiern. Die Deutschen sahen sich heftiger Kritik ob ihres angeblichen Mangels an Bündnissolidarität ausgesetzt, und der Dialog über die Entwicklung einer gemeinsamen Strategie der Europäer brach völlig zusammen. Catherine Ashton war nicht in der Lage und sah es wohl auch nicht als ihre Aufgabe an, ihn wieder in Gang zu bringen. Joschka Fischer, der einst davon geträumt hatte, erster Europäischer Außenminister zu werden, befand in einem Anflug von Verzweiflung: »Um Europa kann einem angst und bange werden.«[79]

Die »Euro-Krise«

Nach dem verspäteten Vollzug der institutionellen Reform wurde das europäische Projekt aber nicht nur durch Irritationen hinsichtlich der Gemeinsamen Außen- und Sicherheitspolitik belastet. Als auf die Dauer gefährlicher erwiesen sich die Probleme, die sich aus dem Vollzug der Währungsunion ergaben.

Dabei erschien es zunächst so, als könne die Währungsunion die Erwartungen, die man in sie gesetzt hatte, uneingeschränkt erfüllen. Unter der bisweilen schroffen Leitung von Wim Duisenberg, dem 2003 ein verbindlich auftretender Jean-Claude Trichet folgte, verstand es die Europäische Zentralbank, die Inflationsrate auf einem Niveau von unter zwei Prozent zu halten. Nur zur Zeit der Finanzmarktunruhen 2007/2008 ging sie etwas darüber hinaus, sodass sich im Durchschnitt der Jahre 1999 bis 2010 eine Inflationsrate von 2,2 Prozent ergab. Auch wenn selektive Preiserhöhungen bei der Währungsumstellung bei vielen Konsumenten den Eindruck hervorriefen, einem »Teuro« ausgeliefert zu sein, war dies deutlich weniger als im gleichen Zeitraum in den USA (2,7 Prozent) sowie in den 50 Jahren der D-Mark in Deutschland (2,8 Prozent).[80]

Die Preisstabilität führte in Verbindung mit der Entstehung großer und liquider Finanzmärkte und dem Wegfall der Zinsrisikoprämie dazu, dass der Wechselkurs gegenüber der D-Mark zu niedrigen Zinsen verteidigt wurde. Diese lösten nun vor allem in denjenigen Mitgliedsländern der Währungsunion einen Wachstumsschub aus, die zuvor von inflationären Tendenzen geplagt waren. So betrug das durchschnittliche jährliche Wachstum im ersten Jahrzehnt der Währungsunion in Spanien 3,6 Prozent, in Griechenland vier Prozent und in Irland sogar acht Prozent. Frankreich konnte ein jährliches Wachstum von immerhin 2,1 Prozent verzeichnen. Auf die gesamte Eurozone bezogen blieben die Wachstumsraten mit durchschnittlich 2,2 Prozent pro Jahr zwar weiterhin hinter den USA mit 2,6 Prozent zurück, doch war dies im Wesentlichen auf das höhere Bevölkerungswachstum in den USA zurückzuführen. Das Pro-Kopf-Wachstum betrug in der Eurozone 1,8 Prozent, in den USA dagegen nur 1,6 Prozent.[81]

Die Währungsunion führte auch zu einer stärkeren Verflechtung der beteiligten Volkswirtschaften. So stieg der Anteil des Handels der Euroländer innerhalb der Eurozone von etwa 26 Prozent des Bruttoinlandsprodukts im Jahr 1998 auf etwa 33 Prozent im Jahr 2008. Bei den meisten Mitgliedsländern erreichte der Intra-WWU-Handel einen Anteil von etwa 50 Prozent an den Ein- und Ausfuhren. Die grenzüberschreitenden Investitionen nahmen dank der Ausweitung der Finanzmärkte und des Wegfalls des Währungsrisikos deutlich zu. »So haben beispielsweise deutsche Investoren ihre ausländischen Wertpapieranlagen in Euro von 1999 bis September 2007 auf knapp 600 Mrd. Euro kräftig aufgestockt. Dies entspricht ungefähr dem Dreieinhalbfachen des Bestandes von 1999.«[82] Ohne die

Währungsunion wäre Deutschland einmal mehr unter starken Aufwertungsdruck geraten, mit entsprechenden negativen Folgen für den Export und damit für das Wachstum.

Die Vorteile des Euro waren so offenkundig, dass sich eine Reihe von Neumitgliedern der EU der Währungsunion vertragsgemäß anschloss, sobald sie die Konvergenzkriterien erfüllten. Slowenien trat 2007 bei, Malta und Zypern 2008, die Slowakei 2009 und Estland 2011. Dänemark band sich bei der Bestimmung des Wechselkurses der Krone an den Euro; das hieß: Das Land nahm de facto an der Währungsunion teil, bezahlte die Furcht vor einem negativen Votum der Bevölkerungsmehrheit aber mit einem Verzicht auf Mitwirkung in ihren Gremien. Ansonsten avancierte der Euro zur Ankerwährung für etwa 35 Länder, die mit der EU eng verflochten sind. Sein Anteil an den Devisenreserven der Notenbanken stieg in zehn Jahren von 18 auf über 26 Prozent, der Anteil am Umlauf internationaler Anleihen von 19 auf 31,4 Prozent. Auch der Handel in Euro weitete sich aus. Der Euro wuchs damit als zweitwichtigste Währung der Welt nach dem Dollar deutlich über die Bedeutung der D-Mark hinaus, während der japanische Yen ganz erheblich an Gewicht verlor. Im globalen Bargeldumlauf überholte er den Dollar sogar.

Allerdings versäumten es die schwächeren WWU-Mitgliedsländer, die Zinssenkungen zur energischen Fortsetzung von Strukturreformen und Modernisierungsinvestitionen zu nutzen. Stattdessen ließen sie sich zu Lohnsteigerungen über den Produktivitätszuwachs hinaus und zum Aufnehmen neuer Schulden verleiten. Angesichts der niedrigen Zinssätze stieg auch die private Verschuldung beträchtlich. Dies führte zu wachsenden Ungleichgewichten in den Leistungsbilanzen der beteiligten Volkswirtschaften und, sobald diese sichtbar wurden, zu einer erheblichen Spreizung der Zinssätze, die für Staatsanleihen verlangt wurden. Während die Leistungsbilanz Deutschlands in den ersten zehn Jahren der Währungsunion um neun Prozent des Bruttoinlandsprodukts stieg, in Österreich um sechs Prozent und in den Niederlanden um drei Prozent, ging sie in Finnland um drei Prozent zurück, in Belgien und Italien um vier Prozent, in Frankreich und Portugal um fünf Prozent, in Irland um sechs Prozent, in Spanien um neun Prozent und in Griechenland sogar um 13 Prozent. Deutschland blieb nicht nur Weltmeister im Export, es nahm auch bei der Steigerung der Exporte in den Euro-Raum die führende Position ein.[83]

Versuche, der wachsenden Verschuldung Einhalt zu gebieten, blieben halbherzig. Als Deutschland 2002 in eine Wachstumskrise geriet, reagierte die Regierung Schröder, wie ihr von Ökonomen aus aller Welt geraten wurde, mit einer Steigerung der Staatsausgaben, um dadurch die Konjunktur zu beleben. Als Folge davon wuchs auch in Deutschland die Neuverschuldung über jene drei Prozent des BIP hinaus, die nach dem Stabilitäts- und Wachstumspakt zulässig waren.

Nachdem die Drei-Prozent-Marge zum zweiten Mal verfehlt worden war und für 2004 ein erneuter Malus drohte, verlangte die Europäische Kommission am 18. November 2003 pflichtgemäß und unter Androhung von Strafzahlungen, das strukturelle Defizit für das Haushaltsjahr 2004 zu reduzieren. Dagegen mobilisierte Finanzminister Hans Eichel den Widerstand der anderen Schuldenländer – neben Frankreich, gegen das ebenfalls schon ein Verfahren im Gang war, auch Italien, die Niederlande, Portugal und Griechenland. Am 25. November stimmte der Ecofin-Rat einer Aussetzung der Verfahren gegen Deutschland und Frankreich zu. Eichel und sein französischer Kollege Francis Mer gingen lediglich Selbstverpflichtungen ein, das Defizit für 2004 teilweise zu verringern und im Jahr 2005 ganz abzubauen.[84]

Materiell blieben die Selbstverpflichtungen nur wenig unter dem, was die Kommission forderte. Politisch wurde der Stabilitätspakt durch das Aussetzen der beiden Verfahren allerdings schwer beschädigt. Das gilt umso mehr, als der Europäische Rat nach einer Verurteilung dieses Ratsbeschlusses durch den Europäischen Gerichtshof im März 2005 eine Reform des Stabilitätspakts beschloss, die den Spielraum für die Beurteilung der Haushaltspolitik der Mitgliedsländer beträchtlich erweiterte. In der neuen Version verpflichteten sich die Mitglieder zwar, ihre Haushaltsdefizite in wirtschaftlich guten Zeiten um 0,5 Prozent des BIP pro Jahr abzubauen; es wurden aber keine Sanktionen für den Fall beschlossen, wenn dieser Verpflichtung nicht nachgekommen wurde. Gleichzeitig wurde die Liste der besonderen Umstände, die es erlaubten, beim Verfehlen des Stabilitätsziels vom Strafverfahren abzusehen, um den Tatbestand längerer Wachstumsschwäche ausgedehnt; obendrein wurde die Möglichkeit eingeräumt, den Anpassungszeitraum bei übermäßigem Defizit über die bisher geltende Jahresfrist hinaus um ein weiteres Jahr zu verlängern. Das mochte ökonomisch durchaus sinnvoll sein. Zusammen mit der Bestimmung, dass generell alle Faktoren zu berücksichtigen seien, die »aus der Sicht des betreffenden Mitgliedsstaates von Bedeutung sind«, ergaben sich daraus dennoch vielfältige Möglichkeiten, eigentlich fällige Defizitverfahren und Korrekturmaßnahmen hinauszuzögern oder ganz zu verhindern.[85]

Tatsächlich gelang es Frankreich, sein Defizit im Jahr 2005 wie versprochen auf 3,0 Prozent zu drücken. Deutschland dagegen verfehlte das Stabilitätsziel 2005 mit 3,3 Prozent erneut und blieb erst 2006 unter der Drei-Prozent-Grenze. Dank günstiger Konjunkturentwicklung konnten im Laufe des Jahres 2007 auch die Verfahren gegen die anderen Budgetsünder eingestellt werden. Als die europäischen Volkswirtschaften dann aber im Winter 2008/2009 als Folge der weltweiten Finanzkrise einen gewaltigen Konjunktureinbruch erlebten, wuchsen die Defizite in fast allen Ländern der Eurozone rasch beträchtlich über die Drei-Prozent-Grenze hinaus. Einerseits sanken die Einnahmen, andererseits mussten beträchtliche Summen in die Stabilisierung der Bankensysteme und in die Konjunkturförderung investiert werden. In Deutschland stieg das Defizit im Jahr 2009 wieder auf 3,3 Prozent, in Österreich auf 4,1 Prozent, in Italien auf 5,4 Prozent, in Frankreich auf 7,5 Prozent, in Portugal auf 10,1 Prozent, in Irland sogar auf 14,2 Prozent und in Griechenland auf 15,8 Prozent.[86]

Die dramatische Neuverschuldung war kein spezifisches Problem der Währungsunion. Im Durchschnitt betrug das Haushaltsdefizit der Euro-Länder im Jahr 2009 6,4 Prozent des Bruttoinlandsprodukts, während es sich in Großbritannien auf 11,5 Prozent belief, etwas mehr noch als in Spanien mit 11,2 Prozent. Problematisch war allerdings, dass die strukturschwächeren Länder der Eurozone größere Schwierigkeiten hatten, aus dem Konjunkturtief wieder herauszukommen, und infolgedessen auf den Finanzmärkten starke Zweifel entstanden, ob sie in der Lage sein würden, ihre Schulden zu begleichen. Entsprechend stiegen die Zinssätze, die für Staatsanleihen dieser Länder gefordert wurden, dramatisch an, während etwa die Zinsen für deutsche Staatsanleihen gegen Null tendierten. Aus der Finanz- und Wirtschaftskrise in Europa entwickelte sich eine Staatsschuldenkrise.

Das erste Land, dem infolge dieser Entwicklung der Staatsbankrott drohte, war Griechenland. Hier wurde der Verlust an Kreditwürdigkeit noch durch fahrlässige innenpolitische Manöver verstärkt: Die oppositionelle PASOK unter der Führung von Georgios Papandreou (dem Sohn des legendären Ministerpräsidenten der Beitrittsphase) verweigerte der konservativen Regierung von Kostas Karamanlis die Unterstützung bei ersten Maßnahmen zum Abbau des Defizits und tätigte dann, nachdem sie bei vorgezogenen Neuwahlen im Oktober 2009 selbst an die Regierung gekommen war, erst einmal kräftig neue Ausgaben, um ihre Wahlversprechen einzulösen. Sodann weitete sie das Defizit optisch noch weiter aus, indem sie die Schulden öffentlicher Unternehmen in die Berechnung einbezog, und bezichtigte die Vorgängerregierung, die Statistiken bewusst gefälscht zu haben. Aus den sechs bis acht Prozent Defizit, die die Regierung Karamanlis für 2009 vorhergesagt hatte, wurden so bis zum Jahresende 12,7 Prozent. Wie sich später herausstellte, war diese Berechnung immer noch zu niedrig gegriffen. Dennoch genügte die große Abweichung von den vorherigen Schätzungen, um die Finanzmärkte gewaltig zu erschrecken.[87] Banken, Versicherungen und Pensionsfonds zeichneten jetzt entweder überhaupt keine griechischen Staatsanleihen mehr, oder sie verlangten wesentlich höhere Risikoaufschläge und versicherten sich gegen Kreditausfälle. Spekulanten, die solche Kreditausfallversicherungen erwarben, machten es für die Griechen noch kostspieliger, an frisches Geld zu kommen.

Der drohende Staatsbankrott Griechenlands rief alsbald die Forderung nach Hilfsmaßnahmen der Währungsunion auf den Plan. Zahlreiche Finanzunternehmen, nicht zuletzt auch deutsche und vor allem französische, hatten in griechische

Staatspapiere investiert und daran gut verdient; sie drohten durch einen solchen Bankrott stark in Mitleidenschaft gezogen zu werden. Vor allem aber drohten auch weitere schwächelnde Mitgliedsstaaten in Misskredit und demzufolge in die Zahlungsunfähigkeit zu geraten, sollten sich die Spekulationen auf einen griechischen Staatsbankrott bestätigen. Demgegenüber machten Verteidiger der europäischen Währungsstabilität geltend, dass der WWU-Vertrag wechselseitige Haftungen der Mitgliedsstaaten ausdrücklich ausschloss – so etwa der ehemalige Chef-Volkswirt der EZB Otmar Issing.[88] Die Deutschen verspürten generell wenig Neigung, ihr Geld in ein Fass ohne Boden zu werfen, und ihre Kanzlerin verhielt sich gegenüber den Unterstützungsforderungen so abweisend, dass sie in der europäischen Öffentlichkeit zur neuen »eisernen Lady« gekürt wurde.

Nachdem Merkel bei einem informellen Treffen der Staats- und Regierungschefs am 11. Februar 2010 noch jede Hilfsmaßnahme abgelehnt hatte, musste sie bei der Ratstagung am 25. und 26. März einräumen, dass koordinierte bilaterale Darlehen an Griechenland möglich sein sollten, falls die Refinanzierung über die Finanzmärkte nicht mehr ausreichte. Die Beschlussfassung hierüber sollte allerdings einstimmig erfolgen, und außerdem sollte der Internationale Währungsfonds (IWF) an der Rettungsaktion beteiligt werden. Sarkozy und die EZB hatten das zunächst abgelehnt, aber Merkel hatte darauf bestanden, um den Verstoß gegen die »No-bail-out«-Klausel des WWU-Vertrags nicht allzu deutlich werden zu lassen. Auf der anderen Seite gab die Kanzlerin dem hartnäckigen Drängen Sarkozys, eine »europäische Wirtschaftsregierung« einzurichten, jetzt ein wenig nach: Ratspräsident Herman Van Rompuy wurde beauftragt, bis zum Jahresende Vorschläge zur Verbesserung der »wirtschaftspolitischen Steuerung« der Union vorzulegen.[89]

Bis zum 2. Mai einigten sich die europäischen Finanzminister in Absprachen mit dem IWF, der EZB und der Kommission in weiteren dramatischen Verhandlungen auf den genauen Zuschnitt der Griechenland-Hilfe: Bis zu 80 Milliarden Euro an Krediten sollten durch die Länder der Eurozone vergeben werden können und bis zu 30 Milliarden durch den IWF, zu verzinsen jeweils zu fünf Prozent. Der Garantieumfang der einzelnen Länder orientierte sich an ihrem Anteil am Kapital der EZB. Deutschland musste damit für 22,4 Milliarden Euro bürgen, davon 8,4 im laufenden Jahr und 14 in den beiden Folgejahren. Im Gegenzug verpflichtete sich Griechenland, ein hartes Spar- und Reformprogramm durchzuführen, mit dem die Wettbewerbs- und Schuldendienstfähigkeit des Landes wieder erreicht werden sollte. Eine Troika aus Kommission, EZB und IWF sollte die Einhaltung des Konsolidierungsversprechens überwachen.[90]

Auf Betreiben von EZB-Präsident Trichet beschlossen die Staats- und Regierungschefs der Eurozone in einer Nachtsitzung vom 7. auf den 8. Mai nicht nur dieses Rettungspaket für Griechenland. Nachdem Sarkozy schon mit dem Abbruch der Verhandlungen gedroht hatte,[91] stimmte Merkel auch der Einrichtung eines »Rettungsschirms« für die gesamte Eurozone für die nächsten drei Jahre zu, mit dem verhindert werden sollte, dass Länder wie Irland, Portugal und Spanien von der griechischen Krise infiziert wurden. Auf die Details dieses Rettungsschirms einigten sich die Finanzminister in den Morgenstunden des 10. Mai: einerseits Kredite bis zu 60 Milliarden Euro, die von der Kommission im Rahmen eines »European Financial Stabilisation Mechanism« (EFSM) vergeben werden sollten; andererseits Kreditgarantien der Eurostaaten bis zu 440 Milliarden Euro, für die eine auf drei Jahre angelegte »European Financial Stability Facility« (EFSF) mit Sitz in Luxemburg Kredite zu günstigen Konditionen auf dem Markt aufnehmen und an Krisenstaaten weiterreichen konnte. Der IWF sagte wenig später weitere 250 Milliarden Euro zu, sodass zur Abwehr von Spekulationen gegen krisenanfällige Eurostaaten nun insgesamt 750 Milliarden Euro zur Verfügung standen.

Gleichzeitig begann die EZB, staatliche und private Anleihen schwächelnder Eurostaaten auf dem Sekundärmarkt anzukaufen. Dies sollte nicht nur helfen, die Refinanzierungskosten Griechenlands, Irlands, Portugals und Spaniens zu senken, sondern auch die Gefährdung deutscher und französischer Banken einzudämmen, die in beträchtlichem Umfang Anleihen dieser Länder hielten. Der Beschluss kam gegen den Widerstand der deutschen EZB-Ratsmitglieder Axel Weber und Jürgen Stark zustande, die darin eine Gefährdung der Stabilitätsorientierung sahen. Er wirkte aber als eine Art Erster-Hilfe-Maßnahme, um die Märkte zu beruhigen, die das Vertrauen in die notwendigerweise eher langwierige Umsetzung der Regierungsbeschlüsse förderte.[92]

Nachdem so die Gefahr eines finanziellen Flächenbrands im Euro-Raum fürs Erste gebannt war, setzte eine Diskussion darüber ein, wie seine Stabilisierung dauerhaft gesichert werden könnte. Zwei Ideen standen im Raum, um die in den nächsten Monaten hart gerungen wurde: zum einen die Verstetigung des Rettungsfonds, zum anderen ein verstärkter Zugriff der europäischen Ebene auf Regierungen und Länder, die die Stabilitätsorientierung sträflich missachteten. Gegen beides stellte sich Merkel mit Rücksicht auf die währungspolitische Orthodoxie und die Stimmung in Deutschland zunächst quer. Die Einsicht in die katastrophalen Folgen einer starken Reduzierung der Eurozone – exportbremsende Aufwertung, Zusammenbruch der längst europaweit agierenden Finanzinstitute, gewaltige Abschreibungen, dazu eine nachhaltige Beschädigung der europäischen Idee – ließ sie dann aber auch hier dem Drängen Wolfgang Schäubles folgen, der als Finanzminister der christlich-liberalen Koalition (seit November 2009) auf einen konsequenten Ausbau der Währungs- zur Wirtschaftsunion setzte.

Bei einem Treffen mit Sarkozy im Badeort Deauville an der Küste der Normandie am 18. Oktober stimmte Merkel einer Verstetigung des Rettungsschirms zu, wenn auch mit dem Zusatz, dass die privaten Gläubiger künftig in jedem Fall an den Kosten einer Staatspleite beteiligt werden müssten. Gleichzeitig verständigten sich Sarkozy und Merkel auf schärfere und raschere Sanktionen gegen Regierungen, die die Gemeinschaftswährung durch zu hohe Verschuldung gefährdeten. Diese sollten allerdings nicht automatisch erfolgen, wie es die Kanzlerin und auch die Europäische Kommission zuvor gefordert hatten. Die Kommission sollte wohl das Recht erhalten, von Regierungen, die Reformen verschleppten, Einlagezahlungen zu verlangen; die Entscheidung über Strafzahlungen sollte aber dem ECOFIN-Rat vorbehalten bleiben. Mitgliedsstaaten, die permanent gegen den Stabilitätspakt verstießen, sollte das Stimmrecht im Rat entzogen werden können.[93]

Die Vereinbarungen zwischen Sarkozy und Merkel stießen auf vielfältige Kritik. Den einen ging die Vergemeinschaftung der Risiken viel zu weit, den anderen der Eingriff in die nationale Budgethoheit nicht weit genug. Gleichwohl stimmte der Europäische Rat bei seiner Brüsseler Tagung am 28. und 29. Oktober einer begrenzten Ergänzung des Lissabon-Vertrags prinzipiell zu, um so einen »ständigen Krisenmechanismus zur Wahrung der Finanzstabilität des Euro-Währungsgebiets insgesamt« zu schaffen.[94] Bei seiner Ausgestaltung musste Merkel aber Abstriche in zweierlei Hinsicht machen: Zum einen wurde die Idee des Stimmrechtentzugs als diskriminierend verworfen; andererseits blieb die Beteiligung privater Gläubiger an Finanzhilfen oder Schuldenschnitten der Prüfung des Einzelfalls überlassen. Am 16. und 17. Dezember verabschiedete der Europäische Rat den Entwurf einer entsprechenden Änderung des Lissabon-Vertrags. Danach sollte ab Juli 2013 ein dauerhafter »Europäischer Stabilitätsmechanismus« (ESM) greifen, in dessen Rahmen Finanzhilfen gegen »strenge Auflagen« vergeben werden können.

Drei Monate später, am 24. und 25. März 2011, folgten Beschlüsse zur finanziellen Ausgestaltung des ständigen Rettungsschirms: Er sollte über ein Grundkapital von 80 Milliarden Euro verfügen, das die Euroländer ab 2013 einzahlten, dazu über Kreditgarantien in Höhe von 620 Milliarden und Mittel des IWF im Umfang von bis zu 250 Milliarden. Gemeinsame Anleihen der Euroländer, sogenannte »Euro-Bonds«, wie sie Jean-Claude Juncker als Vorsitzender der Euro-Gruppe der Finanzminister gefordert hatte, um auf diese Weise das Zinsniveau zu senken und das Wachstum in den Krisenländern zu fördern, sollte es dagegen nicht geben. Merkel machte gegen solche gemeinsamen Anleihen geltend, dass sie den Reform- und Sparwillen der Krisenländer abschwächen könnten, und fand dafür bei einem Treffen in Freiburg am 10. Dezember 2010 bei Sarkozy Verständnis. Tatsächlich hätte die Einführung von Euro-Bonds zu einem Anstieg des Zinsniveaus nicht nur in Deutschland, sondern auch in Frankreich, den Niederlanden und Finnland geführt.[95]

Was die Stärkung des Stabilitätspaktes betraf, so akzeptierten die Staats- und Regierungschefs bei ihrer Tagung vom 16. und 17. Dezember 2010 einen Kompromiss, auf den sich die Mitglieder der »Task force« unter Herman Van Rompuy am 21. Oktober geeinigt hatten: Es sollte nun doch automatische Sanktionen geben, aber erst nach einem Zeitraum von einem halben Jahr, in dem Defizitsünder die notwendigen Korrekturmaßnahmen ergreifen konnten, und dann auch nur, falls eine Mehrheit des Rates nicht dagegen stimmte. Außerdem sollte sich der Überprüfungs- und Sanktionsmechanismus künftig nicht nur auf die Einhaltung der Neuverschuldungsgrenze beziehen, sondern auch auf die Obergrenze für die Gesamtverschuldung. Schließlich sollten die Regierungen ihre Haushaltspläne der Kommission und dem Rat jeweils im ersten Halbjahr zur Überprüfung vorlegen, sodass deren Empfehlungen bei der Beschlussfassung in den Parlamenten berücksichtigt werden konnten.[96] Ergänzt um eine Ausweitung der Strafzahlungen und eine Überwachung der makroökonomischen Ungleichgewichte wurde diese Reform des Stabilitäts- und Wachstumspakts von Parlament und Ministerrat am 16. November 2011 verabschiedet.[97]

Darüber hinausgehend verlangte Merkel als Gegenleistung für die Verstetigung finanzieller Garantien, dass sich die Mitgliedsstaaten künftig stärker auf wirtschaftspolitische Solidität und Wettbewerbsorientierung verpflichteten. Bei der Ratstagung vom 4. Februar 2011 schlug sie zusammen mit Sarkozy die Verabschiedung eines »Pakts für Wettbewerbsfähigkeit« vor, der die Aufnahme einer Schuldenbremse in die nationalen Verfassungen beinhaltete, dazu das Verbot automatischer Lohnanpassungen an die Inflationsrate, eine Harmonisierung des Rentenalters und eine Angleichung der Unternehmensbesteuerung. Auch diese Forderungen ernteten vielfältige Kritik; Juncker warf der Kanzlerin vor, den anderen Mitgliedsländern das deutsche Austeritätsmodell aufzwingen zu wollen. Merkel und Sarkozy, die wegen ihres gemeinsamen Auftretens mittlerweile etwas despektierlich als »Merkozy« tituliert wurden, mussten es schließlich hinnehmen, dass der Europäische Rat am 24. und 25. März nur einem »Euro-Plus-Pakt« zustimmte, der die Verpflichtung enthielt, »die im Stabilitäts- und Wachstumspakt enthaltenen Haushaltsvorschriften der EU in nationales Recht umzusetzen«. Die Beschlussfassung über konkrete Maßnahmen zur Steigerung von Wettbewerbsfähigkeit und Konvergenz sollte jährlichen Treffen des Rates vorbehalten bleiben. Dem Pakt stimmten auch nicht alle EU-Mitgliedsstaaten zu: Über die 17 Eurostaaten hinaus gingen lediglich Bulgarien, Dänemark, Lettland, Litauen, Polen und Rumänien diese Verpflichtungen ein.[98]

Unter dem Druck der Verhältnisse gab Merkel im Sommer 2011 der Forderung Sarkozys nach einer stärkeren Wirtschaftsregierung speziell für die Eurozone nach. Nach einem Treffen in Paris am 16. August wiederholten beide die Forderung, eine Schuldenbremse in die nationalen Verfassungen einzubauen – diesmal aber auf die 17 Euro-Staaten begrenzt. Die entsprechenden nationalen Regelungen sollten binnen eines Jahres erfolgen, das heißt bis zum Sommer 2012. Gleichzeitig plädierten sie für die Einrichtung einer »echten Wirtschaftsregierung« der Eurozone in Form eines Europäischen Rates der 17. Mindestens zweimal pro Jahr sollten die Staats- und Regierungschefs der Euroländer über Maßnahmen zur Einhaltung des Stabilitätspakts und zur Krisenabwehr befinden.[99] Sarkozy wiederum gab einige Wochen später angesichts weiteren Finanzbedarfs für den Rettungsschirm seinen Widerstand gegen einen Automatismus bei der Verhängung von Sanktionen und damit gegen eine Stärkung der supranationalen Ebene der Krisensteuerung auf.

Die gemeinsame Drohung Merkels und Sarkozys, entsprechende Vertragsänderungen lediglich mit den 17 Eurostaaten zu vereinbaren,[100] hatte zur Folge, dass sich letztlich doch alle EU-Staaten zu einer stärkeren Stabilitätsverpflichtung bereitfanden – alle bis auf Großbritannien, wie sich bei der Ratstagung am 8. und 9. Dezember 2011 herausstellte. David Cameron, der nach der Wahlniederlage Gordon Browns im Mai 2010 eine Koalitionsregierung aus Konservativen und Liberaldemokraten gebildet hatte, bestand mit Rücksicht auf den wachsenden Euroskeptizismus in seiner Partei darauf, dass im Gegenzug zur Stärkung des Stabilitätspakts auch die Verpflichtungen in der Sozial- und Beschäftigungspolitik gelockert würden. Als er damit nicht durchdrang, lehnte er eine abermalige Änderung des Lissabon-Vertrags ab.

Die übrigen 26 Staats- und Regierungschefs vereinbarten daraufhin einen zwischenstaatlichen »Fiskalvertrag«: Er beinhaltete zum einen, dass automatische Sanktionen gegen Defizitsünder verhängt werden sollten, sobald die Kommission eine Überschreitung der zulässigen Grenzwerte festgestellt hatte; ein Abweichen von diesem Automatismus sollte es nur geben, wenn sich eine qualifizierte Mehrheit des Rats dagegen aussprach. Zum anderen verpflichteten sich die Partner des Fiskalpakts, das jährliche strukturelle Haushaltsdefizit unter 0,5 Prozent des BIP zu halten (Länder mit einer Gesamtverschuldung von deutlich unterhalb von 60 Prozent des BIP unter einem Prozent). Dies sollte im nationalen Recht verankert werden, »vorzugsweise«, aber nicht zwingend mit Verfassungsrang. Sollte ein Staat der Verpflichtung zur Einführung dieser Schuldenbremsen nicht nachkommen, könnte er, falls dagegen geklagt wird, vom Europäischen Gerichtshof mit Zahlungen von bis zu 0,1 Prozent des BIP bestraft werden. Der Fiskalvertrag wurde am 2. März 2012 verabschiedet und trat zum 1. Januar 2013 in Kraft. Neben Großbritannien blieb ihm in letzter Minute auch die Tschechische Republik fern.[101]

Unterdessen hatten Merkels wiederholtes Zögern, allzu drakonische Sparauflagen und die undeutlichen Signale, die von den halbherzigen Beschlüssen der Staats- und Regierungschefs ausgingen, dazu geführt, dass sich die Griechenland-Krise verschlimmerte und auch andere Länder in Refinanzierungsschwierigkeiten gerieten. Im Herbst 2010 zwang ein drohender Zusammenbruch von drei der vier nationalen Banken die irische Regierung, als erste Hilfen aus dem temporären Euro-Rettungsschirm in Anspruch zu nehmen. Am 28. November wurden Irland Kredite in Höhe von insgesamt 85 Milliarden Euro bewilligt. Im Frühjahr 2011 musste Portugal Hilfen beantragen, nachdem das Scheitern eines Konsolidierungspakets im Parlament zu einem sprunghaften Anstieg der Zinsen für staatliche Anleihen geführt hatte. Am 17. Mai wurden bis zu 78 Milliarden Euro an Unterstützung zugesagt.

Für Griechenland wurden weitere Hilfszahlungen notwendig, nachdem die Konsolidierungsmaßnahmen zu einem gewaltigen Anstieg der Arbeitslosenzahlen und einem Rückgang des Konsums und der Steuereinnahmen geführt hatten. Die Deutschen (und ebenso die Niederländer und die Finnen) weigerten sich zunächst, sie zu leisten. Erst als der Staatsbankrott Griechenlands im Frühsommer 2011 wieder näher rückte und die Spekulanten ihre Augen schon auf Spanien, Italien und Belgien richteten, fand sich Merkel zu einer neuen Hilfsleistung bereit. Mit Rücksicht auf den Druck der öffentlichen Meinung in Deutschland und den Widerstand in der eigenen Regierungskoalition bestand sie allerdings wieder darauf, dass sich die privaten Gläubiger an der Hilfsaktion beteiligten. Damit konnte sie sich im konkreten Einzelfall durchsetzen: Nachdem die Banken auf 21 Prozent ihrer Forderungen verzichtet und längere Laufzeiten zugestanden hatten (was auf einen Verlust von 50 Milliarden Euro hinauslief), bewilligten die Staats- und Regierungschefs der Eurozone am 21. Juli nach sechs Stunden harter Verhandlungen ein Paket aus längeren Laufzeiten, niedrigeren Zinsen, Anleihekäufen sowie Garantien für die verbliebenen Ansprüche der privaten Investoren, das sich auf insgesamt 109 Milliarden Euro belief. Außerdem wurde die Laufzeit der Garantieübernahmen des EFSF für griechische Anleihen verlängert (von 7,5 auf bis zu 30 Jahren) und der Zinssatz für EFSF-Kredite gesenkt (von 4,5 auf etwa 3,5 Prozent). Dem EFSF wurde die Möglichkeit eingeräumt, selbst Staatspapiere maroder Euroländer aufzukaufen und vorbeugend zur Abwehr einer Notlage eines Eurolandes tätig zu werden.[102]

Drei Monate später stellte sich heraus, dass auch dieses Maßnahmenpaket nicht ausreichen würde, um Griechenland die Aussicht auf eine Bewältigung seiner Schulden zu eröffnen. Merkel bestand jetzt darauf, den Verzicht der privaten Investoren von 21 auf 50 Prozent auszuweiten. Gleichzeitig wurden die Garantien für die verbliebenen privaten Schulden auf 30 Milliarden Euro aufgestockt, womit sich das Volumen des zweiten staatlichen Hilfspakets von 109 auf 130 Milliarden Euro erhöhte. Damit die Banken die Verluste aus diesem Schuldenschnitt verkraften konnten, wurde ihnen auferlegt, ihre Kernkapitalquote bis Mitte 2012 auf neun Prozent zu verstärken. Eine Verdoppelung oder gar Verdreifachung der EFSF-Kreditgarantien, wie sie Sarkozy mit Blick auf die kritische Lage Italiens und Spaniens gefordert hatte, sollte es nicht geben. Allerdings konnten die EFSF-

Garantien fortan auch eingesetzt werden, um Staatsanleihen an Krisenländer zu 20 oder 25 Prozent vorrangig abzusichern.[103]

Zu den Maßnahmen, die bei einem Treffen der Euro-Staats- und Regierungschefs in der Nacht vom 26. zum 27. Oktober beschlossen wurden, gehörten auch die Ausweitung der Überprüfung der griechischen Reformmaßnahmen durch die »Troika« aus EU-Kommission, EFSF und IWF, die Verpflichtung zu weiteren Reformanstrengungen und die Forderung an die griechische Opposition, diese Verpflichtung durch ihre Unterschrift mitzutragen. Als Oppositionsführer Antonis Samaras dies ablehnte und sich auch in den Reihen der regierenden PASOK Widerstand zeigte, kündigte Ministerpräsident Papandreou am 31. Oktober zum Schrecken aller Euro-Partner eine Volksabstimmung über die Gipfelbeschlüsse an. Unter dem Druck der Partner musste er diese Ankündigung am 4. November wieder zurücknehmen und einer Übergangsregierung unter dem ehemaligen EZB-Vizepräsidenten Loukas Papademos Platz machen. Diese akzeptierte das Reformpaket, das bis zum Frühjahr 2012 in den Einzelheiten ausgehandelt wurde. Es dauerte aber noch weitere sechs Monate voller nervöser Anspannung (bis zur Regierungsbildung nach den Wahlen vom 17. Juni 2012), ehe eine parlamentarische Mehrheit zustande kam, die ernsthaft zu seiner Umsetzung bereit war.

Die Regierung aus Konservativen, PASOK und Demokratischer Linken mit Samaras als neuem Ministerpräsidenten forderte allerdings zwei Jahre mehr Zeit für den vereinbarten Schuldenabbau: Weniger drastische Einschnitte sollten die Chancen vergrößern, um zu wirtschaftlichem Wachstum zurückzukehren. Dem konnten sich die Finanzminister der Eurozone schlecht versagen, auch wenn das zu höheren Belastungen der Gläubiger führen musste. IWF-Chefin Christine Lagarde forderte daher, jetzt nach dem privaten Schuldenschnitt auch eine partielle Abschreibung der staatlichen Schulden vorzunehmen. Dagegen sperrte sich der deutsche Finanzminister, einmal mehr mit Blick auf die Wähler und die Kritiker der Griechenland-Hilfe in der Regierungskoalition. Nach langem Gezerre einigten sich die Euro-Finanzminister am 26. November 2012 auf eine Finanzierung des modifizierten Hilfspakets durch Zinserleichterungen, Stundungen, Verzicht auf Zinsgewinne aus den Anleihen, die die EZB getätigt hatte, und die Verwendung von Krediten, um damit Anleihen bei privaten Gläubigern zu 35 Prozent des Nennwerts zurückzukaufen. Darüber hinaus wurde de facto ein Schuldenschnitt für das Jahr 2014 in Aussicht gestellt – unter der Bedingung, dass Griechenland bis dahin ohne Einbeziehung des Schuldendiensts ein deutliches Haushaltsplus erzielt und demzufolge keine weiteren Kredite mehr notwendig sein werden.[104]

Mit der Modifizierung der Griechenland-Hilfe war die Gefahr einer Ansteckung der anderen schwachen Euroländer allerdings noch nicht gebannt. Die Anleger waren immer weniger bereit, in Portugal, Spanien und Italien langfristig

zu investieren. Entsprechend stiegen hier nicht nur, durch den privaten Schuldenschnitt in Griechenland zusätzlich angeheizt, die Zinsen für Staatsanleihen,
sondern auch die Zinsforderungen für private Kredite. Reformmaßnahmen, die
zum Abbau des strukturellen Haushaltsdefizits führen sollten, bremsten auch hier
das Wachstum und ließen den Bedarf an Zwischenfinanzierung weiter wachsen.
Die Forderung, die Schulden zu vergemeinschaften, wurde folglich immer lauter erhoben, und Merkel beantwortete sie mit der Gegenforderung, dass dann
aber auch der europäische Zugriff auf die nationalen Haushalte noch stärker werden müsse. Bei einem informellen Arbeitsmittagessen, zu dem Van Rompuy alle
27 Staats- und Regierungschefs für den 23. Mai 2012 nach Brüssel einlud, prallten die Meinungen aufeinander. Der Ratspräsident wurde beauftragt, zusammen
mit Kommissionspräsident Barroso, Euro-Gruppenchef Juncker und dem neuen
EZB-Präsidenten Mario Draghi bis zur nächsten Ratstagung Ende Juni praktika-
ble Vorschläge zur langfristigen Stabilisierung des Euro und der EU zu machen.

Die Vierergruppe schlug in ihrem Bericht vom 26. Juni zunächst vor, eine
Europäische Bankenunion zu errichten, die zum einen eine europäische Bankenaufsicht mit Durchgriffsrecht auf die nationalen Banken beinhaltete und zum
anderen ein gemeinsames Einlagensicherungssystem und einen Abwicklungs-
fonds für marode Bankhäuser. Dazu plädierte sie für einen »qualitativen Sprung
in Richtung einer Fiskalunion«: Ein Durchgriffsrecht auf nationale Haushalte
sollte den Weg zu einer Vergemeinschaftung der Schulden eröffnen. Wie diese
aussehen sollte, wurde nicht gesagt; die Vier merkten nur an, dass man auch unterschiedliche Formen fiskalischer Solidarität in Betracht ziehen könne und dass
eine voll entwickelte Fiskalunion, die es vielleicht in zehn Jahren geben würde,
die Einrichtung einer Art europäischen Finanzministeriums voraussetzen würde,
das ein europäisches Budget zu verwalten habe. Bei der Entscheidung über dieses
Budget müssten das Europaparlament und die nationalen Parlamente natürlich
voll einbezogen werden.[105]

Die Staats- und Regierungschefs akzeptierten bei ihrer Tagung am 28. und
29. Juni Merkels Forderung, die Einrichtung einer europäischen Bankenaufsicht
»dringlich bis Ende 2012 zu prüfen«. Im Gegenzug erklärte sich die Bundeskanzlerin damit einverstanden, den ESM (der nach einem Ratsbeschluss vom Dezember 2011 schon im laufenden Jahr in Kraft treten sollte) mit der Vollmacht zu
direkter Rekapitalisierung maroder Banken auszustatten, »sobald ein effektiver
einheitlicher Überwachungsmechanismus unter Beteiligung der EZB eingerichtet ist«.[106] Die weiteren Schritte zu einer Banken- und Fiskalunion wurden erneut
kontrovers diskutiert. Die Staats- und Regierungschefs bekannten sich aber zu
dem Prinzip, »die erforderlichen Maßnahmen zu ergreifen, um finanzielle Stabilität, Wettbewerbsfähigkeit und Wohlstand in Europa zu sichern«. Van Rompuy
wurde beauftragt, in Zusammenarbeit mit den drei anderen Präsidenten und in

enger Abstimmung mit den Regierungen bis Jahresende einen »spezifischen Fahrplan mit Terminvorgaben« für die nötigen Beschlüsse und Vertragsänderungen auszuarbeiten.[107]

Der Fortschritt auf dem Weg zu einer Vertiefung der Währungsunion, den diese Beschlüsse darstellten, wurde allerdings dadurch ziemlich vernebelt, dass Italiens neuer Regierungschef Mario Monti, der nach dem Sturz Berlusconis im November 2011 ein ernsthaftes Sanierungsprogramm in Angriff genommen hatte, die Kanzlerin mit einem geschickten Manöver dazu zwang, der Vergabe von Bankkrediten oder dem Aufkauf maroder Staatsanleihen durch den ESM auch ohne Aushandlung zusätzlicher Auflagen zuzustimmen: Er machte seine Zustimmung zu einem neuen Wachstumspakt, den die oppositionelle SPD zur Voraussetzung für die Ratifizierung des Fiskalpakts und des ESM erklärt hatte, von Merkels Einverständnis mit dem derart erleichterten Zugang zu Finanzhilfen des ESM abhängig. Merkel stand gegenüber Monti und dem neuen französischen Staatspräsidenten François Hollande, der sich für den Wachstumspakt stark gemacht hatte, plötzlich als Verliererin da, und Monti konnte sich dem heimischen Publikum als Sieger präsentieren, der der »eisernen Kanzlerin« endlich einen Ausweg aus der Austeritätsfalle abgerungen hatte.

Weil der aktuelle Finanzrahmen des ESM nicht ausreichte, um nach Irland, Portugal und Griechenland auch noch Spanien und Italien mit Krediten zu versorgen, und eine Mehrheit, ihn aufzustocken, im Deutschen Bundestag nach der Demütigung der Kanzlerin noch weniger zu finden war als zuvor, beschloss der EZB-Rat am 6. September, ebenfalls wieder Staatsanleihen maroder Euro-Staaten auf dem Sekundärmarkt aufzukaufen. EZB-Präsident Draghi erklärte bei der Verkündigung dieses Beschlusses, dass es »keine Vorab-Begrenzung des Umfangs« solcher Aufkäufe gäbe. Allerdings sollten sie nur unter der Bedingung erfolgen, dass sich das betroffene Land einem ESM-Regime unterwirft und die dabei vereinbarten Reformauflagen auch einhält. Bundesbankpräsident Jens Weidmann, dem diese Verpflichtung nicht sicher genug erschien, stimmte wie schon sein Vorgänger Axel Weber bei der ersten Aufkauf-Aktion im Mai 2010 gegen den Beschluss.[108]

Tatsächlich ließ der EZB-Beschluss in Verbindung mit dem Inkrafttreten des ESM nach einem Urteil des deutschen Bundesverfassungsgerichts am 12. September die Zinsen für die Krisenländer sinken; erste Investoren legten nun wieder neues Geld an. Das nahm den Akteuren auf der europäischen Ebene viel von dem Handlungsdruck, unter den sie im Frühjahr geraten waren, und entsprechend traten die unterschiedlichen Prioritäten wieder deutlicher hervor. In Berlin, Den Haag und Helsinki verstand man die Einigung auf dem Juni-Gipfel jetzt so, dass die ESM-Hilfen für marode Banken erst für künftige Krisenfälle gelten sollten; in Paris und den südlichen Hauptstädten ging man dagegen selbstverständlich von einer Einbeziehung der aktuellen Krisenfälle, hier vor allem der spanischen Bankenkrise, aus und wollte die Bankenunion deshalb auch schon zum 1. Januar 2013 realisieren. Umgekehrt mahnten Merkel und Schäuble rasche Beschlüsse zur Stärkung des Durchgriffsrechts auf die nationalen Haushalte an, am besten die Einberufung eines Verfassungskonvents mit präzisem Mandat und engem Zeitrahmen schon im Dezember. Dazu sah wiederum Hollande keinerlei Notwendigkeit.

Die Gegensätze wurden im Vorfeld der Ratstagung vom 18. und 19. Oktober offenkundig. Schäuble trat, sekundiert von Merkel, mit dem Vorschlag an die Öffentlichkeit, den EU-Währungskommissar mit der Vollmacht zur Zurückweisung nationaler Haushalte auszustatten, die gegen die stabilitätspolitischen Vereinbarungen verstießen. Demgegenüber beharrte Hollande darauf, dass jetzt vorrangig über die Bankenunion entschieden werden müsse, nicht über die Fiskalunion. Bei der Tagung selbst konnte daher nur eine Verständigung darüber erzielt werden, dass der Beschluss zur Schaffung einer europäischen Bankenaufsicht noch vor Jahresende gefasst werden sollte. In der Nacht vom 12. zum 13. Dezember einigten sich die Finanzminister der Euro-Gruppe auf die Details dieses »Single Supervisory Mechanism« (SSM): Start zum 1. März 2014, Ansiedlung bei der EZB, Zuständigkeit nur für die großen, systemrelevanten Banken (also nicht für Sparkassen, Volksbanken und dergleichen, die sich gegen eine Vergemeinschaftung ihrer Haftungsrisiken gewehrt hatten). Banken, die durch den ESM refinanziert wurden, sollten auch bereits zuvor von der EZB kontrolliert werden können.

Die Einführung eines »höheren Maßes an gemeinsamer Entscheidung über nationale Haushalte« und eines europäischen Budgets zur Krisensteuerung wurde im abschließenden Bericht, den die Vierergruppe um Van Rompuy am 5. Dezember vorlegte, erst für die Zeit »nach 2014« angekündigt. Das hieß: Darüber sollte wohl erst nach den Europawahlen im Frühjahr 2014 entschieden werden.[109] Ob sie tatsächlich zustande kommen würden, blieb auch nach der Ratstagung vom 13. und 14. Dezember 2012 offen. Die Staats- und Regierungschefs einigten sich nur darauf, dass die Definition der »Altlasten«, die Regelung der Abwicklung maroder Banken und die Organisation der Einlagensicherungssysteme bis Mitte 2013 erfolgen sollten. Van Rompuy wurde beauftragt, in Zusammenarbeit mit Barroso bis dahin zu prüfen, inwieweit sich der Vorschlag der Kanzlerin umsetzen ließe, mit einzelnen Mitgliedsländern Sanierungsverträge zu schließen, für die dann auch ein gemeinsamer Sanierungsfonds zur Verfügung stehen sollte.[110]

Die Gefahr eines Auseinanderbrechens der Europäischen Union, die sich aus der wechselseitigen Solidaritätsverweigerung ergeben hatte – Verweigerung von schmerzlichen Strukturreformen in den Krisenländern und Verweigerung von Unterstützung dieser Reformen durch die ökonomischen Zugpferde, insbesondere durch die Deutschen, die, ohne das beabsichtigt zu haben, zur wirtschaftlichen Führungsmacht aufgestiegen waren –, schien damit Ende 2012 gebannt.

Die Union hatte sich in einem schwierigen Anpassungsprozess mit Instrumenten versehen, mit deren Hilfe die Bewältigung der Staatsschuldenkrise grundsätzlich möglich erschien. Die Gegner einer gemeinsamen Krisenbewältigungsstrategie waren spätestens nach dem Urteil des Bundesverfassungsgerichts, das die deutsche Beteiligung am Fiskalpakt und am ESM erlaubte, überall in die Defensive geraten. Offen blieb freilich, welches Ausmaß die Stärkung der europäischen Ebene erreichen würde, die mit der Lösung der Krise einherging. Und offen blieb auch die Höhe des Preises, die jeder einzelne Unionsbürger und jedes Mitgliedsland für die Überwindung der Krise zahlen mussten.

Schlussbetrachtung: Die Zukunft der Union

Am 12. Oktober 2012 überraschte der Vorsitzende des norwegischen Nobel-Komitees, Thorbjörn Jagland, die Weltöffentlichkeit mit der Mitteilung, dass die Europäische Union den Friedensnobelpreis des Jahres 2012 erhält. Das Nobelkomitee begründete seine Entscheidung damit, dass diese Union in den vergangenen sechs Jahrzehnten entscheidend zur friedlichen Entwicklung in Europa beigetragen habe. Im Einzelnen nannte es die Verständigung und enge Verbindung zwischen den beiden großen Kontinentalmächten Frankreich und Deutschland, die Förderung der demokratischen Entwicklung in Südeuropa nach dem Ende der Diktaturen in Griechenland, Spanien und Portugal, die Integration der ostmitteleuropäischen Staaten nach dem Ende des kommunistischen Ostblocks, die Unterstützung bei der Pazifizierung der Balkan-Region nach den Kriegen der 1990er Jahre und die Förderung von Demokratie und Menschenrechten in der beitrittssuchenden Türkei.[1] Das Nobel-Komitee erinnerte damit – mitten in einer akuten Krise des europäischen Integrationsprozesses – daran, dass die Geschichte der europäischen Integration trotz aller Krisen letztlich eine Erfolgsgeschichte war. Gleichzeitig appellierte es an die Europäer, diesen Erfolg nicht angesichts der Zumutungen, die sich aus dem Willen zum Festhalten an der Gemeinschaftswährung ergaben, leichtfertig aufzugeben.

Tatsächlich waren Krisen eine ständige Begleiterscheinung der Entstehung und Entwicklung der Europäischen Union. Sie bedurfte und bedarf eines »täglichen Plebiszits«, wie das Ernest Renan einst im Hinblick auf die Nation formuliert hat,[2] und dieses Plebiszit ist keineswegs selbstverständlich. Das ergibt sich aus der Vielschichtigkeit der Antriebskräfte, die dem Integrationsprozess zugrunde liegen. Das Verlangen, den Frieden zu sichern, das Bemühen um eine Lösung der deutschen Frage, das Streben nach größeren Märkten und die Sorge um Selbstbehauptung in der Welt waren nicht immer gleich stark, und sie wirkten auch nicht immer in die gleiche Richtung. So ließen das Bedürfnis nach Selbstbehauptung und die ungelöste deutsche Frage einen Zusammenschluss des westlichen Europas nach dem Zweiten Weltkrieg als durchaus angemessen erscheinen; im Hinblick auf das Ziel der Friedenssicherung war *diese* Form des Zusammenschlusses, weil gezwungenermaßen auf Westeuropa beschränkt, dagegen problematisch geworden. Die gemeinsame Notwendigkeit zur Einigung stand gegen real sehr unterschiedliche Befindlichkeiten und Bedürfnisse der zu einigenden Staaten, das übergreifende Interesse an einem gemeinsamen Markt traf auf sehr unterschiedliche wirtschaftliche Bedürfnisse der einzelnen Staaten und unterschiedliche Interessen der einzelnen Produktionssektoren. Europapolitik konnte daher keine einheitliche Politik sein; sie war und ist auch immer die Fortsetzung der Auseinandersetzung zwischen unterschiedlichen Ordnungsvorstellungen und Interessen auf europäischer Ebene.

Gleichwohl war es eine bestimmte Kombination dieser vier Impulse, die in den 1950er Jahren zur Entstehung der ersten europäischen Institutionen führte: das Interesse, den neuen westdeutschen Staat einzubinden, der zum unverzichtbaren Partner westeuropäischer Sicherheitspolitik geworden war, verbunden mit dem niederländischen Interesse an rascher Marktöffnung und dem französischen und zuletzt auch deutschen Interesse an Selbstbehauptung gegenüber den USA. Nach der Entscheidung für die Europäische Wirtschaftsgemeinschaft als sozialstaatlich abgefedertem Modernisierungsprojekt nahm das Gewicht der wirtschaftlichen Motive ständig zu; gleichzeitig sorgte die Entwicklung des bipolaren atomaren Abschreckungssystems für verstärkte Impulse zur Schaffung europäischer Autonomie. Die beiden Projekte korrespondierten aber nicht notwendigerweise miteinander. Das erklärt den schleppenden Fortgang politischer Integration bei gleichzeitigen Fortschritten in Richtung auf die Verwirklichung des Binnenmarkts einer erweiterten Gemeinschaft. Mit dem Ende des Kalten Krieges verlor das Ziel einer europäischen Atommacht rasch an Bedeutung; dafür wurde die Europäische Gemeinschaft jetzt mehr denn je benötigt, um die deutsche Zentralmacht einzubinden. An die Stelle der Ambivalenz des europäischen Projekts in der Friedensfrage traten neue Verantwortlichkeiten auf dem europäischen Kontinent wie auf der globalen Ebene. Unterdessen sind wirtschaftliche Produktivität, sozialer Konsens und demokratische Stabilität ohne die Grundlagen des Gemeinsamen Marktes nicht mehr denkbar, die gemeinsamen Interessen an Friedenssicherung überwiegen potentielle nationale Rivalitäten bei weitem, und Handlungsfähigkeit auf globaler Ebene hängt mehr denn je vom gemeinsamen Auftreten der Europäer ab.

Die Europäische Union stellt damit einen Versuch dar, die zivilisatorischen Errungenschaften des demokratischen Nationalstaats unter den Bedingungen zunehmender Globalisierung zu erhalten und weiterzuentwickeln. Sie beruht auf der Wahrnehmung gemeinsamer und komplementärer Interessen der europäischen Nationen und einem Wissen um gemeinsame Werte und Traditionen, das es aussichtsreich erscheinen lässt, diese Interessen fortan gemeinsam wahrzunehmen.[3] Als gesellschaftliches Projekt weist »Europa« damit Züge auf, die den Nationalstaatsprojekten früherer Entwicklungsphasen entsprechen.

Gefördert wird dieses Projekt zweifellos durch die zunehmende Angleichung wirtschaftlicher, sozialer und gesellschaftlicher Strukturen, die im westlichen Europa im Zuge und infolge des anhaltenden Wirtschaftsbooms der 1950er und 1960er Jahre eingetreten ist und unterdessen von den postkommunistischen Staaten der östlichen Hälfte Europas in einem schwierigen Anpassungsprozess nachgeholt werden muss.[4] Ebenso tragen die vielfältigen Verflechtungen in Europa tendenziell zu seiner Durchsetzung bei: die Marktintegration, berufliche und private Mobilität, transnationale Begegnungen und Kontakte, transnational operierende Unternehmen und zunehmend transnational agierende akademische *communities*, schließlich die medial vermittelte Internationalisierung von Einstellungen, Moden und kulturellen Hervorbringungen. Allerdings erfassen diese Verflechtungsprozesse nicht alle Teile der europäischen Gesellschaften gleichermaßen, und obendrein geht die *western civilization*, die sich damit ausbreitet, auch weit über Europa hinaus. Folglich führt von ihnen auch kein direkter Weg zur Entstehung einer genuin europäischen Öffentlichkeit als Medium der Selbstreferenz einer europäischen Gesellschaft.

Dem entspricht, dass die bisherige institutionelle Entwicklung der Europäischen Union vorwiegend auf technokratischem Wege erfolgte, ohne breite gesellschaftliche Diskussion und nachhaltige Identifizierung der Bürger der Europäischen Union mit ihren Institutionen. Angesichts der unterschiedlichen Möglichkeiten, sich ein Vereintes Europa zu denken, gab es in den Ländern, die sich zum Beitritt zur Europäischen Gemeinschaft entschlossen, stets Mehrheiten für ein *prinzipielles* Bekenntnis zu Europa; gleichzeitig fehlte es aber auch immer an eindeutiger Unterstützung für die *Form* von europäischer Einigung, die gerade möglich war. Die Diskrepanz zwischen gewünschtem und machbarem Europa erklärt *erstens* die herausragende Bedeutung einzelner Persönlichkeiten im europapolitischen Entscheidungsprozess, von Robert Schuman und Konrad Adenauer bis zu Jacques Delors, Helmut Kohl und Angela Merkel: Angesichts der Ambivalenzen in den öffentlichen Meinungen konnten starke Führungspersönlichkeiten die Weichen stellen, in direktem Kontakt mit ihren Kooperationspartnern die Routine der Apparate umgehen und Mehrheiten auf ihre Projekte verpflichten. *Zweitens* macht die Diskrepanz zwischen gewünschtem und machbarem Europa verständlich, wieso sich mit der Montanunion und den Römischen Verträgen eine Form der Integration durchsetzen konnte, die wenig Wert auf Bürgerbeteiligung legte und die integrierten Politikbereiche der öffentlichen Diskussion entzog: Nur wenn man die Implikationen im Ungefähren beließ, war zu verhindern, dass negative Koalitionen die stets umstrittenen Integrationsschritte vereitelten.

Drittens wird vor diesem Hintergrund deutlich, wieso das sogenannte Demokratiedefizit unterdessen zum drängendsten Problem der Europäischen Union geworden ist: Angesichts der Ausweitung der Kompetenzen der Gemeinschaft und der erhöhten Regelungsdichte, die damit einhergeht, sind Mehrheitsentscheidungen im Halbdunkel der verschiedenen Ministerratsformationen, das Aushandeln im COREPER und im Europäischen Rat und die geringe demokratische Legitimation der Kommission für den Bürger nicht mehr akzeptabel – unabhängig davon, was Verfassungsrechtler dazu sagen, die sich am nationalstaatlichen Kategorienmodell orientieren. Der technokratische Umweg nach Europa, von Jean Monnet 1950 initiiert und über lange Jahre erfolgreich, zuletzt noch einmal bei der Lancierung des Programms von Maastricht, ist an sein Ende gelangt. Das haben schon die heftigen öffentlichen Debatten über den Vertrag von Maastricht und die Schwierigkeiten bei seiner Ratifizierung deutlich gemacht. Seit der Ablehnung des Verfassungsvertrags durch eine Mehrheit der Franzosen und der Niederländer ist es ganz offenkundig. Die Zukunft der Europäischen Union wird darum in ganz entscheidendem Maße davon abhängen, wie weit es gelingt, Entscheidungen in der Europäischen Union transparent, kontrollierbar und korrigierbar zu machen.

Die Referenden in Frankreich und den Niederlanden haben aber auch gezeigt, dass das nicht einfach zu erreichen ist. Im Grunde ist hier ein Versuch, mehr Transparenz und Demokratie herzustellen, im ersten Anlauf gerade an einem Mangel an Transparenz und Demokratie gescheitert – ein Vorgang, der alle Kennzeichen einer griechischen Tragödie aufweist. Auf die Bedrohung durch die europäische Schuldenkrise reagierten die Gesellschaften der Eurozone prompt mit einer Wiederbelebung nationalstaatlicher Reflexe, und nationalstaatlich orientierte Illusionisten ebenso wie gewissenlose Populisten zögerten nicht, sie für ihre Zwecke auszunutzen. Ob die Koalition der europapolitischen Realisten in den Geber- und Nehmerländern in dieser Krise stark und ausdauernd genug sein wird, um die Kombination von Gemeinschaftsanleihen und demokratisch kontrolliertem Durchgriff auf die nationalen Haushalte durchzusetzen, die zur Überwindung der Schuldenkrise notwendig ist, ist ungewiss.

Dennoch stehen die Chancen gut, dass im Zuge der anstehenden Reformdebatte die europäische Dimension von Identität stärker ins Bewusstsein rückt und die europäische Gesellschaft an Artikulationsfähigkeit gewinnt. Dafür sprechen nicht nur die Erfahrungen bei der Durchsetzung des Lissabon-Vertrags, des Europäischen Stabilitätsmechanismus, des Fiskalpakts und der Bankenunion – Instrumente, die bei aller Verzögerung und allen Halbheiten doch bei der Bewältigung der akuten Probleme der Union helfen. Von großem Gewicht dürfte auch der Umstand sein, dass das reale Ausmaß der mittlerweile erreichten wirtschaftlichen und finanziellen Verflechtung in der Union ebenso wie die Realitäten der Globalisierung keine plausible Alternative zum weiteren Ausbau der Gemeinschaft mehr zulassen, jedenfalls keine, die mit geringeren Kosten verbunden wäre. Zudem dürfte eine Rolle spielen, dass die gemeinsame europäische Tradition durchaus genügend Anregungen für die Gestaltung eines europäischen Kollektivs bereithält.

Die europäische Gemeinschaft wird seit der Mitte der 1980er Jahre mehr und mehr als eine Wertegemeinschaft verstanden, die dem Pluralismus und den demokratischen Freiheiten verpflichtet ist, der Rechtsstaatlichkeit, den Menschenrechten und dem Schutz von Minderheiten. Insofern hat sich in den Diskussionen der letzten Jahrzehnte ein gemeinsames Verfassungserbe der Europäer herausgebildet, das zu einem Verfassungspatriotismus auf europäischer Ebene führen kann. Dieser europäische Patriotismus, der eher das Bekenntnis zu einem Wertesystem ausdrückt, als auf gefühlsmäßiger Zugehörigkeit beruht, ist mit dem nationalen Patriotismus kompatibel. Er trägt sogar dazu bei, den nationalen Patriotismus, der von unterschiedlichen historischen Erfahrungen und den unterschiedlichen Sprachen und Kulturen geprägt ist, in Zeiten dynamischen Wandels zu stabilisieren. In dieser Hinsicht kann man durchaus von europäischer Identität im Singular sprechen. Es handelt sich freilich nicht um eine »identitäre« Konzeption von Identität, sondern um eine universalistische, die die nationalen Identitäten und die Leistungen der Nationen respektiert.[5]

Das »Projekt Europa« führt damit, jedenfalls in absehbarer Zeit, nicht zu einem Absterben der Nationalstaaten. Vielmehr bildet es die Voraussetzung für ihr Überleben, das allerdings nur ein Überleben in veränderter Form und eingeschränkter Funktion sein kann. Europäische Identität wird darum auch die nationalen Identitäten in absehbarer Zeit auch nicht einfach ersetzen. Stattdessen zeichnet sich ab, dass die Menschen in Europa mit einer mehrschichtigen Identität leben, einer Identität, die regionale, nationale und europäische Momente in sich vereint. Bei den Eurobarometer-Umfragen wird das regelmäßig deutlich, wenn nach dem Selbstverständnis der Unionsbürger gefragt wird. Im Mai 2012 bezeichneten sich 38 Prozent der Bürgerinnen und Bürger der EU 27 ausschließlich als Angehörige ihrer Nation. 49 Prozent aber sahen sich in erster Linie als Angehörige einer europäischen Nation und zugleich in einer weiteren Dimension auch als Europäer. Sechs Prozent verstanden sich sogar vorrangig als Europäer und erst in zweiter Linie auch noch als Angehörige einer Nation. Drei Prozent betrachteten sich ausschließlich als Europäer.[6]

Hinter diesen aggregierten Zahlen verbergen sich natürlich unterschiedliche Bewusstseinsstände in den verschiedenen Mitgliedsländern der Union und auch innerhalb der jeweiligen Bevölkerung. Differenziert man die Ergebnisse, wird deutlich, dass die Europa-Orientierung der Bürger mit ihrem Alter, ihrem Bildungsgrad und dem Maß an gesellschaftlicher Verantwortung korreliert. Je jünger, je höher im Bildungsabschluss und in der gesellschaftlichen Stellung, desto stärker ist auch die europäische Dimension der Identität ausgeprägt. »Europa« ist danach immer noch eher ein Eliten-Projekt; gleichzeitig kann die »pro-europäische« Fraktion *à la longue* aber mit weiterem Zuwachs rechnen. Mit der weiteren Verdichtung der Beziehungen innerhalb der Union, der Stärkung europäischer Institutionen, der absehbaren Zunahme von Mobilität über nationalstaatliche Grenzen hinweg und der steigenden Bedeutung beruflicher Qualifikationen wird die europäische Dimension von personaler und kollektiver Identität in Zukunft noch stärker ins Bewusstsein treten.

Ob und wie lange noch die nationale Identität stärkere Bindungswirkungen behaupten kann als die europäische, muss dabei grundsätzlich offenbleiben. Es gibt keinen plausiblen Beleg für die Behauptung Ralf Dahrendorfs aus dem Jahr 1994, *allein* der Nationalstaat sei imstande, tiefere Bindungen der gesellschaftlichen Kräfte zu schaffen.[7] Wie die Priorität der europäischen Werte und die zunehmende Transnationalität der Lebensstile zeigen, weisen die empirischen Befunde schon jetzt in eine andere Richtung. Es gehört weder besonderer Mut noch übertriebener Optimismus zu der Vorhersage, dass die Gemeinsamkeiten der Europäer mit der Ausweitung der Gemeinschaftsaufgaben und der Demokratisierung europäischer Politik noch stärker hervortreten werden, allem reaktivem Aufflackern von Nationalismus zum Trotz.

Was daraus auf der staatsrechtlichen Ebene folgt, mag man mit Jacques Delors eine »Föderation von Nationalstaaten« nennen.[8] Dieser Begriff ist zwar verfassungsrechtlich nicht sehr genau; er bringt aber das fortdauernde Spannungsverhältnis zwischen Nationalstaatlichkeit und Supranationalität recht gut zum Ausdruck. Diese Föderation, die real schon jetzt besteht (auch wenn kaum jemand wagt, sie als solche zu bezeichnen), wird sich nicht wieder auflösen oder zu einer bloßen Freihandelszone mutieren, wie manche befürchten: Dazu ist der Nutzen, den alle Beteiligten aus der gegenwärtigen Konstruktion ziehen, viel zu groß, und im Konfliktfall wird das auch immer wieder deutlich. Auf der anderen Seite ist aber auch kein baldiger qualitativer Sprung zu einem weltpolitisch handlungsfähigen Europa zu erwarten, wie es von Europa-Enthusiasten wie Daniel Cohn-Bendit und Guy Verhofstadt in jüngster Zeit wieder vermehrt gefordert wird.[9] Dazu wiederum bleibt der Nationalstaat für die überwiegende Mehrheit der Europäer viel zu wichtig und ist der Leidensdruck, den der Unilateralismus der amerikanischen Weltmacht verschiedentlich erzeugt, insgesamt doch zu gering.

Europapolitik war immer die Kunst des Möglichen, und die europäischen Spitzenpolitiker werden auch künftig daran gemessen werden, inwieweit sie diese Kunst beherrschen. Möglich ist, dass die Instrumente zur Bewältigung der aktuellen Schuldenkrise doch noch durch die Einführung von Eurobonds ergänzt werden und eine parlamentarisch legitimierte Instanz auf europäischer Ebene im Gegenzug das Recht erhält, bei Verstößen gegen die nationale Haushaltsdisziplin zu intervenieren. Voraussetzung für einen solchen Schritt zur Fiskalunion wäre allerdings, dass sich das deutsch-französische Paar, ohne dessen Zusammenwirken Fortschritte in der europäischen Integration nicht erreichbar sind, darauf einigt; und das setzt wiederum voraus, dass François Hollande seinen Wählern den Irrglauben nimmt, die Sanierung der französischen Volkswirtschaft könne ohne schmerzliche Einschnitte und weitere Vergemeinschaftung nationaler Souveränität gelingen. Denkbar ist auch, dass die Parteienbünde in Europa die gegenwärtige Erregung in der Euro-Frage dazu nutzen, schon im Vorfeld der nächsten Europawahlen Kandidaten für das Amt des Kommissionspräsidenten aufzustellen und so das europäische Regieren stärker politisieren.[10]

Dass Großbritannien bei der Schaffung einer Fiskalunion dabei sein wird, ist ganz unwahrscheinlich. Eher scheint es möglich, dass David Camerons Ankündigung vom 23. Januar 2013, im Jahr 2017 ein Referendum über den Verbleib Großbritanniens in der Union abhalten zu wollen, zum vollständigen Ausscheiden der Briten führen wird. Die Zahl der Bürgerinnen und Bürger, die sich ausschließlich als Angehörige ihrer Nation betrachten, war hier anders als in den kontinentalen Ländern immer höher als die Zahl derjenigen, die sich zugleich als Europäer verstanden (im Mai 2012: 60 gegenüber 42 Prozent). Nachdem Tony Blair nicht den Mut aufbrachte, dagegen offensiv vorzugehen, zeigen die kontinentalen Europäer wenig Neigung, Cameron bei der Bewältigung seiner innerparteilichen Probleme mit den EU-Gegnern zu helfen. Sie werden jedenfalls nicht bereit sein, Gemeinschaftsbereiche aufzugeben, nur um die Briten in der Union zu halten. Es könnte allerdings auch sein, dass in Großbritannien ein Umdenken einsetzt, sobald offenkundig wird, wo die Prioritäten der Kontinentaleuropäer liegen.

Das dürfte umso eher der Fall sein, je überzeugender es den Mitgliedern der Eurozone gelingt, die Schuldenexzesse einzudämmen, die dadurch angehäuften Schuldenberge abzubauen und neues Wachstum zu generieren. Nichts macht die Europäische Union so attraktiv wie ihr Erfolg. Insofern darf man nicht nur erwarten, dass ein Erfolg bei der Bewältigung der Euro-Schuldenkrise das Gemeinschaftsbewusstsein weiter stärken wird. Man tut auch gut daran, sich die Erfolge der Vergangenheit deutlicher vor Augen zu führen, als dies in der Fixierung auf die aktuellen Ärgernisse für gewöhnlich der Fall ist.

Nachwort

Eine Geschichte der europäischen Einigung, die in den 1940er Jahren beginnt und bis zur Gegenwart führt, beruht notwendigerweise auf ganz unterschiedlichen Grundlagen. Für die Gründerjahre, die zur Entstehung der ersten europäischen Institutionen führten, ist die Erschließung staatlicher Archive und privater Nachlässe weit fortgeschritten. Ich konnte mich hier auf eine große Fülle einschlägiger Studien stützen, beginnend mit den Arbeiten meines akademischen Lehrers Walter Lipgens zu den Anfängen der europäischen Einigungsbewegung und meiner eigenen Dissertation über die französischen Sozialisten und die Nachkriegsordnung Europas. Die ersten beiden Jahrzehnte nach der Unterzeichnung der Römischen Verträge im März 1957 sind in den letzten Jahren zunehmend in den Blickpunkt der historischen Forschung gerückt. Dabei konnte ich besonders auch von einigen Qualifikationsschriften profitieren, die an meinem Essener Lehrstuhl entstanden sind: den Dissertationen von Carine Germond, Philip Bajon und Henning Türk und den Habilitationsschriften von Wolfram Kaiser, Kiran Klaus Patel und Claudia Hiepel. Zusätzliche Recherchen waren für diesen mittleren Zeitabschnitt nur in Teilbereichen notwendig. Für den Zeitraum seit der Mitte der 1970er Jahre sind dagegen Archive und Nachlässe bislang nur sehr punktuell erschlossen worden. Hier war viel Pionierarbeit zu leisten, gelegentlich unter Nutzung von Archivbeständen und privaten Informationen, häufiger unter Rückgriff auf Memoirenliteratur und die im Detail recht ergiebige zeitgenössische Politikbeobachtung.

Insgesamt ist so ein historiographisches Zwitterprodukt entstanden: eine Synthese, die mehr und mehr in eine Pionierstudie übergeht. Je mehr sie sich der Gegenwart nähert, desto neuartiger sind die Informationen und Bewertungen, desto deutlicher tritt aber auch der vorläufige Charakter der Darstellung hervor. Die Unausgewogenheit in den Quellengrundlagen ist der Preis, der für ein Mehr an übergreifenden Perspektiven und Orientierungsleistung für die Gegenwart gezahlt werden musste.

Abweichungen von bisherigen Forschungsmeinungen und Stellungnahmen zu Forschungskontroversen habe ich in den Anmerkungen nur ganz knapp vermerkt. Wer sich mit dem Gang der Forschung zur europäischen Integrationsgeschichte näher vertraut machen möchte, sei auf einen Sammelband mit bilanzierenden Beiträgen verwiesen, den ich aus Anlass des 50. Jahrestags der Unterzeichnung der Römischen Verträge im Jahr 2007 herausgegeben habe.[1] Einen systematischen Überblick über die Forschungsliteratur bietet ein anregender Essay von Kiran Klaus Patel in einem kürzlich erschienenen Sammelwerk zu den *Dimensionen internationaler Geschichte*.[2] Meine eigene Position in der Forschungslandschaft habe ich in einem Essay verdeutlicht, der sich mit der Einordnung des Werkes von Alan Milward in die Entwicklung der Geschichtsschreibung zur europäischen Integration beschäftigt.[3] Detailliertere Informationen zu einzelnen Problemkomplexen finden sich in den Spezialstudien, die jeweils in den Anmerkungen angegeben werden. Über den Fortgang der Forschung informieren regelmäßig Aufsätze und Buchbesprechungen im *Journal of European Integration History* sowie die Internetseite der Verbindungsgruppe der Historiker bei der EU-Kommission (www.eu-historians.eu).

Den Kolleginnen und Kollegen dieser Verbindungsgruppe, der ich nunmehr fast dreißig Jahre angehöre, verdanke ich zahlreiche Anregungen. Der beständige Austausch mit ihnen und die gemeinsame Arbeit an der Entwicklung einer internationalen *community* der Integrationshistoriker haben mir geholfen, nationale Blickverengungen zu vermeiden, die gerade bei einem Thema wie der europäischen Integration besonders fatal wären, und (so hoffe ich wenigstens) einen europäischen Blick auf die Geschichte der europäischen Einigung zu entwickeln. Mein Dank gilt den früheren Mitgliedern der Verbindungsgruppe und den jüngeren, besonders aber den langjährigen Weggefährten: Marie-Thérèse Bitsch, Gérard Bossuat, Anne Deighton, Klaus Schwabe und Antonio Varsori.

Wichtige Einsichten und Informationen verdanke ich zudem dem Austausch mit Politikwissenschaftlern, Juristen und Ökonomen, die sich mit dem historisch neuartigen Phänomen der europäischen Integration beschäftigt haben. Die Mitarbeit in verschiedenen interdisziplinären und häufig auch internationalen Arbeitskreisen und Projektgruppen hat, soweit ich das überblicken kann, zu wechselseitigen Anregungen und damit ansatzweise auch zur Entwicklung einer gemeinsamen Integrationswissenschaft geführt. Besonderer Dank gilt in diesem Zusammenhang meinem Kölner Kollegen und Freund Wolfgang Wessels, der es wie kein Zweiter verstanden hat, Kollegen unterschiedlichster Provenienz und unterschiedlichsten Zuschnitts zu gemeinsamer Arbeit zusammenzuführen. Wer sich die Funktionsweise der europäischen Institutionen genauer vor Augen führen will, als es in dieser Darstellung ihrer Entwicklung möglich ist, der ist mit der großen Gesamtdarstellung des Institutionengefüges aus der Feder von Wolfgang Wessels bestens bedient.[4]

Bedanken möchte ich mich ebenso bei den Mitarbeiterinnen und Mitarbeitern meines Essener Lehrstuhls. Sümeyra Kaya und André Postert haben zu unterschiedlichen Zeiten wichtige Unterstützung bei der Recherche geleistet. André Postert hat mich zudem bei der Drucklegung des Buches unterstützt und durch kluge Beobachtungen zur Präzisierung der Textgestaltung beigetragen. Raluca Frincu und Stephanie Hück haben bei der Einrichtung des Textes geholfen, und Stephanie Hück hat auch mit entwaffnendem Charme dafür gesorgt, dass ich nicht allzu stark durch Anforderungen aller Art davon abgehalten wurde, mich auf die Fertigstellung des Manuskripts zu konzentrieren. Dank gilt schließlich auch den Mitarbeiterinnen und Mitarbeitern des Campus-Verlags, allen voran Jürgen Hotz. Ihr Engagement für dieses Buch weiß ich sehr zu schätzen.

Die Geschichte, die in diesem Buch erzählt wird, geht weiter. Das hat, wie man sich vorstellen kann, eine besondere Herausforderung beim Schreiben dargestellt, aber auch den besonderen Reiz des Unternehmens ausgemacht. Ob das fertige Produkt seinerseits Einfluss auf den weiteren Gang der Geschichte nehmen kann, ist natürlich höchst ungewiss und vermutlich eher unwahrscheinlich. Die Leser mögen mir es aber bitte nachsehen, wenn ich einen solchen Fortgang als eine besonders reizvolle Perspektive betrachte.

Essen, im Oktober 2013   *Wilfried Loth*

Anmerkungen

Prolog: Churchills Kongress (S. 9–25)

1 Zu Vorgeschichte und Verlauf des Haager Kongresses vgl. Frank Niess, *Die europäische Idee aus dem Geist des Widerstands*, Frankfurt am Main 2001, S. 158–173 und 181–220; Wilfried Loth, »Vor 60 Jahren: Der Haager Europa-Kongress«, in: *Integration* 31 (2008), S. 179–190; Jean-Michel Guieu/Christophe Le Dréau (Hg.), *Le »Congrès de l'Europe« à la Haye (1948–2008)*, Brüssel 2009.

2 In dieser Systematik erstmals vorgestellt bei Wilfried Loth, »Der Prozess der europäischen Integration. Antriebskräfte, Entscheidungen und Perspektiven«, in: *Jahrbuch für Europäische Geschichte* 1 (2000), S. 17–30. Als Gesamtdarstellung, die diese Motive entfaltet, vgl. Wilfried Loth, *Der Weg nach Europa. Geschichte der europäischen Integration 1939–1957*, Göttingen ³1996 (¹1990).

3 Léon Blum, *Blick auf die Menschheit*, Zürich 1945, S. 104 (geschrieben 1941). Vgl. Wilfried Loth, *Sozialismus und Internationalismus. Die französischen Sozialisten und die Nachkriegsordnung Europas 1940–1950*, Stuttgart 1977.

4 Blum, *Blick auf die Menschheit*, S. 108f.

5 Rede vor der Labour-Fraktion am 8.11.1939, in: Clement R. Attlee, *Labour's Peace Aims*, London 1940, S. 12f.

6 Vgl. Walter Lipgens, *Die Anfänge der europäischen Einigungspolitik 1945–1950*, Bd. 1: *1945–1947*, Stuttgart 1977; ders. (Hg.), *Documents on the History of European Integration*, Bd. I: *Continental Plans for European Union 1939–1945*, Berlin/New York 1985; Bd. II: *Plans for European Union in Great Britain and in Exile 1939–1945*, Berlin/New York 1986; Michel Dumoulin (Hg.), *Plans des temps de guerre pour l'Europe d'après-guerre 1940–1947*, Brüssel 1995.

7 Rede vom 5.3.1946, in: Robert Thodes James (Hg.), *Winston S. Churchill. His complete speeches 1897–1963*, Bd. VII: *1943–1949*, New York 1974, S. 7285–7293.

8 Rede vom 19.9.1946 in: Walter Lipgens/Wilfried Loth (Hg.), *Documents on the History of European Integration*, Bd. III: *The Struggle for European Union by Political Parties and Pressure Groups in Western European Countries, 1945–1950*, Berlin/New York 1988, S. 662–666.

9 Vgl. Lipgens, *Anfänge*, S. 313–331; Niess, *Europäische Idee*, S. 131–144.

10 Lipgens, *Anfänge*, S. 331–339.

11 Ebd., S. 438–444.

12 Ebd., S. 570f.; Niess, *Europäische Idee*, S. 145–147.

13 Vgl. die Sammlung unterschiedlicher Reaktionen bei Lipgens, *Anfänge*, S. 339–343 und 435–438.

14 Zitiert nach Lipgens, *Anfänge*, S. 382; zur Konstituierung der UEF ebd., S. 109–155, 268–272, 292–313 und 343–386.

15 Ebd., S. 570–573.

16 Ebd., S. 441–444.

17 Ebd., S. 548–561; Heribert Gisch, »The European Parliamentary Union«, in: Walter Lipgens/ Wilfried Loth (Hg.), *Documents on the History of European Integration*, Bd. IV: *Transnational Organizations of Political Parties and Pressure Groups in the Struggle for European Union, 1945– 1950*, Berlin/New York 1990, S. 112–185.

18 Vgl. Lipgens, *Anfänge*, S. 620–623.

19 Ebd., S. 612–617.

20 Aufzeichnung Hendrik Brugmans vom 24.9.1947, in: Lipgens/Loth, *Documents* IV, S. 41f.

21 Protokoll eines Treffens von Sandys, van Zeeland, Retinger und Kerstens am 28.9.1947 in Brüssel, zitiert bei Lipgens, *Anfänge*, S. 627.

22 So die nachträgliche Charakterisierung des Dilemmas durch Denis de Rougement, »The Campaign of the European Congresses«, in: *Government and Opposition*, Bd. 2, Nr. 3 (April–Juli 1967), S. 329–349, hier S. 338.

23 Lipgens, *Anfänge*, S. 630f.

24 So Alexandre Marc in einem Schreiben an Marceau Pivert, 10.12.1947, zitiert bei Lipgens, *Anfänge*, S. 632.

25 Ebd., S. 628f.; Text des Agreements vom 11.11.1947 in: Lipgens/Loth, *Documents* IV, S. 325– 328.

26 Entwurf Sandys, 11.12.1947, in: Lipgens/Loth, *Documents* IV, S. 328–339; Auszüge aus dem Sitzungsprotokoll bei Lipgens, *Anfänge*, S. 636f.

27 Anhang A zum Entwurf Sandys, 11.12.1947. Als »Anhang B« legte Sandys gleich eine exemplarisch gemeinte Liste von möglichen Mitgliedern der britischen Delegation bei.

28 Niess, *Europäische Idee*, S. 181f.

29 Retinger an Gafencu, 27.12.1947, zitiert bei Niess, *Europäische Idee*, S. 173.

30 Vgl. Christoph Stillemunkes, »The Discussion on European Union in the German Occupation Zones«, in: Lipgens/Loth, *Documents* III, S. 441–565, hier S. 454.

31 Lipgens, *Anfänge*, S. 633; vgl. Heribert Gisch, »The ›Nouvelles Équipes Internationales‹ (NEI)«, in: Lipgens/Loth, *Documents* IV, S. 477–540; Michael Gehler/Wolfram Kaiser (Hg.), *Transnationale Parteienkooperation der europäischen Christdemokraten. Dokumente 1945–1965*, München 2004; Wolfram Kaiser, *Christian Democracy and the Origins of European Union*, Cambridge/New York 1007, S. 191–205.

32 Henry Frenay an Marcel Hytte, 15.12.1947, zitiert bei Lipgens, *Anfänge*, S. 633; vgl. Loth, *Sozialismus*, S. 199–201; Wilfried Loth, »The Mouvement pour les États-Unis d'Europe (MSEUE)«, in: Lipgens/Loth, *Documents* IV, S. 277–318.

33 Lipgens, *Anfänge*, S. 633–635; Martin Posselt, *Richard Coudenhove-Kalergi und die Europäische Parlamentarier-Union*, Diss. Graz 1987, S. 234–237 und 275–284; Heribert Gisch, »The European Parliamentary Union (EPU)«, in: Lipgens/Loth, *Documents* IV, S. 112–185.

34 Loth, *Sozialismus*, S. 204–209; Clemens A. Wurm, »Great Britain: Political Parties and Pressure Groups in the Discussion on European Union«, in: Lipgens/Loth, *Documents* III, S. 628–762; Wilfried Loth, »The Socialist International«, in: Lipgens/Loth, *Documents* IV, S. 436–475.

35 Vgl. seine Argumentation im Strategiepapier vom 11.12.1947, in: Lipgens/Loth, *Documents* IV, S. 330.

36 Niess, *Europäische Idee*, S. 183f. und 190–192.

37 Konrad Adenauer, *Erinnerungen 1945–1953*, Stuttgart 1965, S. 210.

38 Walter Hallstein, *United Europe. Challenge and Opportunity*, Cambridge (Mass.) 1962, S. 8. Weitere Zeugnisse zur deutschen Delegation bei Niess, *Europäische Idee*, S. 193–197.

39 Text in Lipgens/Loth, *Documents* IV, S. 51–55.

40 De Rougement, *Campaign*, S. 339–345; Reden und Resolutionen in: *Europe Unites. The story of the campaign for European Unity, including a full report of the Congress of Europe, held at The Hague*, London 1949; Verbatim report des Kongresses (hektographiert) im Archiv der Europä-

ischen Bewegung, Deposit in den Historischen Archiven der Europäischen Union, Fonds ME, Florenz; online in: Council of Europe. Documents and archives.

41 De Rougement, *Campaign*, S. 342.

42 Eugen Kogon, »Der Haager Europäische Kongreß«, in: *Frankfurter Hefte* 3, Heft 6 (Juni 1948), S. 481–483, hier S. 481f.

43 Duncan Sandys, »Suggested Outline of the Political Report for the Hague Congress«, 21.12.1947, in: Lipgens/Loth, *Documents* IV, S. 330–332.

44 Lipgens/Loth, *Documents* IV, S. 333–338.

45 Politische Resolution des Haager Kongresses, in: Lipgens/Loth, *Documents* IV, S. 345–347; deutsche Übersetzung in: Walter Lipgens (Hg.), *45 Jahre Ringen um die Europäische Verfassung. Dokumente 1939–1984*, Bonn 1986, S. 240–242. Bei der häufig nachgedruckten Übersetzung im *Europa-Archiv* 3 (1948), S. 1443f., handelt es sich um den vorletzten Entwurf, nicht um die verabschiedete Fassung.

46 Auszüge aus den Debattenbeiträgen in Lipgens/Loth, *Documents* IV, S. 339–345. Vgl. auch Henri Brugmans, *L'idée européenne 1920–1970*, Brügge 1970, S. 133.

47 Text des vorgelegten Berichts in Lipgens/Loth, *Documents* IV, S. 208–212.

48 Wirtschaftliche und soziale Resolution in Lipgens/Loth, *Documents* IV, S. 347–350; deutsche Übersetzung in *Europa-Archiv* 3 (1948), S. 1444f.

49 Ebd.

50 Europe Unites, S. 48. Vgl. die Diskussionsbeiträge ebd., S. 46–65, sowie die Darstellung bei Loth, *Sozialismus*, S. 210.

51 Resolution des Kulturausschusses, deutsche Übersetzung in *Europa-Archiv* 3 (1948), S. 1445f.; zur Entstehung de Rougement, *Campaign*, S. 339–341. Leider gibt de Rougement nicht an, worin genau die Korrekturen bestanden, die er nach einer Besprechung am 26. April 1948 in London vornehmen musste.

52 Ebd., S. 342.

53 De Rougement ist auch hier nicht ganz präzise: Er berichtet von einer Krisensitzung, in der van Zeeland die Verlesung der Botschaft ohne die inkriminierte Passage als Kompromiss vorgeschlagen hat (ebd., S. 344), erwähnt aber die Abreisedrohung nicht. Über diese informierte Sandys Frank Niess in einem Gespräch am 25.11.1966; siehe Niess, *Europäische Idee*, S. 210.

54 Erklärung, 20.5.1948, in Lipgens/Loth, *Documents* IV, S. 56.

55 Ebd., S. 57–78.

56 Niess, *Europäische Idee*, S. 223–227.

57 Festgehalten von Sandys in einem Memorandum für das Koordinierungskomitee, zitiert bei Niess, *Europäische Idee*, S. 219.

58 Die auf die radikalen Föderalisten zurückgehende Charakterisierung Sandys' und der Komitee-mehrheit als »Unionisten« ist irreführend.

1. Gründerjahre 1948–1957 (S. 26–74)

1 FJME, AME 22/1; teilweise zitiert bei Jean Monnet, *Erinnerungen eines Europäers*, München 1978, S. 347f.

2 Jean Laloy, Note vom 30.8.1948, zitiert nach Raymond Poidevin, »Le facteur Europe dans la politique allemande de Robert Schuman (été 1948 – printemps 1949)«, in: Ders. (Hg.), *Histoire des débuts de la construction européenne (mars 1948 – printemps 1950)*, Brüssel 1986, S. 311–326, hier S. 318.

3 Zitiert nach René Massigli, *Une comédie des erreurs 1943–1956*, Paris 1978, S. 157.
4 Hierzu und zum Folgenden Loth, *Sozialismus*, S. 211–214 und 221–223; Marie-Thérèse Bitsch, »Le rôle de la France dans la naissance du Conseil de l'Europe«, in: Poidevin, *Débuts*, S. 165–198; Geoffrey Warner, »Die britische Labour-Party und die Einheit Westeuropas 1949–1952«, in: *Vierteljahrshefte für Zeitgeschichte* 28 (1980), S. 310–330; Young, *Britain*, S. 110–117; Antonio Varsori, *Il Patto di Bruxelles (1948): tra integrazione europea e alleanza atlantica*, Rom 1988, S. 185–211 und 244–269.
5 So in einer Grundsatzbesprechung mit den Diplomaten des Foreign Office am 13.8.1945, zitiert nach Sean Greenwood, »Ernest Bevin, France and ›Western Union‹: August 1945–February 1946«, in: *European History Quarterly* 14 (1984), S. 319–338, hier S. 322f.
6 Zitiert nach Lord Strang, *Home and Abroad*, London 1956, S. 290.
7 Vgl. seine Äußerungen im Gespräch mit Dalton am 17.11.1948, referiert bei Young, *Britain*, S. 113.
8 Vgl. Loth, *Sozialismus*, S. 225–229; *Documents* IV, S. 298–300, 379–399 und 462–469.
9 Vgl. die Zeugnisse von Étienne Hirsch (in: Erling Bjøl, *La France devant l'Europe. La politique européenne de la IVe République*, Kopenhagen 1966, S. 67), Pierre Uri (ebd., S. 381) und Monnet (*Erinnerungen*, S. 354–358); Éric Roussel, *Jean Monnet 1888–1979*, Paris 1996, S. 504–508.
10 Text der Entschließungen in: *Europa-Archiv* 4 (1949), S. 2557–2560 und 2579–2584; zum Verhandlungsverlauf Édouard Bonnefous, *L'idée européenne et sa réalisation*, Paris 1950, S. 125–149 und 301–333; Charles Melchior de Molènes, *L'Europe de Strasbourg. Une première expérience de parlementarisme européen*, Paris 1971, S. 181–197; Loth, *Sozialismus*, S. 244–247.
11 Report vom 26.1.1949, referiert bei Young, *Britain*, S. 122; vgl. ebd., S. 118–123; zu Bevins Furcht vor Frankreich auch David Dilks, »Britain and Europe, 1948–1950: The Prime Minister, the Foreign Secretary and the Cabinet«, in: Poidevin, *Débuts*, S. 391–418, hier S. 407.
12 So die Formulierung des Foreign-Office-Beamten Eric Berthoud in einer Auswertung der trilateralen Gespräche 13.9.1949, zitiert nach Hogan, *Marshall-Plan*, S. 265; vgl. ebd., S. 238–278; Alan Milward, *The Reconstruction of Western Europe, 1954–51*, Berkeley 1984, S. 287–295; zum konzeptionellen Wandel auch Klaus Schwabe, »Der Marshall-Plan und Europa«, in: Poidevin, *Débuts*, S. 47–69, hier S. 61–67.
13 Vgl. Milward, *Reconstruction*, S. 308f.; Young, *Britain*, S. 127; Dilks, *Britain and Europe*, S. 411–414.
14 Pierre-Olivier Lapie, *De Léon Blum à de Gaulle. Le caractère et le pouvoir*, Paris 1971, S. 214.
15 Text der Beschlüsse in: *Europa-Archiv* 4 (1949), S. 2697 und 2609–2612.
16 Vgl. *Documents* III, S. 110–113; Posselt, *Coudenhove-Kalergi*, S. 374f.
17 Zitate aus der Resolution der außerordentlichen Generalversammlung der UEF am 29.–31.10.1949 in Paris, *Documents* IV, S. 84–91, zur Strategie der UEF Sergio Pistone, *The Union of European Federalists*, Mailand 2008, S. 50–57.
18 Journal Officiel de la République française, Assemblée nationale, Débats parlementaires 25.11.1949, S. 6214–6218. Vgl. Wilfried Loth, »Der Abschied vom Europarat. Europapolitische Entscheidungen im Kontext des Schuman-Plans«, in: Klaus Schwabe (Hg.), *Die Anfänge des Schuman-Plans 1950/51*, Baden-Baden 1988, S. 183–195.
19 Milward, *Reconstruction*, S. 306–316; Richard T. Griffith/Frances M. B. Lynch, »L'échec de la ›Petite Europe‹: les négociations Fritalux/Finebel, 1949–1950«, in: *Revue historique* 109 (1985), S. 159–193; Pierre Guillen, »Le projet d'union économique entre la France, l'Italie et le Benelux«, in: Poidevin, *Débuts*, S. 143–157.
20 FRUS 1949, III, S. 624f.
21 Vgl. Hans-Peter Schwarz, *Adenauer. Der Aufstieg: 1876–1952*, Stuttgart 1986, S. 684 und 701f.; zu Adenauers Europa-Konzeption Wilfried Loth, »Konrad Adenauer und die europäische Einigung«, in: Mareike König/Matthias Schulz (Hg.), *Die Bundesrepublik Deutschland und die europäische Einigung 1949–2000*, Stuttgart 2004, S. 81–105.

22 Vgl. Norbert Wiggershaus, »Zur Frage einer militärischen Integration Westdeutschlands (bis Mai 1950)«, in: Poidevin, *Débuts*, S. 343–366.

23 Zitiert nach Pierre Gerbet, »La naissance du Plan Schuman«, in: Andreas Wilkens (Hg.), *Le Plan Schuman dans l'Histoire. Intérêts nationaux et projet européen*, Brüssel 2004, S. 13–51. Zur Vorgeschichte des Schuman-Plans vgl. auch Milward, *Reconstruction*, S. 358–401; Raymond Poidevin, *Robert Schuman – homme d'Etat 1886–1963*, Paris 1986, S. 244–263; Ulrich Lappenküper, »Der Schuman-Plan. Mühsamer Durchbruch zur deutsch-französischen Verständigung«, in: *Vierteljahrshefte für Zeitgeschichte* 42 (1994), S. 403–445, hier S. 405–413; Roussel, *Monnet*, S. 519–529; William I. Hitchcock, *France Restored. Cold War Diplomacy and the Quest for Leadership in Europe, 1944–1954*, Chapel Hill/London 1998, S. 116–129.

24 Text der Erklärung in: *Europa-Archiv* 5 (1950), S. 3091f.

25 Aufschlussreich für die Motivlage ist Monnets Exposé vom 3.5.1950, veröffentlicht in *Le Monde*, 9.5.1970, deutsch bei Gilbert Ziebura, *Die deutsch-französischen Beziehungen seit 1945. Mythen und Realitäten*, Pfullingen 1970, S. 195–200. Vgl. auch Monnet, *Erinnerungen*, S. 367–380.

26 Undatierte Notiz im Nachlass Schuman, ermittelt von Gilbert Trausch, »Der Schuman-Plan zwischen Mythos und Realität. Der Stellenwert des Schuman-Plans«, in: Rainer Hudemann/Hartmut Kaelble/Klaus Schwabe (Hg.), *Europa im Blick der Historiker*, München 1995, S. 105–128, hier S. 113f.

27 Der Entscheidungsprozess wird dokumentiert in: *Documents on British Policy Overseas*, Reihe II, Bd. I: *The Schuman Plan, the Council of Europe and Western European Integration, May 1950–December 1952*, London 1986. Vgl. Monnet, *Erinnerungen*, S. 388–401; Massigli, *Comédie*, S. 185–209 und 236f.; Young, *Britain*, S. 150–157; Roger Bullen, »The British Government and the Schuman Plan, May 1950 – March 1951«, in: Schwabe, *Anfänge*, S. 199–210; Roussel, *Monnet*, S. 535–537 und 540–550; David Gowland/Arthur Turner/Alex Wright, *Britain and European Integration since 1945. On the Sidelines*, London/New York 2010, S. 28–35.

28 Vertragstext in: *Europa. Dokumente*, Bd. 2, S. 702ff. Zu den Verhandlungen die Beiträge in Schwabe, *Anfänge*; Lappenküper, *Schuman-Plan*, S. 418–438; Roussel, *Monnet*, S. 553–566 und 602–604.

29 Er galt tatsächlich nur für die reinen Produktionskosten, wurde aber für die meisten Verbraucher, die zusätzlich Transportkosten in ihre Kalkulation einbeziehen mussten, nicht wirksam.

30 Vgl. Gilbert Trausch, »Robert Schuman, le Luxembourg et l'Europe«, in: *Robert Schuman. Les racines et l'œuvre d'un grand Européen*, Ausstellungskatalog Luxemburg 1986, S. 24–83, hier S. 67–73.

31 Vgl. Milward, *Reconstruction*, S. 320–334 und 421–434; Hogan, *Marshall-Plan*, S. 292, 295–303, 320–325 und 355–364.

32 Vgl. Milward, *Reconstruction*, S. 446–451; Hogan, *Marshall-Plan*, S. 350–353.

33 Vgl. Loth, *Sozialismus*, S. 274f.

34 Vgl. Norbert Wiggershaus, »Die Entscheidung für einen westdeutschen Verteidigungsbeitrag 1950«, in: *Anfänge westdeutscher Sicherheitspolitik 1945–1956*, Bd. 1: *Von der Kapitulation bis zum Pleven-Plan*, München/Wien 1982, S. 325–402; Rolf Steininger, *Wiederbewaffnung. Die Entscheidung für einen westdeutschen Verteidigungsbeitrag: Adenauer und die Westmächte 1950*, Erlangen/Bonn/Wien 1989.

35 Monnet, *Erinnerungen*, S. 433.

36 Ebd., S. 425–440; Roussel, *Monnet*, S. 578–589; Hitchcock, *France Restored*, S. 139–144.

37 Text der Erklärung in: *Europa. Dokumente*, Bd. 2, S. 813–815.

38 Zitiert nach Steininger, *Wiederbewaffnung*, S. 267.

39 Vgl. Loth, *Sozialismus*, S. 287–289.

40 Zu den Verhandlungen bis zum Abschluss des EVG-Vertrags im Mai 1952 siehe Klaus A. Maier, »Die internationalen Auseinandersetzungen um die Westintegration der Bundesrepublik Deutschland und um ihre Bewaffnung im Rahmen der Europäischen Verteidigungsgemein-

schaft«, in: *Anfänge westeuropäischer Sicherheitspolitik 1945–1956*, Bd. 2: *Die EVG-Phase*, München/Wien 1990, S. 1–234, hier S. 29–124; Wilhelm Meier-Dörnberg, »Die Planung des Verteidigungsbeitrags der Bundesrepublik Deutschland im Rahmen der EVG«, in: Ebd., S. 605–756, hier S. 630–670.

41 Vgl. die Konferenzprotokolle in FRUS 1951, III, Teil 1, S. 1228ff.; das alliierte Memorandum für Adenauer ebd., Teil 2, S. 1528ff.

42 Protokolle der Konferenz vom 11.12.1951 bei Walter Lipgens, »EVG und politische Föderation. Protokolle der Konferenz der Außenminister der an den Verhandlungen über eine europäische Verteidigungsgemeinschaft beteiligten Länder am 11. Dezember 1951«, in: *Vierteljahrshefte für Zeitgeschichte* 32 (1984), S. 637–688; das Kommuniqué vom 30.12.1951 in: *Europa. Dokumente*, Bd. 2, S. 829f. Zu De Gasperis Initiative vgl. Ralf Magagnoli, *Italien und die Europäische Verteidigungsgemeinschaft. Zwischen europäischem Credo und nationaler Machtpolitik*, Frankfurt am Main 1999, S. 91–122; Daniela Preda, *Alcide De Gasperi federalista europeo*, Bologna 2004, S. 613–639.

43 Text in: *Europa. Dokumente*, Bd. 2, S. 836–886; zur militärischen Struktur auch Meier-Dörnberg, *Planung*, S. 698–714.

44 Text in: FRUS 1952–54, V, Teil 1, S. 686ff.

45 Text in: *Die Vertragswerke von Bonn und Paris. Dokumente und Berichte des Europa-Archivs*, Bd. 10, Frankfurt am Main 1952, S. 1ff.

46 Raymond Poidevin, »Frankreich und das Problem der EVG: Nationale und internationale Einflüsse (Sommer 1951 bis Sommer 1953)«, in: Hans-Erich Volkmann/Walter Schwengler (Hg.), *Die Europäische Verteidigungsgemeinschaft. Stand und Probleme der Forschung*, Boppard 1985, S. 101–124, hier S. 114–118; Wilfried Loth, »Die EVG und das Projekt der Europäischen Politischen Gemeinschaft«, in: Rainer Hudemann/Hartmut Kaelble/Klaus Schwabe (Hg.), *Europa im Blick der Historiker. Europäische Integration im 20. Jahrhundert: Bewußtsein und Institutionen*, München 1995, S. 191–201, hier S. 194–196.

47 Richard T. Griffith/Alan S. Milward, »The Beyen Plan and the European Political Community«, in: Werner Maihofer (Hg.), *Noi si mura*, Florenz 1986, S. 596–621; Magagnoli, *Italien*, S. 135–148; Preda, *De Gasperi*, S. 671–684; Anjo G. Harryvan, *In Pursuit of Influence. Aspects of the Netherlands' European Policy during the Formative Years of the European Economic Community, 1952–1973*, Diss. EUI Florenz 2007, S. 23–54.

48 Text in: Lipgens, *45 Jahre*, S. 335–360; vgl. hierzu und zum Folgenden Magagnoli, *Italien*, S. 175–205 und 221–236; Richard Griffith, *Europe's First Constitution. The European Political Community (1952–1954)*, London 2000; Seung-Ryeol Kim, *Der Fehlschlag des ersten Versuchs zu einer politischen Integration Westeuropas von 1951 bis 1954*, Frankfurt am Main 2000.

49 Vgl. Gérard Bossuat, »La vraie nature de la politique européenne de la France (1950–1957)«, in: Gilbert Trausch (Hg.), *Die Europäische Integration vom Schuman-Plan bis zu den Verträgen von Rom. Pläne und Initiativen, Enttäuschungen und Mißerfolge*, Baden-Baden 1993, S. 191–230.

50 Poidevin, *Schuman*, S. 363–365.

51 Gegenüber einem verbreiteten Klischee, das die Gaullisten als strikte Gegner der politischen Supranationalität zeichnet, muss ausdrücklich festgehalten werden, dass dieser Kurswechsel erst nach der Verabschiedung des Ad-hoc-Entwurfs erfolgte.

52 Vgl. *Europa. Dokumente*, Bd. 1, S. 604.

53 Pierre Guillen, »Die französische Generalität, die Aufrüstung der Bundesrepublik und die EVG 1950–1954«, in: Hans-Erich Volkmann/Walter Schwengler (Hg.), *Die Europäische Verteidigungsgemeinschaft. Stand und Probleme der Forschung*, Boppard 1985, S. 125–157, hier S. 155f.; Poidevin, *Frankreich*, S. 119–124.

54 Vgl. Wilfried Loth, »Die Saarfrage und die deutsch-französische Verständigung. Versuch einer Bilanz«, in: *Zeitschrift für die Geschichte der Saargegend* 34/35 (1986/87), S. 276–291, hier

S. 286–288; Martin Kerkhoff, *Großbritannien, die Vereinigten Staaten und die Saarfrage 1945 bis 1954*, Stuttgart 1996, S. 188–202.

55 Vgl. Maier, *Internationale Auseinandersetzungen*, S. 125–190; Stephen F. Ambrose, »Die Eisenhower-Administration und die europäische Sicherheit 1953–1956«, in: Bruno Thoß/Hans-Erich Volkmann (Hg.), *Zwischen Kaltem Krieg und Entspannung. Sicherheits- und Deutschlandpolitik der Bundesrepublik im Mächtesystem der Jahre 1953–1956*, Boppard 1988, S. 25–34.

56 Vgl. Bidaults besorgte Äußerungen bei der Bermuda-Konferenz, 4.–8.12.1953, FRUS 1952–54, V, Teil 2, S. 1799f.; Guillen, *Französische Generalität*, S. 155f.; Aline Coutrot, »La politique atomique sous le gouvernement de Mendès France«, in: François Bédarida/Jean-Pierre Rioux (Hg.), *Pierre Mendès France et le Mendésisme*, Paris 1985, S. 309–316.

57 Zitiert bei Jean-Pierre Rioux, »Französische öffentliche Meinung und EVG: Parteienstreit oder Schlacht der Erinnerungen?«, in: Volkmann/Schwengler, *Europäische Verteidigungsgemeinschaft*, S. 159–176, hier S. 168f.

58 Zitiert nach Maier, *Internationale Auseinandersetzungen*, S. 190. Zum Entscheidungsprozess des Sommers 1954 ebd., S. 190–230; Georges-Henri Soutou, »La France, l'Allemagne et les accords de Paris«, in: *Relations internationales*, Nr. 52, 1987, S. 451–470.

59 Text in: *Europa-Archiv* 9 (1954), S. 6869ff.

60 Rioux, *Französische öffentliche Meinung*, S. 168–170. Rioux's These, die EVG sei »unter Außerachtlassung der Volksstimmung konzipiert« worden und habe scheitern müssen, weil sie das deutsche Trauma wiederaufrührte (S. 175f.), findet in den beigebrachten Daten gerade keinen Beleg!

61 So Walter Lipgens, »Die Bedeutung des EVG-Projekts für die politische Einigungsbewegung«, in: Volkmann/Schwengler, *Europäische Verteidigungsgemeinschaft*, S. 9–30.

62 Vgl. Paul Noack, *Das Scheitern der Europäischen Verteidigungsgemeinschaft. Entscheidungsprozesse vor und nach dem 30. August 1954*, Düsseldorf 1977, S. 93–138 und 151–163; sowie aufgrund der britischen Akten Rolf Steininger, »Das Scheitern der EVG und der Beitritt der Bundesrepublik zur NATO«, in: *Aus Politik und Zeitgeschichte* B 17, 1985, S. 3–18.

63 Texte in: *Europa. Dokumente*, Bd. 1, S. 354f.; Bd. 2, S. 988ff.

64 Vgl. Pierre Gerbet, »La ›relance‹ européenne jusqu'à la conférence de Messine«, in: Enrico Serra (Hg.), *Il rilancio dell'Europa e i Trattati di Roma*, Mailand 1989, S. 61–91; auch zum Folgenden.

65 Anjo G. Harryvan/Albert E. Kersten, »The Netherlands, Benelux and the relance européenne 1954–1955«, in: Serra, *Rilancio*, S. 125–157.

66 Pierre Guillen, »La France et la négociation du Traité d'Euratom«, in: *Relations internationales* 44 (1985), S. 391–412.

67 In seinen Erinnerungen nennt er als Grund für seine Zurückhaltung nur die Befürchtung, die wirtschaftliche Integration könne von der politischen ablenken: Konrad Adenauer, *Erinnerungen 1955–1959*, Stuttgart 1967, S. 27. Dass er dabei die Opposition in Frankreich und in der Bundesrepublik im Auge hatte, ergibt sich aus seinem Verhalten während der EPG-Verhandlungen.

68 Vgl. Hanns Jürgen Küsters, »Adenauers Europapolitik in der Gründungsphase der Europäischen Wirtschaftsgemeinschaft«, in: *Vierteljahrshefte für Zeitgeschichte* 31 (1983), S. 646–673; Wilfried Loth, »Deutsche Europa-Konzeptionen in der Gründungsphase der EWG«, in: Serra, *Rilancio*, S. 585–602; Wilfried Loth, »Deutsche und französische Interessen auf dem Weg zu EWG und Euratom«, in: Andreas Wilkens (Hg.), *Deutsch-französische Wirtschaftsbeziehungen 1945–1960*, Sigmaringen 1997, S. 171–187; Mathieu L. L. Segers, *Deutschlands Ringen mit der Relance. Die Europapolitik der BRD während der Beratungen und Verhandlungen über die Römischen Verträge*, Frankfurt am Main 2008, S. 96–99 und 113–116.

69 Textauszüge bei Gerbet, *La »relance«*, S. 79f. Vgl. auch das Zeugnis von Pierre Uri in Serra, *Rilancio*, S. 166f.

70 Text des Benelux-Memorandums sowie der italienischen und deutschen Antwortnoten in *L'Année politique* 1955, S. 714–718, zur französischen Reaktion Edgar Faure, *Mémoires* II, Paris

1984, S. 211; zur Entstehung des deutschen Memorandums Hanns Jürgen Küsters, *Die Gründung der Europäischen Wirtschaftsgemeinschaft*, Baden-Baden 1982, S. 112–119; Segers, *Deutschlands Ringen*, S. 117–127.

71 Hierzu und zum Folgenden Harryvan/Kersten, *The Netherlands*, S. 153–156; Segers, *Deutschlands Ringen*, S. 127–135.

72 Text der Erklärung in: *Europa. Dokumente*, Bd. 3, S. 1240–1242; zum Ablauf der Konferenz auch die Zeugnisse von Jean-Charles Snoy et d'Oppuers, Max Kohnstamm und Christian Calmes in Serra, *Rilancio*, S. 168f. und 175–178, sowie Brigitta Thomas, *Die Europa-Politik Italiens. Der Beitrag Italiens zur europäischen Einigung zwischen EVG und EG*, Baden-Baden 2005, S. 71–81.

73 So der Bericht von Christian Calmes, ebd., S. 178.

74 Zur Konzeption von der Groebens, der einen institutionell geregelten Binnenmarkt im Blick hatte, siehe Jürgen Elvert, »Weichenstellungen für die Römischen Verträge – Akteure und Überlegungen der Bundesregierung 1955«, in: *Integration* 30 (2007), S. 301–312.

75 Vgl. die – allerdings unvollständigen – Verhandlungsberichte bei Küsters, *Gründung*, S. 135–218 und 232–251, sowie Michel Dumoulin, »Les travaux du Comité Spaak (juillet 1955 – avril 1956)«, in: Serra, *Rilancio*, S. 195–210; dazu die Zeugnisse von Hans von der Groeben und Baron Snoy, ebd., S. 294–300; zur britischen Haltung auch Roger Bullen, »Britain and ›Europe‹ 1950–1957«, in: Ebd., S. 315–338, hier S. 333–337.

76 Zu dieser Aktion Paul-Henri Spaak, *Memoiren eines Europäers*, Hamburg 1969, S. 309–314.

77 Zu Adenauer vgl. dessen *Erinnerungen 1955–1959*, S. 253–255; das Schreiben an die Minister in: Konrad Adenauer, *Briefe 1955–1957*, Berlin 1998, S. 139–141; zu Guy Mollet das Zeugnis seines Außenministers Christian Pineau in Serra, *Rilancio*, S. 281–286; sowie François Lafon, *Guy Mollet. Itinéraire d'un socialiste controversé (1905–1975)*, Paris 2006, S. 491–497.

78 Uri und von der Groeben arbeiteten abgeschirmt in Cap Ferrat am französischen Mittelmeer, unterstützt von Spaaks Mitarbeiter Albert Hupperts und dem Komiteesekretariats-Beamten Giulio Guazzugli; vgl. das Zeugnis von Pierre Uri in Serra, *Rilancio*, S. 305–307.

79 Der Bericht wurde am 21. April 1956 vom Sekretariat des Spaak-Komitees in allen Gemeinschaftssprachen gedruckt veröffentlicht; ein knapper Auszug aus der deutschen Fassung bei Lipgens, *45 Jahre*, S. 390–395.

80 Zu diesem Verhandlungsstrang Peter Weilemann, *Die Anfänge der Europäischen Atomgemeinschaft. Zur Gründungsgeschichte von Euratom 1955–1957*, Baden-Baden 1983, S. 31–47 und 76–86.

81 Als »in sich geschlossenes Konzept für die Wirtschafts- und Atomintegration«, so Küsters, *Gründung*, S. 239, sollte man ihn angesichts der vielen Widersprüche und offenen Fragen gewiss nicht bezeichnen.

82 Zeugnis auf dem Kolloquium in Rom 25.–28.3.1987, in: Serra, *Rilancio*, S. 281–286, das Zitat S. 282f. Vgl. auch das Zeugnis von Maurice Faure, ebd., S. 286–290; Pierre Guillen, »L'Europe remède à l'impuissance française? Le gouvernement Guy Mollet et la Négociation des traités de Rome (1955–1957)«, in: *Revue d'histoire diplomatique* 102 (1988), S. 319–335; ders., »La France et la négociation des traités de Rome: L'Euratom«, in: Serra, *Rilancio*, S. 513–524; Wilfried Loth, »Guy Mollet und die Entstehung der Römischen Verträge 1956/57«, in: *Integration* 30 (2007), S. 313–319; Maria Grazia Melchionni/Roberto Ducci, *La Genèse des traités de Rome*, Paris 2007; zu Maurice Faure auch Bruno Riondel, »Itinéraire d'un fédéraliste: Maurice Faure«, in: *Journal of European Integration History* 2 (1997), S. 69–82.

83 *Die Kabinettsprotokolle der Bundesregierung 1956*, Bd. 9, München 1998, S. 191. Vgl. Segers, *Deutschlands Ringen*, S. 180–183; zu den innenpolitischen Widerständen Loth, *Deutsche Europa-Konzeptionen*, S. 591–595.

84 Vgl. Segers, *Deutschlands Ringen*, S. 208–211. »Wir hatten den Eindruck, Maurice Faure und ich, uns auf eine Wette einzulassen«, so Pineau in Serra, *Rilancio*, S. 283. »Was wir unter allen Umständen vermeiden mussten war die (erneute) Nicht-Ratifizierung eines Vertrags.«

85 Die Einzelheiten der französischen Vorstellungen wurden in einem Memorandum festgehalten, das die Regierung den fünf Verhandlungspartnern übermittelte; Auszüge daraus bei Robert Marjolin, *Le travail d'une vie. Mémoires 1911–1986*, Paris 1986, S. 283–286. Marjolin hatte als Kabinettschef Pineaus großen Anteil an der Ausarbeitung der französischen Verhandlungsposition.

86 Vgl. Küsters, *Gründung*, S. 294–298, und Weilemann, *Anfänge*, S. 103–109. Die entsprechende Intervention von Maurice Faure in der Sitzung vom 26.7.1956 (ebd., S. 109) zeigt, dass die Regierung Mollet in der Tat nicht bis zur Suez-Krise wartete, ehe sie eine gleichzeitige Unterzeichnung beider Verträge akzeptierte, und bestätigt damit die Kritik von Pineau und Emile Noël (Serra, *Rilancio*, S. 525–527) an der Darstellung von Guillen (ebd., S. 519). Allerdings sah sie die Verschiebung des Wirtschaftsgemeinschaftsvertrags weiterhin als Ausweg an, wenn die Partner nicht auf ihre Bedingungen eingingen.

87 Zur Entstehung dieses Vorschlags vgl. Wolfram Kaiser, *Großbritannien und die Europäische Wirtschaftsgemeinschaft 1955–1961. Von Messina nach Canossa*, Berlin 1996, S. 71–84; Alan S. Milward, *The United Kingdom and the European Community*, Bd. 1: *The Rise and Fall of a National Strategy 1945–1963*, London 2002, S. 236–247; Dieter Krüger, *Sicherheit durch Integration? Die wirtschaftliche und politische Zusammenarbeit Westeuropas 1947 bis 1957/58*, München 2003, S. 417f.

88 Die Position wurde bei einer interministeriellen Sitzung am 4. September festgelegt; vgl. Guillen, *L'Europe remède*, S. 330, und Marjolin, *Le travail*, S. 301f.

89 Küsters, *Gründung*, S. 310f. Etzel war von von der Groeben mobilisiert worden, der um die Durchsetzung der wirtschaftlichen »Gesamtintegration« fürchtete.

90 Hierzu und zum Folgenden ebd., S. 313–320; Segers, *Deutschlands Ringen*, S. 257–262; sowie das Zeugnis von Karl Carstens, »Das Eingreifen Adenauers in den Europa-Verhandlungen im November 1956«, in: Dieter Blumenwitz u.a. (Hg.), *Konrad Adenauer und seine Zeit. Politik und Persönlichkeit des ersten Bundeskanzlers. Beiträge von Weg- und Zeitgenossen*, Stuttgart 1976, S. 591–602. Carstens leitete die interministerielle Arbeitsgruppe, die zur Koordinierung der deutschen Ressortstandpunkte in den Verhandlungen eingesetzt war.

91 Vgl. Loth, *Europa-Konzeptionen*, S. 595; das Zitat aus Erhards Erklärung vor dem OEEC-Ministerrat am 12.2.1957, *Europa-Archiv* 12 (1957), S. 9651.

92 Nicht weil ihm die Lösung der Saar-Frage und die nukleare Bewaffnung der Bundesrepublik wichtiger gewesen wären als die europäische Integration; so die überzogene These von Segers, *Deutschlands Ringen*, S. 315.

93 Ebd., S. 244–249; das Zitat aus einer Verhandlungsmitschrift von Karl Carstens, PAAA, B1/155.

94 Vgl. Ulrich Lappenküper, *Die deutsch-französischen Beziehungen 1949–1963. Von der »Erbfeindschaft« zur »entente élémentaire«*, Bd. 2: *1958–1963*, München 2001, S. 1094–1138; Segers, *Deutschlands Ringen*, S. 212–215.

95 Faure berichtet, durch die Saar-Verhandlungen zu einem Freund Hallsteins geworden zu sein: Serra, *Rilancio*, S. 287f.

96 Vgl. Carstens, *Eingreifen*, S. 599f.; Küsters, *Gründung*, S. 327–330; Guillen, *L'Europe remède*, S. 331; Krüger, *Sicherheit*, S. 440–442; Segers, *Deutschlands Ringen*, S. 280f. Das Zitat nach dem Zeugnis von Pineau in: Christian Pineau/Christiane Rimbaud, *Le Grand Pari. L'ouverture du traité de Rome*, Paris 1991, S. 223.

97 So die Mitteilung Marjolins in einer Sitzung des interministeriellen Komitees zur Vorbereitung des Gemeinsamen Marktes, zitiert nach Guillen, *L'Europe remède*, S. 332. Guillens Darstellung unterscheidet allerdings nicht deutlich genug zwischen Mollets Auffassungen und der Überzeugungskampagne.

98 Vgl. die Zeugnisse von Faure und Uri, in: Serra, *Rilancio*, S. 288f. und 307f., sowie von von der Groeben in Küsters, *Gründung*, S. 335. Zu den Verhandlungen Segers, *Deutschlands Ringen*, S. 286–290, 300–305 und 307–309.

99 Vgl. Gilbert Noel, *Du Pool vert à la politique agricole commune. Les tentatives de Communauté agricole européenne entre 1945 et 1955*, Paris 1989; Ulrich Kluge, »Du Pool noir au Pool vert«, in: Serra, *Rilancio*, S. 239–280; Guido Thiemeyer, *Vom »Pool Vert« zur Europäischen Wirtschaftsgemeinschaft. Europäische Integration, Kalter Krieg und die Anfänge der Gemeinsamen Europäischen Agrarpolitik 1950–1957*, München 1999, S. 243–260.

100 Einzelheiten aus den Verhandlungspapieren bei Küsters, *Gründung*, S. 347–359.

101 Die Darstellung bei Weilemann, *Anfänge*, S. 122–143 und 171–179, ist ziemlich unübersichtlich. Wichtige Ergänzungen bei Richard T. Griffith/Wendy Asbeek Brusse, »The Dutch Cabinet and the Rome Treaties«, in: Serra, *Rilancio*, S. 461–493, hier S. 482–491, und Guillen, »*La France*«, S. 523f.

102 Vgl. Guido Thiemeyer, »Die Ursachen des ›Demokratiedefizits‹ der Europäischen Union aus geschichtswissenschaftlicher Perspektive«, in: Wilfried Loth (Hg.), *Das europäische Projekt zu Beginn des 21. Jahrhunderts*, Opladen 2001, S. 27–47; Jean-Marie Palayret, »Les décideurs français et allemands face aux questions institutionnelles dans la négociation des traités de Rome«, in: Marie-Thérèse Bitsch (Hg.), *Le couple France-Allemagne et les institutions européennes*, Brüssel 2001, S. 105–150.

103 Vgl. den Überblick über die EWG-Verfahrensregeln bei Hans R. Krämer, *Die Europäische Wirtschaftsgemeinschaft*, Frankfurt am Main/Berlin 1965, S. 26–40.

104 Küsters, *Gründung*, S. 333f. und 379–392; René Girault, »La France entre l'Europe et l'Afrique«, in: Serra, *Rilancio*, S. 351–378; zur Debatte in der französischen Nationalversammlung auch Gerhard Kiersch, *Parlament und Parlamentarier in der Außenpolitik der IV. Republik*, Diss. Berlin 1971, S. 287–315.

105 Vgl. Franz Knipping, *Rom, 25. März 1957. Die Einigung Europas*, München 2004, S. 9–13. Die Vertragstexte in: *Europa. Dokumente*, Bd. 3, S. 1153–1219 (Euratom) und 1248–1327 (EWG).

106 Vgl. Antonio Varsori, »Jean Monnet e il Comitato d'Azione per gli Stati Uniti d'Europa fra MEC ed Euratom (1955–1957)«, in: Sergio Pistone (Hg.), *I movimenti per l'unità europea 1954–1969*, Pavia 1996, S. 349–371.

107 Vgl. Monnet, *Erinnerungen*, S. 513–539; Roussel, *Monnet*, S. 715f.; Martial Libera, »Jean Monnet et les personnalités allemandes du Comité d'action pour les États-Unis d'Europe (1995–1975)«, in: *Une dynamique européenne. Le Comité d'action pour les États-Unis d'Europe*, Paris 2011, S. 37–56.

108 Vgl. Loth, *Europa-Konzeptionen*, 592–594 und 597f.

109 Zu den Ratifizierungsverfahren siehe Küsters, *Gründung*, S. 441–483.

110 Michel Dumoulin, »Die Arbeiten des Interimsausschusses (April 1957–Januar 1958)«, in: *Die Europäische Kommission 1958–1972. Geschichte und Erinnerung einer Institution*, Luxemburg 2007, S. 43–56; zur Person Hallsteins Wilfried Loth, Walter Hallstein, ein überzeugter Europäer, in: Ebd., S. 87–98.

2. Aufbaujahre 1958–1963 (S. 75–119)

1 Artikel 155 EWG-Vertrag.

2 Präambel des EWG-Vertrags.

3 Walter Hallstein, *Der unvollendete Bundesstaat. Europäische Erfahrungen und Erkenntnisse*, Düsseldorf/Wien 1969, S. 56.

4 Hierzu und zum Folgenden Wilfried Loth/Marie-Thérèse Bitsch, »Die Kommission Hallstein 1958–1967«, in: *Die Europäische Kommission 1958–1962*, S. 57–84.

5 Robert Marjolin, *Le travail d'une vie. Mémoires 1911–1986, Robert Laffont*, Paris 1986, S. 312.

6 Interview mit Hans von der Groeben, 16.12.2003.

7 Marjolin, *Le travail d'une vie*.

8 Robert Lemaignen, *L'Europe au Berceau. Souvenirs d'un technocrate*, Paris, 1964, S. 36f.; Interview mit Karl-Heinz Narjes, 24.5.2004.

9 Interview mit Fernand Braun, 8.12.2003.

10 Interview mit Karl-Heinz Narjes, 24.5.2004.

11 Interview mit Hans von der Groeben, 16.12.2003.

12 Interview mit Fernand Braun, 8.12.2003.

13 Jim Burgess/Geoffrey Edwards, »The Six plus One: British policy making and the question of European economic integration, 1955«, in: *International Affairs* 64 (1988), S. 393–413; Alan S. Milward, *The Rise and Fall of a National Strategy* (The UK and the European Community, Bd. 1), London 2002, S. 190–216 und 229–276.

14 Vgl. Wolfram Kaiser, »Not present at the creation. Großbritannien und die Gründung der EWG«, in: Michael Gehler (Hg.), *Vom gemeinsamen Markt zur europäischen Unionsbildung. 50 Jahre Römische Verträge 1957–2007*, Wien 2009, S. 225–242.

15 Aufzeichnung für Erhard, 29.10.1957, referiert bei Gabriele Brenke, »Europakonzeptionen im Widerstreit. Die Freihandelszonen-Verhandlungen 1956–1958«, in: *Vierteljahrshefte für Zeitgeschichte* 42 (1994), S. 595–633, hier S. 602.

16 Wilfried Loth, *Der Weg nach Europa. Geschichte der europäischen Integration 1939–1957*, Göttingen 1990, S. 125; das Zitat aus Erhards Erklärung vor dem OEEC-Ministerrat am 12.2.1957 in: *Europa-Archiv* 12 (1957), S. 9651.

17 Pierre Gerbet, *La construction de l'Europe*, Paris ⁴2007, S. 166.

18 Paris-Presse-l'Intransigeant, 13.2.1957, zitiert nach William B. Cohen, »De Gaulle et l'Europe d'avant 1958«, in: *De Gaulle en son siècle*, Bd. 5: *L'Europe*, Paris 1992, S. 53–65, hier S. 62.

19 Zitiert nach Edmond Jouve, *Le Général de Gaulle et la construction de l'Europe* (1940–1966), Paris 1967, S. 253.

20 So in einem Schreiben an den Paneuropa-Gründer Richard Graf Coudenhove-Kalergi, 30.12.1948, Charles de Gaulle, *Lettres, Notes et Carnets, Mai 1945 – Juin 1950*, Paris 1984, S. 330f.

21 Erklärung vom 17.8.1950, Charles de Gaulle, *Discours et messages*, Bd. 2, Paris 1970, S. 379–383, hier S. 381. Vgl. hierzu und zum Folgenden Wilfried Loth, »De Gaulle und Europa. Eine Revision«, in: *Historische Zeitschrift* 253 (1991), S. 629–660.

22 Zitiert nach Jean Lacouture, *De Gaulle*, Bd. 2: *Le politique*, Paris 1984, S. 491.

23 Notizen von Außenminister Couve de Murville, zitiert nach Gérard Bossuat, »Face à l'histoire? Les décideurs politiques français et la naissance des traités de Rome«, in: Michael Gehler (Hg.), *Vom gemeinsamen Markt zur europäischen Unionsbildung. 50 Jahre Römische Verträge 1957–2007*, Wien 2009, S. 147–168, hier S. 167.

24 Vgl. Laurent Warlouzet, *Le choix de la CEE par la France. L'Europe économique en débatde Mendès-France à de Gaulle (1955–1969)*, Paris 2011, S. 172–185.

25 Memorandum vom 24.2.1956, Archiv der Gegenwart 24.2.1956, A 6911.

26 Interview mit Karl-Heinz Narjes, 24.5.2004.

27 Aufzeichnung der Unterredung vom 14.9.1958, zitiert nach Hans-Peter Schwarz, *Adenauer: Der Staatsmann 1952–1967*, Stuttgart 1991, S. 456.

28 Vgl. Brenke, *Europakonzeptionen*, S. 625–627.

29 Daniel Koerfer, *Kampf ums Kanzleramt. Erhard und Adenauer*, Stuttgart 1987, S. 213–215; Frances Lynch, »De Gaulle's First Veto. France, the Rueff Plan and the Free Trade Area«, in: *Contemporary European History* 9 (2000), S. 111–135; DDF 1958 II, S. 370.

30 De Gaulle an Adenauer, 22.12.1958, in: Poidevin, *De Gaulle et l'Europe*, S. 87.

31 Sylvie M. Schwaag, »Currency Convertibility and European Integration: France, Germany and Britain«, in: Anne Deighton/Alan S. Milward (Hg.), *Widening, Deepening and Acceleration: The European Economic Community 1957–1963*, Baden-Baden 1999, S. 89–106.

32 Hans von der Groeben, *Aufbaujahre der Europäischen Gemeinschaft. Das Ringen um den Gemeinsamen Markt und die Politische Union (1958–1966)*, Baden-Baden 1982, S. 143f.

33 Ebd., S. 211.

34 Eric Bussière, »Auf dem Weg zum Gemeinsamen Markt«, in: *Die Europäische Kommission 1958–1962*, S. 313–326, hier S. 321.

35 Katja Seidel, »DG IV and the origins of a supranational competition policy. Establishing an economic constitution for Europe«, in: Wolfram Kaiser/Brigitte Leucht/Morten Rasmussen (Hg.), *The History of the European Union. Origins of a trans- and supranational polity 1950–72*, New York/London 2009, S. 129–147.

36 Sibylle Hambloch, »Die Entstehung der Verordnung 17 von 1962 im Rahmen der EWG-Wettbewerbsordnung«, in: *Europarecht* 17, 6 (2002), S. 877–897; Laurent Warlouzet, »La France et la mise en place de la politique de la concurrence communautaire (1957–64)«, in: Éric Bussiere/Michel Dumoulin/Sylvain Schirmann (Hg.), *Europe organisée, Europe du libre-échange. Fin XIXe siècle–Années 1960*, Brüssel 2006, S. 175–201.

37 Programm zur Harmonisierung der direkten Steuern, *Bulletin der EWG*, September–Oktober 1967; vgl. insgesamt Éric Bussière, »Wettbewerb«, in: *Die Europäische Kommission 1958–1972*, S. 327–341.

38 Ruggero Ranieri, »The origins and achievements of the EEC Customs Union (1958–1968)«, in: Antonio Varsori (Hg.), *Inside the European Community. Actors and Policies in the European Integration 1957–1962*, Baden-Baden 2006, S. 257–281, hier S. 266.

39 Ebd., S. 268f.

40 Lucia Coppolaro, »The European Economic Commission in the GATT negotiations of the Kennedy Round (1961–1967): global and regional trade«, in: Antonio Varsori (Hg.), *Inside the European Community. Actors and Policies in the European Integration 1957–1962*, Baden-Baden 2006, S. 347–366, hier S. 351–358.

41 Thiemeyer, *»Pool Vert«*.

42 Guido Thiemeyer, »Sicco Mansholt and European Supranationalism«, in: Wilfried Loth (Hg.), *La gouvernance supranationale dans la construction européenne*, Brüssel 2005, S. 39–53.

43 Jan van der Harst, »Die Gemeinsame Agrarpolitik: Ein vorrangiges Aktionsfeld«, in: *Die Europäische Kommission 1958–1972*, S. 343–365, hier S. 347f.

44 Ann-Christina L. Knudsen, »Politische Unternehmer in transnationalen Politiknetzwerken. Die Ursprünge der Gemeinsamen Agrarpolitik«, in: Michael Gehler/Wolfram Kaiser/Brigitte Leucht (Hg.), *Netzwerke im europäischen Mehrebenensystem. Von 1945 bis zur Gegenwart*, Wien 2009, S. 105–120.

45 Michael Tracy, »The Spirit of Stresa«, in: *European Review of Agricultural Economics* 21 (1994), S. 357–374; van der Harst, *Gemeinsame Agrarpolitik*, S. 347–354; Ann-Christina L. Knudsen, *Farmers on Welfare. The Making of Europe's Common Argicultural Policy*, Ithaca 2009, S. 96–98; Kiran Klaus Patel, *Europäisierung wider Willen. Die Bundesrepublik in der Agrarintegration der EWG 1955–1973*, München 2009, S. 101–109.

46 Von der Groeben, *Aufbaujahre*, S. 105–110; van der Harst, *Gemeinsame Agrarpolitik*, S. 354f.; Knudsen, *Farmers*, S. 148–185.

47 Patel, *Europäisierung*, S. 113–137.

48 Knudsen, *Farmers*, S. 185–195; Patel, *Europäisierung*, S. 166–175.

49 Walter Hallstein, *United Europe. Challenge and Opportunity*, Cambridge (Mass.) 1962, S. 55. Vgl. hierzu und zum Folgenden Knudsen, *Farmers*, S. 195–206; Patel, *Europäisierung*, S. 196–212.

50 Aufzeichnung seines diplomatischen Beraters Jean-Marc Bœgner, 13.8.1958; Charles de Gaulle, *Lettres, Notes et Carnets, Juin 1958 – Décembre 1960*, Paris 1985, S. 73.

51 Loth, *De Gaulle und Europa*, S. 649–651.

52 Aufzeichnung vom 17.7.1961; Charles de Gaulle, *Lettres, Notes et Carnets, Janvier 1961 – Décembre 1963*, Paris 1986, S. 107f. Vgl. Wilfried Loth, »Franco-German relations and European security, 1957–1963«, in: Anne Deighton/Alan S. Milward (Hg.), *Widening, Deepening and Acceleration: The European Economic Community 1957–1963*, Baden-Baden 1999, S. 41–53.

53 Zitiert nach Jean Lacouture, *De Gaulle*, Bd. 3: *Le souverain 1959–1970*, Paris 1986, S. 313.

54 Aufzeichnung Bœgner, 13.8.1958.

55 Erläuterung im Gespräch mit Alain Peyrefitte, 24.4.1963; Alain Peyrefitte, *C'était de Gaulle*, Bd. 1, Paris 1994, S. 430.

56 Zu Alain Peyrefitte, 13.7.1960, ebd., S. 66–69. Die verbreitete Charakterisierung de Gaulles als hartnäckigem Gegner der europäischen Integration beruht auf einer Gleichsetzung dieser kurzfristigen mit der langfristigen Perspektive.

57 Gerbet, *Construction*, S. 195f.

58 Zeugnis des Adenauer-Referenten Franz Josef Bach, zitiert bei Hans-Peter Schwarz, *Adenauer*, Bd. 2: *Der Staatsmann 1952–1967*, Stuttgart 1991, S. 567f. Zur Urheberschaft Monnets Wilfried Loth, »Jean Monnet, Charles de Gaulle und das Projekt der Politischen Union (1958–1963)«, in: Andreas Wilkens (Hg.), *Interessen verbinden. Jean Monnet und die europäische Integration der Bundesrepublik Deutschland*, Bonn 1999, S. 253–267.

59 Zeugnis von de Gaulles Mitarbeiter Pierre Maillard, in: *De Gaulle en son siècle*, Bd. 5, S. 417.

60 Die entsprechenden Passagen ließ er sogar aus dem Protokollentwurf der Unterredungen auf Schloss Rambouillet herausnehmen.

61 In einem Schreiben an de Gaulle 8.10.1960, referiert bei Schwarz, *Adenauer*, S. 587. Vgl. hierzu und zum Folgenden Georges-Henri Soutou, *L'alliance incertaine. Les rapports politico-stratégiques franco-allemands, 1954–1996*, Paris 1996, S. 149–188.

62 Charles de Gaulle, *Discours et messages*, Bd. 3, Paris 1970, S. 244–246.

63 Loth, »Jean Monnet«, S. 260–262.

64 Esther Kramer, *Europäisches oder atlantisches Europa? Kontinuität und Wandel in den Verhandlungen über eine politische Union 1958–1970*, Baden-Baden 2003, S. 67–69.

65 Berichtsentwurf in: Heinrich Siegler (Hg.), *Europäische politische Einigung. Dokumentation von Vorschlägen und Stellungnahmen 1949–1968*, Bonn/Wien/Zürich 1968, S. 107–109.

66 Heinrich Siegler (Hg.), *Dokumentation der europäischen Integration*, Bd. 2: 1961–1963, Bonn/Wien/Zürich 1964, S. 10f.

67 Mikael af Malmborg/Johnny Laursen, »The Creation of EFTA«, in: Torsten B. Olesen, *Interdependence versus Integration. Denmark, Scandinavia and Western Europe, 1945–1960*, Odese 1995, S. 197–212; Mikael af Malmborg, *Den ståndaktiga nationalstaten. Sverige och den västeuropeiska integrationen 1945–1959*, Lund 1994, S. 342–386; Wolfram Kaiser, »Challenge to the Community: The Creation, Crisis and Consolidation of the European Free Trade Association, 1958–72«, in: *Journal of European Integration History* 3 (1997), S. 7–33.

68 Milward, *Rise and Fall*, S. 310–351, die Zitate S. 330 (Kabinettssekretär Bishop) und 344; Wolfram Kaiser, *Großbritannien und die Europäische Wirtschaftsgemeinschaft 1955–1961*, Berlin 1996, S. 104–177.

69 Siegler, *Einigung*, S. 114–117.

70 Text des Entwurfs in Kramer, *Europäisches oder atlantisches Europa*, S. 293–297.

71 Text des Entwurfs in *Europa-Archiv* 19 (1964), S. D467–D485.

72 Protokoll der Unterredung in: *Documents Diplomatiques Français 1962*, Bd. 1, Paris 1998, S. 381–389.

73 Zum Verlauf der Konferenz den Bericht von Couve de Murville, ebd., S. 433–436. Vgl. insgesamt Soutou, *L'alliance incertaine*, S. 188–201; ders., »Le général de Gaulle et le plan Fouchet«,

in: *De Gaulle en son siècle*, Bd. 5, S. 126–143; Maurice Vaïsse, »De Gaulle, l'Italie et le projet d'union politique européenne 1958–1963«, in: *Revue d'histoire moderne et contemporaine* 1995, S. 658–669; Yves Stelandre, »Les Pays du Benelux, l'Europe politique et les négociations Fouchet«, in: Anne Deighton/Alan S. Milward (Hg.), *Widening, Deepening and Acceleration: The European Economic Community 1957–1963*, Baden-Baden 1999, S. 73–88.

74 Gespräch mit dem Schweizer Historiker Jean Rudolf von Salis am 5.8.1964, zitiert bei Schwarz, *Adenauer*, S. 737.

75 Paul-Henri Spaak, *Combats inachevés*, Bd. 2: *De l'espoir à la déception*, Paris 1969, S. 262f.; ähnlich seine Erklärung in einer Pressekonferenz, 20.4.1962, in: Siegler, *Integration*, S. 91–93. Spaaks Stellungnahmen im Winter 1961/61 stützen nicht die Vermutung, dass eine frühere Präsentation der Zugeständnisse, die de Gaulle im April 1962 machte, ausgereicht hätte, um seine Zustimmung zu erreichen. Insofern erscheint die Bedeutung übertrieben, die die französischen Diplomaten und ihnen folgend Soutou den Korrekturen de Gaulles am Vertragsentwurf vom 15.1.1962 beimessen.

76 Pressekonferenz vom 15.5.1962, de Gaulle, *Discours*, Bd. 3, S. 401–416, hier S. 406.

77 Aufzeichnung vom 5.1.1962, zitiert nach Dermot Keogh, »Irish neutrality and the first application for membership of the EEC, 1961–1963«, in: Anne Deighton/Alan S. Milward (Hg.), *Widening, Deepening and Acceleration: The European Economic Community 1957–1963*, Baden-Baden 1999, S. 287–298, hier S. 293. Vgl. Michael J. Geary, *An Inconveniant Wait. Ireland's Quest for Membership of the EEC 1957–73*, Dublin 2009, S. 9–25.

78 Johnny Laursen, »Next in line: Denmark and the EEC Challenge«, in: Richard Griffith/Stuart Ward (Hg.), *Courting the Common Market: The first attempt to enlarge the European Community 1961–1963*, London 1996, S. 211–227; Mikael af Malmborg, »Divergent Scandinavian responses to the proposed first enlargement of the EEC«, in: Deighton/Milward, *Widening*, S. 299–315.

79 Hansard Parliamentary Debates, House of Commons 645, Sp. 1481; vgl. Milward, *Rise and Fall*, S. 346 und 350.

80 N. Piers Ludlow, *Dealing with Britain. The Six and the First UK Application to the EEC*, Cambridge 1997, S. 74–199; Milward, *Rise and Fall*, S. 352–483.

81 Britisches Protokoll 2./3.6.1962, zitiert nach Ludlow, *Dealing with Britain*, S. 121.

82 Unterredung vom 18.5.1962, zitiert nach Milward, *Rise and Fall*, S. 468. Hierzu auch Wolfram Kaiser, »The Bomb and Europe. Britain, France, and the EEC Entry Negotiations, 1961–63«, in: *Journal of European Integration History* 1 (1995), S. 65–85.

83 Vaïsse, *Grandeur*, S. 205f. und 215; allgemein zur Haltung de Gaulles ebd., S. 191–224.

84 Peyrefitte, *C'était de Gaulle*, S. 335.

85 Milwards Argument, dass die Verhandlungen letztlich an dem Gegensatz zwischen britischer Weltmarktstrategie und de Gaulles europäischem Präferenzsystem gescheitert seien (*Rise and Fall*, S. 483), vernachlässigt allerdings die vielen Zugeständnisse im Hinblick auf die Zollunion und die Gemeinschaftspolitik, die die Briten im Laufe der Verhandlungen gemacht hatten.

86 Zeugnis Couve de Murville, *De Gaulle en son siècle*, Bd. 4, S. 224.

87 Charles de Gaulle, *Discours et messages*, Bd. 5: *1966–1969*, Paris 1970, S. 102. Die Zeitgenossen haben ihm diese Begründung zumeist geglaubt, und viele Autoren sind ihnen darin gefolgt.

88 Ludlow, *Dealing with Britain*, S. 213–226; Edgard Pisani, *Le Général indivis*, Paris 1974, S. 110–113.

89 So zu Italiens Außenminister Attilio Piccioni 14.3.1963, ebd., S. 226.

90 Laursen, *Next in line*, S. 224.

91 Bei einem Urlaubsaufenthalt in Cadenabbia, 30.4.1962, berichtet von Horst Osterheld, »*Ich gehe nicht leichten Herzens ...*«. Adenauers letzte Kanzlerjahre – ein dokumentarischer Bericht, Mainz 1986, S. 111.

92 Unterredung, 5.7.1962, französisches Protokoll, zitiert nach Vaïsse, *Grandeur*, S. 251.

93 Reden in: De Gaulle, *Discours et messages 1962–1965*, S. 4–18.

94 Hans-Peter Schwarz, »Präsident de Gaulle, Bundeskanzler Adenauer und die Entstehung des Elysée-Vertrages«, in: Wilfried Loth/Robert Picht (Hg.), *De Gaulle, Deutschland und Europa*, Opladen 1991, S. 169–179.

95 Vertragstext in *Europa-Archiv* 27 (1963), S. D84–D86.

96 Unterredungen vom 21. und 22.1.1963, referiert bei Vaïsse, *La grandeur*, S. 255–257.

97 Unterredung Knappstein – Clay, 28.1.1963, Akten zur Auswärtigen Politik der Bundesrepublik Deutschland 1963, Dok. 58; vgl. hierzu und zum Folgenden Benedikt Schoenborn, *La mésentente apprivoisée. De Gaulle et les Allemands, 1963–1969*, Paris 2007, S. 31–34 und 41–49.

98 Loth, Monnet, S. 265–267.

99 Vgl. Matthias Schulz, »Die politische Freundschaft Jean Monnet – Kurt Birrenbach, die Einheit des Westens und die ›Präambel‹ zum Elysée-Vertrag von 1963«, in: Andreas Wilkens (Hg.), *Interessen verbinden. Jean Monnet und die europäische Integration der Bundesrepublik Deutschland*, Bonn 1999, S. 299–327; Tim Geiger, *Atlantiker gegen Gaullisten. Außenpolitischer Konflikt und innerparteilicher Machtkampf in der CDU/CSU 1958–1969*, München 2008, S. 210–217.

100 *Europa-Archiv* 27 (1963), S. D84.

101 Pascaline Winand, *Eisenhower, Kennedy and the United States of Europe*, New York 1993, S. 336; Eckart Conze, *Die gaullistische Herausforderung. Die deutsch-französischen Beziehungen in der amerikanischen Europapolitik 1958–1963*, München 1995, S. 280–282.

102 Alain Peyrefitte, *C'était de Gaulle*, Bd. 2, Paris 1997, S. 228; ebd., Bd. 1, S. 430; Lacouture, *De Gaulle*, S. 308.

103 Gerbet, *Construction*, S. 181–183.

104 Europäischer Gerichtshof, Rechtssache 26/62, Van Gend en Loos vs. Niederlande Administratie der Belastingen, Sammlung 1963, 1.

105 Morten Rasmussen, »The Origins of a Legal Revolution – The Early History of the European Court of Justice«, in: *Journal of European Integration History* 14 (2008), S. 77–98, hier S. 94f.

106 Europäischer Gerichtshof, Rechtssache 6/64, Costa vs. ENEL, Sammlung 1964, 1251.

107 Gerbet, *Construction*, S. 190–192; Laurence Hubert, »La politique nucléaire de la Communauté européenne (1956–1968)«, in: *Journal of European Integration History* 6 (2000), S. 129–153.

108 Dirk Spierenburg/Raymond Poidevin, *Histoire de la Haute Autorité de la Communauté Européenne du Charbon et de l'Acier. Une expérience supranationale*, Brüssel 1993, S. 529–559, 651–679 und 783–816.

109 Ebd., S. 702–707 und 783–796.

3. Krisen der Sechser-Gemeinschaft 1963–1969 (S. 120–162)

1 Erhard an Etzel, 16.11.1956, in: BDFD II, S. 833–836, hier S. 835.

2 Rede Erhards vor dem Club »Les Echos« in Paris, 7.12.1954, in: Ludwig Erhard, *Deutsche Wirtschaftspolitik. Der Weg der Sozialen Marktwirtschaft*, Düsseldorf 1962, S. 253–259, hier S. 253. Vgl. Horst Wünsche, »Wirtschaftliche Interessen und Prioritäten. Die Europavorstellungen von Ludwig Erhard«, in: Rudolf Hrbek/Volker Schwarz (Hg.), *40 Jahre Römische Verträge: Der deutsche Beitrag*, Baden-Baden 1998, S. 36–49.

3 Regierungserklärung Erhards, 18.10.1963, in: *Verhandlungen des Deutschen Bundestages. Stenographische Berichte*, Bd. 53, S. 4192–4208, hier S. 4197. Vgl. Ulrich Lappenküper, »›Ich bin wirklich ein guter Europäer.‹ Ludwig Erhards Europapolitik 1949–1966«, in: *Francia* 18/3 (1991), S. 85–121; ders., »›Europa aus der Lethargie herausreißen‹: Ludwig Erhards Europapolitik

1949–1966«, in: Mareike König/Matthias Schulz (Hg.), *Die Bundesrepublik Deutschland und die europäische Einigung 1949–2000*, Stuttgart 2004, S. 106–127.

4 Notiz Staatssekretär Rudolf Hüttebräuker, zitiert nach Patel, *Europäisierung*, S. 180f.

5 Ebd., S. 251–265; Knudsen, *Farmers on Welfare*, S. 251–261; Carine Germond, *Partenaires de raison? Le couple France-Allemagne et l'unification de l'Europe (1963–1969)*, Diss. Straßburg 2009, S. 383–389.

6 Stufenplan 23.1.1964, *AAPD* 1964 I, S. 118–120.

7 Franz Josef Strauß, *Die Erinnerungen*, Berlin 1989, S. 432.

8 Meyer an Hallstein, 21.5.1964, zitiert nach Patel, *Europäisierung*, S. 269. Vgl. ebd., S. 265–268, und Germond, *Partenaires*, S. 398–404.

9 Unterredung vom 23.6.1964, Peyrefitte, *De Gaulle* II, S. 257–263.

10 Unterredung vom 3.7.1964, französisches Protokoll, zitiert nach Schoenborn, *Mésentente*, S. 70. Vgl. hierzu und zum Folgenden Germond, *Partenaires*, S. 275–291, und Geiger, *Atlantiker*, S. 292–300.

11 Unterredung vom 4.7.1964, *AAPD* 1964 II, S. 768–777, hier S. 775.

12 Aufzeichnung vom 6.7.1964, *AAPD* 1964 II, S. 766–768. Bei der auf Französisch geführten Unterredung am Morgen des 4.7.1964 waren keine Dolmetscher anwesend; die einzige Quelle stellt eine Aufzeichnung dar, die Carstens zwei Tage später angefertigt hat. Welche der beiden Varianten des Angebots, die sie enthält, den tatsächlichen Äußerungen de Gaulles näher kommt, ist daher nicht zu ermitteln.

13 *AAPD* 1964 II, S. 777–787.

14 Vgl. Geiger, *Atlantiker*, S. 300–331. Die daran anschließende und bis heute andauernde Kontroverse über die Substanz der Angebote de Gaulles löst sich auf, wenn man die Kommunikationsschwierigkeiten zwischen den beiden Protagonisten in die Analyse einbezieht.

15 Ministerrat, 7.7.1964, Peyrefitte, *De Gaulle* II, S. 263.

16 Siegler, *Europäische politische Einigung 1949–1968*, S. 280–287.

17 Zum Spaak-Plan Carine Germond, »Les projets d'Union politique de l'année 1964«, in: Wilfried Loth (Hg.), *Crises and Compromises. The European Project 1963–1969*, Baden-Baden 2001, S. 109–130, hier S. 114–116; allgemein Gabriele Clemens, »›Zwischen allen Stühlen‹. Ludwig Erhards Europa-Initiative vom November 1964«, in: Dies. (Hg.), *Nation und Europa. Studien zum internationalen Staatensystem im 19. und 20. Jahrhundert*, Stuttgart 2001, S. 171–193; Germond, *Partenaires*, S. 323–336.

18 Unterredung Couve de Murville – Carstens, 25.10.1964, *AAPD* 1964 II, S. 1187–1193. Vgl. Soutou, *L'alliance incertaine*, S. 277–280.

19 Germond, *Partenaires*, S. 332 und 407; Peyrefittes Erklärung in *L'Année politique en Europe 1965*, S. 104.

20 Staatssekretär Neef an Minister Schmücker 2.11.1964, BA, WH 1114/1. Vgl. Hallsteins Berichte in der Kommission, AHCE, PV 293 Commission CEE, 9. und 13.11.1964; ebd., PV 294, 18.11.1964.

21 Germond, *Partenaires*, S. 409–413; Patel, *Europäisierung*, S. 270–279; Jan van der Harst, »Die Gemeinsame Agrarpolitik: ein vorrangiges Aktionsfeld«, in: *Die Europäische Kommission 1958–1972*, Luxemburg 2007, S. 343–365, hier S. 356–359.

22 Geiger, *Atlantiker*, S. 331–338.

23 *AAPD* 1965 I, S. 101–120 und 140–151.

24 Kramer, *Europäisches oder atlantisches Europa*, S. 174–176 und 187f.; Germond, *Partenaires*, S. 344–346; Antonio Varsori, »Italy and the ›Empty Chair Crisis‹ (1965–66)«, in: Loth, *Crises*, S. 215–255.

25 Text der Rede in: *Die internationale Politik* 1965, S. D 300ff.

26 Vgl. Wilfried Loth, »Die Krise aufgrund der ›Politik des leeren Stuhls‹«, in: *Die Europäische Kommission 1958–1972*, S. 99–118. Zum Folgenden auch Jean-Marie Palayret/Helen Wallace/

Pascaline Winand (Hg.), *Visions, Votes and Vetoes. The Empty Chair Crisis and Luxembourg Compromise Forty Years On*, Brüssel 2006; N. Piers Ludlow, *The European Community and the Crises of the 1960s. Negotiating the Gaullist challenge*, London/New York 2006, S. 65–124; Philip Bajon, *Europapolitik »am Abgrund«. Die Krise des «leeren Stuhls« 1965–66*, Stuttgart 2012.

27 Vorschläge der Kommission an den Rat 31.3.1965, COM (65) 150.

28 Protokollnotiz Emile Noël, 3.3.1965, HAEU, EN 780.

29 Narjes an Hallstein, 19.5.1965, BA, WH 1119/1.

30 Bericht Hallstein, 21.10.1965, BA WH 1029. Es mag sein, dass Mansholt mit der Lancierung der Nachricht über den Kommissionsbeschluss Hallstein etwas auf die Sprünge geholfen hat. Jedenfalls war sie an der Veröffentlichung nicht so unschuldig, wie sie in der nachträglichen Rechtfertigung gegenüber der französischen Regierung getan hat.

31 Germond, *Partenaires*, S. 346–348.

32 Charles de Gaulle, *Discours et messages*, Bd. IV, Paris 1970, S. 354–358.

33 AHCE SEC (65) 1541, 13.5.1965.

34 Germond, *Partenaires*, S. 430–434; Bajon, *Europapolitik*, S. 97f. und 120–126.

35 Peyrefitte, *De Gaulle* II, S. 287.

36 Bericht Lahr, 22.6.1965, BA, B136, 2591, bzw. Bericht Wormser, 23.6.1965, MAE, CE-DE, 1111.

37 Germond, *Partenaires*, S. 434–438; Bajon, *Europapolitik*, S. 99–106 und 126–128.

38 MAE, CE-DE, 1111, Règlement financier. Situation au 24 juin 1965, o. Dat., S. 2.

39 Ministerratssitzung vom 14.4.1965, Peyrefitte, *De Gaulle* II, S. 282.

40 Nach dem Zeugnis von Couve de Murville bei einer Anhörung im Institut Charles de Gaulle, 16.12.1988, zitiert bei Maurice Vaisse, »La politique européenne de la France en 1965: pourquoi la ›chaise vide‹?«, in: Loth, *Crises*, S. 193–214. Couve de Murville unterschlägt allerdings, dass es vor der Auslösung der Krise noch Versuche einer Verständigung mit Erhard gegeben hat.

41 Protokoll Emile Noël 1.7.1965, FJME, ARM G (65) 329.

42 Peyrefitte, *De Gaulle* II, S. 291. Vgl. Vaisse, *Politique européenne*, S. 209–213; zu den Motiven de Gaulles auch Wilfried Loth, »Français et Allemands dans la crise de la chaise vide«, in: Marie-Thérèse Bitsch (Hg.), *Le couple France-Allemagne et les institutions européennes*, Brüssel 2001, S. 229–243.

43 Peyrefitte, *De Gaulle* II, S. 288.

44 Ebd., S. 300.

45 Ebd., S. 292.

46 Ebd., S. 290f.

47 Ebd., S. 292.

48 So am 15.9.1965, ebd., S. 299.

49 Gespräch mit Hervé Alphand, 9.11.1965, zitiert bei Bajon, *Europapolitik*, S. 196f.

50 Horst Osterheld, *Außenpolitik unter Ludwig Erhard 1963–1966. Ein dokumentarischer Bericht*, Düsseldorf 1992, S. 210.

51 Bajon, *Europapolitik*, S. 149–153 und 260–267.

52 Ebd., S. 159–169; Kommissionsmemorandum vom 22.7.1965, COM (65) 320 final.

53 Marjolin stimmte ebenso wie Rochereau dagegen und gab zu Protokoll, dass er gegen das Offenlassen der Parlamentsfrage sei. In seinen Memoiren hat er diese Haltung erstaunlicher Weise vollkommen verschleiert; siehe Robert Marjolin, *Le travail d'une vie. Mémoires 1911–1986*, Paris 1986, S. 348.

54 De Gaulle, *Discours* IV, S. 377–381.

55 Bömke an Hallstein, 21.9.1965, BA, WH 1187/2.

56 Bajon, *Europapolitik*, S. 214–218.

57 Schröder an Erhard, 27.10.1965, PAAA, B150, Bd. 62, S. 8383f.

58 AHCE, SEC (65) 3145, 26.10.1965.

59 Vgl. Henning Türk, »›To Face de Gaulle as a Community‹: The Role of the Federal Republic of Germany during the Empty Chair Crisis«, in: Palayret/Wallace/Winand, *Visions*, S. 113–127; Bajon, *Europapolitik*, S. 274–286.

60 Runderlass Schröders vom 27.9.1965, *AAPD* 1965, Dok. 369, S. 1518–1522; Klaiber an AA, 12.20.1965, *AAPD* 1965, Dok. 388, S. 1608.

61 Sigrist an Noël, 8.10.1965, HAEU, EN 1588. Das übliche Bild einer Verständigung der Regierungen mit de Gaulle auf Kosten der Kommission (etwa bei Ludlow, *European Community*, S. 87f.) geht von einer Überzeichnung der Ambitionen Hallsteins aus, wie sie de Gaulle mit Erfolg propagiert hat.

62 Lahr, Aufzeichnung vom 10.11.1965, *AAPD* 1965, Dok. 412, S. 1689–1692. Couve de Murville gab seine Antwort nur mündlich (gegenüber dem italienischen Botschafter), weil seine Regierung die Legalität der Ratssitzung vom 25./26.10.1965 bestritt.

63 Germond, *Partenaires*, S. 452f.; Bajon, *Europapolitik*, S. 210f.

64 Klaiber an AA, 15.12.1965, PAAA, B20 1326, FS 1808.

65 Note vom 8.1.1966, zitiert nach Gérard Bossuat, »Emile Noël dans la tourmente de la crise communautaire de 1965«, in: Wilfried Loth (Hg.), *La gouvernance supranationale dans la construction européenne*, Brüssel 2005, S. 89–113, hier S. 105.

66 Marie-Thérèse Bitsch, »La création de la Commission unique: réforme technique ou affirmation d'une identité européenne?«, in: Marie-Thérèse Bitsch/Wilfried Loth/Raymond Poidevin (Hg.), *Institutions européennes et identités européennes*, Brüssel 1998, S. 327–347.

67 Ludlow, *European Community*, S. 97–100; Germond, *Partenaires*, S. 454–458; Bajon, *Europapolitik*, S. 163–165.

68 Vgl. die Gegenüberstellung von »Dekalog« und »Heptalog« in Palayret, *Visions*, S. 246–249.

69 *Europa-Archiv* 21 (1966), S. D85f.

70 Ludlow, *European Community*, S. 100–103; Germond, *Partenaires*, S. 460–463; Bajon, *Europapolitik*, S. 169–175.

71 Für die oft kolportierte Behauptung, dass der Luxemburger »Kompromiss« zu einem Verzicht auf Mehrheitsentscheidungen geführt habe, gibt es keinerlei Belege. Siehe Jonathan Golub, »Did the Luxembourg Compromise Have Any Consequences?«, in: Palayret/Wallace/Winand, *Visions*, S. 279–299.

72 Bajon, *Europapolitik*, S. 230f.

73 Peyrefitte, *De Gaulle* III, S. 183f.

74 Presseerklärung vom 2.2.1966, zitiert nach Germond, *Partenaires*, S. 352f. Zum Folgenden ebd., S. 352–355; Kramer, *Europäisches oder atlantisches Europa*, S. 213–218.

75 De Gaulle, *Discours et messages*, Bd. V, Paris 1970, S. 5–23.

76 Osterheld, *Außenpolitik*, S. 295.

77 Geiger, *Atlantiker*, S. 404.

78 Maurice Vaïsse, *La grandeur. Politique étrangère du général de Gaulle 1958–1969*, Paris 1998, S. 385f.; die Briefe in: De Gaulle, *Lettres 1964–1966*, S. 261–267.

79 Helga Haftendorn, »The Adaption of the NATO Alliance to a Period of Détente: The 1967 Harmel Report«, in: Loth, *Crises*, S. 285–322; Vincent Dujardin, *Pierre Harmel*, Brüssel 2004, S. 627–657.

80 Geiger, *Atlantiker*, S. 411–424; Kramer, *Europäisches oder atlantisches Europa*, S. 220f.; Germond, *Partenaires*, S. 549–563; Vaisse, *Grandeur*, S. 392–394 und 580–582.

81 Ebd., S. 394.

82 Ludlow, *European Community*, S. 103–109; Patel, *Europäisierung*, S. 312–319 und 336–340; Germond, *Partenaires*, S. 463–468.

83 Coppolaro, The European Economic Community in the GATT negotiations, S. 360–366; Patel, *Europäisierung*, S. 348–357; Henning Türk, *Die Europapolitik der Großen Koalition*, München 2006, S. 45–57.

84 Aufzeichnung Lahr, 6.4.1966, *AAPD* 1966, S. 446–448. Vgl. hierzu und zum Folgenden Türk, *Europapolitik*, S. 35–46; Germond, *Partenaires*, S. 677–688; Bajon, *Europapolitik*, S. 317–323.

85 *AAPD* 1966, S. 966–973, hier S. 971.

86 Vgl. Philipp Gassert, »›Wir müssen bewahren, was wir geschaffen haben, auch über eine kritische Zeit hinweg‹ – Kurt Georg Kiesinger, Frankreich und das europäische Projekt«, in: König/ Schulz, *Bundesrepublik*, S. 147–166.

87 Gesprächsaufzeichnung 13.1.1967, *AAPD* 1967, Dok. 17, S. 94–102, das Zitat S. 100.

88 Hallstein an Kiesinger, 3.5.1966, BA, WH 1126.

89 Yves Conrad, »Évolution de l'organisation administrative de la Commission et de la question du siège. Un long chemin vers la fusion des exécutifs (1960–1967)«, in: Varsori, *Inside*, S. 79–94.

90 House of Commons Debates, 1966–67, 10.11.1966, col. 1540. Siehe Hugo Young, *This Blessed Plot. Britain and Europe from Churchill to Blair*, London 1998, S. 181–198; Anne Deighton, »The Second British Application for Membership of the EEC«, in: Loth, *Crises*, S. 391–405; Oliver Daddow (Hg.), *Harold Wilson and European Integration: Britain's Second Application to Join the EEC*, London 2003; Helen Parr, H*arold Wilson and Britain's World Role: British Policy towards the European Community, 1964–1967*, London 2005.

91 George Brown, *In My Way. The Political Memoirs of Lord George-Brown*, London 1971, S. 209–211.

92 Willy Brandt, *Erinnerungen*, Zürich 1989, S. 453.

93 Harold Wilson, *The Labour Government, 1964–70: a personal record*, London 1971, S. 341; Brown an Brandt, 27.1.1967, zitiert nach Türk, *Europapolitik*, S. 64f. Vgl. ebd., S. 57–70, und Hartmut Philippe, »›The Germans hold the key‹: Britain's Second Application to the European Economic Community and the Hope for German Help, 1966–67«, in: Christian Haase (Hg.), *Debating Foreign Affairs. The Public and British Foreign Policy since 1867*, Berlin/Wien 2003, S. 153–182.

94 Tagebucheintrag 15./16.2.1967, zitiert nach Türk, *Europapolitik*, S. 69.

95 Brown, *In My Way*, S. 206.

96 Geary, *Inconvenient Wait*, S. 95–114; Johnny Laursen, »Denmark, Scandinavia and the Second Attempt to Enlarge the EEC, 1966–67«, in: Loth, *Crises*, S. 407–436; Hans-Otto Frøland, »The Second Norwegian EEC-Application, 1967: Was There a Policy at all?«, in: Ebd., S. 437–458; Dag Axel Kristoffersen, »Norway's Policy towards the EEC. The European Dilemma of the Centre Right Coalition (1965–1971)«, in: Katrin Rücker/Laurent Warlouzet (Hg.), *Quelle(s) Europe(s)? Nouvelles approches en histoire de l'intégration européenne*, Brüssel 2006, S. 209–224.

97 De Gaulle, *Discours*, Bd. V, S. 168–174. Zu de Gaulles Haltung auch Gérard Bossuat, »De Gaulle et la seconde candidature britannique aux Communautés européennes (1966–1969)«, in: Loth, *Crises*, S. 511–538.

98 Gespräch Kiesinger – de Gaulle beim deutsch-französischen Gipfel am 13.7.1967, *AAPD* 1967, Dok. 263, S. 1052–1062, hier S. 1058.

99 Türk, *Europapolitik*, S. 118; vgl. ebd., S. 111–130; Ludlow, *European Community*, S. 137–145.

100 Protokoll Conseil restreint, 16.10.1967, zitiert nach Gerhard Wille, »›Which Europe? Quelle Europe? Welches Europa?‹ British, French and German Conceptions of Europe and Britain's Second Attempt to Join the EEC«, in: Rücker/Warlouzet, *Quelle(s) Europe(s)*, S. 225–237, hier S. 235.

101 De Gaulle, *Discours*, Bd. V, S. 241–245.

102 Von Braun an Auswärtiges Amt, 2.10.1968, zitiert nach Germond, *Partenaires*, S. 624. Vgl. ebd., S. 607–638; Türk, *Europapolitik*, S. 130–144 und 163–175.

103 Adenauer an Kiesinger, 22.3.1967, zitiert nach Kramer, *Europäisches oder atlantisches Europa*, S. 224.

104 *Europa-Archiv* 23 (1968), S. D137–D140. Vgl. Türk, *Europapolitik*, S. 89–92 und 99–111; Germond, *Partenaires*, S. 689–708; Ludlow, *European Community*, S. 155.

105 *Europa-Archiv* 23 (1968), S. D604–D609.

106 Ebd., S. D609–D612. Vgl. Dujardin, *Harmel*, S. 469–513; Türk, *Europapolitik*, S. 163–188; Germond, *Partenaires*, S. 639–642 und 652–656.

107 Brandt an Kiesinger, 4.2.1969, zitiert nach Türk, *Europapolitik*, S. 185.

108 *Europa-Archiv* 23 (1968), S. D616f.

109 Zitiert nach Melissa Pine, »Perseverance in the Face of Rejection: Towards British Membership of the European Communities, November 1967–June 1970«, in: Franz Knipping/Matthias Schönwald (Hg.), *Aufbruch zum Europa der zweiten Generation. Die europäische Einigung 1969–1984*, Trier 2004, S. 287–305, hier S. 302. Vgl. auch Melissa Pine, *Harold Wilson and Europe: Pursuing Britain's Membership of the European Community*, London 2008, S. 26–105.

110 Maitland an Palliser, 1.2.1969, zitiert nach Pine, *Perseverance*, S. 295.

111 Türk, *Europapolitik*, S. 171; Ludlow, *European Community*, S. 152f.; Germond, *Partenaires*, S. 625–628.

112 Schoenborn, *Mésentente*, S. 129–138; Türk, *Europapolitik*, S. 194–196; Germond, *Partenaires*, S. 658–663.

113 Michel Debré, *Mémoires*, Bd. 4: *Gouverner autrement 1962–1970*, Paris 1993, S. 266.

114 Vaisse, *Grandeur*, S. 607.

115 Coudenhove-Kalergi berichtete erstmals in einem Schreiben an Franz Josef Strauß am 13.2.1969 über dieses Gespräch – d.h. noch bevor der Inhalt des darauf folgenden Gespräch de Gaulles mit dem britischen Botschafter bekannt wurde. Vgl. Schoenborn, *Mésentente*, S. 239f.

116 An dem Gespräch vor einem Mittagessen mit den beiden Ehefrauen nahmen weder Dolmetscher noch Protokollanten teil. Es existieren daher nur zwei unterschiedliche nachträgliche Aufzeichnungen, eine kürzere von de Gaulle und eine wesentlich längere, die Soames anfertigte. Das erste Zitat ist der Version de Gaulles entnommen, das zweite der Soames-Version. Vgl. Schoenborn, *Mésentente*, S. 236–238.

117 Ebd., S. 240f.; Pine, *Harold Wilson*, S. 110f. und 113.

118 Aufzeichnung Soames, zitiert nach: Ebd., S. 107.

119 Memorandum vom 7.2.1969, PRO FCO 30/416, zitiert nach Schoenborn, *Mésentente*, S. 242.

120 Deutsches Protokoll, 16.2.1969, *AAPD* 1969 I, Dok. 56, S. 186–193, Zitate S. 187; vgl. Pine, *Harold Wilson*, S. 112–118.

121 Ebd., S. 72f.; Schoenborn, *Mésentente*, S. 244–246.

122 Vgl. Vaisse, *Grandeur*, S. 609.

123 Aufzeichnung vom 26.2.1969, De Gaulle, *Lettres, 1964–1966*, S. 297f.; Unterredung de Gaulle – Kiesinger, 13.3.1969, AN, 5 AG 1–164.

124 Französisches Protokoll, 11.4.1969, zitiert nach Schoenborn, *Mésentente*, S. 249.

125 Unterredung de Gaulle – Kiesinger, 13.3.1969, *AAPD* 1969 I, Dok. 99, S. 367–377, Zitate S. 372f.; Aktenvermerk Braun, 14.3.1969, zitiert nach Türk, *Europapolitik*, S. 202; vgl. ebd., S. 199–204 und 209–212.

4. Erweiterung und neue Perspektiven 1969–1975 (S. 163–210)

1 Vgl. Claudia Hiepel, *Willy Brandt und Georges Pompidou. Deutsch-französische Europapolitik zwischen Aufbruch und Krise* (Studien zur Internationalen Geschichte, Bd. 29), München 2012, S. 25–36.

2 Rede vom 2.5.1969, in: *Le Monde*, 3.5.1969.

3 Unterredung vom 4.7.1969, AN 5AG2, 1010; *AAPD* 1969, Dok. 221, S. 774–480.

4 Hierzu und zum Folgenden Marie-Thérèse Bitsch, »Le sommet de la Haye. La mise en route de la relance de 1969«, in: Loth, *Crises*, S. 539–565; dies., »Le sommet de la Haye. L'initiative française, ses finalités et ses limites«, in: *Journal of European Integration History* 9, 2 (2003), S. 83–99; Claudia Hiepel, »In Search of the Greatest Common Denominator. Germany and the Hague Summit Conference 1969«, in: Ebd., S. 63–81; Ludlow, *European Community*, S. 174–191; Andreas Wilkens, »In der ›Logik der Geschichte‹. Willy Brandt und die europäische Zäsur 1969/1970«, in: Ders. (Hg.), *Wir sind auf dem richtigen Weg. Willy Brandt und die europäische Einigung*, Bonn 2010, S. 241–275; Hiepel, *Brandt und Pompidou*, S. 44–63.

5 *Europa-Archiv* 24 (1969), S. D508–D526.

6 AN 5AG2, 52.

7 AN 5AG2, 104.

8 Vgl. Wilfried Loth, »Abschied vom Nationalstaat? Willy Brandt und die europäische Einigung«, in: Bernd Rother (Hg.), *Willy Brandt. Neue Fragen, neue Erkenntnisse*, Bonn 2011, S. 114–134.

9 *AAPD* 1969 II, S. 1103–1106 und 1237–1246.

10 *AAPD* 1969 II, S. 1258–1260.

11 Vgl. Maria Eleonora Guasconi, »Italy and the Hague Conference of December 1969«, in: *Journal of European Integration History* 9, 2 (2003), S. 101–116, hier S. 109.

12 Hiepel, *In Search*, S. 67; zur Rolle von Jean Monnet auch Gérard Bossuat, »Drei Wege nach dem Gipfel von Den Haag. Monnet, Brandt, Pompidou und das Europa der 70er Jahre«, in: Andreas Wilkens (Hg.), *Interessen verbinden. Jean Monnet und die europäische Integration der Bundesrepublik Deutschland*, Bonn 1999, S. 353–386.

13 Bulletin des Presse- und Informationsamtes der Bundesregierung, Nr. 146, 2.12.1969, S. 1241–1243; zum Verlauf des Haager Gipfels insbesondere Bitsch, *Le Sommet*, S. 558–62, und Hiepel, *Brandt und Pompidou*, S. 63–72.

14 *Europa-Archiv* 25 (1970), S. D42–D44.

15 Vgl. seine Argumentation im Gespräch mit Kiesinger, 8.9.1969, *AAPD* 1969 II, S. 962–973, hier S. 964f.; Türk, *Europapolitik*, S. 209–222.

16 Vgl. neben der Stellungnahme vom 1.10.1969 auch ein umfangreiches Aide-mémoire vom 19.11.1969, in: *Europa-Archiv* 25 (1970), S. D32–D34.

17 Bitsch, Le sommet, S. 552–556 und 562–564; zur Diskussion in der Presse auch Jan-Henrik Meyer, »Transnational communication in the European public sphere. The summit of the Hague 1969«, in: Wolfram Kaiser/Brigitte Leucht/Morten Rasmussen (Hg.), *The History of the European Union. Origins of a trans- and supranational polity 1950–72*, New York/London 2009, S. 110–128.

18 So der Eindruck der deutschen Delegation beim Ratstreffen vom 5. bis 7.2.1970, zitiert bei Hiepel, *In Search*, S. 80.

19 Entwurf vom 11.12.1969, COM (69) 1020 final 2; Kommuniqué über den zweiten Teil der 95. Ratstagung 19.–22.12.1969, in: *Europa-Archiv* 25 (1970), S. D50–D52; zur Entstehung des Kommissionsentwurfs Ann-Christina L. Knudsen, »Delegation as a political process. The case of the inter-institutional debate over the Budget Treaty«, in: Kaiser/Leucht/Rasmussen, *History*, S. 167–188, hier S. 177–181; zu den Verhandlungen Hiepel, *Brandt und Pompidou*, S. 73–85.

20 Kommuniqué, in: *Europa-Archiv* 25 (1970), S. D52.

21 Gerbet, *Construction*, S. 259.

22 AN 5AG2, 104, zitiert nach Hiepel, *Brandt und Pompidou*, S. 81.

23 Ebd., S. 105.

24 Artikel 203 EWG-Vertrag in der Fassung vom 22.4.1970.

25 Berichtet bei Patel, *Europäisierung*, S. 424.

26 Hierzu und zum Folgenden van der Harst, *Gemeinsame Agrarpolitik*, S. 360–364; Guido Thiemeyer, »The Mansholt Plan, the definite financing of the Common Agricultural Policy and the enlargement of the Community, 1969–1973«, in: Jan van der Harst (Hg.), *Beyond the Customs Union: The European Community's quest for deepening, widening and completion, 1969–1975*,

Brüssel 2007, S. 197–222; Patel, *Europäisierung*, S. 427–452; Katja Seidel, »Taking Farmers off Welfare. The EEC Commission's ›Memorandum Agriculture 1980‹ of 1968«, in: *Journal of European Integration History* 16, 2 (2010), S. 83–101.

27 Yves Conrad, »Jean Rey: ›überzeugter Europäer‹ und ›zurückhaltender Optimist‹«, in: *Die Europäische Kommission 1958–1972*, S. 119–134; Marie-Thérèse Bitsch, »Die ersten Jahre der gemeinsamen Kommission (1967–1972)«, in: Ebd., S. 135–163; Antonio Varsori, »Franco Maria Malfatti: eine verkürzte Präsidentschaft«, in: Ebd., S. 165–176.

28 Jan van der Harst, »Sicco Mansholt: Mut und Überzeugung«, in: Ebd., S. 177–194.

29 Ebd., S. 160.

30 Altiero Spinelli, *Diario europeo 1970–1976*, Bologna 1991, S. 490; Ortoli im Gespräch mit Brandt, 29.3.1973, *AAPD* 1973 I, S. 448.

31 Hiepel, *Brandt und Pompidou*, S. 118f.; zu den Verhandlungen mit Großbritannien ebd., S. 159–177, sowie den Bericht des britischen Delegationsleiters Con O'Neill, *Britain's Entry into the European Community*, London 2000, S. 99–167, und Michael J. Geary, *Enlargement and the European Commission: An Assessment of the British and Irish Applications for Membership in the EEC, 1958–73*, Diss. EUI Florenz 2009, S. 275–315.

32 Negotiating Brief on Community Finance, 8.6.1970, zitiert bei Alan S. Milward, »The Hague Conference of 1969 and the United Kingdom's Accession to the European Economic Community«, in: *Journal of European Integration History* 9, 2 (2003), S. 117–126, hier S. 125f.

33 Gabriele Clemens, »Der Beitritt Großbritanniens zu den Europäischen Gemeinschaften«, in: Knipping/Schönwald, *Aufbruch*, S. 306–328.

34 *Europa-Archiv* 25 (1970), S. D358–D361.

35 So im Gespräch mit Brandt am 25.1.1971, *AAPD* 1971/I, S. 149–162.

36 Zitiert nach Pierre-Bernard Cousté/François Visine, *Pompidou et l'Europe*, Paris 1974, S. 117.

37 Helen Parr, »Anglo-French nuclear collaboration and Britain's policy towards Europe, 1970–1973«, in: van der Harst, *Beyond the Customs Union*, S. 35–59.

38 Vgl. Rippon an Heath, 1.4.1971, PRO, PREM 15–370; Brandt an Pompidou, 6.4.1971, AN, 5AG2, 103.

39 Jean-François Deniau, *Mémoire de 7 vies*, Bd. II: *Croire et oser*, Paris 1997, S. 278.

40 Pompidous Berater Jean-René Bernard informierte Brandts Staatssekretärin Katharina Focke am 3.5.1971 über diese Einigung; siehe Hiepel, *Brandt und Pompidou*, S. 131f.

41 O'Neill, *British Entry*, S. 95–98.

42 Protokolle in AN, 5AG2, 108; unterschiedliche Auszüge bei Éric Roussel, *Georges Pompidou 1911–1974*, erweiterte Ausgabe Paris 2004, S. 438–446, und Kathrin Rücker, *Le triangle Paris – Bonn – Londres et le processus d'adhésion britannique au marché commun 1969–1973*, Diss. Paris 2009, S. 453–470.

43 PRO, PREM 15/373, zitiert bei Jens Kreutzfeldt, *»Point of return«. Großbritannien und die Politische Union Europas 1969–1975*, Stuttgart 2010, S. 239.

44 Zweite Unterredung vom 20.5.1970.

45 O'Neill, *Britain's Entry*, S. 136f. und 177f.; Runderlass Poensgen, 23.6.1971, *AAPD* 1971/II, S. 1004f.

46 Morten Rasmussen, »The Hesitant European. History of Denmark's Accession to the European Communities 1970–73«, in: *Journal of European Integration History* 11, 2 (2005), S. 47–74, hier S. 56–58; ders., *Joining the European Communities. Denmark's Road to EC-Membership, 1961–1973*, Diss. EUI Florenz 2006, S. 366–498.

47 Ebd., S. 61.

48 Vgl. hierzu und zum Folgenden Michael J. Geary, *An Inconvenient Wait. Ireland's Quest for Membership of the EEC 1957–73*, Dublin 2009, S. 173–183; Robin M. Allers, *Besondere Beziehungen. Deutschland, Norwegen und Europa in der Ära Brandt (1966–1974)*, Bonn 2009, S. 274–329; ders., »Attacking the Sacred Cow. The Norwegian Challenge to the EC's

Acquis Communautaire in the Enlargement Negotiations of 1970–72«, in: *Journal of European Integration History* 16, 2 (2010), S. 59–82.

49 Zusammenfassung der Ergebnisse der Beitrittsverhandlungen 19.1.1972, *Europa-Archiv* 27 (1972), S. D115–D122, hier S. D121.

50 Ebd.

51 Vertragstext ebd., S. D123–D125.

52 Hillary Allen, *Norway and Europe in the 1970s*, Oslo 1979, S. 128–159.

53 Zitiert nach John W. Young, *Britain and European Unity, 1945–1992*, London 1993, S. 113.

54 Ebd., S. 114–117; Young, *Blessed Plot*, S. 270–278; Kreutzfeldt, *Point of return*, S. 423–428.

55 Im Wahlmanifest vom 11.1.1974: *Let us work together – Labour's way out of the crisis*, London 1974, S. 5.

56 Lili Reyels, *Die Entstehung des ersten Vertrags von Lomé im deutsch-französischen Spannungsfeld 1973–1975*, Baden-Baden 2008.

57 Young, *Britain and European Unity*, S. 119–129; Thomas Birkner, *Comrades for Europe? Die »Europarede« Helmut Schmidts 1974*, Bremen 2005; Kreutzfeldt, *Point of return*, S. 452–457, 465–470 und 472–494.

58 David Ennals auf der Parteikonferenz vom 25.4.1975, zitiert nach Birkner, *Comrades*, S. 116. Zur Referendumskampagne David Butler/Uwe Kitzinger (Hg.), *The 1975 Referendum*, London 1976; Young, *Blessed Plot*, S. 286–299; Mark Baimbridge (Hg.), *The 1975 Referendum on Europe*, 2 Bände, Exeter 2006–2007.

59 Rasmussen, *Hesitant European*, S. 65–74.

60 Brian Girvin, »The Treaty of Rome and Ireland's Developmental Dilemma«, in: Gehler, *Vom gemeinsamen Markt*, S. 573–595, hier S. 591–595.

61 Artikel 105 bis 107 EWG-Vertrag.

62 Hierzu und zum Folgenden Régine Perron, »Le discret projet de l'intégration monétaire européenne (1963–1969)«, in: Loth, *Crises*, S. 345–367; Guido Thiemeyer, »From Convertibility to the Werner-Plan. European Monetary Integration 1958–1959«, in: Régine Perron (Hg.), *The Stability of Europe. The Common Market: Towards European Integration of Industrial and Financial Markets? (1958–1969)*, Paris 2004, S. 161–178; Éric Bussière, »Versuche einer Wirtschafts- und Währungspolitik«, in: *Die Europäische Kommission 1958–1971*, S. 423–442.

63 Vgl. Andreas Wilkens, »L'Europe et sa première crise monétaire. Bonn et Paris en novembre 1968«, in: *Journal of European Integration History* 18, 2 (2012), S. 221–243.

64 *Europa-Archiv* 24 (1969), S. D163–D174.

65 Gérard Bossuat, »Le président Georges Pompidou et les tentatives d'Union économique et monétaire«, in: Association Georges Pompidou (Hg.), *Georges Pompidou et l'Europe. Colloque 25 et 26 novembre 1993*, Brüssel 1995, S. 405–447; Andreas Wilkens, »Der Werner-Plan. Währung, Politik und Europa 1968–1971«, in: Knipping/Schönwald, *Aufbruch*, S. 217–244.

66 Ebd., S. 226–235; Hiepel, *Brandt und Pompidou*, S. 93–104.

67 Von denen die deutsche Botschaft in Paris erfuhr; ebd., S. 142.

68 *Europa-Archiv* 26 (1971), S. D139–D144. Vgl. Wilkens, *Werner-Plan*, S. 238–243; Hiepel, *Brandt und Pompidou*, S. 108–118.

69 Ebd., S. 177–205; Roussel, *Pompidou*, S. 461–489; zum Ende des Systems von Bretton Woods und zum Smithsonian-Abkommen auch Harold James, *Rambouillet, 15. November 1975. Die Globalisierung der Wirtschaft*, München 1997, S. 131–160.

70 Erklärungen der Konferenz der Wirtschafts- und Finanzminister der erweiterten Gemeinschaft in Rom 11./12.9.1972, in: *Europa-Archiv* 27 (1972), S. D470f.; zu den Verhandlungen des Jahres 1972 Hiepel, *Brandt und Pompidou*, S. 197–207 und 209f.

71 Willy Brandt, *Begegnungen und Einsichten. Die Jahre 1960 bis 1975*, Hamburg 1976, S. 329.

72 Gérard Bossuat, »Jean Monnet et l'identité monétaire européenne«, in: Ders./Andreas Wilkens (Hg.), *Jean Monnet, l'Europe et les chemins de la Paix*, Paris 1999, S. 369–398; Kreutzfeldt, *Point of return*, S. 341–352; Hiepel, *Brandt und Pompidou*, S. 217–230.

73 Aufzeichnung Bernard, 14.8.1973, AN 5AG2, 1065; vgl. Hiepel, *Brandt und Pompidou*, S. 250.

74 Ebd., S. 367–381.

75 Klaus Harpprecht, *Im Kanzleramt. Tagebuch der Jahre mit Willy Brandt*, Reinbek 2001, S. 532.

76 Aufzeichnung Per Fischer, 23.4.1974, referiert bei Hiepel, *Brandt und Pompidou*, S. 316f.

77 Protokoll der Unterredung vom 9.7.1974, zitiert nach Hartmut Soell, *Helmut Schmidt. Macht und Verantwortung*, München 2008, S. 364.

78 Referiert bei Kramer, *Europäisches oder atlantisches Europa*, S. 260; zu Moros Werben um eine Stärkung der politischen Zusammenarbeit auch Antonio Varsori, *La Cenerentola d'Europa? L'Italia e l'integrazione europea dal 1947 al oggi*, Soveria Manelli 2010, S. 235–241.

79 Aufzeichnung Jean de Lipkowksi, 6.1.1970, AN 5AG2, 1035.

80 *Europa-Archiv* 25 (1970), S. D520–D524.

81 Zitiert nach Charles Zorgbibe, *Histoire de la construction européenne*, Paris 1993, S. 102f. Vgl. Kramer, *Europäisches oder atlantisches Europa*, S. 256–267; Dujardin, *Harmel*, S. 558–574; Hiepel, *Brandt und Pompidou*, S. 164–171.

82 Harmel an Schumann, 23.9.1970, zitiert bei Dujardin, *Harmel*, S. 571f.

83 Hiepel, *Brandt und Pompidou*, S. 172f. und 176; zum Folgenden ebd., S. 176–187, und Maria Găinar, *Aux origines de la diplomatie européenne. Les Neuf et la Coopération politique européenne de 1973 à 1980*, Brüssel 2012, S. 74–82.

84 Unterredung Brandt – Pompidou, 25.1.1971, AN 5AG2, 105; Pompidous diffuse Ausführungen zur »europäischen Konföderation« vom 21.1.1971 in: *Europa-Archiv* 26 (1971), S. D131–D137.

85 Zeugnis Thorn, 12.2.2001, zitiert bei Dujardin, *Harmel*, S. 599. Zum Pariser Gipfel ebd., S. 587–603; Kreutzfeldt, *Point of return*, S. 318–332; Hiepel, *Brandt und Pompidou*, S. 206–213; Găinar, Origines, S. 82–86.

86 Erklärung der Konferenz der Staats- bzw. Regierungschefs in Paris, 19./20.10.1972 in: *Europa-Archiv* 27 (1972), S. D502–D508.

87 AN, 5AG2, 1015. Hierzu und zum Folgenden Wilfried Loth, »European Political Co-operation and European security in the policies of Willy Brandt and Georges Pompidou«, in: van der Harst, *Beyond the Customs Union*, S. 21–34.

88 Hunt an Amstrong, 24.7.1973 und 18.6.1973, PREM 15/1520 und 2079, zitiert bei Kreutzfeldt, *Point of return*, S. 347 und 17f. Zu Heath' Streben nach gemeinsamer Außen- und Verteidigungspolitik auch Ilaria Poggiolini, »How the Heath government revised the European lesson: British transition to EEC membership (1972)«, in: Varsori, *Inside the European Community*, S. 313–346.

89 *Europa-Archiv* 28 (1973), S. D515–D522.

90 Veröffentlicht in *New York Times*, 24.9.1973.

91 Claudia Hiepel, »Kissinger's Year of Europe – A challenge for the EC and the Franco-German relationship«, in: van der Harst, *Beyond the Customs Union*, S. 277–296; dies., *Brandt und Pompidou*, S. 304–325; Daniel Möckli, *European Foreign Policy during the Cold War. Heath, Brandt, Pompidou and the Dream of Political Unity*, London/New York 2009, S. 140–247; ders., »Asserting Europe's Distinct Identity. The EC Nine and Kissinger's Year of Europe«, in: Matthias Schulz/Thomas A. Schwartz (Hg.), *The Strained Alliance. U.S.-European relations from Nixon to Carter*, Cambridge 2010, S. 195–220; Găinar, *Origines*, S. 109–131; Catherine Hynes, *The Year that Never Was. Heath, the Nixon Administration and the Year of Europe*, Dublin 2009.

92 AN, 5AG 2, 1012.

93 Text des Memorandums bei Monnet, *Erinnerungen*, S. 635f.; zu den Verhandlungen über diesen Vorschlag ebd., S. 637–644; Marie-Thérèse Bitsch, »Jean Monnet et la création du Conseil européen«, in: Bossuat/Wilkens, *Jean Monnet*, S. 399–410.

94 Im Gespräch mit Scheel am 7.11.1973, AN, 5AG2, 1012.

95 Pressekonferenz vom 27.9.1973, Auszüge in *Europa-Archiv* 29 (1974), S. D26–D28.

96 »Verlautbarung« in *Europa-Archiv* 29 (1974), S. D54–D56. Zu Vorgeschichte und Verlauf des Kopenhagener Gipfels insbesondere Hiepel, *Brandt und Pompidou*, S. 254–279.

97 *Europa-Archiv* 29 (1974), S. D50–D53. Vgl. Ine Megens, »The December 1973 declaration on European identity as the result of team spirit among European diplomats«, in: van der Harst, *Beyond the Customs Union*, S. 317–338; Gäinar, *Origines*, S. 134–147.

98 Pompidou an Nixon, 6.2.1974, zitiert bei Hiepel, *Brandt und Pompidou*, S. 295f. Vgl. hierzu und zum Folgenden ebd., S. 292–306; Möckli, *European Foreign Policy*, S. 252–300; Gäinar, *Origines*, S. 147–155.

99 Im Gespräch mit Scheel am 4.3.1974, *AAPD* 1974 II, S. 287–289.

100 SPD-Fraktionssitzung am 12.3.1974, Unterredung Scheel – Kissinger, 24.3.1974, zitiert bei Hiepel, *Brandt und Pompidou*, S. 311 bzw. 315.

101 AN, 5AG2, 1019; in Auszügen veröffentlicht bei Roussel, *Pompidou*, S. 617–623.

102 *Bulletin of the European Communities*, Nr. 3 (1974), S. 14–19.

103 Verschriftlicht erst nach weiteren Verhandlungen in einem *non-paper* der deutschen Ratspräsidentschaft, das die Außenminister am 10.6.1974 zur Kenntnis nahmen; *AAPD* 1974 I, S. 717.

104 *Europa-Archiv* 29 (1974), S. D339–D341.

105 Möckli, *European Foreign Policy*, S. 301–338.

106 Unterredung Wilson – Thorn, 25.6.1974, PRO PREM 16/11, zitiert bei Möckli, *European Foreign Policy*, S. 349; vgl. ebd., S. 346–350.

107 *Bulletin der Bundesregierung*, 18.5.1974, S. 593–604; Soell, *Helmut Schmidt*, S. 364. Vgl. Matthias Schulz, »Vom ›Atlantiker‹ zum ›Europäer‹? Helmut Schmidt, deutsche Interessen und die europäische Einigung«, in: König/Schulz, *Bundesrepublik Deutschland*, S. 185–220; Michèle Weinachter, »The European Policies of Valéry Giscard d'Estaing«, in: Johnny Laursen (Hg.), *From Crisis to New Dynamics: The European Community 1973–83*, Baden-Baden 2014.

108 Monnet an Giscard d'Estaing, 21.6.1974, AMK 29/3/53.

109 Schmidt an Giscard, 26.8.1974, AN 5AG3 AE 66; Unterredung Schmidt – Rumor, 30.8.1974, referiert bei Soell, *Helmut Schmidt*, S. 371. Zum Folgenden ebd., S. 373–380.

110 Monnet an Sauvagnargues, 1.7.1974, FJME, AMK C/H6.

111 Hattersley an Foreign Office, 17.9.1974, PRO PREM 16/75. Zum Abendessen im Élysée-Palast vor allem die Aufzeichnung Schmidts vom 16.9.1974, *AAPD* 1974 II, S. 1178–1185; zum Folgenden auch Emmanuel Mourlon-Druol, »Filling the EEC leadership vacuum? The creation of the European Council in 1974«, in: *Cold War History* 10, 3 (2010), S. 315–339; Gäinar, *Origines*, S. 315–324.

112 *Europa-Archiv* 30 (1975), S. D41–D43; zu Tindemans' Initiative Kreutzfeldt, *Point of return*, S. 457–459 und 464f.

113 Ebd., S. 500–517; das Memorandum der Bundesregierung vom 3.11.1975 in *AAPD* 1975, S. 1587–1595.

114 Die Europäische Union. Bericht von Leo Tindemans, Premierminister von Belgien, an den Europäischen Rat, Brüssel 1976; wieder abgedruckt u.a. in Jürgen Schwarz (Hg.), *Der Aufbau Europas. Pläne und Dokumente 1945–80*, Bonn 1980, S. 527–552.

115 Möckli, *European Foreign Policy*, S. 99–139; Angela Romano, »The Nine and the Conference of Helsinki: A challenging game with the Soviets«, in: van der Harst, *Beyond the Customs Union*, S. 83–104.

116 Rede vor der Französischen Sektion der Europäischen Bewegung, 19.11.1974, in: *Europa-Archiv* 30 (1975), S. D36.

117 Monnet, *Memoiren*, S. 651.

5. Jahre der Konsolidierung 1976–1984 (S. 211–258)

1 Undatierter Briefentwurf Schmidt an Thorn und Entwurf einer Erklärung des Bundeskanzlers, zitiert bei Matthias Schulz, »The Reluctant European. Helmut Schmidt, the European Community, and Transatlantic Relations«, in: Matthias Schulz/Thomas A. Schwartz (Hg.), *The Strained Alliance. U.S.-European Relations from Nixon to Carter*, New York 2009, S. 279–307, hier S. 284f. Vgl. hierzu und zum Folgenden Soell, *Helmut Schmidt*, S. 437–440.

2 *Bulletin of the European Communities*, Nr. 4 (1976), S. 83.

3 Kreutzfeldt, *Point of return*, S. 528–531.

4 *Europa-Archiv* 32 (1977), S. D57f.

5 *Europa-Archiv* 31 (1976), S. D7f.

6 Siehe Martin Bangemann/Roland Bieber, *Die Direktwahl – Chance oder Sackgasse für Europa. Analysen und Dokumente*, Baden-Baden 1976; Gerhard Brunn, »Das Europäische Parlament auf dem Weg zur ersten Direktwahl 1979«, in: Knipping/Schönwald, *Aufbruch*, S. 47–72; Thierry Chopin, »Le Parlement européen«, in: Serge Berstein/Jean-François Sirinelli (Hg.), *Les années Giscard. Valéry Giscard d'Estaing et l'Europe 1974–1981*, Paris 2006, S. 153–189.

7 Ebd., S. 173.

8 Young, *Britain and European Unity*, S. 132.

9 Jürgen Mittag (Hg.), *Politische Parteien und europäische Integration. Entwicklung und Perspektiven transnationaler Parteienkooperation in Europa*, Essen 2006; Wolfram Kaiser, *Christian Democracy and the Origins of European Union*, Cambridge 2007, S. 315–317.

10 Vgl. Rudolf Hrbek, »Die EG nach den Direktwahlen: Bilanz und Perspektiven«, in: *Integration* 2 (1979), S. 95–109; Birte Wassenberg, »La campagne pour les élections européennes de 1979 en France et en Allemagne: l'image de l'Europe«, in: Marie-Thérèse Bitsch/Wilfried Loth/Charles Barthel (Hg.), *Cultures politiques, opinions publiques et intégration européenne*, Brüssel 2007, S. 264–284.

11 Maurice Szafran, *Simone Veil. Destin*, Paris 1994, S. 328–330.

12 Vgl. Emil J. Kirchner, *The European Parliament. Performances and Prospects*, Aldershot 1984; Richard Corbett, *The European Parliament's Role in Closer EU Integration*, Basingstoke/New York 2001; Aurélie Élisa Gfeller, »Une militante du parlementarisme européen: Simone Veil«, in: *Journal of European Integration History* 17 (2011), S. 61–72.

13 Text der Vereinbarung und des Änderungsvertrags in Lipgens, *45 Jahre*, S. 604–610.

14 *Europa-Archiv* 33 (1978), S. D1–D19; zur Entstehung dieser Initiative Roy Jenkins, *A Life at the Centre*, London 1994, S. 461–470; Andrew Adonis/Keith Thomas (Hg.), *Roy Jenkins. A Retrospective*, Oxford 2001.

15 Soell, *Helmut Schmidt*, S. 415–433.

16 Gesprächsvorlage, 31.1.1977, zitiert bei Guido Thiemeyer, »Helmut Schmidt und die Gründung des Europäischen Wirtschaftssystems 1973–1979«, in: Knipping/Schönwald, *Aufbruch*, S. 245–268, hier S. 248; zum Folgenden auch Peter Ludlow, *The Making of the European Monetary System. A Case study of the Politics of the European Community*, London 1982; Schulz, *Reluctant European*, S. 293–305; Soell, *Helmut Schmidt*, S. 691–708; Harold James, *Making the European Monetary System. The Role of the Committee of Central Bank Governors and the Origins of the European Central Bank*, Cambridge (Mass.)/London 2012, S. 146–180; Emmanuel Mourlon-Druol, *A Europe made of Money. The Emergence of the European Monetary System*, Ithaca/London 2012, S. 132–260.

17 Gespräch mit Michèle Weinachter, in: Michèle Weinachter, *Valéry Giscard d'Estaing et l'Allemagne. Le double rêve inachevé*, Paris 2004, S. 134f.

18 Roy Jenkins, *European Diary 1977–1981*, London 1989, S. 224.

19 Vermerk über die Gespräche Schmidt – Andreotti, 1.11.1978, zitiert bei Schulz, *Reluctant European*, S. 305.

20 Memorandum Jenkins, 3.4.1978, PRO FCO 30/4004.

21 In Giscards Erinnerung an dieses Gespräch spielt noch die frühere Skepsis des Bundeskanzlers hinein: Valéry Giscard d'Estaing, *Macht und Leben*. *Erinnerungen*, Frankfurt am Main 1988, S. 124.

22 Jenkins, *European Diary*, S. 249.

23 Helmut Schmidt, *Die Deutschen und ihre Nachbarn*, Berlin 1990, S. 228.

24 Zitiert nach der Wiedergabe in der Anlage zu den »Schlussfolgerungen« des Europäischen Rates in Bremen, 7./8.7.1978, in: *Europa-Archiv* 33 (1978), S. D457–D562, hier S. D462.

25 Zum Verlauf der Bremer Ratstagung Jenkins, *European Diary*, S. 286–290; Giscard d'Estaing, *Macht und Leben*, S. 129–132; Mourlon-Druol, *A Europe*, S. 186–189.

26 Schlussfolgerungen des Europäischen Rates in Brüssel, 4./5.12.1978, in: *Europa-Archiv* 34 (1979), S. D123–D127.

27 Zum Verlauf der Brüsseler Tagung Jenkins, *European Diary*, S. 349–353; Mourlon-Druol, *A Europe*, S. 250–255.

28 »Appel de Cochin«, 6.12.1978, abgedruckt in Valéry Giscard d'Estaing, *Le Pouvoir et la Vie*, Bd. 3: *Choisir*, Paris 2006, S. 513–518.

29 Jean-Claude Asselin, »L'expérience sociale face à la contrainte extérieure«, in: Serge Berstein/ Pierre Milza/Jean-Louis Bianco (Hg.), *François Mitterrand. Les années de changement, 1981–1984*, Paris 2001, S. 385–430; Pierre Mauroy, *Mémoires. »Vous mettrez du bleu au ciel«*, Paris 2003, S. 259–272; Jacques Attali, *C'était François Mitterrand*, Paris 2005, S. 140–155.

30 Giscard d'Estaing, *Le Pouvoir*, Bd. 3, S. 251.

31 Vgl. Antonio Varsori, »L'Occidente e la Grecia: dal colpo di Stato militare alla trasizione alla de-mocrazia (1967–1976)«, in: Mario Del Pero u.a., *Democrazie. L'Europa meridionale e la fine delle dittature*, Mailand 2010, S. 5–94; zu den Verhandlungen Iakovos S. Tsalikoglou, *Negotiating for Entry: The Accession of Greece in the European Community*, Aldershot 1995; Kostas Ifantis, »State interests, external dependency trajectories and ›Europe‹: Greece,« in: Wolfram Kaiser/Jürgen Elvert (Hg.), *European Union Enlargement. A Comparative History*, London/New York 2004, S. 70–92.

32 Mario Del Pero, »A European Solution for a European Crisis. The International implications of Portugal's Revolution«, in: *Journal of European Integration History* 15, 1 (2009), S. 15–34; Ana Monica Fonseca, »The Federal Republic of Germany and the Portuguese Transition to Demo-cracy (1974–1976)«, in: Ebd., S. 35–56.

33 António Costa Pinto/Nuno Severiano Teixeira, »From Atlantic past to European destiny: Portu-gal«, in: Kaiser/Elvert, *European Union Enlargement*, S. 112–130.

34 Víctor Gavín/Fernando Guirao, »La dimensione internazionale della transizione polica spagnola (1969–1982). Quale ruolo giocarono la Comunità europea e gli Stati Unity?«, in: Del Pero, *Democrazie*, S. 173–264; Wolfram Kaiser/Christian Salm, »Transition und Europäisierung in Spanien und Portugal. Sozial- und christdemokratische Netzwerke im Übergang von der Dikta-tur zur parlamentarischen Demokratie«, in: *Archiv für Sozialgeschichte* 49 (2009), S. 259–282.

35 Lorena Ruano, »The Consolidation of Democracy vs. the Price of Olive Oil: The Story of why the CAP Delayed Spain's Entry to the EC«, in: *Journal of European Integration History* 11, 2 (2005), S. 96–118; Ricardo Martín de la Guardia, »In search of lost Europe: Spain«, in: Wolfgang Kaiser/Jürgen Elvert (Hg.), *European Union Enlargement. A comparative history*, London 2004, S. 93–111; Matthieu Trouvé, *L'Espagne et l'Europe. De la dictature de Franco à l'Union européenne*, Brüsssel u.a. 2008.

36 François Duchêne, »The European Community and the Uncertainties of Interdependence«, in: Max Kohnstamm/Wolfgang Hager (Hg.), *A Nation Writ Large? Foreign-Policy Problems before the European Community*, London 1973, S. 19–26, hier S. 20. Vgl. Thomas Derungs, »The Integrati-

on of a Different Europe. The European Community's Enlargement to the South and the Evolving Concept of a Civilian Power«, in: Michele Affinito/Guia Migani/Christian Wenkel (Hg.), *Les deux Europes. Actes du IIIe colloque international RICHIE*, Brüssel u.a. 2009, S. 311–325.

37 So Walter Hallstein bei der Unterzeichnung des Assoziierungsabkommens, zitiert nach Sena Ceylanoglu, »Von der unumstrittenen Beitrittsperspektive zu umstrittenen Beitrittsverhandlungen: Wandlungen des Verhältnisses der Europäischen Union zur Türkei«, in: Gabriele Clemens (Hg.), *Die Türkei und Europa*, Münster 2007, S. 151–169.

38 Elena Calandri, »A special relationship under strain: Turkey and the EEC, 1963–1976«, in: *Journal of European Integration History* 15, 1 (2009), S. 57–75; Heinz Kramer/Maurus Reinkowski, *Die Türkei und Europa. Eine wechselhafte Beziehungsgeschichte*, Stuttgart 2008, S. 154–162.

39 Vgl. Daniel Möckli, »Speaking with one voice? The evolution of a European Foreign Policy«, in: Anne Deighton/Gérard Bossuat (Hg.), *The EC/EU: A World Security Actor?*, Paris 2007, S. 132–151; Gäinar, *Origines*, S. 377–476.

40 Schmidt, *Die Deutschen und ihre Nachbarn*, S. 170f.

41 Rede vom 18.6.1977, zitiert nach Soutou, *L'alliance incertaine*, S. 364. Vgl. ebd., S. 359–365.

42 Hierzu und zum Folgenden Wilfried Loth, *Helsinki, 1. August 1975: Entspannung und Abrüstung*, München 1998, S. 191–198; Tim Geiger, »Die Regierung Schmidt – Genscher und der NATO-Doppelbeschluss«, in: Philipp Gassert/Tim Geiger/Hermann Wentker (Hg.), *Zweiter Kalter Krieg und Friedensbewegung. Der NATO-Doppelbeschluss in deutsch-deutscher und internationaler Perspektive*, München 2011, S. 95–120.

43 Weinachter, *Giscard d'Estaing*, S. 207–215; Soell, *Helmut Schmidt*, S. 728–733; deutsche Gesprächsaufzeichnungen in *AAPD* 1979 I, S. 5–20.

44 *Europa-Archiv* 35 (1980), S. D35f. und D99–D110.

45 Loth, *Helsinki*, S. 190f.; zum Folgenden ebd., S. 203–208 und 219–221.

46 *Europa-Archiv* 35 (1980), S. D166.

47 Erklärung vom 26.2.1980, zitiert bei Weinachter, *Giscard d'Estaing*, S. 177.

48 Valéry Giscard d'Estaing, *Le Pouvoir et la Vie*, Bd. 2: *L'affrontement*, Paris 1991, S. 417–419; Bd. 3, S. 217f. Zeitgenössische Spekulationen über Giscards Ambition, Schmidt hier zuvorzukommen, entbehren der Grundlage.

49 Helmut Schmidt im Gespräch mit Michèle Weinachter: Weinachter, *Giscard d'Estaing*, S. 182.

50 So erläutert von Helmut Schmidt im Deutschen Bundestag am 28.6.1984, Verhandlungen des Deutschen Bundestages, S. 5601f.; die Information zum deutschen Vetorecht in einem Gespräch Schmidts mit Hartmut Soell, berichtet bei Michael Wirth, *Die Deutsch-Französischen Beziehungen während der Kanzlerschaft von Helmut Schmidt (1974–1982)*, Berlin 2007, S. 104.

51 Soell, *Helmut Schmidt*, S. 751–761.

52 Schmidt, *Die Deutschen und ihre Nachbarn*, S. 171.

53 Ebd., S. 284.

54 Veronika Heyde, »Nicht nur Entspannung und Menschenrechte: Die Entdeckung von Abrüstung und Rüstungskontrolle durch die französische KSZE-Politik«, in: Matthias Peter/Hermann Wentker (Hg.), *Die KSZE im Ost-West-Konflikt. Internationale Politik und gesellschaftliche Transformation 1975–1990*, München 2012, S. 83–98.

55 Vgl. Hubert Védrine, *Les mondes de François Mitterrand. À l'Élysée 1981–1995*, Paris 1966, S. 120; Soutou, *L'alliance incertaine*, S. 373–378.

56 Gemeinsame Erklärung vom 25.2.1982, in: *Europa-Archiv* 37 (1982), S. D194.

57 Verhandlungen des Deutschen Bundestages, 30.1.1983, S. 8978–8992.

58 Schmidt, *Die Deutschen und ihre Nachbarn*, S. 286–288.

59 Regierungserklärung von Helmut Schmidt, 25.6.1982, in: *Europa-Archiv* 37 (1982), S. D347–D352, Zitat S. D350. Vgl. Schmidt, *Die Deutschen und ihre Nachbarn*, S. 260–266.

60 Deutsch-italienischer Entwurf vom 4.11.1981, in: *Europa-Archiv* 37 (1982), S. D50–D62.

61 So Giscard d'Estaing im französischen Ministerrat am 16.7.1980, AN 5AG3 AE 72.

62 Joe Renouard/D. Nathan Vigil, »The Quest for Leadership in a Time of Peace. Jimmy Carter and Western Europe, 1977–1981«, in: Schulz/Schwartz, *The Strained Alliance*, S. 309–332, hier S. 329f.

63 Young, *Blessed Plot*, S. 311.

64 So die Charakterisierung durch einen Mitarbeiter Giscards; Jenkins, *European Diary*, S. 528–531. Vgl. ebd., S. 464–466, und Jenkins, *Life at the Centre*, S. 494–500.

65 Ebd., S. 501–508; Jenkins, *European Diary*, S. 604–607.

66 *Jahrbuch der Europäischen Integration* 1981, S. 484–495.

67 Hans-Dietrich Genscher, *Erinnerungen*, Berlin 1995, S. 366.

68 *Europa-Archiv* 36 (1981), S. D164. Vgl. Wilfried Loth, »Deutsche Europapolitik von Helmut Schmidt bis Helmut Kohl«, in: Knipping/Schönwald, *Aufbruch*, S. 474–488; Hans-Dieter Lucas, »Politik der kleinen Schritte – Genscher und die deutsche Europapolitik 1974–1983«, in: Ders. (Hg.), *Genscher, Deutschland und Europa*, Baden-Baden 2002, S. 85–113; Ulrich Rosengarten, *Die Genscher-Colombo-Initiative. Baustein für die Europäische Union*, Baden-Baden 2008.

69 *Jahrbuch der Europäischen Integration* 1981, S. 505–519.

70 Werner Link, »Außen- und Sicherheitspolitik in der Ära Schmidt 1974–1982«, in: Wolfgang Jäger/Werner Link, *Republik im Wandel 1974–1982. Die Ära Schmidt*, Stuttgart/Mannheim 1987, S. 275–432, hier S. 351; Genscher, *Erinnerungen*, S. 364.

71 *Europa-Archiv* 37 (1982), S. D50–D62.

72 Helmut Kohl, *Erinnerungen 1982–1990*, München 2004, S. 101; zum Folgenden ebd., S. 108–111, zu Kohls Europa-Konzeption auch Hans-Peter Schwarz, *Helmut Kohl. Eine politische Biographie*, München 2012, S. 397–407.

73 *Europa-Archiv* 37 (1982), S. D420–D427.

74 Bericht von Mitterrands Mitarbeiter Pierre Morel, 21.9.1983, AN 5AG5 4, zitiert bei George Saunier, »Prélude à la relance de l'Europe. Le couple franco-allemand et les projets de relance communautaire vue de l'hexagone 1981–1985«, in: Bitsch, *Le couple France-Allemagne*, S. 463–485, hier S. 479.

75 Aufzeichnung vom 17.2.1984, in: Jacques Attali, *Verbatim*, Bd. 1: *Chronique des années 1981–1986*, Paris 1993, S. 594.

76 Saunier, *Prélude*, S. 481–483.

77 Zum Verlauf der Ratstagung von Fontainebleau Genscher, *Erinnerungen*, S. 369f.; Attali, *Verbatim* 1, S. 658–660; Roland Dumas, *Le Fil et la Pelote. Mémoires*, Paris 1996, S. 330f.; Young, *Blessed Plot*, S. 322–324.

78 *Europa-Archiv* 39 (1984), S. D434–D440.

79 Schlussfolgerungen des Vorsitzes des Europäischen Rates, 25./26.6.1984, in: Ebd., S. 440–443.

6. Die Zeit des Ausbaus 1984–1992 (S. 259–309)

1 *Jahrbuch der Europäischen Integration* 1984, S. 436f.

2 Text in: Lipgens, *45 Jahre*, S. 711–736; Vorentwürfe ebd., S. 654–710. Vgl. Daniela Preda, »L'action de Spinelli au Parlement européen et le projet de Traité d'Union européenne (1979–1984)«, in: Wilfried Loth (Hg.), *La gouvernance supranationale dans la construction européenne*, Brüssel 2005, S. 185–203.

3 *Europa-Archiv* 40 (1985), S. D240–D253.

4 Attali, *Verbatim* 1, S. 1241. Der Entwurf für das Abkommen zur Politischen Zusammenarbeit wurde in Mailand erneut vorgelegt; Text in: *Europa-Archiv* 40 (1985), S. D446–D449.

5 *Europa-Archiv* 40 (1985), S. D449–D451. Vgl. Ulrich Lappenküper, »Die deutsche Europapolitik zwischen der ›Genscher-Colombo-Initiative‹ und der Verabschiedung der Einheitlichen Europäischen Akte (1981–1986)«, in: *Historisch-Politische Mitteilungen* 10 (2003), S. 275–294; auch zum Folgenden.

6 Jacques Delors, *Erinnerungen eines Europäers*, Berlin 2004, S. 257–261; Genscher, *Erinnerungen*, S. 373.

7 Ebd.

8 Vgl. Luuk van Middelaar, *Le passage à l'Europe. Histoire d'un commencement*, Paris 2012, S. 171–182.

9 Schlussfolgerungen des Europäischen Rates von Mailand, 28./29.6.1985, in: *Jahrbuch der Europäischen Integration* 1985, S. 425–429; der Adonnino-Bericht in: Ebd., S. 423–425.

10 Completing the Internal Market. White Paper from the Commission to the European Council, COM (85), 310 final. Zur Strategie von Delors vgl. Helen Drake, *Jacques Delors, Perspectives on a European leader*, London/New York 2000, S. 78–112.

11 Delors, *Erinnerungen*, S. 269.

12 Text in *Europa-Archiv* 41 (1986), S. D163–D182; zum Verlauf der Regierungskonferenz und der Luxemburger Ratstagung Jean de Ruyt, *L'Acte unique européen. Commentaire*, Brüssel 1987; Ken Endo, *The Presidency of the European Commission under Jacques Delors. The Politics of Shared Leadership*, London/New York 1999, S. 140–151; Dietrich Rometsch, *Die Rolle und Funktionsweise der Europäischen Kommission in der Ära Delors*, Frankfurt am Main 1999, S. 112–130.

13 Rede vor dem institutionellen Ausschuss des Europäischen Parlaments, 4.2.1986, Altiero Spinelli, *Discorsi al Parlamento europeo 1976–1986*, Bologna 1987, S. 370.

14 Andrew Moravscik, »Negotiating the Single European Act: national interests and conventional statecraft in the European Community«, in: *International Organization* 45 (1991), S. 19–56, präsentiert »all three major states« (ebd., S. 49) schematisch als in gleicher Weise auf die Wahrung von Souveränität bedacht und geht damit über diesen fundamentalen Sachverhalt hinweg.

15 Delors, *Erinnerungen*, S. 285–297; die Schlussfolgerungen der Brüsseler Ratstagung in *Jahrbuch der Europäischen Integration* 1987/88, S. 438–458.

16 Paolo Cecchini u.a., *Europa '92. Der Vorteil des Binnenmarktes*, Baden-Baden 1988.

17 Hans-Eckart Scharrer, »Binnenmarktpolitik«, in: *Jahrbuch der Europäischen Integration* 1988/89, S. 132–142; ebd. 1992/93, S. 139–150.

18 Hierzu und zum Folgenden Gerbet, *Construction*, S. 359–363; Franz Knipping, *Rom, 25. März 1957. Die Einigung Europas*, München 2004, S. 234–238.

19 Wolfgang Wessels, *Die Öffnung des Staates. Modelle und Wirklichkeit grenzüberschreitender Verwaltungspraxis 1960–1995*, Opladen 2000, S. 195–260.

20 Delors, *Erinnerungen*, S. 383f.

21 Rede vom 6.7.1988, Verhandlungen des Europäischen Parlaments, 2–367/156–157.

22 Clive Jenkins, *All against the Collar*, London 1990, S. 130 und 137–140; Delors, *Erinnerungen*, S. 368f.

23 Deutscher Text in: *Europa-Archiv* 43 (1988), S. D682–D687; zur Entstehung und zur Reaktion Young, *Blessed Plot*, S. 346–351.

24 Referiert bei: Kenneth Dyson/Kevin Featherstone, *The Road to Maastricht. Negotiating Economic and Monetary Union*, Oxford 1999, S. 152f.

25 Horst Ungerer, *A concise history of European monetary integration. From EPU to EMU*, Westport (Connecticut) 1997, S. 163.

26 Ebd., S. 180. Vgl. hierzu und zum Folgenden Dyson/Featherstone, *Road*, S. 156–180 und 306–342.

27 Genscher, *Erinnerungen*, S. 387.

28 Henry Krägenau/Wolfgang Wetter, *Europäische Währungsunion. Vom Werner-Plan zum Vertrag von Maastricht. Analysen und Dokumentation*, Baden-Baden 1993, S. 310–312.

29 Ebd., S. 337f.

30 Notiert bei Jacques Attali, *Verbatim*, Bd. 3: *Chronique des années 1988–1991*, Paris 1995, S. 32.

31 *Europa-Archiv* 43 (1988), S. D443–D447; zum Verlauf auch Delors, *Erinnerungen*, S. 383–385.

32 Bericht zur Wirtschafts- und Währungsunion der EG, in: *Europa-Archiv* 44 (1989), S. D283–D304; Krägenau/Wetter, *Europäische Währungsunion*, S. 33–40. Zu den Verhandlungen im Delors-Ausschuss Dyson/Featherstone, *Road*, S. 342–350 und 713–720; Delors, *Erinnerungen*, S. 385–389; Harold James, *Making the European Monetary Union. The Role of the Committee of Central Bank Governors and the Origins of the European Central Bank*, Cambridge (Mass.) 2012, S. 234–261.

33 Hans Stark, *Kohl, l'Allemagne et l'Europe. La politique d'intégration européenne de la République fédérale 1982–1998*, Paris 2004, S. 90f.; Dyson/Featherstone, *Road*, S. 348f.

34 Ebd., S. 188.

35 Ebd., S. 350–354.

36 *Europa-Archiv* 44 (1989), S. D406f.

37 AN, 5AG4, 88 EG d.1, zitiert nach Jean-Marie Palayret, »La voie française vers l'Union économique et monétaire durant la négociation du traité de Maastricht (1988–1992)«, in: Martial Libera/Birte Wassenberg (Hg.), *L'Europe au cœur. Études pour Marie-Thérèse Bitsch*, Brüssel 2009, S. 197–221, hier S. 209.

38 Guigou an Mitterrand, 13.10.1989, AN, 5AG4, 6874; vgl. auch Attali, *Verbatim* 3, S. 321.

39 Attali, *Verbatim* 3, S. 325–327. Hierzu und zum Folgenden auch Hanns Jürgen Küsters, »La controverse entre le Chancelier Helmut Kohl et le Président François Mitterrand à propos de la réforme institutionnelle de la Communauté européenne (1989/1990)«, in: Bitsch, *Le couple France-Allemagne*, S. 487–516, hier S. 491–496; Dyson/Featherstone, *Road*, S. 363–366.

40 Kohl an Mitterrand, 27.11.1989, in: *Deutsche Einheit. Sonderedition aus den Akten des Bundeskanzleramtes 1989/90*, München 1998, S. 565–567.

41 Attali, *Verbatim* 3, S. 349.

42 Gespräch Mitterrand – Kohl, 2.2.1984, in: Attali, *Verbatim* 1, S. 583f.; Rede vom 24.5.1984, in: François Mitterrand, *Réflexions sur la politique extérieure de la France. Introduction à vingt-cinq discours (1981–1985)*, Paris 1986, S. 280–297.

43 Ebd., S. 12, 68–71 und 101; vgl. Soutou, *L'alliance incertaine*, S. 387f.

44 *Le Monde*, 4.7.1985; Egon Bahr, *Zu meiner Zeit*, München 1996, S. 512.

45 Gespräche Mitterrand – Kohl, 29.10.1984, 7.11. und 17.12.1985, in: Attali, *Verbatim* 1, S. 513f., 874f. und 902–905.

46 Ebd., S. 933. Vgl. auch Ulrich Lappenküper, *Mitterrand und Deutschland. Die enträtselte Sphinx*, München 2011, S. 224f.

47 Jacques Attali, *Verbatim*, Bd. 2: *Chronique des années 1986–1988*, Paris 1993, S. 287.

48 Aufzeichnungen Attalis, 24.7.1987, in: Ebd., S. 363–365.

49 Soutou, *L'alliance incertaine*, S. 391–394; Stark, *Kohl*, S. 130–133; Lappenküper, *Mitterrand*, S. 237f.

50 Vgl. Mitterrands Exposé im französischen Ministerrat, 4.3.1987, in: Attali, *Verbatim* 2, S. 270f.; allgemein zu den Abrüstungsverhandlungen Loth, *Helsinki*, S. 237–258.

51 Gespräch Mitterrand – Kohl, 28.3.1987, in: Attali, *Verbatim* 2, S. 287–291.

52 Schwarz, *Helmut Kohl*, S. 446–449.

53 Gespräch Mitterrand – Bush, 20.5.1989, in: Attali, *Verbatim* 3, S. 241–243; Frédéric Bozo, *Mitterrand, la fin de la guerre froide et l'unification allemande. De Yalta à Maastricht*, Paris 2005, S. 70–79.

54 La politique étrangère de la France, Juli–August 1989, S. 21–23 und 78–82.

55 Memorandum vom 20.2.1989, referiert bei Bozo, *Mitterrand*, S. 98–101.

56 Jacques Attali, *C'était François Mitterrand*, Paris 2005, S. 308f.

57 Ebd., S. 311 und 315–318.

58 Attali, *Verbatim 3*, S. 364.

59 Ebd., S. 320–323; zu Genschers Besuch auch Attali, *Verbatim 3*, S. 353f., und Genscher, *Erinnerungen*, S. 390 und 677–680.

60 Bozo, *Mitterrand*, S. 152; zum Folgenden ebd., S. 152–156; Thilo Schabert, *Wie Weltgeschichte gemacht wird. Frankreich und die deutsche Einheit*, Stuttgart 2002, S. 425–428; Lappenküper, *Mitterrand*, S. 269–271.

61 Schlussfolgerung des Vorsitzes der Straßburger Ratstagung, 8./9.12.1989, in: *Jahrbuch der Europäischen Integration* 1989/90, S. 421–438.

62 Ebd., S. 431.

63 »Dunkelste Stunden«, in: *Der Spiegel*, Nr. 18, 27.4.1998, S. 108–112.

64 Zum deutschlandpolitischen Entscheidungsprozess 1989/90 siehe Wilfried Loth, »Michail Gorbatschow, Helmut Kohl und die Lösung der deutschen Frage 1989/1990«, in: Gian Enrico Rusconi/Hans Woller (Hg.), *Parallele Geschichte? Italien und Deutschland 1945–2000*, Berlin 2006, S. 461–477; Andreas Rödder, *Deutschland einig Vaterland. Die Geschichte der Wiedervereinigung*, München 2009, S. 146–225; Schwarz, *Helmut Kohl*, S. 535–580.

65 Attali, *Verbatim 3*, S. 390.

66 So nach einem Telefongespräch mit Gorbatschow am 2.2.1990, in: Attali, *Verbatim 3*, S. 411. Die materialreiche Darstellung bei Bozo, *Mitterrand*, S. 156–202, blendet diesen Aspekt der Politik Mitterrands aus. Vgl. demgegenüber Lappenküper, *Mitterrand*, S. 273–302.

67 Gespräch Mitterrand – Thatcher, 20.1.1990, französisches Protokoll zitiert nach Bozo, *Mitterrand*, S. 180.

68 Attali, *Mitterrand*, S. 333.

69 Ebd., S. 333–336; *Deutsche Einheit*, S. 842–852; Attali, *Verbatim 3*, S. 422–429, das Zitat S. 424.

70 Bozo, *Mitterrand*, S. 202–241; zu Kohls Motiven ein Telefongespräch mit Mitterrand am 5.3.1990, in: Attali, *Verbatim 3*, S. 439.

71 *Europa-Archiv* 45 (1990), S. D269–D282; Delors, *Erinnerungen*, S. 327–329.

72 Memorandum Guigou, 6.2.1990, AN, 5AG4, AH 35, zitiert nach Bozo, *Mitterrand*, S. 198f. Zum Folgenden ebd., S. 196–202 und 244–249.

73 *Europa-Archiv* 45 (1990), S. D283.

74 Botschaftsbericht, 13.3.1990, zitiert bei Bozo, *Mitterrand*, S. 242.

75 *Europa-Archiv* 45 (1990), S. D284–D288.

76 Vgl. Delors, *Erinnerungen*, S. 346f.; Stark, *Kohl*, S. 170–177.

77 *Jahrbuch der Europäischen Integration* 1990/91, S. 417–420.

78 Notiz vom 4.10.1990, in: Attali, *Verbatim 3*, S. 606.

79 *Europa-Archiv* 46 (1991), S. D25–D27. Zum Verlauf der Regierungskonferenz über die Politische Union: Jim Cloos/Gaston Reinsch/Daniel Vignes/Joseph Weyland, *Le traité de Maastricht. Genèse, analyse, commentaires*, Brüssel 1994, S. 73–93; Endo, *Presidency*, S. 170–190; Rometsch, *Rolle*, S. 181–195; Stark, *Kohl*, S. 179–213; Bozo, *Mitterrand*, S. 303–325; aus der Sicht eines Beteiligten Delors, *Erinnerungen*, S. 403–411.

80 Commission Proposals on Common External Policy, Agence Europe, Documents, Nr. 1697/1698, 7.3.1991.

81 Interview mit Ken Endo, *Presidency*, S. 178.

82 Non-Paper der luxemburgischen Ratspräsidentschaft, 15.4.1991, Agence Europe, Documents, Nr. 1709/1710, 3.5.1991.

83 Vertragsentwurf 18.6.1991, ebd., Nr. 1722/1723, 5.7.1991.

84 Vertragsentwurf 23.9.1991, ebd., Nr. 1733/1734, 3.10.1991.

85 Der Bundesminister des Auswärtigen informiert. Mitteilung für die Presse vom 6.2.1991.

86 Schreiben vom 14.10.1991, in: *Europa-Archiv* 46 (1991), S. D571–D574.

87 EU-Vertrag Art. J.4.

88 Zum Verlauf der Tagung Françoise Carle, *Les Archives du Président. Mitterrand intime*, Paris 1998, S. 233–236; Pierre Favier/Michel Martin-Rolland, *La Décennie Mitterrand*, Bd. 4: *Les Déchirements, 1991–1995*, Paris 1999, S. 227f.; Georges Saunier, »La négociation de Maastricht vue de Paris«, in: *Journal of European Integration History* 19, 1 (2013), S. 45–65.

89 Dyson/Featherstone, *Road*, S. 395–399; zum Folgenden ebd., S. 202–255, 370–451 und 726–740; Harold James, »Designing a Central Bank in the Run-Up to Maastricht«, in: *Journal of European Integration History* 19, 1 (2013), S. 105–122.

90 Hans Tietmeyer beim Interview mit Hans-Peter Schwarz und Günter Buchstab, 4.7.2008, zitiert bei Schwarz, *Helmut Kohl*, S. 701.

91 Rede vom 11.3.1991, zitiert nach Young, *Blessed Plot*, S. 374. Vgl. ebd., S. 362–374; Dyson/Featherstone, *Road*, S. 644–682.

92 Artikel 103, 104 und 109 (2) EG-Vertrag. Für einen Überblick über die Bestimmungen zur Währungsunion siehe Unger, *History*, S. 229–242.

93 Rede vor dem Europäischen Parlament, 20.11.1991, zitiert nach Endo, *Presidency*, S. 187.

7. Von Maastricht nach Nizza 1992–2001 (S. 310–357)

1 Attali, *Mitterrand*, S. 354. Zu den Ratifizierungsprozessen insgesamt Gerbet, *Construction*, S. 400–409; Finn Laursen/Sophie Vanhoonacker (Hg.), *The Ratification of the Maastricht Treaty. Issues, Debates and Future Implications*, Dordrecht u.a. 1994.

2 Lappenküper, *Mitterrand*, S. 324f.

3 *Frankfurter Allgemeine Zeitung*, 11.6.1992.

4 Schlussfolgerungen des Europäischen Rates in Edinburgh, 11./12.12.1992, in: *Jahrbuch der Europäischen Integration* 1992/93, S. 439–478, hier S. 457–460.

5 Stark, *Kohl*, S. 247–253.

6 Ungerer, *History*, S. 263–265; Dyson/Featherstone, *Road*, S. 682–685; David Marsh, *Der Euro. Die geheime Geschichte der neuen Weltwährung*, Hamburg 2009, S. 210–223.

7 Aufzeichnung Trichets, 22.9.1992, zitiert nach Marsh, *Euro*, S. 230. Zum Folgenden ebd., S. 223–235.

8 Unterredung Mitterrand – Kohl, 22.9.1992, französisches Protokoll in: Ebd., S. 227.

9 Ebd., S. 237–241; Ungerer, *History*, S. 265–267.

10 Kohl, *Erinnerungen 1990–1994*, S. 614; Schlussfolgerungen des Europäischen Rates vom 29.10.1993 in Brüssel, in: *Europa-Archiv* 49 (1994), S. D2–D9.

11 Jacques Chirac, *Le temps présidentiel. Mémoires* 2, Paris 2011, S. 90f.

12 Schlussfolgerungen des Europäischen Rates in Madrid, 15./16.12.1995, in: *Internationale Politik* 6/1996, S. 81–86; hierzu und zum Folgenden Ungerer, *History*, S. 272–292; Gerbet, *Construction*, S. 432–445.

13 Zitiert bei Marsh, *Euro*, S. 253.

14 *Agence Europe*, Sonderausgabe 3.5.1998.

15 Marsh, *Euro*, S. 273; Schwarz, *Kohl*, S. 813–815.

16 Heribert Schwan, *Die Frau an seiner Seite. Leben und Leiden der Hannelore Kohl*, München 2011, S. 242f.

17 *Bild-Zeitung*, 26.3.1998.

18 Wilfried Loth, »Kreativ, vor allem in Buchführung. Wie Athen in die Eurozone gelangte und Berlin seinen Widerstand aufgab«, in: *Frankfurter Allgemeine Sonntagszeitung*, 18.9.2011.

19 Waldemar Hummer, »Annäherung zwischen EG und EFTA-Staaten: Außen-, neutralitäts- und wirtschaftspolitische Problemfelder«, in: Fritz Schwind (Hg.), *Österreichs Weg in die EG – Beiträge zur europäischen Rechtsentwicklung*, Wien 1991, S. 7–52.

20 Thomas Pedersen, *European Union and the EFTA Countries. Enlargement and Integration*, London 1994, S. 33–78; Michael Gehler, *Vom Marshall-Plan bis zur EU. Österreich und die europäische Integration von 1945 bis zur Gegenwart*, Innsbruck 2006, S. 201–203.

21 Ebd., S. 167–199; Maria Gussarsson, »Combining dependence with distance: Sweden«, in: Kaiser/Elvert, *Enlargement*, S. 170–188; Hanna Ojanen, »If in ›Europe‹, then in its ›core‹? Finland«, in: Ebd., S. 150–169.

22 Delors, *Erinnerungen*, S. 431.

23 Schlussfolgerungen des Vorsitzes des Europäischen Rates vom 26./27.6.1992, in: *Jahrbuch der Europäischen Integration* 1992/93, S. 408–433.

24 Schlussfolgerungen des Vorsitzes des Europäischen Rates vom 11./12.12.1992, in: Ebd., S. 439–478.

25 Francisco Granelli, »The European Union's Enlargement Negotiations with Austria, Finland, Norway and Sweden«, in: *Journal of Common Market Studies* 1/1995, S. 117–141; Delors, *Erinnerungen*, S. 463f.; Gehler, *Vom Marshallplan*, S. 210–225.

26 Gerbet, *Construction*, S. 413–416.

27 The White Paper on Growth, Competitiveness and Employment. The Challenges and Ways Forward into the 21st century. COM (93) 700 final, Brüssel 1993.

28 Endo, *Delors*, S. 191–206; Drake, *Delors*, S. 113–143; Delors, *Erinnerungen*, S. 465–479.

29 Ebd., S. 454.

30 Ebd. S. 480; Michael Gehler, »Jacques Santer: Underestimated European and President of the Commission during Transition (1995–99)«, in: Jan van der Harst/Gerrit Voerman (Hg.), *The Presidents of the European Commission, 1958–2010* (erscheint demnächst).

31 Bericht der Reflexionsgruppe, Messina 2. Juni 1995/Brüssel 5. Dezember 1995. Dokument des Generalsekretariats des Rates, Nr. SN 520/1/95/REV 1 (REFLEX 21); Auszüge in: Mathias Jopp/Otto Schmuck (Hg.), *Die Reform der Europäischen Union. Analysen – Positionen – Dokumente zur Regierungskonferenz 1996/97*, Bonn 1996, S. 107–114.

32 CDU/CSU-Fraktion des Deutschen Bundestages: Überlegungen zur europäischen Politik, 1.9.1994; abgedruckt: *Blätter für deutsche und internationale Politik* 10/1994, S. 1271–1280.

33 Vgl. Stefan Honecker, »Die Debatte um das ›Kerneuropa‹-Papier der CDU/CSU-Fraktion«, in: Roland Erne u.a. (Hg.), *Transnationale Demokratie. Impulse für ein demokratisch verfasstes Europa*, Zürich 1995, S. 330–341; Valérie Guérin-Sendelbach, *Frankreich und das vereinigte Deutschland*, Opladen 1999, S. 205–220.

34 Jopp/Schmuck, *Reform*, S. 115–117.

35 Zum Verlauf der Regierungskonferenz und zu den Ergebnissen Mathias Jopp/Andreas Maurer/Otto Schmuck (Hg.), *Die Europäische Union nach Amsterdam. Analysen und Stellungnahmen zum neuen EU-Vertrag*, Bonn 1998; Werner Weidenfeld (Hg.), *Amsterdam in der Analyse*, Gütersloh 1998.

36 Hans-Claudius Taschner, *Schengen. Die Übereinkommen zum Abbau der Personenkontrollen an den Binnengrenzen von EU-Staaten*, Baden-Baden 1997; Andreas Pudlat, »Der lange Weg zum Schengen-Raum: Ein Prozess im Vier-Phasen-Modell«, in: *Journal of European Integration History* 17 (2011), S. 303–325.

37 EG-Vertrag von Amsterdam, Artikel 61–69.

38 EU-Vertrag von Amsterdam, Artikel 30–32.

39 Erklärung zur Organisation und zur Arbeitsweise der Kommission.

40 Klaus Hänsch, *Kontinent der Hoffnungen. Mein europäisches Leben*, Bonn 2011, S. 113.

41 Weidenfeld, *Amsterdam*, S. 32.

42 Protokoll über die Organe im Hinblick auf die Erweiterung der Europäischen Union.

43 In der zeitgenössischen französischen Literatur wurde häufig ein angebliches Abrücken Kohls vom Ziel der Vertiefung der Integration dafür verantwortlich gemacht, dass die Reformvorschläge zur Vertretung im Rat und in der Kommission scheiterten; vgl. etwa Stark, *Kohl*, S. 387. Dabei wurde jedoch die französische Haltung zu den Vermittlungsvorschlägen übersehen.

44 Jopp/Schmuck, *Reform*, S. 118–120.

45 EU-Vertrag von Amsterdam, Artikel 17 und Protokoll zu Artikel 17.

46 Stark, *Kohl*, S. 352–358 und 376f.

47 *Frankfurter Allgemeine Zeitung*, 19.6.1997.

48 Zitiert nach Hänsch, *Kontinent*, S. 109. Vgl. ebd., S. 105–109, und Dietrich Rometsch, »Die Europäische Kommission«, in: *Jahrbuch der Europäischen Integration* 1998/99, S. 71–78.

49 Soutou, *L'Alliance incertaine*, S. 414–426.

50 Chirac, *Le temps présidentiel*, S. 220f.

51 Stark, *Kohl*, S. 339–348.

52 Vojtech Mastny, *Reassuring NATO. Eastern Europe, Russia, and the Western Alliance* (= Forsvarsstudier 5/1997), Oslo 1997.

53 *Agence Europe*, 26./27.10.1998, S. 4f.

54 Kommuniqué in: *Internationale Politik* 3/1999, S. 127f.

55 Joschka Fischer, *Die rot-grünen Jahre. Deutsche Außenpolitik – vom Kosovo bis zum 11. September*, Köln 2007, S. 185. Vgl. ebd., S. 110–147 und 156–251.

56 Europäischer Rat in Köln, 3./4.6.1999, Schlussfolgerungen des Vorsitzes, Ziffer 17 und Anhang III. Vgl. Uwe Schmalz, »Aufbruch zu neuer Handlungsfähigkeit. Die Gemeinsame Außen-, Sicherheits- und Verteidigungspolitik unter deutscher Ratspräsidentschaft«, in: *Integration* 3/1999, S. 191–204.

57 Mathias Jopp, »Gemeinsame Europäische Sicherheits- und Verteidigungspolitik«, in: *Jahrbuch der Europäischen Integration* 1999/2000, S. 243–250; ders., »Europäische Sicherheits- und Verteidigungspolitik«, in: *Jahrbuch der Europäischen Integration* 2000/2001, S. 233–242.

58 Radiointerview vom 12.6.1991, zitiert nach Bozo, *Mitterrand*, S. 357.

59 Vgl. hierzu und zum Folgenden Graham Avery/Fraser Cameron, *The Enlargement of the European Union*, Sheffield 1998; Barbara Lippert (Hg.), *Osterweiterung der Europäischen Union – die doppelte Reifeprüfung*, Bonn 2000; Stark, *Kohl*, S. 397–417; Peter Becker, *Die deutsche Europapolitik und die Osterweiterung der Europäischen Union*, Baden-Baden 2011, S. 27–63 und 143–202.

60 Europäischer Rat in Kopenhagen, 21./22.6.1993, Schlussfolgerungen des Vorsitzes, in: *Europa-Archiv* 48 (1993), S. D258–D276, hier zitiert S. D264.

61 Europäischer Rat. Tagung vom 15. und 16. Dezember in Madrid. Schlussfolgerungen des Vorsitzes, in: *Bulletin der Europäischen Union* 12/1995, S. 9–85, hier zitiert S. 20.

62 Europäische Kommission, Agenda 2000. Eine stärkere und erweiterte Union, KOM (97) 2000 endg., 15. Juli 1997.

63 Winfried von Urff, »Agrar- und Fischereipolitik«, in: *Jahrbuch der Europäischen Integration* 1998/99, S. 125–134; aus der Sicht der Bundesregierung auch Fischer, *Die rot-grünen Jahre*, S. 287–297.

64 Europäischer Rat. Tagung vom 10. und 11. Dezember 1999 in Helsinki, Schlussfolgerungen des Vorsitzes, Auszüge in: *Internationale Politik* 2/2000, S. 80–85. Vgl. Günter Verheugen, *Europa in der Krise. Für eine Neubegründung der europäischen Idee*, Köln 2005, S. 78–85.

65 Oya Susanne Abali, »Türkei«, in: *Jahrbuch der europäischen Integration* 1999/2000, S. 437–442; Jürgen Reuter, »Werden Athen und Ankara ihren historischen Konflikt beilegen? Griechisch-türkische Beziehungen im Lichte der türkischen EU-Beitrittskandidatur«, in: Wilfried Loth (Hg.),

Das europäische Projekt zu Beginn des 21. Jahrhunderts, Opladen 2001, S. 295–323; Kramer/ Reinkowski, *Die Türkei und Europa*, S. 161–166.

66 KOM (2000) 34, 26.1.2000.

67 Wolfgang Schäuble/Karl Lamers, »Europa braucht einen Verfassungsvertrag«, in: *Frankfurter Allgemeine Zeitung*, 4.5.1999.

68 Joschka Fischer, »Vom Staatenbund zur Föderation – Gedanken über die Finalität der europäischen Integration«, in: *Bulletin der Bundesregierung*, 24.5.2000, nachgedruckt u.a. in: Wilfried Loth, *Entwürfe einer europäischen Verfassung. Eine historische Bilanz*, Bonn 2002, S. 241–252; zur Entstehung Fischer, *Die rot-grünen Jahre*, S. 298–304.

69 Text u.a. in: Bossuat, *Faire l'Europe*, S. 513–520.

70 Zur Analyse des Vertrags von Nizza vgl. Wilfried Loth, »Nach Nizza. Die Aufgaben der Europapolitik nach den Ergebnissen des Europäischen Rates in Nizza«, in: Ders., *Das europäische Projekt*, S. 383–389; Mathias Jopp/Barbara Lippert/Heinrich Schneider (Hg.), *Das Vertragswerk von Nizza und die Zukunft der Europäischen Union*, Bonn 2001; Werner Weidenfeld (Hg.), *Nizza in der Analyse. Strategien für Europa*, Gütersloh 2001.

71 Vgl. mit gegensätzlichen Bewertungen Fischer, *Die rot-grünen Jahre*, S. 342–356; Chirac, *Le temps présidentiel*, S. 301–311, das Zitat S. 310.

72 Protokoll 10 zum EU-Vertrag von Nizza, Artikel 4.

73 Vertrag von Nizza (*Amtsblatt der Europäischen Gemeinschaften* 2001/C 80/01), S. 85f.

8. Verfassungsstreit und »Euro-Krise« 2001–2012 (S. 358–415)

1 Europäische Kommission: Strategiepapier zur Erweiterung. Bericht über die Fortschritte jedes Bewerberlandes auf dem Weg zum Beitritt 2000, KOM (2000) 700, 8.11.2000. Hierzu und zum Folgenden Graham Avery, »The enlargement negotiations«, in: Fraser Cameron (Hg.), *The future of Europe. Integration and enlargement*, London/New York 2004, S. 35–62; Verheugen, *Europa in der Krise*, S. 83–103; Becker, *Die deutsche Europapolitik*, S. 63–77 und 202–260.

2 Chirac, *Le temps présidentiel*, S. 526.

3 Vgl. Barbara Lippert, »Erweiterungspolitik der Europäischen Union«, in: *Jahrbuch der Europäischen Integration* 2002/2003, S. 417–430; Peter Ludlow, *The Making of the new Europe. The European Councils in Brussels and Copenhagen 2002*, Brüssel 2004.

4 Verheugen, *Europa in der Krise*, S. 63 und 68.

5 Vgl. Heinz-Jürgen Axt, »Zypern: Mitglied der Europäischen Union, aber weiterhin geteilt«, in: Rudolf Hrbek (Hg.), *Die zehn neuen EU-Mitgliedsländer. Spezifika und Profile*, Baden-Baden 2006, S. 115–130; Verheugen, *Europa in der Krise*, S. 83f. und 93f.

6 Barbara Lippert, »Erweiterungspolitik der Europäischen Union«, in: *Jahrbuch der Europäischen Integration* 2005, S. 425–434; Anneli Ute Gabanyi, »Rumänien«, in: Ebd., S. 441–444.

7 Barbara Lippert, »Die Erweiterungspolitik der Europäischen Union«, in: *Jahrbuch der Europäischen Integration* 2007, S. 423–434.

8 Europäische Kommission: Bericht über den Fortschritt Rumäniens im Rahmen des Kooperations- und Kontrollverfahrens, KOM (2011) 460 endgültig.

9 Zitiert nach *Westfälische Nachrichten*, 22.8.2012.

10 Europäische Kommission: Strategiepapier zur Erweiterung, KOM (2005) 561 endgültig, 9.11.2005. Vgl. Barbara Lippert, »Die Erweiterungspolitik der Europäischen Union«, in: *Jahrbuch der Europäischen Integration* 2006, S. 429–440.

11 Ebd. 2011, S. 503–516; Sisina Kusic, Kroatien, in: Ebd., S. 513–516.

12 Vgl. etwa Wolfgang Quaisser/Alexandra Reppegather, *EU-Beitrittsreife der Türkei und Konsequenzen einer EU-Mitgliedschaft*, München 2004.

13 *Le Monde*, 9.11.2002.

14 Europäische Kommission: Empfehlung der Europäischen Kommission zu den Fortschritten der Türkei auf dem Weg zum Beitritt, KOM (2004) 656 endgültig, 6.10.2004.

15 Europäischer Rat: Schlussfolgerungen des Vorsitzes, Brüssel 16./17.12.2004. Vgl. Peter Ludlow, *Dealing with Turkey. The European Council of 16–17 December 2004*, Brüssel 2005; Barbara Lippert, »Die Türkei als Sonderfall und Wendepunkt der klassischen EU-Erweiterungspolitik«, in: *Integration* 28 (2005), S. 119–135.

16 *Jahrbuch der Europäischen Integration* 2006, S. 431–435; 2007, S. 425–429; 2008, S. 454–458; 2009, S. 448–450; 2010, S. 468–471; 2011, S. 507f.

17 Karin Böttger, *Die Entstehung und Entwicklung der europäischen Nachbarschaftspolitik. Akteure und Koalitionen*, Baden-Baden 2010.

18 Burkhard Steppacher, »Island«, in: *Jahrbuch der Europäischen Integration* 2010, S. 479f., und 2011, S. 511f.

19 *Internationale Politik* 67 (2002), S. 101. Zur Initiierung des Blaesheim-Prozesses auch Chirac, *Le temps présidentiel*, S. 311.

20 Erklärung von Laeken zur Zukunft der Europäischen Union, u.a. in: Daniel Göler, *Die neue europäische Verfassungsdebatte. Entwicklungsstand und Optionen für den Konvent*, Bonn 2002, S. 112–122. Vgl. ders., »Der Gipfel von Laeken. Erste Etappe auf dem Weg zu einer europäischen Verfassung?«, in: *Integration* 25 (2002), S. 99–110; Peter Ludlow, *The Laeken Council*, Brüssel 2002; Fischer, *Die rot-grünen Jahre*, S. 357–360.

21 Didier Pavy, »Giscard: retour par l'extérieur«, in: *Le Nouvel Observateur*, 20.12.2001.

22 Hänsch, Kontinent, S. 166. Zur Arbeit des Konvents ebd., S. 161–205; Alain Lamassoure, *Histoire secrète de la Convention européenne*, Paris 2003; Andrew Duff, *The Struggle for Europe's Constitution*, London 2007; Peter Norman, *The Accidental Constitution. The Story of the European Convention*, Brüssel 2003; Mathias Jopp/Saskia Matl, »Perspektiven der deutsch-französischen Konventsvorschläge für die institutionelle Architektur der Europäischen Union«, in: *Integration* 26 (2003), S. 99–110; sowie die Beiträge in *Integration* 26, Heft 4 (2003), S. 283–575.

23 Preliminary draft Constitutional Treaty, 28.10.2002, CONV 369/02.

24 Artikel I-26 des Vertragsentwurfs.

25 Artikel I-24 des Vertragsentwurfs; siehe Hänsch, *Kontinent*, S. 195.

26 Ebd., S. 201f.

27 Europäischer Konvent: Entwurf. Vertrag über eine Verfassung für Europa. Vom Europäischen Konvent im Konsensverfahren angenommen am 13. Juni und 10. Juli 2003. Dem Präsidenten des Europäischen Rates in Rom überreicht, Luxemburg 2003.

28 Vertrag über eine Verfassung für Europa. Vom 29. Oktober 2004, Luxemburg 2005.

29 Zur Bedeutung dieses Prinzips siehe Wilfried Loth, »Die Verfassung für Europa in historischer Perspektive«, in: Ders. (Hg.), *Europäische Gesellschaft. Grundlagen und Perspektiven*, Wiesbaden 2005, S. 245–264.

30 Vgl. Franz C. Mayer, »Verfassungsstruktur und Verfassungskohärenz – Merkmale europäischen Verfassungsrechts?«, in: *Integration* 26 (2003), S. 398–413; allgemein Werner Weidenfeld (Hg.), *Die Europäische Verfassung in der Analyse*, Gütersloh 2005.

31 Vgl. die Zusammenstellung bei Mittag, *Kleine Geschichte*, S. 301–303; allgemein Christopher Hill, »Renationalizing or Regrouping? EU Foreign Policy since 11 September 2001«, in: *Journal of Common Market Studies* 42 (2004), S. 143–163; Mathias Jopp/Peter Schlotter (Hg.), *Kollektive Außenpolitik – die Europäische Union als internationaler Akteur*, Baden-Baden 2007.

32 Tony Blair, *Mein Weg*, München 2010, S. 425. Vgl. ebd., S. 397–478.

33 Chirac, *Le temps présidentiel*, S. 372f. Vgl. ebd., S. 361–401; Joschka Fischer, *»I am not convinced«. Der Irak-Krieg und die rot-grünen Jahre*, Köln 2011, S. 151–153.

34 Europäischer Konvent: Gemeinsame deutsch-französische Vorschläge für den Europäischen Konvent zum Bereich Europäische Sicherheits- und Verteidigungspolitik, CONV 422/02, 22.11.2002.

35 »Prodi seeks strong power for Brussels«, in: *BBC News*, 5.12.2002, http://news.bbc.co.uk/2/hi/europe/2545331.stm.

36 Deutsche Übersetzung in: *Internationale Politik* 58/3 (2003), S. 79.

37 Erklärung vom 5.2.2003. Vgl. hierzu und zum Folgenden Mathias Jopp/Sammi Sandawi, »Europäische Sicherheits- und Verteidigungspolitik«, in: *Jahrbuch der Europäischen Integration* 2002/2003, S. 241–250.

38 Pressekonferenz, 22.1.2003, U.S. Department of Defense. Presscenter: News Transcript, 22.1.2003.

39 *Frankfurter Allgemeine Zeitung*, 24.4.2003.

40 Gemeinsame Erklärung Deutschlands, Frankreichs, Luxemburgs und Belgiens zur Europäischen Sicherheits- und Verteidigungspolitik, Brüssel, 29.4.2003.

41 Stephen Wall, *A Stranger in Europe: Britain and the EU from Thatcher to Blair*, Oxford 2008, S. 172–175; Hans Stark, *La politique internationale de l'Allemagne. Une puissance malgré elle*, Villeneuve d'Ascq 2011, S. 139.

42 Europäischer Rat: Europäische Sicherheitsstrategie. Ein sicheres Europa in einer besseren Welt, Dok. 1088/03, Brüssel, 12.12.2003.

43 Blair, *Mein Weg*, S. 583 und 556.

44 Ebd., S. 590. Im englischen Original findet sich dieser Passus nicht. Zur Auseinandersetzung Gerbet, *Construction*, S. 506–508.

45 *Jahrbuch der Europäischen Integration* 2003/2004, S. 85–87; ebd. 2005, S. 91f.

46 Rat der Europäischen Union: Schlussfolgerungen des Vorsitzes, Europäischer Rat (Lissabon), 23./24. März 2000, SN 100/00. Vgl. Daniel Göler, »Die Lissabon-Strategie: Ein europäischer Gestaltungsversuch?«, in: Christoph Linzbach u.a. (Hg.), *Globalisierung und europäisches Sozialmodell*, Baden-Baden 2007, S. 147–166; Maria João Rodrigues (Hg.), *Europe, Globalization and the Lisbon Agenda*, Cheltenham/Northampton (MA) 2009.

47 Bericht der Hochrangigen Sachverständigengruppe unter Vorsitz von Wim Kok, November 2004, Luxemburg 2004.

48 Kommission der Europäischen Gemeinschaften: Strategische Ziele 2005–2009, Europa 2010: Eine Partnerschaft für die Erneuerung Europas, Wohlstand, Solidarität und Sicherheit, KOM (2005) 12 endgültig, Brüssel, 26.1.2005.

49 Europäische Kommission: Mitteilung für die Frühjahrstagung des Europäischen Rates. Zusammenarbeit für Wachstum und Arbeitsplätze – Ein Neubeginn für die Strategie von Lissabon, KOM (2005) 24 endgültig, Brüssel, 2.2.2005; Für Wachstum sorgen und Arbeitsplätze schaffen: Ein neuer und integrierter Koordinierungszyklus für Wirtschaft und Beschäftigung in der EU, SEK (2005) 193, Brüssel, 3.2.2005.

50 Eurostat: File Unemployment rate, national level, 2004–2009.

51 Europäische Kommission: Mitteilung der Kommission für die Frühjahrstagung des Europäischen Rates. Zusammenarbeit für Wachstum und Beschäftigung. Integrierte Leitlinien für Wachstum und Beschäftigung (2005–2008), Brüssel 2005, S. 6.

52 Zitiert nach Anjo G. Harryvan/Jan van der Harst, »José Manuel Barroso: the cautious reformer in troubled times«, in: van der Harst/Voerman, *Presidents* (erscheint demnächst).

53 Ebd. – Die Studie wurde im Februar 2008 veröffentlicht: S. Kurpas, C. Gron and P. M. Kaczynski, *The European Commission after Enlargement: Does more add up to less?*, Brüssel, CEPS 2008.

54 *Jahrbuch der Europäischen Integration* 2003/2004, S. 163–167; 2005, S. 95f. und 171–176; 2006, S. 92f. und 176–183; Peter Becker, »Die Fortschreibung des Status quo. Die EU und ihr neuer Finanzrahmen Agenda 2007«, in: *Integration* 29 (2006), S. 106–121; zum Verlauf der Brüsseler Ratstagung auch Blair, *Mein Weg*, S. 591–594.

55 *The Guardian*, 21.4.2004; Blair, *Mein Weg*, S. 547f. und 582; David Gowland/Arthur Tuner/ Alex Wright, *Britain and European Integration since 1945. On the Sidelines*, London/New York 2010, S. 176f.

56 Chirac, *Le temps présidentiel*, S. 527–529. Die Kritik von deutscher Seite, Chirac habe »ohne Not«, nur um die sozialistische Opposition zu spalten, ein Referendum angesetzt (so Fischer, *»Not convinced«*, S. 246; Hänsch, *Kontinent*, S. 211), ist unbegründet.

57 Zitiert nach: *Die Zeit*, 14.4.2005.

58 Blair, *Mein Weg*, S. 382.

59 Jacques Chirac, Erklärung vor dem Europäischen Rat 15./16.12.2005, www.elysee.fr; Nicolas Sarkozy, Vortrag in Berlin, 16.2.2006, www.botschaft-frankreich.de.

60 Europäischer Rat: Schlussfolgerungen des Vorsitzes, 15./16.6.2006.

61 Ministertreffen der Freunde des Verfassungsvertrags: Für ein besseres Europa, Madrid, 26.1.2007.

62 Text u.a. in: Michael Gehler, *Österreichs Weg in die Europäische Union*, Innsbruck 2009, S. 325–327. Vgl. Timo Goosmann, »Die ›Berliner Erklärung‹ – Dokument europäischer Identität oder pragmatischer Zwischenschritt zum Reformvertrag?«, in: *Integration* 30 (2007), S. 251–263.

63 Zur Organisation des Verhandlungsprozesses Andreas Maurer, »Die Verhandlungen zum Reformvertrag unter deutschem Vorsitz«, in: *Aus Politik und Zeitgeschichte* B 43/2007, S. 3–8.

64 Joachim Schild, »Sarkozys Europapolitik: Das zunehmende Gewicht der Innenpolitik«, in: *Integration* 30 (2007), S. 238–250; Paul Legoll, *Nicolas Sarkozy. Un Européen en action*, Paris 2012, S. 97.

65 Europäischer Rat: Schlussfolgerungen des Vorsitzes – Brüssel 21./22.6.2007, Dok. Nr. 11177/07, 23.6.2007: Entwurf des Mandats für die Regierungskonferenz 2007.

66 Text u.a. in: Klemens H. Fischer, *Der Vertrag von Lissabon. Text und Kommentar zum Europäischen Reformvertrag*, Baden-Baden 2008. Zur Interpretation Werner Weidenfeld (Hg.), *Lissabon in der Analyse – Der Reformvertrag der Europäischen Union*, Baden-Baden 2008.

67 David Allen, »Vereinigtes Königreich«, in: *Jahrbuch der Europäischen Integration* 2009, S. 437–442.

68 Traktat jest martwy. Nie podpiszę go, in: *Dziennik*, 1.7.2008.

69 Jürgen Habermas, »Ein Lob den Iren«, in: *Süddeutsche Zeitung*, 17.6.2008.

70 Europäischer Rat: Schlussfolgerungen des Vorsitzes – Brüssel, 11./12.12.2008, Dok. 17271/1/08, Anlage 1.

71 Andreas Maurer, »Europäisches Parlament«, in: *Jahrbuch der Europäischen Integration* 2009, S. 47–54.

72 Zitiert nach *Financial Times*, 17.9.2009.

73 Legoll, *Sarkozy*, S.169f.

74 Udo Diederichs, »Europäische Kommission«, in: *Jahrbuch der europäischen Integration* 2009, S. 73–82; ebd. 2010, S. 75–84.

75 Legoll, *Sarkozy*, S. 173–175; zur Konfrontation Sarkozys mit Juncker auch Petra Pinzler, »Sarkozys Zähmung«, in: *Die Zeit*, 12.7.2007.

76 Legoll, *Sarkozy*, S. 136–142.

77 Vincent Jauvert, »Otan: Histoire secrète d'un retour«, in: *Le Nouvel Observateur*, 2.4.2009.

78 Mathias Jopp/Daniel Göler, »L'Allemagne, la Libye et l'Union européenne«, in: *Politique étrangère* 2/2011, S. 417–428.

79 Joschka Fischer, »Deutsche Außenpolitik – eine Farce«, in: *Süddeutsche Zeitung*, 22.3.2011. Zu Fischers Ambitionen Fischer, *Not convinced*, S. 242 und 244.

80 Werner Becker, »Zwölf Jahre Euro. Aus ruhigen Gewässern in stürmische See«, in: *Vierteljahrshefte für Zeitgeschichte* 59 (2011), S. 445–466; auch zum Folgenden.

81 Marsh, *Euro*, S. 311 und 401.

82 Becker, Zwölf Jahre Euro, S. 451.

83 Marsh, *Euro*, S. 312.

84 Barbara Bötticher, »Währungspolitik«, in: *Jahrbuch der Europäischen Integration* 2003/2004, S. 197–202.

85 Europäischer Rat: Schlussfolgerungen des Vorsitzes, Brüssel 22./23.3.2005, Anlage II.

86 Zusammenstellung nach der AMECO-Datenbank der Europäischen Kommission bei Tobias Kunstein/Wolfgang Wessels, »Die Europäische Union in der Währungskrise: Eckdaten und Schlüsselentscheidungen«, in: *Integration* 34 (2011), S. 308–322, hier S. 312.

87 »So, what is the real truth about the Greek catastrophe?«, in: *New Europe*, 22.–28.1.2012.

88 Otmar Issing, »Die Europäische Währungsunion am Scheideweg«, in: *Frankfurter Allgemeine Zeitung*, 29.1.2010.

89 Europäischer Rat: Tagung des Europäischen Rats vom 25. und 26. März 2010 in Brüssel. Schlussfolgerungen des Vorsitzes, EUCO 7/10.

90 Hierzu und zum Folgenden Kunstein/Wessels, *Währungskrise*.

91 Berichtet bei Franz-Olivier Giesbert, *M. le Président. Scènes de la vie politique 2005–2011*, Paris 2011, S. 193.

92 Siehe Martin Selmayr, »Europäische Zentralbank«, in: *Jahrbuch der europäischen Integration* 2010, S. 95–106.

93 Franco-German Declaration. Statement for the Franco-German-Russian Summit, Deauville, 18.10.2010.

94 Europäischer Rat: Tagung des Europäischen Rats vom 28. und 29. Oktober 2010 in Brüssel, Schlussfolgerungen, EUCO 25/1/10.

95 Legoll, *Sarkozy*, S. 195; Stark, *Politique internationale*, S. 270–274.

96 Rat der Europäischen Union: Abschlussbericht der Arbeitsgruppe, Brüssel, 21.10.2010 (25.10).

97 In Form von fünf Verordnungen und einer Richtlinie (sogenanntes »Sixpack«), abgedruckt im Amtsblatt der EU, Nr. L 306 vom 23.11.2011, S. 1–47.

98 Europäischer Rat: Tagung des Europäischen Rats vom 24. und 25. März 2011 in Brüssel, Schlussfolgerungen, EUCO 10/1/11.

99 Siehe den Gemeinsamen Deutsch-Französischen Brief an EU-Ratspräsident Herman Van Rompuy 16.8.2011, veröffentlicht vom Presse- und Informationsamt der Bundesregierung, 17.8.2011.

100 *Frankfurter Allgemeine Zeitung*, 6.12.2011.

101 Vgl. Friedrich Heinemann/Marc-Daniel Moessinger/Steffen Osterloh, »Feigenblatt oder fiskalische Zeitenwende? Zur potenziellen Wirksamkeit des Fiskalvertrags«, in: *Integration* 35 (2012), S. 167–182.

102 Rat der Europäischen Union: Erklärung der Staats- und Regierungschefs des Euro-Währungsgebietes und der EU-Organe, Brüssel, 21.7.2011.

103 Erklärung des Euro-Gipfels, 26.10.2011.

104 Eurogroup statement on Greece, 27.11.2012.

105 European Council. The President: Towards a Genuine Economic and Monetary Union. Report by the President of the European Council Herman Van Rompuy, Brüssel, 26.6.2012, EUCO 120/12.

106 Euro Area Summit Statement, 29.6.2012.

107 Europäischer Rat: Tagung des Europäischen Rates am 28./29. Juni 2012. Schlussfolgerungen, EUCO 76/2/12.

108 EZB: Pressekonferenz und Presseerklärung, Frankfurt am Main, 6.9.2012.

109 Herman Van Rompuy in close collaboration with José Manuel Barroso, Jean-Claude Juncker, Mario Draghi: Towards a Genuine Economic and Monetary Union, 5.12.2012.

110 Europäischer Rat: Tagung vom 13./14. Dezember 2012. Schlussfolgerungen, EUCO 205/12.

Schlussbetrachtung: Die Zukunft der Union (S. 416–422)

1 The Norvegian Nobel Committee, Announcement 12.10.2012.

2 Ernest Renan, Qu'est-ce qu'une nation?, in: *Œuvres Complètes*, Bd. 1, Paris 1947, S. 887–906.

3 Vgl. Wilfried Loth, »European identity: traditions, constructions, and beliefs«, in: *Du Luxembourg à l'Europe. Hommages à Gilbert Trausch à l'occasion de son 80ᵉ anniversaire*, Luxemburg 2011, S. 549–555.

4 Vgl. Hartmut Kaelble, *Auf dem Weg zu einer europäischen Gesellschaft. Eine Sozialgeschichte Westeuropas 1880–1980*, München 1987; ders., *Sozialgeschichte Europas seit 1945*, München 2007; Günther Heydemann/Karel Vodika (Hg.), *Vom Ostblock zur EU. Systemtransformationen 1990–2012 im Vergleich*, Göttingen 2013.

5 Vgl. Wilfried Loth, »Regionale, nationale und europäische Identität. Überlegungen zum Wandel europäischer Staatlichkeit«, in: Ders./Jürgen Osterhammel (Hg.), *Internationale Geschichte. Themen – Ergebnisse – Aussichten*, München 2000, S. 357–369.

6 Standard-Eurobarometer 77, Frühjahr 2012: Die europäische Bürgerschaft.

7 Ralf Dahrendorf, »Die Zukunft des Nationalstaates«, in: *Merkur* 48 (1994), S. 751–761.

8 Delors, *Erinnerungen*, S. 506.

9 Daniel Cohn-Bendit/Guy Verhofstadt, *Für Europa. Ein Manifest*, München 2012.

10 Vgl. die entsprechenden Vorschläge bei Sylvie Goulard/Mario Monti, *De la Démocratie en Europe. Voir plus loin*, Paris 2012.

Nachwort (S. 423–425)

1 Wilfried Loth (Hg.), *Experiencing Europe. 50 Years of European Construction 1957–2007*, Baden-Baden 2009.

2 Kiran Klaus Patel, »Europäische Integration«, in: Jost Dülffer/Wilfried Loth (Hg.), *Dimensionen internationaler Geschichte*, München 2012, S. 353–372.

3 Wilfried Loth, »Integrating Paradigms. Walter Lipgens and Alan Milward as Pionniers of European Integration History«, in: Fernando Guirao/Frances M. B. Lynch/Sigfrido M. Ramírez Pérez (Hg.), *Alan S. Milward and a Century of European Change*, London/New York 2012, S. 255–267.

4 Wolfgang Wessels, *Das politische System der Europäischen Union*, Wiesbaden 2008.

Das Europäische Parlament 1979–2014

Das Europäische Parlament 1979–2014: Fraktionsstärken

Fraktion	1979	1984	1989	1994	1999	2004	2009
Europäische Volkspartei	108	110	121	157	233	268	265
Europäische Demokraten	64	50	34				
Europäische Demokraten für den Fortschritt	22	29	20	26 / 27[1]			
Sozialdemokratische Partei	112	130	180	198	180	200	184
Kommunisten/ Europäische Linke	44	41	28[2] / 13[3]	28	42	41	35
Liberale und Demokratische Partei	40	31	49	43	50	88	84
Unabhängige/Grüne	11	20	13[4] / 30[5]	19 / 23	16[6] / 48	33 / 42	32[7] / 55
Union für das Europa der Nationen				19	30	27	
Europäische Rechte		16	17				
Konservative und Reformisten							55
Fraktionslose	9	7	12	27	27	33	26
Mandate	*410*	*434*	*518*	*567*	*626*	*732*	*736*

Quellen: *Der Aufbau eines Parlaments: 50 Jahre Geschichte des Europäischen Parlaments 1958–2008,* Luxemburg 2008, S. 79–91; *Jahrbuch der Europäischen Integration 2009,* S. 49.

1 Sforza Europea
2 Vereinigte Europäische Linke
3 Koalition der Linken
4 Regenbogenfraktion
5 Die Grünen
6 Fraktion Europa der Demokratie und der Unterschiede
7 Fraktion Europa der Freiheit und der Demokratie

Das Europäische Parlament 1979–2014: Präsidenten

Wahlen	Amtszeit	Präsident/Präsidentin	Partei	Herkunftsland
7.–10.6.1979	1979–1982	Simone Veil	Liberale und Demokratische Partei	Frankreich
	1982–1984	Pieter Dankert	Sozialdemokratische Partei	Niederlande
14.–17.6.1984	1984–1987	Pierre Pflimlin	Europäische Volkspartei	Frankreich
	1987–1989	Lord Henry Plumb	Europäische Volkspartei	Großbritannien
15.–18.6.1989	1989–1992	Enrique Barón Crespo	Sozialdemokratische Partei	Spanien
	1992–1994	Egon Klepsch	Europäische Volkspartei	Deutschland
9.–12.6.1994	1994–1997	Klaus Hänsch	Sozialdemokratische Partei	Deutschland
	1997–1999	José María Gil-Robles	Europäische Volkspartei	Spanien
9.–13.6.1999	1999–2002	Nicole Fontaine	Europäische Volkspartei	Frankreich
	2002–2004	Pat Cox	Liberale und Demokratische Partei	Irland
10.–13.6.2004	2004–2007	Josep Borrell	Sozialdemokratische Partei	Spanien
	2007–2009	Hans-Gert Pöttering	Europäische Volkspartei	Deutschland
4.–7.6.2009	2009–2012	Jerzy Buzek	Europäische Volkspartei	Polen
	2012–2014	Martin Schulz	Sozialdemokratische Partei	Deutschland

Die Präsidenten der Hohen Behörde und der Kommissionen

Präsidenten der Hohen Behörde der EGKS

1952–1955	Jean Monnet (1899–1979), Frankreich
1955–1957	René Mayer (1895–1972), Frankreich
1958–1959	Paul Finet (1897–1965), Belgien
1959–1963	Piero Malvestiti (1899–1964), Italien
1963–1967	Rinaldo Del Bo (1916–1991), Italien
1967	Albert Coppé (1911–1999), Belgien

Präsidenten der EURATOM-Kommission

1958–1959	Louis Armand (1905–1971), Frankreich
1959–1962	Étienne Hirsch (1901–1994), Frankreich
1962–1967	Pierre Chatenet (1917–1997), Frankreich

Präsident der EWG-Kommission

1958–1967	Walter Hallstein (1901–1982), Deutschland

Präsidenten der EG-/EU-Kommission

1967–1970	Jean Rey (1902–1983), Belgien
1970–1972	Franco Maria Malfatti (1927–1991), Italien
1972–1973	Sicco Mansholt (1908–1995), Niederlande

1973–1977	François-Xavier Ortoli (1925–2007), Frankreich
1977–1981	Roy Jenkins (1920–2003), Großbritannien
1981–1985	Gaston Thorn (1928–2007), Luxemburg
1985–1995	Jacques Delors (*1925), Frankreich
1995–1999	Jacques Santer (*1937), Luxemburg
1999–2004	Romano Prodi (*1939), Italien
2004–2014	José Manuel Barroso (*1956), Portugal

Abkürzungen

AKP	Adalet ve Kalkınma Partisi
BIP	Bruttoinlandsprodukt
CDU	Christlich-Demokratische Union
CSU	Christlich-Soziale Union
CIA	Central Intelligence Agency
COPA	Comité des organisations professionelles agricoles de la Communauté européenne
COMECON	Council of Mutual Economic Assistance
COREPER	Comité des Représentants Permanents
DDR	Deutsche Demokratische Republik
DM	Deutsche Mark
EAC	European Advisory Commission
ECA	European Cooperation Administration
ECOFIN	Economic and Financial Affairs Council
ECU	European Currency Unit
EEA	Einheitliche Europäische Akte
EFSF	European Financial Stability Facility
EFSM	European Financial Stabilisation Mechanism
EFTA	European Free Trade Association
EG	Europäische Gemeinschaften
EGKS	Europäische Gemeinschaft für Kohle und Stahl
EKD	Evangelische Kirche Deutschlands
EPG	Europäische Politische Gemeinschaft
EPU	Europäische Parlamentarier-Union
EPZ	Europäische Politische Zusammenarbeit
ESM	European Stability Mechanism
ESVP	Europäische Sicherheits- und Verteidigungspolitik
EU	Europäische Union
EuGH	Europäischer Gerichtshof
EURATOM	Europäische Atomgemeinschaft
EUSE	Comité international pour les États-Unis socialistes d'Europe
EUV	Europäischer Unionsvertrag
EVG	Europäische Verteidigungsgemeinschaft
EVP	Europäische Volkspartei
EWE	Europäische Währungseinheit

EWG	Europäische Wirtschaftsgemeinschaft
EWR	Europäischer Wirtschaftsraum
EWS	Europäisches Währungssystem
EZB	Europäische Zentralbank
EZU	Europäische Zahlungsunion
FDP	Freie Demokratische Partei
GASP	Gemeinsame Außen- und Sicherheitspolitik
GATT	General Agreement on Tariffs and Trade
ILEC	Independent Ligue of European Co-operation
IWF	Internationaler Währungsfonds
KSZE	Konferenz über Sicherheit und Zusammenarbeit in Europa
KVAE	Konferenz über Vertrauensbildende Maßnahmen und Abrüstung in Europa
MBFR	Mutual and Balanced Force Reduction
MLF	Multilateral Force
MSEUE	Mouvement Socialiste pour les États-Unis d'Europe
NATO	North Atlantic Treaty Organization
NEI	Nouvelles Équipes Internationales
OECD	Organization of Economic Cooperation and Development
OEEC	Organization of European Economic Cooperation
OPEC	Organization of Petroleum Exporting Countries
PASOK	Panellinio Sosialistikó Kinima
PHARE	Poland and Hungary Aid for Restructuring of the Economies
PKK	Partiya Karkerên Kurdistan
SALT	Strategic Arms Limitation Talks
SDI	Strategic Defense Initiative
SFIO	Section Française de l'Internationale Ouvrière
SPD	Sozialdemokratische Partei Deutschlands
SPE	Sozialdemokratische Partei Europas
SSM	Single Supervisory Mechanism
UDF	Union pour la Démocratie française
UEF	Union Européenne des Fédéralistes
UEM	United Europe Movement
UMP	Union pour un Mouvement Populaire
UNO	United Nations Organizations
USA	United States of Amerikca
WEU	Westeuropäische Union
WTO	World Trade Organization
WWU	Wirtschafts- und Währungsunion

Quellen und Literatur

Archivalische Quellen

Archives Diplomatiques du Ministère des Affaires Étrangères, La Courneuve (MAE)

Coopération économique 1961–1966 (CE-DE)

Archives Historiques de la Commission Européenne, Brüssel (AHCE)

European Commission (COM)
Procès-verbaux des réunions du collège de la Commission (PV Commission)
Secrétariat Exécutif (SEC)

Bundesarchiv Koblenz (BA)

Bestand Bundeskanzleramt (B136)
Nachlass Walter Hallstein (WH)

Centre Historique des Archives Nationales, Paris (AN)

Archives de la présidence de la République: La Ve République:
Charles de Gaulle 1958–1969 (5AG1)
Georges Pompidou 1969–1974 (5AG2)
Valéry Giscard d'Estaing 1974–1981 (5AG3)
François Mitterrand 1981–1995 (5AG4)

Documents of the European Convention (CONV)

Documents of the European Council (EUCO)

Fondation Jean Monnet pour l'Europe, Lausanne (FJME)

Fonds »Comité d'Action pour les États-Unis d'Europe« (AKM)
Fonds Robert Marjolin (ARM)

Historical Archives of the European Union, Florenz (HAEU)

Nachlass Émile Noël (EN)

The National Archives/Public Record Office, Kew (PRO)

Prime Minister's Office (PMO)
Foreign and Commonwealth Office (FCO)

Politisches Archiv des Auswärtigen Amts, Berlin (PAAA)

Bestand Referat 1A2 »Europäische Gemeinschaften« (B20–200)
Bestand »Akten zur Auswärtigen Politik der Bundesrepublik Deutschland« (B150)

Interviews

Interview mit Fernand Braun, 8.12.2003
Interview mit Hans von der Groeben, 16.12.2003
Interview mit Karl-Heinz Narjes, 24.5.2004

Selbstständige Schriften, Erinnerungen, Editionen

Adenauer, Konrad: *Erinnerungen 1945–1953*, Stuttgart 1965
Adenauer, Konrad: *Briefe 1955–1957*, Berlin 1998
Akten zur Auswärtigen Politik der Bundesrepublik Deutschland (AAPD)
Attlee, Clement R.: *Labour's Peace Aims*, London 1940
Attali, Jacques: *Verbatim*, 3 Bände, Paris 1993–1995
Attali, Jacques: *C'était François Mitterrand*, Paris 2005
Bahr, Egon: *Zu meiner Zeit*, München 1996
Blum, Léon: *Blick auf die Menschheit*, Zürich 1945
Blair, Tony: *Mein Weg*, München 2010
Bonnefous, Édouard: *L'idée européenne et sa réalisation*, Paris 1950
Bossuat, Gérard (Hg.): *Faire l'Europe sans défaire la France. 60 ans de politique d'unité européenne des gouvernements et présidents de la République Française (1943–2003)*, Paris 2005
Brandt, Willy: *Begegnungen und Einsichten. Die Jahre 1960–1975*, Hamburg 1976
Brandt, Willy: *Erinnerungen*, Zürich 1989
Brown, George: *In My Way. The Political Memoirs of Lord George Brown*, London 1971
Bussière, Éric/Émilie Willaert (Hg.), *Un projet pour l'Europe. Georges Pompidou et la construction européenne*, Brüssel u.a. 2010
Carstens, Karl: »Das Eingreifen Adenauers in den Europa-Verhandlungen im November 1956«; in: Dieter Blumenwitz u.a. (Hg.), *Konrad Adenauer und seine Zeit. Politik und*

Persönlichkeit des ersten Bundeskanzlers. Beiträge von Weg- und Zeitgenossen, Stuttgart 1976, S. 591–602

Cecchini, Paolo u.a.: *Europa '92. Der Vorteil des Binnenmarktes*, Baden-Baden 1988

Chirac, Jacques: *Le temps présidentiel. Mémoires 2*, Paris 2011

Debré, Michel: *Mémoires*, Bd. IV: *Gouverner autrement 1962–1970*, Paris 1993

De Gaulle, Charles: *Lettres, Notes et Carnets, Mai 1945–Juin 1950*, Paris 1984

De Gaulle, Charles: *Lettres, Notes et Carnets, 1958–1960*, Paris 1985

De Gaulle, Charles: *Lettres, Notes et Cahiers, 1961–1963*, Paris 1986

De Gaulle, Charles: *Lettres, Notes et Cahiers 1964–1966*, Paris 1987

De Gaulle, Charles: *Discours et messages*, Bde. 1–5, Paris 1970

Delors, Jacques: *Erinnerungen eines Europäers*, Berlin 2004

Deniau, Jean-François: *Mémoire de 7 vies*, Bd. II: *Croire et oser*, Paris 1997

Documents Diplomatiques Français (DDF)

Documents on British Policy Overseas, Series II, Bd. I: *The Schuman Plan, the Council of Europe and Western European Integration, May 1950 – December 1952*, London 1986

Dumas, Roland: *Le Fil et la Pelote. Mémoires*, Paris 1996

Duff, Andrew: *The Struggle for Europe's Constitution*, London 2007

Europa. Dokumente zur Frage der *europäischen Einigung*, 2 Bände, München 1962

Erhard, Ludwig: *Deutsche Wirtschaftspolitik. Der Weg der Sozialen Marktwirtschaft*, Düsseldorf 1962

Genscher, Hans-Dietrich: *Erinnerungen*, Berlin 1995

Giscard d'Estaing, Valéry: *Macht und Leben. Erinnerungen*, Frankfurt am Main 1988

Giscard d'Estaing, Valéry: *Le Pouvoir et la Vie*, Bd. 2: *L'affrontement*, Paris 1991

Giscard d'Estaing, Valéry: *Le Pouvoir et la Vie*, Bd. 3: *Choisir*, Paris 2006

Europe Unites. The story of the campaign for European Unity, including a full report of the Congress of Europe, held at The Hague, London 1949

Faure, Edgar: *Mémoires*, Bd. II, Paris 1984

Fischer, Joschka: *Die rot-grünen Jahre. Deutsche Außenpolitik – vom Kosovo bis zum 11. September*, Köln 2007

Fischer, Joschka: *»I am not convinced«. Der Irak-Krieg und die rot-grünen Jahre*, Köln 2011

Fischer, Klemens H.: *Der Vertrag von Lissabon. Text und Kommentar zum Europäischen Reformvertrag*, Baden-Baden 2008

Foreign Relations of the United States (FRUS)

Groeben, Hans von der: *Aufbaujahre der Europäischen Gemeinschaft. Das Ringen um den Gemeinsamen Markt und die Politische Union (1958–1966)*, Baden-Baden 1982

Hallstein, Walter: *United Europe. Challenge and Opportunity*, Cambridge (Mass.) 1962

Hallstein, Walter: *Der unvollendete Bundesstaat. Europäische Erfahrungen und Erkenntnisse*, Düsseldorf/Wien 1969

Hänsch, Klaus: *Kontinent der Hoffnungen. Mein europäisches Leben*, Bonn 2011

Harpprecht, Klaus: *Im Kanzleramt. Tagebuch der Jahre mit Willy Brandt*, Reinbek 2001

Hill, Christopher/Karen E. Smith (Hg.): *European Foreign Policy. Key Documents*, London 2000

James, Robert Rhodes (Hg.): *Winston S. Churchill. His complete speeches 1897–1963*, Bd. VII: *1943–1949*, New York 1974

Jenkins, Clive: *All against the Collar*, London 1990

Jenkins, Roy: *European Diary 1977–1981*, London 1989

Jenkins, Roy: *A Life at the Centre*, London 1994

Die Kabinettsprotokolle der Bundesregierung 1956, Bd. 9, München 1998

Kogon, Eugen: »Der Haager Europäische Kongreß«, in: *Frankfurter Hefte* 3 (1948), S. 481–483

Kohl, Helmut: *Erinnerungen 1982–1990*, München 2004

Küsters, Hanns Jürgen (Hg.): *Deutsche Einheit. Sonderedition aus den Akten des Bundes-kanzleramtes 1989/90*, München 1998

Lamassoure, Alain: *Histoire secrète de la Convention européenne*, Paris 2003

Lapie, Pierre-Olivier: *De Léon Blum à de Gaulle. Le caractère et le pouvoir*, Paris 1971

Lemaignen, Robert: *L'Europe au Berceau. Souvenirs d'un technocrate*, Plon/Paris 1964

Lipgens, Walter (Hg.): *45 Jahre Ringen um die Europäische Verfassung. Dokumente 1939–1984*, Bonn 1986

Lipgens, Walter (Hg.): *Documents on the History of European Integration*, Bd. I: *Continental Plans for European Union 1939–1945*, Berlin/New York 1985; Bd. II: *Plans for European Union in Great Britain and in Exile 1939–1945*, Berlin/New York 1986

Lipgens, Walter/Wilfried Loth (Hg.): *Documents on the History of European Integration*, Bd. III: *The Struggle for European Union by Political Parties and Pressure Groups in Western European Countries, 1945–1950*, Berlin/New York 1988; Bd. IV: *Transnational Organizations of Political Parties and Pressure Groups in the Struggle for European Union, 1945–1950*, Berlin/New York 1990

Labour Party (Hg.): *Let us work together – Labour's way out of the crisis*, London 1974

Marjolin, Robert: *Le travail d'une vie. Mémoires 1911–1986*, Paris 1986

Massigli, René: *Une comédie des erreurs 1943–1956*, Paris 1978

Mauroy, Pierre: *Mémoires. »Vous mettrez du bleu au ciel«*, Paris 2003

Mitterrand, François: *Réflexions sur la politique extérieure de la France. Introduction à vingt-cinq discours (1981–1985)*, Paris 1986

Monnet, Jean: *Erinnerungen eines Europäers*, München 1978

Osterheld, Horst: *Adenauers letzte Kanzlerjahre – ein dokumentarischer Bericht*, Mainz 1986

Osterheld, Horst: *Außenpolitik unter Ludwig Erhard 1963–1966. Ein dokumentarischer Bericht*, Düsseldorf 1992

Peyrefitte, Alain: *C'était de Gaulle*, 3 Bände, Paris 1994–2000

Pineau, Christian/Christiane Rimbaud: *Le Grand Pari. L'ouverture du traité de Rome*, Paris 1991

Pisani, Edgard: *Le Général indivis*, Paris 1974

Rougement, Denis de: »The Campaign of the European Congresses«, in: *Government and Opposition* 2, Nr. 3 (April–Juli 1967), S. 329–349

Schmidt, Helmut: *Die Deutschen und ihre Nachbarn*, Berlin 1990

Siegler, Heinrich (Hg.): *Europäische politische Einigung. Dokumentation von Vorschlägen und Stellungnahmen 1949–1968*, Bonn/Wien/Zürich 1968

Spaak, Paul-Henri: *Combats inachevés*, Bd. 2: *De l'espoir à la déception*, Paris 1969

Spaak, Paul-Henri: *Memoiren eines Europäers*, Hamburg 1969

Spinelli, Altiero: *Discorsi al Parlamento europeo 1976–1986*, Bologna 1987

Strang, Lord: *Home and Abroad*, London 1956

Strauß, Franz Josef: *Die Erinnerungen*, Berlin 1989

Védrine, Hubert: *Les mondes de François Mitterrand. À l'Élysée 1981–1995*, Paris 1996

Verheugen, Günter: *Europa in der Krise. Für eine Neubegründung der europäischen Idee*, Köln 2005

Die Vertragswerke von Bonn und Paris. Dokumente und Berichte des Europa-Archivs, Bd. 10, Frankfurt am Main 1952

Wilson, Harold: *The Labour Government, 1964–70*: a personal record, London 1971

Periodika

Agence Europe
Amtsblatt der EU
L'Année politique
Archiv der Gegenwart
Blätter für deutsche und internationale Politik
Bulletin der Europäischen Wirtschaftsgemeinschaft
Bulletin der Europäischen Gemeinschaften
Bulletin der Europäischen Union
Bulletin des Presse- und Informationsamtes der Bundesregierung
Europa-Archiv
Europäischer Gerichtshof, Amtliche Sammlung
Hansard Parliamentary Debates, House of Commons
Internationale Politik
Jahrbuch der Europäischen Integration
Journal Officiel de la République française, Assemblée nationale, Débats parlementaires
Verhandlungen des Deutschen Bundestages, Stenographische Berichte
Verhandlungen des Europäischen Parlaments

Zeitungen und Zeitschriften

Bild-Zeitung
Dziennik
Financial Times
Frankfurter Allgemeine Zeitung
The Guardian
Le Monde
New Europe
Le Nouvel Observateur
Der Spiegel
Süddeutsche Zeitung
Westfälische Nachrichten
Die Zeit

Literatur

Adonis, Andrew/Keith Thomas (Hg.): *Roy Jenkins. A Retrospective*, Oxford 2001

Allen, Hillary: *Norway and Europe in the 1970s*, Oslo 1979

Allers, Robin M.: *Besondere Beziehungen. Deutschland, Norwegen und Europa in der Ära Brandt (1966–1974)*, Bonn 2009

Allers, Robin M.: »Attacking the Sacred Cow. The Norwegian Challenge to the EC's Acquis Communautaire in the Enlargement Negotiations of 1970–72«, in: *Journal of European Integration History* 16, 2 (2010), S. 59–82

Ambrose, Stephen F.: »Die Eisenhower-Administration und die europäische Sicherheit 1953–1956«, in: Bruno Thoß/Hans-Erich Volkmann (Hg.), *Zwischen Kaltem Krieg und Entspannung. Sicherheits- und Deutschlandpolitik der Bundesrepublik im Mächtesystem der Jahre 1953–1956*, Boppard 1988, S. 25–34

Asselin, Jean-Claude: »L'expérience sociale face à la contrainte extérieure«, in: Serge Berstein/ Pierre Milza/Jean-Louis Bianco (Hg.), *François Mitterrand. Les années de changement, 1981–1984*, Paris 2001, S. 385–430

Avery, Graham/Fraser Cameron: *The Enlargement of the European Union*, Sheffield 1998

Avery, Graham: »The enlargement negotiations«, in: Fraser Cameron (Hg.), *The future of Europe. Integration and enlargement*, London/New York 2004

Axt, Heinz-Jürgen: Zypern. »Mitglied der Europäischen Union, aber weiterhin geteilt«, in: Rudolf Hrbek (Hg.), *Die zehn neuen EU-Mitgliedsländer. Spezifika und Profile*, Baden-Baden 2006, S. 115–130

Badel, Laurence/Éric Bussière: *François-Xavier Ortoli. L'Europe, quel numéro de téléphone?*, Paris 2011

Bajon, Philip: »De Gaulle finds his ›Master‹. Gerhard Schröder's ›Fairly Audacious Politics‹ in the European Crisis of 1965–66«, in: *Journal of European Integration History* 17, 2 (2011), S. 253–269

Bajon, Philip: *Europapolitik »am Abgrund«. Die Krise des »leeren Stuhls« 1965–66*, Stuttgart 2012

Bangemann, Martin/Roland Bieber: *Die Direktwahl – Chance oder Sackgasse für Europa. Analysen und Dokumente*, Baden-Baden 1976

Becker, Peter: *Die deutsche Europapolitik und die Osterweiterung der Europäischen Union*, Baden-Baden 2011

Becker, Peter: »Die Fortschreibung des Status quo. Die EU und ihr neuer Finanzrahmen Agenda 2007«, in: *Integration* 29 (2006), S. 106–121

Becker, Werner: »Zwölf Jahre Euro. Aus ruhigen Gewässern in stürmische See«, in: *Vierteljahrshefte für Zeitgeschichte* 59 (2011), S. 445–466

Birkner, Thomas: *Comrades for Europe? Die »Europarede« Helmut Schmidts 1974*, Bremen 2005

Bitsch, Marie-Thérèse: *Histoire de la construction européenne de 1945 à nos jours*, Brüssel ⁴2004 (¹1996)

Bitsch, Marie-Thérèse: »Le rôle de la France dans la naissance du Conseil de l'Europe«, in: Poidevin, *Débuts*, S. 165–198

Bitsch, Marie-Thérèse: »La création de la Commission unique: réforme technique ou affirmation d'une identité européenne?«, in: Bitsch/Loth/Poidevin, *Institutions*, S. 327–347

Bitsch, Marie-Thérèse: »Le sommet de la Haye. La mise en route de la relance de 1969«, in: Loth, *Crises*, S. 539–565

Bitsch, Marie-Thérèse (Hg.): *Le couple France-Allemagne et les institutions européennes*, Brüssel 2001

Bitsch, Marie-Thérèse: »Le sommet de la Haye. L'initiative française, ses finalités et ses limites«, in: *Journal of European Integration History* 9, 2 (2003), S. 83–99

Bitsch, Marie-Thérèse: »Die ersten Jahre der gemeinsamen Kommission (1967–1972)«, in: *Die Europäische Kommission 1958–1972*, S. 135–163

Bitsch, Marie-Thérèse (Hg.): *Cinquante ans de traité de Rome 1957–2007. Regards sur la construction européenne*, Stuttgart 2009

Bitsch, Marie-Thérèse/Wilfried Loth/Raymond Poidevin (Hg.): *Institutions européennes et identités européennes*, Brüssel 1998

Bjøl, Erling: *La France devant l'Europe. La politique européenne de la IVe République*, Kopenhagen 1966

Bossuat, Gérard: »La vraie nature de la politique européenne de la France (1950–1957)«, in: Trausch, *Die Europäische Integration vom Schuman-Plan bis zu den Verträgen von Rom*, S. 191–230

Bossuat, Gérard: »De Gaulle et la seconde candidature britannique aux Communautés européennes (1966–1969)«, in: Loth, *Crises*, S. 511–538

Bossuat, Gérard: »Le président Georges Pompidou et les tentatives d'Union économique et monétaire«, in: Association Georges Pompidou (Hg.), *Georges Pompidou et l'Europe. Colloque 25 et 26 novembre 1993*, Brüssel 1995, S. 405–447

Bossuat, Gérard: »Drei Wege nach dem Gipfel von Den Haag. Monnet, Brandt, Pompidou und das Europa der 70er Jahre«, in: Wilkens, *Interessen verbinden*, S. 353–386

Bossuat, Gérard: »Jean Monnet et l'identité monétaire européenne«, in: Bossuat/Wilkens, *Jean Monnet*, S. 369–398

Bossuat, Gérard: »Emile Noël dans la tourmente de la crise communautaire de 1965«, in: Loth, *Gouvernance supranationale*, S. 89–113

Bossuat, Gérard: »Face à l'histoire? Les décideurs politiques français et la naissance des traités de Rome«, in: Gehler, *Vom gemeinsamen Markt*, S. 147–168

Bossuat, Gérard: *Émile Noël, premier secrétaire général de la Commission européenne*, Brüssel 2011

Bossuat, Gérard: *La France et la construction de l'union européenne: De 1919 à nos jours*, Paris 2012

Bossuat, Gérard/Andreas Wilkens (Hg.): *Jean Monnet, l'Europe et les chemins de la Paix*, Paris 1999

Böttger, Karin: *Die Entstehung und Entwicklung der europäischen Nachbarschaftspolitik. Akteure und Koalitionen*, Baden-Baden 2010

Bötticher, Barbara: »Währungspolitik«, in: *Jahrbuch der Europäischen Integration* 2003/2004, S. 197–202

Bozo, Frédéric: *Mitterrand, la fin de la guerre froide et l'unification allemande. De Yalta à Maastricht*, Paris 2005

Brenke, Gabriele: »Europakonzeptionen im Widerstreit: Die Freihandelszonen-Verhand-lungen 1956–1958«, in: *Vierteljahreshefte für Zeitgeschichte* 42 (1994), S. 595–633

Broad, Roger: *Labour's European Dilemmas – From Bevin to Blair*, Basingstoke 2001

Brugmans, Henri: *L'idée européenne 1920–1970*, Brügge 1970

Brunn, Gerhard: »Das Europäische Parlament auf dem Weg zur ersten Direktwahl 1979«, in: Knipping/Schönwald, *Aufbruch*, S. 47–72

Brunn, Gerhard: *Die Einigung Europas*, Stuttgart ³2009

Bullen, Roger: »The British Government and the Schuman Plan, May 1950 – March 1951«, in: Klaus Schwabe (Hg.), *Die Anfänge des Schuman-Plans 1950/51*, Baden-Baden 1988, S. 199–210

Burgess, Jim/Geoffrey Edwards: »The Six plus One: British policy making and the questi-on of European economic integration«, in: *International Affairs* 64 (1988), S. 393–413

Burgess, Michael, Federalism and European Union: *The Building of Europe*, 1950–2000, London/New York 2000

Bussière, Éric: »Auf dem Weg zum Gemeinsamen Markt«, in: *Die Europäische Kommission 1958–1972*, S. 313–326

Bussière, Éric: »Versuche einer Wirtschafts- und Währungspolitik«, in: *Die Europäische Kommission 1958–1972*, S. 423–443

Butler, David/Uwe Kitzinger (Hg.): *The 1975 Referendum*, London 1976

Calandri, Elena: »A special relationship under strain: Turkey and the EEC, 1963–1976«, in: *Journal of European Integration History* 15, 1 (2009), S. 57–75

Carle, Françoise: *Les Archives du Président. Mitterrand intime*, Paris 1998

Chopin, Thierry: »Le Parlement européen«, in: Serge Berstein/Jean-François Sirinelli (Hg.), *Les années Giscard. Valéry Giscard d'Estaing et l'Europe 1974–1981*, Paris 2006, S. 153–189

Ceylanoglu, Sena: *Europäische Wirtschaftsgemeinschaft, Griechenland und die Türkei. Die Assoziationsabkommen im Vergleich (1959–1963)*, Baden-Baden 2004

Ceylanoglu, Sena: »Von der unumstrittenen Beitrittsperspektive zu umstrittenen Beitritts-verhandlungen: Wandlungen des Verhältnisses der Europäischen Union zur Türkei«, in: Gabriele Clemens (Hg.), *Die Türkei und Europa*, Münster 2007, S. 151–169

Clemens, Gabriele: »›Zwischen allen Stühlen‹. Ludwig Erhards Europa-Initiative vom November 1964«, in: Dies. (Hg.), *Nation und Europa. Studien zum internationalen Staatensystem im 19. und 20. Jahrhundert*, Stuttgart 2001, S. 171–193

Clemens, Gabriele: »Der Beitritt Großbritanniens zu den Europäischen Gemeinschaften«, in: Knipping/Schönwald, *Aufbruch*, S. 306–328

Clemens, Gabriele/Alexander Reinfeldt/Gerhard Wille: *Geschichte der europäischen Integration*, Paderborn 2008

Cloos, Jim/Gaston Reinsch/Daniel Vignes/Joseph Weyland: *Le traité de Maastricht. Genèse, analyse, commentaires*, Brüssel 1994

Cohen, William B.: »De Gaulle et l'Europe d'avant 1958«, in: *De Gaulle en son siècle*, Bd. 5, S. 53–65

Conrad, Yves: »Évolution de l'organisation administrative de la Commission et de la ques-tion du siège. Un long chemin vers la fusion des exécutifs (1960–1967)«, in: Varsori, *Inside the European Community*, S. 79–94

Conrad, Yves: »Jean Rey: ›überzeugter Europäer‹ und ›zurückhaltender Optimist‹«, in: *Die Europäische Kommission 1958–1972*, S. 119–134

Conze, Eckart: *Die gaullistische Herausforderung. Die deutsch-französischen Beziehungen in der amerikanischen Europapolitik 1958–1963*, München 1995

Coppolaro, Lucia: »The European Economic Commission in the GATT negotiations of the Kennedy Round (1961–1967): global and regional trade«, in: Varsori, *Inside the European Community*, S. 347–366

Corbett, Richard: *The European Parliament's Role in Closer EU Integration*, Basingstoke/New York 2001

Cousté, Pierre-Bernard/François Visine: *Pompidou et l'Europe*, Paris 1974

Coutrot, Aline: »La politique atomique sous le gouvernement de Mendès France«, in: François Bédarida/Jean-Pierre Rioux (Hg.), *Pierre Mendès France et le Mendésisme*, Paris 1985, S. 309–316

Daddow, Oliver (Hg.): *Harold Wilson and European Integration: Britain's Second Application to Join the EEC*, London 2003

Daddow, Oliver: *Britain and Europe since 1945: Historiographical Perspectives on Integration*, Manchester/New York 2004

Daddow, Oliver: *New Labour and the European Union. Blair and Brown's Logic of History*, Manchester/New York 2011

Dahrendorf, Ralf: »Die Zukunft des Nationalstaates«, in: *Merkur* 48 (1994), S. 751–761

Defrance, Corine/Ulrich Pfeil (Hg.): *La France, l'Allemagne et le traité de l'Élysée 1963–2013*, Paris 2012

De Gaulle en son siècle, Bd. 4: *La sécurité et l'indépendance de la France*; Bd. 5: *L'Europe*, Paris 1992

Deighton, Anne: »The Second British Application for Membership of the EEC«, in: Loth, *Crises*, S. 391–405

Deighton, Anne/Alan S. Milward (Hg.): *Widening, Deepening and Acceleration: The European Economic Community 1957–1963*, Baden-Baden 1999

Derungs, Thomas: »The Integration of a Different Europe. The European Community's Enlargement to the South and the Evolving Concept of a Civilian Power«, in: Michele Affinito/Guia Migani/Christian Wenkel (Hg.), *Les deux Europes. Actes du IIIe colloque international RICHIE*, Brüssel u.a. 2009, S. 311–325

Dilks, David: »Britain and Europe, 1948–1950: The Prime Minister, the Foreign Secretary and the Cabinet«, in: Poidevin, *Débuts*, S. 391–418

Dinan, Desmond (Hg.): *Origins and Evolution of the European Union*, Oxford/New York 2006

Drake, Helen: *Jacques Delors. Perspectives on a European leader*, London/New York 2000

Duchêne, François: »The European Community and the Uncertainties of Interdependence«, in: Max Kohnstamm/Wolfgang Hager (Hg.), *A Nation Writ Large? Foreign-Policy Problems before the European Community*, London 1973, S. 19–26

Dujardin, Vincent: *Pierre Harmel*, Brüssel 2004

Dumoulin, Michel (Hg.): *Plans des temps de guerre pour l'Europe d'après-guerre 1940–1947*, Brüssel 1995

Dumoulin, Michel: *Spaak*, Brüssel 1999

Dumoulin, Michel: »Die Arbeiten des Interimsausschusses (April 1957 – Januar 1958)«, in: *Die Europäische Kommission 1958–1972*, S. 43–56

Dyson, Kenneth/Featherstone, Kevin: *The Road to Maastricht. Negotiating Economic and Monetary Union*, Oxford 1999

Elvert, Jürgen: »Weichenstellungen für die Römischen Verträge – Akteure und Überlegungen der Bundesregierung 1955«, in: *Integration* 30 (2007), S. 301–312

Endo, Ken: *The Presidency of the European Commission under Jacques Delors. The Politics of Shared Leadership*, London/New York 1999

Die Europäische Kommission 1958–1972. Geschichte und Erinnerungen einer Institution, Luxemburg 2007

Favier, Pierre/Michel Martin-Rolland: *La Décennie Mitterrand*, Bd. 4: *Les Déchirements, 1991–1995*, Paris 1999

Fonseca, Ana Monica: »The Federal Republic of Germany and the Portuguese Transition to Democracy (1974–1976)«, in: *Journal of European Integration History* 15, 1 (2009), S. 35–56

Frøland, Hans-Otto: »The Second Norwegian EEC-Application, 1967: Was There a Policy at all?«, in: Loth, *Crises*, S. 437–458

Gäinar, Maria: *Aux origins de la diplomatie européenne. Les Neuf et la Coopération politique européenne de 1973 à 1980*, Brüssel u.a. 2012

Gassert, Philipp: »›Wir müssen bewahren, was wir geschaffen haben, auch über eine kritische Zeit hinweg‹ – Kurt Georg Kiesinger, Frankreich und das europäische Projekt«, in: König/Schulz, *Bundesrepublik*, S. 147–166

Gavín, Víctor/Guirao, Fernando: »La dimensione internazionale della transizione polica spagnola (1969–1982). Quale ruolo giocarono la Comunità europea e gli Stati Unity?«, in: Dies./Mario del Pero/Antonio Vasori (Hg.), *Democrazie. L'Europa meridionale e la fine delle dittature*, Mailand 2010, S. 173–264

Geary, Michael J.: *Enlargement and the European Commission: An Assessment of the British and Irish Applications for Membership in the EEC, 1958–73*, Diss. EUI Florenz 2009

Geary, Michael J.: *An Inconvenient Wait. Ireland's Quest for Membership of the EEC 1957–73*, Dublin 2009

Geddes, Andrew: *The European Union and British Politics*, Basingstoke 2004

Gehler, Michael: *Vom Marshall-Plan bis zur EU. Österreich und die europäische Integration von 1945 bis zur Gegenwart*, Innsbruck 2006

Gehler, Michael: *Österreichs Weg in die Europäische Union*, Innsbruck 2009

Gehler, Michael (Hg.): *Vom gemeinsamen Markt zur europäischen Unionsbildung. 50 Jahre Römische Verträge 1957–2007*, Wien/Köln/Weimar 2009

Gehler, Michael: *Europa. Ideen, Institutionen, Vereinigung*, München 2010

Gehler, Michael/Wolfram Kaiser (Hg.): *Transnationale Parteienkooperation der europäischen Christdemokraten. Dokumente 1945–1965*, München 2004

Gehler, Michael/Wolfram Kaiser/Brigitte Leucht (Hg.): *Netzwerke im europäischen Mehrebenensystem. Von 1945 bis zur Gegenwart*, Wien/Köln/Weimar 2009

Geiger, Tim: *Atlantiker gegen Gaullisten. Außenpolitischer Konflikt und innerparteilicher Machtkampf in der CDU/CSU 1958–1969*, München 2008

Geiger, Tim: »Die Regierung Schmidt–Genscher und der NATO-Doppelbeschluss«, in: Philipp Gassert/Tim Geiger/Hermann Wentker (Hg.), *Zweiter Kalter Krieg und Friedensbewegung. Der NATO-Doppelbeschluss in deutsch-deutscher und internationaler Perspektive*, München 2011, S. 95–120

Gerbet, Pierre: »La ›relance‹ européenne jusqu'à la conférence de Messine«, in: Serra, *Rilancio*, S. 61–91

Gerbet, Pierre: »La naissance du Plan Schuman«, in: Wilkens, *Plan Schuman*, S. 13–51

Gerbet, Pierre: *La construction de l'Europe*, Paris [4]2007

Germond, Carine: *Partenaires de raison? Le couple France-Allemagne et l'unification de l'Europe (1963–1969)*, Thèse Strasbourg 2009

Germond, Carine: »Les projets d'Union politique de l'année 1964«, in: Loth, *Crises*, S. 109–130

Gfeller, Aurélie Élisa: »Une militante du parlementarisme européen: Simone Veil«, in: *Journal of European Integration History* 17, 1 (2011), S. 61–72

Gilbert, Marc: *Surpassing Realism. The Politics of European Integration since 1945*, Lanham (Md.) 2003

Gillingham, John: *European Integration 1950–2003. Superstate or New Market Economy?*, Cambridge (Mass.) 2003

Girvin, Brian: »The Treaty of Rome and Ireland's Developmental Dilemma«, in: Gehler, *Vom gemeinsamen Markt*, S. 573–595.

Giesbert, Franz-Olivier: *M. le Président. Scènes de la vie politique 2005–2011*, Paris 2011

Girault, René: »La France entre l'Europe et l'Afrique«, in: Serra, *Rilancio*, S. 351–378

Golub, Jonathan: »Did the Luxembourg Compromise Have Any Consequences?«, in: Palayret/Wallace/Winand, *Visions, Votes and Vetoes*, S. 279–299

Goosmann, Timo: »Die ›Berliner Erklärung‹ – Dokument europäischer Identität oder pragmatischer Zwischenschritt zum Reformvertrag?«, in: *Integration* 30 (2007), S. 251–263

Göler, Daniel: *Die neue europäische Verfassungsdebatte. Entwicklungsstand und Optionen für den Konvent*, Bonn 2002

Göler, Daniel: *Europapolitik im Wandel. Deutsche Integrationsmotive und Integrationsziele nach der Wiedervereinigung*, Münster 2004

Göler, Daniel: »Die Lissabon-Strategie: Ein europäischer Gestaltungsversuch?«, in: Christoph Linzbach u.a. (Hg.), *Globalisierung und europäisches Sozialmodell*, Baden-Baden 2007, S. 147–166

Göler, Daniel: »Der Gipfel von Laeken. Erste Etappe auf dem Weg zu einer europäischen Verfassung?«, in: *Integration* 25 (2002), S. 99–110

Gowland, David/Arthur Tuner/Alex Wright: *Britain and European Integration since 1945. On the Sidelines*, London/New York 2010

Granelli, Francisco: »The European Union's Enlargement Negotiations with Austria, Finland, Norway and Sweden«, in: *Journal of Common Market Studies* 1/1995, S. 117–141

Greenwood, Sean: »Ernest Bevin, France and ›Western Union‹: August 1945 – February 1946«, in: *European History Quarterly* 14 (1984), S. 319–338

Griffith, Richard T.: *Europe's First Constitution. The European Political Community (1952–1954)*, London 2000

Griffith, Richard T./Wendy A. Brusse: *The Dutch Cabinet and the Rome Treaties*, in: Serra, *Rilancio*, S. 461–493

Griffith, Richard T./Frances M. B. Lynch: »L'échec de la ›Petite Europe‹: les négociations Fritalux/Finebel, 1949–1950«, in: *Revue historique* 109 (1985), S. 159–193

Griffith, Richard T./Alan S. Milward: »The Beyen Plan and the European Political Community«, in: Werner Maihofer (Hg.), *Noi si mura*, Florenz 1986, S. 596–621

Guardia, Ricardo Martín de la: »In search of lost Europe: Spain«, in: Kaiser/Elvert, *European Union Enlargement*, S. 93–111

Gussarsson, Maria: »Combining dependence with distance: Sweden«, in: Kaiser/Elvert, *European Union Enlargement*, S. 170–188

Guasconi, Maria Eleonora: »Italy and the Hague Conference of December 1969«, in: *Journal of European Integration History* 9, 2 (2003), S. 101–116

Guérin-Sendelbach, Valérie: *Frankreich und das vereinigte Deutschland*, Opladen 1999

Guieu, Jean-Michel/Le Dréau, Christophe (Hg.): *Le »Congrès de l'Europe« à la Haye (1948–2008)*, Brüssel 2009

Guillen, Pierre: »Le projet d'union économique entre la France, l'Italie et le Benelux«, in: Poidevin, *Débuts*, S. 143–157

Guillen, Pierre: »Die französische Generalität, die Aufrüstung der Bundesrepublik und die EVG 1950–1954«, in: Volkmann/Schwengler, *Europäische Verteidigungsgemeinschaft*, S. 125–157

Guillen, Pierre: »La France et la négociation du Traité d´Euratom«, in: *Relations internationales* 44 (1985), S. 391–412

Guillen, Pierre: »L'Europe remède à l'impuissance française? Le gouvernement Guy Mollet et la négociation des traités de Rome (1955–1957)«, in: *Revue d'histoire diplomatique* 102 (1988), S. 319–335

Guillen, Pierre: »La France et la négociation des traités de Rome: L'Euratom«, in: Serra, *Rilancio*, S. 513–524

Haftendorn, Helga: »The Adaption of the NATO Alliance to a Period of Détente: The 1967 Harmel Report«, in: Loth, *Crises*, S. 285–322

Hambloch, Sibylle: »Die Entstehung der Verordnung 17 von 1962 im Rahmen der EWG-Wettbewerbsordnung«, in: *Europarecht* 17, 6 (2002), S. 877–897

Harryvan, Anjo G./Albert E. Kersten: »The Netherlands, Benelux and the relance européenne 1954–1955«, in; Serra, *Rilancio*, S. 125–157

Harryvan, Anjo G.: *In Pursuit of Influence. Aspects of the Netherlands' European Policy during the Formative Years of the European Economic Community, 1952–1973*, Diss. EUI Florenz 2007

Harryvan, Anjo G./Jan van der Harst: *Max Kohnstamm. A European's Life and Work*, Baden-Baden 2011

Heinemann, Friedrich/Marc-Daniel Moessinger/Steffen Osterloh: »Feigenblatt oder fiskalische Zeitenwende? Zur potenziellen Wirksamkeit des Fiskalvertrags«, in: *Integration* 35 (2012), S. 167–182

Heyde, Veronika: »Nicht nur Entspannung und Menschenrechte: Die Entdeckung von Abrüstung und Rüstungskontrolle durch die französische KSZE-Politik«, in: Matthias Peter/Hermann Wentker (Hg.), *Die KSZE im Ost-West-Konflikt. Internationale Politik und gesellschaftliche Transformation 1975–1990*, München 2012, S. 83–98

Heydemann, Günther/Karel Vodička (Hg.): *Vom Ostblock zur EU. Systemtransformationen 1990–2012 im Vergleich*, Göttingen 2013

Hiepel, Claudia: »In Search of the Greatest Common Denominator. Germany and the Hague Summit Conference 1969«, in: *Journal of European Integration History* 9, 2 (2003), S. 63–81

Hiepel, Claudia: »Willy Brandt, Georges Pompidou und Europa. Das deutsch-französische Tandem in den Jahren 1969–1974«, in: Knipping/Schönwald, *Aufbruch*, S. 28–46

Hiepel, Claudia: »Willy Brandt – Georges Pompidou et la gouvernance européenne«, in: Loth, *Gouvernance*, S. 163–183

Hiepel, Claudia: »Kissinger's Year of Europe – A challenge for the EC and the Franco-German relationship«, in: Van der Harst, *Beyond the Customs Union*, S. 277–296

Hiepel, Claudia: *Willy Brandt, Frankreich und Europa zur Zeit der Großen Koalition 1966–1969*, in: *Wilkens, Wir sind auf dem richtigen Weg*, S. 209–225

Hiepel, Claudia: *Willy Brandt und Georges Pompidou. Deutsch-französische Europapolitik zwischen Aufbruch und Krise*, München 2012

Hill, Christopher: »Renationalizing or Regrouping? EU Foreign Policy since 11 September 2001«, in: *Journal of Common Market Studies* 42 (2004), S. 143–163

Hitchcock, William I.: *France Restored. Cold War Diplomacy and the Quest for Leadership in Europe, 1944–1954*, Chapel Hill/London 1998

Hogan, Michael J.: *America, Britain and the Reconstruction of Western Europe, 1947–1952*, Cambridge 1987

Honecker, Stefan: »Die Debatte um das ›Kerneuropa‹-Papier der CDU/CSU-Fraktion«, in: Roland Erne u.a. (Hg.), *Transnationale Demokratie. Impulse für ein demokratisch verfasstes Europa*, Zürich 1995, S. 330–341

Hubert, Laurence: »La politique nucléaire de la Communauté européenne (1956–1968)«, in: *Journal of European Integration History* 6, 1 (2000), S. 129–153

Hudemann, Rainer/Hartmut Kaelble/Klaus Schwabe (Hg.): *Europa im Blick der Historiker. Europäische Integration im 20. Jahrhundert: Bewußtsein und Institutionen*, München 1995

Hummer, Waldemar: Annäherung zwischen EG und EFTA-Staaten: »Außen-, neutralitäts- und wirtschaftspolitische Problemfelder«, in: Fritz Schwind (Hg.), *Österreichs Weg in die EG – Beiträge zur europäischen Rechtsentwicklung*, Wien 1991, S. 7–52

Hynes, Catherine: *The Year that Never Was. Heath, the Nixon Administration and the Year of Europe*, Dublin 2009

Ifantis, Kostas: »State interests, external dependency trajectories and ›Europe‹: Greece«, in: Kaiser/Elvert, *European Union Enlargement*, S. 70–92

James, Harold: *Rambouillet, 15. November 1975. Die Globalisierung der Wirtschaft*, München 1997

James, Harold: *Making the European Monetary Union*, Cambridge (Mass.) 2012

James, Harold: »Designing a Central Bank in the Run-Up to Maastricht«, in: *Journal of European Integration History* 19, 1 (2013), S. 105–122

Jopp, Mathias/Daniel Göler: »L'Allemagne, la Libye et l'Union européenne«, in: *Politique étrangère* 2/2011, S. 417–428

Jopp, Mathias/Barbara Lippert/Heinrich Schneider (Hg.): *Das Vertragswerk von Nizza und die Zukunft der Europäischen Union*, Bonn 2001

Jopp, Mathias/Saskia Matl: »Perspektiven der deutsch-französischen Konventsvorschläge für die institutionelle Architektur der Europäischen Union«, in: *Integration* 26 (2003), S. 99–110

Jopp, Mathias/Andreas Maurer/Otto Schmuck (Hg.): *Die Europäische Union nach Amsterdam. Analysen und Stellungnahmen zum neuen EU-Vertrag*, Bonn 1998

Jopp, Mathias/Peter Schlotter (Hg.): *Kollektive Außenpolitik – die Europäische Union als internationaler Akteur*, Baden-Baden 2007

Jopp, Mathias/Otto Schmuck (Hg.): *Die Reform der Europäischen Union. Analysen – Positionen – Dokumente zur Regierungskonferenz 1996/97*, Bonn 1996

Jouve, Edmond: *Le Général de Gaulle et la construction de l'Europe (1940–1966)*, Paris 1967

Judt, Tony: *Die Geschichte Europas seit dem Zweiten Weltkrieg*, München 2006

Kaelble, Hartmut: Auf *dem Weg zu einer europäischen Gesellschaft. Eine Sozialgeschichte Westeuropas 1880–1980*, München 1987

Kaelble, Hartmut: *Sozialgeschichte Europas. 1945 bis zur Gegenwart*, München 2007

Kaelble, Hartmut: *Kalter Krieg und Wohlfahrtsstaat. Europa 1945–1989*, München 2011

Kaiser, Wolfram: »The Bomb and Europe. Britain, France, and the EEC Entry Negotiations, 1961–63«, in: *Journal of European Integration History* 1, 1 (1995), S. 65–85

Kaiser, Wolfram: *Großbritannien und die Europäische Wirtschaftsgemeinschaft 1955–1961. Von Messina nach Canossa*, Berlin 1996

Kaiser, Wolfram: »Challenge to the Community: The Creation, Crisis and Consolidation of the European Free Trade Association, 1958–72«, in: *Journal of European Integration History* 3, 1 (1997), S. 7–33

Kaiser, Wolfram: *Christian Democracy and the Origins of European Union*, Cambridge/New York 2007

Kaiser, Wolfram: »Not present at the creation. Großbritannien und die Gründung der EWG«, in: Gehler, *Vom gemeinsamen Markt zur europäischen Unionsbildung*, S. 225–242

Kaiser, Wolfram/Jürgen Elvert (Hg.): *European Union Enlargement. A comparative history*, London 2004

Kaiser, Wolfram/Brigitte Leucht/Morten Rasmussen (Hg.): *The History of the European Union. Origins of a trans- and supranational polity 1950–72*, New York/London 2009

Kaiser, Wolfram/Christian Salm: »Transition und Europäisierung in Spanien und Portugal. Sozial- und christdemokratische Netzwerke im Übergang von der Diktatur zur parlamentarischen Demokratie«, in: *Archiv für Sozialgeschichte* 49 (2009), S. 259–282

Kaiser, Wolfram/Antonio Varsori (Hg.): *European Union History: Themes and Debates*, Basingstoke/New York 2010

Kerkhoff, Martin: *Großbritannien, die Vereinigten Staaten und die Saarfrage 1945 bis 1954*, Stuttgart 1996

Kiersch, Gerhard: *Parlament und Parlamentarier in der Außenpolitik der IV. Republik*, Diss. Berlin 1971

Kim, Seung-Ryeol: *Der Fehlschlag des ersten Versuchs zu einer politischen Integration Westeuropas von 1951 bis 1954*, Frankfurt am Main 2000

Kirchner, Emil J.: *The European Parliament. Performances and Prospects*, Aldershot 1984

Kluge, Ulrich: »Du Pool noir au Pool vert«, in: Serra, *Rilancio*, S. 239–280

Knipping, Franz: *Rom, 25. März 1957. Die Einigung Europas*, München 2004

Knipping, Franz/Matthias Schönwald (Hg.): *Aufbruch zum Europa der zweiten Generation. Die europäische Einigung 1969–1984*, Trier 2004

Knudsen, Ann-Christina L.: »Politische Unternehmer in transnationalen Politiknetzwerken. Die Ursprünge der Gemeinsamen Agrarpolitik«, in: Gehler/Kaiser/Leucht, *Netzwerke*, S. 105–120

Knudsen, Ann-Christina L.: *Farmers on Welfare. The Making of Europe's Common Agricultural Policy*, Ithaca 2009

König, Mareike/Matthias Schulz (Hg.): Die *Bundesrepublik Deutschland und die europäische Einigung 1949–2000*, Stuttgart 2004

Koerfer, Daniel: *Kampf ums Kanzleramt. Erhard und Adenauer*, Stuttgart 1987

Kramer, Esther: *Europäisches oder atlantisches Europa? Kontinuität und Wandel in den Verhandlungen über eine politische Union 1958–1970*, Baden-Baden 2003

Kramer, Heinz/Maurus Reinkowski: *Die Türkei und Europa. Eine wechselhafte Beziehungsgeschichte*, Stuttgart 2008

Krägenau, Henry/Wolfgang Wetter: *Europäische Währungsunion. Vom Werner-Plan zum Vertrag von Maastricht. Analysen und Dokumentation*, Baden-Baden 1993

Krämer, Hans R.: *Die Europäische Wirtschaftsgemeinschaft*, Frankfurt am Main/Berlin 1965

Kreutzfeldt, Jens: *»Point of return«, Großbritannien und die Politische Union Europas 1969–1975*, Stuttgart 2010

Krieger, Eugen: *Die Europakandidatur der Türkei. Der Entscheidungsprozess der Europäischen Wirtschaftsgemeinschaft während der Assoziierungsverhandlungen mit der Türkei 1959–1963*, Zürich 2006

Kristoffersen, Dag Axel: »Norway's Policy towards the EEC. The European Dilemma of the Centre Right Coalition (1965–1971)«, in: Katrin Rücker/Laurent Warlouzet (Hg.), *Quelle(s) Europe(s)? Nouvelles approches en histoire de l'intégration européenne*, Brüssel 2006, S. 209–224

Krotz, Ulrich/Joachim Schild: *Shaping Europe. France, Germany, and Embedded Bilateralism from the Elysée Treaty to Twenty-First Century Politics*, Oxford 2013

Krüger, Dieter: *Sicherheit durch Integration? Die wirtschaftliche und politische Zusammenarbeit Westeuropas 1947 bis 1957/58*, München 2003

Kunstein, Tobias/Wolfgang Wessels: »Die Europäische Union in der Währungskrise: Eckdaten und Schlüsselentscheidungen«, in: *Integration* 34 (2011), S. 308–322

Küsters, Hanns Jürgen: *Die Gründung der Europäischen Wirtschaftsgemeinschaft*, Baden-Baden 1982

Küsters, Hanns Jürgen: »Adenauers Europapolitik in der Gründungsphase der Europäischen Wirtschaftsgemeinschaft«, in: *Vierteljahrshefte für Zeitgeschichte* 31 (1983), S. 646–673

Küsters, Hanns Jürgen: »La controverse entre le Chancelier Helmut Kohl et le Président François Mitterrand à propos de la réforme institutionnelle de la Communauté européenne (1989/1990)«, in: Bitsch, *Le couple France-Allemagne*, S. 487–516

Lacouture, Jean: *De Gaulle*, Bd. II: *Le politique*, Paris 1984; Bd. III.: *Le souverain 1959–1970*, Paris 1986

Lafon, François: *Guy Mollet. Itinéraire d'un socialiste controversé (1905–1975)*, Paris 2006

Lappenküper, Ulrich: »Ich bin wirklich ein guter Europäer‹. Ludwig Erhards Europapolitik 1949–1966«, in: *Francia* 18, 3 (1991), S. 85–121

Lappenküper, Ulrich: »Der Schuman-Plan. Mühsamer Durchbruch zur deutsch-französischen Verständigung«, in: *Vierteljahrshefte für Zeitgeschichte* 42 (1994), S. 403–445

Lappenküper, Ulrich: *Die deutsch-französischen Beziehungen 1949–1963. Von der »Erbfeindschaft« zur »Entente élémentaire«*, 2 Bände, München 2001

Lappenküper, Ulrich: »Die deutsche Europapolitik zwischen der ›Genscher-Colombo-Initiative‹ und der Verabschiedung der Einheitlichen Europäischen Akte (1981–1986)«, in: *Historisch-Politische Mitteilungen* 10 (2003), S. 275–294

Lappenküper, Ulrich: *Mitterrand und Deutschland. Die enträtselte Sphinx*, München 2011

Lamatsch, Dorothea: *Deutsche Europapolitik der Regierung Schröder 1998–2002. Von den strategischen Hügeln zur Mühsal der Ebene*, Hamburg 2004

Laursen, Finn/Sophie Vanhoonacker (Hg.): *The Ratification of the Maastricht Treaty. Issues, Debates and Future Implications*, Dordrecht u.a. 1994

Laursen, Johnny: »Next in line: Denmark and the EEC Challenge«, in: Richard Griffith/Stuart Ward (Hg.), *Courting the Common Market: The first attempt to enlarge the European Community 1961–1963*, London 1996, S. 211–227

Laursen, Johnny: »Denmark, Scandinavia and the Second Attempt to Enlarge the EEC, 1966–67«, in: Loth, *Crises*, S. 407–436

Laursen, Johnny: »›Europa aus der Lethargie herausreißen‹: Ludwig Erhards Europapolitik 1949–1966«, in: König/Schulz, *Bundesrepublik*, S. 106–127

Laursen, Johnny (Hg.): *From Crisis to New Dynamics: The European Community 1973–83*, Baden-Baden 2013

Legoll, Paul: *Nicolas Sarkozy. Un Européen en action*, Paris 2012

Libera, Martial: »Jean Monnet et les personnalités allemandes du Comité d'action pour les États-Unis d'Europe (1995–1975)«, in: *Une dynamique européenne. Le Comité d'action pour les États-Unis d'Europe*, Paris 2011, S. 37–56

Link, Werner: »Außen- und Sicherheitspolitik in der Ära Schmidt 1974–1982«, in: Wolfgang Jäger/Werner Link, *Republik im Wandel 1974–1982. Die Ära Schmidt*, Stuttgart/Mannheim 1987, S. 275–432

Lipgens, Walter: *Die Anfänge der europäischen Einigungspolitik 1945–1950*, Erster Teil: *1945–1947*, Stuttgart 1977

Lipgens, Walter: »EVG und politische Föderation. Protokolle der Konferenz der Außenminister der an den Verhandlungen über eine europäische Verteidigungsgemeinschaft beteiligten Länder am 11. Dezember 1951«, in: *Vierteljahrshefte für Zeitgeschichte* 32 (1984), S. 637–688

Lipgens, Walter: »Die Bedeutung des EVG-Projekts für die politische Einigungsbewegung«, in: Volkmann/Schwengler, *Europäische Verteidigungsgemeinschaft*, S. 9–30

Lippert, Barbara (Hg.): *Osterweiterung der Europäischen Union – die doppelte Reifeprüfung*, Bonn 2000

Lippert, Barbara: »Die Türkei als Sonderfall und Wendepunkt der klassischen EU-Erweiterungspolitik«, in: *Integration* 28 (2005), S. 119–135

Loth, Wilfried: *Sozialismus und Internationalismus. Die französischen Sozialisten und die Nachkriegsordnung Europas 1940–1950*, Stuttgart 1977

Loth, Wilfried: »Die Saarfrage und die deutsch-französische Verständigung. Versuch einer Bilanz«, in: *Zeitschrift für die Geschichte der Saargegend* 34/35 (1986/87), S. 276–291

Loth, Wilfried: »Deutsche Europa-Konzeptionen in der Gründungsphase der EWG«, in: Serra, *Rilancio*, S. 585–602

Loth, Wilfried: *Der Weg nach Europa. Geschichte der europäischen Integration 1939–1957*, Göttingen ³1996 (¹1990)

Loth, Wilfried: »De Gaulle und Europa. Eine Revision«, in: *Historische Zeitschrift* 253 (1991), S. 629–660

Loth, Wilfried: »Der Abschied vom Europarat. Europapolitische Entscheidungen im Kontext des Schuman-Plans«, in: Schwabe, *Anfänge des Schuman-Plans*, S. 183–195

Loth, Wilfried: »Die EVG und das Projekt der Europäischen Politischen Gemeinschaft«, in: Hudemann/Kaelble/Schwabe, *Europa im Blick der Historiker*, S. 191–201

Loth, Wilfried: »Deutsche und französische Interessen auf dem Weg zu EWG und Euratom«, in: Andreas Wilkens (Hg.), *Deutsch-französische Wirtschaftsbeziehungen 1945–1960*, Sigmaringen 1997, S. 171–187

Loth, Wilfried: *Helsinki, 1. August 1975: Entspannung und Abrüstung*, München 1998

Loth, Wilfried: »Franco-German relations and European security, 1957–1963«, in: Deighton/Milward, *Widening*, S. 41–53

Loth, Wilfried: »Jean Monnet, Charles de Gaulle und das Projekt der Politischen Union (1958–1963)«, in: Wilkens, *Interessen verbinden*, S. 253–267

Loth, Wilfried: »Der Prozess der europäischen Integration. Antriebskräfte, Entscheidungen und Perspektiven«, in: *Jahrbuch für Europäische Geschichte* 1 (2000), S. 17–30

Loth, Wilfried: »Regionale, nationale und europäische Identität. Überlegungen zum Wandel europäischer Staatlichkeit«, in: Ders./Jürgen Osterhammel (Hg.), *Internationale Geschichte. Themen – Ergebnisse – Aussichten*, München 2000, S. 357–369

Loth, Wilfried (Hg.): *Crises and compromises. The European project 1963–1969*, Baden-Baden 2001

Loth, Wilfried: »Français et Allemands dans la crise de la chaise vide«, in: Bitsch, *Le couple France-Allemagne*, S. 229–243

Loth, Wilfried (Hg.): *Das europäische Projekt zu Beginn des 21. Jahrhunderts*, Opladen 2001

Loth, Wilfried: »Nach Nizza. Die Aufgaben der Europapolitik nach den Ergebnissen des Europäischen Rates in Nizza«, in: Ders., *Das europäische Projekt*, S. 383–389

Loth, Wilfried: »Beiträge der Geschichtswissenschaft zur Deutung der Europäischen Integration«, in: Ders./Wolfgang Wessels (Hg.), *Theorien europäischer Integration*, Opladen 2001, S. 87–106

Loth, Wilfried: *Entwürfe einer europäischen Verfassung. Eine historische Bilanz*, Bonn 2002

Loth, Wilfried: »Deutsche Europapolitik von Helmut Schmidt bis Helmut Kohl«, in: Knipping/Schönwald, *Aufbruch*, S. 474–488

Loth, Wilfried: »Konrad Adenauer und die europäische Einigung«, in: König/Schulz, *Bundesrepublik*, S. 81–105

Loth, Wilfried (Hg.): *La gouvernance supranationale dans la construction européenne*, Brüssel 2005

Loth, Wilfried: »Die Verfassung für Europa in historischer Perspektive«, in: Ders. (Hg.), *Europäische Gesellschaft. Grundlagen und Perspektiven*, Wiesbaden 2005, S. 245–264

Loth, Wilfried: »Michail Gorbatschow, Helmut Kohl und die Lösung der deutschen Frage 1989/1990«, in: Gian Enrico Rusconi/Hans Woller (Hg.), *Parallele Geschichte? Italien und Deutschland 1945–2000*, Berlin 2006, S. 461–477

Loth, Wilfried: »European Political Co-operation and European security in the policies of Willy Brandt and Georges Pompidou«, in: van der Harst, *Beyond the Customs Union*, S. 21–34

Loth, Wilfried: »Guy Mollet und die Entstehung der Römischen Verträge 1956/57«, in: *Integration* 30 (2007), S. 313–319

Loth, Wilfried: »Walter Hallstein, ein überzeugter Europäer«, in: *Die Europäische Kommission 1958–1972*, S. 87–98

Loth, Wilfried: »Die Krise aufgrund der ›Politik des leeren Stuhls‹«, in: *Die Europäische Kommission 1958–1972*, S. 99–118

Loth, Wilfried: »Vor 60 Jahren. Der Haager Europa-Kongress«, in: *Integration* 31 (2008), S. 179–190

Loth, Wilfried (Hg.): *Experiencing Europe. 50 Years of European Construction 1957–2007*, Baden-Baden 2009

Loth, Wilfried: »Abschied vom Nationalstaat? Willy Brandt und die europäische Einigung«, in: Bernd Rother (Hg.), *Willy Brandt: neue Fragen, neue Erkenntnisse*, Bonn 2011, S. 114–134

Loth, Wilfried: »Kreativ, vor allem in Buchführung. Wie Athen in die Eurozone gelangte und Berlin seinen Widerstand aufgab«, in: *Frankfurter Allgemeine Sonntagszeitung*, 18.9.2011

Loth, Wilfried: »European identity: traditions, constructions, and beliefs«, in: *Du Luxembourg à l'Europe. Hommages à Gilbert Trausch à l'occasion de son 80ᵉ anniversaire*, Luxembourg 2011, S. 549–555

Loth, Wilfried: »Integrating Paradigms. Walter Lipgens and Alan Milward as Pionniers of European Integration History«, in: Fernando Guirao/Frances M. B. Lynch/Sigfrido M. Ramírez Pérez (Hg.), *Alan S. Milward and a Century of European Change*, London/New York 2012, S. 255–267

Loth, Wilfried: »Negotiating the Maastricht Treaty«, in: *Journal of European Integration History* 19, 1 (2013), S.67–83

Loth, Wilfried: »Helmut Kohl und die Währungsunion«, in: *Vierteljahrshefte für Zeitgeschichte* 61 (2013), S. 455–480

Loth, Wilfried/Marie-Thérèse Bitsch: »Die Kommission Hallstein 1958–1967«, in: *Die Europäische Kommission 1958–1962*, S. 57–86

Loth, Wilfried/Robert Picht (Hg.): *De Gaulle, Deutschland und Europa*, Opladen 1991

Lucas, Hans-Dieter: »Politik der kleinen Schritte – Genscher und die deutsche Europapolitik 1974–1983«, in: Ders. (Hg.), *Genscher, Deutschland und Europa*, Baden-Baden 2002, S. 85–113

Ludlow, N. Piers: *Dealing with Britain. The Six and the First UK Application to the EEC*, Cambridge 1997

Ludlow, N. Piers: *The European Community and the Crises of the 1960s. Negotiating the Gaullist challenge*, London/New York 2006

Ludlow, N. Piers (Hg.): European *Integration and the Cold War. Ostpolitik – Westpolitik, 1965–1973*, Milton Park/New York 2007

Ludlow, Peter: *The Making of the European Monetary System. A case study of the politics of the European Community*, London 1982

Ludlow, Peter: *The Laeken Council*, Brüssel 2002

Ludlow, Peter: *The Making of the new Europe. The European Councils in Brussels and Copenhagen 2002*, Brüssel 2004

Ludlow, Peter: *Dealing with Turkey. The European Council of 16–17 December 2004*, Brüssel 2005

Lynch, Frances: »De Gaulle's First Veto. Fance, The Rueff Plan and the Free Trade Area«, in: *Contemporary European History* 9 (2000), S. 111–135

Magagnoli, Ralf: *Italien und die Europäische Verteidigungsgemeinschaft. Zwischen europäischem Credo und nationaler Machtpolitik*, Frankfurt am Main 1999

Maier, Klaus A.: »Die internationalen Auseinandersetzungen um die Westintegration der Bundesrepublik Deutschland und um ihre Bewaffnung im Rahmen der Europäischen Verteidigungsgemeinschaft«, in: *Anfänge westeuropäischer Sicherheitspolitik 1945–1956*, Bd. 2: *Die EVG-Phase*, München/Wien 1990, S. 1–234

Malmborg, Mikael af: *Den ståndaktiga nationalstaten. Sverige och den västeruopeiska integrationen 1945–1959*, Lund 1994

Malmborg, Mikael af: »Divergent Scandinavian responses to the proposed first enlargement of the EEC«, in: Deighton/Milward, *Widening*, S. 299–315

Malmborg, Mikael af/Johnny Laursen: »The Creation of EFTA«, in: Torsten B. Olesen (Hg.), *Interdependence versus Integration. Denmark, Scandinavia and Western Europe, 1945–1960*, Odense 1995, S. 197–212

Mangenot, Michel/Sylvain Schirmann (Hg.): *Les institutions européennes font leur histoire. Regards croisés soixante ans après de traité de Paris*, Brüssel 2012

Marsh, David: *Der Euro. Die geheime Geschichte der neuen Weltwährung*, Hamburg 2009

Mastny, Vojtech: *Reassuring NATO. Eastern Europe, Russia, and the Western Alliance* (= Forsvarsstudier 5/1997), Oslo 1997

Maurer, Andreas: »Die Verhandlungen zum Reformvertrag unter deutschem Vorsitz«, in: *Aus Politik und Zeitgeschichte* B 43/2007, S. 3–8

Mayer, Franz C.: »Verfassungsstruktur und Verfassungskohärenz – Merkmale europäischen Verfassungsrechts?«, in: *Integration* 26 (2003), S. 398–413

Meier-Dörnberg, Wilhelm: »Die Planung des Verteidigungsbeitrags der Bundesrepublik Deutschland im Rahmen der EVG«, in: *Anfänge westeuropäischer Sicherheitspolitik 1945–1956*, Bd. 2: *Die EVG-Phase*, München/Wien 1990, S. 605–756

Melchionni, Maria Grazia/Roberto Ducci: *La Genèse des traités de Rome*, Paris 2007

Meyer, Jan-Henrik: »Transnational communication in the European public sphere. The summit of the Hague 1969«, in: Kaiser/Leucht/Rasmussen, *History*, S. 110–128

Milward, Alan S.: *The Reconstruction of Western Europe, 1954–51*, Berkeley 1984

Milward, Alan S.: *The United Kingdom and the European Community*, Bd. 1: *The Rise and Fall of a National Strategy 1945–1963*, London 2002

Milward, Alan S.: »The Hague Conference of 1969 and the United Kingdom's Accession to the European Economic Community«, in: *Journal of European Integration History* 9, 2 (2003), S. 117–126

Milward, Alan S./George Brennan/Frederico Romero: *The European Rescue of the Nation State*, London ³2000 (¹1992)

Mittag, Jürgen (Hg.): *Politische Parteien und europäische Integration. Entwicklung und Perspektiven transnationaler Parteienkooperation in Europa*, Essen 2006

Mittag, Jürgen: *Kleine Geschichte der Europäischen Union. Von der Europaidee bis zur Gegenwart*, Münster 2008

Molènes, Charles Melchior de: *L'Europe de Strasbourg. Une première expérience de parlementarisme européen*, Paris 1971

Möckli, Daniel: »Speaking with one voice? The evolution of a European Foreign Policy«, in: Anne Deighton/Gérard Bossuat (Hg.), *The EC/EU: A World Security Actor?*, Paris 2007, S. 132–151

Möckli, Daniel: *European Foreign Policy during the Cold War. Heath, Brandt, Pompidou and the Dream of Political Unity*, London/New York 2009

Moravscik, Andrew: »Negotiating the Single European Act: national interests and conventional statecraft in the European Community«, in: *International Organization* 45 (1991), S. 19–56

Moravscik, Andrew: *The Choice for Europe: Social Purpose and State Power from Messina to Maastricht*, Ithaca/New York 1998

Mourlon-Druol, Emmanuel: »Filling the EEC leadership vacuum? The creation of the European Council in 1974«, in: *Cold War History* 10, 3 (2010), S. 315–339

Mourlon-Druol, Emmanuel: *A Europe Made of Money. The Emergence of the European Monetary System*, Ithaca/London 2012

Niess, Frank: *Die europäische Idee aus dem Geist des Widerstands*, Frankfurt am Main 2001

Noack, Paul: *Das Scheitern der Europäischen Verteidigungsgemeinschaft. Entscheidungsprozesse vor und nach dem 30. August 1954*, Düsseldorf 1977

Noël, Gilbert: *Du Pool vert à la politique agricole commune. Les tentatives de Communauté agricole européenne entre 1945 et 1955*, Paris 1989

Norman, Peter: *The Accidental Constitution. The Story of the European Convention*, Brüssel 2003

Ojanen, Hanna: »If in ›Europe‹, then in its ›core‹? Finland, Sweden«, in: Kaiser/Elvert, *Enlargement*, S. 150–169

Olivi, Bino: *L'Europe difficile. Histoire politique de la Communauté européenne*, Paris 1998

Olivi, Bino/Alessandro Giacone: *L'Europe difficile. Histoire politique de la construction européenne*, Paris 2007

O'Neill, Con: *Britain's Entry into the European Community*, London 2000

Palayret, Jean-Marie: »Les décideurs français et allemands face aux questions institutionnelles dans la négociation des traités de Rome«, in: Bitsch, *Le couple France-Allemagne*, S. 105–150

Palayret, Jean-Marie/Helen Wallace/Pascaline Winand (Hg.): *Visions, Votes and Vetoes: The Empty Chair Crisis and the Luxembourg Compromise Forty Years On*, Brüssel 2006

Palayret, Jean-Marie: »La voie française vers l'Union économique et monétaire durant la négociation du traité de Maastricht (1988–1992)«, in: Martial Libera/Birte Wassenberg (Hg.), *L'Europe au cœur. Études pour Marie-Thérèse Bitsch*, Brüssel 2009, S. 197–221

Parr, Helen: *Harold Wilson and Britain's World Role: British Policy towards the European Community, 1964–1967*, London 2005

Parr, Helen: »Anglo-French nuclear collaboration and Britain's policy towards Europe, 1970–1973«, in: van der Harst, *Beyond the Customs Union*, S. 35–59

Patel, Kiran Klaus: *Europäisierung wider Willen. Die Bundesrepublik in der Agrarintegration der EWG 1955–1973*, München 2009

Patel, Kiran Klaus (Hg.): *Fertile Ground for Europe? The History of European Integration and the Common Agricultural Policy since 1945*, Baden-Baden 2009

Patel, Kiran Klaus, »Europäische Integration«, in: Jost Dülffer/Wilfried Loth (Hg.), *Dimensionen internationaler Geschichte*, München 2012, S. 353–372

Pedersen, Thomas: *European Union and the EFTA Countries. Enlargement and Integration*, London 1994

Perron, Régine: »Le discret projet de l'intégration monétaire européenne (1963–1969)«, in: Loth, *Crises*, S. 345–367

Pero, Mario Del: »A European Solution for a European Crisis. The International implications of Portugal's Revolution«, in: *Journal of European Integration History* 15, 1 (2009), S. 15–34

Philippe, Hartmut: »›The Germans hold the key‹: Britain's Second Application to the European Economic Community and the Hope for German Help, 1966–67«, in: Christian Haase (Hg.), *Debating Foreign Affairs. The Public and British Foreign Policy since 1867*, Berlin/Wien 2003, S. 153–182

Pine, Melissa: »Perseverance in the Face of Rejection: Towards British Membership of the European Communities, November 1967 – June 1970«, in: Knipping/Schönwald, *Die europäische Einigung*, S. 287–305

Pine, Melissa: Harold Wilson and Europe: *Pursuing Britain's Membership of the European Community*, London 2008

Pinto, António Costa/Nuno Severiano Teixeira: »From Atlantic past to European destiny: Portugal«, in: Kaiser/Elvert, *European Union Enlargement*, S. 112–130

Pistone, Sergio: *The Union of European Federalists*, Mailand 2008

Poidevin, Raymond: »Frankreich und das Problem der EVG: Nationale und internationale Einflüsse (Sommer 1951 bis Sommer 1953)«, in: Volkmann/Schwengler, *Europäische Verteidigungsgemeinschaft*, S. 101–124

Poidevin, Raymond: *Robert Schuman – homme d'Etat 1886–1963*, Paris 1986

Poidevin, Raymond (Hg.): *Histoire des débuts de la construction européenne (mars 1948 – printemps 1950)*, Brüssel 1986

Poidevin, Raymond: »Le facteur Europe dans la politique allemande de Robert Schuman (été 1948 – printemps 1949)«, in: Poidevin, *Débuts*, S. 311–326

Poidevin, Raymond: »De Gaulle et l'Europe en 1958«, in: *De Gaulle en son siècle*, Bd. 5, S. 79–87

Posselt, Martin: *Richard Coudenhove-Kalergi und die Europäische Parlamentarier-Union*, Diss. Graz 1987

Preda, Daniela: *Alcide De Gasperi federalista europeo*, Bologna 2004

Preda, Daniela: »L'action de Spinelli au Parlement européen et le projet de Traité d'Union européenne (1979–1984)«, in: Loth, *Gouvernance*, S.185–203

Preda, Daniela (Hg.): *Altiero Spinelli e i Movimenti per l'Unità Europea*, Padova 2010

Pudlat, Andreas: »Der lange Weg zum Schengen-Raum: Ein Prozess im Vier-Phasen-Modell«, in: *Journal of European Integration History* 17, 2 (2011), S. 303–325

Quaisser, Wolfgang/Alexandra Reppegather: *EU-Beitrittsreife der Türkei und Konsequenzen einer EU-Mitgliedschaft*, München 2004

Ranieri, Ruggero: »The origins and achievements of the EEC Customs Union (1958–1968)«, in: Varsori, *Inside the European Community*, S. 257–281

Rasmussen, Morten: »The Hesitant European. History of Denmark's Accession to the European Communities 1970–73«, in: *Journal of European Integration History* 11, 2 (2005), S. 47–74

Rasmussen, Morten, *Joining the European Communities. Denmark's Road to EC-Membership, 1961–1973*, Diss. EUI Florenz 2006

Rasmussen, Morten: »The Origins of a Legal Revolution – the Early History of the European Court of Justice«, in: *Journal of European Integration History* 14, 1 (2008), S. 77–98

Renouard, Joe/D. Nathan Vigil: »The Quest for Leadership in a Time of Peace. Jimmy Carter and Western Europe, 1977–1981«, in: Schulz/Schwartz, *Strained Alliance*, S. 309–332

Reuter, Jürgen: »Werden Athen und Ankara ihren historischen Konflikt beilegen? Griechisch-türkische Beziehungen im Lichte der türkischen EU-Beitrittskandidatur«, in: Loth, *Das europäische Projekt*, S. 295–323

Reyels, Lili: *Die Entstehung des ersten Vertrags von Lomé im deutsch-französischen Spannungsfeld 1973–1975*, Baden-Baden 2008

Riondel, Bruno: »Itinéraire d'un fédéraliste. Maurice Faure«, in: *Journal of European Integration History* 2, 1 (1997), S. 69–82

Rioux, Jean-Pierre: »Französische öffentliche Meinung und EVG: Parteienstreit oder Schlacht der Erinnerungen?«, in: Volkmann/Schwengler, *Europäische Verteidigungsgemeinschaft*, S. 159–176

Rödder, Andreas: *Deutschland einig Vaterland. Die Geschichte der Wiedervereinigung*, München 2009.

Rodrigues, Maria Joäo (Hg.): *Europe, Globalization and the Lisbon Agenda*, Cheltenham/ Northampton (MA) 2009

Romano, Angela: *The Nine and the Conference of Helsinki: A challenging game with the Soviets*, in: van der Harst, *Beyond the Customs Union*, S. 83–104

Romano, Angela: *From Détente in Europe to European Détente. How the West Shaped the Helsinki CSCE*, Brüssel u.a. 2009

Rometsch, Dietrich: *Die Rolle und Funktionsweise der Europäischen Kommission in der Ära Delors*, Frankfurt am Main 1999

Rosengarten, Ulrich: *Die Genscher-Colombo-Initiative. Baustein für die Europäische Union*, Baden-Baden 2008

Roussel, Éric: *Jean Monnet 1888–1979*, Paris 1996

Roussel, Éric: *Georges Pompidou 1911–1974*, erweiterte Ausgabe, Paris 2004

Ruano, Lorena: »The Consolidation of Democracy vs. the Price of Olive Oil: The Story of why the CAP Delayed Spain's Entry to the EC«, in: *Journal of European Integration History* 11, 2 (2005), S. 96–118

Rücker, Kathrin: *Le triangle Paris – Bonn – Londres et le processus d'adhésion britannique au marché commun 1969–1973*, Diss. Paris 2009

Ruyt, Jean de: *L'Acte unique européen. Commentaire*, Brüssel 1987

Saunier, George: »Prélude à la relance de l'Europe. Le couple franco-allemand et les projets de relance communautaire vue de l'hexagone 1981–1985«, in: Bitsch, *Le couple France-Allemagne*, S. 463–485

Saunier, Georges: »La négociation de Maastricht vue de Paris«, in: *Journal of European Integration History* 19, 1 (2013), S. 45–65

Schabert, Thilo: *Wie Weltgeschichte gemacht wird. Frankreich und die deutsche Einheit*, Stuttgart 2002

Schild, Joachim: »Sarkozys Europapolitik: Das zunehmende Gewicht der Innenpolitik«, in: *Integration* 30 (2007), S. 238–250

Schmalz, Uwe: »Aufbruch zu neuer Handlungsfähigkeit. Die Gemeinsame Außen-, Sicherheits- und Verteidigungspolitik unter deutscher Ratspräsidentschaft«, in: *Integration* 3 (1999), S. 191–204

Schoenborn, Benedikt: *La mésentente apprivoisée. De Gaulle et les Allemands, 1963–1969*, Paris 2007

Schulz, Matthias: »Die politische Freundschaft Jean Monnet – Kurt Birrenbach, die Einheit des Westens und die ›Präambel‹ zum Elysée-Vertrag von 1963«, in: Wilkens, *Interessen verbinden*, S. 299–327

Schulz, Matthias: »The Reluctant European. Helmut Schmidt, the European Community, and Transatlantic Relations«, in: Schulz/Schwartz, *Strained Alliance*, S. 279–307

Schulz, Matthias/Thomas A. Schwartz (Hg.): *The Strained Alliance. U.S.-European Relations from Nixon to Carter*, New York 2009

Schwaag, Sylvie M.: »Currency Convertibility and European Integration. France, Germany and Britain«, in: Deighton/Milward, *Widening*, S. 89–106

Schwabe, Klaus: »Der Marshall-Plan und Europa«, in: Poidevin, *Débuts*, S. 47–69

Schwabe, Klaus (Hg.): *Die Anfänge des Schuman-Plans 1950/51*, Baden-Baden 1988

Schwan, Heribert: *Die Frau an seiner Seite. Leben und Leiden der Hannelore Kohl*, München 2011

Schwarz, Hans-Peter: *Adenauer. Der Aufstieg: 1876–1952*, Stuttgart 1986

Schwarz, Hans-Peter: *Adenauer: Der Staatsmann 1952–1967*, Stuttgart 1991

Schwarz, Hans-Peter: »Präsident de Gaulle, Bundeskanzler Adenauer und die Entstehung des Elysée-Vertrages«, in: Wilfried Loth/Robert Picht (Hg.), *De Gaulle, Deutschland und Europa*, Opladen 1991, S. 169–179.

Schwarz, Hans-Peter: *Helmut Kohl. Eine politische Biographie*, München 2012

Segers, Mathieu L. L.: *Deutschlands Ringen mit der Relance. Die Europapolitik der BRD während der Beratungen und Verhandlungen über die Römischen Verträge*, Frankfurt am Main 2008

Seidel, Katja: »Taking Farmers off Welfare. The EEC Commission's Memorandum ‹Agriculture 1980› of 1968«, in: *Journal of European Integration History* 16, 2 (2010), S. 83–101

Seidel, Katja: »DG IV and the origins of a supranational competition policy. Establishing an economic constitution for Europe«, in: Kaiser/Leucht/Rasmussen, *History*, S. 129–147

Serra, Enrico (Hg.): *Il rilancio dell'Europa e i Trattati di Roma*, Mailand 1989

Soell, Hartmut: *Helmut Schmidt. Macht und Verantwortung*, München 2008

Soutou, Georges-Henri: »La France, l'Allemagne et les accords de Paris«, in: *Relations internationales*, Nr. 52, 1987, S. 451–470

Soutou, Georges-Henri: »Le général de Gaulle et le plan Fouchet«, in: *De Gaulle en son siècle*, Bd. 5, S. 126–143

Soutou, Georges-Henri: *L'alliance incertaine. Les rapports politico-stratégiques franco-allemands, 1954–1996*, Paris 1996

Spierenburg, Dirk/Raymond Poidevin: *Histoire de la Haute Autorité de la Communauté Européenne du Charbon et de l'Acier. Une expérience supranationale*, Brüssel 1993

Stark, Hans: *Kohl, l'Allemagne et l'Europe. La politique d'intégration européenne de la République fédérale 1982–1998*, Paris 2004

Stark, Hans: *La politique internationale de l'Allemagne. Une puissance malgré elle*, Villeneuve d'Ascq 2011

Steininger, Rolf: *Wiederbewaffnung. Die Entscheidung für einen westdeutschen Verteidigungsbeitrag: Adenauer und die Westmächte 1950*, Erlangen/Bonn/Wien 1989

Steininger, Rolf: »Das Scheitern der EVG und der Beitritt der Bundesrepublik zur NATO«, in: *Aus Politik und Zeitgeschichte* B 17/1985, S. 3–18

Stelandre, Yves: »Les Pays du Benelux, l'Europe politique et les négociations Fouchet«, in: Deighton/Milward, *Widening*, S. 73–88

Sutton, Michael: *France and the Construction of Europe, 1944–2007. The Geopolitical Imperative*, Oxford/New York 2007

Szafran, Maurice: *Simone Veil. Destin*, Paris 1994

Taschner, Hans-Claudius: *Schengen. Die Übereinkommen zum Abbau der Personenkontrollen an den Binnengrenzen von EU-Staaten*, Baden-Baden 1997

Thiemeyer, Guido: *Vom »Pool Vert« zur Europäischen Wirtschaftsgemeinschaft. Europäische Integration, Kalter Krieg und die Anfänge der Gemeinsamen Europäischen Agrarpolitik 1950–1957*, München 1999

Thiemeyer, Guido: »Die Ursachen des ›Demokratiedefizits‹ der Europäischen Union aus geschichtswissenschaftlicher Perspektive«, in: Loth, *Das europäische Projekt*, S. 27–47

Thiemeyer, Guido: »Helmut Schmidt und die Gründung des Europäischen Wirtschaftssystems 1973–1979«, in: Knipping/Schönwald, *Aufbruch*, S. 245–268

Thiemeyer, Guido: »Sicco Mansholt and European Supranationalism«, in: Loth, *Gouvernance*, S. 39–53.

Thiemeyer, Guido: »The Mansholt Plan, the definite financing of the Common Agricultural Policy and the enlargement of the Community, 1969–1973«, in: van der Harst, *Beyond the Customs Union*, S. 197–222

Thiemeyer, Guido: *Europäische Integration. Motive – Prozesse – Strukturen*, Köln/Weimar/Wien 2010

Thomas, Brigitta: *Die Europa-Politik Italiens. Der Beitrag Italiens zur europäischen Einigung zwischen EVG und EG*, Baden-Baden 2005

Tracy, Michael: »The Spirit of Stresa«, in: *European Review of Agricultural Economics* 21 (1994), S. 357–374

Trausch, Gilbert: »Robert Schuman, le Luxembourg et l'Europe«, in: *Robert Schuman. Les racines et l'œuvre d'un grand Européen*. Ausstellungskatalog, Luxemburg 1986

Trausch, Gilbert (Hg.): *Die Europäische Integration vom Schuman-Plan bis zu den Verträgen von Rom. Pläne und Initiativen, Enttäuschungen und Mißerfolge*, Baden-Baden 1993

Trausch, Gilbert: »Der Schuman-Plan zwischen Mythos und Realität. Der Stellenwert des Schuman-Plans«, in: Hudemann/Kaelble/Schwabe, *Europa im Blick der Historiker*, S. 105–128

Trouvé, Matthieu: *L'Espagne et l'Europe. De la dictature de Franco à l'Union européenne*, Brüssel u.a. 2008

Tsalikoglou, Iakovos S.: *Negotiating for Entry: The Accession of Greece in the European Community*, Aldershot 1995

Türk, Henning: »›To Face de Gaulle as a Community‹: The Role of the Federal Republic of Germany during the Empty Chair Crisis«, in: Palayret/Wallace/Winand, *Visions*, S. 113–127

Türk, Henning: *Die Europapolitik der Großen Koalition 1966–1969*, München 2006

Ungerer, Horst: *A concise history of European monetary integration: From EPU to EMU*, Westport (Connecticut) 1997

Vaïsse, Maurice: »De Gaulle, l'Italie et le projet d'union politique européenne 1958–1963«, in: *Revue d'histoire moderne et contemporaine 1995*, S. 658–669

Vaïsse, Maurice: *La grandeur. Politique étrangère du général de Gaulle 1958–1969*, Paris 1998

Vaïsse, Maurice: »La politique européenne de la France en 1965: pourquoi ›la chaise vide‹?«, in: Loth, *Crises*, S. 193–214

Van der Harst, Jan: »Die Gemeinsame Agrarpolitik: Ein vorrangiges Aktionsfeld«, in: *Die Europäische Kommission 1958–1972*, S. 343–365

Van der Harst, Jan: »Sicco Mansholt: Mut und Überzeugung«, in: *Die Europäische Kommission 1958–1972*, S. 177–194

Van der Harst, Jan (Hg.): *Beyond the Customs Union: The European Community's Quest for Deepening, Widening and Completion, 1969–1975*, Brüssel 2007

Van Middelaar, Luuk: *Le passage à l'Europe. Histoire d'un commencement*, Paris 2012

Vanke, Jeffrey: *Europeanism and European Union. Interests, Emotions, and Systemic Integration in the Early European Economic Community*, Palo Alto (CA) 2010

Varsori, Antonio: *Il Patto di di Bruxelles (1948): tra integrazione europea e alleanza atlantica*, Rom 1988

Varsori, Antonio: »Jean Monnet e il Comitato d'Azione per gli Stati Uniti d'Europa fra MEC ed Euratom (1955–1957)«, in: Sergio Pistone (Hg.), *I movimenti per l'unità europea 1954–1969*, Pavia 1996, S. 349–371

Varsori, Antonio: »Italy and the ›Empty Chair‹ Crisis (1965–66)«, in: Loth, *Crises*, S. 215–255

Varsori, Antonio (Hg.): *Inside the European Community. Actors and Policies in the European Integration 1957–1962*, Baden-Baden 2006

Varsori, Antonio: »Franco Maria Malfatti: eine verkürzte Präsidentschaft«, in: *Die Europäische Kommission 1958–1972*, S. 165–176

Varsori, Antonio: »L'Occidente e la Grecia: dal colpo di Stato militare alla trasizione alla democrazia (1967–1976)«, in: Mario Del Pero u.a., *Democrazie. L'Europa meridionale e la fine delle dittature*, Mailand 2010, S. 5–94

Varsori, Antonio: *La Cenerentola d'Europa? L'Italia e l'integrazione Europea dal 1947 a oggi*, Soveria Manelli 2010

Vayssière, Bertrand: *Vers une Europe fédérale? Les espoirs et les actions fédéralistes au sortir de la Seconde Guerre mondiale*, Brüssel 2006

Volkmann, Hans-Erich/Walter Schwengler (Hg.): *Die Europäische Verteidigungsgemeinschaft. Stand und Probleme der Forschung*, Boppard 1985

Waechter, Matthias: *Helmut Schmidt und Valéry Giscard d'Estaing. Auf der Suche nach Stabilität in der Krise der 70er Jahre*, Bremen 2011

Wall, Stephen: *A Stranger in Europe: Britain and the EU from Thatcher to Blair*, Oxford 2008

Wanninger, Susanne: *New Labour und die EU. Die Europapolitik der Regierung Blair*, Baden-Baden 2007

Warlouzet, Laurent: »La France et la mise en place de la politique de la concurrence communautaire (1957–64)«, in: Éric Bussière/Michel Dumoulin/Sylvain Schirmann (Hg.), *Europe organisée, Europe du libre-échange. Fin XIXe siècle – Années 1960*, Brüssel 2006, S. 175–201.

Warlouzet, Laurent: *Le choix de la CEE par la France. L'Europe économique en débat de Mendès-France à de Gaulle (1955–1969)*, Paris 2011

Warner, Geoffrey: »Die britische Labour Party und die Einheit Westeuropas 1949–1952«, in: *Vierteljahrshefte für Zeitgeschichte* 28 (1980), S. 310–330

Wassenberg, Birte: »La campagne pour les élections européennes de 1979 en France et en Allemagne: l'image de l'Europe«, in: Marie-Thérèse Bitsch/Wilfried Loth/Charles Barthel (Hg.), *Cultures politiques, opinions publiques et intégration européenne*, Brüssel 2007, S. 264–284

Weidenfeld, Werner (Hg.): *Amsterdam in der Analyse*, Gütersloh 1998

Weidenfeld, Werner (Hg.): *Nizza in der Analyse. Strategien für Europa*, Gütersloh 2001

Weidenfeld, Werner (Hg.): *Die Europäische Verfassung in der Analyse*, Gütersloh 2005.

Weidenfeld, Werner (Hg.): *Lissabon in der Analyse – der Reformvertrag der Europäischen Union*, Baden-Baden 2008

Weilemann, Peter: *Die Anfänge der Europäischen Atomgemeinschaft. Zur Gründungsgeschichte von Euratom 1955–1957*, Baden-Baden 1983

Weinachter, Michèle: *Valéry Giscard d'Estaing et l'Allemagne. Le double rêve inachevé*, Paris 2004

Wessels, Wolfgang: *Die Öffnung des Staates. Modelle und Wirklichkeit grenzüberschreitender Verwaltungspraxis 1960–1995*, Opladen 2000

Wessels, Wolfgang: *Das politische System der Europäischen Union*, Wiesbaden 2008

Wiggershaus, Norbert: »Zur Frage einer militärischen Integration Westdeutschlands (bis Mai 1950)«, in: Poidevin, *Débuts*, S. 343–366

Wiggershaus, Norbert: »Die Entscheidung für einen westdeutschen Verteidigungsbeitrag 1950«, in: *Anfänge westdeutscher Sicherheitspolitik 1945–1956*, Bd. 1: *Von der Kapitulation bis zum Pleven-Plan*, München/Wien 1982, S. 325–402

Wilkens, Andreas (Hg.): *Interessen verbinden. Jean Monnet und die europäische Integration der Bundesrepublik Deutschland*, Bonn 1999

Wilkens, Andreas: »Der Werner-Plan. Währung, Politik und Europa 1968–1971«, in: Knipping/Schönwald, *Aufbruch*, S. 217–244

Wilkens, Andreas (Hg.): *Le Plan Schuman dans l'Histoire. Intérêts nationaux et projet européen*, Brüssel 2004

Wilkens, Andreas (Hg.): *Wir sind auf dem richtigen Weg. Willy Brandt und die europäische Einigung*, Bonn 2010

Wilkens, Andreas: »In der ›Logik der Geschichte‹. Willy Brandt und die europäische Zäsur 1969/1970«, in: Ders., *Wir sind auf dem richtigen Weg*, S. 241–275

Wille, Gerhard: »›Which Europe? Quelle Europe? Welches Europa?‹. British, French and German Conceptions of Europe and Britain's Second Attempt to Join the EEC«, in: Rücker/Warlouzet, *Quelle(s) Europe(s)*, S. 225–237

Winand, Pascaline: *Eisenhower, Kennedy and the United States of Europe*, New York 1993

Wirsching, Andreas: *Der Preis der Freiheit. Geschichte Europas in unserer Zeit*, München 2012

Wirth, Michael: *Die Deutsch-Französischen Beziehungen während der Kanzlerschaft von Helmut Schmidt (1974–1982)*, Berlin 2007

Wünsche, Horst: »Wirtschaftliche Interessen und Prioritäten. Die Europavorstellungen von Ludwig Erhard«, in: Rudolf Hrbek/Volker Schwarz (Hg.), *40 Jahre Römische Verträge: Der deutsche Beitrag*, Baden-Baden 1998, S. 36–49

Young, Hugo: *This Blessed Plot. Britain and Europe from Churchill to Blair*, London 1998

Young, John W.: *Britain and European Unity, 1945–1992*, London 1993

Ziebura, Gilbert: *Die deutsch-französischen Beziehungen seit 1945. Mythen und Realitäten*, Pfullingen 1970, überarbeitete Neuauflage Stuttgart 1997

Personenregister

Sachregister

222, 228, 235, 241, 278, 311, 355,
357, 431, 440, 442, 483, 490
Gemeinsame Außen- und Sicherheitspolitik (GASP) 123f., 168, 239, 309,
325f., 329, 339f., 346–348, 355, 374,
382, 399, 472
Genscher-Colombo-Initiative 257, 454f.,
487, 494
Gesundheitspolitik 267, 272–274, 374
Gewerkschaften 9, 12, 15, 22f., 27, 118,
227, 275, 310
Griechenland, griechische Regierung 15,
231–233, 235–238, 255, 260f., 265,
269, 272, 311, 317f., 321, 335, 338,
343, 351, 353, 366, 388, 401–406,
409–413, 416, 480
Grundrechtecharta 394
Großbritannien, britische Regierung 12–
18, 20, 27, 30–38, 40, 42f., 46f., 54,
61f., 66–68, 73, 84f., 87–89, 95,
101–110, 113, 118, 124, 127, 150–
152, 155–164, 166, 175–177, 178–
181, 183–186, 191f., 199, 202, 205,
208f., 213–215, 218f., 225, 227f.,
235, 239, 247, 249–251, 255, 257,
260f., 265–167, 269, 274, 277, 286,
294, 306, 308, 310, 313f., 319f., 323,
326, 334–337, 340, 343, 345, 356,
360, 367, 380, 382, 388, 390f., 394f.,
400, 404, 409, 422, 432, 434, 436,
438, 447, 468, 470, 480, 486f.

Haager Gipfel 163, 165f., 168–171, 187,
195, 197, 212, 446

Independent League of European Co-operation (ILEC) 13, 15–17, 22, 472
Indochinakrieg 51
Internationaler Währungsfonds (IWF)
222, 314, 405–407, 411, 472
Irakkrieg 382f., 462, 475
Irland, irische Regierung 29, 106f., 111,
152, 162, 175, 181f., 185, 201, 213,
215, 227–229, 235, 255, 259, 265,
267, 269, 277, 311, 315f., 321, 323,

335, 338, 343, 351, 357, 362, 391f.,
395f., 401f., 404, 406, 410, 413, 468
Italien, italienische Regierung 15, 18, 20,
29, 34f., 38, 43, 46, 55, 71, 77f., 86,
91, 101f., 115, 117f., 127–129, 131,
154f., 157, 159–161, 164–167, 170,
172, 174, 185, 191–193, 195, 197,
209, 213, 215, 219f., 225, 227–229,
233, 236f., 243, 253, 262, 265, 269,
277, 290, 294, 314, 317, 318f., 321,
333, 335, 343, 353, 356, 359, 388,
402–404, 410f., 413, 431, 433, 439,
457, 469f., 489f., 496

Justiz 303, 312f., 335, 359, 364f., 377,
394, 398

Kalter Krieg, Ost-West-Konflikt 11, 243,
323, 435, 453, 482, 484, 486, 496
Kriminalität 274, 302, 335, 364f., 367
Kroatien, kroatische Regierung 304, 366f.,
461
Komitee für die Währungsunion Europas
282
Konferenz für Sicherheit und Zusammenarbeit in Europa (KSZE) 197, 210,
243, 246, 453, 472, 484
Konferenz über Vertrauensbildende Maßnahmen und Abrüstung in Europa
(KVAE) 246, 472
Konvergenzkriterien 285, 310, 312, 323,
402
Kopenhagener Kriterien 359, 353
Koreakrieg 39, 41
Kosovokrieg 346, 351
Kulturpolitik, Kulturtransfer 337

Laeken, Erklärung von 359, 371, 462,
483, 490
Lettland, lettische Regierung 350, 352,
359, 363, 390, 408
Liechtenstein 323, 328
Lissabon, Vertrag von 237, 395f., 398,
407, 409, 419, 463f., 475